"十三五"国家重点图书出版规划项目

新版《列国志》与《国际组织志》联合编辑委员会

主　　任	谢伏瞻					
副 主 任	李培林	蔡　昉				
秘 书 长	马　援	谢寿光				
委　　员	（按姓氏音序排列）					

陈东晓	陈　甦	陈志敏	陈众议	冯仲平	郝　平	黄　平
贾烈英	姜　锋	李安山	李晨阳	李东燕	李国强	李剑鸣
李绍先	李向阳	李永全	刘北成	刘德斌	刘新成	罗　林
彭　龙	钱乘旦	秦亚青	饶戈平	孙壮志	汪朝光	王　镭
王灵桂	王延中	王　正	吴白乙	邢广程	杨伯江	杨　光
于洪君	袁东振	张倩红	张宇燕	张蕴岭	赵忠秀	郑秉文
郑春荣	周　弘	庄国土	卓新平	邹治波		

国际组织志

INTERNATIONAL ORGANIZATIONS SURVEYS

北大西洋公约组织

NORTH ATLANTIC TREATY ORGANIZATION

许海云 著

社会科学文献出版社
SOCIAL SCIENCES ACADEMIC PRESS (CHINA)

出版说明

自20世纪90年代以来，世界格局和形势发生重大变化，国际秩序进入深刻调整期。世界多极化、经济全球化、文化多样化、社会信息化加速发展，而与此同时，地缘冲突、经济危机、恐怖威胁、粮食安全、网络安全、环境和气候变化、跨国有组织犯罪等全球性问题变得更加突出，在应对这些问题时以联合国为中心的国际组织起到引领作用。特别是近年来，逆全球化思潮暗流涌动，单边主义泛起，贸易保护升级，以维护多边主义为旗帜的国际组织的地位和作用更加凸显。

作为发展中大国，中国是维护世界和平与发展的重要力量。对于世界而言，应对人类共同挑战，建设和改革全球治理体系，需要中国的参与；对于中国而言，国际组织不仅是中国实现、维护国家利益的重要途径，也是中国承担国际责任的重要平台。考虑到国际组织作为维护多边主义和世界和平与发展平台的重大作用，我们决定在以介绍世界各国及国际组织为要旨的《列国志》项目之下设立《国际组织志》子项目，将"国际组织"各卷次单独作为一个系列编撰出版。

从概念上讲，国际组织是具有国际性行为特征的组织，有广义、狭义之分。狭义上的国际组织仅指由两个或两个以上国家（或其他国际法主体）为实现特定目的和任务，依据其缔结的条约或其他正式法律文件建立的有一定规章制度的常设性机构,即通常所说的政府间国际组织(IGO)。这样的定义虽然明确,但在实际操作中对政府间国际组织的界定却不总是完全清晰的,因此我们在项目运作过程中参考了国际协会联盟(Union of International Associations,UIA)对国际组织的归类。除了会籍普遍性组织(Universal Membership Organizations)、洲际性组织(Intercontinental Membership Organizations)和区域性组织(Regionally Defined Membership Organizations)等常见的协定性国际组织形式外,UIA把具有特殊架构的组织也纳入政府间国际组织的范围,比如论坛性组织、国际集团等。考虑到这些新型国际组织数量增长较快,而且具有灵活、高效、低成本等优势,它们在全球事务中的协调作用及影响力不容忽视,所以我们将这些新型的国际组织也囊括其中。

广义上的国际组织除了政府间国际组织之外,还包括非政府间的国际组织(INGO),指的是由不同国家的社会团体或个人组成,为促进在政治、经济、科学技术、文化、宗教、人道主义及其他人类活动领域的国际合作而建立的一种非官方的国际联合体。非政府间国际组织的活动重点是社会发展领域,如扶贫、环保、教育、卫生等,因其独立性和专业性而在全球治理领域发挥着独特作用。鉴于此,我们将非政府间的国际组织也纳入《国际组织志》系列。

构建人类命运共同体,建设持久和平、普遍安全、共同繁荣、开放包容、清洁美丽的世界,是习近平总书记着眼人类发展和世界前途提出的中国理念,受到了国际社会的高度评价和热烈响应。中国作为负责任大国,正以更加积极的姿态参与推动人类命运共同体的建设,国际组织无疑是中国发挥作用的重要平台。这也是近年来我国从顶层设计的高度将国际组织人才

出版说明

培养提升到国家战略层面，加大国际组织人才培养力度的原因所在。

《国际组织志》丛书属于基础性研究，强调学术性、权威性、应用性，作者队伍由中国社会科学院国际研究学部及国内各高校、科研机构的专家学者组成。尽管目前国内有关国际组织的研究已经取得了较大进步，但仍存在许多亟待加强的地方，比如对有关国际组织制度、规范、法律、伦理等方面的研究还不充分，可供国际事务参与者借鉴参考的资料还很缺乏。

正因为如此，我们希望通过《国际组织志》这个项目，搭建起一个全国性的国际组织研究与出版平台。研究人员可以通过这个平台，充分利用已有的资料和成果，深入挖掘新的研究课题，推进我国国际组织领域的相关研究；从业人员可以通过这个平台，掌握国际组织的全面资料与最新资讯，提高参与国际事务的实践能力，更好地在国际舞台上施展才能，服务于国家发展战略；更重要的是，正在成长的新一代学子可以通过这个平台，汲取知识，快速成长为国家需要的全球治理人才。相信在各方的努力与支持下，《国际组织志》项目必将在新的国际国内环境中体现其独有的价值与意义！

新版《列国志》与《国际组织志》联合编辑委员会
2018年10月

前　言

自1840年前后中国被迫开关、步入世界以来，对外国舆地政情的了解即应时而起。还在第一次鸦片战争期间，受林则徐之托，1842年魏源编辑刊刻了近代中国首部介绍当时世界主要国家舆地政情的大型志书《海国图志》。林、魏之目的是为长期生活在闭关锁国之中、对外部世界知之甚少的国人"睁眼看世界"，提供一部基本的参考资料，尤其是让当时中国的各级统治者知道"天朝上国"之外的天地，学习西方的科学技术，"师夷之长技以制夷"。这部著作，在当时乃至其后相当长一段时间内，产生过巨大影响，对国人了解外部世界起到了积极的作用。

自那时起中国认识世界、融入世界的步伐就再也没有停止过。中华人民共和国成立以后，尤其是1978年改革开放以来，中国更以主动的自信自强的积极姿态，加速融入世界的步伐。与之相适应，不同时期先后出版过相当数量的不同层次的有关国际问题、列国政情、异域风俗等方面的著作，数量之多，可谓汗牛充栋。它们对时人了解外部世界起到了积极的作用。

当今世界，资本与现代科技正以前所未有的速度与广度在国际流动和传播，"全球化"浪潮席卷世界各地，极大地影响着世界历史进程，对中国的发展也产生极其深刻的影响。面临不同以往的"大变局"，中国已经并将继续以更开放的姿态、更快的步伐全面步入世界，迎接时代的挑战。不同的是，我们所面临的已不是林则徐、魏源时代要不要"睁眼看世界"、要不要"开放"的问题，而是在新的历史条件下，在新的世界发展大势下，如何更好地步入世界，如何在融入世界的进程中更好地维护民族国家的主权与独立，积极参与国际事务，为维护世界和平，促进世界与人类共同发展做出贡献。这就要求我们对外部世界有比以往更深切、全面的了解，我们只有更全面、更深入地了解世界，才能在更高的层次上融入世界，也才能在融入世界的进程中不迷失方向，保持自我。

与此时代要求相比，已有的种种有关介绍、论述各国史地政情的著述，无论就规模还是内容来看，已远远不能适应我们了解外部世界的要求。人们期盼有更新、更系统、更权威的著作问世。

中国社会科学院作为国家哲学社会科学的最高研究机构和国际问题综合研究中心，有11个专门研究国际问题和外国问题的研究所，学科门类齐全，研究力量雄厚，有能力也有责任担当这一重任。早在20世纪90年代初，中国社会科学院的领导和中国社会科学出版社就提出编撰"简明国际百科全书"的设想。1993年3月11日，时任中国社会科学院院长的胡绳先生在科研局的一份报告上批示："我想，国际片各所可考虑出一套列国志，体例类似几年前出的《简明中国百科全书》，以一国（美、日、英、法等）或几个国家（北欧各国、印支各国）为一册，请考虑可行否。"

中国社会科学院科研局根据胡绳院长的批示，在调查研究的基础上，于1994年2月28日发出《关于编纂〈简明国际百科全书〉和〈列国志〉立项的通报》。《列国志》和《简明国际百科全书》一起被列为中国社会科学院重点项目。按照当时的计划，首先编写《简明国际百科全书》，待这一项目完成后，再着手编写《列国志》。

1998年，率先完成《简明国际百科全书》有关卷编写任务的研究所开始了《列国志》的编写工作。随后，其他研究所也陆续启动这一项目。为了保证《列国志》这套大型丛书的高质量，科研局和社会科学文献出版社于1999年1月27日召开国际学科片各研究所及世界历史研究所负责人会议，讨论了这套大型丛书的编写大纲及基本要求。根据会议精神，科研局随后印发了《关于〈列国志〉编写工作有关事项的通知》，陆续为启动项目拨付研究经费。

为了加强对《列国志》项目编撰出版工作的组织协调，根据时任中国社会科学院院长的李铁映同志的提议，2002年8月，成立了由分管国际学科片的陈佳贵副院长为主任的《列国志》编辑委员会。编委会成员包括国际片各研究所、科研局、研究生院及社会科学文献出版社等部门的主要领导及有关同志。科研局和社会科学文献出版社组成《列国志》项目工作组，社会科学文献出版社成立了《列国志》工作室。同年，《列国志》项目被批准为中国社会科学院重大课题，新闻出版总署将《列国志》项目列入国家重点图书出版计划。

在《列国志》编辑委员会的领导下，《列国志》各承担单位尤其是各位学者加快了编撰进度。作为一项大型研究项目和大型丛书，编委会对《列国志》提出的基本要求是：资料翔实、准确、最新，文笔流畅，学术性和可读性兼备。《列国志》之所以强调学术性，是因为这套丛书不是一般的"手册""概览"，而是在尽可能吸收前人成果的基础上，体现专家学者们的研究所得和个人见解。正因为如此，《列国志》在强调基本要求的同时，本着文责自负的原则，没有对各卷的具体内容及学术观点强行统一。应当指出，参加这一浩繁工程的，除了中国社会科学院的专业科研人员以外，还有院外的一些在该领域颇有研究的专家学者。

现在凝聚着数百位专家学者心血，共计141卷，涵盖了当今世界151个国家和地区以及数十个主要国际组织的《列国志》丛书，将陆续出版与广大读者见面。我们希望这样一套大型丛书，能为各级干部了解、认识当代世界各国及主要国际组织的情况，了解世界发展趋势，把握时代发展脉络，提供有益的帮助；希望它能成为我国外交外事工作者、国际经贸企业及日渐增多的广大出国公民和旅游者走向世界的忠实"向导"，引领其步入更广阔的世界；希望它在帮助中国人民认识世界的同时，也能够架起世界各国人民认识中国的一座"桥梁"，一座中国走向世界、世界走向中国的"桥梁"。

《列国志》编辑委员会
2003年6月

CONTENTS
目 录

第一章 《北大西洋公约》的酝酿与订立 / 1

第一节 战后欧洲政治、经济与安全新格局 / 1
  一 战后欧洲政治、经济与社会状况 / 1
  二 美苏两国开启冷战对峙与欧洲分裂 / 6
  三 西欧国家开启政治、经济与安全联合 / 12

第二节 战后美国的欧洲冷战战略与全球主义政策 / 18
  一 美国介入欧洲政治、经济与安全事务 / 18
  二 从《查普泰皮克议定书》到《里约热内卢条约》/ 24
  三 从《联合国宪章》第51、52条到《范登堡决议案》/ 29

第三节 订立《北大西洋公约》/ 34
  一 《布鲁塞尔条约》与西方联盟 / 34
  二 从"五角大楼协议"到"华盛顿文件"/ 41
  三 美欧十二国签署《北大西洋公约》/ 47

第二章 北约的组织创设与机制建构 / 55

第一节 北约政治联合机制的设计与实践 / 55
  一 从条约到组织的嬗变 / 55
  二 从北大西洋理事会到"永久议会"/ 61
  三 北约政治与安全权力制度不断深化 / 67

第二节 北约军事指挥架构的规划与发展 / 73
  一 北约早期军事指挥机制的建构及其扩展 / 73
  二 北约军事指挥机制的发展与深化 / 79
  三 北约军事辅助机构建设 / 84

CONTENTS

目 录

第三节 北约社会机制的构建 / 92
 一 北约科学研究机制建设及其发展 / 92
 二 迎接现代社会挑战委员会 / 98
 三 北约在其他领域的机制建设 / 103

第三章 北约防御思想与战略 / 111

第一节 北约防御思想及其政策 / 111
 一 北约"集体安全精神" / 111
 二 北约"自助、互助以及他助"的防御理念 / 117
 三 对北大西洋区域安全的新界定 / 123

第二节 北约政治缓和、核对抗与安全合作思想 / 130
 一 三智者委员会与《三智者报告》 / 130
 二 北约的核困境与"雅典方针" / 137
 三 《哈默尔报告》与北约"缓和与竞争"精神 / 145

第三节 北约军事防御思想与安全战略 / 152
 一 北约"前沿防御战略" / 152
 二 "大规模报复战略"与北约核战略 / 159
 三 从"灵活反应战略"到"剑与盾战略" / 166

第四章 北约政治与安全实践 / 175

第一节 北约持续扩大联盟规模 / 175
 一 北约吸收希腊、土耳其 / 175
 二 北约吸收联邦德国 / 183
 三 北约吸收西班牙 / 190

CONTENTS 目 录

第二节　北约武装力量建设 / 197
　　一　北约及其成员国常规武装力量建设 / 197
　　二　北约武装力量建设中的武器装备标准化与军费分担 / 204
　　三　北约核力量建设及其组成 / 213
　　四　北约武装力量中的辅助性能力建设 / 219

第三节　北约协调联盟内部关系 / 227
　　一　北约介入希、土两国对塞浦路斯主权和爱琴海海域之争 / 227
　　二　北约应对法国退盟事件 / 236
　　三　北约处置希腊退盟及其后续事件 / 244
　　四　跨大西洋安全架构下的美欧关系及其调整 / 252

第四节　北约应对外来危机与挑战 / 260
　　一　北约与"柏林危机" / 260
　　二　北约与"古巴导弹危机" / 270
　　三　北约与1968年"捷克斯洛伐克事件" / 279
　　四　北约与苏联入侵阿富汗事件 / 286

第五节　北约在新冷战环境中调整其政治与安全职能 / 294
　　一　北约与欧安会以及"赫尔辛基精神" / 294
　　二　北约与美、苏两国限制战略武器谈判 / 302
　　三　北约与"美苏零点方案"、《中导条约》 / 312

第五章　冷战后北约的战略转型及其实践 / 321

第一节　北约新战略概念及其发展 / 321
　　一　从伦敦峰会到罗马峰会 / 321
　　二　华盛顿峰会与北约战略更新 / 330
　　三　北约全面政治指导方针 / 339

目 录

　　四　从《北约安全宣言》到"积极接触，现代防御"/ 346

第二节　北约战略转型实践 / 357

　　一　北约政治机制精简与调整 / 357

　　二　北约军事指挥机制的调整 / 365

　　三　北约调整其武装力量建设方向 / 372

第三节　北约预防性干预政策与域外干预行动 / 380

　　一　波黑冲突、科索沃战争与北约对南联盟的军事打击 / 380

　　二　北约与阿富汗反恐战争 / 387

　　三　北约与伊拉克战争 / 395

　　四　北约与利比亚战争 / 404

第六章　北约的伙伴关系、东扩以及联盟全球化 / 411

第一节　北约联盟机制的调整与扩展 / 411

　　一　从北大西洋合作理事会到欧洲—大西洋伙伴关系
　　　　理事会 / 411

　　二　北约"和平伙伴关系计划"及其"单个和平伙伴关系计划"/ 418

　　三　北约—俄罗斯理事会、北约—乌克兰委员会及
　　　　北约—格鲁吉亚委员会 / 427

　　四　北约的"地中海合作计划"与"伊斯坦布尔合作倡议"/ 434

第二节　北约东扩 / 440

　　一　《北约东扩报告》/ 440

　　二　北约吸收波兰、捷克与匈牙利 / 447

　　三　北约吸收波罗的海三国、斯洛伐克、斯洛文尼亚、罗马
　　　　尼亚、保加利亚 / 452

　　四　北约吸收阿尔巴尼亚、克罗地亚 / 458

目录

　　五　北约吸收黑山与马其顿 / 464
　第三节　北约与俄罗斯的竞争与冲突 / 471
　　一　从叶利钦到普京的俄罗斯—北约关系 / 471
　　二　从克里米亚事件到乌克兰危机 / 478
　　三　叙利亚危机中的北约与俄罗斯 / 487
　第四节　北约在全球范围内扩展 / 493
　　一　北约对亚洲的政策及其实践 / 493
　　二　北约与国际公域安全使命 / 501
　　三　北约走向全球化 / 511

附　录　北大西洋公约组织大事年表 / 519

参考文献 / 547

索　引 / 571

第一章
《北大西洋公约》的酝酿与订立

第一节 战后欧洲政治、经济与安全新格局

一 战后欧洲政治、经济与社会状况

迄今为止,作为最大规模的一次世界级战争,第二次世界大战彻底打破了第一次世界大战后欧洲政治、经济与安全秩序。战前主要由英国、法国等欧洲列强维系的凡尔赛体系(Versailles System)土崩瓦解,由英、法等列强主导,用于维持国际和平与安全秩序的国际联盟(League of Nations, LN)也彻底退出历史舞台,各种旧的国际法则和章程、区域安全规则等均销声匿迹,欧洲列强在第一次世界大战前后所做的大多数政治、经济以及安全安排也都支离破碎。由于饱受战争的摧残和蹂躏,战后欧洲各国满目疮痍,各项事业百废待兴,各国亟待重塑其政治、经济、社会以及安全生态,欧洲亦亟须重建一种全新的政治—经济—安全架构。

首先,随着世界反法西斯战争走向胜利,以美、英等国为代表的西方国家,以苏联为代表的社会主义国家,以及亚非拉各洲的新兴民族国家和地区,战胜了穷凶极恶的德、意、日法西斯,赢得世界反法西斯战争全面胜利。世界反法西斯战争确立了一些基本方针、原则以及政策,并得以全面贯彻执行,例如《大西洋宪章》(The Atlantic Charter)、《联合国家共同宣言》(The Declaration by the United Nations)、《关于德意日法西斯国家无条件投降决定》(Demand for the Unconditional Surrender of Germany, Italy, and Japan)、《开罗

宣言》(Cairo Declaration)、《普遍安全宣言》(Declaration of the Four Nations on General Security)、《关于被解放的欧洲宣言》(Declaration of Liberated Europe)、《波茨坦协定》(Potsdam Agreement)、《波茨坦公告》(Potsdam Proclamation)等，这些方针、原则以及政策不仅推动了世界反法西斯战争进程，也为战后欧洲政治、经济、社会、文化以及安全秩序建设确立了总体方向，更为战后欧洲建构全新的政治、军事、安全等规则、程序以及架构奠定了重要基础。

1945年2月至6月，全世界50个国家280多名代表在旧金山召开联合国成立会议，通过《联合国宪章》(Charter of the United Nations)，确立以联合国为中心的战后国际政治与安全体系。联合国创立了一系列新的国际权力机制与规则，在反映全世界大多数国家共同主张（包括维持国际和平与安全，尊重世界各民族平等和自决的权力，推动各成员国展开合作等）的同时，反映了联合国为维持国际秩序而订立的"大国一致"原则，即通过美、苏、英、法、中五大国多边政治协商合作，在协调彼此利益的基础上，共同维持国际安全秩序，减少爆发战争的可能性。

作为近现代国际政治、经济与文化中心，欧洲理所当然成为联合国建构战后国际政治与安全秩序的主阵地。二战期间，欧洲许多国家不同程度地参与了战后欧洲政治、经济与安全架构的设计与建设，甚至直接参与制定联合国主导的国际规则与机制建设。就此而言，无论是在战后国际政治、军事以及安全规则制定中，还是在战后国际体系建构中，都可以看到欧洲国家的存在与影响。

其次，美国从二战后期就开始着手构建战后国际经济新秩序。早在1944年7月，44个反法西斯国家在美国新罕布什尔州布雷顿森林镇召开会议，共同宣布建立国际货币基金组织（International Monetary Fund, IMF）和国际复兴开发银行（International Bank for Reconstruction and Development, IBRD）。前者旨在建立一种国际多边支付机制，全面强化国际社会在货币领域的合作。该组织通过向经济落后国家提供短期贷款，缓解各成员国由国际收支不平衡而导致的经济困难，推动战后欧洲经济迅速恢复和发展。后者负责向各成员国提供长期贷款，在推动各成员国经济复兴的同时，大力推动并促进国际贸易发展。最重要的是，布雷顿森林会议确立了一种新国际货币制度，将美元与黄金挂钩，以等量美元按照固定汇率交换等量黄金，再以可调整汇率让各成员国货币和美元挂钩。这一国际货币体系有助于推动国际自由贸易机制的发展与完善，便利了国际经济平衡与协调发展。

不仅如此，战后国际经济格局发生巨变，各种经济力量此消彼长，新经济格局逐步形成。美国作为全世界首屈一指的超级大国，其工业生产总量占整个资本主义世界的1/2以上，其农业生产总量占2/3，其黄金储备占3/4。另外，美国还拥有全世界最先进的科学技术、最完备的基础设施建设、令世界其他国家艳羡不已的高水平生活方式等。"美国仅依靠它的存在就可以很容易发挥自己的平衡作用。美国在1945年的人口只占全世界的7%，但却拥有全世界近一半的生产和制造能力……为了这场战争，美国人花掉了2300多亿美元，超过1945年的国内生产总值。"[①] 正是由于具备了其他欧洲国家无法企及的超强综合国力，美国才雄心勃勃地制订了独霸世界经济主导权的计划，全身心致力于打造以美国为中心的全球经济新秩序。

与之相比，战后初期西欧各国经济形势不容乐观，战争对西欧各国造成沉重打击。英国在战争中虽未被占领，但其经济一落千丈，不仅丧失了大部分海外殖民地，而且国民经济步履维艰，只能依靠美国的财政援助勉强渡过难关。法国在战争中一败涂地，饱受法西斯德国的占领和蹂躏，其东部和东北部地区几乎成为一片瓦砾，整体经济实力严重受损，战后经济发展受到诸多制约。德国和意大利作为法西斯战争的始作俑者，在带给其他国家灾难的同时，自身亦在战争中饱受打击，人员伤亡惨重，物质损失巨大。德国还在战后被美、英、苏等反法西斯盟国占领和管制，战后意大利经济凋敝，社会生活秩序紊乱，两国经济形势难称乐观。总之，欧洲主要国家受战争拖累，丧失了对战后欧洲经济恢复与发展的主导权，亟须美

---

① 〔美〕德瑞克·李波厄特：《五十年伤痕：美国的冷战历史观与世界》，郭学堂、潘忠岐、孙小林译，上海三联书店，2012，第23页。

国支持和援助。

和欧美各国经济状况相比，苏联在战后国际经济格局中可谓独树一帜。凭借特有的社会主义计划经济体制，苏联取得了反法西斯战争的胜利，凭借战前经济的迅猛发展与积累，成为欧洲最强大的一支经济力量，进而在国际经济中占据一席之地。虽然其经济总量与美国比尚有差距，但成为全世界唯一可以与美国比肩的一支力量，这为战后国际格局中形成两大经济集团奠定了重要基础。但是无可讳言，苏联也在二战中付出了巨大代价，这成为苏联在战后欧洲政治、经济以及安全中竭力为自身争取利益的一个重要原因和动力。据统计，"苏联在战斗中损失了大概870万名男女军人、1800万名平民，占其战前人口总量的19%；苏联损失的人口差不多达到二战中全世界人口损失的一半，与美国损失的人口比例是90∶1。在占领区内，差不多有70000个村庄、65000公里铁路线、一半道路桥梁、一半以上的城市生活空间被摧毁"[①]。

对于苏联在二战中遭受巨大损失的切肤之痛，以及在政治、经济与安全等领域表现出的心理异常波动，欧美国家实际上并不关注，甚至还因为苏联国力被削弱而庆幸。欧美各国的这种表现，实际上是美、英、苏三大国在战后初期由合作迅速走向分裂的一个重要诱因。

在美国联合战略调查委员会（Joint Strategic Survey Committee，JSSC）1945年10月9日提交的一份报告中，美国估计，"在1945年到1948年，苏联有能力颠覆包括斯堪的纳维亚半岛在内的西欧，也有能力随时将英国排除在外。苏联也有能力同时向土耳其和伊朗发动进攻。苏联人在远东的能力有限，他们的海军主要用于执行近海行动，并未对美国本土或者美国的主要海上交通线构成重大威胁"[②]。很明显，美国的战后全球利益安排，没有考虑苏联政治与安全行为的心理动机与诉求，罔顾苏联的利益诉求及其表达，不可避免地会导致双方矛盾急速加剧。

---

① Martin McCauley, *Origins of the Cold War 1941 – 1949*, London and New York: Routledge, 2008, p. 37.
② Steven T. Ross, *American War Plans*, *1945 – 1950*, *Strategies for Defeating the Soviet Union*, London and Portland, O. R.: Frank Cass, 1996, pp. 5 – 6.

第一章 《北大西洋公约》的酝酿与订立

再次,随着世界反法西斯战争落下帷幕,欧美各国与苏联在思想与意识形态上的分歧越来越突出。过去一直为战争烟幕所掩盖的矛盾,开始逐渐暴露在公众面前。"第二次世界大战爆发后,有将近两年的时间,英国和苏联分属相对的阵营,到 1941 年 6 月德国进攻苏联之后,斯大林才加入同盟国。1939 年时,斯大林的目标和西方民主国家领袖的目标是相互冲突的。1941 年,他们的目标未变,抵御了共同的敌人。到雅尔塔后,他们面临着艰巨的任务:打败共同敌人之后,要怎样协商好共同的目标?他们的分歧延伸到意识形态和政治文化,又因外交上的误判和文化上的误会加剧。"① 欧美各国对苏联的意识形态表现出强烈的敌意,尤其是美国更是对苏联的政治方针、外交政策以及安全战略大肆排斥。欧美各国一致认为,苏联具有颠覆欧美资本主义世界的野心。② 从这个意义上讲,苏联与欧美各国的矛盾是不可调和的。

为此,美国夸大苏联的"世界革命学说",模糊这一理念在思想和实践层面的界限,指责苏联外交及其实践均带有侵略性和扩展性,目的均为在全世界扩大共产主义影响。而苏联与欧美各国的联合或者合作只是权宜之计,其最终目标是通过麻痹西方更好地在全世界推行社会主义政策。"斯大林加入大联盟,但他不会忽略一个事实,即资本主义国家的崩溃是不可避免的。"③ 另外,欧美各国还夸大并歪曲东欧各国建立社会主义政权这一既成事实,指责苏联违反美、英、苏三大国达成的战时协议,意图将东欧纳入苏联势力范围。

与之相对应,苏联同样对欧美各国反苏排苏的意图表示强烈不满。苏联认定,欧美各国对苏联的敌意由来已久,其最终目的在于孤立、削弱并且颠覆苏维埃政权。苏联帮助东欧各国摆脱德国法西斯的控制,

---

① 〔美〕沙希利·浦洛基:《雅尔塔:改变世界格局的八天》,林添贵译,中信出版集团,2018,第 507 页。
② Albert L. Weeks, *Myths of the Cold War, Amending Historiographic Distortions*, New York and London: Lexington Books, 2014, p. 101.
③ Alexander Dallin, "Allied Leadership in the Second World War: Stalin," *Survey*, Vol. 21, No. 1/2, 1975. 转引自 LoriLyn Bogle, ed., *The Cold War*, Volume 1, *Origins of the Cold War, the Great Historical Debate*, New York and London: Routledge, 2001, p. 149.

建立社会主义政权，苏联红军为此付出惨重代价，这是战争逻辑发展的一种必然结果，并非苏联蓄意为之。欧美各国则一直在苏联与东欧国家之间制造事端，其最终目的是在全世界建立西方的霸权统治，建立一种以反苏反共为目标的国际政治秩序。在美苏双方的眼中，它们各自的行为带给对方的印象是截然对立的。"苏联在近东产油区'北部层'国家（首先是伊朗，还有土耳其与希腊）越来越令人不安的行为，再加上斯大林在波罗的海三国、波兰以及苏联控制的东欧国家采取的扩张政策，都对欧美政策的变化有决定性影响。"①

事实上，美苏双方在意识形态上的歧见并非始于二战，其历史渊源较为深厚。自苏维埃政权建立后，欧美各国与苏联就一直存在矛盾与斗争。另外，美苏双方在战争期间产生的种种误会，既为双方在意识形态上的分歧使然，亦导致彼此的偏见不断加深。这种意识形态分歧并非只存在于思想领域，而是左右着美苏双方的政治、经济与安全政策，渗透于双方的行动中。"苏联与美国是两个利益截然不同的国家，事实上，两国的目标都是扩展其全球力量，他们不会对已用过的方法小心谨慎，他们具有完全不同的意识形态，每个国家都认为人类幸福的原则在自己一方，每个国家都武装到了牙齿，每个国家都会在对另一方的政治家与社会毫不知情的条件下采取行动。"②

二 美苏两国开启冷战对峙与欧洲分裂

诚如上文所言，美苏双方的确在战后欧洲安全框架的设计上存在较大分歧，尤其是双方的政治与安全战略存在巨大分歧，彼此对立，双方都竭尽所能防范对手，竭力孤立、削弱和摧垮对方。为此，美苏双方在关于战后欧洲安全的一系列安排中，无不以此为目标，竭力扩大自身影响，扩展己方势力范围，最大限度地削弱对方影响，限制并缩小对方势力范围，以

---

① Klaus Larres, *Churchill's Cold War: The Politics of Personal Diplomacy*, New Haven and London: Yale University Press, 2002, p. 108.
② Robert Service, *A History of Modern Russia, from Nicholas II to Vladimir Putin*, Cambridge, M.A.: Harvard University Press, 2005, p. 313.

便使己方掌握更多优势。

二战结束后，美国完全摆脱了孤立主义的桎梏，开始从战前孤立主义转向全球主义，在全世界全力谋求霸权地位。在这一新战略思想的指导下，美国着力推进全球战略安排，对欧洲的战略安排无疑是其全球战略设计的重点。美国认定，战后欧洲时刻面临被颠覆和侵略的危险，欧洲东部已经被苏联控制，西欧各国无时无刻不处于苏联施加的政治压力与军事威胁之中，时刻有被倾覆、被侵略甚至被占领的危险。"正是苏联影响在欧洲扩张这种心理暗示，最能引起美国领导人的关注，尽管'多米诺骨牌理论'（Domino Theory）这个词直到此后十年才流行，但是政府官员深深担心出现'攀比效应'（Bandwagon Effect），即如果这种想法变得非常普遍，世界事务的驱动力就会倒向俄罗斯人。"[①] 与此同时，西欧各国政府还认定，各国均受到国内左翼政治力量的威胁，法国、意大利以及西班牙等国共产党在各国政治生活中相当活跃，各国存在"赤化"的政治风险。

美国杜鲁门（Harry S. Truman）政府对西欧的基本战略设想是，充分确保西欧各国和平与稳定，既要防止其沦为苏联的势力范围，也要防止西欧周边地区爆发危机，避免苏联乘虚而入。为此，美国必须坚决回击苏联的"挑衅"和威胁行为，寸步不让。1945 年 8 月，苏联要求土耳其同意在黑海海峡建立军事基地，由两国共同防守黑海海峡。美国坚决支持土耳其抵制苏联，甚至不惜动用第六舰队，在地中海地区对苏联实施战争威慑。1945 年 12 月，苏联违反美、英、苏三大国达成的战时协议，拒绝从伊朗撤出驻军，还在伊朗北部开发石油，支持阿塞拜疆独立运动。为了不被苏联乘虚而入，美国积极支持伊朗向联合国控诉苏联，甚至直接向苏联政府发出最后通牒，以发动战争相威胁。杜鲁门特别强调，"苏联人煽动

---

① John Lewis Gaddis, "The Insecurity of Victory, the United States and the Perception of the Soviet Threat after World War Ⅱ," Steven Casey, ed., *The Cold War, Critical Concepts in Military, Strategic and Security Studies*, Volume Ⅱ, Origins, London and New York: Routledge, Taylor & Francis Group, 2013, p. 62.

北大西洋公约组织

暴乱,在其友国和盟国伊朗的领土上驻军,在我看来,苏联毫无疑问打算入侵土耳其,控制黑海海峡以及地中海。除非苏联人遇到铁拳以及强有力的言辞,否则就会爆发另外一场战争。他们只懂得一种语言,那就是你有多少个师"①。事实上,苏联的上述行为并非蓄意扩大社会主义影响或者发动世界革命,也不是对西欧各国实施战略围堵和威慑,而是苏联外交与安全战略始终存在大国主义、沙文主义与机会主义元素,这既与社会主义无关,也与"世界革命学说"无关。

针对东欧各国已建立社会主义政权这一既成事实,美国既不愿意在政治上主动承认,也不愿意东欧各国成为苏联的股肱力量,为苏联使用武力威胁和侵略西欧"助纣为虐"。"华盛顿以半自愿的方式,或者以相当勉强的方式,允许苏联在东欧拥有某种特殊地位。"② 为此,杜鲁门政府竭力试图在苏联与东欧各国之间插入一些政治楔子,离间双方关系,弱化苏联对东欧各国的影响力和控制力,从根本上去除苏联与东欧社会主义国家对欧美各国的威胁。事实上,美国与苏联围绕东欧问题的斗争,是双方奉行不同政治与安全规则的结果。斯大林认为,东欧各国建立社会主义政权,是苏联付出惨重牺牲的结果。苏联必须在东欧建立一个"西部安全地带",避免再次遭到入侵,就此而言,苏联的所作所为属于正当防卫,并未违反任何战时协议。而美、英等国则认为,苏联在东欧各国建立社会主义政权,不仅违反了所有战时协议,而且意欲在全世界发动一场共产主义革命,其最终目的是建立一个新式布尔什维克帝国。

1946年2月26日,美国驻苏联使馆代办乔治·凯南(George Frost Kennan)应国务院要求,按照自己对苏联政治与外交的理解,撰写了一份"长电报"(Long Telegram),提交国务院,以此作为杜鲁门政府制定对苏联外交政策的参考意见。在这份"长电报"中,凯南提出"遏制思

---

① Henry S. Truman, *Memoirs*, Vol. 1, *Year of Decision*, *1945*, London: Hodder and Stoughton, 1955, pp. 551 – 552.
② Geir Lundestad, *The American Non-Policy Towards Eastern Europe, 1943 – 1947*, New York: Humanities Press, 1975, p. 42.

第一章 《北大西洋公约》的酝酿与订立

想"。凯南声称:"莫斯科不受理智逻辑的干扰,却对武力的原则极为敏感,只有遇到遏制,它才会退却。"① 美国将通过政治打压、经济封锁、军事对抗、文化渗透、意识形态宣传、科技竞争等手段,对苏联与东欧各国实施全面遏制,最终使之在与美国的竞争和对抗中落败。此后,凯南又陆续发表了一系列关于"遏制思想"的文章,许多政府高官也陆续提出有关"遏制思想"与政策的报告,这些都为美国最终形成遏制政策(Policy of Containment)奠定了重要基础。

无独有偶,1946年3月5日,英国前首相丘吉尔(Winston Churchill)应杜鲁门总统之邀,在密苏里州富尔顿市发表名为《和平的中流砥柱》的公开演说——铁幕演说(Iron Curtain Speech)。丘吉尔非常夸张地提出,"自波罗的海的什切青,到亚得里亚海之的里雅斯特,欧洲出现了一道横贯南北的'铁幕','铁幕'下的欧洲已经分裂为两个截然对立的世界,苏联支持的警察政府在东欧各国泛滥"②。对此,斯大林接受了《真理报》记者的访问,对丘吉尔的演说提出针锋相对的批评。"我认为这是危险的一步,此举在盟国中播下了纷争的种子,阻止了他们的合作……毫无疑问,事实上,丘吉尔采取了战争贩子的立场,丘吉尔在这一点上不是孤立的,他不仅在英国有朋友,在美国也有朋友。"③

铁幕演说虽然无法决定美国遏制政策的发展方向,但无疑反映了欧美各国朝野各界的一致心声,尤其反映了欧洲各国对美国的一种政治期许,即欧洲已经分裂为两部分——"民主的欧洲西半部"与"专制的欧洲东半部",西欧各国希望美国承担起领导责任,组成一个足以抗衡苏联与东欧社会主义阵营的自由国家联盟。

---

① "The Change in the Soviet Union (Kennan) to the Secretary of State," *FRUS*, 1946, Vol. 6, pp. 696 – 709, https: //history. state. gov/historicaldocuments/frus1946v06/d470.
② David Rees, *The Age of the Containment, the Cold War, 1945 – 1965*, New York: St. Martin's Press, 1967, p. 18.
③ *Pravda*, 13 March 1946. 转引自 Martin McCauley, *Origins of the Cold War 1941 – 1949*, pp. 142 – 143。

北大西洋公约组织

在战后初期美苏双方的一系列分歧与斗争中,最具影响力的典型事件当数盟国对德国的分区占领和管制。德国身处中欧心脏地带,位于西欧与东欧之间的地缘政治夹缝中,其战略地位可谓至关重要,这就决定了盟国为实施对德占领与管制而采取的相关立场、政策以及处置结果,必然会成为欧洲政治发展的一个风向标。美、英、苏等国围绕德国分治问题而产生的种种纠葛,势必会成为美苏双方在欧洲冷战的一项重要内容,最终成为欧洲走向政治分裂的一个重要起点。就像英国国际关系学者阿维·施莱姆(Avi Shlaim)提出的,"德国占据欧洲的中心,其地缘战略位置以及可怕的工业生产潜力,使之成为欧洲与全球力量平衡中的一个关键因素,谁控制了这一重要的中心,谁就能控制整个欧洲,就会使制衡对手的全球力量平衡器向自己倾斜"[①]。

众所周知,按照美、苏、英三大国在战时共同商定的对德分区占领、管制以及赔款原则,一俟对德战争结束,就对德国实施分区占领与管制。虽然三大国共同组建盟国管制委员会(Allied Control Council, ACC),以此协调各自对德方针、政策以及行动步调,但美、英、法、苏四国在德国与柏林设置4个占领区,各自的政策与行动实际上并不统一,在程序、步骤、进度等方面很难协调一致。简言之,这种分治局面导致东西双方在德国问题上走向彻底分裂,也是双方逐渐走向政治与军事对抗的肇始。"横贯德国的占领区分界线变成一道僵化的国家界限,欧洲陷入一个僵持时期,欧洲大陆两部分之间充斥着暴力宣传,而且相互接触减少。"[②]

1946年底,美占区和英占区合并,成立双占区,美、英两国在最大限度上实现了对德占领与管制政策统一。很明显,美、英两国不愿与苏联消除对德占领与管制政策上的分歧与争论,而是故意使自身的对德政策有别于苏联。正是在这一思想主导下,法占区很快并入双占区,美、英、法

---

① Avi Shlaim, "The Partition of Germany and the Origins of the Cold War," LoriLyn Bogle, ed., *The Cold War*, Volume 1, *Origins of the Cold War, the Great Historical Debate*, p. 224.
② J. M. Mackintosh, *Strategy and Tactics of Soviet Foreign Policy*, New York and Toronto: Oxford University Press, 1962, p. 29.

第一章 《北大西洋公约》的酝酿与订立

三国共同建立西占区。为了使西占区与苏占区彻底断绝联系，三国单方面在西占区实施币制改革，发行"B记"马克，使西占区的货币、关税与贸易等自成一体。事实上，三国在西占区单独发行货币，目的就是要使西占区实现经济自立，彻底切断与苏占区的经济联系。与此同时，美、英、法三国还在西占区成立以康拉德·阿登纳（Konrad Adenauer）为首的行政管理机构，代行政府职权。此举使西占区在政治和经济上与美、英、法等国捆绑在一起，使西占区完全处于欧美各国控制之下，避免出现"政治中立化"。

面对美、英、法三国蓄意分裂德国的图谋，苏联采取针锋相对的措施，先是在苏占区实施币制改革，发行"D记"马克，使苏占区形成独立的经济体系。然后，苏联为逼迫美、英、法三国回心转意，宣布对柏林实施封锁，切断西柏林与西占区之间的所有水陆交通，制造了震惊世界的柏林封锁事件（Berlin-Blockade），又称"第一次柏林危机"。围绕柏林问题，美苏冷战出现第一次高潮。为了向世界显示不屈从于苏联压力的政治决心，美、英等国旋即宣布，对西柏林实施大规模空运，调用大型运输飞机，对西柏林居民空投其所需要的各种生活物资。另外，为了给柏林空运行动（Berlin Airlift）站脚助威，美国还特意向英国大规模调派能够装载核弹的"超级空中堡垒"B-29型远程战略轰炸机，同时在英国建立战略空军基地，对苏联实施战争威胁。"苏联下了战书，西方接过战书，还之以大规模空运，以此保持其在柏林的存在。"[1]

最终，苏联迫于形势做出让步，美苏双方就柏林问题达成妥协。"第一次柏林危机"虽然得到解决，但德国却朝着分裂的方向越走越远。在美、英、法等国支持下，西占区很快制定宪法草案，最终通过《德意志联邦共和国基本法》（Grundgesetz für die Bundesrepublik Deutschland），成立阿登纳领导的首届联邦德国（西德）政府。美、英、法三国占领机构旋即公布《占领法》，赋予新成立的西德政府财政、外交与国防大权。

---

[1] Lawrence S. Kaplan, *NATO 1948: The Birth of the Transatlantic Alliance*, Lanham, M. D.: Rowman & Littlefield Publishers, Inc., 2007, p.59.

"美国对德政策锁定为一个三段式逻辑,即欧洲经济重建对政治稳定与世界和平非常重要;欧洲的复兴有赖于德国的复兴;而德国的复兴则需要将德国视为一个经济实体。"①

与之相对应,苏联亦在苏占区成立以威廉·皮克(Wilhelm Pieck)为首的东德(民主德国)政府,通过《德意志民主共和国宪法》,赋予东德政府外交与财政大权。至此,德国一分为二,正式分裂为西德和东德。"对西柏林的封锁,加速了北约创建,削弱了苏联在西欧的地位。西方国家为了回应对西柏林的封锁,对东德实施封锁,同样也产生了某种效果。"② 由于处于美苏冷战的最前沿,德国分治对欧洲政治裂变产生了无与伦比的影响,进而促使美苏双边关系趋向全面破裂。

三 西欧国家开启政治、经济与安全联合

随着美苏冷战氛围愈加浓重,欧洲安全形势日趋紧张。受意识形态影响,西欧各国在美苏冷战对峙中承受着巨大压力,这种压力来自多个方面,既有西欧由于身处美苏冷战前沿而面临的地缘政治压力,也有由于苏联奉行强硬政治与外交政策而产生的安全压力,还有由于误解苏联意识形态的现实追求与终极目标而形成的思想压力等。"克里姆林宫的主人也曾产生了一些幻想,马克思列宁主义的分析已经做出预测,不仅战后西方经济会陷入崩溃,而且英国与美国最终也会发生冲突。"③ 上述种种压力在很大程度上促使西欧各国不得不探寻强大的安全保护,使西欧各国既可摆脱内部各种左翼和激进政治的纷扰,又能承受苏联与东欧各国施加的外部安全威胁。对西欧各国来说,建立广泛联合在客观上已成为一种重要选择。很明显,冷战结束后欧洲需要实现全面联合,实际上与冷战开启之初的欧

---

① Hadley Arkes, *Bureaucracy, the Marshall Plan, and the National Interest*, Princeton, N. J.: Princeton University Press, 1972, p. 26.
② Geir Lundestad, *East, West, North, South, Major Developments in International Politics, 1945 – 1986*, Oslo: Norwegian University Press, 1986, p. 55.
③ John Lewis Gaddis, *We Now Know: Rethinking Cold War History*, Oxford: Oxford University Press, p. 42.

第一章 《北大西洋公约》的酝酿与订立 North Atlantic Treaty Organization

洲联合同样必要且重要，这似乎是欧洲政治与安全逻辑发展的一种必然。

欧洲各国在历史上一直致力于寻求能够摆脱战祸的和平之路，它们尝试了构建欧洲安全秩序的各种方式，例如"拿破仑式"全欧洲扩张、"梅特涅式"合纵联合、"俾斯麦式"大陆联盟，甚至还有希特勒发动的法西斯侵略战争等，但这些尝试均以失败告终。甚至欧洲各国在历史上一直非常重视的结盟方式，亦未能真正发挥功效。究其原因，就是欧洲各国在历史上推行的政治、经济或安全联合，或者过分关注单个国家利益而忽视整体利益，或者由于过分关注现实利益而忽视道德和公义支撑，或者由于过度关注短期利益而忽视长期利益。

早在二战前，为了应对德国法西斯崛起，西欧各国曾展开多种联合实践，这些联合主要通过民间与官方两种渠道展开。前者主要以匈牙利贵族库登霍夫－卡勒吉（Richard N. Coundenhove-Kalergi）伯爵为代表，这些倡导欧洲统一的支持者发起声势浩大的泛欧运动（Pan-Europe Movement），积极推动欧洲联邦建设，试图以欧洲联邦化解各民族国家沉积已久的政治分歧、利益纠葛与历史积怨。后者以德国斯特莱斯曼（Gustav Stresemann）政府为代表，德国联合低地国家与意大利等，在政府层面探讨建立欧洲邮政联盟（European Postal Union, EPU），尝试实施欧洲跨国家联合。"像库登霍夫－卡勒吉伯爵这样的欧洲联合支持者，在二战前一直被视为梦想家。法国、英国以及低地国家政治领袖对欧洲（联合）运动产生新的兴趣，这使他们备受鼓舞。"[①] 因此，欧洲政治、经济与安全联合实践从未停止，建立某种联合机制已成为欧洲各国的共识。然而，由于缺乏根本性的利益和解与协调，上述尝试最终均以失败告终，但这些实践为战后西欧各国大规模推进安全联合奠定了重要基础。

第二次世界大战爆发后，鉴于德国法西斯蓄谋战争已久，欧洲多国被纳粹德国击败，各国政要纷纷流亡伦敦，这使他们有条件就战前欧洲联合设想进行深入探讨。"欧洲流亡国家政要眼见自己国家的崩溃，他们支持

---

① Lawrence S. Kaplan, *The United States and NATO: The Formative Years*, Lexington, K. Y.: The University Press of Kentucky, 1984, p. 6.

北大西洋公约组织

建立一个强有力的国际组织,为的是反对(鼓吹)国家主义的法西斯复活,促进欧洲统一,提供一种未来的保护。他们团结在美国和英国特别是英国的周围,(共同)捍卫这一思想。"① 战争带给欧洲各国最惨重也是最迫切的教训,就是使它们真正认识到推进联合与协商的必要性与重大意义。

二战结束后,鉴于战争给欧洲各国人民带来巨大苦难,西欧各国开始反思战前联合失败的经验教训,积极探索创建欧洲和平之路。"欧洲出于历史原因,代表一种共同使命下的精神与文化统一。欧洲文明现在受到集权的破坏……对西方文明的解救,事实上可能是限制个别国家以及形成欧洲联邦的唯一可能途径。"② 在政治领域,鉴于西欧各国在二战中饱受战乱之害,为了防范法西斯主义、军国主义等极端思想沉渣泛起,也为了防范德国卷土重来,杜绝极端右翼政治组织或者国家在欧洲死灰复燃,再度危及欧洲和平与安全秩序,西欧各国迫切需要建立一个所谓的民主国家政治联盟,以此铲除欧洲右翼政治土壤,形成制约极端和右翼力量的社会机制。相较于世界其他国家,西欧各国更尊重反法西斯盟国订立的一系列国际政治规则,尊重以联合国为中心的战后国际政治秩序,积极推动欧洲政治生活民主化,包括对德、意法西斯国家的政治生活、社会生活实施全面整肃,根除祸患。

不仅如此,西欧各国推进战后政治联合的另一个目标,就是防范和抵制共产主义渗透,制约苏联与东欧各国在欧洲扩大影响。鉴于苏联与东欧各国建立社会主义政权已是既成事实,西欧各国竭力抵制苏联与东欧各国,尽可能地限制其对外扩展影响。受战后初期西欧各国政治形势影响,法国、意大利、西班牙等国共产党基于在反法西斯战争中赢得的声誉得以参加资产阶级政府,但这些共产党人大多在各国政府中占据非关键性位置,其任职时间非常短暂。由于在政治上屡遭压迫和排斥,三国共产党人

---

① Walter Lipgens, ed., *A History of European Integration*, Vol. 1, *1945 – 1947*, Oxford: Clarendon Press, 1982, p. 66.
② Walter Lipgens, ed., *A History of European Integration*, Vol. 1, *1945 – 1947*, pp. 118 – 124.

第一章 《北大西洋公约》的酝酿与订立　North Atlantic Treaty Organization

很快悉数退出各自的政府。"苏联在东欧拥有无上权力，它拥有规模最大的武装力量，对其占领地区实施严格控制。另外，它在西方也拥有相当大的影响力。共产党在意大利、法国这样的国家具有重大影响力，而且对许多欣赏俄罗斯人在二战中表现的非共产党人也有较大影响……"① 很明显，西欧各国的政治联合在短期内虽未能形成一个有形实体，但在客观上形成一种政治氛围，得以在西欧各国政治与外交实践中发挥作用，这种状况一直延续到东西方冷战全面开启。

在经济领域，战后欧洲经济极度疲弱，西欧各国不论是战胜国还是战败国，都在战争中遭受重创。"1946 年至 1947 年西欧经受了连续两年干旱，又饱受非同寻常的风暴、洪水与寒冷侵害，食物与燃料的生产严重受损。欧洲经济从来未从战争的混乱中得到恢复，其工业生产仍低于战前水准。"② 西欧各国的担忧主要包括两方面。其一，各国政府普遍担心，如果欧洲经济无法迅速恢复，或者当前欧洲经济形势持续恶化，西欧各国自身已经无力支撑最基本的国计民生。西欧各国只能将未来经济恢复与发展的期望寄托在美国提供经济援助之上。"英国人通过《增强美国防御法案》（An Act to Promote the Defense of the United States）获得价值 320 亿美元的物资和服务……随着进一步获得租借援助的希望趋于渺茫，英国人还是希望在美国为数 50 亿~60 亿美元的援助中寻求信用额度，条件是降低利率，以便英国在 50 年内分批支付。"③ 经济形势持续低迷，不仅会导致大量失业，还会导致社会秩序不稳定，国家政治持续动荡。这种状况极有可能在欧洲各国滋生更大面积的社会主义土壤，加剧西欧各国政治的左翼倾向，进而导致欧洲政治生活全面"左倾化"或者"布尔什维克化"。各国共产党以及各种左翼力量大规模问政参政，极有可能导致西欧各国政治生态被倾覆。其二，让西欧各国政府深感忧虑的还有，由于西欧各国经济持续低迷，各国综合实力必然会进一步下降，各国拿不

---

① David Miller, *The Cold War: A Military History*, New York: St. Martin's Press, 1998, p. 4.
② Hadley Arkes, *Bureaucracy, the Marshall Plan, and the National Interest*, p. 47.
③ Hadley Arkes, *Bureaucracy, the Marshall Plan, and the National Interest*, p. 26.

出足够的资源与资金用于国防建设,从而导致西欧整体防御能力下降。这种状况会使苏联与东欧社会主义国家对西欧产生觊觎之心,使它们更频繁地实施武力威慑与军事恐吓,不排除苏联与东欧各国会采取某种局部军事入侵行动。

西欧各国认定,当务之急是它们必须在经济上迅速联合起来,在美国的帮助下结成一个牢固的经济联合体,既能使各国持续强化在经济、社会以及国防等领域的能力,又能有效化解各国在历史上积聚的种种利益纠葛和民族恩怨。只有西欧各国在经济上真正连成一体,欧洲经济才能彻底复兴,西欧才能真正实现和平、发展与繁荣。"在欧洲国家看来,美国是巨人,美国的规模与力量似乎是阻挡共产主义杀戮的唯一屏障,不管是来自西方的共产党还是东方的苏联施加的压力。只有美国的财富与宽宏大度,可以将欧洲国家从战争所引发的物质破坏和心理障碍的严重后果中拯救出来。"①

在安全领域,西欧各国一直认定,西欧之所以在二战后期与战后初期多次遭到苏联的安全威胁与挑战,姑且不论苏联秉持的意识形态和"世界革命学说",其根本原因在于西欧缺乏足够强大的安全能力,缺乏能够有效化解各种武力威胁和侵略行径的防御能力。在西欧各国看来,苏联已经控制了整个东欧,将其纳入势力范围,将东欧各国变成在欧洲实施侵略的重要帮手。然而,苏联不会就此止步,接下来还会向中欧、西欧、北欧等实施渗透、扩张以及侵略,直至占领并控制整个欧洲大陆。"苏联的行动并不局限于东欧,事实上,所有西欧国家都有一个非常活跃的共产党,大多数共产党人主要因战时的抵抗运动赢得了相当大的尊重。"② 因此,西欧亟待在防务安全领域迅速联合起来,结成一个牢固的防御阵线,避免被苏联和东欧各国各个击破,最终全面沦陷。

不仅如此,西欧各国在防务领域所表现出的联合意向,除防范和阻碍苏联与东欧各国的威胁和侵略外,还兼有维护欧洲和平与稳定的整体战略

---

① Lawrence S. Kaplan, *The United States and NATO: The Formative Years*, p. 22.
② David Miller, *The Cold War: A Military History*, p. 8.

第一章 《北大西洋公约》的酝酿与订立

思考。其一，西欧各国需要防范、抑制和阻碍德国重新崛起，通过制定协调一致的防御政策，打造强大有效的综合防御能力，有效抑制德国，使之无法再度威胁和扰乱欧洲和平与安全秩序。其二，由于缺乏必要的政策协调，西欧各国均独力推进各自的防御实践，这样既会浪费有限且宝贵的防御资源，又无法真正强化西欧整体的防御能力。因此，西欧各国推进防御联合有双重目标，但双重目标在推动西欧整体安全、最大限度地体现各国安全利益这一大方向上完全一致。

在思想与意识形态领域，鉴于世界反法西斯战争带给全世界的惨痛经历，尤其是德、意两国在欧洲民主、自由与平等的思想氛围中滋生出法西斯主义和军国主义恶果，欧美各国在德、意法西斯崛起过程中并未有效干涉，而是推行绥靖政策，听任德、意、日法西斯为害世界，最终酿成世界大战。作为西欧安全联合的积极推动者，比利时外长保罗－亨利·斯巴克（Paul-Henrri Spaak）一直强调西欧各国共同推进安全合作的重要意义，强调英国的领导作用，其观点代表了绝大多数欧洲国家的意愿。"欧洲过去20个月发生的事件表明，欧洲各国为了确保安全必须相互依赖，在英国的成功领导下，欧洲在战后将会很愉快地统一起来，为此，英国必须非常强大，英国必须使自己与欧洲连在一起。"[①]

为此，西欧各国必须联合起来，尤其要在思想与意识形态上连成一个整体，使之与政治、经济与安全能力相匹配，通过不断发展并完善西方国家的思想体系、意识形态以及价值观，剔除各种异质性和对抗性因素，在国际舞台上持续昭示西方主流价值观，充分发挥西欧国家在思想与意识形态上的"传统优势"，形成固化的"普世"价值理念。不仅如此，西欧各国还将充分发挥西方主流价值观在全世界的示范和榜样作用，最终引领全世界的发展与进步。

由此可见，西欧各国结成政治、经济、军事或者意识形态联盟已成必然趋势，建立不同以往的联盟的呼声也很高。但西欧各国自身信

[①] Paul-Henri Spaak, *The Continuing Battle*, *Memoirs of a European 1936–1966*, Boston & Toronto: Little, Brown and Company, 1971, pp. 76–77.

心与实力不足，它们或者在等待某个有利时机，或者在等待某种力量介入，或者希望找到某个实现联合的突破口，以便激发各国实现全面联合的信心与勇气。这种联合既能满足西欧各国的短期需要，又能满足西欧实现长久和平与发展的诉求。毋庸置疑，西欧各国长期凝聚的联合思想及其实践，为冷战时期西欧各国联合以及跨大西洋联合奠定了重要基础。

第二节 战后美国的欧洲冷战战略与全球主义政策

一 美国介入欧洲政治、经济与安全事务

众所周知，美国素有奉行孤立主义的外交传统，利用北美大陆地处大西洋和太平洋之间的特殊位置，不介入欧洲列强的矛盾与纷争。这一外交方针及其实践在很大程度上确保美国能够在一个多世纪的国际政治、经济与军事乱局中独善其身。一直到二战爆发，美国才开始全面调整其外交方针，从孤立主义转向全球主义，开始插手战后欧洲政治、经济以及安全事务，全力打造以美国为中心的新型国际政治、经济与安全格局。当然，美国上述外交方针的转变并非出自偶然，而是具有深厚的历史与现实背景，其实施手法也非常巧妙，既凸显了美国的价值观、道德观与世界观，使美国能够担负起引领世界的重任，又实现了美国在战后全面实施政治、经济、军事、文化以及意识形态扩张的客观需要，进而为美国主导的战后国际秩序建构奠定了重要基础。

事实上，早在二战期间，美国就已着手构想并创建战后欧洲政治、经济与安全秩序，这一构想在美国为战后欧洲所拟定的一系列政策评估报告中得到充分展示，而且也体现在美国与盟国达成的一系列协议、条约以及规则中。二战结束后，在杜鲁门总统的领导下，美国迅速大规模介入欧洲事务，尽可能快地将其在战时拟定的各项政策、方案以及协议付诸实施。虽然美国的许多做法看似偶然，但事实上却是美国政治、经济、军事与外交政策发展的必然结果。战后欧洲连续爆发安全危机与冲突，为美国介入

第一章 《北大西洋公约》的酝酿与订立

欧洲事务提供了某种借口或契机，虽然它们并非美国在二战后走向全球主义、插手欧洲事务的必然条件。

正如前文所述，虽然"黑海海峡危机"最终以苏联收回与土耳其共管黑海海峡、在土耳其建立海军基地等要求而结束，但苏联并未就此作罢。一方面，苏联继续对土耳其展开政治攻势，包括发动宣传攻势，对土耳其的亲西方外交痛加批评；另一方面，苏联还鼓动土耳其境内少数民族展开分离主义运动，从内部动摇其统治秩序，瓦解土耳其的反苏抗苏意志。苏联认为，如果土耳其无法得到美、英等国的支持，只会在与苏联的对阵中落败。

无独有偶，战后希腊国内政治与军事形势极为复杂。希腊政治力量分化为两部分：一方是希腊共产党及其领导的游击队，他们不仅得到普通民众的支持，还得到苏联与东欧各国的支持，尤其是南斯拉夫的支持，他们在希腊国内政治与军事生活中的影响力越来越大。与之相对立的另一方则是希腊右翼政府及其领导的政府军，英、法等国不断为其输血打气，向其提供巨额经济与军事援助，帮助其清剿希腊共产党领导的游击队。两种力量展开激烈斗争，使希腊逐渐陷入内战泥潭而无法自拔。

鉴于希腊与土耳其的政治与安全形势不容乐观，英国害怕希、土两国会屈从于苏联，从此远离西方。一旦苏联控制希腊和土耳其，其武装力量从此就可直出黑海海峡，苏联的势力及其影响就会遍及整个东地中海地区。为了应对这一棘手的政治与安全困局，英国政府在1947年2月向美国国务院发出外交照会，声称英国由于经济形势不乐观，无力继续向土耳其、希腊提供经济和军事援助，打算撤出驻守两国的武装力量。英国提议，美国应当挺身而出，接过英国的接力棒，继续向两国提供军事援助，以此稳定两国政治、经济与安全局面，确保希腊政府不会倾覆，不会被希腊共产党所替代，与此同时，确保土耳其政府不会屈从于苏联的政治压力，继续充当民主国家在抗苏前沿的中坚力量。"英国提到，土耳其无法在提高经济地位的同时，再向其军队提供装备，因此，保护土耳其免遭苏联侵略将是非常重要的；有必要援助土耳其政府将其武装力量组织起来，

北大西洋公约组织

实现装备现代化。"①

在接到英国的外交照会后,美国政府各部门迅即展开磋商,毫无争议地确定了相应的方针政策,即美国必须接过英国的接力棒,继续向希腊和土耳其提供经济与军事援助。"美国中央情报局专家预测,苏联会对土耳其人持续发动神经战,以便使安卡拉做出政治让步。"② 在杜鲁门政府眼中,美国接棒英国,继续保持在东南欧的军事存在,具有现实与道德双重意义。一方面,美国可以通过向希、土两国提供援助,展示其作为自由世界领袖的领导力和影响力,展示美国面对苏联和东欧各国毫不妥协的政治决心与意志,以此坚定西欧各国抵抗苏联政治"讹诈"、军事威胁的信心和勇气。另一方面,美国也借保护希腊和土耳其之名,顺理成章地插手欧洲事务,在稳定希腊和土耳其政局的基础上,按照美国的意愿打造战后欧洲和平与安全秩序,在最大限度上体现美国在欧洲的政治与安全诉求。"杜鲁门政府愤世妒俗,煽动美国公众舆论中的病态情绪,施加压力,将一个向希腊和土耳其提供援助拨款的适度要求,描绘为专制与民主、美好与邪恶之间斗争的一部分。"③

1947年3月12日,美国总统杜鲁门向国会发表咨文。在这篇后来被称为"杜鲁门主义"(Truman Doctrine)的政府咨文中,杜鲁门公开声称,美国将向希腊和土耳其提供财政援助,帮助两国抵御来自"集权国家"的压力与胁迫。进言之,美国还将向全世界所有自由与民主国家提供帮助,支持它们反抗"集权政治"和外来威胁。4月22日和5月8日,美国参众两院分别通过关于向希腊和土耳其提供财政援助的法案,该法案最终经杜鲁门批准而生效。为此,美国政府正式向希腊和土耳其两国提供为

---

① *The State Department Policy Planning Staff Papers*, 1947, Volume Ⅰ, New York & London: Garland Publishing, Inc., 1983, XVII.

② James F. Schnabel, *The History of the Joint Chiefs of Staff: The Joint Chiefs of Staff and National Policy*, Volume Ⅰ, *1945 - 1947*, Wilmington, Delaware: Michael Glazier, Inc., 1979, JIS 253/1, 26 July 1946. 转引自 Steven T. Ross, *American War Plans*, *1945 - 1950*, *Strategies for Defeating the Soviet Union*, p. 9。

③ Deborah Welch Larson, *Origins of Containment: A Psychological Explanation*, p. 8.

第一章 《北大西洋公约》的酝酿与订立

数4亿美元的财政援助。① 不仅如此,美国还向希腊派出政治与军事顾问,帮助政府军清剿游击队。

毋庸置疑,在杜鲁门主义出台后,美国与苏联在欧洲的战略较量趋向公开化。此举一方面使美国担负起守护所谓西方自由世界的责任,同时也使美国全球主义战略得到进一步落实;另一方面,杜鲁门主义也使美苏两国的战时同盟关系彻底终结,双方由暗中较量走向公开对抗。如果杜鲁门主义被视为美国外交转向全面冷战的一个政治标志,那么,马歇尔计划则称得上是美国外交转向全面冷战的一个经济标志,两者就像一个核桃的两半,共同开启了战后美国的冷战政策及其实践。"美国媒体将杜鲁门主义形容为美国外交政策的一个历史性里程碑,杜鲁门决定抵御富有侵略性的共产主义,(其意义)被认定为既不亚于门罗主义(Monroe Doctrine),也不亚于决定反抗希特勒。"②

如前所述,二战后欧洲经济萧条,百废待兴,欧洲各国虽渴望经济联合,但西欧任何一国实际上都无力担负引领欧洲经济联合的重任。与欧洲各国无力实现经济自立的现状相比,战后美国成为世界超级大国,经济力量空前强大,庞大的经济产能迫切需要释放。虽然美国初步确立了战后国际经济秩序,包括美元的国际货币地位、国际自由贸易体系等,但是关于如何在欧洲最大限度地建立美国的经济霸权,建立美国主导下的欧洲经济新架构与新规则,替代旧的欧洲经济架构与规则,美国在战后最初两年并未确定最佳路径与最有利的时机。在建立世界经济新格局的进程中,美国需要西欧各国的积极支持和配合。"只要西欧缺乏安全感,经济援助就不足以建立其自信。在战后世界,它们的军事资源无法抵挡苏联的侵略,它们相信美国的力量是唯一可以阻止苏联侵略的威慑力量,这就要求美国在涉足欧洲的时候要有更多的深刻(政策)变化,而不只是杜鲁门主义或

---

① Melvyn P. Leffler, *A Preponderance of Power*: *National Security*, *the Truman Administrative*, *and the Cold War*, Stanford, C. A.: Stanford University, 1992, p. 145.

② Melvyn P. Leffler, *A Preponderance of Power*: *National Security*, *the Truman Administrative*, *and the Cold War*, pp. 143 – 144.

者马歇尔计划。"①

1946年9月,美国国务卿詹姆斯·贝尔纳斯(Jamess Byrnes)在德国斯图加特发表演说,首次提及美国向欧洲提供经济援助的问题。许多政府官员深切感受到,如果美国无法向极度贫弱的欧洲及时提供经济援助,欧洲经济必将破产。届时,欧洲有可能再度成为极左或极右思潮以及社会运动的温床,尤其是可能会为苏联与东欧各国实施扩张和侵略提供可乘之机。换句话说,一个经济崩溃、社会混乱、政治极端化的欧洲,不仅不利于美国建构国际经济霸权,还会对其形成阻碍。

在美国政府各部门反复磋商后,经乔治·凯南、助理国务卿威廉·克莱顿(William Lockhart Clayton)等人筹划,国务院最终确定了向欧洲提供经济援助的"欧洲复兴计划"(European Recovery Program,ERP)。凯南强调,"我们所能做的最重要的事情就是为西欧制定一个富有建设性的计划,给予疲惫困惑的西欧人新的希望,为他们打开新的视野"②。按照该计划的设计,美国不会向单个欧洲国家提供经济援助,而是要求所有欧洲国家联合起来,以集体方式向美国提出一揽子援助要求,包括援助物资的数量、种类、方式以及实施措施等。美国则会采取统一支付的方式,利用租借物资中的实物以及经济产品、资金、技术等,向欧洲提供经济援助,帮助战后欧洲尽快实现经济恢复和发展。

1947年6月,美国国务卿乔治·马歇尔(George Marshall)受邀在哈佛大学毕业典礼上发表演说,明确提出欧洲复兴计划,史称马歇尔计划(The Marshall Plan)。马歇尔强调,欧洲国家应该团结起来,共同制订一项欧洲重建计划,就其所需向美国提出援助要求。虽然马歇尔计划在名义上向欧洲各国敞开大门,但其相关规定却为苏联与东欧各国加入设置了许多隐性障碍。因为该计划要求所有受援国必须与美国订立双边协定,废除关税壁垒,放宽外汇限制,建立由美国控制的对等基金,接受美国对援助资金和物资使用的监督,保障美国投资和开发等权利。另

---

① Lawrence S. Kaplan, *NATO 1948: The Birth of the Transatlantic Alliance*, p. 7.
② 〔美〕乔治·凯南:《凯南日记》,曹明玉译,中信出版集团,2016,第191页。

第一章 《北大西洋公约》的酝酿与订立　North Atlantic Treaty Organization

外,所有受援国必须按照美国所倡导的市场经济方式整合其经济资源,推动欧洲经济统一。很显然,这些要求有利于西欧各国,不利于长期实施计划经济、与欧美各国多有龃龉的苏联和东欧各国,因此它们注定很难接受上述要求。

针对马歇尔计划暗含之意,英国外交大臣厄内斯特·贝文(Ernest Bevin)、法国外长乔治·皮杜尔(Georges Bidault)心领神会,迅速召开欧洲国家会议,确定了集体向美国提出经济援助要求的欧洲经济重建计划,最终排斥苏联与东欧国家参与。该计划要求美国提供220亿美元的经济援助,经美国政府审核,确定了170亿美元的援助额度。经国会多次审议,最终确定了总数额为135亿美元的援助法案(实际援助数额要远远小于该数字)。① 杜鲁门在1948年4月签署法案,马歇尔计划最终由设想变成现实。"美国在1947年启动的马歇尔计划,旨在阻止美、苏两国之间相关力量正在出现的变化。杜鲁门政府正在竭力保持一个开放的国际经济体系,按照美国官员的说法,这一国际经济体系可以使每个国家受益,当然也会巩固美国的影响与力量。"②

为了方便对欧援助,美国成立经济合作总署(Economic Cooperation Administration,ECA),负责统一筹划对欧经济援助事务,而欧洲各国则成立欧洲经济合作组织(Organization for European Economic Co-operation,OEEC),以集体方式接受美国的援助,并且将美国援助落实到每个申请国,后改为经济合作与发展组织(Organization for Economic Co-operation and Development,OECD)。

毋庸置疑,马歇尔计划加速了西欧经济重建,推动了各国政治与经济联合,同时也方便了美国产品、技术、资本等大规模进入欧洲,最终确立

---

① 据统计,从1948年4月3日到1951年4月3日,马歇尔计划总计向欧洲16个国家或地区提供经济援助大约110.93亿美元。其中,用于购置工业品的约50.3亿美元、食物和农产品约48.84亿美元、远洋运输费用约7.26亿美元、技术服务费用约0.47亿美元、欧洲支付联盟3.5亿美元、欧洲经济合作委员会预付账款0.56亿美元。见Hadley Arkes, *Bureaucracy, the Marshall Plan, and the National Interest*, p. 363。

② Melvyn P. Leffler, *A Preponderance of Power: National Security, the Truman Administrative, and the Cold War*, p. 163.

了美国在欧洲经济格局中的主导地位。美国学者克劳斯·施瓦布（Klaus Schwabe）的观点，代表了相当一部分西方学者的想法。"在冷战背景下启动的马歇尔计划，其目的是防止苏联在东西方竞赛中获得表面上的胜利，该计划成功地阻止了苏联试图利用欧洲大规模的饥荒对其进行全面控制的努力。"① 与之相对应，苏联也制订了莫洛托夫计划（Molotov Plan），向东欧各国提供经济援助，虽然援助规模无法堪比马歇尔计划，但同样也推动了苏联与东欧各国的经济联合。就此，欧洲分裂为两大经济集团——美欧集团与苏东集团，这为美苏双方展开全面冷战奠定了经济基础。乔治·凯南在其所起草的国务院政策设计委员会文件中甚至乐观地提出，美苏之间不会爆发直接军事冲突。"战争的危险在许多方面被极度夸大了，苏联政府既不想也不愿与我们在可预见的未来交战，共产主义扩张至少暂时被遏制住了。"②

总之，杜鲁门主义与马歇尔计划方便了美国全面介入欧洲政治、经济与安全事务。而且美国在构建欧洲政治、经济、军事以及安全架构的同时，实际上也在其他地区构建同样的架构。

二 从《查普泰皮克议定书》到《里约热内卢条约》

事实上，美国在二战期间所着力构建的国际新秩序，并非只专注于欧洲，这一国际新秩序覆盖的范围非常广，还包括东亚、东南亚、中东、北非等地区，以及被美国视为后院的拉丁美洲。出于历史和现实原因，拉美同样成为美国构建战后国际安全框架的重要组成部分。

美国在历史上热衷于推行门罗主义，将拉美视为禁脔，杜绝欧洲介入。为此，美国还与拉美各国组成泛美联盟（Pan-American Union），一直保持

---

① Klaus Schwabe, "The Cold War and European Integration, 1947–1963," Steven Casey, ed., *The Cold War, Critical Concepts in Military Strategic and Security Studies*, Volume Ⅲ, *Confrontation and Conflict*, London and New York: Routledge, Taylor & Francis Group, 2013, p. 46.

② David Felix, *Kennan and the Cold War, an Unauthorized Biography*, London and New York: Routledge, 2015, p. 65.

第一章 《北大西洋公约》的酝酿与订立

着密切关系。在罗斯福政府时期，美国制定睦邻政策（Good Neighbour Policy），进一步拉近关系。然而，在世界反法西斯战争中，拉美各国并未完全与美国保持同步，它们大部分时间一直隔岸观火，并未参加世界反法西斯战争。太平洋战争爆发后，只有中美洲、加勒比地区9个国家对轴心国宣战，与其他反法西斯国家共同发表《联合国家宣言》（Declaration by United Nations）。一直到1943年，美洲国家最终向轴心国宣战。甚至一直到1945年3月，阿根廷才向轴心国宣战，美洲国家全部正式加入世界反法西斯阵营。"杜鲁门政府很少提到针对拉丁美洲的睦邻政策。"①

拉美各国迟迟不向轴心国宣战，原因在于许多拉美国家在战前与法西斯国家保持着密切的经贸关系，在战争期间也与纳粹德国保持着密切的政治与经济关联，甚至一直到战争结束仍未完全中断这种关系。实际上，这也缘于美国对拉丁美洲缺乏足够的关注。"对美国来说，在和平时期忽略拉丁美洲实属正常。"② 与拉美国家建立更密切的合作关系，特别是创建一种更稳固、更持久的联盟关系，确保拉美各国与美国始终保持政治一致，实现安全政策协调，成为战后美国推进全球主义战略、构建国际新秩序的一项重要内容。美国要想真正建立世界霸权地位，首先必须确保能有效控制拉美地区。

由此可见，美国重新建构与拉美国家合作关系并非孤立之举，而是与美国在欧洲构建新型政治、经济与安全合作架构紧紧连在一起。因为不论对欧洲还是对拉美，美国所尊奉的政治指导方针、安全理念、经济原则、文化以及意识形态始终是一致的。虽然美国在与欧洲和拉美建构联盟时的一些具体做法略有差别，但两者在很多方面都极为相似，甚至还有许多重叠。事实上，上述两种实践互相借鉴和影响，共同推动美国全球主义战略，共同聚焦于美国的国际新秩序建构。

---

① John Lewis Gaddis, *We Now Know: Rethinking Cold War History*, p. 4.
② "The Secretary of State to the Ambassador in Argentina (Braden)," 1945, *FRUS*, 1945, Volume Ⅸ, http://History.Dtate.Gov/HistoricalDocuments/FRUS1945V09/D330.

北大西洋公约组织

1945年2月21日至3月8日,在美国的积极活动下,美国和拉美20个国家在墨西哥首都墨西哥城附近的小镇查普泰皮克召开泛美会议,这次会议又被称为查普泰皮克会议或墨西哥城会议。会议设定的主题之一就是如何改组、加强以及稳固泛美联盟。鉴于泛美联盟各成员国在反法西斯战争中各行其是,很难形成一种强大合力,充分彰显美洲国家在维护世界和平、捍卫自由与民主价值观等方面的贡献,因而有必要建立一个新的美洲区域组织,以确保美洲和平与稳定。为此,会议首先决定建立泛美经济和社会理事会(Inter-American Economic and Social Council, IAESC)①,加强对泛美联盟及其成员国的领导,商定如何改造泛美联盟,将其打造成一个既具威慑性又有行动能力的美洲区域组织。

会议主题之二是泛美联盟应该如何对待战争与和平。为了有效应对侵略,也为了充分确保美洲地区和平与安全,与会代表明确提出,美洲国家是一个统一的整体,"对美洲任何一个国家的武装进攻,都将被视为是对其他国家的武装攻击。美洲国家将缔结联盟,反对这种侵略。任何侵略行为都将面对美洲国家的集体制裁,包括使用武力"②。

在这次会议上,美洲国家最终形成《查普泰皮克议定书》(The Act of Chapultepec),该议定书规定,美洲各国面对战争或者武装进攻,将采取集体安全立场,即所有美洲国家都有义务和责任共同维护美洲地区安全,包括每个成员国的主权完整、独立以及领土安全。这种集体安全理念虽然出自维护美洲区域安全的需要,但对美国构建战后国际安全体系产生了重大影响。该理念后来被西欧各国接纳,而且还被美国用于其他区域的安全体系构建,最终成为跨大西洋两岸国家普遍推崇的一种安全理念。在《查普泰皮克议定书》出台后,美国民主党参议员汤姆·康纳利(Tom Connally)就坚持认为,"这一议定书将成为指引旧金山会议走

---

① 1996年,泛美一体化发展理事会宣告成立,正式取代泛美经济和社会理事会。
② John Foster Dulles, *War or Peace*, New York: The Macmillan Company, 1957, p. 89.

第一章 《北大西洋公约》的酝酿与订立

向一个世界组织的航标"①。

1947年9月,美国和拉美18个国家在巴西首都里约热内卢召开会议。19个泛美联盟代表反复讨论,充分协商,最终签订《美洲国家间互助条约》(Inter-American Treaty of Reciprocal Assistance)。该条约又称《西半球联防公约》(Defense Pact for the Western Hemisphere)或者《里约热内卢条约》(The Treaty of Rio de Janeiro),简称《里约条约》(Rio Treaty)。

《里约条约》内容非常丰富,主要包括:(1)缔约国反对使用武力或武力威胁方式解决彼此争端,承诺只以和平方式解决争端;(2)任何针对美洲一国的武装攻击均被视为对全体美洲国家的攻击,每个缔约国都将行使《联合国宪章》所赋予的单独或集体自卫权,向受害国提供援助,应对攻击;(3)受攻击国家一旦提出请求,经美洲国家协商机构商议决策,每个缔约国均可单独采取紧急措施;(4)美洲任何一国领土、主权、独立,受到非武装攻击的影响,或者受到美洲内外冲突的影响,或者受到可能危及美洲和平的事件与形势的影响,协商机构将立即召开会议,商定采取必要的援助措施等。②

相对于美国全球主义战略而言,《里约条约》的意义在于进一步延续并发展了《查普泰皮克议定书》所确定的集体安全理念,该条约无疑强化了美国与拉美各国的联盟关系,将美洲地区成功纳入美国设计的战后国际新秩序,使双方成为政治盟友、经济盟友以及军事盟友。哥伦比亚外长雷拉斯·坎马格(LIeras Camargo)曾为此骄傲地提出,"在美洲,我们已经建立了一个真正的国际组织。到目前为止,这在世界其他地区还仅仅是个概念"③。同样,《里约条约》也进一步加强美国对拉美各国的影响和控制,使美国得以充分利用泛美联盟或者美洲国家组织等平台,驱使拉美各

---

① Samuel Guy Inman, *Inter-American Conferences, 1826 – 1954: History and Problems*, Washington, D. C.: The University Press of Washington, D. C. and the Community College Press, 1965, p. 216.
② Samuel Guy Inman, *Inter-American Conferences, 1826 – 1954: History and Problems*, pp. 229 – 230.
③ Samuel Guy Inman, *Inter-American Conferences, 1826 – 1954: History and Problems*, p. 216.

北大西洋公约组织

国最终服务于其全球主义战略。"当然,这种认识是对事实的一种非常含蓄的表达,即美国的安全利益远不止于西半球,而其他签约国的安全利益只限于当地。"①

然而,《里约条约》虽在名义上属于美国和拉美各国共同订立的美洲区域安全条约,但条约所设定的政治目标、思想宗旨、安全理念、行动方法等,无一不渗透着这种集体安全思想,尤其充斥着美国所属意的区域安全理念。虽然条约在名义上是美国与拉美各国的互助条约,但拉美各国实际上只能充当美国安全理念的支持者和附和者。事实上,《里约条约》集中体现了美国在安全理念、利益、方法等方面的特殊性,体现了美国在安全理念上固有的优越主义和单边主义色彩。《里约条约》虽然强调《联合国宪章》第51条所规定的单独自卫和集体自卫理念,但是作为一个区域集体防御条约,《里约条约》实际上突破了《联合国宪章》所倡导的普遍安全理念,将美洲区域安全置于国际安全秩序之上,将美洲区域安全的特殊性置于国际安全的普遍性之上,这种做法在以联合国为主导的普遍国际安全秩序中开创了一个不好的先例。但无论如何,"《联合国宪章》第51条以及《里约条约》为一个更具影响力的《北大西洋公约》奠定了基石"②。

显而易见,从《查普泰皮克议定书》到《里约条约》,美国的区域集体安全思想逐渐趋于成熟,从最初一些相对朦胧、零散的安全观念,形成了比较成熟、完整的区域集体安全思想体系。在思想主旨上,美国特别强调"一国即全部,全部即一国"(One is All, All is One)的理念,既强调集体安全政策的战略威慑效应,又强调集体安全政策的实用功能。在实践方法上,美国强调"自助"、"互助"以及"他助"等,强调各成员国针对武装进攻首先实行自卫,然后再采取联合行动,共同应对各种外来威胁。在安全程序上,美国强调由区域安全

---

① Timothy P. Ireland, *Creating the Entangling Alliance: The Origins of the North Atlantic Treaty Organization*, Westport, C. T.: Greenwood Press, 1981, p. 39.
② Arthur H. Vandenberg, Jr., ed., *The Private Papers of Senator Vandenberg*, p. 371.

第一章 《北大西洋公约》的酝酿与订立

组织统一协调，按照联合国相关规定，各成员国共同执行区域集体安全方针。

虽然美国在区域集体安全理念中并未直接强调所谓的自由与民主价值观、意识形态以及思想文化等，但这些内容已渗透到议定书或条约的各项条款中。因为在美国的区域集体安全理念中，奉行集体安全理念的组织被定位为防御组织，而非进攻性安全组织，它们以威慑、防范、阻滞、削弱外来武力威胁与武装进攻为己任，以捍卫民族国家主权独立、领土完整、政治自由为目标。美国将这些组织视为区域和平的缔造者和维护者，亦视之为世界和平与安全秩序的创造者和保卫者。"面对外来侵略，《里约条约》将告知那些破坏西半球团结的侵略者，缔约国家不会忘记侵略事实，并且会集中讨论《北大西洋公约》第4条所划定区域以及对世界其他地区所划边界这一红线延长后可能产生的影响。"①

总之，无论是《查普泰皮克议定书》还是《里约条约》，虽然将签约对象锁定为美洲国家，将安全平台限定为泛美联盟或美洲国家组织，但是它们所倡导的区域集体安全理念却具有相当大的普遍性，并不局限于美洲地区，实际上也适用于美国所属意的其他地区。正是基于这一特点，美国得以在区域集体安全理念的指导下，不断拓展其区域安全地区，将集体安全理念施用于更广泛的区域，运用于更多的国家或组织。就此而言，《查普泰皮克议定书》和《里约条约》作为美国全球主义战略的重要组成部分，为美国在欧洲以及世界其他地区创立更多区域集体安全架构奠定了重要基础。

三 从《联合国宪章》第51、52条到《范登堡决议案》

如前所述，美国全球主义战略的形成与扩展并非一蹴而就，而是经历了一个漫长过程。从罗斯福到杜鲁门，美国政府不断扩展其全球主义战略的外延，美国区域集体安全理念不过是其全球主义战略的一个组成部分。

---

① Timothy P. Ireland, *Creating the Entangling Alliance: The Origins of the North Atlantic Treaty Organization*, p. 40.

北大西洋公约组织

但是作为全球主义战略的核心内容,区域集体安全理念并非完全始自美国介入欧洲事务,亦非仅源于美国构建美洲区域安全,同样也出自美国对国际安全规则的筹划与调整,以及对自身安全行为所做的保护性规定。

众所周知,联合国作为战后世界最权威的国际组织,在推动美国构建国际新秩序的过程中发挥着举足轻重的作用,无论是最初有关联合国的种种设想,还是其文本草案,抑或是安全原则与权力架构,基本上都出自美国之手。美国是战后两个超级大国之一,其全球主义战略及实践客观上需要假联合国之手完成,联合国有意无意充当了美国推动全球主义战略的工具。由此可见,联合国在维持世界和平与安全秩序的同时,亦不断扩大了美国的影响。

在 1945 年 2 月至 6 月联合国成立大会上,美国派出包括国务卿斯退丁纽斯(Edward Stettinius, Jr.)、参议员范登堡、国务院顾问杜勒斯(John Foster Dulles)等人在内的豪华代表团。该代表团规模庞大,包括美国外交决策集团中许多重量级人物。美国代表团几乎参加了对《联合国宪章》每个细节的讨论,以便将美国政治与安全意图贯穿其中。美国的目标很明确,就是要使《联合国宪章》所确立的国际规则能够最大限度地符合美国的安全利益。对美国及其欧洲盟国来说,"这次大会的目的在于建立一个联合国,使之成为一个以世界和平为目标的新国际组织,以此为契机,大国将开始一次成功合作,并且将开启一个大国在战时就已承诺的'新世界'"①。

然而,鉴于《联合国宪章》在理论上以实现普遍化的国际和平与安全为目标,美国认定,联合国虽能最大限度地维系国际和平秩序,但无法制止层出不穷的各种区域安全危机与冲突,尤其无法体现美国特殊的区域安全利益。一旦事关美国重大利益的地区出现重大危机或冲突,美国就无法按照自身需要干预危机或冲突,只能按照《联合国宪章》规定,由联合国安理会决定是否采取行动。一旦安理会因为内部纷争无法做出决议,

---

① Walter Lipgens, ed., *A History of European Integration*, Vol. 1, 1945 – 1947, pp. 98 – 99.

第一章 《北大西洋公约》的酝酿与订立

美国就只能坐视安全危机不断恶化，或者坐等美国利益受损，因为安理会常任理事会由五大国组成，并非美国独断专行。因此，美国既要着眼于在战略层面构建和引领战后国际新秩序，还要在战术层面上体现其特殊的区域安全要求，最终使两者有机结合起来。

在美国的强烈要求下，经过与会各国代表讨论，美国增加区域自卫权的要求最终得到联合国其他成员国的一致同意，即如果世界某些地区出现针对联合国成员国的武装攻击，在联合国安理会采取必要惩罚和反制措施之前，受到武装攻击的国家及区域组织可以实施防御自卫，采取单独自卫行动或集体自卫行动。最终，这些关于"区域自我防御"的内容被加入《联合国宪章》，成为《联合国宪章》第51、52条。"第51条具有固有的自卫权力，就是一种具有兼容性特征的证明。"[①]

不可否认，《联合国宪章》第51、52条关于区域自卫权的法理约定，在很大程度上解决了美国全球主义战略中全局目标与局部目标、国际安全规则与特殊区域利益、联合国权力与区域组织权力之间的矛盾，等于在联合国倡导的"普遍国际安全秩序"中，为美国构建特殊的区域安全秩序打开了一道缺口。但是，美国首创区域自卫权，并非蓄意破坏《联合国宪章》确立的国际安全规则，而是旨在突出美国的特殊利益诉求，这是美国一贯坚持"美国利益至上"观念持续发酵的结果。事实上，自区域自卫权创立后，该安全理念被美国用于不同区域的安全秩序建构，同时也被其他国家或组织用于建构区域安全秩序，成为一种新的国际安全规则。"《里约热内卢条约》所坚持的'自助、互助以及他助'原则，还有《联合国宪章》第51、第52条所倡导的'自卫精神'。美国甚至还将其全球主义设想以及欧洲冷战战略也贯穿其中，这使得未来北大西洋区域防御条约以及北大西洋联盟笼罩上一层厚重的美国色彩。"[②]

---

① Lawrence S. Kaplan, *NATO and the UN: A Peculiar Relationship*, Columbia and London: University of Missouri Press, 2010, p.11.
② 许海云：《构建区域安全模式——国际体系中的大西洋安全模式与亚太安全模式》，世界知识出版社，2018，第45页。

北大西洋公约组织

然而,按照美国宪政体制的要求,美国宣战与停战的权力全部掌握在参众两院手中,只有国会才能决定国家是否参加战争或者退出战争,政府只能按照国会议案行事。美国宪政体制确实在国会与政府之间建立了一种有效的分权与制衡机制,避免由于政府或国会施政错误而产生严重后果。但是上述机制也在很大程度上造成美国对各种外来危机与挑战的反应相对迟缓,其应对措施运转周期较长,较难适应战后国际形势瞬息万变的需要。

美国在历史上一直奉行孤立主义外交,除去不介入欧洲各种纠纷与矛盾外,美国还不愿意与其他国家随意结盟,因为美国害怕这种联盟关系会干扰或者破坏其孤立主义传统,进而损害其核心国家利益。"150年来,美国一直避开陷入各种联盟,不论是对美国公众还是对国会来说,他们都不想打破这一传统。"① 然而,在美国推进全球主义战略的过程中,尤其在推进区域集体安全理念的过程中,美国却不得不面对在不同区域推行结盟政策所产生的问题。首先是美国在稳固泛美联盟、创建美洲国家组织的过程中,不得不与美洲各国结成联盟,这意味着美国必须为拉美各国承担所有风险,直至为其参加战争;其次是美国全面介入欧洲事务后,也不得不面对如何与西欧各国缔结联盟的问题,尤其是美国有可能会因为苏联使用武力威胁或入侵西欧而不得不与之交战。因此,美国既要考虑如何确保自身的安全利益实现最大化,又要考虑如何尽量规避结盟可能产生的所有公开或潜在风险。

因为美国深知,要想称霸世界、真正建立美国主导的国际新秩序,必须在世界各地建立比较稳固的联盟关系、拥有坚定的盟友,只有这样才能充分彰显美国的领导地位,才能真正显示美国在国际政治、经济、军事以及文化等领域所拥有的强大领导力。美国要想建立国际新秩序,离不开盟友的支持,尤其离不开具有一定综合实力的欧洲盟友的支持。"杜鲁门想

---

① Melvyn P. Leffler, *For the Soul of Mankind: The United States, the Soviet Union, and the Cold War*, New York: Hill and Wang, 2007, p.78.

要确信，像西欧、西德、日本这样的权力中心，将会摆脱苏联的控制。"①因为毕竟西欧各国与美国源出一脉，同根同源，美国必须最大限度地确保其在欧洲事务中拥有绝对的统御权，既能掌握欧洲政治、经济与安全事务的发展方向，使之尽可能不受或者少受苏联与东欧各国的影响，又能使西欧各国完全听命于美国，服从并助力于美国领导的国际新秩序。

为了解决上述矛盾，美国统治集团采取积极行动，商讨化解风险的各种解决方案。经参议院外交委员会主席范登堡、国务卿马歇尔、副国务卿洛维特（Robert Lovett）等人反复沟通，一再协商，最终确定了美国践行区域集体安全理念的基本原则，尤其是美国参与不同区域安全联盟的一般性政治与安全规则。即美国在不同区域建立安全联盟的过程中，坚决拒绝为盟友做出任何不受限制的防御承诺或者保护允诺。即美国不会对所有盟国所要求提供的援助做出任何预设，以此杜绝美国被随意卷入由于盟友随意行动而引发的各种武装冲突与战争中。

1948年5月18日，美国参议院外交委员会经过审议，全票通过范登堡参议员起草的法案，即参议院第239号决议案。该法案又称《范登堡决议案》（Vandenberg Resolution），其主要思想主张包括以下几项内容：(1) 美国外交政策的目标在于维护世界和平，美国不仅要在其宪政体制下行使权力，还要在《联合国宪章》框架下采取行动；(2) 美国支持以单独或集体方式行使区域自卫权，但其行动必须与联合国的目标、原则等保持一致；(3) 在出现威胁其国家安全的武装进攻时，美国将按照《联合国宪章》第51条规定，以单独或集体方式行使自卫权力；(4) 除非出于保护美国与盟国共同安全这一重大目标，否则美国不会使用武装力量。"《范登堡决议案》就是呼吁美国政府为维护和平做出贡献，明确表示在出现任何武装进攻并且影响其国家安全时，将在《联合国宪章》第51条下行使单独或者集体自卫的权力。"②

---

① Melvyn P. Leffler, *For the Soul of Mankind: The United States, the Soviet Union, and the Cold War*, p. 82.
② Nicholas Henderson, *The Birth of NATO*, London: Weidenfeld and Nicolson, 1982, p. 27.

《范登堡决议案》虽然内容极为简单，但标志着美国区域集体安全理念持续深化，上述理念最终上升为一种比较成熟的可持续性政策，其欠缺与空白之处逐渐得到修正和弥补，其区域集体安全政策的系统性、完整性以及有效性不断得到增强。美国国防部北约问题专家劳伦斯·卡普兰认为，"正是《范登堡决议案》，而不是3月秘密进行的'五角大楼谈判'或者4月的国家安全委员会文件，打开了通向1949年北大西洋公约组织之路"①。不可否认，正是在《范登堡决议案》的作用下，美国区域联盟政策获得了前所未有的发展，最终在政府与国会、民主党与共和党、外交传统与现实利益、全球战略与区域诉求之间达成某种妥协。"美国为了西方而参与一个新安全体系的考虑，最初就建立在两党制的基础之上。"②美国既能确保其全球主义战略目标不会改变，又能通过区域联合或者结盟等方式，在一定程度上满足不同区域、组织以及国家的安全要求。不仅如此，美国的区域联盟政策既能充分确保其外交与安全政策的灵活性，又能最大限度地减少不必要的政治与安全风险，真正得以按照自身的政治与安全需要推进国际新秩序建构。"在范登堡眼中，不论是他自己还是美国公众，既不会接受美国做出某种承诺，也不会接受美国关于联合国所代表的世界正在发生变化的看法。"③

第三节 订立《北大西洋公约》

一 《布鲁塞尔条约》与西方联盟

冷战开启后，美国紧锣密鼓地推进其全球主义战略。与此同时，西欧各国亦从未停止联合与合作的脚步，而是按照自身的步调持续推进西欧各国政治、经济以及安全联合。不可否认，在西欧各国推动的多层面联合实

---

① Lawrence S. Kaplan, *The United States and NATO: The Formative Years*, p. 75.
② Nicholas Henderson, *The Birth of NATO*, pp. 5 – 6.
③ Lawrence S. Kaplan, *NATO and the UN: A Peculiar Relationship*, p. 10.

第一章 《北大西洋公约》的酝酿与订立

践中,尤其以经济与安全联合最具代表性,成就也最突出。

就像美国积极支持西欧经济联合一样,西欧安全联合同样也得到美国的大力支持。"美国官员认为,英国的力量对美国的安全利益至关重要,从艾奇逊到格鲁,从史汀生到福雷斯特尔,从国务院到参谋长联席会议,他们都希望在维持世界力量平衡以及抑制苏联影响的过程中,英国能够扮演一个决定性角色。"① 在美国的支持下,西欧安全联合进程首先从英、法两国联合开始。不可否认,英法联合既有深厚的历史渊源,也有迫切的现实需要。就前者而言,英、法两国早在一战前就曾缔结同盟协议,建立同盟关系。二战爆发后,英、法两国出于共同反击、削弱和击败纳粹德国的需要,继续保持同盟关系。法国战败后,英国旋即承认戴高乐(Charles de Gaulle)领导的自由法国运动(Free France),双方始终保持密切合作。二战结束后,英国一直在国际事务中积极支持法国,特别注意突出并提高法国对欧洲事务的发言权。

英国之所以积极支持法国,就是希望通过扶法抑德,防止德国再度危及欧洲安全,通过欧洲各国相互制衡,确保欧洲和平与稳定。随着战后初期美苏双方在欧洲启动冷战,英国虽未明言,但暗里始终希望法国能够成为欧洲大陆可以有效抗衡苏联与东欧各国的一支生力军。"虽然英国在表面上竭力对此予以否认,甚至早在战争期间,英国驻苏大使阿奇博尔德·克尔(Archibald C. Kerr)就受外交部紧急指派通知莫洛托夫,英国打算组织一个统一的西欧体系以便在美苏之间保持平衡的报道不是事实。"② 同样,法国也希望重建英法同盟,借重英法同盟,尽快恢复法国在欧洲的大国地位,提高法国在国际事务中的影响力,同时增加法国对欧洲安全问题的发言权,尤其是争取盟国对战后德国的处置有利于法国。同时,法国也希望借重英法同盟关系,使英国不会远离欧洲即将展开的政治与安全对抗。因此,缔结战后英法同盟遂成为两国最大共识。对于英

---

① Melvyn P. Leffler, *A Preponderance of Power: National Security, the Truman Administrative, and the Cold War*, p. 61.
② Gabriel Kolko, *The Politics of War: The World and United States Foreign Policy, 1943 – 1945*, New York: Random House, 1968, p. 75.

北大西洋公约组织

法两国酝酿缔结同盟事宜,英国外交大臣厄内斯特·贝文充满信心地表示:"如果我们两个国家展开合作,两国加在一起,我们就拥有了世界上最大的人力资源。"①

从1947年初开始,英、法两国围绕如何创建英法同盟这一问题展开交流。由于苏联和美、英等国在德国占领与管制问题上的分歧愈加突出,双方的争斗逐渐进入白热化状态,欧洲和平与安全所面临的压力也越来越大,英、法两国为此加速结盟进程。1月13日,法国总理勃鲁姆(André Léon Blum)访问英国,与英国外交大臣贝文就缔结同盟所涉及的各项具体问题达成一致。英、法两国分别就包括鲁尔区和萨尔区归属、建立西方占领区等在内的敏感问题取得谅解,双方正式就建立英法同盟展开外交谈判。1月29日,英国外交部常务次官萨金特(Orme Sargent)和法国驻英大使马西利(René Massigli)分别作为两国代表,就未来英法同盟条约所涉及的诸多细节展开谈判。经过密切协商,双方决定按照《英苏同盟互助条约》的格式,逐一落实同盟条约的每一项条款。2月28日,英、法双方正式确定同盟条约中的所有条款内容。3月4日,《英法同盟互助条约》(Anglo-French Alliance and Mutual Assistance Treaty)正式签署。该条约又称《敦刻尔克条约》(Treaty of Dunkirk),标志着战后英法同盟正式建立。

《英法同盟互助条约》明确规定:(1)缔约一方安全如果受到威胁,不论这种威胁是出自德国的侵略政策,还是出自德国为此而采取的行动,缔约双方都将展开协商,同时与其他负责国家展开协商,采取一致行动制止侵略;(2)缔约一方如果再度卷入对德冲突,缔约另一方将向其提供所有军事和其他援助;(3)缔约一方如因德国不履行协议而蒙受经济损失,双方将展开协商,并且与其他负责国家协商,采取共同行动予以应对;(4)缔约双方将就其经济关系问题展开协商,采取措施推进两国繁荣与经济安全,以便能对联合国经济与社会发展做出贡献;(5)缔约一

---

① Victor Rothwell, *Britain and the Cold War, 1941 – 1947*, London: Jonathan Cape, 1982, p. 442.

第一章 《北大西洋公约》的酝酿与订立

方不得加入反对另一方的任何联盟,不得承担与本条约相抵触的任何义务等。此外,"(法国)前总理保罗·雷诺(Paul Reynaud)和条约缔造者之一皮埃尔-奥利弗·雷毕(Pierre-Olivier Lapie)做出某些保留……这些保留很有预见性,即严格控制鲁尔区,提出赔款要求,确保对德国分治并长期占领,寻求四国合作,建立欧洲政治与经济组织"①。

1947年9月8日,经英、法两国议会批准,《英法同盟互助条约》正式生效,条约有效期50年。该条约虽然看似只为遏制德国,防止其再度威胁和祸乱欧洲,但在美、苏两国在欧洲冷战对抗日趋激烈的政治与安全环境中,该条约的实际作用绝不仅限于防范德国,实际上还暗含对战后欧洲政治与安全力量实施整合之意。贝文在签订《敦刻尔克条约》时特别指出,"我认为苏联人已经意识到,条约不是一个西方集团,而是将西方编入欧洲以及世界,这是为一个巨大的和平模式而做出的一种努力"②。对英国来说,《英法同盟互助条约》称得上是英国重塑战后西欧安全秩序的一种重大尝试,按照英国对战后欧洲安全联合的设计,英国并不愿止步于与法国结盟,它还希望与其他西欧各国缔结同盟条约,以此在欧洲构建一系列安全同盟,最终将所有西欧国家的力量汇聚起来。"贝文最初设想以早期的英法《敦刻尔克条约》为模式,将以后包括西欧国家在内、确立西欧防务联盟的《布鲁塞尔条约》变成一系列条约的组合,例如《英法条约》《英比条约》《英荷条约》。"③

美国一直希望欧洲国家能够联合起来,在政治、经济以及军事上结成一个整体,既能有效确保自身政治稳定、经济发展以及社会繁荣,又可以有效抵御苏联与东欧各国的武力威胁和侵略,同时还能为美国对苏冷战政策与行动提供强有力的支持。美国不仅积极支持英、法两国结成安全同

① John W. Young, *France, the Cold War and the Western Alliance, 1944–1949: French Foreign Policy and Post-War Europe*, Leicester and London: Leicester University Press, 1990, p. 197.
② Andrew Boyd and Frances Boyd, *Western Union: A study of the Trend toward European Unity*, Washington D. C.: Public Affairs Press, 1949, p. 60.
③ Robert Jordan & Michael Bloome, *Political Leadership in NATO: A Study in Multinational Diplomacy*, Boulder, C. O.: Westview Press, 1979, p. 6.

北大西洋公约组织

盟,而且希望能有更多西欧国家加入其中。美国甚至还希望北欧与南欧各国也能加入英国倡导的安全联盟,最终将除苏联与东欧各国外的其他所有欧洲国家都纳入这一安全联盟。

继《英法同盟互助条约》之后,英国对西欧各国展开游说,尤其是低地国家,要求各国都加入英国主导的安全联盟,以便建立一个实力更强、规模更大、更具影响力的安全联盟。1945年6月,英国负责裁定战后国家安全需要的机构——战后对敌计划参谋小组,其在报告中公开声称:"如果没有强有力的联盟支持,面对最有可能的、潜在的侵略者——苏联,就连大英帝国也无法保证自身利益。"[1] 这一安全联盟既能有效抵御苏联与东欧各国威胁,还能在美苏冷战对峙下保持欧洲各国的安全空间,确保欧洲各国在政治、经济、文化等领域维持其优良传统,确保其对欧洲事务拥有足够大的影响力。进言之,"英国外交大臣贝文还设计了三个安全体系:(1)建立能得到美国支持的英国-法国-低地三国安全体系;(2)建立与美国关系更密切的大西洋安全体系;(3)建立会对意大利产生影响的地中海安全体系"[2]。

1948年2月20日,捷克斯洛伐克爆发"二月事件"(Czechoslovakia Coup),即在共产党领导的联合内阁中,12名来自资产阶级政党的阁员利用共产党与资产阶级政党在布拉格公安机关改组等问题上的分歧,宣布集体辞职,以此对共产党施压。共产党与资产阶级政党之间的矛盾激化。在捷克斯洛伐克人民的支持下,共产党随即组成"人民阵线",替代政府中的资产阶级人士,捷克斯洛伐克最终确立了完整的共产党政权。此举被美、英等国视为苏联蓄意违反《雅尔塔协定》(Yalta Agreement)的一个明证,目的是挑战美、英等国政治底线,破坏国际秩序,美、英等国必须对苏联与东欧各国做出反击。

---

[1] Geoffrey Warner, "The Anglo-American Special Relationship," Lawrence Kaplan & Victor Papacosma, ed., *NATO after Forty Years*, Wilmington, Delaware: Scholarly Resource Inc., 1984, pp. 33–34.

[2] "The British Embassy to the Department of State," *FRUS*, 1948, Vol. 3, p. 47, https://history.state.gov/historicaldocuments/frus1948v03/d37.

第一章 《北大西洋公约》的酝酿与订立

与此同时，苏联还在2月向挪威政府提出要求，希望苏、挪双方订立一项和平条约。挪威政府为此向美、英等国政府征询意见，如果挪威不屈从于苏联的要求，是否可以得到支持与援助。美、英等国认定，"挪威事件"的实质在于苏联意图将挪威变成下一个芬兰，如果西方国家屈服，苏联会得寸进尺，让所有斯堪的纳维亚国家都保持政治中立，远离西方。"'共产主义意识形态与苏联行为清楚地表明，苏联的最终目标是统治全世界'，杜鲁门及其助手一致同意，（仅仅是）遏制还不够……他们的首要目标是削弱苏联实施限制的权力与影响，使之不再对由世界各国组成的这一大家庭的和平、国家独立以及稳定构成威胁。"[1] 为此，美、英等国坚决要求挪威顶住压力，如果苏联一意孤行，美、英等国不惜为此与苏联开战。最终，挪威拒绝了苏联的缔约要求，苏联亦在美、英等国的指责中撤回缔约要求。

毫无疑问，"二月事件"与"挪威事件"加速了西欧国家的安全联合进程。1948年3月5日，英国、法国、荷兰、比利时、卢森堡五国代表在布鲁塞尔召开会议，正式就缔结西欧安全联盟条约展开谈判。英、法两国坚持，未来西欧安全联盟的地理范围应该包括欧洲大部分地区，例如伊比利亚半岛、斯堪的纳维亚半岛以及亚平宁半岛，该联盟将以维护欧洲和平与安全秩序、反击武装威胁和侵略（包括防范德国恢复侵略政策及其行动）为己任。而低地国家则坚持西欧安全联盟以五国为主，目的就是应对苏联与东欧各国威胁。经过协商，五国代表最终达成一致。3月17日，英、法两国与低地国家正式签署《布鲁塞尔条约》（Brussels Treaty）。

《布鲁塞尔条约》的内容主要包括：（1）任何缔约国如果受到武装攻击，其他缔约国均应按照《联合国宪章》第51条规定，向受攻击的缔约国提供力所能及的一切军事援助或其他援助；（2）所有缔约国均不参加旨在对抗其他缔约国的任何同盟，也不会联合反对彼此；（3）每个缔约国将协调彼此的经济、社会、文化活动，就存在的问题展开磋商，促进相

---

[1] Melvyn P. Leffler, *For the Soul of Mankind: The United States, the Soviet Union, and the Cold War*, p. 83.

互交流;(4)西欧安全联盟将设立咨询理事会,就条约所涉及的一切问题展开磋商,包括针对旨在破坏和平的威胁、危及经济稳定的威胁,特别是德国恢复其侵略政策时应采取的态度和步骤等。①

《布鲁塞尔条约》与《里约条约》在集体安全理念上可谓同出一源,两者均强调"一国即全部,全部即一国"的区域集体安全理念。该理念虽然强调区域集体安全组织在构建区域安全秩序中的重要作用,但也强调该组织必须在以联合国为中心的国际安全框架下发挥作用。"美国支持在《里约条约》模式的基础上订立一项条约,为来自成员国或者非成员国的攻击提供保护。"② 但是和《里约条约》相比,《布鲁塞尔条约》具有更深层次的政治含义。《布鲁塞尔条约》创立了西方联盟(Western Union, WU),虽然西方联盟仍将防范德国作为主要目标,引起美国不满,但西方联盟毕竟将其真正目标明确指向苏联与东欧各国。

作为战后西欧安全联合的一个标志性成果,西方联盟在最大限度上将西欧各国安全力量有效整合在一起,并且在区域集体安全理念的指导下发挥作用。该联盟的深度和广度都超出其他区域安全联盟,它不仅在很大程度上弥合了西欧各国的历史与现实矛盾,而且为西欧各国确定了一个冷战政治目标。就此而言,西方联盟不失为是对美国推行冷战政策的一种积极回应,这是西欧各国介入美苏冷战的一个重大标志。

进言之,在西方联盟创建的过程中,美国虽然只是旁观者,但在其中发挥了不可或缺的重要作用。美国更愿意看到欧洲在安全事务上联成一体,而不愿意看到一个四分五裂的欧洲,因为后者只会消耗美国的防御资源,分散美国为实现欧洲集体安全目标而付出的努力,而前者不仅有助于美国推进其全球主义战略,还有益于推动美国与欧洲国家建立全面的政治与安全联合。1948年3月23日,美国国务院政策设计委员会围绕这一专题特别撰写了形势分析报告。该报告提出,"目前,美国还不应当成为西

---

① Lawrence S. Kaplan, *NATO and the United States: The Enduring Alliance*, Boston: Twayne Publishers, 1988, pp. 216 – 219.
② Timothy P. Ireland, *Creating the Entangling Alliance: The Origins of the North Atlantic Treaty Organization*, p. 75.

第一章 《北大西洋公约》的酝酿与订立

欧联盟的全职成员，但是应该保证向其提供武装支持。这一保证以《门罗宣言》的方式宣布，美国会将对扩展的《布鲁塞尔条约》成员国的武装进攻，认定为对美国发动武装进攻，将会按照《联合国宪章》第51条所赋予的固有权力应对，即以单独和集体方式处置武装攻击"①。由点及面，美国国务院政策设计委员会的立场，实际上代表了美国朝野各界的普遍态度。正是在美欧双方围绕欧洲安全这一主题取得越来越多共识的背景下，西方联盟使西欧各国与美国获得了越来越多的共同安全话语，进而为美欧双方在更大层面上展开政治与安全合作奠定了重要基础。

二 从"五角大楼协议"到"华盛顿文件"

诚如上文所言，在西欧五国商定《布鲁塞尔条约》的过程中，美国实际上并未置身事外，而是一直保持着积极参与的态度。事实上，从西欧五国酝酿《布鲁塞尔条约》之初，美、英两国就已就拟议中的西方联盟开始接触，双方展开密切磋商，并且提出许多具体设计。"凯南提出'哑铃'概念，并且将其付诸实践。即欧洲作为一个单位，在身份和成员国资格上自成一体，与之相连的是美国－加拿大，双方通过参与共同安全计划而组合在一起。"② 在具体接触中，小到负责具体条约签署事务的承办官员，大到美国国务卿马歇尔和英国外交大臣贝文，都参与了美、英两国的对话与磋商。就此而言，西方联盟既是西欧五国践行区域集体安全理念的具体成果，实际上也是美国将其区域安全设想及其政策付诸实践的结果。

因为英国以及西方联盟的其他成员国都非常清楚，单靠西欧五国的力量，根本无法保卫欧洲的和平与安全，更谈不上与苏联和东欧各国展开冷战对抗。即使西欧五国建立西方联盟，如果得不到美国的积极支持和参与，也根本无法实现这一目标。"苏联会做出推论，不论美国是否真的是

---

① Timothy P. Ireland, *Creating the Entangling Alliance: The Origins of the North Atlantic Treaty Organization*, pp. 82–83.
② Lawrence S. Kaplan, *NATO and the United States: The Enduring Alliance*, p. 26.

北大西洋公约组织

为了保护西欧而签署条约,但如果苏联在欧洲实施侵略,将导致与美国开战。"① 所以,英国必须将美国拉入西方联盟,至少要求美国对西方联盟提供全方位支持。为了达到这一目的,英国几乎将其战略意图、各国的政策立场等向美国全盘托出,包括谈判细节、各种难题等。因此,美国不仅掌握着《布鲁塞尔条约》的方向,实际上也控制着签约进程,这使美国此后得以继续向西方联盟施加影响。

1948年3月22日,在美国的大力推动下,美国、加拿大、英国三国代表在华盛顿召开秘密会议,讨论如何实现北美国家与西欧各国防御联合,最终建立一个能够将所有欧美国家囊括在内的跨大西洋防御体系,即所谓的"华盛顿探索性谈判"(Washington Exploratory Talks)②。事实上"(条约)义务的核心是,当一个盟国受到攻击,美国将在何时、以何种方式向其提供援助。由于害怕被利用以及(受)孤立主义(牵制),美国努力使支持盟国的承诺能够与联邦宪法保持一致"③。出于保密考虑,会议选定在戒备森严的五角大楼举行。美、英、加三方为了各自利益,展开激烈辩论。英国坚持要法国参加谈判,但遭到美、加两国的强烈反对,两国认定法国加入谈判会走漏消息,会在国际社会引发麻烦。法国肯定还会将自身防御要求带入谈判,这有可能会影响谈判进程。

经过多次讨论,美、英、加三国最终确定了北大西洋区域防御范围。虽然在英国的强烈要求下,美国非常模糊地表示,未来将向西欧各国提供防御援助,但始终未能明确援助的方式、规模、途径等。"《布鲁塞尔条约》第4条明确而且简洁地提出,对一个成员国发动进攻,将构成对所有成员国的进攻。这种语言对美国来说是不可接受的,这成为针对条约各

---

① Timothy P. Ireland, *Creating the Entangling Alliance: The Origins of the North Atlantic Treaty Organization*, p. 87.
② 1948年3月至7月,从美英加三国谈判开始,直到七国大使委员会展开谈判,最后到七国在9月拟定大西洋安全条约的基本文本,这一过程统称为"华盛顿探索性谈判",后改称"华盛顿安全谈判"(Washington Security Talks)。
③ Lawrence S. Kaplan, *The United States and NATO: The Formative Years*, p. 84.

第一章 《北大西洋公约》的酝酿与订立

项条款发生争论的关键。"① 3月24日，美国国务院西欧司司长希克森（John Hickson）与英国外交部政务次官杰布（Gladwyn Jebb）分别代表两国，就建立北大西洋防御合作展开协商。杰布和希克森分别就建立北大西洋公约组织的相关程序、成员国资格、集体安全手段等问题达成一致意见，最终形成协商备忘录，正式上交美国国务院与英国外交部，同时向加拿大政府做出通报。该备忘录一经上报，美国国务院旋即按照自己的政治与安全需要加以修改，最后形成"五角大楼文件"（Pentagon Paper）。

"五角大楼文件"全面扩展了《布鲁塞尔条约》的相关安全诉求，该文件的主要内容包括：（1）美欧双方所追求的区域集体安全范围，不应局限于西欧，而应扩展到整个北大西洋区域；（2）具体做法是由美国出面召集一次国际会议，缔结一项北大西洋安全条约，向所有北大西洋区域内的国家提供安全保证，将这些国家组成一个区域防御体系，以防范这一地区出现武装侵略；（3）由美国出面邀请参与北大西洋安全条约的国家，包括加拿大、西欧各国、北欧各国、南欧各国以及来自西方在德国与奥地利占领区的代表；（4）每个缔约国均将针对任何一个缔约国的武装攻击视为针对自身的攻击，缔约国将抵御侵略，行使《联合国宪章》第51条所赋予的单独或集体自卫权。"这一工作文件表达了某种质疑情绪，即苏联人会对西欧展开军事进攻，但也必须承认，该文件有可能导致战争'误判'。"②

很明显，和《布鲁塞尔条约》相比，"五角大楼文件"继承了前者的区域集体安全理念以及相应的国际安全规则，例如"一国即全部，全部即一国"的"集体安全精神"、《联合国宪章》第51条的单独或集体自卫原则等，并且将其发扬光大，使之得以在更大的范围内产生效应。拟议中的北大西洋安全体系将拥有更多成员国，而且政治成分也更复杂，另外，西欧各国成为欧洲安全体系乃至北大西洋安全体系的配角，而美国则成为

---

① Lawrence S. Kaplan, *NATO Divided, NATO United: The Evolution of an Alliance*, London and Westport, C. T.: Praeger, 2004, p. 4.
② Timothy P. Ireland, *Creating the Entangling Alliance: The Origins of the North Atlantic Treaty Organization*, p. 104.

北大西洋公约组织

北大西洋安全体系的绝对领导者。很明显,杜鲁门政府开始逐渐打消了有可能被西方联盟成员国拖入战争的顾虑,其构建北大西洋安全条约的思想进一步趋于成熟。

然而,美、英、加三国订立"五角大楼文件"的消息,很快在华盛顿流传开,美国国务院旋即成为各方政治力量集中攻击的对象,国会、国家安全委员会以及军方都表示强烈反对。参议院认为,国务院拟定的北大西洋安全体系有破坏美国宪政传统之嫌,意在绕开国会与其他国家签约,僭越并破坏国家宪政体制。国家安全委员会则认为,拟议中的北大西洋安全体系极为危险,事实上将美国置于无法确定的安全危险中。军方则认为,建立北大西洋安全体系是西欧各国变相要美国为其安全背书,承担保卫西欧安全的责任,此举将会分散美国的防御资源,还会给美国带来巨大的安全风险。围绕"五角大楼文件"关于建立北大西洋公约组织的要求,美国各种政治力量展开对话,共同探讨并商定建立北大西洋公约组织的最佳途径。经过各种政治力量的激烈争吵,在杜鲁门政府竭力周旋下,美国各界力量最终就建立北大西洋公约组织的必要性与合理性达成一致意见。

1948年7月6日至9日,美国、加拿大、英国、法国、荷兰、比利时、卢森堡召开七国大使级会议,就缔结北大西洋公约组织展开谈判。会议决定成立七国大使委员会,由美国前驻苏联大使查尔斯·波伦(Charles E. Bohlen)担任主席。作为未来建立北大西洋公约组织的常设议事机构,七国大使委员会负责全权商讨并确定所有关于订立北大西洋安全条约的重大问题,起草《北大西洋公约》文本,处理文本起草所涉及的各项具体工作。

7月14日,在七国大使委员会的直接领导下,北大西洋公约组织筹备工作小组正式宣告成立。在七国大使委员会最终上交的工作报告中,该小组提出建立北大西洋公约组织的具体思路:(1)苏联是当前欧洲的最大威胁,这种威胁遍及全世界,西方有必要建立北大西洋区域防御组织;(2)北大西洋区域范围应包括格陵兰、冰岛、斯堪的纳维亚国家、爱尔兰、意大利、葡萄牙,以及参会七国;(3)未来北大西洋公约组织将在《联合国宪章》第51条指导下,参考《里约条约》,贯彻实施区域集体安

第一章 《北大西洋公约》的酝酿与订立

全理念;(4)未来北大西洋公约组织将建立一套完整的政治与军事协商程序,确保各缔约国能够在北大西洋公约组织内部就集体安全、政治协商、反制侵略、相互援助等内容展开有效协商。

在北大西洋公约组织筹备工作小组的工作会议中,七国多有争论,例如,英国主张将中东地区纳入北大西洋安全体系,因为该地区对大西洋区域防御极为重要;而法国则强调应将地中海与北非地区纳入北大西洋安全体系,以此确保北大西洋公约组织的安全利益;而法国与低地国家都对美国主张将联邦德国纳入北大西洋安全体系持怀疑态度,害怕德国会重新成为欧洲安全威胁等。不仅如此,矛盾还体现在其他欧洲国家之间。"挪威与比利时和荷兰的关注点并不一样,冰岛与葡萄牙尽管加入了大西洋计划,但它们几乎不属于欧洲。意大利和丹麦甚至没有被纳入欧洲国家的考虑范围,只是因为它们离大西洋还有一定的距离。"[1] 但是,欧美各国最终决定搁置彼此分歧,共同保证建构北大西洋公约组织的进程能够稳步向前推进。

事实上,欧洲各国始终对即将成立的北大西洋安全体系存在顾虑,其根源在于二战前所经历的惨痛教训。"北大西洋区域具有足够大的范围,可以依照《联合国宪章》创建一个区域性组织。建立一个由身处北大西洋区域以外国家组成的整体并不可取,此举有可能会重蹈1928年创设的无实体的《白里安-凯洛格公约》(Kellogg-Briand Pact)的覆辙,据该公约成立的组织展示了其自身不过是一个只发表声明、完全无效的机构。"[2] 很明显,美国所考虑的北大西洋安全体系,主要着眼于如何进一步发展和完善其全球防御体系建设,更好地表达美国的安全诉求,因此并没有严格的区域与历史因素限制;而欧洲各国心目中的北大西洋安全体系,则既有现实安全需要,也有历史、传统以及法理等多方面因素的考虑。

9月初,七国大使委员会最终确定了成立北大西洋公约组织的草案文

---

[1] Lawrence S. Kaplan, *NATO and the United States: The Enduring Alliance*, pp. 24 – 25.
[2] Charles G. Cogan, *Forced to Choose, France, the Atlantic Alliance, and NATO: Then and Now*, Westport, C. T. and London: Praeger, 1997, p. 66.

北大西洋公约组织

件,该文件又被称为"华盛顿文件"(Washington Documents)。"华盛顿文件"主要包括以下内容:(1)鉴于苏联严重威胁西欧各国安全,直接危及美国在大西洋区域的国家利益,欧美各国为此必须建立北大西洋公约组织;(2)美国与加拿大必须进入北大西洋安全体系,以此对苏联和东欧各国针对欧洲的威胁与武装侵略形成有效威慑;(3)北大西洋公约组织成员国除西方联盟成员国外,还应包括环绕北大西洋的北欧各国与地区,例如丹麦、挪威、瑞典、冰岛以及格陵兰等国家与地区,另外,北大西洋公约组织还应将意大利、葡萄牙纳入北大西洋安全体系;(4)北大西洋公约组织将秉承《联合国宪章》第51条所强调的单独或集体自卫原则,全面贯彻其共同防御原则,同时坚持西方联盟的自我防御与"集体安全精神",确使北大西洋安全体系能够始终保持完整和统一。

对于达成未来的北大西洋安全条约框架,英、美等国都极为兴奋。参与谈判的英国财政大臣休·达尔顿(Hugh Dalton)在其日记中也记述到,"美国最终深陷欧洲,这是我们此类努力所能达到的最好结果,这个结果在这个苦难的时代堪称圆满"[①]。由此可见,经过七国大使委员会近4个月的艰苦努力,最终达成美国与欧洲盟国都比较满意的新安全条约框架,这一成果直接体现为七国大使委员会共同签署的"华盛顿文件"。

事实上,"华盛顿文件"是一个欧美各方达成的一个最佳妥协方案。"五角大楼文件"所提及的许多国家,最终未被列入"华盛顿文件"。例如,在七国大使委员会一系列谈判中,美国始终坚持,西班牙对北大西洋区域安全极为重要,但是西欧各国认定,西班牙处于佛朗哥独裁统治下,难以与西欧民主国家并肩而立。因此,西班牙最终未能进入"华盛顿文件"列举的候选国行列。同样,美国虽然坚持爱尔兰对北大西洋安全体系具有极大的战略价值,特别希望吸纳爱尔兰,但爱尔兰坚持以解决北爱尔兰问题作为入盟北大西洋公约组织的先决条件。这就不可避免地遭到英国的强烈反对,而美国不愿意为了爱尔兰而放弃英国,因此,爱尔兰亦未

---

① *Dalton Diary*, 20 Mar. 1949, Hugh Dalton Papers, Ⅰ37(5), London School of Economics. 转引自 Lawrence S. Kaplan, *The United States and NATO: The Formative Years*, p. 120。

能成为"华盛顿文件"列举的候选国。

尽管如此,"华盛顿文件"深化了"五角大楼文件"关于北大西洋安全体系的思想,将建立北大西洋公约组织的方针与政策全面具体化,此举系统且完整地规划了北大西洋地区的防御范围、政治框架、安全方针、防御职能、成员国资格等,继承了美国、西欧各国等所确立的区域集体安全理念,将北大西洋区域所有国家的政治与安全需要凝聚在一起,为北大西洋公约组织的最终确立奠定了重要基础。

三　美欧十二国签署《北大西洋公约》

在"五角大楼文件"与"华盛顿文件"陆续出台后,美国与欧洲各国联合建构北大西洋公约组织的步伐进一步加快。经过各国多次磋商与谈判,美国与欧洲各国围绕北大西洋公约组织的分歧与矛盾得到调解,而且美国内部各种政治力量关于北大西洋安全体系的分歧与纠葛亦得到化解,建立北大西洋公约组织可谓势在必行,这已经成为美国朝野各界、欧美各国的一项政治与安全共识。"美国人认识到,要取得参议院的同意,(必须)更符合《里约条约》第3条的要求,不要过多提及扩大军事援助,要更符合门罗主义所体现的概念。"① 但是无论是美国还是欧洲各国,他们都深知,美欧双方从达成安全共识到真正订立条约,还要走很长一段路。

1948年10月25日,西方联盟成员国外长召开会议,商讨欧洲各国如何与美国缔结北大西洋公约、如何建立北大西洋安全体系。经过协商,各国一致同意以美国为主导建立北大西洋安全体系,但是西欧各国必须坚持西方联盟的政治意向,在北大西洋公约组织内部切实保护西欧各国的政治与安全利益。"尽管美国官员宁愿与西方联盟保持一定距离,但他们的谈判伙伴是《布鲁塞尔条约》的所有成员,这些国家一直要确信,相较于丹麦与意大利这些新的、大概更为边缘化的国家,他们可以在大西洋联

---

① Timothy P. Ireland, *Creating the Entangling Alliance: The Origins of the North Atlantic Treaty Organization*, p. 106.

北大西洋公约组织

盟中享有优惠待遇。西方联盟是大西洋联盟的核心,是通过经济和政治的共同努力来满足美国提供支持这一先决条件的一个例证。"① 不仅如此,加拿大政府也明确表示,愿意在"华盛顿文件"所商定的各项方针的基础上订立北大西洋公约。

12月24日,在充分听取各国代表的新建议后,北大西洋公约组织筹备工作小组就北大西洋公约向七国大使委员会提交了一份内容更翔实的文本草案。对此,七国大使委员会展开讨论,对未来北大西洋公约草案做出总结。新的草案共分为十个部分,即条约总则、相互援助、成员国协商、防御地区界定、联合国权威、其他国际约定、条约准入、组织机制、条约批准、条约期限等。不仅如此,七国大使委员会还做出一些重大决定:(1)将北大西洋公约组织定性为以军事-政治联合为主导,以经济与社会合作为辅助的区域集体安全组织;(2)将该组织的安全范围界定为成员国国土及其海外领土,一旦遇到威胁,其他成员国均应展开协商;(3)将该组织的安全职能锁定为成员国一旦遇到军事侵略,由"自动进入战争"的条约义务调整为展开"军事以及其他行动";(4)将该组织的政治职能界定为全方位政治实体,建立高层委员会,处理相关政治事务,同时建立部长会议机制以及长期或定期会议制度;(5)条约有效期为50年,组织规模可以在适当时机扩大。

1949年1月14日,七国大使委员会开始针对草案中的一些具体细节展开讨论。焦点之一就是,北大西洋公约组织需要确定何种协商机制。法国主张军事委员会应负责设计北大西洋区域的所有军事计划;美国认为,军事委员会权力过大会危及美国军事指挥机构的权力与职能。焦点之二就是,北大西洋公约组织是否应该设立退出机制;如果应该设立,又该设立何种机制。加拿大认为,应增加当成员国出现共产主义政策或者与组织原则相排斥的政策时退出的规定。"英国认为,参加北大西洋公约组织的国家不得组织或参与任何联盟,直接反对其他成员国或者联合国其他成员国。而在此前的12月,斯堪的纳维亚三国国防部长建立了防御委员会,

---

① Lawrence S. Kaplan, *The United States and NATO: The Formative Years*, p. 102.

第一章 《北大西洋公约》的酝酿与订立

讨论与三国安全相关的事务。以至于美国国务院与英国外交部试图设计某种体系，使三国通过加入斯堪的纳维亚条约这种方式，与北大西洋公约连在一起。"① 焦点之三就是如何进一步明确北大西洋公约组织防御区域。这个问题直接涉及各成员国的核心利益，因此必须保持清晰明确。美国认为，意大利对北大西洋区域防御极为重要，必须将其纳入北大西洋公约组织。而西方联盟与加拿大对此未置可否。它们虽然最终认可了美国的意见，但不认可由此可能带来的殖民地问题，以及盟国对意大利和约的条约限制问题。法国主张将北非地区纳入北大西洋区域防御范围，遭到美国、加拿大、英国、低地国家的强烈反对。美国积极支持北欧各国加入北大西洋公约组织，认定它们可以加强北大西洋区域防御战线北翼。英国认为，让斯堪的纳维亚联盟维持中立且完整，比只吸收挪威与丹麦入盟而将瑞典搁置于北大西洋公约组织以外更有意义。丹麦、挪威希望加入北大西洋安全体系，但瑞典始终要求保持中立。美国与英国支持将葡萄牙纳入北大西洋公约组织，但葡萄牙却坚持，若北大西洋公约组织想吸收葡萄牙，必须同时吸收西班牙，但西欧五国强烈反对。

在七国大使委员会围绕北大西洋公约草案的许多具体条款持续展开讨论的过程中，美国和英国均较其他国家发挥了更重要的作用。美国政府除安排代表参加谈判外，还通过正式或非正式渠道向其他各国政府征询意见，以便最大限度地减少美国与欧洲各国之间的分歧与矛盾。"欧洲国家害怕条约用语的减少，可能导致北大西洋公约的价值被削弱。"② 此外，美国还通过私人途径，与各国政要交换意见。以国务卿艾奇逊为代表的美国国务活动家与外交人士奔走于欧洲各国政府之间，竭力向它们灌输美国的政治与安全主张，说服其接受美国全球主义战略及其国际政治与安全安排。尤其重要的是，杜鲁门总统积极支持建立北大西洋公约组织，还在1949年初非常幸运地赢得总统连任。与此同时，美国民主党也在参议院赢得多数席位，这也使美国府院双方能够在国家外交政策与安全战略规划

---

① Nicholas Henderson, *The Birth of NATO*, pp. 66 - 67.
② Lawrence S. Kaplan, *The United States and NATO: The Formative Years*, p. 114.

北大西洋公约组织

上保持团结一致,共同推进北大西洋安全体系建设。"因此,在参议院的建议下,政府得以就缔结北大西洋公约组织事宜展开谈判,而该组织的本质就是抵抗侵略。"①

与之相比,英国同样希望在北大西洋安全体系中占有一席之地,不仅能够继续保持其在欧洲国家中的领导地位,而且还能代表欧洲国家与美国围绕北大西洋安全体系展开对话。为此,英国在七国大使委员会中周旋于美国与欧洲盟国之间,既要扮演欧洲各国安全意志贯彻者这一角色,又要充当美国政治与安全设计的传话者。为此,英国极力劝说美国在构建北大西洋安全体系的过程中要尽可能考虑欧洲各国的安全需要,同时引导并劝服欧洲各国接受美国的区域集体安全理念以及相应的各种安全安排。"加拿大外长皮尔逊(Lester Pearson)提出一个严格限定的5年期限,假设组织的军事重要性是临时性的,之后会被更加积极的、在北大西洋公约组织内部逐渐发展起来的北大西洋共同体所继承。"② 法国也不甘示弱,先是持续坚持将法属北非纳入条约,后因其他国家强烈反对,提出只要将阿尔及利亚纳入就可以,但同样遭到其他国家反对。

经过反复协商,美欧双方最终就未来北大西洋公约组织的各种细节达成一致,当然,这主要是以欧洲各国接受美国区域集体安全理念以及相应的安全安排为前提。美欧双方一致承认,北大西洋公约组织远不只是一种军事—政治联合,同时还是一种政治、思想与意识形态联合。"在所有谈判中,各种问题不断涌现,(各国)从所谓的'北约精神'中催生了一种渴望取得满意结果的共同意愿,不仅大使们想方设法带上各自的外长,而且美国国务院还使参议院外交委员会涉身其中。"③ 换句话说,北约精神实际上就是融合了跨大西洋两岸各个国家共同的政治、经济、社会以及安全需要,汇聚了美欧双方共同的思想、文化与意识形态需要,进而成为推

---

① Theodore C. Achilles, "The Omaha Milkman, the Role of the United States in the Negotiations," Nicholas Sherwen, ed., *NATO's Anxious Birth*: *The Prophetic Vision of the 1940s*, London: C. Hurst & Company, 1985, p. 34.
② Lawrence S. Kaplan, *The United States and NATO*: *The Formative Years*, pp. 118–119.
③ David Miller, *The Cold War*: *A Military History*, p. 35.

第一章 《北大西洋公约》的酝酿与订立

动北大西洋安全体系持续发展的一种重要动力。

未来北大西洋公约组织的职能亦绝不仅限于保护北大西洋区域安全,实际上还担负着与苏联暨东欧社会主义国家冷战对抗的重大任务,这一庞杂而且危险的任务实际上已经远远超出欧洲各国的政治与安全需要。当然,美国带领欧洲盟国投身冷战的另一个前提就是,美国就北大西洋安全体系的许多设想做出重大让步。"尽管美国拥有优势地位,北约的历史在很大程度上就是一种折中。"① 例如,美国取消先前设定的"签约国单个国家自行决定是否属于武装攻击"的条约概念,代之以"签约国必须以单独或集体方式反制侵略行动"。这种妥协在一定程度上有助于消除欧洲各国在发生战祸时美国有可能袖手旁观的担忧,即美国区域集体安全理念与确保欧洲和平与安全紧紧联系在一起。而欧洲各国也放弃了过去单纯接受美国租借援助和安全保护的立场,代之以积极发展自身防御力量,真正践行美国所提倡的"自助、互助以及他助"防御方针。

到1949年3月,经过长时间争论,欧美各国都在保证自身政治与安全利益的前提下互相做出让步,七国大使委员会就未来北大西洋公约的方针政策、组织职能、联盟框架、决策程序、行动手法等全面达成一致,最终确定了《北大西洋公约》(North Atlantic Treaty)文本。4月4日,美国、加拿大、英国、法国、荷兰、比利时、卢森堡、挪威、丹麦、冰岛、意大利与葡萄牙十二国代表,在华盛顿正式签署《北大西洋公约》,该条约又称《华盛顿条约》(Washington Pact)。

《北大西洋公约》的主要内容包括以下几个方面:(1)《北大西洋公约》与《联合国宪章》同出一源,其目标完全一致,都服务于维持世界和平与安全秩序;(2)北约成员国将推进经济合作,共同致力于消除国际经济竞争与利益分歧;(3)对一个或数个缔约国的"武装攻击",将被视为对缔约国全体的攻击,其他缔约国有义务以单独或集体方式提供援助,包括使用武力;(4)北大西洋公约组织将在《联合国宪章》第51条

---

① John Lewis Gaddis, *We Now Know*: *Rethinking Cold War History*, p. 202.

北大西洋公约组织

指导下行使集体自卫权,保持并加强单独及集体抵抗武装攻击的能力;(5)北大西洋公约组织的集体自卫原则适用范围包括北回归线以北的北大西洋区域内任何缔约国所辖岛屿、缔约国领土或领空、缔约国占领军驻扎的欧洲其他地区,以及地中海或北回归线以北缔约国的武装部队、船舶或飞机;(6)各成员国之间以及与其他国家所涉及的条约义务,均应符合《北大西洋公约》规定;(7)北大西洋公约组织将构建组织机构,并且设定相关机构职能;(8)经全体成员国一致同意,可以在适当时扩大北大西洋公约组织规模;(9)《北大西洋公约》有效期为50年,成员国届时可自由选择存留或者退出。①

毫无疑问,相比《敦刻尔克条约》《布鲁塞尔条约》《里约条约》,《北大西洋公约》更进一步将战后初期欧美各国的政治、经济、军事、思想以及文化联合推向高潮。该条约使欧美各国政治与安全力量得到全面整合,也使欧洲政治、经济、军事、社会以及思想形态发生巨大变化。与此同时,跨大西洋联合全面加剧了欧美各国对苏联与东欧各国的冷战态势,使欧美各国在欧洲冷战中暂时赢得先机,这种结果当然无助于缓和欧洲的紧张局势。

尽管国际学术界有相当多的声音,尤其是英国学者始终认定,《北大西洋公约》不仅为英国首创,而且一直为英国所主导。"就像我们所看到的,美国政策中的许多倡议,例如杜鲁门主义、马歇尔计划以及北约,深受英国政府欢迎。事实上,它们不只是得到支持,而且在某种程度上为英国所开启,或者至少得到英国人的鼓励。"② 但是纵观欧美各国酝酿并订立《北大西洋公约》的全部过程,事实并非如此。上述思想与政策不仅出自美国的冷战政策与战略需要,而且美国使之全面符合自身的安全利益需要。没有美国的现实参与,战后世界的任何重大政治、经济与安全安

---

① Nicholas Sherwen, ed., *NATO's Anxious Birth*: *The Prophetic Vision of the 1940s*, pp. 183 – 186. 同见 "The North Atlantic Treaty," 4 Apr. 1949, https://www.nato.int/cps/en/natohq/official_ texts_ 17120. htm.

② Geir Lundestad, *East*, *West*, *North*, *South*, *Major Developments in International Politics*, *1945 – 1986*, p. 33.

排，实际上都缺乏现实意义；而且美国对外援助、联盟以及冷战等政策都拥有自身的发展轨迹，虽然与西欧国家有重合和交叉，但是并不随着西欧国家的安全需要而起舞。从这个意义上讲，包括杜鲁门主义、马歇尔计划以及北约在内的一系列冷战政策及其实践，实际上一直是在美国的主导和引领下完成的。

第二章
北约的组织创设与机制建构

第一节 北约政治联合机制的设计与实践

一 从条约到组织的嬗变

从文本看,《北大西洋公约》内容似乎相当简单,只有短短14条,但是条约所涉及的领域实际上非常广泛,几乎涉及政治、经济、军事、文化以及意识形态等各个方面。虽然条约明确说明,跨大西洋联合的目标主要是防范、威慑、反击武装威胁或者军事侵略,北大西洋区域集体防御职能为《北大西洋公约》设定的主要功用,但这绝不是条约唯一的功用。"创建北约以及经济高速增长,带来了安全感提升。"① 事实上,条约所隐含或者附带的内容相当丰富,这些内容在很大程度上超出集体防御功能之外,赋予《北大西洋公约》其他功用,这也在很大程度上赋予跨大西洋联合以更大的灵活性、选择性以及延展性。

《北大西洋公约》虽未明言,但对各签约国实际上提出较高的政治、经济、文化以及意识形态等要求,这些要求在反映战后欧洲冷战日趋激烈这一客观现实的同时,也对欧洲政治、经济以及安全形势产生了较大的反作用力。首先,缔约国具有广泛的政治安全需要。条约在前言声称,"(签约国)决心保护人民的自由、共同遗产与文明,而这些均以民主、

---

① Geir Lundestad, *East, West, North, South, Major Developments in International Politics, 1945–1986*, p.99.

个人自由和法治为基础；寻求促进北大西洋区域稳定与福祉"①。客观而言，条约所设置的上述目标，实际上绝不局限于保卫北大西洋区域安全这一要求，而是远远超出确保各签约国疆域、人民生命以及财产安全的范围，条约将捍卫西方物质、制度与思想文明成果都纳入预设的保护与传播范围。

其次，缔约国具有普遍的经济安全需要。条约第2条声称，"通过加强自由机构建构，更好地理解这些机构所赖以建构的原则，创造促进稳定与福祉的条件，签约国将为进一步发展和平、友好的国际关系做出贡献。消除国际经济政策中的冲突，鼓励某些或全体签约国展开经济协作"②。很明显，条约所设定的北大西洋区域安全目标，既包括保护各签约国的疆域、人民生命与财产安全，也包括推动各签约国的经济合作，推崇国际经济政策，促进整个北大西洋区域经济发展与繁荣。《北大西洋公约》签约国大都属于经济发达国家，它们将维护自身经济发展视为国际经济发展的基础，尤其将北大西洋区域经济的稳定与发展，视为与政治团结、共同安全等同样重要的目标。

最后，签约国具有共同的安全需要。作为条约的主要功用，条约第3、4、5、6、7、8条围绕跨大西洋联合所追求的集体安全原则、路径、制度、范围、规范等内容展开。条约明确提出，谋求北大西洋区域安全这一目标，既要确保每个签约国的个别安全需要，还要确保北大西洋区域的整体安全。《北大西洋公约》所确立的集体安全方针，实际上将签约国的具体安全需要与北大西洋区域的整体安全需要紧紧连成一体，各签约国在北大西洋区域的安全政策及其实践中可谓一荣俱荣，一损俱损。

总体而言，《北大西洋公约》所确立的集体安全目标、政治原则、指导方针、组织架构、条约规范等，实际上反映了跨大西洋两岸在冷战初起时遇到的种种问题与矛盾，以及欧美各国为了回应这些挑战而在政治、经

---

① "The North Atlantic Treaty," 4 Apr. 1949, https：//www.nato.int/cps/en/natohq/official_texts_17120.htm.
② "The North Atlantic Treaty," 4 Apr. 1949, https：//www.nato.int/cps/en/natohq/official_texts_17120.htm.

济与安全等领域提出的种种诉求。"在达成《北大西洋公约》前的筹备期间,苏联会尽最大努力打破西方国家的团结,比如掀起一波宣传战,交替使用威胁与许诺以及所有其他形式的诱惑。"① 毫无疑问,苏联的所作所为并未起到预期作用,反而起到促使跨大西洋两岸国家加快《北大西洋公约》签署的反作用。就此而言,《北大西洋公约》既有长期性目标与方向驱动,也有短时性现实需要,堪称两者的结合。这就注定《北大西洋公约》所设定的目标实际上无法全部实现,有些目标注定只能立足于长时段,有些目标则可以在短时段内取得成效。事实上,《北大西洋公约》所关注的重点,基本上都是短期目标,至少在表面上如此。

《北大西洋公约》订立后,在欧美各国引起的反响并不一致。对西欧各国来说,大多数国家对此欢欣鼓舞。"北约的西欧成员国全都热切希望杜鲁门政府可以在考虑国会的因素之外,保持一定程度的灵活性,即一旦出现苏联武装进攻,美国的安全保证会自动生效。"② 英国外交大臣贝文对签署《北大西洋公约》的兴奋之情可谓溢于言表,他认为英国成功争取到美国向欧洲提供安全保护的承诺,由此将西欧各国的安全需要与美国的安全需要联系在一起,进而使欧洲从根本上获得一种强有力的安全保障。而低地国家则认定,以《北大西洋公约》替代《布鲁塞尔条约》,以跨大西洋安全共同体代替西方联盟,是战后欧洲安全建设所取得的一个重大进步,在即将到来的欧洲政治对立、军事对抗、安全对峙中,必将形成有利于西方的一种积极态势。因此,《北大西洋公约》在西欧各国国会相继获得批准,很快被赋予合法地位。

《北大西洋公约》的订立在美国军政两界引起强烈反响。美国国会对《北大西洋公约》的有关条款始终焦虑不安,态度游移不定。许多议员并不认可杜鲁门政府此前对条约所做的种种解释,他们始终认为《北大西洋公约》赋予政府太多权力,严重侵犯了美国以及其他签约国的宪政体

---

① Prince Hubertus zu Löwenstein and Volkmar von Zühlsdorff, *NATO and the Defense of the West*, Westport, C.T.: Greenwood Press, 1960, pp. 57 – 58.
② Geir Lundestad, *East, West, North, South, Major Developments in International Politics, 1945 – 1986*, pp. 178 – 179.

北大西洋公约组织

制。为此,"参议员们一直要求,应该在声明中加入某些措辞,即要由签约国执行的条约,必须符合签约国各自的宪法程序"[①]。因此,在后来审核、讨论以及批准《北大西洋公约》的过程中,国会多次举行听证会,邀请杜鲁门政府中所有相关官员参加听证,反复核实签署条约所涉及的每个细节、各种考虑以及相应政策。同时,对条约可能涉及的所有问题展开研判,包括对各种潜在或者公开的政治与安全风险展开评估。

围绕国会是否批准《北大西洋公约》,美国参众两院内部展开激烈辩论。许多议员认为,美国签署这一毫无底线的安全条约,严重破坏了美国的政治与外交传统。更令人恼火的是,美国中了西欧各国蓄谋已久的圈套,毫无保留地为西欧提供安全保护。美国不仅要为此消耗大量资源,承担不必要的风险,而且还不得不将自身的核心安全利益弃之不顾。相反,西欧各国坐享其成,坐看美国与苏联争斗。对美国来说,《北大西洋公约》可谓弊大于利,得不偿失。为此,有的议员坚决反对国会批准该条约,主张搁置条约;有的议员则要求对条约进行大幅度修改,使之更符合美国的政治与安全需要。"参议院外交委员会主席康纳利针对《北大西洋公约》所做的首次公开声明,很自然会为公众所知晓……他不赞成让美国在任何情况下都履行条约义务,他给人留下的印象是,一旦出现针对欧洲的武装进攻,这个条约可能会使美国自动进入战争状态,这意味着'由欧洲国家宣战,让我们战斗'……'我们不能再做加拉哈德爵士(亚瑟王的圆桌骑士之一)。我们每次一听到枪声就冲向战场,在不清楚自己目标时、在不知道如何解决问题时就表明立场。这就是我的态度。"[②] 可以想见,作为在美国国会中最具影响力的议员,康纳利对《北大西洋公约》的质疑态度尚且如此,其他议员的态度就更无须赘言。

与国会犹豫不决相比,杜鲁门政府的态度要更积极、更坚定。杜鲁门赢得总统连任,使民主党政府得以继续推进跨大西洋联合。和此前美国推

---

① Nicholas Henderson, *The Birth of NATO*, p. 100.
② Nicholas Henderson, *The Birth of NATO*, pp. 90 – 91.

行的马歇尔计划、杜鲁门主义异曲同工,《北大西洋公约》更是被杜鲁门政府视为美国建构战后欧洲安全秩序的一个有力抓手。美国希冀通过北大西洋公约组织这一平台,在欧洲冷战对峙中确立自身的优势地位,全面压制和封堵苏联与东欧社会主义国家,更好地推进全球主义战略,确立并稳固美国的战后世界霸主地位。

为了使《北大西洋公约》更富有现实意义,而不是仅仅停留在纸面上,杜鲁门政府开始系统考虑向欧洲国家提供军事援助。"从最初谈判开始,代表们就确定了相互援助的原则,这一点最终在《北大西洋公约》第3条中得到解释。即美国将向西欧国家提供某些军事供应,而西欧国家则要协调并增加自身的防御手段,并且要在发生紧急事件时为美国提供设施。"① 为此,杜鲁门政府特别成立针对欧洲的军事援助机构——欧洲协调委员会(European Coordinating Committee, ECC),隶属于美国对外援助指导委员会(Foreign Assistance Steering Committee, FASC),专门负责制订美国对欧洲军事援助计划,协调西欧各国接应美国军事援助的政策与步调等。因为杜鲁门政府深知,战后西欧各国积贫积弱,根本无力担负保卫北大西洋区域的使命。如果美国能参照马歇尔计划,向西欧各国一揽子提供其急需的军事援助,西欧各国就会拥有强大的军事力量,这使它们不仅不会屈从于苏联与东欧社会主义国家的政治压力与武力威胁,而且还能够有效配合美国为保卫北大西洋区域安全而采取的各项政策以及实践。只有美国和西欧各国在军事上真正连成一体,才能保证《北大西洋公约》切实发挥作用。

经过杜鲁门政府的艰苦努力,1949年7月21日,美国国会最终批准了《北大西洋公约》。7月25日,杜鲁门政府正式向国会提出"军事援助计划"(Military Assistance Program, MAP),援助额度为14.5亿美元。② 1950财政年度为14.5亿美元,总计有11.3亿美元分配给北约的欧洲成

---

① Nicholas Henderson, *The Birth of NATO*, p. 108.
② Kenneth Condit, *The Joint Chiefs of Staff and National Policy*, Vol. Ⅱ, *1947 - 1949*, Washington, D. C.: JCS, 1992, pp. 429 - 430.

北大西洋公约组织

员国（后来该数额减少到10亿美元）。① 美国希望以此强化所谓世界民主国家的军事防御能力，实际上意在强化与苏联和东欧社会主义国家实施军事对抗的实力。同样，该法案在美国国会引起激烈争论。"范登堡参议员声称，这是有史以来总统和军队高层独裁者所制定的第一个军阀法案。"② 无独有偶，"参议员康纳利以其一贯夸张的语气提出，就像人们所知道的，'军事援助计划'是一个比历史上任何计划都慷慨的计划"③。为了安抚持不同意见的议员们，杜鲁门政府最终将该法案更名为《共同防御援助法案》（Mutual Defense Assistance Act，MDAA），以示美国与世界其他民族国家相互援助，而并非美国单方面提供军事援助。经过激烈辩论，该法案分别在众议院和参议院获得通过。10月6日，该法案正式由杜鲁门总统签署。

作为《北大西洋公约》的重要补充，《共同防御援助法案》在推动美国军事联合政策持续深化的同时，亦强化了西欧各国军事建设，尤其强化了西欧各国与美国展开大规模军事合作的意愿与趋势，推动了跨大西洋军事联合。就此而言，《共同防御援助法案》赋予《北大西洋公约》更多现实意义，加快了其真正实现从相对务虚的条约向相对现实的军事联合过渡和转变。

毋庸置疑，在《北大西洋公约》从条约向组织的转变中，美国的政治指导方针、安全战略以及军事需要等，始终发挥了引领作用，这在很大程度上影响到未来北约的政治与安全方针及其发展方向，使北约的安全利益与美国的安全诉求更为贴近，使北约的安全战略与美国的安全战略出现非常多的重合之处，甚至使北约在某些方面成为美国推进全球主义战略的一种得力工具。

---

① Lord Ismay,"NATO：The First Five Years（1949 – 1954），"https：//www. nato. int/archives/1st5years/chapters/3. htm.
② "Vanderberg to Walter Lippmann，" 9 Aug. 1949, *Vandenberg Papers*，见 Lawrence S. Kaplan，*the United States and NATO*，*the Formative Years*，p. 126。
③ *New York Times*，29 Sep. 1949，见 Lawrence S. Kaplan，*the United States and NATO*，*the Formative Years*，p. 129。

第二章 北约的组织创设与机制建构

二 从北大西洋理事会到"永久议会"

在美国的大力推动下,1949年9月17~19日,《北大西洋公约》12个签约国在华盛顿举行首脑会议,商讨建立跨大西洋军事共同体。在此次会议上,各签约国正式决定成立北约,将《北大西洋公约》变成北大西洋军事联盟。"就像我们今天所知道的,并非《北大西洋公约》一经签署,北约就已创建。按照最初的设想,《北大西洋公约》被设计为一种安全保证,而并不是一个支持统一军事防御的体系。"①

在此次峰会上,北约设立北大西洋理事会(North Atlantic Council,NAC)作为最高权力机构。"作为各成员国的最高权力机构,它的程序非常简单,但不会欺骗任何一个国家。"② 北大西洋理事会的职责是负责北约所有重大事务,包括确立政治指导方针、制定安全战略、设置权力机构等,其成员均为各成员国外交部长。北大西洋理事会在每年春季和秋季定期召开两次会议,而且可以在其认定的任何时间,例如当北约面临重大危机与挑战,或者国际安全环境发生突变时,不定期召开紧急会议,做出各种针对性决策。虽然在理论上,由各成员国首脑组成的北约峰会具有最高决策权力,北大西洋理事会亦必须服从北约峰会做出的各项重大决策,但北约峰会并非定期召开,而且其绝大部分议题由北大西洋理事会事先提供。事实上,是北大西洋理事会在引领、凝聚并推动北约的存在和持续发展。"北大西洋理事会扮演着一个特殊的角色,这就是北约持续生存的原因。"③

在北大西洋理事会之下,北约还设立了防务委员会(Defense Committee,DC),由各成员国国防部长组成,负责统筹北大西洋区域防御计划,协调

---

① Nigel P. Thalakada, *Unipolarity and the Evolution of America's Cold War Alliance*, New York: Palgrave Macmillan, 2012, p. 22.
② Prince Hubertus zu Löwenstein and Volkmar von Zühlsdorff, *NATO and the Defense of the West*, p. 144.
③ Andrew J. Goodpaster, "The Foundations of NATO: A Personal Memoir," James R. Golden, Daniel J. Kaufman, Asa A. Clark Ⅳ, and David H. Petraeus, eds., *NATO at Forty, Change, Continuity, & Prospects*, Boulder, San Francisco & London: Westview Press, 1989, p. 34.

北大西洋公约组织

北约与各成员国的防御计划,该委员会每年至少召开一次会议,直接向北大西洋理事会负责。在防务委员会之下,北约还设立了军事委员会(Military Committee,MC),由各成员国参谋总长组成,负责就北大西洋区域各种军事问题向防务委员会提出各种专业建议、演习方案、行动计划以及防御安排等。很明显,与一年一度的防务委员会相比,军事委员会采取一年两度的会议制度,因而做出的决策与预案也明显多于前者。这种设计在很大程度上决定了一个基本事实,即防务委员会更像一种防务联合标志,而军事委员会则成为北约真正的军事权力机构。"与北大西洋理事会、防务委员会分别由各成员国外交部长与国防部长组成不同,军事委员会由各成员国参谋总长组成,与民事领导人相比,他们需要投入更多时间解决北约的问题,而民事领导人并不需要经常会面,而且他们要将大部分时间用于关注其他问题。"[①]

不仅如此,为了便于军事委员会展开工作,北约还在其下设立了常设行政机构——常设小组(Standing Group,SG),其成员由美、英、法三国派出军事人员担任,专门负责军事委员会各项日常行政工作,确保军事委员会正常运转。尤其是在军事委员会休会期间,负责其日常工作。最重要的是,常设小组还负责制定北大西洋区域各种军事力量联合行动的指导方针。进言之,为了将军事委员会的工作真正落到实处,北约还在军事委员会之下设立了5个具体的区域计划小组:(1)北欧计划小组,负责英国、丹麦、挪威的军事计划制订与协调;(2)西欧计划小组,负责英国、法国以及低地国家的军事计划制订与协调;(3)南欧与西地中海计划小组,负责英国、法国、美国、意大利的军事计划制订与协调;(4)北大西洋计划小组,负责除意大利、卢森堡以外的所有北约成员国的军事计划制订与协调;(5)美国与加拿大计划小组,负责北美地区所有的军事计划制订与协调。这些区域计划小组负责制订北大西洋区域内各个不同地区的军事计划与作战设计,它们直接听命于军事委员会,由军事委员会统筹和协调各个区域的军事行动计划。"然而,这些区域计划小组并非展开讨论的

---

① Lawrence S. Kaplan, *NATO and the United States: The Enduring Alliance*, p. 38.

唯一平台，到目前为止，最重要的就是美国和英国之间还存在许多双边联系。"①

为了增加北大西洋区域军事行动的自主性，强化北约实施军事行动的能力，北约还设立了防务财政与经济委员会（Defense Financial and Economic Committee，DFEC）②，专门负责了解并收集各成员国军费开支、军事资源以及相关军事经济等各种信息，制定并贯彻适应北约军事与政治目标的经济与财政政策，为北约军事行动计划提供财政与经济指导和支持，对不符合北约各成员国经济与财政资源的各种军事计划与军事生产做出限制等。该委员会由各国财政部长组成，每年在春季和秋季分别召开一次会议。另外，在防务委员会之下，北约还设置了军事生产与供应董事会（Military Production and Supply Board，MPSB），负责统筹北约各成员国武器装备的标准、质量、产量、供应、分配以及交换等具体事务，以便在军事生产与技术层面，确保北约各成员国能够得到最大限度的统合，以此提高北约的综合能力。"（北大西洋理事会）和军事生产与供应董事会共同采取措施，分配新的军事开支，检验财政与经济潜力，并且就优先项目所需的经费，共同准备详细的支出预算。"③ 为方便工作，防务财政与经济委员会和军事生产与供应董事会均设有常设小组。

除军事委员会设置常设权力机构外，大多数北约权力机构并未设立常设权力机构，这些机构大多采取一年一次会议或者一年两次会议的议事制度，势必会造成权力缺失。因为面对北大西洋区域复杂多变的政治与安全环境，尤其是欧洲跌宕起伏的冷战态势，仅仅依靠每年一次或者两次协商，根本无法满足瞬息万变的国际形势需要。对作为北约最高权力机构的北大西洋理事会而言，更是如此。因此，建立一种常设权力机构，最大限度地统一各成员国政治与安全意志，最及时、最全面地以最佳方式反映各成员国政治与安全诉求，已经成为北约权力制度建设的当务之急。"可以

---

① David Miller，*The Cold War*：*A Military History*，p. 46.
② 1951 年 5 月，北约宣布废止防务委员会和防务财政与经济委员会，将上述两机构的职能并入北大西洋理事会。
③ Lawrence S. Kaplan，*NATO and the United States*：*The Enduring Alliance*，p. 43.

北大西洋公约组织

做很多事情提升北约机制。当然,必须要在政治上有意运用优化的机制,因为如果不能运用最好的机制,世界将会变得糟糕。我们必须牢记,北约是一个政府间组织,如果运用该组织,它就会变得非常重要,但如果不加利用,它就会销声匿迹。"①

为此,北大西洋理事会在其下设立代表理事会(Council Deputies),常设驻地为伦敦。即各成员国外交部长分别派出一名代表,组成一个常设委员会,专门负责处理北大西洋理事会的各项日常事务,包括对北约各种职能机构实施工作协调,对各成员国军事计划实施融合,协调各成员国与北约的关系,制定各种政治决策,供北大西洋理事会开会时讨论等。由于各国外交代表采取常驻会议制度,大部分由各成员国驻英国大使担任,所以可以经常召开会议,或者采取非正式接触和磋商,协调并形成相对一致的政治与安全决策。这种制度在一定程度上弥补了北大西洋理事会召开会议频率过低,各国外长身兼多职、无暇兼顾北约事务等不足。但是也要看到,代表理事会只是暂时代行北大西洋理事会的职能,而非代替。"代表理事会确实提供了一些权力的延续,但非常有限,它并不享有独立的权力。"②

另外,鉴于北约各成员国在政治与经济力量上存在巨大差距,它们对集体安全目标的要求不尽相同。为了弥合各成员国的不同安全诉求,最大限度地统一北大西洋区域的安全理念、规程以及目标,北约特别成立临时理事会委员会(Temporary Council Committee,TCC)。临时理事会委员会在很大程度上缩短了北约各成员国天然存在的力量差距,将各国政治与安全政策紧紧融合在一起,同时将各成员国和北约的政治与安全战略结合在一起。很明显,临时理事会委员会虽然在名义上为临时机构,但实际上却直指北约权力架构中的软肋,着力于弥补其中的权力空白,使跨大西洋安全联合在制度建设上更加完善和系统。"相应的,他们决定成立临时理事

---

① Prince Hubertus zu Löwenstein and Volkmar von Zühlsdorff, *NATO and the Defense of the West*, p. 146.
② Lawrence S. Kaplan, *NATO and the United States: The Enduring Alliance*, p. 43.

第二章 北约的组织创设与机制建构

North Atlantic Treaty Organization

会委员会,负责协调能够满足西欧防御以及北约成员国现实政治、经济能力可接受的北约计划。简言之,临时理事会委员会决定军事权力部门是否要求太多,或者各国政府是否提供的太少。临时理事会委员会可以要求各成员国政府以及北约民事与军事部门提供信息、建议和援助。"[1] 然而,临时理事会委员会实际上并未起到预期作用。"并非所有成员国都对'临时理事会委员会'的决策感到高兴。一些成员国政府认为,北约一些规模较大的成员国的防御能力一直未能得到充分而且彻底的探究。"[2]

1952年2月,北大西洋理事会在葡萄牙里斯本召开会议。北约决定成立常设理事会(Permanent Council,PC),代替代表理事会。常设理事会负责贯彻北大西洋理事会的各项重大决策,负责与北约各个军事指挥机构展开协商。虽然北约并未明确说明,但事实上,常设理事会在北大西洋理事会中并不只是多设的一个简单的权力机构,而是在其中发挥着永久性核心作用,因为毕竟北约的日常事务庞大且繁杂,无法仅仅依靠数量有限的几次理事会会议应对,这就必然需要有常设理事会这样的常设机构运转,因此该机构自然而然地成为北约最高权力架构中极为重要的中枢之一。在保持北约政治与安全战略实现无缝衔接的同时,也确保北约政治与安全战略始终保持最大效能。"根据成员国有关规定,常驻代表可以是部长或高官,他们在任何情况下都必须与政府保持密切联系,并且被授予足够的权力,这就确保常设理事会能够执行集体任务,能够迅速做出决策。每一位常驻代表都领导着一个国家代表团,代表团中有顾问和专家,可以帮助其完成每个阶段的任务。"[3]

北约权力结构看似并不细致和完整,甚至可以说非常粗糙和简陋。"最初,北约是一个不太正式的组织,该组织结构最具体的参考就是《北

---

[1] Lord Ismay, "NATO: The First Five Years (1949 - 1954)," https://www.nato.int/archives/1st5years/chapters/5.htm.

[2] Lord Ismay, "NATO: The First Five Years (1949 - 1954)," https://www.nato.int/archives/1st5years/chapters/5.htm.

[3] Lord Ismay, "NATO: The First Five Years (1949 - 1954)," https://www.nato.int/archives/1st5years/chapters/6.htm.

大西洋公约》第 9 条所确立的内容。即签约国建立一个理事会，每个成员国都有代表，讨论关于推进公约的事务。"[1] 北约仅建立了几个权力机构，许多重要领域尚未涉及。北约已建立的权力机构也只能算是一个轮廓，许多具体的权力领域或者处于空白状态，或者存在许多重合与不当之处。至少对许多北约成员国来说，许多权力架构及安排并不令人满意。"建立北大西洋公约框架，为美国、英国、法国提供了某种特殊地位，使之成为军事委员会常设小组成员，但是这种安排远远无法满足法国的战略目标。"[2] 尤其需要说明的是，在北约权力架构中，北约始终未能建立足够强大的基础权力机构，以便与其最高权力机构相对称，这就不可避免地使北约的政治与安全政策深受影响。"对成员国来说，北约扮演了一个协调者与顾问的角色。作为一个国际官僚机构，北约并不对成员国选民负责，因此，北约的防御政策是各成员国展开协商的结果，该政策受北约及其各成员国官员的影响，也受其他利益集团的影响，例如武器合同商与和平运动。"[3]

特别需要明确的是，北约最高权力架构持续深化，在很大程度上缘于国际政治与安全形势发生重大变化，尤其是朝鲜战争爆发以及战局深入发展，全面加剧了东西方冷战对抗。北约作为跨大西洋安全联合组织，在冷战对峙持续加剧的环境中可谓首当其冲。北约持续发展其权力架构，既是出自对冷战的主动应对，亦出自对抗苏联与东欧各国政治与安全威胁的需要。因此，北约权力架构初设以及权力机构改革，都被镌刻上冷战烙印。

即便如此，上述权力结构还是在很大程度上推动了北约权力架构不断完善，为此后北约权力架构的可持续发展与完善奠定了基础。在建构权力

---

[1] Ryan C., Hendrickson, *Diplomacy and War and NATO: The Secretary General and Military Action after the Cold War*, Missouri: University of Missouri Press, 2006, p. 13.
[2] Charles G. Cogan, *Forced to Choose, France, the Atlantic Alliance, and NATO: Then and Now*, p. 71.
[3] Keith Hartley, *NATO Arms Co-operation: A Study in Economics and Politics*, London, Boston and Sydney: George Allen & Unwin Ltd., 1983, p. 8.

架构的进程中，针对已经建立的权力机构，北约实际上并未因循守旧，故步自封，而是按照国际安全形势的变化以及自身安全需要，持续调整其职能、领域以及方向，对已有的权力机构不断进行调整和改革，以便增加北约政治与安全领导体制的灵活性、有效性与实用性。从北大西洋理事会到防务委员会，从军事委员会到其所属的区域计划小组，这种机构设置尽管简单、稀疏，但基本上奠定了北约权力架构基础，确保北约从条约向组织全面过渡。

三 北约政治与安全权力制度不断深化

北约自创建后，一直积极致力于推动政治与安全制度建设，不断深化和完善其制度设计，上述努力主要体现在两个方面：其一是服从跨大西洋两岸冷战博弈的需要，谋求进一步加强北约的政治与安全职能；其二是秉持欧美各国的"普世"价值理念以及基本的国家权力配置。北约的目标非常明确，就是最大限度地发挥其政治与安全职能，尽快承担起保卫北大西洋区域安全、有效抗衡苏联与东欧各国的使命，"《北大西洋公约》（的职能）主要被视为防范正在明显增长的苏联威胁"[①]。

在里斯本会议上，北约决定正式成立国际秘书处（International Staff 或者 International Secretariat, IS），由英国前军事领导人、二战时曾担任首相丘吉尔参谋长的黑斯廷斯·伊斯梅勋爵（Lord Hastings Ismay）担任首任秘书长。北约秘书长不仅负责北约最高权力机构的所有行政事务，而且还担任北约部长会议副主席，负责召集北大西洋理事会会议以及其他各种部长级会议。伊斯梅勋爵作为跨大西洋军事联合的积极拥护者，一直强烈要求北约建立超国家权力制度，其思想主张对北约政治与安全制度以国际秘书处为纽带的权力融合与运转发挥了巨大作用。"北约秘书长应该由北大西洋理事会任命，并且对理事会负责；他不是任何一个成员国代表团

[①] Ian Smart, "The Political and Economic Evolution of NATO's Central Region," James R. Golden, Daniel J. Kaufman, Asa A. Clark Ⅳ, and David H. Petraeus, eds., *NATO at Forty, Change, Continuity, & Prospects*, p. 40.

的成员;他应该组织北大西洋理事会的工作,指导国际秘书处的工作;他应当启动并准备与北大西洋理事会行动相关的各个事项,确保北约采取的行动步骤紧跟理事会决策;他应当直接接触北约各个机构以及各成员国政府。"①

按照规定,国际秘书处所有工作人员均来自北约各成员国,具有外交人员身份,在工作中不带任何国家或民族色彩,在政治上保持中立,以此避免国际秘书处受成员国国家利益和政策偏向的影响。② 不仅如此,国际秘书处还设立副秘书长一职,由荷兰外交官琼克·冯·维登巴克(H. van Vredenburch)担任,负责协助秘书长制定和把握北约的大政方针。与此同时,国际秘书处还设置了执行秘书长一职,由英国外交官卡勒里奇(Captain R. D. Coleridge)担任,负责在秘书长缺席的时候代行其职责,对北大西洋理事会及所属委员会履行监督和领导之责。另外,在副秘书长之下,国际秘书处还设置了3位助理秘书长,分别负责北约在政治、经济以及生产与后勤等方面的具体行政事务。毋庸置疑,国际秘书处的设立以及该机构职能的不断细化,推动了北约政治与安全权力制度的进一步完善。"国际秘书处的职员来自14个成员国,各国对任命的比例并没有严格规定,但是要尽力确保公平分配。这一原则在一定程度上限制了对某些特定职位候选人的选择,但任何一国都不能对特殊任命提出永久性要求。"③

和此前北约所建构的权力制度相比,国际秘书处作为北约常设行政机构,具有明显的超国家权力特性。"国际秘书处以北约秘书长为首,同时组成一个独立的团体,设定许多职能部门,包括防御计划部、防御支持

---

① Lord Ismay, "NATO: The First Five Years (1949 – 1954)," https://www.nato.int/archives/1st5years/chapters/6.htm.
② 1951年,北约各成员国在渥太华召开会议,订立《北约、成员国代表与国际职员协议》。该协议规定,所有成员国代表均享有与外交代表同样的豁免权与特权,其中包括人身逮捕和拘留豁免,对具有官方身份的言辞、文字以及行为享有法律程序上的豁免,所有文件和档案均不可侵犯等。
③ Lord Ismay, "NATO: The First Five Years (1949 – 1954)," https://www.nato.int/archives/1st5years/chapters/6.htm.

部、政治事务部以及科学事务部。"① 国际秘书处这种权力设计，在很大程度上使北约能够克服各成员国政府之间合作制度存在的某些弊端，进而确保北约政治与安全战略及其实践完整和有效。国际秘书处对北约行政权力范围与运行所做的相关制度化规定及其实践，在发展北大西洋理事会职能的同时，亦推动了北约权力机制完善，为北约确立相对完整的政治与安全制度打下坚实基础，推动北约不断常规化、专业化和系统化。"国际秘书处尤其还被赋予传播自由理念的功能，以便与苏联针对西方的持续心理战展开斗争。"②

不仅如此，北约还以欧美各国宪政体制为模本，在北约内部构建议会组织，以便与各成员国实现权力对接。1955年7月，北大西洋理事会在巴黎召开会议，设立北约议员会议（NATO Parliamentary Council，NPC），该机构又被称为北大西洋议会（NATO Atlantic Council，NAC）。很明显，北约议员会议一直扮演着北大西洋理事会政治咨询机构的角色，既负责对北约最高权力机关各项重大决策实施监督，防止北约出现滥用权力现象，又负责向北约最高权力机构提供各种咨询意见，反映各成员国民众、政府以及议会的呼声。北约议员会议的议员由各成员国按各国人口数量直选产生，程序与各成员国议会完全一致。在理论上，该议会可以对北约一切重大事务展开讨论，做出各种决议，交付北约最高权力机构以及各成员国政府付诸实行。

不可否认，北约议员会议同样具有超国家组织的特性，虽然该组织相较于北约最高权力机构影响较小，权力也有限，但意义重大。作为北约政治与安全制度不断发展和完善的一个重大标志，作为北约践行西方宪政理念的一个重要坐标，北约议员会议为北约及其成员国开通了更广泛的权力交流、协作以及沟通渠道，实现了双方制度的无缝衔接，同时还使北约不再止步于跨大西洋军事联合，而是扩展到政治、社会、法律等多领域联

---

① Mark Webber, James Sperling and Martin A. Smith, *NATO's Post-Cold War Trajectory: Decline or Regeneration?*, New York: Palgrave, Macmillan, 2012, p. 27.
② Prince Hubertus zu Löwenstein and Volkmar von Zühlsdorff, *NATO and the Defense of the West*, p. 133.

合，这对北约的制度建设无疑大有裨益，对于进一步夯实跨大西洋安全联合的基础具有重大意义。就像北约前秘书长韦尔纳（Manfred Wörner）日后所强调的，"北约成为西方国家推动东西方谈判、履行、验证以及扩展东西方协议的一个平台"①。

1963年，为进一步加强对北约各成员国军事规划与目标的管控，加速推进北约统一防务架构建设，北约设立了防务计划委员会（Defense Planning Committee，DPC）②。该机构层级非常高，几乎和北大西洋理事会平起平坐，其职能极为丰富。"根据1970年代后期北约的官方叙述，大约有18个主要委员会（以及更多的低级委员会）直接向北大西洋理事会与防务计划委员会负责。"③ 北约秘书长直接担任防务计划委员会主席，该委员会的基本职能是，推动所有成员国就各自的军事计划达成共识，协调北大西洋区域所有武装力量的规划过程，审核各个高级委员会出台决策的预备和后续工作等。防务计划委员会可以在必要时召开大使级会议，每年召开两次国防部长级会议，归根到底，该委员会的最终目标就是在北约内部建立一种统一的军事结构。1966年12月，北约设立核计划小组（Nuclear Planning Group，NPG）④。该小组由加拿大、联邦德国、土耳其、意大利、荷兰、挪威、英国和美国等国代表组成，这些国家都是同意参加北约统一军事结构的成员国，所以法国和冰岛不在其中。核计划小组的职责是审核北约核政策，对核武器控制与核扩散等问题展开讨论，对北约的核方针展开磋商等。

1967年12月，防务计划委员会召开会议，设立核防御事务委员会（Nuclear

---

① Drew S. Nelson, Keith W. Dayton, William J. Ervin, Keck M. Barry, and Philip C. Marcum, *The Future of NATO, Facing an Unreliable Enemy in an Uncertain Environment*, New York: Praeger, 1991, p. 57.
② 2010年6月，防务计划委员会正式宣告解散。
③ Mark Webber, James Sperling and Martin A. Smith, *NATO's Post-Cold War Trajectory: Decline or Regeneration?*, p. 27.
④ 1979年，核计划小组的轮值成员国资格宣布终止，这标志着北约所有成员国对北约核政策及其实践的影响力不断增强。

第二章　北约的组织创设与机制建构

Defense Affair Committee，NDAC）①。该委员会成员包括比利时、加拿大、联邦德国、丹麦、希腊、意大利、荷兰、挪威、葡萄牙、土耳其、英国、美国等国代表，负责制定北大西洋区域核防御政策。"很自然，盟国作为核联盟中的一员，一直寻求将联盟机制当作处理可能引发问题的一种手段。"② 但是由于该委员会每年仅召开一次部长会议，对北约及其成员国核政策的发言权相当有限。由于核防御事务委员会影响极为有限，核计划小组几乎控制并把持了与北约核事务相关的所有具体事项。尽管如此，无论是核防御事务委员会还是核计划小组，都无法消除北约核政策中固有的矛盾。就像法国学者科尔（Wilfred L. Kohl）所强调的，"在针对北约的核威胁性质评估中，在决定需要什么样的核力量回击这种威胁时，在如何以及在何种条件下运用这些力量而制订计划时，无核国家不可能拥有更大的发言权"③。很明显，有核国与无核国之间的差距，无法依靠北约的制度设计与建构消除。

由上可见，在北约政治与安全制度建设中，除大力推进政府间合作外，北约还在多个关键领域积极推进军事一体化联合，建立了许多超国家权力机构。不可否认，伴随北约政治与安全制度持续深化，尤其是大量超国家机构的设置及运转，北约政治与安全制度变得更精练、更有效，北约制度建设中机构重复、职能交叉、效率低下的种种积弊得到抑制。

到 1960 年代末，北约基本上确立了一套比较完整的政治与安全制度。按照宪政体制的标准，北约建立了一套完整、统一而且有效的政治与军事系统。北约还按照欧美各国通行的国家权力分配制度，建立了相对齐全的政治权力配置、相应的行政支撑以及权力监督，所涉及的范围也超出政治、军事以及安全等领域，深深触及社会、文化、思想、意识形态以及科

---

① 1973 年，核防御事务委员会召开最后一次会议，此后再未召开会议，虽然该机构并未被废除，但是其职能基本上为核计划小组所替代。
② Paul Buteux, *The Politics of Nuclear Consultation in NATO*, 1965–1980, Cambridge, M. A.：Cambridge University Press, 1983, p. 6.
③ Wilfred L. Kohl, *French Nuclear Diplomacy*, Princeton, N. J.：Princeton University Press, 1971, pp. 134–135.

技等领域。就此而言,北约政治与安全制度建设实际上为北约的制度扩张奠定了重要基础。

无可辩驳,北约政治与安全制度建设始终存在一些无法消除的矛盾。例如,虽然北约建立了众多权力机制,但在应对外来危机中的表现却从未得心应手,而且在公众眼中的形象一直处于弱势。就像国际军控专家克拉斯·魏特曼(Klaus Wittmann)所指出的,"北约只会在公众眼中保持其重要性……并且只会通过对其未来角色富有想象的思考,解决自身的问题"①。而且在北约绝大多数权力机构中,美国始终把持着绝对领导权。除北约秘书长以及几个与欧洲成员国切身利益直接相关的重要职位外,美国人占据着大多数重要委员会以及重要权力部门的领导位置。瑞士日内瓦安全政策中心学者朱利安·林德莱-法兰奇(Julian Lindley-French)就北约内部的不平衡状况曾提出自己的观点,集中反映了北约内部的政治与安全状况。"北约就是一种等级制度,美国人居于顶部,英国与法国居于中间,西欧大陆各国、新成员国以及伙伴国则处于底部。"②

这种状况必然会导致北约政治与安全制度始终无法在大西洋两岸之间建立某种权力平衡。一方面,欧洲国家由于利益诉求得不到满足,始终对北约政治与安全战略若即若离,在北约政治与安全实践中经常半心半意,不肯全力为之。另一方面,美国凭借其有利地位,直接将自身的政治与安全意志强加于北约,并且通过北约这一渠道影响和管束欧洲盟国。"美国以单边保护方式帮助西欧国家保卫自身,这是二战后美国国家安全战略的最基本原则。"③ 长此以往,这种不平衡状况导致北约政治与安全战略及其实践带有强烈的美国色彩,进而导致跨大西洋安全联合的目标更多的是

---

① Klaus Wittmann, "Challenges of Conventional Arms Control," *Adephi Papers No.239*, London: Brassey's Defense Publishers, 1989, p.11.
② Adrian Kendry, "Escaping from the Limitations of the Legacy Response," Martin Edmonds, and Oldrich Cerny, eds., *Future NATO Security, Addressing the Challenges of Evolving Security and Information Sharing Systems and Architectures*, Amsterdam: IOS Press, 2013, p.105.
③ Keith A. Dunn, *In Defense of NATO: The Alliance's Enduring Value*, Boulder, C.O.: Westview Press, Inc., 1990, p.86.

服务于美国全球主义战略，这就不可避免会出现偏差。"（因为）只要一有机会，苏东集团就准备扩大北约内部的分歧。"①

第二节 北约军事指挥架构的规划与发展

一 北约早期军事指挥机制的建构及其扩展

在北约创建之初，谈不上真正意义上的军事指挥机制建设，因为在很长时间内，无论是美国还是欧洲成员国，都对北约军事指挥机制、武装力量建设以及安全战略等缺乏认识。北约究竟应该建立什么样的军事指挥机制？北约究竟保持多大规模的武装力量才能确保北大西洋区域安全？北约究竟确立何种安全战略才能确保自身利益最大化？对于这些问题，欧美各国实际上并无定见。"（只是）在认知方面，人们在1948年至1949年形成一种跨大西洋信念，即欧洲身处危险中，只有美国加入欧洲才能改变这种不平衡。美国不能只充当观察者或者摇旗呐喊者，而应参与这一进程。"② 在实践层面，北约军事指挥机制建设则远远落后，北约及其成员国并没有成熟的军事指挥机制建构思想，其军事指挥机制建设基本上与政治和安全制度建设混杂在一起。

在北约创建之初，其军事指挥机制建设速度非常慢，这主要缘于欧美各国对跨大西洋联合一直持观望态度。因为毕竟建立一支强有力的北约军事力量，使其能够满足北大西洋区域的安全要求，需要投入庞大的人力、物力以及财力，美欧双方都不愿意在现有的防务开支、国防力量之外，再增加额外支出。"北约-欧洲在历史上都不愿意公平分担保卫自身的费用，有这样一种看法，即美国正在为北约防务支付一个不恰当的份额，北约-欧洲能够但不愿意付出经济、政治以及军事开支，以便建立一种切实

---

① Lawrence S. Kaplan, *NATO and the UN: A Peculiar Relationship*, p. 26.
② Lawrence S. Kaplan, "Strategic Problems and the Central Sector, 1948 – 1968," Jan Hoffemaar and Dieter Kruger, eds., *Blueprints for Battle: Planning for War in Central Europe, 1948 – 1968*, Lexington, K. Y.: The University Press of Kentucky, 2012, p. 6.

可行的常规力量防御。"① 在创建之初，北约只有 12 个装备很差的师，7 个法国师、2 个英国师、2 个美国师、1 个比利时师。② 这些武装力量基本上是美、英、法等国在战后联邦德国执行占领与管制任务的占领军，这些军队缺乏统一的军事指挥，其武器装备、部队编制、操典条例、指挥体系等也各自有别。"北约武装力量不是一支统一的军队，就像欧洲防务共同体的武装力量一样，它包括由成员国提供支持的各国部队。"③ 在北约看来，最突出的问题在于，北约上述武装力量普遍缺乏重型武器装备，综合战力非常有限，实际上根本无法担负起保卫北大西洋区域安全以及北约成员国疆域的任务。"因为缺乏足够的武装力量，北约最初做出的回应是采取一种拖延行动。"④ 北约武装力量建设严重滞后，这一状况在很大程度上抑制了北约军事指挥机制建设进程，使北约迟迟无法确立成熟且完整的军事指挥机制。

诚如上文所述，在 1949 年华盛顿峰会上，北约创设两大高级军事指挥机构——防务委员会与军事委员会，并且在军事委员会之下设置 5 个区域计划小组。这一军事制度的内在结构极为简单，只能算作北约早期最基本的一种军事指挥机制，或者只能算作北约政治架构中的一种军事指挥安排或军事政策与战略讨论平台，算不上真正意义上的军事指挥机制。在战后初期推动北约军事指挥机制建设真正实现突破的要素中，朝鲜战争堪称一个关键。"区域计划小组提出许多建议，但是在外在压力下，例如苏联爆炸第一颗原子弹、中国共产党取得胜利、朝鲜战争爆发，讨论一直拖到 1950 年和 1951 年，直到 1952 年初，北约全面指挥架构才开始运行。"⑤

---

① Keith A. Dunn, *In Defense of NATO: The Alliance's Enduring Value*, pp. 3 - 4.
② William Park, *Defending the West: A History of NATO*, Brighton, Sussex: Wheatsheaf Books Limited, 1986, pp. 23 - 24.
③ Prince Hubertus zu Löwenstein and Volkmar von Zühlsdorff, *NATO and the Defense of the West*, p. 159.
④ Bruno Thoss, "Aims and Realities, NATO's Forward Defense and the Operational Planning Level at NORTHAG," Jan Hoffemaar and Dieter Kruger, eds., *Blueprints for Battle: Planning for War in Central Europe, 1948 - 1968*, p. 22.
⑤ David Miller, *The Cold War: A Military History*, pp. 46 - 47.

第二章 北约的组织创设与机制建构

1950年6月,朝鲜战争爆发。北约成员国特别是欧洲成员国一致认为,朝鲜战争只是一个信号,苏联与东欧各国马上就会在欧洲发动侵略战争,北约必须迅速加快武装力量与军事指挥机制建设,以便在未来战争中立于不败之地。"杜鲁门政府在1950年假设,朝鲜采取的行动不一定是苏联对欧洲进攻计划的预演,甚至斯大林对朝鲜并没有那么大的控制权,这些都不重要。这种感知支配着北约的反应,导致北约发生重大变化。"① 12月,北大西洋理事会在布鲁塞尔召开会议。北约提出,其指导方针就是迅速建设一支统一且强大的武装力量,北约为此将采取实际行动,将军事指挥机制建设落到实处,使之从过去带有浓重政治色彩的制度建构,彻底转向真正的军事指挥制度建构。"在军事领域,大西洋国家迅速转向建立统一的指挥机制,必须为机构章程制订各种计划……就像上次战争中的联合参谋长一样。"②

首先,在军事委员会下,北约设立欧洲盟军最高司令部(Supreme Headquarters Allied Powers Europe, SHAPE 或 SHAPEUR),总部先设在巴黎,后改至比利时蒙斯,美国艾森豪威尔(Dwight Eisenhower)将军被任命为欧洲盟军最高司令(Supreme Allied Commander Europe, SACEUR),英国蒙哥马利(Bernard L. Montgomery)元帅被任命为副司令。欧洲盟军最高司令部在政治上的首要职责是组织、训练、演习、装备北约所属的武装力量,全面贯彻并实施北大西洋理事会、军事委员会以及防务计划委员会等各级权力机构制定的方针政策。欧洲盟军最高司令部在军事上的职责是负责包括从地中海到挪威、从土耳其到直布罗陀海峡在内整个欧洲的区域防御、军事行动以及武力协调。

为了确保区域防御的有效性,欧洲盟军最高司令部又分别设置中欧司令部、南欧司令部、北欧司令部以及直属部队司令部等,如战术空军部队司令部等,分别负责指挥各个次区域的武装力量,并且确保次区域安全。

---

① Lawrence S. Kaplan, *NATO and the United States: The Enduring Alliance*, p. 44.
② Charles G. Cogan, *Forced to Choose, France, the Atlantic Alliance, and NATO: Then and Now*, p. 95.

北大西洋公约组织

进言之,在中欧司令部、南欧司令部以及北欧司令部之下,北约又分别设置以军种为单位的陆、海、空武装力量及其指挥分部。上述区域与次区域指挥机构所属部队,均来自北约各成员国,由北约各级军事指挥机构统一指挥。

其中,北约在北欧的武装力量主要包括4个部分:(1)北欧空军司令部(Allied Air Forces Northern Europe, AIRNORTH);(2)北欧海军司令部(Allied Naval Forces Northern Europe, NAVNORTH);(3)北约挪威地面部队司令部(Allied Land Forces Norway, LANDNORWAY);(4)北约丹麦地面部队司令部(Allied Land Forces Denmark, LANDDENMARK)。北约在北欧的地面力量主要倚重丹麦和挪威,其海上和空中力量则主要由北约统一调遣。

而北约在中欧的主要地面力量是北约中欧地面部队司令部(Allied Land Forces Central Europe, LANDCENT),这一武装力量指挥机构由两部分组成,即北欧军团司令部(Northern Army Group, NORTHAG)和中欧军团司令部(Central Army Group, CENTAG),这两个军团分别由英国驻莱茵河军队(British Army of the Rhine, BAOR)以及美国驻欧洲军队(US Army Europe, USAREUR)担任主要角色。

北约在南欧的武装力量指挥机构包括4个:(1)南欧地面部队司令部(Allied Land Forces Southern Europe, LANDSOUTH);(2)南欧海军司令部(Allied Naval Forces Southern Europe, NAVSOUTH);(3)南欧空军司令部(Allied Air Forces Southern Europe, AIRSOUTH);(4)东南欧地面部队司令部(Allied Land Forces Southeastern Europe, LANDSOUTHEAST)[1]。北约后来又按照需要,在南欧增设了一个南欧盟军海军打击与支援部队司令部(Naval Strike and Supporting Forces Southern Europe, STRIKFORSOUTH),进一步增强北约在南欧地区的海上快速反应能力。

北约在地中海区域的武装力量建设相对滞后,而且多有变化。由于这

---

[1] 1952年,希腊和土耳其加入北约,在东南欧为北约开辟了一条新的防御战线,从东南方向上强化了北约防御体系。

第二章 北约的组织创设与机制建构　　**N**orth Atlantic Treaty Organization

一地区与大西洋盟军司令部、南欧司令部以及东南欧司令部的防御任务或者有交叉，或者有重合，因此直到1953年，北约才建立了地中海武装部队司令部（Allied Forces Mediterranean，AFMED），负责地中海区域防御任务。另外，该司令部还下设多个次区域武装力量指挥机构，包括直布罗陀海峡司令部、东地中海司令部、中地中海司令部、东南地中海司令部、东北地中海司令部等。"北约有许多重大次区域级司令部（Major Subordinate Command，MSC），由于3个司令部的需要与任务不同，北约并没有一个标准的司令部图表。"①

1952年1月，北约设立大西洋盟军司令部（Allied Command Atlantic，ACLANT），负责除英吉利海峡与不列颠诸岛以外整个北大西洋区域的防御。大西洋盟军司令部设在美国弗吉尼亚州诺福克海军基地，首任司令由美国海军上将麦考密克（Lynde D. McCormick）担任。鉴于大西洋地域辽阔，北约在大西洋盟军司令部之下又分别设置东大西洋司令部、西大西洋司令部、潜艇部队司令部、攻击舰艇司令部等，分别承担大西洋范围内不同海域的各种防御任务，包括实施海上军事演习、海上联合行动以及海上救援行动等。

与欧洲武装力量构成相似，大西洋盟军力量也以美军为主，东大西洋盟军基本上以美国海上力量为主，西大西洋盟军则包括欧美各国的海上力量。虽然这些海上力量所属不同，但均由大西洋盟军司令部及其所属各级军事指挥机构统一指挥。北约的上述海上部队在力量规模、牵制-打击-支援能力、科技水平、战区覆盖面积等方面，实际上远远超过苏联与东欧各国，在综合实力上占全面优势。因此，这使北约及其成员国常常借重其海上力量优势，弥补其地面武装力量建设中的缺陷与不足。"除担忧北约成员国总体海上资产下降的影响外，只要不超过界限，就没理由对北大西洋区域外海域保持良好秩序感到

---

① George Richey, *Britain's Strategic Role in NATO*, Houndmills, Hampshire and London: Macmillan Press, 1986, p. 45.

北大西洋公约组织

担心。"①

与此同时，北约还设立了海峡盟军司令部（Allied Command Channel，ACCHAN）②，地址设在伦敦，其防御范围包括英吉利海峡、不列颠诸岛及其周边地区，英国海军上将阿瑟·鲍尔（Arthur J. Power）爵士担任首任司令官。此举虽有照顾英国情绪之嫌，但不排除北约借重英国传统海上力量优势，强化欧洲大陆海岸线防御，确保海上交通线安全以及北海出海口安全。这种安排间接说明，英国在北大西洋区域防御中占有重要地位。"从1945年起，英国所扮演的世界角色一直处于变化中。在盟友和对手眼中，英国是个世界大国；在帝国背景下，它自视为世界帝国和英联邦的领导者……在1960年代后，作为在北约中发挥引领作用的欧洲成员国，英国开始被认定为可以发挥重大作用。"③

至此，上述三个区域级军事司令部，再加上此前已经设立的加拿大-美国区域计划小组，四者大致形成了一个能够全面覆盖北大西洋区域的军事指挥机制。"北约的军事指挥结构在某种程度上反映了其感兴趣的领域，其和平时期的军事结构不仅使其政治承诺具备了一定形式，而且也使以北约为基础的、严肃的国际军事计划能够平稳地得到执行。"④ 不仅如此，这一军事指挥机制不再只是一些空洞的战略规划、军事计划以及行动方案，或者只是一些"高大上式"的政治-军事讨论机构的松散组合，而是变成一系列非常具体的军事指挥机构。它们自上而下，排列有序，彼此协同一致，互相补充，共同构成一个非常完整的军事指挥系统。虽然这一军事指挥框架还非常简单，但具有非常实用的功能，而且对北大西洋区域实现了全面覆盖，少有安全空隙或者缺失。

---

① E. F. Gueritz, Norman Friedman, Clarence A. Robinmson, William R. Van Cleave, *NATO's Maritime Strategy: Issues and Developments*, Washington, D. C.: Pergramon Brassey's, 1987, p. 12.
② 为了在政治上相匹配，北约同时还成立海峡事务委员会（Channel Committee），其成员由英吉利海峡相关国家代表组成，该委员会直接隶属于军事委员会。
③ George Richey, *Britain's Strategic Role in NATO*, Ⅸ.
④ George Richey, *Britain's Strategic Role in NATO*, p. 44.

第二章 北约的组织创设与机制建构　**North Atlantic Treaty Organization**

经过各级政治与军事领导机构的共同努力，北约最终确立了军事指挥机制的基本框架，此举对北约持续推动武装力量建设意义重大，因为这使北约能够以军事指挥机制建设为主导，确立北约武装力量的建设方向、进程以及重点。与此同时，此举对北约武装力量体系建设具有重大意义，因为在北约武装力量体系建设中，其武装力量建设与指挥机制建设实际上同步进行，这不仅推动了北约及其成员国军事指挥机制有机整合，将各成员国军事指挥机制与北约统一的军事指挥机制有效衔接在一起，而且还将各成员国武装力量有效融入北约武装力量体系。毋庸置疑，北约以军事指挥机制为先导的军事实践，开始真正将跨大西洋军事联合推向更深层面。"现在，北约所建立的统一军事指挥机制已经开启，这也变成 1950 年代与 1960 年代令戴高乐颇感烦恼的一件事情。"[1]

二　北约军事指挥机制的发展与深化

在早期北约军事指挥机制的建设中，北约大致按照自然地理分界线，先是将北大西洋区域分成欧洲与大西洋两个不同的地缘板块，然后再在两大板块中分割出不同的军事防御区块，最后再以各个军事防御区块为单位，设立一系列包括不同军种在内的军事指挥机构。这些不同等级的军事指挥机构在形式上显得相对零散与混乱，但实际上却形成了一个比较完整的立体指挥网络，即各级指挥机构在隶属关系上层层负责，步步递进，在职能上相互补充，多有配合。"这就形成一个有些支离破碎和毫无计划的体系，北约采取下一个步骤对其加以控制，即北约范围内的通信系统，将位于布鲁塞尔的北约指挥部、所有成员国首都、北约每位重要指挥官联系在一起。"[2]

北约军事指挥机制所确定的这一框架并不封闭，始终保持开放、自由

---

[1] Charles G. Cogan, *Forced to Choose, France, the Atlantic Alliance, and NATO: Then and Now*, p. 100.

[2] David Miller, *The Cold War: A Military History*, pp. 51–52.

的态度与立场。"事实上,只有北约的重大指挥机构是真正统一的,即它们是多国机构,对北约负责,并非某个国家机构。它们也不雇用自己的职员,它们在和平时期并不指挥军队;只有在战时,成员国愿意将先前指定的武装力量指挥权转交给北约。进言之,北约的指挥权不会扩展到军团以及战术空军司令部以下……"① 整个冷战时期,北约这一基本架构少有变化,但这并不妨碍北约不断调整并改革其军事指挥机制,使之更好地适应北约自身的安全需要,尤其是适应国际安全环境急速变化的需要。1952年5月,美国马修·李奇微(Matthew B. Ridgeway)将军出任欧洲盟军最高司令。李奇微上台伊始,迅即开始调整已有的军事指挥机制。为适应中欧安全形势的变化,李奇微对中欧司令部实施整顿,减少该区域的军事指挥层级,简化军事指挥程序,以此提高欧洲盟军最高司令部指挥效率。例如,按照李奇微的设计,针对每一个区域,包括陆军、海军以及空军等军种,新设一位区域级司令官,这样,欧洲盟军最高司令只需对其直属的4位司令官下达指令——北欧司令官、南欧司令官、中欧司令官以及地中海司令官,而无须再面对其他不同军种或次区域指挥官。

联邦德国加入北约后,北约将联邦德国的武装力量悉数纳入其军事指挥序列,以此加强北约在北欧与中欧的防御态势。"对于联邦德国人来说,联邦德国加入北约并与美国结盟,成为联邦德国在战后时期外交政策的基础:获得北约成员国资格,不仅扩展了联邦德国主权,使之为西方民主国家所接受,而且补充了其为影响欧洲经济统一所做的努力,甚至为追求与民主德国的统一奠定了基础。而与美国结盟,则保证了其领土完整,使之远离苏联的政治恐吓。"② 同样,对于北约来说,数十万装备精良、训练有素的联邦德国武装力量进入北约,无疑是对北约武装力量建设的极大强化,而且联邦德国处于中欧的核心地缘位置,具有强大的工业生产能力以及先进的科学技术,这个至关重要的中欧国家进入北大西洋区防御范

---

① Jan Willem Honig, *NATO: An Institution under Threat?* , Boulder, C.O.: Westview Press, 1991, p. 24.
② Emil J. Kirchnerm and James Sperling, eds., *The Federal Republic of Germany and NATO: 40 Years After*, Houndmills and London: The Macmillan Press Ltd., 1992, pp. 3 – 4.

第二章 北约的组织创设与机制建构

围,无疑扩大了北大西洋区域前沿防御宽度,增加了北约及其成员国抗衡苏联与东欧国家的底气。

1956年,欧洲盟军最高司令诺斯塔德(Lauris Norstad)将军建立了两个小型司令部——中欧北部海军司令部(Allied Naval Forces Northern Area Central Europe,NAVFORNOCENT)与北海分区海军司令部(Allied Naval Forces North Sea Sub Area,NAVSEACENT)。当然,联邦德国陆军力量直接归属北约中欧地面部队司令部指挥。1962年7月,北约按照中欧与北欧武装力量变化,提出"波罗的海盟军方案"(Allied Forces Baltic Approach,BALTAP),其核心思想是加强北约在波罗的海与北海等区域的指挥统筹与协作。其后,莱曼·兰尼兹尔(Lyman L. Lemnitzer)将军出任欧洲盟军最高司令后,旋即宣布撤销北欧海军司令部,代之以波罗的海部队司令部(Allied Forces Baltic Approach Headquarters,BALTAP Headquarters)。

由于地中海区域的武装力量与军事指挥机制建设始终缓慢,成效有限,加上1966年法国宣布退出北约军事一体化机构,再加上希腊和土耳其围绕塞浦路斯主权、爱琴海海域及其岛屿主权等纠纷不断,使北约在东南欧的防御深受影响,而且亦使整个地中海区域防御大受影响。为此,北约对地中海区域军事指挥机构实施大规模调整。1967年6月,北约宣布取消地中海武装部队司令部,其下属各级军事指挥权转隶南欧海军司令部,由南欧海军司令部所属各级司令部代行其职能。北约采取由欧洲盟军最高司令颁布命令,而非北大西洋理事会或者军事委员会直接下令的方式,对欧洲防御指挥机构实施调整,此举并非旨在弱化地中海区域防御,而是通过对欧洲区域军事指挥权的局部调整与合并,更合理地运用其宝贵且有限的军事资源,使北约在欧洲能够取得最佳防御效果。"欧洲盟军最高司令的恼怒可以理解,但并非完全合理。"[1]

北约之所以频繁调整并重组其军事指挥机构,主要出于同一时期的苏联采取了政治与军事进攻路线,在战略上给北约造成某种被动状态,

---

[1] Lawrence S. Kaplan, *NATO and the United States: The Enduring Alliance*, p. 123.

北大西洋公约组织

迫使北约不得不有所行动。因此,北约上述军事指挥机构的调整带有较强的针对性与应急性,注定并不具备永久性和持续性。1968年,北约又成立了地中海海上空军司令部,指挥部设在那不勒斯,负责协调整个地中海海域的空中监视系统,及时向作战部队做出通报。至此,北约在地中海区域的上述指挥机构,构成北约南线联合指挥司令部,总部设在马耳他,地中海武装部队司令部的指挥职能,完全转入南线联合指挥司令部。

1974年,为了强化中欧地区的空军力量,北约宣布成立一个中欧联合空军司令部(Allied Air Forces Central Europe,AAFCE),替代中欧空军司令部,以此整合中欧各国的空军力量。"北约在中欧地区没有强有力的空军力量,部署在北方的第二联合战术空军联队以及部署在南方的第四联合战术空军联队这两个联合战术空军联队(Allied Tactical Air Forces,ATAF)现在处于单一司令官的指挥之下,即中欧联合空军司令官(Commander Allied Air Forces Central Region,COMAAFCE)。"① 1975年4月,北约宣布将英国空军司令部(United Kingdom NATO Air Forces,UKAIR)纳入北约的欧洲军事指挥体系,英国皇家空军由此正式进入北约空军指挥序列。此举对加强整个北大西洋区域的空中防御具有重大意义,全面加强了北约空中防御、情报收集、军事打击等能力。与此同时,此举还加速了跨大西洋军事力量进一步融合,推动了北约统一军事力量建设步伐。"北约统一军事指挥机制的建构基础,不仅有指挥机制的集中化原则,还有欧洲防御'不可分割'这一概念。"②

从上述变化所见,北约军事指挥机制的调整幅度不大,但这并不等于北约军事指挥机制建设停滞不前,更非北约故步自封,不思进取。"就像北约通常那样,各成员国保留了某些权利,北约的许多措施遭到成员国的警告。"③ 事实上,北约对其军事指挥机制实施局部调整与改革,确实提

---

① George Richey,*Britain's Strategic Role in NATO*,p. 72.
② Charles G. Cogan,*Forced to Choose*,*France*,*the Atlantic Alliance*,*and NATO*:*Then and Now*,pp. 123 – 124.
③ David Miller,*The Cold War*:*A Military History*,p. 320.

第二章 北约的组织创设与机制建构

升了北约的军事指挥效能,进一步缓解了北约军事机构重叠、职能交叉、人浮于事等弊端,其结果是北约统一军事指挥机制建设取得前所未有的进展。例如北约在中欧的军事指挥机制调整,可谓直接反映了上述变化。

事实上,北约军事指挥机制的调整并不局限于1950年代后期至1970年代,直到1980年代末,北约军事指挥机制的调整与改革仍在继续,其总趋势是变得越来越精干,一些大而不当的机构陆续被取消,适应北约安全需要的新机构不断涌现。虽然北约在冷战时期并没有机会检验其军事指挥机制效能,但其功能不断强化却是一个不争的事实。

具体而言,在持续调整与改革后,北约军事指挥机制变化较大,北约提高了对突发事件的应急与快速反应能力,对苏联与东欧各国的军事战略及其实践也更具针对性。不仅如此,北约军事指挥机制的调整,也在一定程度上强化了北约各成员国的团结协作,尤其提高了北约在军事领域的规划、协调以及决策效率。与此同时,北约军事指挥机制不断深化和发展,也在很大程度上有助于推动北约军事指挥机制与政治领导体制更好地接驳与融合,加速了跨大西洋军事联合进程。"面对规模庞大的苏联军队,在西欧建立可靠的防御在1949年似乎存在很大的不确定性,存在颇多问题。尽管从未付诸实践,直到40年后柏林墙坍塌那一刻,统一指挥机构作为北约的存在手段,相比其创建时更为重要,尽管威胁已不复存在,但这一手段仍然是在美国保护伞之下对欧洲统一事业的一种验证。"[1]

但也应看到,经过调整与改革的北约军事指挥机制并非尽善尽美,圆满无缺。事实上,一直到1980年代末1990年代初冷战结束,北约军事指挥机制仍存在大量问题,这些问题集中表现在几个方面。其一,北约军事指挥机制的调整并不恒定,许多措施缺乏长远考虑,有急功近利或因人设事之嫌。具体而言,许多调整措施大多出自北约的强势军事领导人,而北

---

[1] Charles G. Cogan, *Forced to Choose, France, the Atlantic Alliance, and NATO: Then and Now*, p. 128.

约军事指挥机制在长期内停滞不前。其二，北约军事指挥机制过于强调军事对抗目标，过于突出冷战属性，无论如何调整与改革，始终走不出冷战政治与地缘政治的因果循环。"在当前形势下，像北约这样专为战后现实与需要而定制的组织，不仅失去了存在的理由，而且产生了相反的效果。"[1] 北约强化其军事指挥机制，带动跨大西洋军事联合，都无助于从根本上改善国际安全环境，无助于减缓北约与华约的军事对抗。

三 北约军事辅助机构建设

作为北约军事指挥机制持续发展与深化的一项重要内容，北约在构建并发展主干军事指挥机构的同时，实际上也非常重视建设并发展各种军事辅助机构，以便与主干军事指挥机构的持续发展相对应。就广义而言，北约军事辅助机构建设的长远目标就是，从更大的社会维度和空间推动北约及其成员国在军事与非军事领域展开交流，凝聚共识，汇聚统一的思想体系。"不同成员国之间展开文化交流，科学家与教师开展合作，记者、公关人士、宗教团体以及其他对公众意见能够产生影响的组织召开会议，这些都受到鼓励，以便催生众所期待的北约团结精神。"[2]

就狭义而言，北约发展军事辅助机构的目标非常明确，就是为其军事指挥机构更好地决策、协调以及行动创造条件，使北约各种重大决策具有更充分的科学基础、信息与情报支撑、公共舆论支持等，使北约的行动具有更完整的善后工作、更广泛的社会民意基础、更圆满的行动效果等。"北约的行动概念、武器采购、防务开支分配、军演节奏、部署模式，所有这些都被打上政治印记。同样，军事硬件的发展也对北约政治产生了即时冲击。"[3] 北约军事辅助机构所发挥的作用绝非辅助性的，亦非可有可

---

[1] Melvyn Krauss, *How NATO Weakens the West*, New York: Simon & Schuster, 1986, p. 237.
[2] Prince Hubertus zu Löwenstein and Volkmar von Zühlsdorff, *NATO and the Defense of the West*, p. 133.
[3] Eliot A. Cohen, "Political and Economic Alternatives for the Future of the Atlantic Alliance," James R. Golden, Daniel J. Kaufman, Asa A. Clark Ⅳ, and David H. Petraeus, eds., *NATO at Forty, Change, Continuity, & Prospects*, p. 235.

第二章 北约的组织创设与机制建构

无,这些军事辅助机构及其实践同样影响到北约军事指挥效能,它们和主干军事指挥机构共同构成北约军事指挥机制的全部。

北约军事辅助机构涉猎面较广,大致可分成 5 类:(1)教育与培训;(2)通信、情报以及信息;(3)行政管理;(4)科技支撑;(5)后勤供应等。北约围绕上述职能建立了大量军事辅助机构,这些机构缺乏系统性和完整性,而且建构时间参差不齐,发挥功用的方向与重点亦不尽相同。尽管这些机构分布松散,彼此联系也不算紧密,但其发展方向大体一致,它们均以持续发展和完善北约军事指挥机制为己任,以求发挥最大的政治与军事功用。

其一是军事教育与培训。为了更好地推动跨大西洋军事联合,1951 年 11 月,北约成立了防务学院(NATO Defense College,NDC 或者 NADEFCOL)。防务学院负责北约统一的军事教育、培训以及科学研究,旨在从思想与学术层面思考与研究北约的战略方针与军事政策,增加军事决策与安全战略的科学性与有效性,其目标就是推动北约及其成员国在军事思想、战略理念、安全原则等方面最大限度地实现统一,从北约而非从单个成员国的角度考虑北大西洋区域安全事务。"北约防务学院的任务就是对跨大西洋安全任务的教育、外联以及研究发挥主要核心作用,提升北约的效率,促进北约团结。在北约面对的关键问题上提出前瞻性与创造性战略思维。"[1]

防务学院由中将衔陆军将领担任院长,直接隶属并听命于军事委员会。防务学院成立之初,设在法国巴黎,后由于法国退出北约统一军事体制而迁至意大利罗马。尽管法国退出事件对美法关系产生了重大影响,但是对北约军事架构的影响非常有限,对北约防务学院的影响则更是可以忽略不计。"我们姑且认定,虽然戴高乐撤出北约,但是北约的军事架构基本完好,戴高乐只能以这种方式表演其(政治)平衡术。"[2] 对防务学院

---

[1] "NATO Defense College Mission," 27 Feb. 2017, http://www.ndc.nato.int/about/organization.php?icode=23.

[2] Theodore Draper, "The Phantom Alliance," Robert W. Tucker and Linda Wrighley, eds., *The Atlantic Alliance and Its Critics*, New York: Praeger Publishers, 1983, p. 9.

来说，不过是换了个校址，其基本任务与日常工作均未受到影响。参照美、英、法三国防务学院，北约为其高级军官、高级别行政官员以及外交官设置大量课程，系统讲授北约的目标、政策以及战略概念，北大西洋区域地缘、政治以及军事特点，域外地区发展对北约的影响等。

事实上，北约的军事教育与人员培养绝不局限于防务学院。1971 年，军事委员会设立北约训练机构（NATO Training Group, NTG）①，其职责是进一步提高北约成员国之间互通、互联、互用的程度，这种多国参与的训练既包括各国军事指挥机构，也包括其军队。在此基础上，1975 年，北约学校（NATO School, NS）亦宣告成立，设址德国奥伯阿梅尔高（Dberammergau）。北约为该学校设立的宗旨是集思广益，发挥群体效益。正像北约大西洋盟军司令詹姆斯·斯塔夫里迪斯（James Stavridis）所强调的，"没有一个人、一个联盟、一个国家，能够像我们共同思考那样明智"②。北约学校设立的目标在于，在战术和行动层面加强北约实施行动、制订行动计划、实现防御规划、确保后勤保障、信息通信、民事紧急事件处置、军民合作等相关项目的训练与培训。由此，北约逐渐形成独具特色的军事教育与培训体系：防务学院主要集中于在战略层面为北约军政高层人士提供培训与教育，讨论的重点是北约所面对的国际安全环境及其对北约成员国的影响等问题；而北约学校则集中讨论北约的具体行动问题，尤其是北约各成员国采取联合防御行动所涉及的各种问题。

其二是通信、情报以及信息收集工作。从 1960 年代开始，欧洲盟军最高司令部率先建立一套能够覆盖整个北大西洋区域的欧洲指挥机构高级通信系统（ACE High System），开启了北约通信系统建设。到 1960 年代末，经北约成员国国防部长特别委员会提议，北约最高权力机构就各国政治协商、情报与数据交换等一系列问题展开讨论，最终决定在北约各级司

---

① 该机构的前身是欧洲－北约训练机构（Euro-NATO Training Group），最初是欧共体与北约共同就一些训练经验与问题而展开讨论的平台。1993 年重新命名，1999 年被列入北约指挥序列，成为国际军事参谋部所属常设机构。该机构下设置指导小组、行政工作小组、陆海空任务服务小组以及任务小组等。

② https：//www. natoschool. nato. int/Organization/Corporate‐Identity.

第二章　北约的组织创设与机制建构　**N**orth Atlantic Treaty Organization

令部之间、各成员国首都之间建立特殊通信网络——全北约通信系统（NATO-wide Communications System）。但是，横亘在北约及其成员国之间的障碍仍然很多，无法在短期内去除。"北约为长线通信的整合确立了程序，但是很不幸，一些国家只为了与北约通信而使用北约的密码。人们最初假设北约系统会迅速普及，但遇到了困难：（1）仪器各不相同，实现标准化还需要时间；（2）从一个事实就可看出事情有多难，即美国迄今还未采用国际键盘系统。"①

1970 年 3 月，北约开启卫星通信系统（Satellite Communications，SATCOM），该系统后来成为北约综合通信系统（NATO Integrated Communications System，NICS）。"北约作为一个联盟，既涉及很多成员国首都，也涉及分布在广阔地缘区域内的重大军事司令部，如果无法在日常事务、危机、采取紧急计划、最终战争中彼此联系，北约就会变得毫无价值。因此，北约特别重视通信系统，该系统在 1950 年代和 1960 年代在技术上与时俱进，主要由不同的邮局、电话以及电报所组成的庞大网络线路构成，它由点对点的无线电链接联系在一起。"② 这种军民两用的技术应用模式，实际上在北约及其成员国当中相当普遍，在平时供商用和民用，在战时则转入军用，可以在最大限度上提高技术使用效率，节约成本。

为了将这些项目统合在一起，北约首先在各成员国建立众多的信息分配中心（Message Distribution Centers，MDCs），然后在宏观层面建立北约综合通信系统处置办公室（NICS Management Agency，NICSMA）。北约综合通信系统处置办公室设址布鲁塞尔，其成员既有军事人员，也有民间人士，负责全面规划和部署北约的通信系统。这一机构既要满足北约的军事需要，又要兼顾北约及其成员国的民间需要，北约最终对军用和民用通信渠道做出严格区分，确立了军事渠道优先的原则。"北约这些庞大的通信系统有两个重大特征：第一，对投入巨额经费所做的承诺，表明了成员国

---

① Prince Hubertus zu Löwenstein and Volkmar von Zühlsdorff, *NATO and the Defense of the West*, p. 291.

② David Miller, *The Cold War: A Military History*, p. 51.

北大西洋公约组织

依赖北约的程度;第二,在通信系统中拥有多个人员单位,表明来自不同成员国的战士、水手以及飞行员,可以在一个单位层级中有效且友好地工作。"①

其三是北约的军事行政管理。众所周知,北约长期以来一直长于谋划、短于行动,其政策与战略执行能力相对较差。为了解决这一问题,1967 年,北约设立国际军事参谋部(International Military Staff, IMS),直接隶属于军事委员会,负责在军事委员会直接领导下统筹、协调和推进北约所有军事行政事务。国际军事参谋部在北约政治决策机关与两大战略级别司令部之间扮演一个连接枢纽的重要角色,而且在北约与各成员国之间成为一个传达并执行北约军事决策、各方信息交流、多方利益协商的中转站,进而负责联通北约内部各个工作小组、各方派驻机构以及各方军事代表等。② 事实上,与北约各级军事指挥机构中的常设小组一样,国际军事参谋部作为北约军事指挥架构中的行政机构,在很大程度上成为北约的军事行政权力中心,成为与指挥权同等重要的另一种权力。

按照此前北约渥太华会议达成的协议,国际军事参谋部负责人为现役将军,由军事委员会直接任命,其下设置 6 位助理,分别负责对口的主要职能部处,包括情报处、计划与政策处、行动处、经营和后勤处、通信与电子处、指挥-控制-信息系统处。另外,国际军事参谋部还设有负责行政与人事管理的办公室。所有工作人员均来自各成员国,但是他们并不代表各国利益,而是代表北约的利益与诉求,其中,既有军官也有大量文职人员。随着北约行政事务日趋复杂化,国际军事参谋部的活动范围并不限于军事委员会内部,而是上升到与整个北约军事息息相关的所有行政事务。③ 与国际秘书处相似,国际军事参谋部实际上是北约体制内最具影响力和行动能力的军事权力机构。

---

① David Miller, *The Cold War: A Military History*, pp. 52 - 53.
② https://www.nato.int/cps/en/natohq/topics_64557.htm?.
③ 冷战结束后,北约对其政治与军事指挥机制实施全面改革,国际军事参谋部由初设时的 6 个部门,扩展到 11 个部门,其职权范围进一步扩大,所涉及的领域更加广泛,功能亦更加完善。

其四是北约服务于军事目标的科学技术支持机构。自创建之初,北约就非常重视此类军事辅助机构的建设。1951 年,北约建立军事标准办公室(Military Agencies for Standardization, MAS),谋求北约各成员国能够在军队建设、行动规程、武器装备生产等方面建立统一标准,从整体上提高北约决策与行动效率。"在我们正式唱衰北约无法实现全面标准化以及实现装备通用之前,也许我们还应该想到北约已经取得了一些小规模胜利。"[1] 1952 年,北约创建空间研究与发展顾问小组(Advisory Group for Aerospace Research and Development, AGARD),就各成员国关于外层空间科研合作与发展问题向军事委员会提出建议,帮助各成员国发展针对外层空间的研究能力,推动彼此的研究技术与信息交流。

另外,此类科技支持机构的设置并不局限于北约的整体层面,还深入其战区司令部。1954 年,北约设立欧洲盟军最高司令部技术中心(SHAPE Technical Centre, SHAPETC),负责对北大西洋区域空中防御问题展开研究,例如,如何协同跨界飞行所引发的政治与技术问题,如何建立统一的北大西洋空中防御体系等。北约类似的科研机构还有很多,这既是缘于北约成员国一向拥有先进的科学技术基础,又缘于北约始终致力于提高其制定的防御政策与战略的科学性,其最终目标是确保北约军事政策及其行动更加有效。

其五是北约武器装备生产与后勤保障。作为北约军事能力的重要体现,北约自创建后就非常重视先进武器装备生产与保障。1949 年,北约就建立了首个负责与武器装备相关的生产协调机构——军事生产与供应董事会,以便协调和沟通各成员国关于武器装备的生产、技术、标准等。虽然该机构的工作相对简单,但为北约框架内的武器装备生产协调奠定了基础。"该机构有别于成员国政府,它无法决定北约的武器需要,也不能分配研发与制造合同……但是北约(该机构)一直试图改进成员国内武器

---

[1] Hugh Faringdon, *Strategic Geography: NATO, the Warsaw Pact, and the Superpowers*, London and New York: Routledge, 1989, p. 187.

购置与供应的安排。"①

1954年，北约设立防务生产委员会（Defense Production Committee，DPC），负责统筹北约范围内各种武器装备的标准化生产，在各成员国之间实施协调与联合生产，监督武器生产项目的落实情况。在该委员会领导下，北约还设置了大量负责各种具体项目的机构、组织或集团。例如，北约飞鹰生产与后勤组织（NATO Hawk Production and Logistics Organization）负责英国、法国、比利时、荷兰等利用美国技术，合作生产"飞鹰地对空导弹项目"；北约维护与供应机构（NATO Maintenance and Supply Agency，NAMSA）负责"飞鹰地空导弹项目"的供应和采购活动；北约斗牛犬导弹生产组织（NATO Bullpup Production Organization）负责英国、丹麦、挪威、土耳其在北约范围内生产"斗牛犬空对地导弹"。

1968年6月，北约工业顾问小组（NATO Industrial Advisory Group，NJAG）宣告建立，专门就北约武器生产所涉及的不同领域交换看法，谋求成员国在工业生产领域实施更密切的合作，推动各成员国政府与北约国防工业之间交流信息。"北约致力于维护和平，确保成员国人民保持其价值观与生活方式，为了持久和平，盟国将持续不懈地努力，通过建设性对话，在东西方关系中建立互信和互相克制的基本氛围，以期在军控和裁军中实现真正缓和以及实质性进展。"②

早在1952年，北约就开始建设油路系统。1956年7月，北约油管线路委员会（NATO Pipeline Committee，NPC）宣告成立，负责处置北约的油路运输与供应系统所涉及的所有问题。在该机构下，北约还设立了大量分支机构，例如中欧运转办公室（Central Europe Operating Agency，CEOA）、中欧油管线路政策委员会（Central Europe Pipeline Policy Committee，CEPPC）。"北约的管道输送航空燃料、柴油、汽油以及化学制品，它们的掩埋深度为0.6米到1米，孔径从接近泵站处的338毫米，到终端的152毫米。意

---

① Keith Hartley，*NATO Arms Co-operation*：*A Study in Economics and Politics*，p. 32.
② Mr. Chairman J. Luns，"Final Communiqué," 11 Dec. 1981，https：//www.nato.int/cps/en/natohq/official_ texts_ 23109.htm? selectedLocale = en.

第二章 北约的组织创设与机制建构

大利、希腊以及波罗的海地区的输油管道有 600 公里;挪威的管道很短,但由大型储油罐供油;土耳其的输油管长达 1000 公里;所有管道中最令人印象深刻的部分位于中欧,其管道长度超过 6300 公里,主要泵站超过 100 个,大型储油罐超过 60 个,这些(设施)都由中欧油管线路政策委员会管理……"①

1958 年 4 月,北约维持供应系统办公室(NATO Maintenance Supply Services System, NMSSS)② 宣告成立。该组织下设许多分支机构,负责北约分布在北大西洋区域各地武装力量的后勤供应和保障,包括持续提供并维护武器装备与弹药、军用物资、油料管线、军用设施等。很明显,北约在武器装备生产与后勤保障方面建立了一套完整、细致的供应系统,但其实际效果却难圆北约之愿。"北约建议应该储备 6 个月供应,但是到目前为止,这还只是一个美好的忠告。北约实际上只准备了 1 个月供应,北约应该逐渐增加供应,以便达到最佳用量。"③ 可以想见,未来北约的武器生产与后勤保障建设将非常坎坷,北约需要做好充分的心理准备,其生产与后勤保障只能随着北约军事与安全需要不断发展、逐渐完善。其中,既离不开北约的引领和组织作用,亦离不开各成员国的相互密切配合,最终使上述系统不仅能够充分满足北约的政治与安全需要,而且相较于华约及其成员国拥有较大优势。

事实上,北约军事辅助机构所涉及的范围非常广泛,绝不止于上述所言,其实际内容更加广泛和复杂。但仅从上述内容所见,北约军事辅助机构的重要性自不待言。和北约军事指挥机制中的主干性机构相比,这些辅助机构可谓缺一不可,它们是确保北约军事指挥机制真正能够发挥功用的重要组成部分。正是这些军事辅助机构的存在,在很大程度上

---

① Hugh Faringdon, *Strategic Geography*: *NATO*, *the Warsaw Pact*, *and the Superpowers*, p. 187.
② 1964 年,该机构正式更名为北约维持与供应机构(NATO Maintenance and Supply Organization, NAMSO),并且被整合进北约生产与后勤机构中,成为该机构的一部分。
③ Prince Hubertus zu Löwenstein and Volkmar von Zühlsdorff, *NATO and the Defense of the West*, p. 137.

保证了跨大西洋军事联合的完整性与有效性，推动了北约统一军事体系形成和深化。

第三节 北约社会机制的构建

一 北约科学研究机制建设及其发展

北约虽然一直自称跨大西洋军事联盟，但同样非常重视科技的创新与运用。因为北约的常规武装力量集体呈现软弱状态，与北约强大的经济力量形成鲜明对比，欧洲与北美拥有两个全世界最富裕、科技最先进的工业经济体。① 为此，北约在持续发展和完善其政治与安全机制的同时，也非常重视建设和完善其科研机制，注重发挥并保持其既定优势。"北约战略概念假设，苏联政策持续的基础包括：（1）经济手段；（2）政治手段；（3）宣传；（4）颠覆；（5）军事力量。"② 因此，北约既需要在武装力量建设上奋起直追，还需要在其他领域加速发展，以此适应对苏联冷战斗争的需要。对北约来说，北约各成员国在科技知识、方法以及理论等方面具有深厚的积累，它们在全世界拥有比较突出的科学技术优势，引领世界科技发展潮流。北约一直希冀将这种科学技术优势转化为思想优势、制度优势以及能力优势。

1951 年，在美国科学家冯·卡门（Theodore von Kármán）的推动下，美国召开科学合作会议，建议北约成立科学顾问委员会（Scientific Advisory Board）以及顾问小组（Advisory Group），负责在方针政策与实践层面统筹北约成员国的科学研究与合作。1952 年，北约正式成立旨在加强空间

---

① Thomas A. Callaghan Jr., "A New North Atlantic Treaty of Technological Cooperation and Trade," Kenneth A. Myers, ed., *NATO—The Next Thirty Years*: *The Changing Political, Economic and Military Setting*, Boulder, C. O. and London: Westview Press, 1980, p. 298.

② Robert Kennedy and John M. Weinstein, ed., *The Defense of the West, Strategic and European Security Issues Reappraised*, Boulder, C. O. and London: Westview Press, 1984, p. 422.

第二章 北约的组织创设与机制建构

科学研究的专门科研机构——空间研究与发展顾问小组①。该组织作为北约首个科学技术合作组织,在推动北约成员国空间科技进步与合作方面发挥了重要作用。"例如,就加强北约解决共同防御问题的全方位技术能力上,找到雇用科学天才的方法。"② 由此可见,北约非常重视设立科学研究机构,起步非常早,这充分显示了北约及其成员国对科技发展极其重视,此举既为科技创新与持续发展提供了某种制度性保证,同时也为强化北约的战略规划、政策制定、行动规程、实践能力提供了更有力的支撑。北约的目标很明确,就是确保北大西洋区域内的科技进步能够成为跨大西洋联合的新方向,成为北约持续推进政治与安全联合的一种重要支撑。"北约在军事技术上超越华约组织的优势一直是北约保持稳定的一种持久动力源,因为这一技术优势能够使北约以一种可以接受的经济与政治代价,追求切实可行的军事战略。"③

从1950年代中期起,北约就已提出发展科学技术研究的目标。1956年1月,受北大西洋理事会委托,挪威外长朗格(Halvard Lange)、意大利外长马提诺(Gaetano Martino)、加拿大外长皮尔逊(Lester B. Pearson)组成三人委员会(Committee of Three),负责就未来北约的发展方向和大政方针提出咨询报告。三人委员会充分研究了北约面临的政治、经济、文化等问题,以及与委员会有关的信息、组织与功能等问题,最终向北大西洋理事会提交《三人委员会报告》(The Report of the Committee of Three)。该报告明确提出,北约必须在军事领域以外的其他领域加强合作,在更大范围内推动跨大西洋联合,包括政治对话、协商以及合作、经济合作、科

---

① 该组织在1996年被并入北约防御研究小组(NATO Defence Research Group,DRG),两者共同组成北约科学技术机构(Science Technique Organization,STO)或者北约研究与技术小组(NATO Research and Technology Board,RT Board)。
② "The United States and NATO," https://www.nato.int/cps/en/natohq/declassified_162350.htm? selectedLocale = en.
③ James R. Golden, "The Challenge to NATO," James R. Golden, Daniel J. Kaufman, Asa A. Clark Ⅳ, and David H. Petraeus, eds., *NATO at Forty, Change, Continuity, & Prospects*, p. 14.

技进步、人权进步等。① 换句话说，就是北约既要成为政治和军事联盟，也要在经济、社会、科技、民生等领域推进联合。

1957年6月，北大西洋理事会正式采纳《三人委员会报告》，并且成立科学与技术合作特别工作组（Task Force on Scientific and Technical Cooperation），负责就北约及其成员国现有的科技进步与科技合作等状况展开调查。"（1）每个成员国都应该就科学家、工程师以及技术人员的招聘、训练以及使用中最紧急的问题交换信息与观点，寻求解决这些问题的最好方法以及长期与短期方法；（2）在参与者中建立更密切的关系，以期在成员国的建设性工作中交换经验与刺激因素；（3）通过北约以及其他国际组织，为未来这一领域的国际合作提出科学方法。"② 在反复调研的基础上，科学与技术合作特别工作组向北大西洋理事会提交报告。该报告明确提出，未来北约的生命力有赖于科学技术的进步，北约必须采取主动和积极的政策，推动科技进步，引领世界科技潮流。为此，特别工作小组向北大西洋理事会提议，要求在最短的时间内建立科学委员会，在宏观层面统筹北大西洋区域的所有科技活动，改变北约成员国科技活动出现各自独立、互相竞争的四分五裂局面，使北约的科技活动最终形成一种强大合力。

1957年12月，北大西洋理事会正式成立北约科学委员会（NATO Science Committee，SCOM）③。科学委员会主席由负责北约科学与环境事务的助理秘书长担任，其下设一位科技助理，负责落实科学委员会各项重大决策，管理各种科技项目，提出发展性建议。在该秘书长科技助理之下，再设多个不固定工作小组，辅助其开展上述工作。另外，科学委员会的主要成员由各成员国科技代表担任，他们既是不同领域的科学家，也代

---

① "The Report of the Committee of Three," https：//www.nato.int/archives/committee_of_three/CT.pdf.
② "The Report of the Committee of Three," https：//www.nato.int/archives/committee_of_three/CT.pdf.
③ 2003年，国际秘书处设立北约公共外交司（NATO Public Diplomacy Division），北大西洋理事会将科学委员会及其所属项目全部转归北约公共外交司，北约将科学研究发展方向重新转向安全领域。

第二章 北约的组织创设与机制建构　North Atlantic Treaty Organization

表着各成员国政府,但他们必须站在北约层面上统筹考虑北大西洋区域的科技发展与合作事宜。

作为北约最具权威性的科技战略规划机构,科学委员会每年召开3次会议,负责对北约科学技术发展做出全面战略规划,负责统筹北大西洋区域所有和科学技术发展与进步相关的事项,负责在整体上协调北约及其成员国科学技术合作,确定北约科学技术进步的基本方向,裁定与科技发展相关的所有重大项目和优先项目。北约秘书长斯巴克曾颇为自豪地提到,"我看到了一丝希望,即北约开始在科学合作以及现代武器共同生产等方面取得令人振奋的成就……一些极为慎重的项目已经启动,例如夏季探讨会、奖学金项目、资助项目,一切都很好,这是一个有希望的开始,但是坦率地说,这还不够"①。

另外,在国际秘书处之下,北大西洋理事会还相应设置了科学事务部,进而在其下设置行动处、项目处、行政处、控制-指挥-处置系统等机构。上述机构主要负责北约及其成员国科技发展与进步、横向合作、科研经费、成果转化等具体环节。科学委员会与国际秘书处所属科学事务部在职能行使上并不重合,而是各有侧重,其功用互为补充,共同形成在北约层面上的科研规划与管理机制。另外,北约还为其秘书长设立了科学顾问,一般由科学委员会主席担任。"科学顾问的工作就是,推动北约不同部门、各成员国相关机构以及不同的国际组织在科学领域实现最紧密的合作。"②

为了更好地落实北约科学委员会所确定的科技发展与合作规划,1971年,科学委员会又设立了一个特别工作小组(Ad Hoc Working Group),对科学委员会设置的各种项目实施全面审核。例如,科学委员会在1950年代后期设立的3大优先项目——科学访问学者项目(Science Fellowships Programm)、高级研究机构项目(Advanced Study Institutes Programm)、研

---

① https://www.nato.int/cps/en/natohq/opinions_17659.htm?selectedLocale=en.
② Prince Hubertus zu Löwenstein and Volkmar von Zühlsdorff, *NATO and the Defense of the West*, p. 120.

北大西洋公约组织

究奖学金项目（Research Grant Programm），就一直是特别工作小组审核和监督的重点。"从这一点看，北约主要被视为政治与军事组织，科学成为北约的新支柱和'第三维度'，为各成员国合作开辟了道路。从1950年代开始，通过提供科研项目、研究奖励，资助数以千计的科学活动，北约在科学领域的贡献不断增多。"①

除北约自身加强科学研究、教育与文化交流以外，北约还大力鼓励其成员国对类似项目的支持和经费投入。"例如，按照已经解密的数据，在1952年，美国政府用于资助媒体网络与社会科学研究的基金就分别达到1470万美元和3990万美元（这还是按照1980年的美元价值计算），还有未解密的数据。"② 当然，英、法等欧洲成员国也有相应的项目资助和支持。由此可见，北约在其"第三维度"建设上，采取了双管齐下的方针，既有北约层面的努力，也有成员国层面的努力。

作为科学委员会最重要的一个辅助机构，特别工作小组为了便于开展工作，逐渐设计并形成了一套比较完整的科研项目管理结构。该结构的重点是设置两类科学研究管理组织：第一类是常设性组织，主要负责北约那些基础性、以计划为导向的科研活动，这类项目是北约所有科研领域中属于特殊类型的科研活动，不设定期限要求；第二类是临时性组织，主要负责以项目为导向的科研活动，这类项目包括特殊科研领域中所有形式的科研活动，设定期限要求。上述两类科研管理组织，对北大西洋区域内不同类型的科研活动做出细致区分，实施区别性管理，此举充分保证了北约科研项目在组织与实施过程中保持有效和高效。

几乎与北约创设并发展其科学研究机制同时，北约科学委员会也启动了大量科学研究项目，这些科研项目与北约科研机制相辅相成，互相促进。北约在设立、执行并且完成这些项目的过程中，其科研机制也不断深

---

① "The United States and NATO," https：//www.nato.int/cps/en/natohq/declassified_162350.htm? selectedLocale = en.

② Andrew D. Grossman, "The Early Cold War and American Political Development： Relations on Recent Research," *International Journal of Politics, Culture and Society*, Vol. 15, No. 3, Spring 2002, pp. 471 – 483.

化和丰富，其职能日渐完善。与之相对应，北约科研机制不断完善，也在很大程度上确保了北约科研项目具有更强的针对性和有效性，这对北约全面改善安全环境，从整体上提高科研水平，持续强化科研成果转换，均发挥了积极作用。

从1960年代末1970年代初起，北约改变了过去零敲碎打、不成体系的科研活动方式，同时改变了过去只注重现时性科研成果的急功近利的做法，开始设立并推行具有重大战略意义的大型科研项目。为此，北约正式启动"北约和平与安全的科学计划"（NATO's Science for Peace and Security，SPS）。一方面，该项目强调北约成员国与其他国家或组织就减少环境与能源问题的相关政策与技术方案展开合作，尤其立足于解决影响北约安全与防御政策的环境安全问题。另一方面，该项目也强调北约成员国与其他国家或组织在科学研究、技术创新、知识交换的基础上展开务实合作。与此同时，该项目特别重视那些与北约安全相关的定制科研项目，由于它们直接关系到北约的战略目标，北约将提供资助、专家建议以及各种支持。更重要的是，和平与安全项目不设置时间限制，可以得到北约的长期支持，包括资金、技术以及政策支持。

在此基础上，北约后来又组建了科学技术机构（Science Technique Organization，STO）。该机构强调，"为了维护北约的自由和共同价值观，维持北约及伙伴国家在防御和安全上的优势极为重要，发现、发展以及使用先进的知识与尖端科技，是保持技术优势的基础，这种优势在过去几十年中确保北约武装力量在全方位行动中获得成功"[①]。从整体上看，北约的科研项目及活动一直非常积极和活跃，这不仅表现在科学委员会的项目资金预算呈逐年增长趋势，而且以科学技术机构为代表的北约科学研究组织与机制在形式上不断丰富，在功能上不断强大，影响也不断扩大。北约科学研究项目持续增加，科研机制持续发展和完善，两者形成某种正向发展、交互影响的态势。

---

① "NATO Science and Technology Organization," 22 May. 2018, https://www.nato.int/cps/en/natolive/topics_88745.htm.

北大西洋公约组织

不仅如此,在北约权力机制中,科学研究机制持续保持了发展之势,而且与其他权力机制建立了有效联系,尤其是政治与安全机制以及军事指挥机制,这些权力机制形成良性互动。科学研究机制为北约政治与军事实践提供了重要支撑,反之,北约持续展开政治与军事活动,必然会相应地提出更高的科学研究与技术创新要求,这从另一个方向推动了北约科学研究机制持续深入。这种机制互动的结果就是,科学研究机制不仅成为北约权力机制中的一个组成部分,而且变得越来越重要。"我们科学技术的全面发展,对于大西洋共同体的文化、经济、政治以及军事力量至关重要。"①

二 迎接现代社会挑战委员会

北约在持续发展和深化政治与安全制度、军事指挥机制的过程中,并未放弃在其他领域的拓展。事实上,除不断强化军事功能外,从1950年代中期起,北约就一直积极谋求发展全方位职能,包括拓展北约在社会、经济、民生、文化、思想以及科技等领域的能力。"自西德加入北约起,北约就已将其活动集中于内部发展、增强防御力量、建立更加紧密的政治与经济联合。"② 北约的目标非常明确,就是培养更加强大的综合实力,以便更好地适应自然环境与社会环境的变化,切实维护北大西洋区域环境与和平秩序,有效保卫北约各成员国的人民福祉以及社会生活方式。

北约不断发展并完善各种非军事能力,并非有意削弱其军事能力,亦非以降低北约防御能力为代价。北约此举的真实意图在于,通过在多个领域拓展其能力建设,从其他方向和领域支撑并强化综合防御能力建设,最终实现强化北约防御能力的整体目标,使北约既能有效应对苏联与东欧各国的武装威胁与侵略,又能有效应对苏联与华约以外的各种威胁。北约此举意味着其政治与安全政策正在发生变化,即北约不再将军

---

① Prince Hubertus zu Löwenstein and Volkmar von Zühlsdorff, *NATO and the Defense of the West*, p. 131.
② Prince Hubertus zu Löwenstein and Volkmar von Zühlsdorff, *NATO and the Defense of the West*, p. 81.

事能力建设视为唯一手段，亦不再将苏联与华约视为唯一威胁，北约实际上将北大西洋区域安全任务置于更大的时空范围内，这是北约试图改变单一化冷战对抗思维方式的一种积极尝试。"基于对安全的广泛认定，北约承认政治、经济、社会以及环境因素的重要性，正在应对来自环境的安全挑战。"①

1969年4月，北约召开成立20周年纪念会议。美国新任总统尼克松（Richard M. Nixon）提议，扩大北约成员国政治协商的范围，成立专职委员会，处理日益严重的全球环境问题。美国的意图非常明确，该委员会不只涉及环境保护技术，而且是以一种全球治理视野保护欧美各国高质量的生活方式，推动北约成员国政治与社会体系不断走向合法化。欧洲成员国害怕北约对环境问题的关注会转移其对安全问题的注意力，只是美国答应将新设委员会置于北大西洋理事会之下，美欧双方最终达成一致。"北约重新绘制蓝图，将非军事、非区域性问题囊括在内，此举可能被视为当前挑战所具有的全球特性开始上升，但此举当然也会失去其合法性，并会失去支持者的拥护。"②

毫无疑问，尼克松的提议触及困扰北约良久的社会问题，因此注定会对北约产生重大影响。"1969年4月，尼克松将拟议中的关于北约结构长期变化的一系列设想摊到谈判桌上，他的建议在副外长会议上原则上被接受；北约秘书长布鲁西奥（Manlio Brosio）与国际秘书处抵制建立新的计划机构这一建议，宁愿代之以扩展大西洋政策顾问小组，这引发了美国对其保守方法的不安。"③ 总之，美欧双方围绕拟议中新机制的组织功用、活动范围、决策程序等展开一系列讨论，最终形成共识。

---

① "Environment NATO's Stake," 9 Dec. 2014, https：//www.nato.int/cps/en/natohq/topics_91048.htm? selectedLocale = en.
② Pierre Hassner, "Intra-Alliance Diversities and Challenges: NATO in an Age of Hot Peace," Kenneth A. Myers, ed., *NATO—The Next Thirty Years: The Changing Political, Economic and Military Setting*, p. 394.
③ Evanthis Hatzivassiliou, *The NATO Committee on the Challenges of Modern Society, 1969–1975, Transatlantic Relations, the Cold War and the Environment*, Vham, Switzerland: Palgrave MacMillan, 2017, p. 37.

北大西洋公约组织

1969年11月6日,北大西洋理事会正式成立迎接现代社会挑战委员会（Committee on the Challenges of Modern Society, CCMS）。[①] 该委员会直接隶属于北大西洋理事会,由北约秘书长亲自担任该委员会主席,由负责科学与环境事务的助理秘书长担任委员会执行秘书长,具体负责召集并主持委员会会议,管理日常工作。在该委员会中,项目官员负责监督和推进项目工作,秘书负责日常行政。该委员会并不亲身参与研究,而是委托各成员国研究机构与科学家承担各个科研项目。与大多数北约二级委员会不同,迎接现代社会挑战委员会并未设立行政运行机制,也未形成相应的官僚权力体系,其日常行政事务均委托国际秘书处代办,或者只设置为数极少的管理人员。相对于北约其他组织机制严密、权力运行制度化的特点而言,迎接现代社会挑战委员会不论是组织机制还是运行规程都比较松散,其科学研究活动与项目执行费用全部列入北约预算,由北约全额支付。

迎接现代社会挑战委员会并不是一个孤立的机构,而且其服务对象并不仅仅是北约成员国,事实上,该委员会同样服务于非北约国家。迎接现代社会挑战委员会的基本定位也绝不是应对某种特定的社会威胁或安全挑战,而是要应对北约及其成员国在当前社会发展中所遇到的各种现代社会问题,包括水污染、空气污染、环境恶化、自然灾害、废弃物扩散、能源不合理消耗、毒品走私与滥用等,全世界所有国家或组织几乎都需要直接面对这些问题。从这个意义上讲,迎接现代社会挑战委员会等于为北约开启了一个新的社会维度——"第三维度",使北约能够从非政治、非军事的角度看待世界的变化,从非意识形态、非对抗以及纯科学的角度重新审视其发展方向。"当前,北约需要一种'第三维度',它不仅需要一个强大的军事维度来提供共同防御,也需要一个深刻的政治维度来塑造一种和平战略,而且还需要一个社会维度……在20世纪最后30年通过人文与自然科学推动北约前进。"[②]

[①] 2006年,北约推出"北约为和平与安全的科学计划",迎接现代社会挑战委员会正式并入该计划。

[②] "Science: NATO's 'Third Dimension'," 12 Jan. 2015, https://www.nato.int/cps/en/natohq/news_116804.htm?selectedLocale=en.

第二章　北约的组织创设与机制建构　**N**orth Atlantic Treaty Organization

　　北约为迎接现代社会挑战委员会确定的基本方针就是，有效应对现代社会遭遇的各种威胁，提出旨在解决现代各种社会问题的北约方案。北约公开声称，愿意让北约成员国、伙伴国以及其他国家及其人民都过上高质量生活，愿意就北约自身在社会与环境问题上积累的先进技术、科学认知与政策，以及在各方面取得的知识与经验，与其他国家或者组织共同分享；通过促进稳定和福祉，建立和平与友好的国际关系。为此，北约愿意与其他国家或组织联合，就解决现代社会问题展开研究与探索。"如果西方想利用北约现存的全方位技术能力，以及实现武器协作的能力，它就必须去除或者至少战胜其前进道路上的羁绊。"①

　　迎接现代社会挑战委员会提出三个核心概念：第一，实施"试点国"概念，即一个国家或者与其他国家协作，自愿负责某一项委员会决定启动的研究计划，向其提供资助，并且负责将项目付诸实行；第二，所有的研究工作均非长期性研究，而是要利用当前信息与技术，在几年内就得出结果，并且很快提出方案，以此减轻北约成员国所关注的重大问题带来的种种压力；第三，委员会所有会议均对北约非成员国以及其他国际组织完全开放，已经完成的研究结果也可供任何国家或组织自由获取，不收取任何费用。此举旨在尽可能扩展试点研究成果，使之得到最普遍的应用。

　　正是在上述方针和原则指导下，迎接现代社会挑战委员会在多个领域展开实践。事实上，虽然北约自诩要应对现代社会所有威胁，但迎接现代社会挑战委员会委托各国的研究项目大多是那些与北约安全利益直接相关的问题，尤其是与北大西洋区域安全具有直接或间接关联的环境问题、气候问题以及社会问题等。而对于愿意承担迎接现代社会挑战委员会所设项目的成员国来说，许多项目实际上与其国家利益紧密相关，这在很大程度上决定了该委员会必然会对北约某些成员国形成某种依赖。很难断言，迎

---

① Oliver C. Boileau, "Transatlantic Arms Collaboration: An Industry Perspective," Kenneth A. Myers, ed., *NATO—The Next Thirty Years: The Changing Political, Economic and Military Setting*, p. 341.

北大西洋公约组织

接现代社会挑战委员会在科学研究中所表现出的上述选择性,不带有任何功利主义或者狭隘的动机,亦很难断言该委员会的工作完全为理想主义动机所驱动。事实上,迎接现代社会挑战委员会的科学研究恰恰介于两者之间。

"试点研究项目"一直是迎接现代社会挑战委员会积极推动的一个重要工作内容,这些科研项目所涉猎的范围非常广泛,既包括"海洋石油泄漏""地震学与地震减灾""内河水污染""废水处理与再利用""空气污染控制战略与建模影响""危险废弃物处置""居民饮用水污染""海岸带水污染"等危机处置类项目,也包括"区域环境规划""虫鼠控制管理""城市再改造中的道路交通""高端健康护理""太阳能的开发与利用""地热能的开发与利用""能源合理利用""提高紧急医疗服务能力"等建设型项目。还有许多项目则纯粹属于科学研究类项目,例如"人类对平流层的影响""水资源处理中的水文预测""历史遗迹的保护与复原""信息素的应用与生产规定""对入海口实施系统管理"等。

上述这些试点项目大多由某一个北约成员国牵头,其他多个成员国共同参加,各国在信息、技术以及经验等方面展开非常密切的交流,另外还在许多政策、规划以及机制等方面实现相互对接。在迎接现代社会挑战委员会的协调下,各成员国不仅在政府层面保持了密切合作,而且在企业、研究机构、大学等民间层面也保持了密切协作。例如,针对各国都深受困扰的环境治理问题,北约各成员国的环境部长和高官不论是在正式场合还是非正常场合,始终保持密切沟通和联系;各成员国多次召开各种级别的会议,就某一环境或者社会问题展开磋商和协调。

另外,北约还与各种国际组织展开合作,以便提高处置和应对环境与社会问题的效率。例如,针对海洋污染问题,迎接现代社会挑战委员会就与联合国政府间海事协商组织(UN Intergovernmental Maritime Consultative Organization,UNIMCO)展开合作,共同致力于减少包括石油与天然气外溢在内的海上污染。针对毒品走私与泛滥问题,迎接现代社会挑战委员会就与联合国麻醉药品委员会(UN Commission on Narcotic Drugs,CND)展开合作,共同遏制和打击毒品走私、吸食以及滥用行为。

第二章　北约的组织创设与机制建构

不可否认，1970年代至1980年代，迎接现代社会挑战委员会所设立的各个项目大多得到了比较好的贯彻执行。据统计，总计有18位曾获得北约科学研究项目资助的科学家获得诺贝尔奖。这些科学家包括保罗·劳特布尔（Paul C. Lauterbur）和彼得·曼斯菲尔德（Peter Mansfield），他们分别在1977年、1979年获得北约研究资助，致力于核磁共振成像（NMRI）研究。[1] 在20多年间，迎接现代社会挑战委员会针对环境问题和社会问题的研究取得重大成就。大量科学技术新成果在现实生活中得到运用，这对于从整体上改善全球环境质量、解决各类社会问题起到促进作用，确实对提高北约成员国与伙伴国人民生活质量发挥了积极作用。北约发言人大卫·基德（David Kyd）强调，"迎接现代社会挑战委员会参与并提供资助的相关研究，北约都有必要向公众公开宣示"[2]。

但是必须要看到，迎接现代社会挑战委员会所设定的研究及其实践方向，以及委员会对研究项目的选择，项目研究对北约成员国的极度依赖等，都在一定程度上限制了委员会的作用与影响。虽然迎接现代社会挑战委员会一直自我标榜其研究成果对所有国家或组织完全开放，但是对于发展中国家而言，由于缺乏必要的技术与资金，它们能够将上述研究成果付诸实践的可能性微乎其微。同样，对于社会主义国家而言，由于在政治和意识形态上受到北约排斥，同时受国家利益与组织利益的局限，这些科技成果能够在苏联与东欧各国真正得到应用的可能性小之又小。无论从哪个角度看，北约及其成员国始终是迎接现代社会挑战委员会各种科研项目及其成果最大且最终的受益者。

三　北约在其他领域的机制建设

除去持续发展科学研究机制、积极建设以迎接现代社会挑战委员会为代表的社会机制外，北约实际上还在经济、文化、新闻、信息等领域展开

---

[1] "Science：NATO's 'Third Dimension'," 12 Jan. 2015, https：//www.nato.int/cps/en/natohq/news_ 116804. htm? selectedLocale = en.

[2] Werner J. Feld and John K. Wildgen, *NATO and the Atlantic Defense：Perceptions and Illusions*, New York：Praeger Publishers, 1982, p. 23.

行动,大力推动北约经济机制、文化机制、信息交流机制、危机处置机制等建设。虽然这些领域在北大西洋安全体系中似乎并不处于中枢地位,其影响力和功用似乎也无法堪比政治与安全机制、军事指挥机制等,但是这些机制建设同样是北约权力体系的重要组成部分,并且从其他方向影响并推动跨大西洋安全联合。"在北约内部,过去的逻辑与现在的逻辑一直是国家责任,这反映了北约的现实、政治与经济思考。"①

首先,北约成员国经济发达,它们拥有相对完善的经济结构、成熟的经济制度、丰富的经济资源,而且控制着国际经济主导权。北约及其成员国不愿放弃这一优势,而是想延续并进一步扩大其优势。北约既要将其联盟体制建立在强大的经济基础之上,还想以此强化北约综合实力。为此,自其创建后,北约就采取多种方式、积极推动各成员国在经济上连成一体。"总的来说,未来北约(所涉及领域)相较过去要更加多种多样,成员国(所涉及领域)将更加多样化;对于军事和非军事的问题,以及北约内部以及外在的问题,也将出现更加多样化的利益、优先权以及感知。"②

1957年,北大西洋理事会建立北约经济委员会(NATO Economic Committee, ECO)。该机构直接隶属于北大西洋理事会,由国际秘书处所辖经济司司长担任委员会主席。和大多数二级委员会一样,经济委员会直接向北大西洋理事会负责,接受其各项指令,日常行政事务均由国际秘书处代管。

经济委员会的主要职能有两个。其一,推动北约各成员国探讨所有与北约有直接关联的经济问题,就相关信息互相交流;在充分讨论后,各成员国就某一问题达成共识,最终形成某种方案,用于指导各成员国经济与

---

① Herman Roozenbeek, "Waste and Confusion? NATO Logistics from the Dutch Perspective," Jan Hoffemaar and Dieter Kruger, eds., *Blueprints for Battle: Planning for War in Central Europe, 1948–1968*, p. 93.

② Pierre Hassner, "Intra-Alliance Diversities and Challenges: NATO in an Age of Hot Peace," Kenneth A. Myers, ed., *NATO—The Next Thirty Years: The Changing Political, Economic and Military Setting*, p. 393.

第二章　北约的组织创设与机制建构

财政政策。例如，由于北约防务开支直接涉及各成员国经济负担，各成员国经济实力迥异，如何公平合理地分担北约防务开支，一直都是北约及其成员国讨论的重点话题。北大西洋理事会最终决定，各成员国须将其GDP的2%用于防御开支，这一标准最终被各成员国接受，成为北约关于防务开支负担的一个共同标准。①

其二，经济委员会就东西方之间出现的财政与经济问题展开研究，定期推出不同的研究报告。与此同时，委员会还会对苏联与东欧各国经济形势展开分析，定期发表研究报告，供北约各成员国参考。经济委员会的目的就是让各成员国随时了解竞争对手，以便统一各国的政治、经济以及安全立场，协调并统一各方行动。"单个北约成员国的经济福祉建立在技术能力与竞争力的基础之上，就像其在当代世界一样，这一经济福祉直接关系到它们对安全的认知。"②

另外，在国际秘书处所属政治事务部内，北约还设置经济司，该机构与经济委员会所涉及的领域虽有交叉，但并不重合。由于经济司直接隶属于政治事务部，其对经济问题的思考与政策动机均着眼于政治以及其他非经济因素。经济司的功能主要体现在四个方面：其一，负责贯彻执行北大西洋理事会、防务计划委员会以及经济委员会等各种权力机构做出的各项决策，为上述权力机构的各项活动提供便利条件；其二，负责向北约秘书长提供经济研究报告，为各项决策提供参考；其三，负责在涉及北约经济问题的不同领域展开研究，对事关北约经济信息与统计数字的关键问题展开研究；其四，负责与各成员国代表、北约权力部门、国际组织打交道，就相关经济问题展开磋商与合作。

由上可见，经济委员会更多的是着眼于从宏观政策角度考虑与北约安

---

① 北约大多数成员国的防务开支实际上并未达标，只有美国、英国、波兰等为数极少的几个国家达标。其中，美国的防务开支占北约防务支出的70%以上，这是北约各成员国围绕防务开支分摊持续产生矛盾与纠纷之所在。

② David Greenwood, "Allied Cooperation in Atmanents Development, Production, and Support: a European View," Kenneth A. Myers, ed., *NATO—The Next Thirty Years: The Changing Political, Economic and Military Setting*, p. 330.

北大西洋公约组织

全相关的经济问题，在宏观层面上协调各成员国的战略、计划以及行动。而政治事务部所属经济司则负责北约经济政策执行、对外联通等具体事务。前者属于相对务虚的战略机构，后者则属于比较务实的权力执行机构。

其次，由于北约各成员国具有共同的文化、意识形态以及价值理念，因此自创立后，北约就非常注重在文化领域推动跨大西洋联合。就像英国前驻德大使克里斯托弗·斯蒂尔（Christopher Steele）爵士所强调的，"我们认为，北约主要是个军事联盟，而不是一个新国联，但是这样一个联盟当然会有一系列密切的政治合作。就像《北大西洋公约》第2条所设想的那样，它最终还是一个更为密切的经济与文化共同体"①。1950年8月，北约信息处（NATO Information Service，NATIS）宣告建立，目标是推进和协调公共信息，以便实现《北大西洋公约》所设定的相关目标。"北约信息处可以援助成员国，对共产主义宣传做出回应；但是事情非常清楚，北约信息处不会提供自己的信息材料。"② 1952年，国际秘书处建立，北约信息处被并入国际秘书处，成为其所属政治事务部中的一个部门，其职能后来分化为两部分，这两个部分按照其职能逐渐变成两个职能机构——信息处和新闻出版处。但是，无论后期变化如何，北约信息处作为北约发布各种信息的最早公共外交机构，虽然职能简单，却奠定了北约文化交流、信息管理、对外宣传以及舆情管控等制度建设的基础。

1953年，北大西洋理事会成立信息与文化关系委员会（Committee on Information and Cultural Relations，CICR）③，统一管理北约文化、信息传播以及新闻出版等相关事宜。该委员会的目标非常明确，就是让世界各

---

① Prince Hubertus zu Löwenstein and Volkmar von Zühlsdorff, *NATO and the Defense of the West*, pp. 167 – 168.
② "Terms of Referrnce for the NATO Information Service," Memo by the Director of Information, 20 Nov. 1950, NA, DD/871. 转引自 Linda Risso, *Propaganda and Intelligence in the Cold War: The NATO Information Service*, London and New York: Routledge, 2014, pp. 40 – 41.
③ 该机构在2003年在北约机构改革中，更名为北约公共外交委员会（Committee on NATO Public Diplomacy，CPD）。该组织的建立，标志着北约将其文化联合、对外宣传以及信息传播提升到战略高度。

第二章　北约的组织创设与机制建构

国全面了解北约,包括北约的目标、政策、战略及各种行动,促进北约与世界其他国家或组织展开对话、相互理解,在此基础上给予北约更多理解、支持以及帮助,最终确保北约各项方针、政策得到顺利和圆满执行。与此同时,该委员会也会力争使北约能够更好地认识世界,以便进一步提高北约方针和政策的针对性与有效性。"关键在于,来自许多成员国的武装力量拥有共同的政治意愿,这使北约有别于历史上的其他大多数联盟。北约不仅仅是一个拥有权益性质的军事联盟,从最高层到最年轻的新兵都有一种共同的观点:北约要从这种团结中汲取重要的政治力量……"①

除此之外,在信息与文化关系委员会之下,北约还设立了许多分支机构,例如访问学者遴选委员会(Fellowship Selection Committee)、北约新闻办公室(NATO Information Directorate)等。这些分支机构主要负责管理北约设置的各种文化交流项目,负责北约文化外交与对外宣传中的各项具体工作。与此同时,北约还设立了许多关于学术出版、信息交换、学者交换、教育培训等文化交流项目,这些文化交流项目主要着眼于加强北约各成员国之间的相互沟通、理解以及合作,最终使北约及其成员国在文化和教育领域能够实现全面沟通与合作。但是,这一信息与宣传机制也存在问题,最突出的就是跨大西洋信息与文化合作。"北约的新信息机制是一种妥协,即美国要求北约实施更具活力、全面协调的西方宣传行动,而欧洲国家则害怕过度集中与信息共享。"②

再次,北约还设立了其他许多辅助性机制。为了有效应对各种突发性紧急事件,北约特别建立北约形势中心(NATO Situation Centre)。该机构隶属于国际军事参谋部,负责收集、整理和分析出现紧急事件后的各种信息与情报,将相关报告提交北约秘书长,为其制定紧急应对方案提供参考。另外,北约还成立北大西洋理事会行动与通信办公

---

① Prince Hubertus zu Löwenstein and Volkmar von Zühlsdorff, *NATO and the Defense of the West*, p. 76.
② Linda Risso, *Propaganda and Intelligence in the Cold War: The NATO Information Service*, p. 41.

室（Office of Council Operations and Communications），负责协调北约形势中心的各项相关行动，协调北大西洋理事会针对紧急事件所制定的所有政策及其采取的行动。很明显，上述机构设立的初衷主要是应对突发性军事冲突或战争，同时也兼顾民事突发事件，但是由于北大西洋区域在冷战时期始终没有出现军事冲突，因此上述机构的目标主要锁定为应对民事突发事件，例如各种突发性自然灾害、环境污染与灾害等。

另外，为了使北约更好地利用外层空间，同时确保北大西洋区域空中交通线安全，最终为北约建立有效的空中防御网络，1955年4月，北大西洋理事会建立欧洲空域协调委员会（Committee for European Airspace Co-ordination，CEAC）①。该委员会直接隶属于北大西洋理事会，其成员均为各成员国高级军官、政府高层官员以及北约主要战区司令部代表，全世界主要的航空组织也受邀参加欧洲空域协调委员会各种会议。

不仅如此，北约欧洲空域协调委员会还与国际民用航空组织（International Civil Aviation Organization，ICAO）、国际航空运输协会（International Air Transport Association，IATA）等机构保持密切联系。此外，北约欧洲空域协调委员会也与欧洲航空安全局（European Aviation Safety Agency，EASA）、欧洲防务局（European Defense Agency，EDA）、美国联邦航空局（US Federal Aviation Administration，FAA）等机构保持着非常密切的业务合作，以此确保北大西洋空域安全能够得到充分保障。

事实上，北约的机制建设范围远不止于上述领域，北大西洋安全体系还有许多其他机制建设。"自从北约成立后，一些方面可能发生了变化，但是北约第三维度的基本方法和50多年前相比，依然强大而且紧密相关。"② 这些机制建设虽然不具有典型特点，其影响也无法堪比政治与安全机制、军事指挥机制，但它们同样是北约权力体系建设中不可缺少的内

---

① 该机构后来更名为北约空间协调委员会（NATO Airspace Co-ordinated Committee），最后更名北约空间委员会（NATO Aviation Committee）。
② "Science：NATO's 'Third Dimension，" 12 Jan. 2015，https：//www.nato.int/cps/en/natohq/news_ 116804. htm? selectedLocale = en.

第二章　北约的组织创设与机制建构

容，同样支撑着北约机制建设，在北约政治与安全政策及其实践中发挥着重要作用。因为"对明显永久而且普通的军事架构的幻想，无法阻止心理疏远、经济利益冲突、外交优先权竞争，使之免于削弱北约的政治基础"①。由此可见，推动更为全面的北约机制建设，对北约来说可谓势在必行。

---

① Pierre Hassner, "Intra-Alliance Diversities and Challenges: NATO in an Age of Hot Peace," Kenneth A. Myers, ed., *NATO—The Next Thirty Years: The Changing Political, Economic and Military Setting*, p. 377.

第三章

北约防御思想与战略

第一节 北约防御思想及其政策

一 北约"集体安全精神"

自《北大西洋公约》订立后,在积极推动北约武装力量建设、建立健全权力机制的过程中,各成员国围绕北大西洋区域安全所涉及的各种问题不断凝聚共识,与其政治理念、经济基础、社会生活方式、文化价值观以及意识形态等相对应,形成以多国全方位合作为主导的集体安全理念。"集体安全传统植根于一种超越利益的渴望,即超脱国家及其盟国利益之外,将国际社会视为一个整体,如果不是以全球为基础,就是以区域为基础。"[1] 北约这一特有的集体安全理念并不局限于军事领域,实际上融合了政治、经济、军事、文化以及意识形态等内容。正是在这种安全理念的作用下,北约逐渐形成了独有的集体安全方针,并据此展开集体安全实践。

北约"集体安全精神"并非此前欧美各国"集体安全政策"的简单继承,亦非旧式多国安全合作模式的单纯延续,更非在战后国际关系体系中再增添一个安全组织。客观而言,北约"集体安全精神"属于一种全新安全理念,该理念既不以单纯的国家安全利益作为单一政策依据,也非多国安全利益的层层叠加,更不是对集体安全利益实施平均和等量切割。

---

[1] David S. Yost, *NATO Transformed: The Alliance's New Roles in International Security*, Washington, D. C.: United States Institute of Peace Press, 1998, p. 9.

北大西洋公约组织

在理论上，北约是一个介于政府间合作机制与超国家合作机制之间的集体安全组织，既不能以政府间合作机制的标准度量北约，也不能以超国家合作机制的尺度衡量北约。"从根本上来说，北约是一个国际组织而非跨国家组织，因此相较于华沙组织更不能忍受不断变化的世界形势所带来的压力。"[①]

就此而言，北约"集体安全精神"实际上包括北约及其成员国政治、经济、军事、文化以及意识形态等思想理念，集中体现为强化跨大西洋区域安全，并在此基础上形成一种特殊的安全宗旨。在北约看来，这一安全宗旨融合了北约在集体安全思想及其实践中恪守的自由、平等、法制、共享四个基本原则，这是北约"集体安全精神"的灵魂，是历史上欧美各国建立的任何集体安全组织所无法比拟的。"自由的目标不仅仅是保持自身的统治所在，而且还在于将其利益扩展到被剥夺了利益的那些国家。在这方面，有一个无法承认的现状就是，有自由权的人与被剥夺了自由权的人之间没有界限。"[②]

首先，北约在集体安全理念中特别强调自由原则，《北大西洋公约》对此做出完整且系统的阐释，其条约义务和责任所体现的自由精神可谓比比皆是。第2条明确规定，"缔约国将通过强化其自由机构、更好地理解这些机构赖以存在的原则、促进稳定与福祉条件的改善等，为发展和平与友好的国际关系做出贡献"[③]。北约一开始就将自己定义为自由组织，拥有独立与自由的原则和宗旨，立足于改善北大西洋区域安全环境，其最终目标是建立北约所属意的良性国际关系。显而易见，北约正是认为秉持自由原则为自身的存在与发展确定了一个自我认同目标，虽然这一目标与国际社会有非常多的重合之处，但在本质上却为北约及其成员国专属。"我

---

① Richard D. Lawrence, *U. S. Force Structure in NATO: An Alternative*, Washington, D. C.: Brookings Institution, 1974, p. 1.
② Prince Hubertus zu Löwenstein and Volkmar von Zühlsdorff, *NATO and the Defense of the West*, p. 6.
③ "The North Atlantic Treaty," 4 Apr. 1949, https://www.nato.int/cps/en/natohq/official_texts_17120.htm.

们的联盟不能只关注北大西洋区域,或者只关注军事防御,还必须在独立原则的基础之上组织自己的政治与经济力量,同时还必须考虑北大西洋区域以外地区的发展。"①

另外,《北大西洋公约》第 3 条也明确指出,"为了更加有效地实现条约目标,缔约国可以采取单独或者联合方式,通过持续、有效的自助或者互助手段,保持并发展抵抗武装进攻的单独或者集体力量"②。第 4 条亦规定,"在任何缔约国领土完整、政治独立以及安全受到威胁时,缔约国将根据其意愿展开磋商"。由此可见,北约成员国在决定反制侵略时,保持了足够充分的自由选择权,各国完全可以按照自身的利益需求,采取单独或集体行动。另外,缔约国也可按照自身意愿及理解,决定是否展开磋商,并且决定磋商的具体内容。事实上,西欧各国对此条所做的松散规定倍感失望。"(因为)大多数西欧国家相信,如果没有美国的直接援助,试图保持它们在欧洲大陆剩下的东西就没有多大意义。"③

更重要的是,条约第 10 条规定,"缔约国一致同意,邀请能够促进条约原则、对北大西洋区域安全有助益的其他欧洲国家加入条约"。第 13 条规定,"在条约达到 20 年期限后,(退约国)先向美国政府提交退约通告,再由美国政府向每个缔约国政府递交退约通告,待一年后,退约国即可退出条约"④。由此可见,北约成员国在加入条约或者退出条约这一问题上,拥有充分的自主权,只需履行必要的手续就可选择继续留在北约或者完全退出北约,不受任何外在因素的影响。不止如此,北约此后推出各种政治与安全政策,继续恪守这种自由与独立原则,甚至将其进一步扩大,使之散布于跨大西洋联合的每个角落,进而推动了北约"集体安全

---

① A. W. Deporte, "The Uses of Perspective," Robert W. Tucker and Linda Wrighley, eds., *The Atlantic Alliance and Its Critics*, p. 49.
② "The North Atlantic Treaty," 4 Apr. 1949, https://www.nato.int/cps/en/natohq/official_texts_17120.htm.
③ William Park, *Defending the West: A History of NATO*, Brighton, Sussex: Wheatsheaf Books Limited, 1986, pp. 14–15.
④ "The North Atlantic Treaty," 4 Apr. 1949, https://www.nato.int/cps/en/natohq/official_texts_17120.htm.

精神"持续深化。"北约不是一个排他性组织,如果有需要,北约就能够扩展;当然,这种扩展只有在强化北约时才有意义。"①

其次,北约在集体安全理念中同样也强调平等原则。众所周知,在1949年9月创设北约的华盛顿峰会上,北约创立北大西洋理事会、防务委员会、军事委员会等最高权力机构,北约"集体安全精神"中的平等原则在这一权力架构中亦得到充分体现。为了最大限度地体现各成员国拥有平等权利,北约在上述权力架构中一律推行平均主义,即每个成员国在上述机构中享有平等的发言权和决策权。北约各权力机构一律采取一国一票制,即所有北约重大决议均采取一致通过原则,如果有任何一国不同意北约某项政策或规程,该项政策或规程就无法实现。例如,虽然美国是全世界首屈一指的超级大国,在北约联盟内拥有重大影响力,在北约最高权力机构中占据了许多重要职位,而且在北约内部,欧洲成员国不论是战略影响力还是战术行动能力,都很难与之比肩。"北约的政治现实是,美国是北约的领导者与超级军事大国,而美国却将其注意力从冲突焦点——欧洲,转向几千英里长的大西洋海域,这不仅仅是一个后勤问题,也是一个重大的政治特征。"② 然而,这并不等于美国可以甩开欧洲成员国,独立决定北约所有重大问题,或者控制北约的发展方向。实际上,美国为了抚平欧洲成员国的心理落差做了大量工作,至少在表面上如此。

进言之,按照权利平等的要求,北约在联盟框架内部确定了一个统一标准,不论大国或者小国,亦不论强国或者弱国,在任何事务中均强调各成员国在资格、权利、地位等方面完全平等。各成员国必须尊重北大西洋区域统一规则,因为尊重北约的规则,就等于尊重自身,尊重彼此。"在保卫北约成员国民主生活方式与民主价值观的使命中,北约扮演了一个关

---

① Prince Hubertus zu Löwenstein and Volkmar von Zühlsdorff, *NATO and the Defense of the West*, p. 66.

② Colin McInnes, *NATO's Changing Strategic Agenda: The Conventional Defence of Central Europe*, London: Unwin Hyman Ltd., 1990, p. 33.

第三章 北约防御思想与战略　North Atlantic Treaty Organization

键角色，这个使命必须处于更突出的位置。"① 北约"集体安全精神"所强调的平等原则，实际上将各成员国空前紧密地团结在一起，形成以北约安全宗旨为核心的一个联合平台。从这个意义上讲，平等原则成为北约拉近与各成员国关系、持续推动跨大西洋公约组织深化的一种源动力。

再次，北约在集体安全理念中同样强调法制原则。这主要表现在北约在其安全宗旨、政策及其实践中特别强调尊重国际法，以国际法作为其行动标准。《北大西洋公约》第5条规定，"缔约国同意，针对任何一个或多个缔约国实施武装攻击，将被视为对所有缔约国的攻击；一旦发生攻击，每个缔约国将行使《联合国宪章》第51条所规定的单独或集体自卫权，向受攻击国提供援助，如果有必要的话，包括使用武力，以便恢复并维持北大西洋区域安全。此类武装攻击以及为此所采取的行动，将立即上报联合国安理会。直到联合国安理会采取必要行动，恢复和维持国际和平与安全后，再终止这些措施"②。另外，第7条特别规定，"条约不会影响，也不应该被解释为将以任何方式影响联合国成员国所缔结的《联合国宪章》的权力和义务，或者影响联合国安理会为维持国际和平与安全而承担的主要责任"③。

由此可见，北约至少在理论上将联合国所代表的国际社会，以及《联合国宪章》所代表的国际法则，置于其安全方针、政策以及行动的首位，以此确保其集体安全理念与政策能够保持政治正确。这种做法在一定程度上体现了北约在集体安全理念中所恪守的法制原则，因为这一原则既赋予北约政治与安全权利以足够的合法性，也赋予其行使上述权力时所具备的合理性和正确性。"……在名义上，北约恢复了过去使欧洲国家走向战争的联盟机制，但《北大西洋公约》与《联合国宪章》在内容上保持一致，这种努

---

① Werner J. Feld and John K. Wildgen, *NATO and the Atlantic Defense: Perceptions and Illusions*, p. 23.
② "The North Atlantic Treaty," 4 Apr. 1949, https://www.nato.int/cps/en/natohq/official_texts_17120.htm.
③ "The North Atlantic Treaty," 4 Apr. 1949, https://www.nato.int/cps/en/natohq/official_texts_17120.htm.

力向各国表明，北约将会维持而不会摧毁联合国所开创的世界新秩序。"[1]

最后，北约在集体安全理念中亦强调共享原则。北约及其成员国推动跨大西洋联合的初衷，并非旨在对外提供人道主义援助，或者醉心于推进其理想主义目标。对每一个成员国来说，参加北约的目的在于获得更强大的安全保护，在北大西洋区域范围内享有更大的安全利益，这是北约每一个成员国愿意牺牲部分利益、承担安全风险、消耗国家资源而参与跨大西洋联合的重要原因。"联邦德国在某种意义上就是北约自身的副产品，它的建立正是在签署《北大西洋公约》1个月后。没有北约及其创立的西方团结一致，西方盟国就不可能同意在这个时候建立联邦德国……"[2] 每一个成员国首先需要向其他成员国提供安全援助和保护，然后再以此换取更多成员国对其安全利益提供支持和帮助。这种共享原则实际上建立在各成员国对北约集体安全宗旨完全信任的基础之上，即每一个成员国认定这种集体安全方式能够满足其安全利益最大化的诉求。

在北约集体安全理念中，不排除这种共享原则具有某种理想主义成分，但这种共享原则实际上也反映了北约一贯追求的现实主义目标，因此，北约集体安全理念中的共享原则，堪称两种思想与理论的折中。因为在北约层面上，这种共享原则要求每个成员国原则上必须参与北约的所有重大决策以及集体行动，以便在行使自身权力的同时，能够实现维护自身利益、维护整个北大西洋区域利益的目标。反之，北约必须保持足够的决策与行动能力，以便随时满足每一个成员国的不同安全需要，并且在各个成员国安全利益之间建立某种平衡，直至达成某种妥协。

从此后的北约发展状态看，北约在大多数情况下实际上并未准备好为每个成员国提供安全保护、处置各成员国利益纠葛、应对各种突发性紧急事件等，北约及其成员国实际上一直徘徊于这种安全供给量较小、利益成本消耗较大的矛盾中。但是无论如何，共享原则还是在北约"集体安全精神"中发挥了巨大作用。

---

[1] Lawrence S. Kaplan, *NATO and the UN: A Peculiar Relationship*, p. 24.
[2] Lawrence S. Kaplan, *NATO and the United States: The Enduring Alliance*, pp. 41 – 42.

二 北约"自助、互助以及他助"的防御理念

与历史上欧美各国所创设的各种集体安全组织不同，北约自诩其政治与安全理念所秉持的基本宗旨与众不同，完全体现了特有的政治、文化、安全以及意识形态优势，优于其他各种安全条约或联盟。"……联盟不再只由政府计划和创设，如果它们具有某种现实性，就必须征得公众的同意，并且深入政治、社会、文化以及军事领域。总之，它们必须是人民的联盟，而不只是政府的联盟。事实上，北约正在变成这样一个联盟，这使它比所有其他种类的协议、联盟以及条约更具有历史优势和道德优势。"[1]

不仅如此，在推进集体安全目标的路径和方法上，北约也显示了其与众不同之处。正像美国著名国际关系学者汉斯·摩根索（Hans J. Morgenthau）所言，"就其综合目标以及被用于推进这些目标的技术而言，北约确实超越了传统联盟，转向一种新型功能性组织"[2]。北约并不主张以某种固定的单一方式实施防御，而是强调以多重方式推进其集体安全目标，即强调每个成员国在遇到安全威胁与武装进攻时，主要采取三种方式实施自卫——单个成员国实施自我防御，两个或多个成员国相互配合、共同实施防御，北约以外的国家或组织向北约及其成员国提供援助。这就是北约防御理念中特有的"自助、互助以及他助"概念，这几乎成为北约实施集体防御的主要路径。"（北约）主要原则是采取共同行动，通过'自助'和'互助'方式抵御武装进攻，（北约）当前的主要目标是使《北大西洋公约》签约国实现集体自卫安全。"[3]

北约"自助、互助以及他助"概念作为一种新型防御理念，既是一

---

[1] Prince Hubertus zu Löwenstein and Volkmar von Zühlsdorff, *NATO and the Defense of the West*, p. 64.

[2] Hans J. Morgenthau, *Politics among Nations*, New York: McGraw-Hill, 1993, p. 530. 转引自 Sean Kay, *NATO and the Future of European Security*, Lanham, Boulder, New York, Oxford: Rowman & Littlefield Publishers, Inc., 1998, p. 32.

[3] "Memorandum by the Standing Group to the North Atlantic Military Committee Transmitting the Strategic Concept for the Defense of the North Atlantic Area," https://www.nato.int/docu/stratdoc/eng/a491019a.pdf.

种防御概念，也是一种防御手段，这既是北约"集体安全精神"的一种具体展示，也是北约集体安全理念的自然延伸和扩展。虽然北约"自助、互助以及他助"更多的是着眼于军事防御，但这一防御概念却蕴含着极为丰富的政治与文化内涵。因此，北约这种新型防御理念所产生的效能，兼具军事和政治功用。进言之，这种新型防御理念既具有军事实用性，也具有战略威慑性，集军事实战与战略威慑于一身。

首先，虽然"自助"防御概念源于自卫防御，并非北约所创设，也不唯北约所专擅。在历史上，许多集体安全组织都强调自卫防御，但唯有北约将自卫防御这一概念发展到一个前所未有的程度。具体而言，当北约任何一个成员国遭到武装攻击时，首先是受侵略国家要按照自助原则，实施独立的自我防御。即受侵略国家要全力运用自身防御力量，采取全面自救措施。这些措施包括与侵略国全面断交，实施国家总动员，用武力打击并削弱侵略国的武装力量，打击侵略国武装力量的后勤补给，对侵略国国内军事目标实施打击，对侵略国国内民用目标实施打击，最大限度地削弱侵略国的战争意志、遏制其侵略野心等。

"自助"防御概念称得上是北约主要的防御手段之一，这与一般性集体安全组织过于偏重成员国之间互相援助以及依靠安全组织单纯提供保护的防御方式可谓迥然有别。北约重视"自助"防御概念的原因之一就是，大部分成员国在北大西洋区域防御中处于非常特殊的地理位置，而且大多具有较强的综合实力，或拥有发达的经济和先进的科学技术，或在国际社会拥有巨大影响力，或拥有全球屈指可数的军事实力。因此，北约及其成员国拥有不同程度的"自助"能力。

原因之二就是"自助"防御概念对北约来说具有某种政治含义。其一，北约希望，一旦任何一个成员国遇到外来攻击而实施"自助"，既可以充分调动军事与民用资源，激励反抗侵略战争的民心和士气，也能使北约在一定程度上确保自身安全利益不会受损，或者尽可能少受损失。其二，北约及其成员国在遇到侵略时实施"自助"，还可确保北约始终保持政治正确，使北约采取的反制行动更符合国际法律与规则。其三，"自助"的结果不仅可使北约在国际社会获得更多舆论支持，还可最大限度

第三章 北约防御思想与战略

地争取联合国的支持和帮助,使北约及其成员国在反抗侵略战争中立于不败之地。其四,由于北约有别于其他传统类型的安全联盟,其成员国在联盟框架下享有较大的政治与安全权力,"自助"称得上这种联盟体制的一种具体权力表现。"北约的组织能力在其成立时就表现得极不明显,其制度形式的前提是国家主导,而且避免出现等级结构,北约从来没有打算拥有机构自主权。"①

原因之三,北约"自助"防御概念的形成,还得益于在订立《北大西洋公约》之初美国在对外军事援助中所设定的"相互援助"要求。其中,杜鲁门政府害怕《北大西洋公约》会演变成美国对欧洲实施单边主义保护,最后被欧洲国家绑架。美国为欧洲国家火中取栗,承担不必要的风险,而欧洲国家则可以坐享美国的安全保护,无须付出任何代价或风险。美国国务院政策设计委员会主任凯南就此观察到,"如果我们发现自己无法向其他相关政府提供军事援助,我们就这种安排而展开谈判的立场将会被严重削弱,我们在谈判中的整个立场将会在很大程度上取决于我们所做贡献的大小,取决于我们为其他国家所做的贡献。如果我们没什么可给予的,我们几乎就不能指望其他国家同意我们的观点"②。杜鲁门政府的第二个考虑是确保《北大西洋公约》能够在国会顺利通过,因为"共同安全"、"相互援助"以及"自我防御"这样的表述更容易为国会所接受。

总之,"自助"防御概念适合战后初期跨大西洋联合的基本安全需要,不仅为美国所力推,而且获得欧洲成员国的积极支持,因而得以成为跨大西洋两岸国家共同尊奉的一种防御概念,并且成为北约践行集体安全理念的一种重要手段。

其次,"互助"防御概念也一直是北约非常倚重的另一种安全理念,这一安全理念或者防御手段同样是北约集体安全理念的具体运用。和"自助"概念有所不同,"互助"概念作为北约另一种主要防御手段,实际上更能体现北约集体防御理念的精髓。"在名义上,双边协议是为了达

---

① Sean Kay, *NATO and the Future of European Security*, p.33.
② Lawrence S. Kaplan, *The United States and NATO: The Formative Years*, p.122.

到统一工作的目标,他们强调'利益的互惠',这种互惠性就是分享迄今为止在国家主权范围内严格保护的设施。"① 对北约而言,"互助"防御概念具有双重含义。一方面,"互助"防御概念堪称北约的一种战术手段,即通过各成员国互相援助,建立一种行之有效的北约集体防御体系,最大限度地弥补北大西洋区域防御中的空白和间隙。另一方面,"互助"防御概念也是北约的一种政治理念,即北约将以某种特定的政治姿态、手法、原则以及立场,在一定程度上加速推动防御政策及其实践所追求的目标。

众所周知,北约一直自称大西洋防御联盟,一直试图以集体安全方式谋求北约安全利益最大化,这是北约集体安全理念的一种核心意旨。因此,北约"互助"防御的重点就是强调在政治、经济、军事、思想等领域形成某种战略威慑,对战争防患于未然。"北约威慑战略中的各种元素一直高度相互依赖。"② 首先,由北约所有成员国形成某种防御联动之势;其次,各成员国形成坚定、强大以及团结一致的战略威慑姿态,使侵略者惮于发动战争,从而达到弱战止战的最终目标。"马歇尔计划与《北大西洋公约》的全部目标在于制止战争,保持和平以及和平环境,使任何潜在的侵略者无可乘之机。当前,这一努力是非常成功的,我们在欧洲获得的经济、精神、道德以及社会力量,会带领他们和我们在一起,建立一种足够强大的防御,这样,任何国家想在这一地区发动侵略的可能性就会微乎其微。"③

就北约而言,"自助"防御显然不是北约防御理念的全部,亦非北约防御手段的全部,自卫式的防御实际上只能算作北约整体防御理念的前期实践,目的是为北约后期实施"互助"与"他助"防御创造条件、赢得时间,同时为北约实施反制侵略的行动争取更大的回转空间。因此,"互

---

① Lawrence S. Kaplan, *The United States and NATO: The Formative Years*, p. 129.
② James R. Golden, "The Challenge to NATO," James R. Golden, Daniel J. Kaufman, Asa A. Clark Ⅳ, and David H. Petraeus, eds., *NATO at Forty, Change, Continuity, & Prospects*, p. 5.
③ Mulual Defense Assistance Program Hearings, U. S. Congress, Senate Committees on Foreign Relations and Armed Services, 81 Cong. 2, 2 Jun. 1950, p. 15. 转引自 Lawrence S. Kaplan, *The United States and NATO: The Formative Years*, p. 123。

第三章　北约防御思想与战略

助"防御作为北约集体防御理念的主要内容，可谓实至名归。就此而言，"自助"、"互助"与"他助"只是北约展开防御行动的三个不同步骤，并无孰轻孰重之分，它们互通互联，互为补充，共同构成北约相对完整的集体防御思想，进而构成北约集体安全政策及其实践。"对欧洲成员国来说，接受（美国）互助性质的赠予非常困难……这种双边方法固然确保了一个事实，即（援助）资金将会得到恰当使用，但也会不可避免地引起美国与欧洲成员国的摩擦。"[1] 虽然北约"互助"防御理念并不局限于美欧之间的互助，也包括了欧洲成员国之间的互助，但前者无论是象征意义还是现实意义，都远远大于后者。

最后，"他助"防御概念同样也是北约集体防御理念中的一个重要组成部分。"《北大西洋公约》已被明确纳入更宽泛的联合国框架内，在《北大西洋公约》第1条，签约国重申，接受联合国的目标和原则，在公约第1条中，签约国接受了和平的规则，在公约第5条中，在联合国安理会采取必要步骤重建和平之际，签约国甚至不愿停止反抗武装侵略的斗争。"[2] 由此可见，联合国安理会可能采取的各种行动，无疑构成北约"他助"防御的一项重要内容。当然，北约"他助"防御对象并不限于联合国，还包括其他国际组织、区域组织以及国家等。

事实上，北约集体防御理念并非完全聚焦于自身，也涉及北约以外的国家或者各种组织。即北约集体防御理念不仅需要动员所有成员国积极反制武力威胁、反抗侵略，还要影响甚至引导国际组织或者区域组织参与北约的集体防御行动。因此，"他助"防御概念并非只停留于北约所确立的政治规则与安全战略，更涉及国际社会所通行的各种法律、规则以及程序，与前两者相比，后者的实施难度显然更大。因为这一概念在很大程度上源自北约的自我认知以及自我设计，在理论上很难相容于国际社会的集体安全思想体系，在实践方面则更不容易把握其实施方向、进度以及程

---

[1] Lawrence S. Kaplan, *NATO Divided, NATO United: The Evolution of an Alliance*, p. 7.
[2] Prince Hubertus zu Löwenstein and Volkmar Von Zühlsdorff, *NATO and the Defense of the West*, p. 69.

北大西洋公约组织

序。北约毕竟不能代表国际社会,无法完全左右北大西洋区域以外的国家、区域组织以及国际组织等,北约更想做到的不是摒弃北大西洋区域以外的地区或者国家,而是尽可能在更大程度上影响这些不同地区或国家,使之尽可能服从北大西洋区域安全的需要,至少相向而行,而非逆向冲突。

由此可见,"自助"与"互助"等防御概念主要集中于北约成员国之间,这两个防御概念的实质在于充分协调北约各成员国的安全利益,旨在为北约成员国建构某种安全合作关系。但是,"他助"防御概念直接涉及国际社会对北约集体安全理念的认可程度,涉及国际社会对北约及其成员国将以何种态度、方式以及规模实施援助。这在很大程度上决定了北约必须保持"政治正确",确使自身的集体安全理念符合国际社会需要,包括国际法则、规程以及习惯,只有如此,才能使北约"他助"防御概念真正发挥作用,而不是仅仅停留在构想或者概念层面。

事实上,从《北大西洋公约》订立到北约作为防御组织的战略定位,再到北约确立防御方针与战略,北约一直积极谋求联合国的认可与支持。因为联合国是国际社会规模最大、最权威的国际组织,而且美、英、法等北约核心成员国在联合国均拥有巨大影响力,联合国不仅可以赋予北约防御实践某种法律道统与政治地位,也可向北约提供现实性安全援助。因此,北约一直将联合国视为履行"他助"防御概念的最佳平台。在北约及其成员国看来,"鉴于苏联在联合国安理会享有投票权,北约正在提供联合国所无法给予的安全保障"[1]。"不同于其他国家组织,北约成功地改进其目标与成果,以适应不断变化的国际政治需要。许多人最初确信北约是联合国的补充机构,努力保持和平、遏制冷战。"[2] 当然,"他助"防御概念并不仅限于联合国,在理论上也包括其他各种国际或区域组织,只不

---

[1] Lawrence S. Kaplan, "After Forty Years: Reflections on NATO as a Research Field," Francis H. Heller and John R. Gillingham, eds., *NATO: The Founding of the Atlantic Alliance and the Integration on Europe*, New York: St. Martin's Press, 1992, p. 20.

[2] Lawrence L. Whetten, "Long-Range Planning Factors in the Brosio Exercise," *Military Review*, Vol. 51, No. 7, July 1971, pp. 50 – 59.

过它们所给予的援助力度有别而已。

然而，从 1950 年代至 1980 年代，尽管美苏冷战异常激烈，东西方冷战对峙起伏不断，但北约从未遇到真正的武力威胁，亦未发生任何突发性军事冲突。北约的集体安全理念实际上从未得到验证，而"自助、互助以及他助"的防御概念亦未有机会付诸实践。就此而言，上述防御概念的理论意义远远大于其现实意义。东西方冷战政治博弈在很大程度上强化了北约集体安全理念，特别是北约防御概念中的政治含义，使之更多的是在政治上而非军事上发挥作用。

尽管如此，不论是北约集体安全理念，还是"自助、互助以及他助"防御概念，实际上都在很大程度上凝聚了北约各成员国的政治向心力与安全共识，推动北约及其成员国在防御战略、资源、力量、机制等方面实施全面整合，这无疑对加强北约在东西方军事对峙中的地位大有裨益。

三　对北大西洋区域安全的新界定

在理论上，北大西洋区域安全不仅具有非常明确的地理区划，而且也有约定俗成的历史传统认知。但是北约作为跨大西洋安全联盟，对北大西洋区域做出新的规划，即在传统地理与历史区划基础上，按照北约防御需要增添了新内容，形成北约别具一格的整体安全概念。"北约不是一个真正的两个大陆的联盟，而是一个真正的'安全共同体'。"[①] 但从北约的基本架构、发展以及政策指向等指标看，北约实际上并未摆脱传统地缘政治的逻辑，而是在此基础上增加了冷战政治与意识形态等新内容。北约的基本政治方针与军事战略既不是美国对欧洲成员国越俎代庖，也不是两者平分秋色，相互折冲，实际上是在北约框架下保持了各自的相对独立。因此，北大西洋区域实际上包括了北美与西欧两大板块，以及附属于两大地缘板块的不同区域和国家。"北约不是一个只对律师、将军、专职政治家

---

① Alan K. Henrikson, "The North American Perspective: A Continent Apart or a Continent Joined?" Lawrence S. Kaplan, S. Victor Papacosma, Mark R. Rubin, Ruth V. Young, eds., *NATO after Forty Years*, p. 26.

北大西洋公约组织

有利益关系的苍白文件,它是有生命力的、活跃的组织,其活动范围从阿留申群岛到高加索、从北极到北回归线。"①

这一整体安全概念不同于以往的传统安全概念,一方面,北约扩大了区域防御范围,使北大西洋区域不再局限于传统的历史和地理界限,真正成为一种政治概念或者安全概念。另一方面,北约出于防御安全的客观需要,人为扩大了防御空间,不仅全面更新了传统安全领域的界定,而且突破了严格意义上的地理标准与地域限定。上述两种变化虽重点不同,但均成为北大西洋区域新型安全的重要内容。就像美国战略空军指挥部司令官托马斯·鲍尔(Thomas S. Power)所强调的,"所有国家都必须接受这一观点,即守卫自由将是它们的任务,只有这样,我们保卫和平的任务才能行之有效"②。

首先,在《北大西洋公约》订立之初,北约就确定了一种开放型、不断进取式的北大西洋区域安全概念,即从构建一个结构完整、实力强大的北大西洋安全体系这一方向出发,在超越历史、地理以及传统的基础上,将维护北大西洋区域安全定义在一个非常宽泛的框架内。《北大西洋公约》第6条明确提出欧洲、北美以及法国的阿尔及利亚这一防御范围,并在此基础上划定北大西洋区域北回归线范围内所有缔约国所辖疆域以及岛屿,均处于公约保护的范围内,这一范围包括了欧洲以外的占领地区、地中海以及北回归线以北。

很明显,北约在创建之初,就为北大西洋区域设定了非常宽泛的边界,北约设置这一新边界的依据,显然不是北大西洋区域的自然地理界线,而是北约着眼于未来跨大西洋安全联合持续发展的政治或安全考虑。美国学者劳伦斯·卡普兰一直认为,"通过采用'北大西洋'这个词,除将欧洲这个词从条约版本中完全省略之外,条约的始作俑者塑造了一个美国式的条约而不是欧洲条约。加拿大、冰岛甚至葡萄牙的成员国资格,并

---

① Prince Hubertus zu Löwenstein and Volkmar von Zühlsdorff, *NATO and the Defense of the West*, p. 4.
② Prince Hubertus zu Löwenstein and Volkmar von Zühlsdorff, *NATO and the Defense of the West*, p. 18.

第三章 北约防御思想与战略

非仅仅因为其地缘位置而变得重要,也因它们和欧洲以外国家的联系而变得重要"①。很明显,北大西洋区域的设置与区划,既出自美国对未来北大西洋区域政治与安全走势的判断,以及对未来国际政治与安全动向的思考,也出自美国与欧洲成员国在各自安全利益上的妥协,以及双方安全思想的全面融合。"作为一个全球中心大国,美国不会忽视拥有机动性这一吸引力,这使美国人信守其支持欧洲在北约存在的承诺,保持强有力的储备,准备在需要时迎接暴风雨。"② 但是,北大西洋区域设置所体现出的开放性与灵活性,为未来北约按照需要持续扩大自身以及各成员国安全诉求奠定了重要基础。

虽然没有正式列入《北大西洋公约》,但是北约对北大西洋区域以外的安全问题划定了一条不成文的界限,即"对域外问题不持立场,这一政策是在朝鲜战争期间所确立的,这构成北约在整个冷战时期应对同样挑战所持立场的基础"③。北约始终将北大西洋区域安全放在首位,只有当某个区域或者国家有利于北约安全利益时,北约才会将其纳入北大西洋区域防御统筹考虑的范畴。按照这一逻辑,北约所设定的安全目标虽然非常庞大,而且始终处于变化中,但具有某种选择性。随着美苏冷战形势不断变化,北约为了在东西方冷战中夺占先机与优势,最大限度地压制苏联与东欧各国,客观上需要持续强化北大西洋安全体系。毫无疑问,北约会将越来越多的国家或地区纳入其安全体系,用于充实和强化自身防御,此举意味着未来北大西洋区域防御范围必将不断扩大。

其次,北约锁定的安全目标已不再停留在传统政治与军事领域,而是朝着其他领域不断扩展。随着东西方冷战持续深化,冷战已不再是双方在军事领域的相互对抗,而是在政治、经济、文化以及意识形态多个领域的

---

① Lawrence S. Kaplan, "After Forty Years: Reflections on NATO as a Research Field," Francis H. Heller and John R. Gillingham, eds., *NATO: The Founding of the Atlantic Alliance and the Integration on Europe*, p. 20.

② Hugh Faringdon, *Strategic Geography: NATO, the Warsaw Pact, and the Superpowers*, p. 13.

③ Heige Danielsen and Helene F. Widerberg, "The Out-of-Area Question in Historical Perspective," Andrew A. Michta and Paal Sigurd Hilde, eds., *The Future of NATO: Regional Defense and Global Security*, Ann Arbor, M. I.: University of Michigan Press, 2014, p. 17.

北大西洋公约组织

较量。虽然北约是跨大西洋军事联盟,但它同样也是集政治、经济、文化以及意识形态联合于一体的跨大西洋共同联合体。对北约及其成员国来说,谋求北大西洋区域安全,绝不意味着仅仅使各成员国疆土、人民、财产等得到北约的安全保护,实际上还意味着各成员国所追求的政治安全、经济安全、文化安全、价值观与意识形态安全等目标,也会得到北约的积极认可和支持。"北约是一个拥有主权的民主国家联盟,这些国家在外交与防御政策上享有思想与行动的自由,他们为了抵御普遍认同的威胁、实现集体安全而走到一起。"① 从这个意义上讲,北约对北大西洋区域安全的界定,实际上已经远远超出疆域、人口以及财产等物质层面,而且深深触及政治、经济、文化、意识形态等非物质层面。

事实上,北约作为美苏冷战的产物,可谓深受冷战政治规则与安全逻辑的影响。正是在冷战化思维的影响下,北约不仅将苏联与东欧各国视为安全威胁,而且把这种威胁绝对化,认定苏联与东欧各国无时无刻不在向北大西洋区域实施渗透、威胁以及侵蚀,包括对北约各成员国实施文化渗透、政治颠覆、经济封锁、价值观与意识形态灌输,以便有效遏制冲突,或者当欧洲出现军事冲突时做好充分准备。"北约的首要目标就是阻止战争,遏制苏联使用武力威胁,针对盟国以及我们自己实施恐吓与胁迫。北约的第二个目标就是保持威慑,北约必须保持能够让苏联人尊重的真正防御能力。"② 因此,北约不仅需要防范苏联与东欧各国的军事进攻,还要防范其对北大西洋区域发动非物质层面的攻势。

具体而言,北大西洋区域安全在政治层面的体现就是,保持北约及其成员国政治安全。这意味着北约必须确保各成员国政治理念、制度、生活方式完整,不受苏联与东欧各国的侵蚀,而且不会被社会主义颠覆。不仅

---

① Lord Peter Carrington, "NATO—The Challenge of the Future," James R. Golden, Daniel J. Kaufman, Asa A. Clark Ⅳ, and David H. Petraeus, eds., *NATO at Forty, Change, Continuity, & Prospects*, p. 294.

② Andrew J. Goodpaster, "The Foundations of NATO: A Personal Memoir," James R. Golden, Daniel J. Kaufman, Asa A. Clark Ⅳ, and David H. Petraeus, eds., *NATO at Forty, Change, Continuity, & Prospects*, p. 32.

第三章　北约防御思想与战略　North Atlantic Treaty Organization

如此，北约还要力争以所谓的政治优势向苏联与东欧各国施压，向对方展开政治攻势，使苏联在政治上逐步分解，使东欧各国不断远离苏联向北约靠拢，在苏联与东欧各国之间制造嫌隙，催生不信任感。就此，美国驻西德大使理查德·波特（Richard R. Burt）曾提出，"苏联在欧洲保持着军事力量优势，还持续使用军事力量获取政治目标，包括对西欧实施恫吓。在这种环境下，美国撤出驻欧洲军队、撤回对欧洲的安全保证，都会产生相反影响……美国撤出的结果将会压制而不是刺激欧洲防务努力，而且还会将美国拖入不断深化的国际孤立中"①。

北大西洋区域安全在经济层面体现在两个部分，其一就是确保北约拥有强大的经济与财政支撑，确保各成员国尽可能多地承担北约防御开支，尽快达到北约所设定的 GDP 2% 的国防开支标准。英国官方有关权威人士曾指出，"北约是一种昂贵的交易，但巨额防务负担是超值的，应该将其视为一种保险。你支付多年，甚至你从来没有提出赔付要求，你不要让保险费上涨，你能肯定的是，保险费上涨后将会出现灾难"②。其二就是确保北约成员国经济体制能够正常运行，不仅拥有充分的资源保证，还能持续保持自由开放的经济制度与规则，进而保持其在世界经济格局中的优势地位。因此，北约需要最大限度地减少可能影响或破坏其经济运转的各种不利因素，为北大西洋区域发展创造良好的外部环境。

北大西洋区域安全在文化层面的体现，就是竭力确保北约及其成员国在思想与文化上的垄断地位，使之不会受苏联与东欧各国影响。在持续保持北约及其成员国既有的思想与文化优势的同时，充分保持北约对国际事务特别是欧洲事务的发言权，通过在文化、新闻、话语、语境等方面大规模制造声势，创造最有利于北约的国际或区域环境。

出于冷战的本能，北约及其成员国甚至将苏联与东欧各国的客观存在也视为一种天然威胁，这使北约戴着某种有色眼镜看待苏联与东欧各国，

---

① Melvyn Krauss, *How NATO Weakens the West*, New York: Simon & Schuster, 1986, p. 36.
② Prince Hubertus zu Löwenstein and Volkmar von Zühlsdorff, *NATO and the Defense of the West*, pp. 291 – 292.

北大西洋公约组织

既包括其国家政治、经济、社会以及文化生活，也包括外交政策、安全战略以及价值理念等。美国"遏制思想"的首创者乔治·凯南就曾指出，"作为苏联的革命创立者，列宁自己在同一学说中提出，要在追求共产主义目标中保持谨慎和灵活性，这些箴言因苏联的历史教训而一再得到强化——数个世纪以来在辽阔的未开化平原上生活的游牧民族之间鲜为人知的战争、小心、谨慎、灵活、欺骗等，均成为颇具价值的品质，这些价值自然在苏联人和东方人心中得到欣赏"①。可以想见，凯南作为欧美国家首屈一指的知苏派或者"苏联通"，其误解与偏见尚且如此，更遑论其他西方政客。

北约将苏联与东欧各国视为北大西洋区域安全秩序的破坏者或者颠覆者，必欲除之而后快。为此，北约及其成员国利用其强大的思想与文化影响，向苏联与东欧各国展开文化攻势，尽力向其灌输自身的思想理念、价值观以及意识形态，对其内政外交形成羁绊或者施以压力。"北约表现其自身的特殊方式，明显不同于传统联盟。北约的基本任务并非捍卫其人民的客观存在以及即时存在，而是其'自由'、'共同遗产'以及'文明'属性，这些始终是根深蒂固的。如果自由、共同遗产以及文明要以人民的存在为前提，人民的存在及其存在的理由，最终将有赖于对其属性的捍卫。"② 由此可见，从战略、外交、社会、经济以及意识形态等多个角度入手，全面平衡和抑制苏联与东欧国家，促其内变，始终是北约的一个重大战略方向。

再次，受冷战惯性思维的影响，同样为北约单边主义和霸权主义所使然。北约及其成员国特别推崇自身的思想文化理念，将其视为放之四海而皆准的真理。如果说北大西洋区域的传统历史与地理疆域是有限的，那么北约及其成员国所尊崇的文化与思想理念则是无界的。美国学者劳伦斯·卡普兰曾指出，"北约是一个持续发展的联盟，从历史上看，这是个没有

---

① Jason Dittmer and Joanne Sharp, eds., *Geopolitics: An Introductory Reader*, New York and London: Routledge, 2014, p. 92.
② Sarah da Mota, *NATO, Civilization and Individuals, the Unconscious Dimension of International Security*, Lausanne, Switzerland: Palgrave Macmillan, 2018, p. 122.

第三章　北约防御思想与战略　**N**orth Atlantic Treaty Organization

确定目标的问题,不会立即终止"①。任何国家或者组织推动所有不同于北约的异质性文化理念,实际上都被北约视为对北大西洋区域安全构成潜在或公开威胁。因此,如何对待上述异质性国家及其文化,一直是北约建构北大西洋区域安全的一个重大难题。

为此,北约针对这些异质性国家及其文化,采取了威慑、利诱、同化、吸纳等政策,通过与这些异质性国家建立特殊关系,或者相互合作,或者吸纳入盟。北约此举一方面使这些国家能够为北约所用,借此持续壮大北约实力,不断稳固并增强北约防御联盟建构。美国著名学者塞缪尔·亨廷顿（Samuel P. Huntington）曾坦言,欧美各国对其民主价值观与意识形态始终持积极乐观的态度。"最重要的是,西方努力将其民主与自由主义价值观当作'普世'价值,努力保持其军事优势,努力催生经济利益,以此抗衡其他文明。随着西方越来越能够在意识形态的基础上动员支持并组成联盟,政府和集团将不断吸引共同的宗教,推动文明认同,尝试动员各种支持（力量）。"② 与此同时,北约此举也竭力避免这些国家完全倒向苏联与东欧社会主义阵营,为竞争对手凭空添加助力。为此,北约设置了大量合作项目,涉及政治、经济、社会、教育、科技、文化等多个领域,以此拉近彼此距离,其中,尤其以中东、北非等地区为重点。总之,北约在持续扩大北大西洋区域安全范围的同时,亦扩展了北大西洋区域安全所涉及的领域,这逐渐成为北约的一个重要安全目标。

另外,北约及其成员国深知,要想实现北大西洋区域安全目标,北约不能只拘泥于北大西洋区域内部力量整合,也不能仅仅依靠持续强化北约成员国力量,这一目标实际上还涉及北大西洋区域以外的国家、组织以及机构等。"北大西洋区域不可能与世界其他地区相隔离,北大西洋区域以

---

① Lawrence S. Kaplan, "After Forty Years: Reflections on NATO as a Research Field," Francis H. Heller and John R. Gillingham, eds., *NATO: The Founding of the Atlantic Alliance and the Integration on Europe*, p. 20.
② Samuel P. Huntington, "The Clash of Civilizations?" *Foreign Affairs*, Vol. 72, No. 3, Summer 1993, pp. 22–49.

外的地区发生危机与冲突，可能直接影响该区域安全，或者通过影响全球平衡影响该区域安全。"① 因此，扩大北大西洋区域范围，不断增加安全关联领域，以此强化北约综合实力，确保北约更大限度地参与国际事务，增强其政治与安全影响，已经成为北约针对北大西洋区域以外的力量持续施加影响的一种重要途径。由于北约此举无助于世界和平与进步而只服务于自身安全需要，美国非洲事务委员会的工作人员亨顿（W. W. Hunton）在国会听证会中对此提出批评。"这些殖民地对世界和平真正形成威胁，殖民主义过去一直而且也会持续是世界战争的主因。《北大西洋公约》只是旨在延续而不是消除这一罪恶。"② 北约的最终目标是利用自身的安全理念、政治方针、综合实力以及影响力，打造有利于北约存在和发展的国际或区域秩序。

第二节 北约政治缓和、核对抗与安全合作思想

一 三智者委员会与《三智者报告》

1953年3月，斯大林逝世，经过激烈的党内斗争，赫鲁晓夫（Nikita Khrushchev）最终成为苏联新一任领导人。赫鲁晓夫改变了苏联强硬的外交路线，转而推动美苏关系缓和。"赫鲁晓夫希望缓和与美国的关系……美国人保持相当谨慎的态度，将此举视为赫鲁晓夫采取的一种非常灵活的战术，有可能会使西方感到自满，进而推迟联邦德国重新武装，并且迟滞北约的发展步伐。"③ 与此同时，朝鲜战争结束后，朝鲜半岛形势逐渐趋于稳定。"不论遗留下的未解决问题到底是什么，朝鲜战争成为苏联与美

---

① "Report on the Future Task of the Alliance," NATO Information Service, Brussels 39, 1968, http: //archives. nato. int/uploads/r/null/1/3/137537/0207_ Report_ on_ the_ future_ tasks_ of_ the_ Alliance-Harmel_ Report_ 1968_ BIL. pdf.
② Scott L. Bills, "The United States, NATO, and the Third World: Dominoes, Imbroglios, and Agonizing Appraisals," Lawrence S. Kaplan, S. Victor Papacosma, Mark R. Rubin, Ruth V. Young, eds., *NATO after Forty Years*, p. 150.
③ John Lewis Gaddis, *We Now Know: Rethinking Cold War History*, p. 207.

第三章 北约防御思想与战略

国'保持长期和平'的一个确定事件,这标志着在两次世界大战之后一个新时代的开启。"[1]

1954年2月,美、英、苏、法四国外长召开柏林会议,就和平解决朝鲜问题、恢复印度支那半岛和平、四国裁军等问题初步达成协议。4月,美国与苏联等国在日内瓦召开会议,东西双方就印度支那半岛和平问题最终达成协议。以此为开端,欧洲和亚洲冷战出现缓和迹象,东西方关系尽管未能实现根本性好转,但逐渐趋向稳定。"从1953年开始,艾森豪威尔政府一直试图寻求一种更加灵活的外交与安全政策,为的是应对斯大林去世后的苏联现实。斯大林去世后,苏联经常宣传他们对世界和平的真诚承诺。"[2] 国际局势发生的上述种种变化,对北约既定的方针与政策提出拷问,即在这一新战略形势下,北约究竟何去何从,北约应该做出何种调整和改变,以更好地适应国际形势变化。

为此,北大西洋理事会连续召开会议,围绕欧洲冷战出现的种种变化展开讨论,商讨最佳应对之策。为了维持这一来之不易的欧洲缓和局面,同时为了制定更适合北约政治与安全需要的安全战略,北大西洋理事会委托加拿大外长李斯特·皮尔逊、意大利外长盖伊塔诺·马提诺、挪威外长哈瓦尔德·朗格成立一个三人委员会,重新规划北约成员国之间的政治与安全合作事宜。由于上述三国外长熟谙国际政治、经济、安全以及外交事务,故被尊称为"三智者"(Three Wise Men),三人委员会也由此得名三智者委员会(The Committee of Three Wise Men)。

北约成立三人委员会,并非旨在简单设立一个临时权力机构,作为其权力架构及其运转的补充,该机构实际上是北约寻求"和平式"发展的一种重大尝试,其目的是在国际形势趋向缓和的大背景下,为北约探索一条全新的发展思路。"三人委员会将就拓展北约在非军事领域的合作方式与方法,以及在大西洋共同体内部推进更大程度的联合,向联合国安理会

---

[1] William Stueck, *The Korean War*: *An International History*, Princeton, N. J.: Princeton University Press, 1995, p.370.
[2] Saki Dockrill, *Eisenhower's New-look National Security Policy*, *1953 – 1961*, Houndmills, Hampshire and London: Macmillan Press Ltd., 1996, p.149.

提出建议。"① 因为北约无法在其既有的权力架构内找到自我突破的方法，必须另寻思路，着力于在其权力框架之外寻求解决之道。就像北约发言人大卫·基德所强调的，"北约是一个供成员国展开政治协商的重要工具，必须更加强调北约的这一角色"②。和此前北约所创设的许多类似权力机构不同，由于使命特殊，组成人员特殊，其功用与影响等也远超出其他类似机构。作为北大西洋理事会的最高咨询机构，三人委员会对北约政治与军事联合的影响堪称持久而重大。

1956年1月，三人委员会召开会议，正式向北约各成员国发出咨询报告，以此了解在北大西洋公约组织框架下，各成员国对政治合作、经济合作、文化合作以及信息交流、组织建设等问题的看法。9月10日至22日，三人委员会集中就各成员国上交的备忘录展开深入讨论。三人委员会认真研究各国观点，并且邀请北大西洋理事会各国常驻代表参加会议。三人委员会几经讨论，在充分听取各成员国立场和观点、全面综合各种建议与意见的基础上，最终形成统一意见。三人委员会表示，"1949年，《北大西洋公约》在华盛顿签署，该条约是欧美各国对苏联及其盟国发动军事侵略感到担心而做出的一种集体反应，因为我们已经知道，单纯的国家反应还不足以维系安全"③。因此，北约客观上必须掌握更加有效、更具丰富内涵的协商与合作方法，以便形成强大的综合力量，更好地应对持续变化的国际安全形势。

1956年12月，北大西洋理事会在巴黎召开会议，三人委员会向理事会提交正式研究报告——《三人委员会报告》，又称《三智者报告》（Report of Three Wise Men）。该报告强调，北约成员国之间的合作基础不应局限于军事合作范畴，而应该扩展到其他领域，以便最大限度地

---

① "Committee of Three-Le comité des Trois Sages," https：//www.nato.int/cps/en/natolive/75548.htm.
② Werner J. Feld and John K. Wildgen, *NATO and the Atlantic Defense: Perceptions and Illusions*, p. 23.
③ Ian Smart, "The Political and Economic Evolution of NATO's Central Region," James R. Golden, Daniel J. Kaufman, Asa A. Clark Ⅳ, and David H. Petraeus, eds., *NATO at Forty, Change, Continuity, & Prospects*, p. 41.

第三章　北约防御思想与战略　North Atlantic Treaty Organization

聚合各成员国力量，形成一种强大的综合力量。为了保证这种综合性合作取得应有的成效，该报告进一步指出，"很容易对北约内部的政治或者经济协商原则表示支持，但是，如果缺乏正确的理念，很难或者说事实上不可能将信念转换为实践……所有成员国都迫切需要就其政策制定的每一个部分在北约内部展开协商。如果没有协商，北约的存在就会岌岌可危"①。

《三智者报告》涉及的领域很广，文本共分为7个部分，主要内容就是强调保持北大西洋公约组织团结，强调北约在非军事领域展开合作。报告认为，北约最终得以创立，不仅源于各成员国有共同防务的需要，而且源于各成员国有共同发展的需要。跨大西洋联合不应只满足于军事联合，还应发展政治联合，不应只有各成员国官方合作，还应有民间合作。另外，北约的社会职能不能只满足于北大西洋区域防御，还应保护世界和平与自由，帮助发展中国家发展经济，在世界范围内建立互惠性贸易体制等。虽然欧洲出现缓和局面，但北约还要对苏联与东欧各国保持警惕，防止其对北大西洋区域实施渗透。"如果苏联真诚打算缓和国际紧张局势，我们就应该欢迎苏联政策的变化。但是我们必须牢记，削弱并最终瓦解北约是共产主义的主要目标。因此，只要苏联领导人持续保持其军事优势，实现他们自身以及盟国的政治目标，我们就必须要保持警惕。"② 各成员国应以北约为政治平台，将各自的国家利益置于北约集体利益之下，就共同关心的安全问题展开充分协商与合作。

第一，推动政治合作。即北约各成员国对外政策应保持合作，和平解决彼此分歧，在各国议会之间保持联系。"通过有关'共同利益'，推动'协商习惯'，北约成员国在外交上实现了更加紧密的协调，这一成就大大加强了北大西洋共同体的团结，提高了各成员国为了和平目标而拥有的

---

① Kaplan, S. Victor Papacosm, Mark R. Rubin, Ruth V. Young, eds., *NATO after Forty Years*, p. 93.
② "Committee of Three-Le comité des Trois Sages," https://www.nato.int/cps/en/natolive/75548.htm.

北大西洋公约组织

个体和集体能力……"① 这些政治合作思想具体包括以下几个方面。（1）在各成员国相互理解和信任的基础上，北约将建立特殊机制，充分体现其特殊利益，这是北约取得成功的关键。各成员国在制定外交政策、推进外交实践的过程中，应充分考虑北约及其成员国的共同利益，即各国政府要向北大西洋理事会通报其外交政策，并在该政策付诸实施前展开集体协商，以此确保其实践具有共同意义。每个成员国都拥有制定政策、采取行动的自由，但应该就彼此的政策与行动目标交换看法，达成一致意见。（2）在紧急情况下，北约作为一个整体，在影响成员国利益的行动中应该展开紧密协商。各成员国在宣布某项政策、采取行动时，要充分考虑北约的整体利益，同时不断告知事态进展。（3）北约重申和平解决纠纷的相关规定，即各国在诉诸国际组织之前，应在北约内部宣布解决纠纷的程序，并据此展开行动。（4）北约秘书长将在议员会议的领导下行使其职责，北约秘书长与其他高级官员应该尽可能多参加议员会议，确保各国议会能够随时了解北约的发展现状，从加强各成员国议会联合的角度，推动各成员国在北约框架内展开合作。"三人委员会及其报告强调，议会与北约之间保持亲密关系极为重要，希望通过机制和程序予以保证。"②

第二，推动经济合作。北约将与其他组织展开合作，各成员国就经济政策与科技展开合作，就经济问题展开协商。（1）各成员国必须在经济领域建立共识，就共同关心的问题展开真诚协商。各成员国经济政策不仅要和平，而且要健康，因为这对北约防御极为重要，还能提高和促进全世界各国人民的福祉和经济发展。（2）北约不是促进全球经济合作与发展的唯一组织，北约成员国需要双边联合，北约还需要与其他经济组织联合发展经济。（3）在北约政治与安全利益领域，各成员国也应展开经济协商，采取共同行动。各成员国之间的经济利益冲突，可以参照和平解决北约内部政治纠纷的程序解决。（4）北约必须推动科学与技术合作，不仅

---

① "Committee of Three-Le comité des Trois Sages," https://www.nato.int/cps/en/natolive/75548.htm.

② "Text of Lord Ismay's Report to the Ministerial Meeting of the North Atlantic Council in Bonn, May 1957," http://www.nato.int/archives/ismayrep/index.htm.

要提高科技人员的技术水平,加强交流,还应改进各成员国的科技体制。(5)北约必须考虑苏联与东欧各国的经济政策与行动,因为该集团试图在经济上削弱北约,北约必须制定富有建设性的商业和财政政策,就维护各成员国经济利益展开积极磋商。"对不发达国家与苏维埃国家之间令人不安的正常关系,北约不感兴趣;当苏联的行动显示强化共产主义政治渗透或者削弱其他国家与北约成员国保持正常关系的自由时,北约就应该予以关注。"①

第三,推动文化合作。促进北约成员国文化合作对强化北约团结,扩展其联合基础极为重要。(1)北约将在双边或多边基础上,推动各成员国以多种形式展开文化合作,支持私人部门与非政府组织展开各种文化合作。因为文化合作可为跨大西洋联合创造一种良好氛围,有利于各成员国实现团结一致。(2)各成员国政府应当积极支持各国民间文化合作,使之成为在政府层面上开展文化合作的一种重要补充。因此,北约要为跨大西洋文化合作提供必要的经费支持。(3)各成员国政府除自身设置文化项目外,还应积极寻求北约以及其他志愿组织对其文化合作项目的肯定与支持。(4)北约还应增加教育与文化交流项目,增强对北约问题的学术研究,增加跨大西洋联合的凝聚力。"拥有共同利益的文化项目应该得到普遍资助,对由单个政府或者私人组织启动的商定文化项目,必须提供国家资源。例如,最近由北大西洋协会资助、在牛津大学举办的探讨会以及研究会议,主题是'学校在大西洋共同体中所扮演的角色',就得到了北约的财政支持。"②

第四,推动信息与情报合作。北约将加强信息与情报方面的合作,以此稳固北约的社会基础,强化北约的战略决策。(1)北约必须加强新闻与舆论宣传,推动各成员国人民持续加深对跨大西洋联合的理解,包括北约创立的原因、进程、制度以及意义。(2)北约应当加强信息与情报活动,

---

① "Committee of Three-Le comité des Trois Sages," https://www.nato.int/cps/en/natolive/75548.htm.

② "Committee of Three-Le comité des Trois Sages," https://www.nato.int/cps/en/natolive/75548.htm.

北大西洋公约组织

这一活动不应只局限于北大西洋区域，还应扩展到北大西洋区域以外，目的是增加北大西洋以外区域人民对北约的了解。（3）各成员国政府必须向北约情报机构提供必要支持，向北约提供其所需要的各种情报项目，供信息与文化关系委员会讨论。（4）北约应该对各成员国就共同利益而展开的特别情报项目给予必要支持，使之助力于北约整体的信息与情报工作。

第五，推动组织与功能建设。（1）北约必须对其组织结构、权力运用实施改进，包括增加北约部长级会议次数，延长部长级会议会期，使所有重大问题都能得到充分讨论。（2）北约应该按照需要随时召开成员国外长会议，不仅要提前做好充分准备，还要确保外长会议富有成效。（3）北约应该进一步扩大各成员国常驻北约代表会议以及部长会议的权力，推动各成员国授予常驻代表和部长更多权力，使其能在最佳时机决定北约各项重大事务。北约应确保各成员国政府保持最密切的联系，在北大西洋理事会内部就共同关心的问题展开磋商。（4）北约鼓励北大西洋理事会任用政治与经济专家，以此推动北大西洋理事会做出正确决策。（5）鼓励北约秘书长与国际秘书处工作人员在北约行使政治职能的过程中发挥更大作用，鼓励北约秘书长对北约提出建议与指导，与北约成员国保持密切联系，关注并指导各成员国之间的政治协商等。北约秘书长伊斯梅勋爵为此曾盛赞三人委员会及其工作，"三人委员会强调避免成员国发生严重争端的重要性，即如果发生争端，（北约应该）如何快速而且令人满意地解决争端……一旦发生争端，北约秘书长可以在任何时候针对相关国家展开非正式性斡旋，在征得同意后，启动并展开调查、调解、协调以及仲裁程序"[①]。

客观而言，《三智者报告》对1950年代以及其后国际政治与安全形势的判断非常准确。在此基础上，《三智者报告》提出的种种建议，也比较尖锐且准确地揭示了北约自创建后存在的种种积弊。正是由于上述特点，《三智者报告》一经提出，旋即受到北约最高权力机构以及各成员国政府的一致推崇，该报告所提出的种种建议悉数被北大西洋理事会采纳，转变为北

---

① "Text of Lord Ismay's Report to the Ministerial Meeting of the North Atlantic Council in Bonn, May 1957," http：//www.nato.int/archives/ismayrep/index.htm.

约政治方针、战略、政策以及行动,并且迅速反作用于北约自身,也反作用于各成员国政府,进而在北约及其成员国的政治与安全实践中发挥效能。

对北约而言,《三智者报告》堪称北约的一种"自我反省"(Self-Examination),这成为北约深化其联盟机制、扩展功能以及解决纷争的一条重要路径。"对北约来说,这种自我反省并非一种新任务……著名的《三智者报告》旨在就改善并扩展北约在非军事领域合作的方式和方法向北大西洋理事会提出建议,该报告提出的重大建议推动北约在一定程度上实现了重组,明显改善了北约成员国实施政治协商的方法、扩大了协商范围。"①《三智者报告》在理论和实践两个层面推动了北约政治权力架构的深化与提升,推动了北约内部的协商机制建设,包括北约及其成员国在政治、经济、文化、社会等多个领域展开合作,尤其推动了北约在非军事领域持续深化各种联合与协作,而北约在非军事领域合作所取得的进展,实际上是此前北约政治与安全实践所未及的。毋庸置疑,《三智者报告》扩大了北约及其成员国相互合作的领域,这对于提升跨大西洋联合的高度与深度,无疑具有积极作用。

二 北约的核困境与"雅典方针"

众所周知,虽然欧洲冷战在 1950 年代后期进入一个相对固化期,但这并不意味着美苏双方就此终止军事对峙。在北约践行《三智者报告》、积极推进欧洲政治缓和的同时,北约既未放弃和苏联与东欧各国展开冷战博弈,也未在东西方军事对峙中示弱。相反,北约对苏联与东欧各国持续保持高度警惕,积极发展军备,围绕北大西洋区域防御推进各项准备工作。苏联与东欧各国同样如此,它们也在推行缓和战略的同时,积极研发和部署各种热核武器与导弹技术。这种既强调政治缓和又突出军事竞赛的复杂局面,构成 1950 年代后期至 1980 年代国际关系体系的一种安全常

---

① "Report on the Future Task of the Alliance," NATO Information Service, Brussels 39, 1968, http: //archives.nato.int/uploads/r/null/1/3/137537/0207_Report_on_the_future_tasks_of_the_Alliance-Harmel_Report_1968_BIL.pdf.

北大西洋公约组织

态。"在1950年代中期,美国和苏联开始研发能够运载热核弹头的洲际导弹,可以向对方的主要城市实施打击……事实上,无法确保美苏两国领导人不会抗拒相互确保摧毁(Mutual Assured Destruction,MAD)的逻辑,即他们甚至在热核时代不会为了战争而寻找摇旗呐喊的方式。"①

1957年10月,苏联发射全世界首颗人造地球卫星——"斯普特尼克"(Sputnik),打破了美苏持续已久的战略平衡。美国认为,苏联在核竞赛中已赢得先机,先于美国掌握了洲际弹道导弹技术,使美国全境都被置于苏联远程核武器打击范围内。而美国只能依靠传统轰炸手段对苏联部分地区实施有限核打击。为了弥补"导弹差距"(Missile Gap),美国必须奋起直追,大规模扩充军备,集中力量发展核力量与洲际弹道导弹技术,以求在美苏核力量与核技术之间尽快建立一种新平衡。美国前国务卿迪安·艾奇逊(Dean Acheson)为此向政府大声呼吁,要求迅速大规模地发展核武器。"这一切难道是真的吗?苏联有望在五到十年内拥有一大堆各种型号的核武器,以便有效抵消当前我们拥有的优势。如果苏联成功研发热核反应,这一时段还会缩短……如果情况果真如此,我们难道不应该让自己找到一些最好的替代方法,(代替)当前由我们提供给欧洲盟国的原子武器所构成的防御盾牌吗?"②

美苏双方在核力量对比关系上的失衡,同样也引起北约高度关注。北大西洋理事会、军事委员会等最高权力机构连续召开会议,商讨制定北约应对之策。因为北约及其成员国认为,过去所确立的核方针与政策过于消极和被动,已经无法适应国际安全形势持续变化的需要。"北约坚持关于使用核武器的任何决定,都应该由最高政治领导层做出……(此举)在集中的政治控制与分散的行动司令部之间不仅会产生冲突,而且在战时会

---

① Campbell Craig, "The Nuclear Revolution, a Product of the Cold War, or Something More?" Richard H. Immerman and Petra Godde, eds., *The Oxford Handbook of the Cold War*, Oxford: Oxford University Press, 2013, pp. 365 – 366.
② Albert Wohlstetter, "The Political and Military Aims of Offense and Defense Innovation," Fred S. Hoffman, Albert Wohlstetter, David S. Yost, eds., *Swords and Shields, NATO, the USSR, and New Choices for Long-Range Offense and Defense*, Lexington, M. A. and Toronto: Lexington Books, 1987, p. 30.

第三章 北约防御思想与战略

产生两种不同的结果。这一过程的复杂性在于,在战时混乱的情形中根本无法运转,北约在任何情况下都无法使用核武器。"①

北约自创立后,一直非常注重发展核力量。"北约一直以核武器阻止战争,并非在战争爆发时仅以常规武装力量实施防御。"② 但是,北约各成员国政府高层一致认为,以北约现有的武装力量水平、规模以及战斗力,不仅无法抗衡在核领域逐渐取得优势的苏联武装力量,而且也无法运用常规武装力量抵挡苏联针对北大西洋区域发动的任何规模的军事进攻,北约实际上根本担负不起保卫北大西洋区域安全的使命。"到1959年,苏联已经将其战略火箭力量提升为一支现役武装力量。对美国来说,事情已经非常清楚,对美国大陆的主要威胁正在从远距离轰炸机转为苏联的弹道导弹。"③ 为此,北约必须大规模调整北大西洋区域防御作战理念,改变以常规武装力量作为未来防御作战主力的旧思路,代之以全面核威慑、核防御、核反制、核消灭的新作战理念。因为常规武装力量建设不仅耗时耗力、花费巨大,而且见效极慢,结果难料;而核力量建设不仅可以在短期内迅速见效,而且资金投入也相对有限。北约还可发挥各成员国此前所积累的技术优势,充分利用其雄厚的科研基础。

虽然核武器的危险系数较高,但是在苏联以及华约的大规模核威胁之下,北约各成员国的政治精英和普罗大众无论在感情还是在理智上都更容易接受核保护以及核战略。在北约核理念中,核威慑始终是其军事战略或者核战略的关键,因为北约深知,真正的核战争并无赢家。"北约在冷战时期的军事战略集中于威慑,它需要发出一种能够表现其力量与决心的声音。为了取得成功,(北约)并不需要一直全面发展的落到实处的军事计

---

① Daniel Charles, *Nuclear Planning in NATO: Pitfalls of First Use*, Cambridge, M. A. : Ballinger Publishing Company, 1987, p. 3.
② Colin McInnes, *NATO's Changing Strategic Agenda: The Conventional Defence of Central Europe*, p. 1.
③ David N. Schwartz, *NATO's Nuclear Dilemmas*, Washington, D. C. : Brookings Institute, 1983, pp. 82 – 135. 转引自 Robert M. Soofer, *Missile Defenses and Western European Security: NATO Strategy, Arms Control, and Deterrence*, Westport, C. T. : Greenwood Press, 1988, p. 2.

划、武装力量架构或者后勤。在旁观者看来，这种声音必须足够大。"①由此可见，在这种核方针指导下的核力量建设，必然会出现理论与实践、思想与行动、战略与战术之间的落差，甚至出现错综复杂的矛盾与冲突。

为了突出优先发展核武器的新思路，北约军事委员会制订了一个关于发展武装力量的"五年计划"。该计划调整并改变了此前北约的防御作战计划，大大压缩了用于北大西洋区域作战的常规武装力量规模，将其数量限定为30个师。②作为一种替代，北约计划将大部分防御开支用于发展核力量，包括开发热核技术以及核弹头运载技术，实现核武器小型化和实战化等，全面提高北约的综合核打击能力。为此，北约特别做出规定：在未来北大西洋区域防御作战中，北约常规武装力量只配置90天战时补给，它们负责在战争爆发后的90天内阻碍、迟滞并延缓苏联与华约军队的进攻，为北约运用核力量、实施全面反击赢得准备时间。③以此为开端，核力量成为北约保卫北大西洋区域安全的主要力量，局部核战争亦成为北约的一种战略威慑手段或者战术目标。

为了更好地发挥核力量在北大西洋区域安全中的作用，"五年计划"对北约核武器配属与管理、核武器使用、核发射装置等都做出系统规定。该计划强调，北约将储备数量充足的核弹头，供北约武装力量在实战中使用。由于北约核武器主要由美国提供，这些核武器将实行"双重管理"制度。在北约拥有的核发射装置中，一部分为欧洲成员国从美国购买，用以装备北约部分军队，另一部分为美国驻欧洲军队配备。北约核弹头在欧洲的配置与管理，虽然由北约负责，但必须接受美国的监督。而且，核弹

---

① Ingo Trauschweizer, "Adapt and Survive NATO in the Cold War," Peter R. Mansoor and Williamson Murray, eds., *Grand Strategy and Military Alliances*, New York and Cambridge, M. A.: Cambridge University Press, 2016, p. 168.
② "Memorandum by the Standing Group to the North Atlantic Military Committee Transmitting the Strategic Concept for the Defense of the North Atlantic Area," http://www.nato.int/docu/stratdoc/eng/a491019a.pdf.
③ "Memorandum by the Standing Group to the North Atlantic Military Committee Transmitting the Strategic Concept for the Defense of the North Atlantic Area," http://www.nato.int/docu/stratdoc/eng/a491019a.pdf.

第三章 北约防御思想与战略

头的最后使用，必须征得美国同意。"北约在制度层面上提供了某种连接，以此始终确保美国向西欧提供核保护。这种核保护的可靠性受到美国战略方针的影响。因此，这些战略方针的可靠性对盟国成为北约成员国所具有的价值可谓至关重要，北约的团结在很大程度上取决于盟国对美国战略方针的满意程度。"①

1957 年 4 月，北约军事委员会制定"北约战略的实施措施"（Measures to Implement the Strategic Concept），简称"军事委员会 48/2 战略文件"。该文件明确提出，"如果苏联涉身发动一场敌对的局部行动，寻求扩大这一行动的范围，并且拉长行动时限，北约将运用所有武器与武装力量实施反击，因为在任何情况下，北约均可与苏联展开一场有限战争"②。12 月，北约各成员国在巴黎召开会议，商讨如何应对苏联导弹技术突破造成的欧洲战略失衡，以及北约如何以核力量确保北大西洋区域安全。巴黎峰会明确提出北约使用核武器的原则，即北大西洋理事会决定，一旦苏联发动武装进攻，北约就使用核武器，包括战术核武器与战略核武器。为此，北约需要维护欧洲核战略平衡，不仅要加强自身核弹头储备，而且还要在欧洲部署中程弹道导弹（Intermidate Range Ballistic Missile，IRBM），首先在意大利和土耳其分别部署"朱庇特"中程弹道导弹，然后再在其他国家实施部署，所有导弹部署工作都要统一纳入欧洲盟军最高司令部指挥序列。按照巴黎峰会布置，北约开始陆续用各种战术核武器以及投送装置装备部队。截至 1961 年，北约武装力量已经普遍装备了各种战术核装置，例如核地雷、自由落体式核炸弹、核榴弹炮、"诚实的约翰"短距离导弹、"潘兴Ⅰ"短程导弹以及其他各种类型的空对地导弹。北约将战术核武器纳入实战范畴，固然给北约及其成员国带来某种安全感，但同样也将北约置于核战争的危险中。

1962 年 5 月，北大西洋理事会在雅典召开会议，就"柏林墙事件"

---

① Paul Buteux, *The Politics of Nuclear Consultation in NATO, 1965 – 1980*, p. 13.
② "Measures to Implement the Strategic Concept," http：//www.nato.int/docu/stratdoc/eng/a570408a.pdf.

北大西洋公约组织

(Berlin Wall)、东西德国的国际地位、北约核方针与核战略等展开讨论。会议所商讨的内容相当广泛，但主要集中在三个方面。第一，关于柏林及德国问题。因为早在1961年8月，苏联为逼迫美、英、法等国承认民主德国的主权地位，在东西柏林之间修建了一道"柏林墙"，将东、西柏林完全隔绝和断开，逼迫国际社会承认德国分裂这一事实。此举造成东西双方围绕柏林问题与德国问题的对立和斗争进一步加剧，造成欧洲极度紧张的政治气氛与对立情绪。美国学者马克·特拉赫滕贝格（Marc Trachtenberg）提出，"到1963年，德国问题已经转变为一种'建构的和平'，其基础是实施核威慑以及全面接受中欧现状"[①]。很明显，苏美双方围绕"柏林墙"的斗争已经超出德国一国界线，上升至东西双方全面对峙，而且也已从"政治—军事"斗争，转向全方位的"战略—安全"斗争。

北约各成员国对"柏林墙事件"可能引发的国际危机展开大讨论，北大西洋理事会也认定，"柏林墙事件"是苏联对北约及其成员国的一种政治"讹诈"，是对北约信心和意志的考验。北约重申在1958年《柏林宣言》中所做的承诺，坚持要向西柏林和西德提供安全保护，并且一如既往地坚持西方在柏林和德国问题上拥有一切合法和正当权利，拒绝向苏联提出的要求做任何妥协和让步。

第二，对于东西双方在日内瓦正在举行的谈判，北大西洋理事会认为，东西双方需要在有效的国际控制下实施全面裁军，这是确保全世界获得持久和平与稳定的最佳途径。北约坚持，在国际裁军谈判中，东西双方必须坚持对等原则，对等削减双方的武装力量、武器装备以及战略核力量等。北大西洋理事会强调，北约将继续坚持在日内瓦会议中所持的立场，并且希望东西双方以此为前提，最终达成协议。

第三，虽然此前北约成员国曾就核方针达成一般性原则，强调对北约使用核武器的政策必须束之以政治控制，但这一政治原则并不全面，在关于北约运用核武器的许多关键问题上还需做进一步说明。为此，北约各成

---

① Andreas Etges, "Western Europe," Richard H. Immerman and Petra Godde, eds., *The Oxford Handbook of the Cold War*, p. 166.

第三章 北约防御思想与战略　North Atlantic Treaty Organization

员国在雅典会议上就北约核方针与核战略所涉及的细节展开讨论，各成员国最终就北约核战略以及使用核武器的政治原则达成普遍一致，制定了北约使用核武器的新方针——"雅典方针"（Athens Guidelines）。"1962 年通过的'雅典方针'，对北约考虑使用核武器所面临的情形做了大致描述，也对北约在危机中可能采取的措施做了大致描述。"①

"雅典方针"所确立的政治原则主要集中体现在两个方面。其一，在西欧面对外来侵略时，为了有效保护各成员国疆域、人民生命及其财产，确保北大西洋区域安全，北约将首先使用核武器。"北约的目标非常明确，就是防御，一旦出现武装进攻，北约将采取一切手段保卫其成员国。北大西洋理事会将审核在各种情况下所采取的集体或者单独行动，这对成员国来说是必需的，北约可能被迫诉诸核防御。"② 其二，北约做出关于使用核武器的任何决定，均必须预先与各成员国展开必要的政治协商，而且这一政治协商不应受地点、时间、战争规模以及其他外在条件等的限制。对于成员国中拥有核武器的两个国家——美国和英国，北约特别强调必须预先展开政治协商，两国必须确保在使用核武器前，与北约其他成员国展开充分而且必要的协商，同时必须获得北约的全面政治授权。除去对北约使用核武器展开协商外，"雅典方针"还强调，各成员国必须就核武器在北大西洋安全体系中的作用、核武器在未来战争中的定位、核技术与核信息暨情报等展开广泛交流，以此加强各国在核领域的合作。

第四，为了提高希腊和土耳其两国人民的生活水平，确保两国经济持续发展，更好地为北大西洋区域安全做出贡献，北约将向希腊和土耳其提供经济援助。"希腊和土耳其位于北约的东南翼，土耳其和伊朗又是短命的中央条约组织（Central Treaty Organization, CENTO）的'北部层'（Northern Tier），这3个国家的战略重要性如同其在北约官僚体制中的边

---

① David Miller, *The Cold War: A Military History*, p. 27.
② "Final Communiqué," 6 May. 1962, https://www.nato.int/cps/en/natohq/official_texts_26582.htm? selectedLocale=en.

143

缘位置。"① 北大西洋理事会要求各成员国在向两国实施经济援助计划的过程中，加强彼此经济合作，扩大政治沟通。北大西洋理事会提出，北约将建立一个研究小组，就希腊和土耳其在北大西洋区域防御中存在的问题展开更深入的研究。

"雅典方针"的确立，在很大程度上解决了北约所面临的核困境，确保北约对核武器的配置、储备、使用以及相关决策进一步趋向系统化和制度化。这种状况并不等于核力量在北约防御战略中地位下降，相反，此举说明，北约核武器及其运用，实际上突破了军事领域的局限，直接上升到政治决策层面。由此开始，北约核力量在拥有更突出战略地位的同时，也拥有更为灵活、实用的战术地位。"必须在北约武装力量中找到适当平衡，在核力量与常规力量之间提供某种灵活度。"② "雅典方针"赋予北约核力量以新的政治意义，尤其是"雅典方针"就北约核力量所确立的政治协商原则，更是推动北约核方针朝政治化和制度化的方向不断深化，使之产生更大的政治与安全效应。

"雅典方针"尽管深化了北约核方针，但并未解决北约在核威慑、有限区域核战争、全面核战争三者之间的矛盾。因为一旦北约在北大西洋区域使用核武器，不论是战术的还是战略的，注定会招致苏联大规模核报复，最终结果就是爆发全面核战争。从这个意义上讲，"雅典方针"只是北约及其成员国就如何使用核武器、在何时何地使用核武器、在何种程度上使用核武器等问题达成某种共识，但并未解决使用核武器的外部制约因素，特别是苏联使用核武器等问题。因此，北约核方针还有非常大的发展和完善空间，但是协调与斡旋的难度显而易见，因为缺乏竞争对手回应的任何方针、战略以及谋划，都是不完整的。就此而言，"雅典方针"堪称北约解决战后国际政治与安全难题的一种尝试，为北约在该领域持续取得进展奠定了基础。

---

① Monteagle Stearns, *Entangled Allies: U. S. Policy toward Greece, Turkey, and Cyprus*, New York: Council on Foreign Relations Press, 1992, p. 8.
② Lawrence S. Kaplan, *NATO and the United States: The Enduring Alliance*, p. 97.

三 《哈默尔报告》与北约"缓和与竞争"精神

和《三智者报告》、"雅典方针"极为相似，北约在这一时期还推出其他若干政治方针、安全战略以及重大决策，这些方针、战略以及决策的核心思想与关键意旨可谓一脉相承，它们继承并延续了跨大西洋联合的基本理念，从不同层面、方向和阶段推动了北约的基本政治与安全理念不断发展和深化。在这些方针和决策中，《哈默尔报告》（Harmel Report）堪称影响力最深远、最持久、最广泛的一种，它所确立的以"缓和与竞争"为核心意旨的政治方针——"哈默尔主义"（Harmel Doctrine），在很大程度上直接影响着北约的发展方向，并在此后半个世纪中持续发挥作用。鉴于哈默尔（Pierre Harmel）本人为比利时外长，比利时对《哈默尔报告》贡献尤多，比利时人为此颇为骄傲地指出："《哈默尔报告》及其提出的双管齐下方法（Two-pronged Approach），成为北约历史上开启一个比利时新时代的基石，为 1970 年代东西方缓和铺平了道路。"①

从 1960 年代中期起，虽然欧洲冷战暂时归于沉寂，但北约内部却频现纷争，各成员国之间的政策分歧、利益冲突等层出不穷，这在很大程度上影响了北约的政治与安全战略及其实践。例如，1965 年，希腊与土耳其围绕塞浦路斯主权归属发生争端，双方矛盾发展到不可调和的程度。② 1966 年 7 月，法国为争取北约核决策权、南欧司令部指挥权，与美、英等国产生严重分歧与对立，最终宣布退出北约军事一体化机构。③ 与此同时，由于美国全面介入越南战争，美欧双方分歧持续加大。如何解决北约各成员国之间的矛盾，如何让北约的运转尽可能不受或者少受内部纷争的不良影响，无疑已成为北约政治与安全政策及其实践的当务之急。

1966 年 12 月，北大西洋理事会在巴黎召开会议，讨论如何推动各成

---

① "Belgium and NATO," https：//www.nato.int/cps/en/natohq/declassified_162358.htm?selectedLocale = en.
② 1974 年 8 月，希腊政府宣布退出北约军事一体化机构。1980 年，希腊重返北约军事一体化机构，但是希腊与土耳其的纠葛并未结束，一直延续至今。
③ 2009 年 4 月，法国总统萨科齐宣布法国重新加入北约军事一体化机构。

北大西洋公约组织

员国展开合作。鉴于此前北约内部曾出现种种纠葛,加强成员国联合、增强北约凝聚力,遂成为会议的一大主题。与会各国支持 1960 年代初美欧双方展开的多边关贸谈判,一致要求在北约内实施更深程度的经济合作。北大西洋理事会还通过一项特别动议,要求各成员国加强国际技术合作,在经济技术领域持续保持西方的优势地位。除在经济领域加强合作外,北约还提出,各成员国必须在政治、社会、文化等领域加强合作。不仅如此,北大西洋理事会认为,北约既要继续保持其社会职能与政治结构,还要在此基础上进一步明确自身在国际社会中的功用,在维护世界和平与安全秩序中发挥作用。为此,北约必须对以往的政治与军事功能展开反思,重新规划功能与定位,唯有如此,才能实现全面重组与整合。

正是在这次会议上,与会的比利时外交部长皮埃尔·哈默尔提出了著名的"哈默尔提案"(Harmel Proposal),建议北大西洋理事会对 1949 年《北大西洋公约》签署后的国际形势变化展开广泛分析,判断这种形势变化对北约的影响,确定北约的应对任务,推动北约为持久和平做出贡献。[1]"哈默尔提案"看似是哈默尔个人有感于东西方冷战形势变化而发,实际上反映了北约及其成员国对国际政治与安全形势的一种共识,即北约需要推陈出新,转化思路,制定新的政治与安全方针,积极应对北大西洋区域区内外政治与安全矛盾,以此确保北约长治久安。

北大西洋理事会接受了"哈默尔提案",并且成立了一个由哈默尔领导的特别研究机构,下设 4 个工作小组,分别负责对东西方关系、北约内部关系、北约总体防御政策、北约与其他国家关系展开研究。该研究机构直接对北约秘书长负责,统筹所辖各个工作小组的研究工作。各小组需要将对不同专题的研究成果整理并汇集为分析报告,提交给北约所属各委员会,同时将这些报告提交各成员国政府。这项被称为"哈默尔实践"的工作,实际上并不是一项单纯的研究计划,其最终目的是对北约发展历程

---

[1] "Report on the Future Task of the Alliance," NATO Information Service, Brussels 39, 1968, http: //archives. nato. int/uploads/r/null/1/3/137537/0207_ Report_ on_ the_ future_ tasks_ of_ the_ Alliance-Harmel_ Report_ 1968_ BIL. pdf.

第三章 北约防御思想与战略

重新展开评估，以便对北约及其成员国现有力量展开全面整合，最大限度地消除北约各成员国之间的利益之争以及北约内部分歧，重建一个力量更强大、结构更合理的北大西洋安全体系。按照德国学者布鲁诺·托斯（Bruno Thoss）的说法，"届时，北约不再完全依赖于军事防御……假设《哈默尔报告》对欧洲安全形势来说构成一种有效的稳定政策，特别是对北部德国一些关键问题，这个基本概念与缓和政策将共同构成北约成员国持续军事实践的一部分"①。

在"哈默尔实践"中领受任务的4个工作小组，会集了各成员国政府官员以及来自多个专业领域的专家学者等，他们分别围绕其研究专题，展开细致、具体的研究。这些基础研究内容非常丰富，各小组密切接触各成员国政府，对相关政府文件、档案以及资料展开分析。与此同时，他们还与北约各级权力机构保持联系，对所有工作展开评估。此外，各小组还对北约最高权力机构中不同层级的工作人员展开调研，分析北约在各项决策与实践中存在的问题等。经过近一年的调查研究后，各小组最终形成各自的分析报告，由特别研究机构汇总成册，这些小组报告为《哈默尔报告》提供了基本素材。

1967年12月，北大西洋理事会在布鲁塞尔召开会议，集中讨论未来北约政治指导方针以及在防务领域存在的问题。与会各国重点讨论了特别研究机构所整理的这份报告——《联盟的未来任务》（The Future Tasks of the Allianc），该报告又被称为《哈默尔报告》。作为北约的政治指导方针，该报告为北约确立了两项功能："第一是保持足够的军事力量与政治团结，抵抗侵略以及其他形式的压力，在侵略发生时捍卫成员国的疆域……第二是持续寻求建立更稳定的关系，能够解决根本性的政治问题。"②《哈默尔报告》共17条，分别就北约的历史、现状及未来展开说

---

① Bruno Thoss, "Aims and Realities, NATO's Forward Defense and the Operational Planning Level at NORTHAG," Jan Hoffemaar and Dieter Kruger, eds., *Blueprints for Battle: Planning for War in Central Europe, 1948–1968*, p. 28.

② Rob De Wijk, *NATO on the Brink of the New Millennium: The Battle for Consensus*, London and Washington, D. C.: Brassey's Ltd., 1997, p. 7.

明，其目标是探索并确定未来北约的发展方向，所涉及的内容大致可概括为 5 个方面。

第一，对当前国际形势做出评估。《哈默尔报告》认为，当前国际安全形势已经发生变化，和北约创建之初可谓大相径庭。（1）苏联已成为可以与美国平起平坐的超级大国，赫鲁晓夫政府奉行"和平共处"外交，这在一定程度上改变了东西方之间单纯的对抗与冲突关系，但是双方仍存在一些基本问题有待解决。（2）美国与欧洲盟国仍然存在分歧，但西欧各国经济已经恢复，它们正在推行经济一体化政策，这种状况已经改变了旧的美欧关系。（3）第三世界普遍崛起，这在一定程度上改变了欧美各国与第三世界国家的旧关系，宗主国与殖民地之间的依附关系已经改变，变成发达国家与发展中国家之间的关系。因此，未来北约的政治任务必须重新认识并定位上述三种关系。

该报告同时提出，苏联与东欧各国所奉行的新外交政策，标志着它们想以和平方式解决国际危机，但如果德国问题得不到解决，欧洲就不可能有一个稳妥的最终解决方案，因为德国分裂一直是横亘在东欧与西欧之间的一个障碍。为此，联邦德国与美、英、法等国必须定期就上述问题交换意见。"如果缺乏所有相关各方的重大努力，欧洲就无法建立和平秩序。苏联与东欧国家的政策留给人们希望，即这些国家的政府最终可能会认识到，就和平解决（欧洲问题）而展开合作是有好处的。"①

第二，对北约历史上的政治与军事任务做出总结。北约在历史上形成的政治与安全职能，使之能够完成其历史使命。（1）北约拥有足够数量的军事力量，这使其不仅能有效维持北大西洋区域政治稳定，还能抵抗任何针对北约成员国的武装侵略，并能成功应对各种外来危机。欧洲中心地带仍有爆发冲突的可能，而且美苏双方的军备控制与发展亦存在大量不确定因素。因此，北约必须保持相当规模的武装力量，以此保证欧洲军事力

---

① "Report on the Future Task of the Alliance," NATO Information Service, Brussels 39, 1968, http://archives.nato.int/uploads/r/null/1/3/137537/0207_Report_on_the_future_tasks_of_the_Alliance-Harmel_Report_1968_BIL.pdf.

第三章 北约防御思想与战略

量不会失去平衡。(2) 北约将尽力和苏联与东欧社会主义阵营保持一种更稳定的政治关系,推动东西方政治冲突能够及时得到解决。北约推行军事安全与政治缓和并重的政策并非自相矛盾,北约的缓和政策有助于维护欧洲和平与稳定。而美苏双方共同参与,更有助于解决欧洲政治问题,因为集体安全政策是稳定世界秩序的一个重要因素。(3) 北约各成员国应采取措施,参与东西方缓和进程。北约的目标并不是使东西方紧张关系得到缓解,而是建立一种更好的东西方关系,推动欧洲问题得到全面解决。北约最终的政治目标是在欧洲建立一种公正、持久、有保证的和平秩序。为此,为实现东西方缓和,北约将采取裁军与武器控制措施,积极谋求与华约暨苏联实现缓和。

第三,对北约成员国关系以及北约内部政治职能运用予以总结。(1) 北约是一个具有共同理想与一致利益的合作共同体,各成员国保持团结与稳定,是保持北大西洋区域稳定的一个必然要素。(2) 北约为各成员国交流不同的信息和观点提供了一个政治舞台,每个国家都可根据其他盟国的目标以及存在的问题制定自己的方针政策,北约不会强迫成员国执行共同政策与集体决定。(3) 在北约政治协商制下,每个成员国都可自主发展与苏联暨东欧社会主义阵营之间的关系。

第四,对北约整体防御政策做出总结。北约将全面检讨其防御体系中空隙地带的防御状况,即北约的东南翼防线可能会出现问题。当前,地中海局势已经导致北约防御体系出现安全问题,特别是目前中东地区发生安全危机,更是使北大西洋区域东南翼的安全形势变得岌岌可危。"《哈默尔报告》并不只是在暴露地区列举出防御问题,例如地中海位于其侧翼的重要位置,该报告'积极追求'有效缓和,并且朝着裁军和对等武器削减迈出坚定步伐。"[①] 尽管目前联合国已经控制了地中海地区事态的发展,但这些安全危机仍对北约的整体防御构成严重威胁,北约必须采取必要措施,全面加强其整体防御。

第五,对北约与其他国家关系做出总结。《北大西洋公约》所覆盖的

---

① Lawrence S. Kaplan, *NATO and the United States: The Enduring Alliance*, p.127.

北大西洋公约组织

地区,与世界其他地区并非隔绝。北大西洋区域以外发生的危机与冲突,实际上会直接影响北大西洋区域防御,也会间接影响全球范围内各种安全力量的平衡。因此,北约各成员国将在联合国与其他国际组织的框架下,全面致力于维护国际和平与安全,致力于解决重大国际问题。为此,北约成员国针对此类问题,将按照事态发展的需要展开积极磋商。

毋庸置疑,作为北约发展历程中最重要的纲领性文件之一,《哈默尔报告》的真正意义在于,北约将自身置于国际格局发展、变化的全景中展开纵向观察和分析,全面总结北约在政治与安全战略、组织架构、制度模式、社会实践方面的成败得失。更重要的是,该报告在摸清北约各种问题的基础上,还提出一套全面应对国际形势变化、处置北约自身矛盾与危机的新指导方针与政治纲领。"《哈默尔报告》最终产生了一个受到高度好评的公式,即缓和与防御是同一个硬币的两个平面,两者都是北约追求的目标。这一公式降低了欧洲对美苏双方武器控制条约的批评声调,因为该条约忽视了欧洲伙伴国所关注的内容;这一公式也降低了欧洲对德国新东方政策的批评之声。因为在一些人眼中,德国此举走得太远了,迁就了苏联的利益,破坏了美国在与莫斯科交往中所发挥的领导作用。"①

和此前北约各项重大文件相比,《哈默尔报告》对国际形势的基本把握非常准确,对北约自身存在的种种问题有透彻的理解。该报告明确提出,在东西方关系发生重大变化的新形势下,北约需要对自身的发展方向、机制建设、战略重点、力量建构等做出适应性调整,改变一味加强防务建设的做法,在发展和健全自身防御体系的同时,还应不断发展和健全自身的社会政治职能;北约不仅要在北大西洋区域事务中发挥中流砥柱作用,还要在北大西洋区域以外的国际事务中发挥引领作用。

《哈默尔报告》提出的"缓和与防御并举"(Détente and Defense)的

---

① Heiga Haftendorn, "The Alliance and the Credibility of Extended Deterrence," Andrew A. Michta and Paal Sigurd Hilde, eds., *The Future of NATO: Regional Defense and Global Security*, p. 17.

第三章　北约防御思想与战略

新思想,是对北约以往政治方针与安全战略的一种更新,反映了北约在东西方关系趋向缓和的国际环境中做出的新定位,这无疑对于缓和欧洲冷战形势与军事竞赛具有积极作用。"缓和是一个过程,也是一系列条约,它来自超级大国关系中的竞争本质,亦来自竞争,它保持了缓和赖以植根的那些关系的特征。"① 对北约自身而言,《哈默尔报告》也在一定程度上改变了北约作为单纯军事冷战组织的特性,使北约的职能出现多样化、综合化与国际化的新趋向,这种新的组织定位与功能展示,既有助于改善北约与国际社会、竞争对手的关系,也有利于北约内部的职能整合、成员国关系协作。上述变化对北约在更大时空范围内的政治与安全实践产生更全面、更持久的影响。"北约成员国同心协力推动'共同均衡裁军'(Mutual and Balanced Force Reduction Program, MBFR),该计划因 1967 年出台的《哈默尔报告》而提出。"②

尽管《哈默尔报告》作用巨大,但并非医治北约所有病症的灵丹妙药。事实上,随着此后国际环境持续发生变化,北约以"缓和与防御并举"为主导的指导方针无法满足其所有需要,北约还需要新的政治与安全理念,为北约进一步调整和改革提供思想动力与现实指导。从这个意义上讲,《哈默尔报告》及其所强调的"缓和与防御并举"理念,只是北约的又一次"自我反省",是北约持续实施自我改革的一个重大步骤,是北约持续完善北大西洋安全体系的一个重要环节,而这一历史任务对北约来说实际上艰巨而漫长。北约前发言人杰米·谢伊(Jamie Shea)曾就此指出,"推动北约实施双轨制的哈默尔提案是(实现)安全与缓和的一种工具,并不是未来挑战并改变当前欧洲现状的一个激进计划"③。

---

① Richard Crockatt, "Détente in the Making, 1965 – 1973," Steven Casey, *The Cold War, Critical Concepts in Military, Strategic and Security Studies*, Volume Ⅳ, *From Détente to the End of the Cold War*, London and New York: Routledge, 2013, p. 25.
② Lawrence S. Kaplan, *NATO and the United States: The Enduring Alliance*, p. 140.
③ Jamie Shea, *NATO 2000, a Political Agenda for a Political Alliance*, London: Brassey's (UK) Ltd., 1990, p. 13.

北大西洋公约组织

第三节　北约军事防御思想与安全战略

一　北约"前沿防御战略"

自创建伊始，北约就制定了政治指导方针与军事防御方针，以此确保北大西洋区域团结、协作以及安全。"（北约方针）第一个要紧之处就是'大陆防御'逻辑，此外，创建北约还有两个依据，该组织与北美人民关系紧密，但（欧洲与北美的）地缘关联并不紧密；第二个要紧之处是'大国平衡'，即恢复欧洲（正常）形势，以便欧洲在不需要北美介入或者紧急援助的情况下保持平衡。"[1] 作为跨大西洋军事联盟，北约始终将自身功能定位为能够更好地保护北大西洋区域安全，保护各成员国疆域与人民生命、财产免受侵犯。因此，制定什么样的军事战略，如何确保北约军事战略能够发挥最大功效，如何更好地维护北大西洋区域安全利益，如何使北约军事战略与各成员国军事政策无缝衔接，遂成为北约制定军事战略的首要考虑。

正是在北约防御方针和基本概念的指导下，北约各种军事权力机构几乎悉数参与其军事战略的策划与制定，其中既包括军事委员会及其常设小组、防务委员会、欧洲盟军最高司令部、大西洋盟军司令部等最高军事指挥机构，也包括北欧司令部、中欧司令部、南欧和地中海武装部队司令部等次区域级指挥机构等。为了确保其军事战略的有效性与权威性，各级军事指挥机构在基本战略概念下，先后推出一系列防御方案和作战计划等，其中，许多防御方案及作战计划强调在尽可能靠近苏联与东欧国家的北大西洋区域部署防御力量与武器装备，它们共同构成北约"前沿防御战略"（Forward Defense Strategy）的基本内容。换句话说，"前沿防御战略"并

---

[1] Alan K. Henrikson, "The North American Perspective: A Continent Apart or a Continent Joined?" Lawrence S. Kaplan, S. Victor Papacosma, Mark R. Rubin, Ruth V. Young, eds., *NATO after Forty Years*, pp. 4 - 5.

第三章　北约防御思想与战略

非出自某个固定的军事指挥机构，也不是北约唯一的军事战略，但它是北约众多军事战略中持续时间最长、功用最持久的战略，当然也是最重要的军事战略。

1949年10月，北约军事委员会常设小组提出最早的北约军事战略理念——"北大西洋区域防御战略概念"（The Strategic Concept for the Defense of the North Atlantic Area）。该防御战略首先强调制止战争，其次强调在战争爆发后将北约成员国全部军事与工业力量用于防御，包括对北约及其成员国方针、程序、计划、保障、设施等实施标准化，就训练、演习、行动、武器装备、情报信息等展开合作。"就像常设小组在其递送函中所提到的，军事委员会第3号文件只是笼统起草了涉及政治与战略思考的方案。常设小组还补充到，未来将会起草具有纯粹军事含义的更详细的战略指导方针，供各个区域计划小组使用。"① 正是由于常设小组所提出的战略概念具有统领和表率意义，而且其内容涉及北约防御政策及其实践的各个方面，因此得以构成北约"前沿防御战略"的基础。此后，军事委员会与防务委员会等陆续提出各种战略概念，例如"建立战略纵深地带""建立能集中多方力量的多层级战略防御""发挥非军事因素的战略牵制作用"等，不断丰富和完善北约防御战略。

在各种战略理念中，不论是北约各成员国还是各级军事权力机构，它们逐渐形成一种战略共识，即在未来北大西洋区域防御中，道义或政治力量不足以遏制战争，亦无法在战争爆发后实施有效反制，北大西洋区域防御必须建立在强有力的实力基础之上。北约必须拥有强大的常规武装力量、坚定的战争意志，同时拥有有效的处置手段以及强大的核反击能力，最终对敌方形成威慑，使之惮于发动侵略。如果无法遏制战争爆发，北约将在尽可能靠近侵略者的地带实施反制，展开全面战争，给侵略者造成最大程度的损失。从这个意义上讲，"前沿防御战略"属于一种主动型防御战略，并不只是在敌方发动军事进攻时一味消极或被动防御。"在许多方

---

① Dr. Gregory W. Pedlow, ed., "NATO Strategy Documents, 1949 – 1969," https://www.nato.int/docu/stratdoc/eng/intro.pdf.

北大西洋公约组织

面,北约的战略态势已经超越了北约自身的功用,对苏联来说,北约的积极防御已经发挥了重要作用。问题也许并不在于它们是否会起作用,而在于北约是否会采取行动,改进其主动与被动防御。"①

1950年6月,朝鲜战争爆发,欧洲冷战形势吃紧,北约为此加快制定军事防御战略。军事委员会推出"北大西洋区域计划的战略指导"(Strategic Guidance for North Atlantic Regional Planning),防务委员会推出"北大西洋公约组织中期计划"(North Atlantic Treaty Organization Medium Plan),前者强调将北大西洋区域分成不同防御板块,后者强调按照不同阶段实施北大西洋区域防御作战。② 在此基础上,1954年11月22日,军事委员会提出"未来若干年北约军事力量最有效模式"(The Most Effective Pattern of NATO Military Strength for the Next Few Years),正式提出"前沿防御战略"。该战略的基本设想是,针对苏联和东欧各国发动的军事侵略,北约不仅要在中欧实施抵近防御作战,还要在西欧、南欧、北欧实施持续消耗作战,在保存自身力量的同时,不断迟滞、削弱、消灭入侵的苏联与东欧各国武装部队。与此同时,北约还将按照不同阶段实施反击,运用包括核武器在内的一切军事手段,辅之以政治、经济、社会、心理等各种手段,在陆地、海上以及空中实施多维度反击,直到赢得最后胜利。③

具体来说,"前沿防御战略"的基本战略主张包括以下几方面。第一,强调北大西洋区域整体防御,强调前沿地带与后方地带互相补充。鉴于西欧、北欧和南欧在地理位置、工业生产能力、人口资源、军事能力等方面存在较大差距,各区域计划小组需要根据各自负责地区的防御任务、

---

① William E. Odom, "The Implications of Active Defense of NATO for Soviet Military Strategy," Fred S. Hoffman, Albert Wohlstetter, David S. Yost, eds., *Swords and Shields*, *NATO*, *the USSR*, *and New Choices for Long-Range Offense and Defense*, p. 173.

② Dr. Gregory W. Pedlow, ed., "NATO Strategy Documents, 1949–1969," https://www.nato.int/docu/stratdoc/eng/intro.pdf.

③ "Memorandum by the Standing Group to the North Atlantic Military Committee Transmitting the Strategic Concept for the Defense of the North Atlantic Area," https://www.nato.int/docu/stratdoc/eng/a491019a.pdf.

第三章 北约防御思想与战略

作战规划以及防御定位做出规划，共同应对军事入侵危险。在北约的前沿防御设计中，西欧、中欧、北欧和南欧构成一个重大战略板块，它们不仅是未来北约防御作战的前线战场，而且也是北约迟滞、削弱苏联与东欧国家"侵略部队"的重点区域，它们构成未来北约防御、抵抗和反击苏联与东欧国家"军事入侵"的主战场。而身处英吉利海峡对岸的英国以及大西洋一侧的北美，则构成另外一个重大板块，它们主要负责向欧洲盟国提供军事支援，实施最后反击，其中，"美国的目标是按照部署顺序，在21天内向西欧部署10个满编师。此举能够使美国在中央军团（Central Army Group, CENTAG）部署2个齐装满员兵团、在北方部署1个齐装满员兵团作为中央盟军司令部（Allied Forces Central Europe, CINCENT）的后备，部署1个师作为北方军团（North Army Group, NORTHAG）的一部分兵力"①。由上可见，欧洲与北美这两大战略板块互为依撑，共同构成北大西洋区域防御体系。

第二，强调采取节节抵抗、后发制人的作战方针。鉴于苏联与东欧各国拥有规模庞大的武装力量，北约很难在战争爆发后第一时间挡住其攻势，因此需要建立一种阶梯状防御体系。在联邦德国尽可能靠东地区，在意大利尽可能靠东和靠北地区、在北欧地区的外延地带，实施逐次抵抗，以此阻碍、牵制和延缓苏联与东欧各国军队的进攻，最大限度地打乱其战争计划与进攻步骤，为北约在第二阶段实施全面反攻创造条件。不仅如此，北约还要在中东、西地中海、北非和大西洋海岸等地区对抗苏联与东欧各国军队的进攻，以防它们从北大西洋区域侧翼实施突破。② 为了确保北约军事战略及其实践更有效，北约将在第一时间使用核武器，凭借核武器获胜。而且北约相信，"如果北约使用战术核武器，苏联肯定会接受失败，不会施以核报复并会撤军。不可否认，这是一个推测性的、最不可能实现的目标，苏联领导人当然会在发动侵略的第一时间推

---

① David Miller, *The Cold War: A Military History*, p. 236.
② "North Atlantic Military Committee Decision on M. C. 14 Strategic Guidance for North Atlantic Regional Planning," https://www.nato.int/docu/stratdoc/eng/a500328c.pdf.

断北约使用战术核武器的可能性……北约大肆宣传有意运用核武器,一旦苏联发动侵略就会失败"[1]。由此可见,北约的军事防御战略不是被动防御,而是通过有效掌控战争进程,以自身防御理念把握战争主动权,影响战争进程。

第三,强调综合战争手段,强调以全面战争理念规划其防御作战步骤。鉴于北约常规武装力量相对有限,北约特别强调运用其在经济、心理、意识形态以及科技等方面的优势,将这些优势转化为一种持续、强大的战争能力,确使北约除军事手段外,还能形成一种集各种资源与优势于一身的综合能力,以此弥补北约军事力量相对不足的劣势。另外,北约还强调充分利用苏联与东欧各国长于军事、短于民事的弱点,最大限度地使其综合能力转化为持续羁绊并削弱苏联与东欧各国战争能力的一种要素,以此消磨苏联与东欧各国发动战争的冲动与耐力。不仅如此,北约的全面战争理念还有另一层含义,即在战争爆发后,北约在壮大自身力量的同时,能够最大限度地消磨苏联与东欧各国的战争能力,直至持续削弱、击溃以及消灭其进攻部队,进而打击侵略者境内的重大民用目标与军事目标,最终对入侵者疆土实施全面占领。[2]

第四,强调作战手段的多样性。为了达到全面削弱敌方的目的,北约必须执行全方位防御作战任务,既要消灭敌方进攻部队,削弱其战争能力,保卫北大西洋区域安全,又要保护北约海上和空中交通线、能源供应线以及资源运输,使北约能获得持续战争能力。为此,北约需要持续强化战争反制能力,推动防御作战方式多样化。北约既要实施大规模地面阻击战,又要展开零散的游击战;既要推进地面作战,也要执行空中与海上作战;既要采取常规作战方式,又要运用核作战方式建立威

---

[1] Carl H. Amme, *NATO Strategy and Nuclear Defense*, New York and Westport, C. T.: Greenwood Press, 1988, p. 14.

[2] "Report by the Military Committee to the North Atlantic Council on the Most Effective Pattern of NATO Military Strength for the Next Few Years," https://www.nato.int/docu/stratdoc/eng/a541122a.pdf.

第三章 北约防御思想与战略

慑。最后，北约还要在战争爆发后立刻对入侵者实施全面核打击，打击目标既包括位于欧洲前沿地带的侵略部队，也包括侵略者的战略大后方。①

伴随美苏冷战持续推进，特别是北约与苏联、东欧各国在欧洲的军事对峙不断深化，北约"前沿防御战略"亦持续向前发展。1954年9月，欧洲盟军最高司令部制订"前沿防御计划"（Forward Defense Plan）。该计划包括准备实施核战争，在和平时期做好战争准备，在战时推进军事行动部署，推动北约指挥机构、交通设施、后勤补给建设等。在防御计划中，北约要求武装力量在尽可能靠东的地带展开作战行动，逐次抵抗苏联与东欧各国的武装进攻，打乱其军事计划，干扰其攻击步骤。

与此同时，在北约的力主下，美、英、法等国结束对西德的占领和管制，西德最终得以加入北约。西德由于在地理上最靠近东欧各国，从捷克斯洛伐克、奥地利与巴伐利亚三方交界地带，一直延伸到靠近特拉沃明德的佩瑞维尔半岛，其前沿战线绵延1000多英里，另外，西德还有600英里的波罗的海海岸线。因此，西德加入北约，使北约真正获得了扎实、可靠的前沿防御地带。更重要的是，西德还拥有国防军35万人、陆军20万人、空军10万人、海军2.5万人、边境防御部队2.5万人，以及数量庞大的后备役部队。② 这些都有助于将"前沿防御战略"真正落在实处。"西德和北约在1949年走到一起，它们在整个冷战时期共同成长和发展，没有哪个欧洲国家比西德更能在北约中发挥关键作用，也没有哪个国际组织比北约更能对波恩的外交政策产生影响。"③

1960年代，北约持续对"前沿防御战略"的许多设计与构想进行修

---

① "Report by the Military Committee to the North Atlantic Council on the Most Effective Pattern of NATO Military Strength for the Next Few Years," https://www.nato.int/docu/stratdoc/eng/a541122a.pdf.
② Prince Hubertus zu Löwenstein and Volkmar von Zühlsdorff, *NATO and the Defense of the West*, p. 206.
③ Clay Clemens, "Changing Publics Perceptions of NATO," Emil J. Kirchner and James Sperling, eds., *The Federal Republic of Germany and NATO: 40 Years After*, pp. 31 – 32.

改，去除该战略中许多不切实际、语意模糊的表达，使北约的战略目标、路径、程序、进程等表达更加精准，更能体现北大西洋区域安全目标的现实意义。"1963年，北约正式采纳了前沿防御战略，此时距联邦德国武装部队进入北约序列已有8年之久。"[1] 与此同时，北约还对其武装力量结构、军事指挥体制等实施改革与调整，使之能够与北约的防御战略完全匹配。例如，军事委员会在其战略文件中明确提出，北约将加强现役中的常规武装力量，确保其做出的常规战略选择切实可靠。北约还将掌握可以动用的一切支援部队，迅速支援受到威胁的地区。北约还将提供可以动员和扩展的武装力量，进一步强化其防御力量。

正是通过上述努力，北约"前沿防御战略"步入一个相对成熟的发展阶段。北约在其军事战略中明确提出军事反应持续升级的思路，"如果威慑失败，北约盟国有3个层次的军事反应：（1）直接防御，在其所选择的层级击败敌人，这一概念包括使用在预先计划或者个案分析基础上授权可得到的核武器；（2）有意升级能够击败侵略者的手段，特别是提高战争烈度与范围（处于可控范围），或者让侵略者知道实现其目标要付出不对称的成本并承担风险，要面对迫在眉睫的核反应威胁；（3）全面核反应，即针对全部核威胁、其他军事目标以及城市工业目标实施大规模核打击，全面核反应被认定是最终核威慑，如果付诸使用，将成为最终军事反应"[2]。很明显，上述思路表明，北约已经完全摆脱了旧战略中的诸多不足，将威慑与实战、战术与战略比较完整地结合在一起。

1970年代至1980年代，虽然国际政治与安全环境发生了新的变化，但是北约"前沿防御战略"的基本宗旨、方针、对策、步骤、方式以及路径等却始终保持稳定，少有修改和变动。在北约众多军事防御思想与理念中，"前沿防御战略"一直是最重要、最具代表性的战略。虽然目前无法将冷战时期北大西洋区域安全完全归功于"前沿防御战略"，但是毫无

---

[1] Helmut Hammerich, "Fighting for the Heart of Germany, German I Corps and NATO's Plans for the Defense of the North German Plain in the 1960s", Jan Hoffemaar and Dieter Kruger, eds., *Blueprints for Battle*: *Planning for War in Central Europe*, 1948 – 1968, p. 6.

[2] Daniel Charles, *Nuclear Planning in NATO*: *Pitfalls of First Use*, pp. 15 – 16.

第三章 北约防御思想与战略

疑问,该战略在指导北约政治与安全实践中发挥了重大作用。因为"前沿防御战略"反映了北约基本的政治与军事需要,对其中的战略目标、总体方针、作战方式、行动手段等均做出清晰、完整的说明。

尽管北约在冷战时期出台了许多军事计划、作战方案以及战略概念,但尚无任何一种可以完全替代"前沿防御战略"。"前沿防御战略"仍然是北约推进北大西洋区域安全目标所依据的主要战略,这种状况一直延续到冷战结束。

二 "大规模报复战略"与北约核战略

稍晚于"前沿防御战略",北约还提出并施行"大规模报复战略"(Massive Retaliation)。作为北约众多战略中一种重要的战略理念,"大规模报复战略"强调在战争中大规模运用核武器,该理念对核武器的某些设计与"前沿防御战略"有较多重合之处,其战略重点是在政治与安全领域产生某种有效的战略威慑。作为"前沿防御战略"的一种重要补充,北约"大规模报复战略"与之相比很难称得上是一种成熟、完整的战略思想体系,该战略主要针对1950年代中期至1960年代后期国际安全形势的变化而制定,无法反映北约安全战略的全部诉求,但对北约的安全战略及其实践产生了重大影响。"北约差不多所有的战略问题,都归因于一个事实,即北约只有5%的可能性对苏联的武装进攻实施大规模核报复,但是任何一个美国的盟国都不会对这一情形感到满意,因为美国有95%的可能性不会对苏联的进攻做出反应。"[①]

众所周知,北约"大规模报复战略"并非自创,而是深受美国安全战略及其变化的影响。1953年1月,艾森豪威尔赢得美国总统大选,组成共和党政府。艾森豪威尔政府改变了此前杜鲁门政府一直奉行的"遏制战略",提出充分利用美国核力量优势,对苏联与东欧各国实施核威

---

① Geoffrey Williams and Bruce Reed, *Denis Healey and the Policies of Power*, London: Sedgwick and Jackson, 1971, p.142. 转引自 William Park, *Defending the West: A History of NATO*, p.95。

慑，直至实施核打击。美国战略空军司令部（Strategic Air Command, SAC）拥有大量中型轰炸机，例如在二战中使用的 B – 29s 轰炸机，大部分为具有更先进喷气式发动机的 B – 47s 所代替；4000 英里航程的 B – 36 轰炸机在 1950 年 12 月只有 38 架，1953 年达到 185 架；而且美国战略空军司令部也扩展了其海外军事基地，从 1950 年只有波多黎各 1 个基地，到 1953 年底发展到 10 个，分布在远东、阿拉斯加、北非以及英国。[1] 根据美国学者史蒂文·扎鲁加（Steven Zaloga）的研究，1953 年，美国拥有 1350 枚核炸弹，而苏联只拥有 20 ~ 30 枚原子弹。[2] 其中，美国的核炸弹有许多爆炸当量超过 100 万吨级，还有用于投掷、可用于实战的核大炮。这种核力量优势成为美国推出"大规模报复战略"的依托，也成为该战略在理论和实践层面持续发挥作用的基础。

"大规模报复战略"是艾森豪威尔政府推行"新视野"政策的产物，作为一种全面核战争理论，其核心意旨在于通过运用核报复这种特殊手段，以较小代价谋求实现防御效果最大化。"威慑的基础就是对苏联的威胁立刻使用战略核武器，这一被命名为'大规模报复'的概念，由美国国务卿约翰·杜勒斯提出。"[3] 因为艾森豪威尔政府认为，与其耗费巨资发展常规武装力量，毫无把握地试图超越苏联和东欧各国在常规武装力量建设上的传统优势，不如将宝贵的经费和资源集中用于花费小但收益高的核力量建设。因为美国核力量既拥有技术优势，也拥有数量优势，可以轻松压制苏联与东欧各国，轻松抵消其常规武装力量优势。由于北约核武器均由美国提供，其核武器的管理权与使用权均操纵在美国手中。另外，战后初期北大西洋区域安全，主要依赖美国驻欧洲武装力量的保护。美国在北约最高军事权力机构中一直占据重要位置，这必然会导致美国将其战争

---

[1] Saki Dockrill, *Eisenhower's New-Look National Security Policy, 1953 – 1961*, London: Macmillan, 1996, pp. 50 – 51.

[2] Steven Zaloga, *Target America: The Soviet Union and the Strategic Arms Race, 1945 – 1964*, Novato, C. A.: Presidio, 1993, p. 79. 转引自 Saki Dockrill, *Eisenhower's New-Look National Security Policy, 1953 – 1961*, pp. 51 – 52。

[3] Ingo Trauschweizer, "Adapt and Survive NATO in the Cold War," Peter R. Mansoor and Williamson Murray, eds., *Grand Strategy and Military Alliances*, p. 175.

第三章 北约防御思想与战略　North Atlantic Treaty Organization

理论与军事战略加诸北约。因此，美国"大规模报复战略"对北约的影响不言而喻。

1953年12月，北大西洋理事会在巴黎召开会议，对使用核武器可能产生的结果展开讨论，从长远角度考虑北约常规武装力量的发展以及在北大西洋区域的配置。"北大西洋理事会非常满意地注意到，美国总统为了北约的军事计划目标，打算请求国会授权向北约指挥官提供关于核武器的信息。"① 与之相对应，欧洲盟军最高司令部制订了"北约作战力量三年发展计划"（Three-Year Build-up NATO's Fighting Forces），确立了在新型核战略配合下建设常规武装力量的政治方针。在"大规模报复战略"的指导下，北约常规武装力量建设规模明显缩小，其目标仅设定为在未来5年保持30个师常规武装力量。北约在1952年里斯本会议曾提出的军事目标是，到1952年底，在战争状态下使北约武装力量达到50个师、4000架飞机，拥有强大的海军。② 到1954年，北约在经过90天动员后，其武装力量将达到96个师，其中差不多一半部队要在战争开始后就做好战斗准备。③ 很明显，里斯本会议所确定的常规武装力量建设目标，相较于"北约作战力量三年发展计划"所确立的目标明显放大了很多，这表明北约不仅希望在核技术、核政策以及核管控等方面超越苏联，而且希望在常规武装力量建设、作战力量、应战能力等方面赶上苏联。

与北约常规武装力量建设规模发展缓慢相比，北约核力量建设规模明显增大。事实上，美国从采用"大规模报复战略"之日起，就开始在北大西洋区域大规模部署各种类型的核武器，为欧洲盟国输血打气，为北约有效实施"前沿防御战略"做好准备。美国为北约持续配置大量核武器，使北约所拥有的核力量在数量和质量上获得实质性突破。1953年8月，

---

① "Final Communiqué," 14 Dec. 1953 – 16 Dec. 1953, https：//www.nato.int/cps/en/natohq/official_ texts_ 17365. htm? selectedLocale = en.

② Prince Hubertus zu Löwenstein and Volkmar von Zühlsdorff, *NATO and the Defense of the West*, p. 77.

③ Dr. Gregory W. Pedlow, ed., *NATO Strategy Documents, 1949 – 1969*, https：//www.nato.int/docu/stratdoc/eng/intro. pdf.

北大西洋公约组织

欧洲盟军最高司令格仑瑟（Alfred Gruenther）将军明确提出将核武器纳入北约军事战略，为此建立了一个"新方法小组"（New Approach Group），隶属于欧洲盟军最高司令部，负责研究北约核战略相关问题。1954年7月，格仑瑟代表欧洲盟军最高司令部公开对外宣布，北约目前完全可以使用核武器对付侵略者，北约不仅可以实施核武器远距离战略投送，还可以使用短距离飞机投送核炸弹，甚至还能使用28毫米口径大炮发射核炮弹。就像格仑瑟此前强调的，"我们所做的，不可能解决所有这些问题，因为我们正在提前3~4年提出自己的想法"①。格仑瑟的上述表态代表了欧洲盟军最高司令部和军事委员会等北约最高指挥层的一致意见，这表明北约实际上已经拥有多种核打击手段，既可以实施战略规模的全面核战争，也可以实施某种战术性核打击，既可以实施战略威慑，又可以实施有效核反击。简言之，北约可以按照自身安全需要，采取不同级别的核打击。

1954年12月，北大西洋理事会在巴黎召开会议，正式宣布接受"大规模报复战略"，"该战略要求北约大规模使用核武器，保卫欧洲，抵御侵略"②。按照这一战略，北约开始制订以核力量为主导的军事防御计划，特别是将核武器使用贯穿于"前沿防御战略"当中。在"大规模报复战略"指导下，北约对"前沿防御战略"中关于核武器的定位与使用予以调整：（1）增加了在北约架构下对使用核武器的政治协商要求；（2）对使用核武器设置层级，增加了安全保险阀；（3）将使用战术核武器的权力下放至战区司令部，甚至下放到次战区司令部。北约这种逐渐升级的核报复政策，实际上与美国"大规模报复战略"还是有很大区别的，后者主张战端一开立即使用战略核武器，其危险性毋庸置疑，而前者的危险性相对较小而且可控，这反映了北约特别是欧洲成员国虽然支持"大规模报复战略"，但反对核冒险，反对不计代价的战争政策。

1962年4月，北约秘书长斯迪克（D. U. Stikker）就北约内部关于核

---

① Saki Dockrill, *Eisenhower's New-Look National Security Policy, 1953–1961*, p.98.
② Dr. Gregory W. Pedlow, ed., "NATO Strategy Documents, 1949–1969," https://www.nato.int/docu/stratdoc/eng/intro.pdf.

第三章 北约防御思想与战略

武器使用问题所涉及的政治协商发表专题讲话——"关于北约防御政策的特别报告"(Special Report of NATO Defense Policy)。斯迪克在报告中明确指出,"针对在不同环境下使用核武器,北约必须展开协商;一旦遇到苏联核攻击,北约实际上会自动使用核武器;在苏联全面发动常规武装进攻时,只要时间允许,北约必须展开协商。北约的核反应必须根据环境变化而保持适当规模"[1]。由此可见,北约对核武器定位及其运用所做的上述调整,使"大规模报复战略"与"前沿防御战略"更紧密地结合在一起。为了在核武器运用中实现最大限度的安全效果,北约在核武器的保管和使用上还制定了"双重安全机制"(Daul-track Security Machinery),即核弹头与核发射装置与投递装置实施分离保存,由美国直接保管和控制,在部署和使用上须取得北约成员国的一致同意。

北约上述种种举措,并非单纯为了增加或者抑制北约使用核武器的效用,其真正目的还是为了更精确地延伸和推进北约核力量的威慑效能,使北约对核武器的使用始终处于可以有效控制和把握的范围内。因为北约深知,只有以最合理的方式管控和使用核武器,才能确保安全效能最大化,才能将使用核武器的风险降至最低程度,才能避免让北约及其成员国自身遭到核武器反噬。因为"在冲突爆发时就实施大规模核打击,全面深入相关的军事作战区域(Theaters of Military Operations,TMOs),这种偶发事件会直接导致苏联使用本土陆基战略核武器,打击欧洲目标,随后是华沙组织的地面部队与空军进攻"[2]。

当然,北约最高权力机构将运用核武器的权力下放至欧洲盟军最高司令部或者次区域盟军司令部,"使用核武器的权力由欧洲盟军最高司令掌握,欧洲盟军最高司令将按照每次打击的需要行使这一权力,或者他同意

---

[1] Dr. Gregory W. Pedlow, ed., "NATO Strategy Documents, 1949 - 1969," https://www.nato.int/docu/stratdoc/eng/intro.pdf.
[2] Dennis M. Gormley, "Emerging Attack Options in Soviet Theater Strategy," Fred S. Hoffman, Albert Wohlstetter, David S. Yost, eds., *Swords and Shields, NATO, the USSR, and New Choices for Long-Range Offense and Defense*, p. 89.

北大西洋公约组织

所属指挥官使用核武器的计划,将控制权托付给他们"[①]。毋庸置疑,北约的这种做法带有一定军事风险,即如果欧洲盟军最高司令或次区域司令官由于判断失误,滥用或不当使用这种权力,必然会造成严重后果。但北约下放核武器使用权,必然会产生非比寻常的政治效用和军事影响,此举对任何公开或者潜在的侵略者来说,都会产生巨大的政治与战略威慑,会使任何侵略者在采取军事冒险行动之前三思而行,以免造成不可挽回的损失。

与此同时,伴随"大规模报复战略"持续推进,北约逐渐形成自身特有的核战略,这一核战略虽然深受美国影响,但和美国核战略并不完全相同,而是体现了北约独有的核战略与核战争理念。作为北约的重量级成员国,英国在1950年代初[②]、法国在1960年代初[③]先后成功试爆原子弹,成为北约成员国中的有核国家。此后,英、法两国不断加速建设其核威慑力量,逐渐形成规模不等、极为灵活的核打击系统。英、法核力量迅速发展,在很大程度上改变了美国完全垄断北约核力量的局面,英、法两国亦得以在北约核力量、核战略、核战争理念以及核决策等方面获得更大的发言权,这是形成北约拥有特殊结构的核力量、颇为独特的核战略的重要基础。

鉴于许多欧洲成员国对"大规模报复战略"缺乏信心,担心美国不会冒着自身遭受核打击的风险而动用核武器保护欧洲,英、法两国核力量在创建后就一直保持了某种独立性。"尽管联合情报委员会(Joint Intelligence Committee, JIC)的评估报告还处于保密状态,事情似乎已得出结论,英国针对苏联的核计划,与美国针对苏联的核计划连接在一起(共同威慑),或者英国采取独立行动(独立威慑),或者有可能与法国一

---

① "Supreme Headquarters Allied Powers Europe, Paris, France," 18 Mar. 1955, http://www.nato.int/nato_ststic/assets/pdf/pdf_archives/20140410_employment_of_atomic_weapons_in_maneuvers_and_exercises.pdf.

② 1952年10月3日,英国实施"飓风计划",在澳大利亚蒙特贝洛岛成功试爆首枚原子弹,爆炸当量相当于25万吨TNT当量,英国由此成为继美、苏两国之后全世界第三个自主掌握核技术的国家。

③ 1960年2月13日,法国在西非撒哈拉沙漠赖加奈试爆首枚原子弹,爆炸当量相当于6万吨TNT当量,法国就此成为全世界第四个掌握核技术的国家。

第三章　北约防御思想与战略

起实施威慑。"① 英、法两国明确提出,如果两国的核心利益受损,它们将保留独立使用核武器的权力。为此,英、法两国只将其部分核力量归属北约统一指挥,而并未将其所有核力量完全纳入北约核力量体系,尤其法国更是如此。但英、法两国在各种场合表示,如果北大西洋区域遭受苏联和东欧各国武装侵略,两国所有核力量都将自动而且完全纳入北约核指挥体系,用于保护北大西洋区域安全。

北约核战略的表达非常零散,始终未能形成一个完整的体系,而且北约核战略所蕴藏的许多矛盾与难题也一直没有得到有效化解。北约虽然拥有数量庞大的核武器,拥有3个核大国,但对于如何使用现有的核武器,如何合理建构北约核力量体系,在何种时机以及场合有效使用核武器,如何以核武器实现北大西洋区域或者各成员国安全利益最大化,在北约内部一直未能达成统一意见。"有鉴于此,我们很难看到,启动一场战术核战争,如何能满足美国保卫身处北约的欧洲人民与疆土这一基本目标。当保卫欧洲被认定需要欧洲付出核毁灭代价,欧洲国家允许在其领土上使用核武器的冲动就会迅速消失。"②

在北约核战略中,北约为未来北大西洋区域防御作战设计了三种方式:全面核战争、区域核战争、常规战争。(1)北约的全面核战争理念,主要用于对苏联与东欧各国实施全面战略威慑,也用于防御作战最后的战争手段。(2)北约的区域核战争理念,既为北约博取战术威慑效果,也为其实施区域拒止与局部战争提供支撑。最重要的是,能够最大限度地降低北约的人员和物质损失,因此,区域核战争实际上成为北约最有可能、最有希望采取的一种战争方式。(3)常规战争也许是北约最不愿意采取的一种战争方式,因为常规武装力量一直是北约武装力量建设的软肋,其规模和战力无法堪比苏联与东欧各国。常规战争只能在北约的区域防御作

---

① Kirstan Stoddart, *The Sword and the Shield: Britain, America, NATO, and Nuclear Weapons, 1970–1976*, Houndmills, Hampshire and New York: Palgrave Macmillan, 2014, p. 60.
② Alain C. Enthoven and Wayne K. Smith, *How Much is Enough? Shaping the Defence Program, 1961–1969*, New York and London: Harper & Row, 1971, p. 128. 转引自 William Park, *Defending the West: A History of NATO*, p. 69.

战中发挥羁绊、拖延、迟滞进攻等辅助作用,因此无法成为防御作战的主要内容。事实上,北约在其核战略中所涉及的上述三种方式,全面融合了威慑、平衡、协调以及管控等一系列战略理念,还最大限度地满足了北约应对危机与处置冲突的现实需要,因此成为北约在东西方冷战斗争中持续存在并发挥作用的基础所在。

进入1960年代后,由于苏联核力量发展迅猛,美苏双方的核力量在数量和质量上开始迅速接近,北约特别是美国的"核优势"已经荡然无存,"大规模报复战略"完全失去了存在基础,亟待调整与改变。与之相对应,北约核战略建立在美国"大规模报复战略"基础上,不再完全适合北大西洋区域防御需要,北约在核战略中的许多设想与计划,实际上已形成一种自说自话的封闭式逻辑,既缺乏战略对话方的有效回应,亦缺乏国际社会的充分认可。"冷战时期,北约战略的全部基础是基于一种假设,即如果战争到来,只要北约迅速在战略上运用核轰炸,就能够回击华约的优势常规武装力量。"[1] 很显然,这种战略假设在逻辑上无法自洽,这从另一个角度说明北约核战略同样需要大规模改革和调整。

三 从"灵活反应战略"到"剑与盾战略"

1961年1月,约翰·肯尼迪(John F. Kennedy)赢得美国总统大选胜利,成为新任总统。自执政伊始,肯尼迪政府就明确提出,"大规模报复战略"已经过时,因为该战略造成美国在国际或区域危机处置中只能处于被动反应和瘫痪状态,即美国或者冒着发生全面核战争的风险,参与解决国际或区域危机,应对苏联与东欧各国发起的"挑衅",压制并反击它们采取的局部军事行动;或者因为害怕遭受全面核打击而走向共同毁灭的命运,只能对苏联与东欧各国的"挑衅"行为保持静默,对国际或区域危机采取听之任之的态度。美国国防部长麦克纳马拉(Robert S. McNamara)就曾公开对该战略存在的种种弊端提出异议,"对欧洲来

---

[1] Kirstan Stoddart, *The Sword and the Shield: Britain, America, NATO, and Nuclear Weapons, 1970 – 1976*, p. 26.

第三章　北约防御思想与战略　North Atlantic Treaty Organization

说，当地的一场核交易，都会产生严重结果，想起来就很痛苦。进言之，这种核交易不大可能给我们带来显著的军事优势，它有可能迅速导致全面核战争"①。

拜"大规模报复战略"所赐，美国虽然掌握着强大的政治、经济、社会、科技以及军事资源，虽然在全球范围内拥有巨大的势力范围与影响力，但实际上却只能处于大事做不了、小事不愿做的尴尬境地。长此以往，不仅导致美国在国际或区域事务中的影响力大受影响，而且导致欧洲成员国对美国的信任感下降，导致美国在跨大西洋安全架构中的地位日渐虚化，进而导致美国在东西双方战略对峙中有落下风之势。"事实上，英国、法国以及北约其他欧洲成员国都依赖美国的核保证，以此反制占据优势的苏联的常规性进攻，而不只是反制所选定的苏联核进攻。"②

为此，肯尼迪政府推出"灵活反应战略"（Flexible Response），以此取代"大规模报复战略"。"灵活反应战略"强调，美国将改变过去过分注重发展核武器及其投射和运载技术的单一做法，代之以充分发展多种形式的武装力量，其中既包括战略核力量、战术核力量，也包括各种类型的常规武装力量。"'灵活反应战略'意味着对宽阔范围内可能出现的各种核打击实施高度集中的指挥和控制，并且至少在字面上，北约确实拥有一系列令人印象深刻的核武器。"③ 即美国既要积极应对常规性战争，也要有效应对核战争，还要应对各种特殊类型的战争。进言之，美国要准备好应对来自苏联和东欧各国所有类型的政治"挑衅"行为或者军事冒险，不论它们规模大小、地域分布怎样、重要性如何。

很明显，美国的"灵活反应战略"不仅对自身核力量提出非常高的要求，即核技术、核战略以及核决策程序要更加精细，而且也对常规武装力量提出较高要求，因为常规武装力量不仅需要应对日常各种常规性军事

---

① Daniel Charles, *Nuclear Planning in NATO: Pitfalls of First Use*, p. 15.
② Albert Wohlstetter, "The Political and Military Aims of Offense and Defense Innovation," Fred S. Hoffman, Albert Wohlstetter, David S. Yost, eds., *Swords and Shields, NATO, the USSR, and New Choices for Long-Range Offense and Defense*, p. 30.
③ Daniel Charles, *Nuclear Planning in NATO: Pitfalls of First Use*, p. 15.

北大西洋公约组织

威胁与挑战,还要代替过去为核力量所设计的部分职能。"这一战略建立在某种期望的基础上,即美国常规武装力量必须提升至足够强大的程度,以至无须再使用核武器。"① 按照肯尼迪政府的设想,未来美国将以常规战争代替核战争,以自身的常规武装力量对抗敌方的常规武装力量,未来美国将会以灵活方式对付各种形式的安全危机与挑战。美国这一新战略思想一经提出,旋即得到绝大多数欧洲盟国的积极支持和响应,这使美国的"灵活反应战略"得以在更大的层面全面铺开。

1962年5月2~4日,北大西洋理事会在雅典召开会议,各成员国外长与防长均参加了此次会议。与会各国就可能导致北约使用核武器的问题开展审议,会议明确指出"大规模报复战略"存在种种缺陷。各国一致认为,目前北约最有可能遇到的是"萨拉米战术"(Salami Tactics)挑战,又称"香肠战术"。北约在这种环境下以大规模使用核武器做出回应,其威慑力显然无法令人信服。因为苏联已经部署了打击力可以覆盖全欧洲的核武器,具备了可实施报复性回应的核能力,北约使用核武器的任何举动,必然会招致苏联采取同样的核报复行动。从这个意义上讲,"大规模报复战略"的可信度已经大大下降,北约应该提高不用诉诸核武器就能有效应对威胁和其他危机的能力,必须选择一种更加灵活机动的核战略,取代"大规模报复战略"。为此,北约必须迅速展开各项相应工作。"北大西洋理事会确信,要应付针对北约的全方位威胁,北约必须持续审核常规武装力量与核力量之间的平衡状态,北约要在三年期审核程序的框架下对来年各成员国为北约防御而实施的力量平衡建设工作做出检验,这一工作已经开始。"②

1963年9月,北约军事委员会通过"关于1970年以前影响北约军情谅解备忘录"(Appreciation of the Military Situation as it Addicts NATO up to

---

① Robert S. McNamara, "The Military Role of Nuclear Weapons: Perceptions and Misperceptions," *Survival* 25, Nov/Dec. 1983, 转引自 William Park, *Defending the West: A History of NATO*, p. 90。

② "Final Communiqué," 4 May. 1962 – 6 May. 1962, https://www.nato.int/cps/en/natohq/official_ texts_ 26582. htm? selectedLocale = en.

第三章 北约防御思想与战略

1970)。这一核战略文件将北约在未来北大西洋区域的防御作战分成3个步骤。第一个步骤是运用常规武装力量，积极遏制苏联与东欧各国的进攻部队。第二个步骤是在特殊环境下使用战术核武器，并且不断加大战术核武器的使用力度，根据战争需要实现快速升级。第三个步骤是在战略上全面使用核武器，对入侵者实施全面核打击。① 虽然北约并未明确提出新的战略思想，但此前北约在"前沿防御战略"中对常规武装力量与核力量的定位已出现变化，未来北约防御作战也不再是开战即核战争这种模式。虽然北约仍继续强调核力量建设，但北约核力量已不再是北大西洋区域防御作战的唯一力量，常规武装力量在北大西洋区域防御作战中重新占据一席之地。

1965年5月底，北约各成员国防长在巴黎召开特别会议。会议主要包括两个内容：其一是如何进一步加强希腊和土耳其的防御，因为北约认为，两国围绕塞浦路斯的主权争端，已经严重危及北大西洋区域东南翼防线，北约必须加强两国防御，以防苏联与东欧各国乘虚而入；其二是在制订核力量计划时，北约不仅需要更多成员国参与其中，还需要展开更多磋商，以便在北约内部确立一种统一的核战略。"经过广泛和富有成果的讨论，各成员国防长重申保持北约防御能力的决心，重申对前沿防御态势这一战略概念的支持。他们一致同意，进一步考虑提出旨在改进协商的途径，考虑扩大有兴趣的盟国参与核力量计划的途径，包括战略力量。"② 很明显，北约需要改变此前过度重视核力量、轻视常规武装力量的立场，因为集中发展核力量固然可以节省防务开支，增加北约成员国的经济活力，但无疑也会加大各成员国关于北约核武器研发、部署以及使用等方面的分歧与矛盾。"近40年来常识性共识认定，欧美任何一方的安全与独立无法与另一方的安全和独立连在一起，如果欧洲与美国能够真正分享北

---

① Dr. Gregory W. Pedlow, ed., "NATO Strategy Documents, 1949–1969," https：//www. nato. int/docu/stratdoc/eng/intro. pdf.

② "Final Communiqué," 31 May. 1962–1 Jun. 1962, https：//www. nato. int/cps/en/natohq/official_ texts_ 26647. htm? selectedLocale = en.

约的命运，那么北约所要付出的代价不断增加，也许就无所谓了。"①

1967年12月13~14日，北大西洋理事会在布鲁塞尔召开会议，对北约从1956年以来实施的防御战略展开全面检讨，确立了"对军事当局的政治指导方针"（Political Guidance to Military Authorities）。与会各成员国提出"灵活反应概念"（Flexible Response Concept）和"均衡反应概念"（Balanced Response Concept），即北约将对所有侵略行为或者使用武力的威胁做出灵活和适度反应，包括灵活和均衡运用常规武装力量与核力量。"根据1967年'对军事当局的政治指导方针'，一旦出现武装攻击，灵活反应战略将会酌情实施一次或者多次直接防御、谨慎的战争升级、全面核反应，以可升级的威慑与敌方对抗，回应任何形式的侵略行动。"②这一思想被直接列入北约军事委员会第14号文件第三修改稿（MC14/3）——"北大西洋区域防御全面概念"（Overall Concept for the Defense of the NATO Area），此举标志着北约正式采纳"灵活反应战略"，并且使之成为北约军事战略的一个新内容。"北约的威慑与防御战略，以及'灵活反应战略'与'前沿防御战略'所构成的概念，当前仍然有效，它将继续需要常规武装力量与核力量实现有机结合。"③

就其本质而言，"灵活反应战略"与杜鲁门主义在事实上极为相似。杜鲁门主义虽然名义上是美国向希腊、土耳其提供援助，但实际上是美国向全世界所有"民主国家"开出保护支票。而"灵活反应战略"虽然在名义上宣称美国与北约将抵制苏联与华约针对北大西洋区域发起的任何"挑衅"、冲突以及战争，但实际上是美国与北约对苏联与华约在全世界任何"挑衅"行为的回应。"考虑到北约为主权民主国家的联盟，北约战略的核心要求就是获得西欧各国政府的一致支持，这种要求的意义就在

---

① Robert W. Tucker, "The Atlantic Alliance and Its Critics," Robert W. Tucker and Linda Wrighley, eds., *The Atlantic Alliance and Its Critics*, p. 169.
② Ivo H. Daalder, *The Nature and Practice of Flexible Response: NATO Strategy and Theater Nuclear Forces since 1967*, New York: Columbia University Press, 1991, pp. 1 - 2.
③ "Alliance Defence for the Seventies," 3 Dec. 1970 - 4 Dec. 1970, https://www.nato.int/cps/en/natohq/official_ texts_ 26792. htm? selectedLocale = en.

第三章　北约防御思想与战略

于，澄清北约所面对的急剧变化的安全环境，即北约为何要采纳灵活反应战略以及坚持自身方针。"① 就广义而言，"灵活反应战略"实际上反映了北约意图将其战略对抗方针普遍化，同时将北约与华约的战略对抗全面泛化，从北大西洋区域扩展到全世界，从军事领域中的常规武装力量对抗与核对抗，扩展到全方位的战略对抗，包括战术与战略层面。

就狭义而言，北约对"灵活反应战略"的定位，不仅限于应对外来安全危机与威胁，实际上也包含应对北约内部的危机与矛盾。就前者而言，北约需要以更加灵活的方式应对各种外来危机的冲击，例如"柏林墙事件"、越南战争等；就后者而言，北约同样也需要以更加灵活的方式应对内部危机，例如法国退出北约军事一体化机构，希腊与土耳其围绕塞浦路斯主权的争端等。"北约各成员国部长坚信，土耳其与希腊就塞浦路斯问题、土耳其—希腊关系持续交换意见，有助于取得积极成果。他们重申，北约非常欣赏联合国驻塞浦路斯军队的存在，希望塞浦路斯形势得到改善；他们强调不应采取任何可能恶化塞浦路斯形势、增加局势紧张的行动。"② 对北约来说，"灵活反应战略"具有相当大的主动性，具有北约主动处置北大西洋区域内外危机的含义。

针对国际安全形势变化以及北约对核事务的新需要，北约早先成立的两个核事务领导机构——核防御事务委员会以及核计划小组，都展开密集性工作。很明显，北约不仅需要更加统一且有效的核机制，而且需要更强大的核管控能力。在"灵活反应战略"指导下，北约在常规武装力量与核力量建设上也出现重大变化。大力发展常规武装力量，重新被提上议事日程，尤其是发展针对性更强、任务更单一、综合战斗力更强的常规武装力量，又开始成为北约军事建设的一个重要目标。"'灵活反应战略'需要一种可靠的常规性防御，这种防御要非常强大，要足以在尽可能远的前

---

① E. F. Gueritz, Norman Friedman, Clarence A. Robinson, William R. Van Cleave, *NATO's Maritime Strategy: Issues and Developments*, IX.
② "Final Communiqué," 15 Dec. 1966 – 16 Dec. 1966, https://www.nato.int/cps/en/natohq/official_texts_26668.htm?selectedLocale=en.

沿地区抵御任何武装攻击。"[①] 与此同时，北约在北大西洋区域的核力量分布亦发生变化，北约不再谋求简单的核武器数量优势，亦不再追求在北大西洋区域全面部署与运用核武器，而是按照核力量"有限"与"足够"的原则，更突出北约的核防御需要，实现具有针对性、阶梯式以及立体式的核力量分布。"北约的灵活反应战略要求将核威慑扩展到欧洲，这种扩展应该是一种包括常规武装力量在内的无缝隙网络……"[②]

对北约来说，"灵活反应战略"实际上是北约在防御作战中采取的步步升级的作战模式，该战略展示了北约力图对战争进程或者危机处置进程实施有效控制，即以战争步骤和层级不断提升，展示北约强大的综合战争能力。而且，该战略在政治上也可使北约及其成员国能够在一个相对宽泛的时空范围内彼此协调，最终做出最佳判断与选择。和"大规模报复战略"相比，"灵活反应战略"同样也非常重视威慑与防御的理念。虽然北约并未大规模发展核力量，亦未大肆宣传核报复与战略反应，但不论是实际威慑效果，还是真正的防御能力，实际上并不亚于前者。这也是北约长期保持"灵活反应战略"的根本原因之所在，其影响甚至一直延续到冷战后。"作为'灵活反应战略'新方针中保持固有灵活性的一个结果，其两个基本文件——'军事委员会第 14 号文件第三修改稿'（MC14/3）与'军事委员会第 48 号文件第三修改稿'（MC48/3），相比此前北约的战略文件更长久地发挥作用，直到冷战结束完全改变了欧洲的面貌以及总体军事大局，这两个文件才被 1991 年订立的北约新战略文件替代。"[③]

与北约"大规模报复战略"以及"灵活反应战略"相匹配，尤其与后者相对应，北约还推出了关于合理运用常规武装力量与核力量的"剑与盾战略"（Swords and Shields）。北约"剑与盾战略"发端于"大规模

[①] David Miller, *The Cold War*: *A Military History*, p. 237.
[②] Laurence Martin, "European Perspectives on Strategic Defense: Then and Now," Fred S. Hoffman, Albert Wohlstetter, David S. Yost, eds., *Swords and Shields, NATO, the USSR, and New Choices for Long-Range Offense and Defense*, p. 39.
[③] Dr. Gregory W. Pedlow, ed., "NATO Strategy Documents, 1949 – 1969," https://www.nato.int/docu/stratdoc/eng/intro.pdf.

第三章　北约防御思想与战略

报复战略"形成期,在"灵活反应战略"时期持续发展并趋于成熟。从这个角度看,"尽管北约战略从'大规模报复战略'转向'灵活反应战略',但是理论并未自动转化为战术行动上的重大变化"①。这种联系体现在许多方面,"剑与盾战略"就是这种战略转换的代表。

在"剑与盾战略"中,北约一直将常规武装力量视为未来北大西洋区域防御作战的"盾牌",将其功用锁定为在北约防御作战初期阻碍并迟滞苏联与东欧各国在欧洲发动的军事进攻,扰乱敌方的军事战略部署与进攻步骤,在情报信息收集、战场判断以及战地支援上发挥作用,为北约使用核武器创造条件。核力量则被视为北约防御作战的"利剑",其主要功用不仅仅是在战场上消灭敌方有生力量,全面遏制敌方进攻,而且还负责向敌方战略纵深实施突击和进攻,消灭和摧毁敌方工业设施、军事基地、城市人口、后勤运输等,最终迫使侵略者因无力再战而不得不屈膝投降。欧洲盟军最高司令诺斯塔德曾经对北约"剑与盾战略"做了非常精确的描述,对其寄予厚望。"我们的防御盾牌,我们的报复利剑,我重复这句话,就是为了强调,北约总是将盾牌放在利剑之前,将防御放在攻击之前,因为我们是一个防御组织。"②

从表面上看,"剑与盾战略"针对北约常规武装力量以及非常规武装力量在北大西洋区域作战中所扮演的角色做出区分,但这种"剑与盾"的所谓区分,实际上并没有非常严格的科学标准,实际上这只是一种政治或军事说辞,因为在战争环境中很难对两者做出泾渭分明的区分。按照北约的区分,战略核力量负责战略威慑以及最后的核打击,常规武装力量以及战术核力量负责战术防御以及早期的军事反制,实际上,常规武装力量与战术核力量同样具有威慑战争进程、控制战争发生,在战争开始后尽快终止战争的作用,这种作用既具有政治含义,也具有军事含义。事实上,北约"剑与盾战略"不仅将战术核力量与常规武装力量混在一起使用,

---

① Kirstan Stoddart, *The Sword and the Shield: Britain, America, NATO, and Nuclear Weapons, 1970 – 1976*, pp. 8 – 9.

② https://www.nato.int/cps/en/natohq/declassified_157649.htm?selectedLocale=en.

还将战略威慑与实战操演混在一起,只是以划分先后顺序的方式,将核武器的战略运用与战术性使用加以区分,这种做法等于自欺欺人,实际上等于降低了北约使用核武器的门槛,无疑具有极大风险。

需要强调的是,"剑与盾战略"并不是孤立存在的,而是直接体现在北约"前沿防御战略"、"大规模报复战略"以及"灵活反应战略"中。只不过在上述各种战略中,"剑与盾战略"的表现不尽相同,实际运用各有侧重。例如,在"前沿防御战略"和"大规模报复战略"中,由于北约更注重核武器在战争中的决定性作用,基本上将常规武装力量限定为只发挥迟滞敌方军事进攻的"绊马索"(Trap-Wire)或"预警铃"(Early-Warning Bell)等,而将战略核武器作为解决冲突与战争的最终手段。而在"灵活反应战略"中,常规武装力量和核力量几乎被同等看待,它们在战争的不同阶段中各自发挥作用,两者互相配合,缺一不可。"在'灵活反应战略'中,北约为中央前沿所确立的方针是大规模使用常规武装力量,主要是美国军队,同时使用战术核武器击退或迟滞华约军队的军事进攻,(此项行动)以美国(也包括英国)威胁使用战略核武器作为支撑。"[1]

就此而言,北约"剑与盾战略"、"前沿防御战略"、"大规模报复战略"以及"灵活反应战略"具有非常紧密的关联性,它们互相补充,相互联系,共同构成1950年代至1980年代的北约防御战略体系,其影响一直延续到冷战结束后。

---

[1] Kirstan Stoddart, *The Sword and the Shield: Britain, America, NATO, and Nuclear Weapons, 1970–1976*, p.59.

第四章

北约政治与安全实践

第一节 北约持续扩大联盟规模

一 北约吸收希腊、土耳其

自创建后,北约虽然在理论上将自身的防御功能限定为北大西洋区域,但鉴于北大西洋区域安全的普遍关联性,北约在心理上对其防御范围的认定远不止于北大西洋区域。事实上,北约对哪些国家或地区可以纳入北大西洋区域一直有所选择。"后来一直被曲解的一个举动就是,北回归线被当作《北大西洋公约》的南部边界,这只是一个用来排除非洲、加勒比或者拉丁美洲国家的方法。就像后来人们所相信的,这并非要对大西洋海域北回归线以南地区的集体计划、演习或者行动设置一个绝对屏障。"① 不论北约对此做出何种解读,在选择并确定新成员国资格时,北约始终坚持新成员国能够推动北大西洋区域安全利益最大化这一原则。

与此同时,受冷战政治与意识形态的驱使,许多北约成员国不仅对地处欧洲核心地带的国家持开放态度,而且对北大西洋区域边缘地带、具有重大地缘战略价值的国家也表现出浓厚兴趣。这些国家在政治上或者倾向西方,或者保持中立,更重要的是,它们相对远离苏联,不处于苏联的势力范围内。因此,以美国为首的北约成员国,出于完善北大西洋区域防御

---

① David Miller, *The Cold War: A Military History*, p. 19.

北大西洋公约组织

的需要,同样出于与苏联争夺势力范围以及"真空地带"(Vaccum Zone)的现实需要,始终认定参与北大西洋区域防御的国家愈多,北大西洋安全体系就会愈完善,北大西洋区域安全就会愈有保障。"事实上,北约作为区域性军事组织,(最初)被设计为保卫联盟疆域,现已经转变为一个在全球范围内展开行动的组织,而且在全球每个角落都拥有伙伴国。"①

正是在上述动机的驱使下,北约制定其扩展政策,并且启动了持续扩展的进程。为此,北约率先将希腊和土耳其设定为扩展对象。"希腊和土耳其直接横贯苏联通往地中海及其以外地区的海上和空中通信线路(Lines of Communication),从土耳其东部一直到希腊的克里特岛,为美国和北约电子侦查与监视提供了有利据点;它们所提供的军事合作,潜在地加强了北约在东地中海地区的机动性,同时也限制了苏联在该地区的机动性。"② 希腊和土耳其之所以能够成为北约首轮扩展的候选国,并非北约率性或随意之举,而是冷战的一种必然。"如果土耳其只是一个坐落在安纳托利亚高原或者南地中海岛屿的小国,这些变化关系不大。但对美国和欧洲来说,土耳其位于战略重要性不断增长的3个地区——巴尔干半岛、爱琴海以及中东的连接点,因此,土耳其对美国和欧洲极为重要。"③ 对于迫切希望能够在东西方冷战中获得优势地位的北约及其成员国来说,将希腊与土耳其纳入其势力范围可谓势所必然。

另外,在北约内部,许多成员国与希腊、土耳其拥有深厚的历史渊源,而这种关系则由于北约的冷战政治需要得到进一步加强。如同北约所自称的那样,"希腊与土耳其是我们最遥远的北约盟国,尽管从1947年起,它们就和我们保持亲密关系,但我们先前的关系很肤浅,并没有多少共同利益基础,也对缓冲冲击没有多少理解,因为亲密关系比普通关系更敏感"④。在冷战政策驱使下,美国并不在意希腊和土耳其身处欧洲内陆

---

① Nigel P. Thalakada, *Unipolarity and the Evolution of America's Cold War Alliance*, p. 21.
② Monteagle Stearns, *Entangled Allies: U.S. Policy toward Greece, Turkey, and Cyprus*, p. 53.
③ F. Stephen Larrabee and Ian O. Lesser, *Turkish Foreign Policy in an Age of Uncertainty*, Santa Monica, C.A.: Rand, 2003, p. 2.
④ Monteagle Stearns, *Entangled Allies: U.S. Policy toward Greece, Turkey, and Cyprus*, p. 5.

第四章　北约政治与安全实践　North Atlantic Treaty Organization

边缘并不处于北大西洋区域内这一事实，支持将两国纳入北大西洋区域安全体系。但西欧各国对希腊、土耳其两国的异质性宗教信仰、社会文化、民族构成、传统风俗等多有诟病，对两国孱弱无力的国民经济、严重的社会贫困等问题感到担心。

战后初期，欧美各国与希腊、土耳其就多有接触，希腊与土耳其亦从未脱离欧美各国的影响和控制。正是以支持希腊和土耳其为借口，1947年3月，美国推出杜鲁门主义，宣布向两国提供4亿美元援助，其中，援助希腊3亿美元、援助土耳其1亿美元。① 也正是在杜鲁门主义的旗号下，美国与希腊、土耳其的双边关系得到强化。然而，美国援助的实际数额远不止于此，而且援助所涉及的领域也绝不止经济与军事领域。不仅如此，美国还曾向希腊派出以驻欧武装部队副司令范佛里特（James Van Fleet）将军为首的军事代表团，建立美希联合司令部，帮助希腊政府军镇压共产党领导的希腊民主军，巩固以乔治·帕潘德里欧（George Papandreou）为首的亲西方政府，确保欧美各国有效影响和控制希腊。另据统计，在马歇尔计划付诸实施后，希腊从马歇尔计划中获得17亿美元经济援助，包括贷款与赠予，而且从1947年到1960年代，希腊获得13亿美元的军事援助。② 毫无疑问，美国所提供的巨额援助不仅缓解了希腊国内的紧张局势，迅速平息了希腊内战，而且也对南斯拉夫等国形成阻遏之势。

同样，美国也向土耳其大规模提供军事援助。1947年7月，美土双方签订军事协定，美国向土耳其提供1亿美元的军事援助，用于改善土耳其的军队武器装备，建设各种军事设施。1948年7月，美国与土耳其签订经济合作协议，土耳其正式加入马歇尔计划。据统计，1948年至1952年，美国累计向土耳其提供了3亿美元贷款，全部用于土耳其国民经济建设。不仅如此，另外据统计，从1946年到1987年，美国对土耳其的军事和经济援助总额超过130亿美元，对希腊的军事与经济援助总额达到90

---

① Dionysios Chourchoulis, *The Southern Flank of NATO, 1951 – 1959, Military Strategy or Political Stabilization*, Lanham, M. D. and New York: Lexington Books, 2015, XXⅦ.
② Theodore Coulombis, *The United States, Greece and Turkey: The Troubled Triangle*, New York: Praeger, 1983, pp. 13 – 14.

177

亿美元。① 数额巨大的经济与军事援助，空前拉近了希腊、土耳其与欧美各国在政治、经济、军事、思想以及意识形态等领域的距离，直接推动了两国迅速向西方靠拢。

通过杜鲁门主义和马歇尔计划，美国实际上与希腊、土耳其建立了比较牢固的政治、经济、军事、思想以及意识形态纽带，两国在事实上被纳入西方势力范围，成为欧美各国阻碍苏联与东欧国家南下的重要据点。从1948年4月至1949年4月，由于西欧多国设置了多重阻碍，希腊和土耳其最终均无缘参加建构北大西洋公约组织最初的各种谈判，例如"华盛顿探索性谈判"和"五角大楼谈判"等，因此，希腊与土耳其也无缘成为北大西洋公约组织初始成员国。西欧各国害怕两国会将其民族构成、宗教信仰等异质性因素带入北约，也害怕两国由于经济发展乏力、社会进步滞后而拖累北约，增加北大西洋安全体系建构的难度，弱化其安全功能，危害其专属地位，最终稀释北大西洋区域核心防御能力。

与西欧各国相比，美国的态度则显得比较复杂。美国希望在杜鲁门主义的旗帜下继续维持与希、土两国的合作关系，借重两国遏制苏联南下地中海地区，持续保持美国在东南欧以及东地中海地区的政治、军事与经济影响。但是由于西欧多国反对吸收希、土两国入盟北约，美国不愿因为希、土两国入盟问题而与西欧盟国出现对立与纷争，但美国又害怕苏联或南斯拉夫等社会主义国家继续插手两国内政，进而影响美国在东南欧与东地中海地区的战略布局。

与欧美各国的复杂态度相比，希腊、土耳其的态度非常明确，就是力争尽早加入北约。为此，希、土两国不遗余力争取一切机会，向欧美各国表明其迫切入盟北约的决心。"为了改变欧美各国的外交保留态度，土耳其外长奈克米廷·萨达克（Necmettin Sadak）提议订立一项地中海条约，作为北约的'延续'。土耳其提出的这个建议性条约，被土耳其政府视为

---

① Monteagle Stearns, *Entangled Allies: U. S. Policy toward Greece, Turkey, and Cyprus*, p. 17.

第四章　北约政治与安全实践　North Atlantic Treaty Organization

该国走上被北约全面接纳这一道路的一块垫脚石。"① 同样,希腊政府也坚持相同的立场,将加入北约视为杜绝一切威胁的护身符。

1950年6月,朝鲜战争爆发。欧美各国一致认定,朝鲜战争是苏联即将入侵欧洲的一个信号,西欧面临迫在眉睫的战争危险。"当前的朝鲜形势给美国和自由世界提供了首个机会,从苏联势力范围中清除朝鲜,消灭朝鲜共产党政权,建立一个自由和统一的朝鲜,将成为改变过去12个月远东地区危险战略趋势的一个步骤。"② 为此,北约必须刻不容缓地加强西欧防御建设,在短期内迅速建立一支强大的武装力量,朝鲜战争在很大程度上软化并改变了西欧各国对希腊、土耳其入盟北约的态度。同样,朝鲜战争也进一步拉近了美国与土耳其的关系。根据美国驻土耳其大使馆外交官蒙蒂格尔·斯特恩斯(Monteagle Stearns)的回忆,"美国驻安卡拉大使馆认为,朝鲜战争爆发后,针对土耳其的军事威胁变得如此严峻,美国为其侨民准备了疏散计划,一小撮官员被指定在苏联人占领安卡拉时留守不动"③。

在北约及其成员国看来,北约既要对苏联与东欧各国形成足够强大的军事威慑,使之惮于发动战争,同时也要为即将到来的战争做好准备,随时有效反制苏联与东欧各国的军事入侵。因此,整合所有北约成员国以及包括希腊和土耳其在内的各类盟国的军事力量,最大限度地形成一种系统而且完善的北大西洋区域防御体系,遂成为北约所有政治、军事以及安全实践的重中之重。由此可见,朝鲜战争爆发以及战局的迅猛发展,客观上为西欧各国迅速改变对希腊和土耳其的政治态度创造了条件,空前强化了美国与希腊、土耳其两国拉近关系的意愿,这成为希腊、土耳其最终得以入盟北约的一个重大契机。

---

① Suhnaz Yilmaz, "Turkey's Quest for NATO Membership: The Institutionalization of the Turkish-American Alliance," Evanthis Hatzivassiliou and Dimitrios Triantaphyllou, eds., *NATO's First Enlargement: A Reassessment*, London and New York: Routledge, 2016, p. 23.

② "Draft Memorandum Prepared in the Department of Defense," *FRUS*, 1950, Vol. 7, pp. 506–507.

③ Monteagle Stearns, *Entangled Allies: U. S. Policy toward Greece, Turkey, and Cyprus*, p. 170.

179

北大西洋公约组织

当然，朝鲜战争爆发后，希腊和土耳其的表现亦格外抢眼。两国积极支持美国的战争政策，参加美国领导的"联合国军"，其立场之坚定、态度之鲜明、行动之迅捷，连许多北约成员国也无法堪比。土耳其更是派出一支精锐部队，其规模仅次于韩国、美国、英国与加拿大，在参加"联合国军"的 17 个国家中名列前茅。在这支为数 16000 人的军队中，有 9000 人丧命。① 不仅如此，希腊和土耳其除竭力接近北约以外，也与同一时期欧美各国主导的中央条约组织（Central Treaty Organization，CENTO）、东南亚条约组织（Southeast Asian Treaty Organization，SEATO）以及澳新美组织（Security Treaty between Australia，New Zealand and the United States，ANZUS Pact）等保持了密切联系。毫无疑问，希腊和土耳其此举虽不乏取悦、接近欧美各国之意，但实实在在拉近了北约与希腊、土耳其之间的距离，这当然也是希腊和土耳其最终被纳入北约的重要因素之一。

1952 年 2 月，北大西洋理事会在葡萄牙首都里斯本召开会议，这次会议的主题就是如何加强北约武装力量，建立并完善北大西洋安全体系。而吸收希腊与土耳其入盟北约，进一步加强并完善北约在东南欧的防御能力，理所当然地成为里斯本会议的一项重要内容。在里斯本会议上，北约各成员国代表经过充分讨论，一致同意吸纳希腊和土耳其入盟。与此同时，北约还决定在东南欧设置一个区域指挥部——东南欧司令部，直接隶属于欧洲盟军最高司令部，负责东南欧地区以及东地中海海域的各种军事行动与防御部署。"北大西洋理事会一致同意，希腊与土耳其指派给北约的陆军与空军部队，将通过东南欧司令由欧洲盟军最高司令全面指挥，希腊与土耳其的海军仍由本国司令指挥，但将与北约在地中海的所有其他海军力量展开密切协作，常设小组将受命继续研究地中海地区海军部队的指挥，以及与陆军和空军部队的协调，并且受命向北大西洋理事会下次会议提供一份最终报告。"②

---

① Prince Hubertus zu Löwenstein and Volkmar von Zühlsdorff，*NATO and the Defense of the West*，p. 268.

② "Final Communiqué," 25 Feb. 1952, https://www.nato.int/cps/en/natohq/official_texts_17303.htm? selectedLocale=en.

第四章　北约政治与安全实践

北约吸收希腊、土耳其的目标非常明确，就是通过将希腊和土耳其纳入北大西洋区域防御体系，名正言顺地将东南欧置于北大西洋区域前沿防御地带，使该地区成为北约面对苏联与东欧各国的一个防御前沿阵地，以此有效抑制并阻遏苏联与东欧各国可能采取的任何侵略行动。"土耳其独特的战略位置由于战后地缘政治现实的变化态势而得到强化，使之能够在西欧与近东两个地区的防御中发挥重要作用。"[1] 鉴于此前苏联曾制造"黑海海峡危机"，北约吸收土耳其入盟，就是要有效控制土耳其海峡，封堵苏联海军进出黑海、"染指"地中海的出入口。与之相对应，北约吸收希腊入盟，无疑将进一步加强北约在东地中海海域的安全防御，以便与意大利、法国所重点防御的西地中海海域连成一体，确保地中海通道防御。

毫无疑问，北约吸纳希腊和土耳其入盟，具有深远的政治、军事以及安全意义。首先，吸收希、土两国入盟，并不止于简单地扩大北约的规模。对欧洲乃至欧洲以外的亲西方国家或地区来说，此举具有极大的政治示范作用。即北约是一个开放组织，可以随时按照其政治需要，吸纳非北大西洋国家入盟。任何想要加入北约的国家，在理论上都有机会成为其成员国，都有机会获得北约的安全保护。不仅如此，北约选择在朝鲜战争期间吸纳希、土两国，无疑是向苏联与东欧各国摆出某种政治示威姿态，向其宣示北约的政治态度，展示北约所具有的政治凝聚力与向心力。进言之，北约吸纳希、土两国入盟，进一步拉近了两国与欧美国家的政治距离，为两国全面融入西方阵营创造了条件。"希腊加入关键性西方组织，可以朝着巴尔干半岛横跨黑海与地中海，关注西方组织还非常薄弱以及安全安排尚未发挥作用的那些地区。"[2]

---

[1] Bruce R. Kuniholm, "Turkey and NATO," Lawrence S. Kaplan, Robert W. Clawson and Raimondo Luraghi, eds., *NATO and the Mediterranean*, Wilmington, D. E.: Scholarly Resources Inc., 1985, p. 215.

[2] Ian O. Lesser, F. Stephen Larrabee, Michele Zanini, Katia Vlachos-Dengler, *Greece's New Geopolitics*, Santa Monica, C. A.: Rand, 2001, XI – XII.

北大西洋公约组织

另外,北大西洋公约组织既是西方防御联盟,同时也是以追求冷战目标为导向的西方政治与意识形态联盟。"两个超级大国寻求名义上的主权民族国家向其表示忠诚,而这些国家在军事上都依赖霸权力量,臣服于大国的政治、经济、意识形态战略。"① 对北约来说,尽可能多地吸收亲西方国或者中立国加入北大西洋安全体系,甚至吸收苏联与东欧社会主义国家参与,意味着北约在东西方冷战对峙中会获得更大的力量与影响力,苏联与东欧社会主义阵营会更加孤立,其力量会更虚弱。

很明显,北约已经将持续扩展、不断完善北大西洋区域安全体系视为赢得冷战的一种捷径,视之为北约谋求长期发展的一条必由和便捷之路。为此北约积极致力于持续扩大联盟规模,增加成员国数量,扩大自身在政治、文化、思想以及意识形态等领域的影响力,以此对比邻希腊、土耳其的东欧与东南欧社会主义国家持续产生影响,分化并减弱苏联与东欧各国的关系。

其次,北约借吸纳希、土两国入盟,完全突破了北大西洋区域的初始地理界线,空前扩大了北大西洋区域的防御范围,将北大西洋区域防御的地理界线上升到地缘政治高度。"出于制订计划的目的,北约开始非正式检验'域外'应变计划,为的是克服其应对紧急事件时的能力不足,特别是在'波斯湾'。"② 事实上,北约借此扩张,不仅得以按照北约成员国标准重新武装希腊、土耳其,提升两国在军事决策能力、武器装备水准、整体作战能力等方面整体欠缺的弱势,而且还使北约将其武装力量、武器装备等直接部署在东南欧与东地中海海域,这使北约得以迅速改变整个地中海区域自身军力"西强东弱"的不利局面,最大限度地填补了北大西洋区域南翼防御力量极为薄弱的空缺。

再次,希腊与土耳其加入北约,对北约堪称意义重大,对希腊和土耳其同样意义深远。正是由于置身于北约中,希、土两国的发展方向才会发

---

① Prasenjit Duara, "The Cold War and the Imperialism of Nation-States," Richard H. Immerman and Petra Godde, eds., *The Oxford Handbook of the Cold War*, p. 88.
② Bruce R. Kuniholm, "Turkey and NATO," Lawrence S. Kaplan, Robert W. Clawson and Raimondo Luraghi, eds., *NATO and the Mediterranean*, pp. 230 – 231.

生重大变化，两国得以将自身命运与北约及其成员国紧紧捆绑在一起。进言之，这对东南欧的政治与安全态势产生了重大影响，东南欧也由此成为北约与华约军事对峙的又一个重要战场。

二　北约吸收联邦德国

如果说希腊、土耳其的地缘战略重要性是推动两国入盟北约的重要动因，而联邦德国则由于位居欧洲中心地带，拥有强大的工业潜力、巨大的人口资源、先进的科学技术、稳定的经济与社会基础等，一直受到美国等国家的青睐。在北约及其成员国看来，北大西洋安全体系还远未完成，北大西洋区域时刻面临着苏联与东欧各国的入侵威胁，尤其是位于欧洲心脏地带的中欧。"联邦德国的国境线直接沿着'铁幕'展开，长度超过1000英里；从捷克斯洛伐克、奥地利、保加利亚三个国家的拐角处，一直到靠近特罗弗明德（Travemünde）的普列瓦尔半岛（Privall Peninsula）。从战略上讲，人们必须加上当前为苏联所控制的600英里长的波罗的海海岸线。联邦德国的国境线是西方防御的核心。"① 因此，北约要想真正稳固北大西洋区域防御体系，有效威慑并抵御来自苏联与东欧各国的侵略威胁，必须将联邦德国纳入麾下。

事实上，北约各成员国对联邦德国在中欧的战略地位心知肚明，但是北约内部对是否吸纳联邦德国一直存在争议。其中，美、英等国坚决主张将联邦德国纳入北大西洋区域防御体系，因为联邦德国成立后，其政治、经济、社会以及法律制度等完全西化，在军事与安全上也全面倾向西方。"实际上到1950年8月，英国总参谋部公开支持创建西德武装力量，使之在下一个五年期总数达到30个师、2100架飞机，还有一些海军。"② 为此，美、英等国积极谋划将联邦德国纳入北大西洋防御区域，使之成为中欧地区的防御支柱，使之成为有效抵御苏联与东欧各国军事入侵的防御前

---

① Prince Hubertus zu Löwenstein and Volkmar von Zühlsdorff, *NATO and the Defense of the West*, p. 205.
② David Gates, *Non-Offensive Defense: An Alternative Strategy for NATO?*, Basingstoke, Hampshire and London: Macmillan, 1991, p. 4.

北大西洋公约组织

沿。"美国在1952年5月形成的立场，就是承诺资金不会用于联邦德国建设，支持北约成员国保持在联邦德国的军事存在，提高西方国家的防御。"①事实上，美、英等国不仅向联邦德国大规模提供军事与经济援助，而且还要求联邦德国尽快实现国家生活正常化，尽快实现经济复兴以及重新武装。

与之相对，法国惮于二战期间国土被德国占领的惨痛教训，始终反对重新武装联邦德国，对北约吸纳联邦德国更是持否定态度。围绕联邦德国是否能够实现正常化，是否应该重新武装，是否可以入盟北约，以美、英等国为一方，以法国及低地国家为另一方，在北约内部发生激烈争论。而作为当事国，联邦德国不论是政府还是民众，都积极支持向美、英等国靠拢，尽管其中不乏希望联邦德国保持中立的声音。"事实是，联邦德国大约有80%的人口支持加入北约，差不多有同样多的人口支持美国在联邦德国驻军。"②

为了缓解美、英等国施加的压力，同样也为了疏解东西方军事对峙给北大西洋区域带来的安全压力，作为一种替代，法国总理勒内·普利文（René Pleven）提出"普利文计划"，试图以1950年建立并成功运行的"欧洲煤钢联营"（European Coal and Steel Community，ECSC）为蓝本，建立一个类似的欧洲防务联合组织，创立一支能够将联邦德国武装力量囊括在内的"欧洲军"（European Army，EA），将重新武装后的联邦德国控制在法国主导的欧洲防务架构内。法国的设想是，此举既可以避免出现两国平起平坐的政治窘境，又可以在军事上有效控制联邦德国，使之无法对欧洲再度形成威胁。尽管对法国的计划有异议，但为了早日确立联邦德国的主权国家地位，阿登纳政府还是在原则上表示支持和肯定。

美、英等国虽然并不看好"欧洲军计划"，但在法国做出未来"欧洲军"不会自立门户、会继续听命于北约军事统一指挥体系这一保证后，

---

① Werner L. Abelshauser, "The Causes and Consequences of the 1956 West German Rearmament Crisis," Francis H. Heller and John R. Gillingham, eds., *NATO: The Founding of the Atlantic Alliance and the Integration on Europe*, p. 311.

② Werner Kaltefleiter, "NATO and Germany," Lawrence S. Kaplan, S. Victor Papacosma, Mark R. Rubin, Ruth V. Young, eds., *NATO after Forty Years*, p. 83.

第四章　北约政治与安全实践

也对该计划表示认可。然而，北约担心"欧洲军"会削弱北约在北大西洋区域防御中的地位，破坏北大西洋区域安全体系，于是北约军事委员会主席斯波福德（Charles Spofford）以协调并解决各成员国就联邦德国重新武装争执为名，提出北约版联邦德国重新武装计划——"斯波福德计划"（Spofford Plan）。该计划既强调北约继续推进欧洲安全建设，也强调法国式的"欧洲军"建设。（1）美、英、法三国按规定对联邦德国实现直接重新武装，三国共同监督，将实现重新武装的联邦德国纳入北约防务体系；（2）法国继续推进由其主导的"欧洲军计划"。① 很明显，北约看似要在美、英、法、德等国之间建立某种妥协，但其真正意图还在于凸显自身在欧洲防御问题上的主导权。

1952 年 5 月 27 日，法国、联邦德国、意大利以及低地国家共同签署《欧洲防务共同体条约》（European Defense Community Treaty，EDCT），宣布成立欧洲防务共同体（European Defense Community，EDC）。欧洲各国声称，欧洲防务共同体将成为北大西洋公约组织的有效补充，将在北约指导下实现欧洲整体安全建设目标。然而，《欧洲防务共同体条约》在法国国内遭到多方责难，各方政治势力分歧巨大。尽管美、英等国做了大量工作，甚至不惜以停止军事援助为威胁，但最终亦未能挽回《欧洲防务共同体条约》走向失败的命运。1954 年 8 月 29 日，法国国民议会以 314 票赞成、264 票反对、43 票弃权，最终否决了《欧洲防务共同体条约》。② 此举使法国设想的欧洲安全建设遭受巨大挫折，不仅使创设"欧洲军"以及欧洲防务共同体的设想付诸东流，也使法国就此对欧洲防务事务失去发言权。"法国拒绝加入欧洲防务共同体的关键在于，此举会使法国主权在欧洲防务共同体内完全被稀释。"③ 与之相对照，这一结果便利了美、

---

① "Establishment of a European Defense Force, Estimate of the Situation," *FRUS*, 1950, Vol. Ⅲ, pp. 212 – 219, http：//digicoll. library. wisc. edu/cgi – bin/FRUS/FRUS – idx? type = turn&entity = FRUS. FRUS1950v03. p0234&id = FRUS. FRUS1950v03&isize = M.

② 〔美〕沃尔特·拉费伯尔：《美国、俄国和冷战，1946~2006》，牛可、翟韬、张静译，世界图书出版公司，2011，第 137 页。

③ Lawrence S. Kaplan, *NATO Divided*, *NATO United*：*The Evolution of an Alliance*, p. 18.

北大西洋公约组织

英等国顺利推进联邦德国入盟北约。

1954年9月11日,英国外交大臣艾登(Robert Anthony Eden)出访西欧各国,与各国首脑就联邦德国重新武装、加入北约等事项展开磋商。在美国的积极支持下,英国提出"艾登计划"(Eden Plan)。该计划对《布鲁塞尔条约》做出修改,确使西方联盟能够吸收联邦德国与意大利,使该条约成为《北大西洋公约》的一个重要补充。"该计划抛开欧洲防务共同体所追求的超国家联合特性,将西欧防务体系立足于西欧主权国家联合,改变了布鲁塞尔条约组织的性质和职能,使之将联邦德国与意大利囊括在内,同时也使北约方案得到全面贯彻执行。"[①] 与此同时,北约还着手全面恢复联邦德国的主权国家地位,使之不仅能够重新武装,而且还能加入北大西洋公约组织,更能为欧洲防御做出特殊的贡献,进而为北大西洋区域防御做出贡献。

9月28日,美国、加拿大、英国、法国、联邦德国、意大利、比利时、荷兰、卢森堡九国在伦敦召开会议,正式商讨新的欧洲集体安全建设问题。经过10轮集体讨论,再加上美、英、法、联邦德国四国接连召开5次会议,最终确定了关于欧洲集体安全建设的最终文本——《伦敦议定书》(London Protocol)。各国最终就联邦德国在欧洲的政治与安全地位取得一致认识,各国均同意重新武装联邦德国,计划组建12个步兵师,还有少量空军和海军,以便让联邦德国为欧洲安全建设做出应有贡献。

1954年10月20~23日,九国代表以及其他北约成员国代表在巴黎召开会议,协商欧洲安全建设与北约防御政策之间的关系。巴黎会议最终签署《巴黎协议》(Paris Pact),各国同意将西方联盟正式更名西欧联盟(Western European Union, WEU),并将其作为推动欧洲安全建设的实体组织,同时也对西欧联盟的武装力量、军备控制、机制建设等都做了相关规定。"最初,《布鲁塞尔条约》是在英国、法国以及低地国家之间创立的一种永久的保证性防御关系,这是建立北大西洋公约组织非常重要的一

---

① Saki Dockrill, *Britain's Policy for Western Germany Rearmament, 1950 – 1955*, Cambridge, M. A.: Cambridge University Press, 1991, p. 142.

第四章　北约政治与安全实践

个步骤。当北约成员国在1954年创建包括联邦德国在内的一个更统一的欧洲防务共同体的努力失败后,西欧联盟被当作一种权宜之计,条约保持了绝对的相互保证,从一开始,西欧联盟就将防御中的行动工作留给了北约。"[1] 不仅如此,巴黎会议也解决了萨尔区归属问题,正式订立了恢复联邦德国主权国家地位的政治条约,同时通过了联邦德国加入北约的相关条款等。

1955年5月9～11日,北大西洋理事会在巴黎召开会议,就当前欧洲政治与安全问题展开进一步协商,讨论议题包括联邦德国入盟北约、北约防务章程、对意大利的声明、对国际形势的检讨、与奥地利订立和约、美英法三国对苏联解决德国问题的建议等。巴黎会议制定了强硬的军事对抗方针,宣布吸收联邦德国加入北约,将其变为北约第15个成员国。"北大西洋理事会为了欢迎联邦德国加入北约而召开公开会议,各成员国部长在彼时的讲话以及已发表的文本中,都强调他们特别重视联邦德国作为一个主权国家加入北大西洋共同体的意义……"[2] 鉴于德国战略地位极为重要,政治与安全敏感度极高,安全风险极大,美苏双方战后围绕德国问题产生了一系列重大争端,例如"柏林封锁事件""柏林墙事件"等。因此,北约吸纳联邦德国入盟,注定会对欧洲安全格局中各相关方产生重大影响,亦会对北约防御架构及其调整产生影响。

联邦德国加入北约,是北约在吸收希腊和土耳其入盟后的第二次扩张,其意义绝不止于增加北约成员国数量,或者显示北约在中欧的有效军事存在。如果说北约吸纳希、土两国,旨在构建一个东南欧防御安全带,那么吸纳联邦德国,则意味着北约在更大范围内着手创建北大西洋区域防御前沿。联邦德国的地缘政治与安全地位极为重要,既身处美苏冷战角逐的最前方,也处于东西方军事对抗的最前沿,联邦德国成为北约成员国,势必意味着北约的

---

[1] Alyson J. K. Bailes and Graham Messervy-Whiting, "Death of an Institution, the end for Western European Union, a Future for European Defence?" http://aei.pitt.edu/32322/1/ep46.pdf.

[2] "Final Communiqué," 9 May. 1955 – 10 May. 1955, https://www.nato.int/cps/en/natohq/official_ texts_ 17451.htm? selectedLocale = en.

北大西洋公约组织

整体防御力量得到进一步提升,意味着北约在北大西洋区域防御前沿的武装力量变得更强大。与此同时,这也意味着美苏围绕战后德国问题的对抗进一步加剧。"在整个1950年代,华盛顿双重遏制的政策以及威慑暨保证政策相辅相成,苏联受到遏制和威慑,西德受到遏制但也得到安全保证。"①

不仅如此,联邦德国加入北约,也在很大程度上改变了北约武装力量的基本构成,即北约武装力量中的欧洲成分进一步增强,因为联邦德国为北约提供了数量庞大的地面武装力量,这对于改善北约长期以来军备匮乏、常规武装力量严重不足的窘况大有裨益。据统计,联邦德国的现役部队有32.7万人,有3个军团包括11个师归属北约指挥,第12师与其他部队位于北翼战线;还有其他现役部队,包括边防部队6个本土防御集团、300个机动安全连队以及不同的战斗供应和服务部队;还有预备役兵力180万人,可立即动员的兵力为54万人。②另外,此举也有助于缓解美国独力支撑北大西洋区域防御、向欧洲盟国单方面提供保护的现状,有助于减轻美国在欧洲的防御负担,包括防御开支、武装力量分配、军事行动能力等,进而使美国有条件收拢力量,集中军事资源,甚至有更多机会关注北大西洋区域以外的政治与安全事务。

进言之,联邦德国入盟北约,亦在一定程度上改变了北约的政治联盟机制,特别是军事指挥机制。联邦德国成为北约成员国,在一定程度上再次证明了北大西洋安全体系是开放的,这对于北约吸纳更多新成员国具有积极作用。与此同时,此举也使联邦德国与北约的命运紧紧连在一起。"由于获得主权国家地位,并且被纳入西方民主国家共同体,羽翼未丰的联邦德国的命运与北约不可避免地连在一起。"③出于不断完善防御的现实需要,北约还组建了中欧盟军司令部,直接隶属于欧洲盟军最高司令

---

① Wolffram F. Hanrieder, "The FRG and NATO: Between Security Dependence and Security Partnership," Emil J. Kirchner and James Sperling, eds., *The Federal Republic of Germany and NATO: 40 Years After*, p.195.
② State Department Of the US, *U.S. Forces in NATO: An Alternative*, a Staff Paper, Washington, D.C.: U.S. Government Print Office, 1973, p.32.
③ Emil J. Kirchner and James Sperling, "From Instability to Stability," Emil J. Kirchner and James Sperling, eds., *The Federal Republic of Germany and NATO: 40 Years After*, p.1.

第四章 北约政治与安全实践

部,负责北约在中欧的防御,同时负责在北大西洋区域防御前沿部署军队与武器装备、举行各种级别的军事演习、建设各类军事设施、协调各成员国行动等。无可讳言,联邦德国入盟北约,对全面强化北约在中欧的防御产生直接影响,直至对北约军事指挥机制建设产生推动作用,进而强化北约在东西方军事对峙中的地位。"为了确保北约常规武装力量能够重建西德边境,在经过仔细思考所确立的有限任务中,北约可以通过让苏联害怕北约获得很多好处,成功终止其军事行动,以免苏联发起战术核战争。"①

联邦德国入盟北约,同样也加剧了欧洲冷战形势,加速了欧洲军事对抗格局形成。正是在北约吸纳联邦德国入盟的过程中,苏联多次对北约发出警告,要求北约承担强行吸纳联邦德国所引发的一切后果,但未能奏效,最终未能阻止北约吸纳联邦德国。

1955年5月14日,苏联与民主德国、波兰、匈牙利、捷克斯洛伐克、保加利亚、罗马尼亚、阿尔巴尼亚7个国家在华沙召开会议,共同签署《华沙条约》(Warsaw Pact),以北约为蓝本,苏联与东欧上述七国最终宣布成立华沙条约组织(Warsaw Treaty Organization,WTO),简称华约②。华约作为苏联与东欧各国唯一的军事联合组织,在政治上拥有最高领导机构——政治协商会议,以及旨在加强各成员国政治协商的外交部长委员会、国防部长委员会等。另外,华约在军事上拥有统一的军事指挥机构——联合武装力量司令部,还有一支强大的联合武装力量。华约的战略目标、政治与安全主旨非常明确,就是对苏联与东欧各国军事力量实施全面整合,在稳固苏联与东欧各国政治团结的同时,形成足以

---

① F. W. von Mellenthin and R. H. S. Stolfi with E. Stobik, *NATO under Attack: Why the Western Alliance Can Fight Outnembered and Win in Central Europe without Nuclear Weapons*, Durham, N. C.: Duke University Press, 1984, pp. 6 – 7.

② 华约建立之初将自身设定为防御组织,1987年5月,华约确立一个新军事方针,即"华约的方针包括三个在结构上相互联系的目标:第一个目标是在北约与华约之间保持最低限度的军事平衡;第二个目标是强调在防御足够的层级上实现削减军事潜力的意愿;第三个目标是在解决任何国际分歧中不使用武力"。参见Reimund Seidelmann, "Conventional Arms Build-Down in Europe," Emil J. Kirchner and James Sperling, eds., *The Federal Republic of Germany and NATO: 40 Years After*, p. 236.

抗衡北约的强大力量。同时,还要在持续扩大自身影响的基础上,最大限度地抵消北约在欧洲日益扩大的政治与军事影响。

以此为开端,北约与华约作为东西方最具代表性的政治与军事组织,从此开启东西双方在欧洲的全面军事对峙,这一军事对峙最终形成欧洲全面军事对抗格局。"1955 年 5 月 9 日,北大西洋理事会欢迎联邦德国成为第 15 个成员国。鉴于为阻止出现这一结果的种种努力失败,苏联在 5 月 14 日与 7 个卫星国签署《华沙条约》。由此,欧洲防御与东西方安全所必需的基础、模式以及分界得以牢牢划定,并且长期延续。"① 因此,联邦德国入盟北约,直接导致欧洲安全形势发生全面变化,形成北约与华约相互对抗的欧洲政治与安全新局面。

三 北约吸收西班牙

北约在冷战时期的第三次扩张,就是吸收西班牙入盟。不同于希腊和土耳其入盟,亦区别于联邦德国入盟,西班牙入盟北约适逢欧洲政治与安全环境发生全面变化。与 1950 年代剑拔弩张的欧洲冷战形势相比,1980 年代欧洲政治与安全形势已趋于缓和,经过几轮紧张与缓和、对立与谈判的循环后,美苏冷战以及东西方军事对抗已逐渐趋于缓和。对北约来说,吸收西班牙入盟的功利主义动机已经消退,北约更多的是从完善自身防御体系、强化军事指挥架构、稳固北大西洋区域安全秩序出发,着力于扩大联盟架构、推动自身发展。"对北约来说,挑战就是要对包含了不同变化的危险做出反应,但是如果苏联内部的政治形势发生重大变化,并且改革者失败,北约就可以保持足够的灵活度,极为可靠地提供安全保障。"②

吸收西班牙入盟实际上并非新话题。早在欧美各国酝酿并创设北约之初,西班牙就一直是各国讨论构建北大西洋安全体系的一个焦点话题,对

---

① Major-General Edward Fursdon, "The Role of the European Defense Community in European Integration," Francis H. Heller and John R. Gillingham, eds., *NATO: The Founding of the Atlantic Alliance and the Integration on Europe*, p. 236.

② Drew S. Nelson, Keith W. Dayton, William J. Ervin, Keck M. Barry, and Philip C. Marcum, *The Future of NATO, Facing an Unreliable Enemy in an Uncertain Environment*, pp. 17 – 18.

第四章 北约政治与安全实践

于是否将西班牙拉入北约,欧美各国存在较大分歧。美国基于西班牙在伊比利亚半岛、地中海以及大西洋等区域所占据的重要战略地位,强烈主张让西班牙与葡萄牙参与订立《北大西洋公约》谈判,成为北约初始成员国。但是西欧各国由于反法西斯战争的惨痛经历,对曾经与纳粹德国有合作关系的佛朗哥(Francisco Franco)政府持排斥态度,反对西班牙加入北约这一标榜民主和自由联盟的军事组织。美欧双方争论的最终结果是,尽管位于伊比利亚半岛的葡萄牙也一直处于安东尼奥·萨拉查(António de Oliveira Salazar)的独裁统治下,但葡萄牙最终还是作为初始成员国加入北约,这在一定程度上弥补了西班牙缺席而在北大西洋安全体系中留下的防御空隙。

西班牙长期处于佛朗哥统治下,造成西班牙遭到西欧各国的集体疏远和排斥,无缘叩开北约大门。但是,西班牙与美国始终保持着政治、经济以及军事合作关系。在经济领域,西班牙得到美国的大量经济援助,其国民经济获得长足发展,成为欧洲发达工业国。在军事领域,虽然西班牙一直未能加入北约,但美国和西班牙在1953年订立了3个双边防务协定。美国在西班牙建立了大量海陆空军事基地,在伊比利亚半岛及其周边海域保持有效军事存在。双边防务协定后来又得到修改,合作范围不断扩大,双方从军事合作走向政治合作。"1953年,美国开始向西班牙提供经济援助,以此换取在西班牙领土建立基地的权利。"①

1975年11月20日,佛朗哥去世,胡安·卡洛斯(Juan Carlos Alfonso Víctor María de Borbón y Borbón-Dos Sicilias)王子正式成为西班牙国王。1976年7月,西班牙建立以阿道弗·苏亚雷斯(Adolfo Suárez González)为首的民主政府,由此开启国家民主化进程。"与此同时,美国和西班牙签署《美西友好与合作条约》(Treaty of Friendship and Co-operation between the US and Spain),美国人正式承认西班牙对西方安全做出的贡献。"② 西班牙制定了民主宪法,国王只保留象征性权力,推行政党选举制度,在多党制基

---

① Sean Kay, *NATO and the Future of European Security*, p. 56.
② Hugh Faringdon, *Strategic Geography: NATO, the Warsaw Pact, and the Superpowers*, p. 244.

北大西洋公约组织

础上实行代议制民主政治，建立多党合作，推动社团与政府合作，反对军人干政，取消军事法庭，实施政治大赦，推进政治和解，赋予社团与政党以合法权利等。通过上述措施，西班牙逐渐从旧式独裁政治走向民主政治，由封闭、保守的社会形态，走向开放和法制化的公民社会。上述措施拉近了西班牙与西欧各国的政治、经济和社会距离，为西班牙改变孤立状态、重回欧洲奠定了基础。

不仅如此，西班牙也大幅调整了旧的外交方针。苏亚雷斯政府主动向西欧各国靠拢，加强双方的政治、经济、社会、文化与教育合作，密切西班牙与西欧各国的双边关系。卡洛斯国王多次出访西欧各国，强调西班牙是西欧的天然组成部分，竭力要求重回欧洲大家庭。为此，西班牙还申请加入欧洲共同体（简称"欧共体"），试图以此加速自身经济发展。"西班牙人现在知道他们是欧洲人，如果欧洲对他们关上大门，他们有可能会选择回到孤立，或许有可能会从胡安·卡洛斯继承西班牙王位后取得的所有自信且辉煌的成就中倒退。人们更愿意相信，这是社会党以及其他欧洲国家所希望的。"①

与此同时，西班牙也调整其安全政策，除强化与美国防务合作外，还加强了与北约其他成员国的防务合作，特别是与西欧各国展开防务合作。西班牙政府明确表示，希望早日加入北约，成为北大西洋安全体系的一员。不可否认，上述调整为西班牙最终入盟北约创造了条件。"支持西班牙获得北约成员国资格的人士强调，成员国资格将会为西班牙提供全面的防御覆盖，甚至也包括像休达、梅利利亚这些不在《美西友好与合作条约》范围内的地区，它们偶尔会受到摩洛哥的威胁……许多西班牙专业军事人士推动西班牙获得北约成员国资格，将其部分视为欧洲共同体的军事等价物，大多数视之为促进自身组织建设的一种手段。"②

然而，1979年12月底，苏联入侵阿富汗，打破了东西方在欧洲裁军

---

① Paul Preston and Denis Swmyth, *Spain, the EEC and NATO*, London, Boston and Henley: Routledge & Kegan Paul, 1984, p. 85.
② Seymour Weiss and Kenneth Aselman, "Healing NATO: Quick Fixes are not Enough," David S. Yost, *NATO's Strategic Options: Arms Control and Defense*, New York and Oxford: Pergamon Press Inc., 1981, p. 228.

第四章 北约政治与安全实践

与谈判中所达成的政治与安全平衡，导致西方各国普遍出现安全恐慌。在北大西洋区域以外的东西方军事对峙中，北约似乎尽显颓势，因此亟待采取措施，扭转这一不利局面。1980年6月，北大西洋理事会在土耳其首都安卡拉召开会议，全面商讨北约面对国际政治与安全形势变化所应采取的对策。苏联入侵阿富汗、华约军事力量建设、裁军与武器控制、限制战略武器谈判、东西方相互均衡裁军、欧安会进程、希腊与土耳其对话、德国问题、地中海安全防务等都成为会议主题。与会各国一致认为，当前北约在地中海的防务状况令人担忧，北约所倚重的希腊、土耳其以及葡萄牙等国，不仅国力弱小，而且在军事建设上缺乏强有力的经济支撑，需要北约提供全面的经济与技术援助。因此，加强北约在地中海区域防御的最佳途径，就是迅速吸收西班牙入盟。"部长们提到了按照北大西洋理事会指示所准备的地中海地区形势报告，再次强调有必要保持这一地区整体武装力量的平衡。"① 在北约眼中，此举一方面可以有效确保地中海区域安全，另一方面可以抑制西班牙国内出现左翼政治倾向。

继苏亚雷斯之后，卡尔沃·索特洛（Leopoldo Calvo Soteloy Bustelo）上台执政。该政府积极推行亲西方政策，继续谋求西班牙加入北约，希望借入盟北约之机将西班牙纳入北大西洋区域防御体系，以此提升西班牙防御能力，同时借此解决西班牙与其他国家的领土纠纷，例如西班牙与英国就直布罗陀海峡主权归属的纠纷，西班牙与摩洛哥就北非休达、梅利利亚等地区的领土主权争端等。11月28日，索特洛政府正式向北约发出外交照会，恳请北约向西班牙发出入盟邀请。12月10~11日，北大西洋理事会在布鲁塞尔召开特别会议，重点讨论西班牙入盟北约的条款、武器控制与裁军、核武器的威慑作用、苏联制造不安定局面的能力、苏联入侵阿富汗问题、保持低水平武装力量平衡等议题。"各成员国部长们承认，使用武装力量追求政治目标，已证明北约边境以外的事件也能直接影响所有成员国的安全，尤其是这些事件的发展更加突出了地中海地区的重要性，通

---

① "Final Communiqué," 25 Jun. 1980 – 26 Jun. 1980, https://www.nato.int/cps/en/natohq/official_ texts_ 23031. htm? selectedLocale = en.

北大西洋公约组织

过保持团结并加强盟国的凝聚力,应对这种新挑战相较以前更为必要。"①布鲁塞尔特别会议最终确定了西班牙入盟北约的日程表,并且向西班牙发出正式邀请,完成了西班牙入盟北约的前期准备工作,推动西班牙入盟进入倒计时。

1982年5月30日,西班牙在华盛顿签署入盟文件,正式成为北约第16个成员国。由此,北约将伊比利亚半岛以及西班牙在大西洋所属岛屿尽数纳入北大西洋区域防御范围。为了便于统一并且协调其在伊比利亚半岛及其周边岛屿、海域的军事行动,北约设立特别军事司令部,直接隶属于北约南欧司令部,负责指挥伊比利亚半岛及其周边海域的军事行动。不仅如此,北约还向西班牙提出一系列军事建设要求,包括按照北约标准建设武装力量,增加防务开支,强化西班牙军队与北大西洋安全体系融合,加强北约在西班牙的永久性军事基地建设等。"在苏联打破北约沿中央前线的防御线之后,一旦西方需要实施反侵略行动,(北约的)战争计划就需要将西班牙领土用于战略调整,将其当作进军路线。"②

然而,在北约吸收西班牙入盟后,事态并未朝北约此前设计的方向发展,西班牙并未毫无保留地成为北大西洋区域防御的贡献者,就像希腊、土耳其、联邦德国一样。西班牙入盟北约,不论外部环境还是内在动力,都存在许多问题。"在任何情况下,欧洲防御合作在马德里可能都不会有太大争议,它将被视为西班牙重新获准进入欧洲俱乐部这一更大进程的一部分。"③ 就外部环境而言,尽管苏联入侵阿富汗给北约带来极大困扰,但西班牙并未直接感受到该事件产生的压力。相反,从1970年代到1980年代,东西方政治与安全形势相对缓和、军事竞争亦有所减缓,这对于刚刚摆脱独裁政治、走向民主化的西班牙产生了较大影响。许多西班牙政

---

① "Final Communiqué," 9 Dec. 1980 – 10 Dec. 1980, https://www.nato.int/cps/en/natohq/official_texts_23037.htm?selectedLocale=en.
② Douglas Stuart and William Tow, *The Limits of Alliance, NATO out-of-Area Problems since 1949*, Baltimore, M. D. and London: The John Hopkins University Press, 1990, p. 299.
③ Stanley R. Sloan, *NATO's Future, Towards a New Transatlantic Bargain*, Houndmills, Basingstoke and London: The Macmillan Press Ltd., 1986, p. 170.

第四章　北约政治与安全实践

党、社团、组织以及民众一直对西班牙入盟北约持保留看法，他们更愿看到西班牙在东西方冷战对峙中保持中立，因为这样既可使西班牙无须接受北约的过度保护，也可使西班牙不必过于听从北约的控制和摆布。

不仅如此，在入盟北约后，西班牙发现北约成员国这一身份并未带给西班牙原先设想的各种政治与军事好处，北约并未完全按照西班牙的要求直接参与解决西班牙与英国、摩洛哥的相关领土纠纷，西班牙与上述国家的领土主权纠葛始终难以化解。就像对其他成员国一样，北约也在军事、政治以及经济等方面向西班牙提出一系列要求，西班牙倍感压力。毕竟西班牙与欧美各国长期隔离，双方在政治、经济以及军事上存在落差，西班牙很难在短期内达到北约设定的标准，亦很难完全按照北约制定的方向推进军事建设。"西班牙军队仍然只是一支国内武装力量，无法与外来敌人作战，其860辆装甲车在真正的战斗中撑不过一个星期。"[1]

正是在上述因素的作用下，西班牙各方政治势力始终对北约心存疑虑。这种情绪具体表现为西班牙防御政策不断出现反复。1982年10月，工人社会党领导人费利佩·冈萨雷斯（Felipe González Márquez）上台执政，一度宣布冻结西班牙与北约的军事合作，放缓西班牙融入北大西洋安全体系的进程。"政治领导层支持西班牙获得北约成员国资格，但是公众对美国持敌对态度（北约也受到牵连），原因是美国过去一直支持佛朗哥。"[2] 不仅如此，冈萨雷斯政府在国内左派力量的压力下，宣布关闭美军在托雷洪的空军基地，迫使美军不得不将驻留该基地的F-14战机转往意大利。

1983年春，西班牙就是否离开北约举行公民投票。其中，53%的投票者认为，如果西班牙继续留在北约，很有可能成为苏联实施核攻击的对象，而反对这一观点的人只有11%。另外，44%的投票者认为，西班牙留在北约，将会加剧欧洲两大军事政治集团之间的紧张关系，而对这一观点持反对意见的人只有17%。[3] 由此可见，西班牙民众对北约的态度并不

---

[1] David S. Yost, *NATO's Strategic Options: Arms Control and Defense*, p. 228.
[2] Sean Kay, *NATO and the Future of European Security*, p. 56.
[3] Paul Preston and Denis Smyth, *Spain, the EEC and NATO*, p. 22.

北大西洋公约组织

完全一致,支持者和反对者的声音可谓大相径庭。一直到1986年3月,西班牙再次就去留问题举行全国公投,大多数西班牙人还是愿意继续留在北约,因为毕竟北约除去军事功能外,还有政治、安全、文化以及意识形态等联合的追求。

最终,西班牙还是决定留在北约,但保留了某种特殊性。按照西班牙政府与北约协商的结果,西班牙可以不直接参与北约"前沿防御计划"及其行动,西班牙军队亦不完全归属欧洲盟军最高司令部指挥,而是保持一定独立性。另外,北约在西班牙境内不得部署战略核武器。与之相对应,西班牙对自身在北大西洋区域防御中的定位,更多的是扮演北约武装力量后勤补给基地这一角色,而非直接充当北约前沿防御力量。"很自然地,地中海地区部署的美国武装力量包括在希腊的陆军470名,在意大利的3950人,在土耳其的1250人,这些人大部分都是后勤供应人员,许多人负责向域外行动提供支持。美国空军在西班牙有5300人,有1个战术联队,包括3个中队72架F-16B飞机,还有1个部署在美国的F-4E战术战斗机联队处于轮换中。"①尽管西班牙所做的这种特殊安排客观上有悖《北大西洋公约》所昭示的"集体安全精神",但北约至少保留了北大西洋安全体系的完整性。因此,西班牙入盟北约的政治意义,实际上要大于军事意义。

总之,西班牙入盟北约,客观上反映了1980年代国际形势急速变化的大趋势,其中既反映了西班牙自身的政治、经济、社会与安全需要,也反映了1950~1980年代北约政治与安全方针的调整与变化。尽管在北约的地位极为特殊,但西班牙仍然凭借其作为北约成员国的资格,以及与美国的军事合作关系,在伊比利亚半岛、西地中海以及周边大西洋海域的地缘政治博弈中保持了较大影响,而北约也凭借西班牙在北大西洋区域防御中占有一席之地这一客观事实,弥补了北约在地中海海域军事力量长期疲

---

① Anthony H. Cordesman, "The Uses of Force in the Middle East," Joseph I. Coffey and Gianni Bonvicini, eds., *The Atlantic Alliance and the Middle East*, Pittsburgh, P. A.: University of Pittsburgh Press, 1989, p. 79.

弱的颓势，进而得以在更大程度上强化对北非、中东等地区的战略威慑与干预态势。"西班牙将会继续通过与美国的基地协定，为西方防御做出贡献；通过西班牙武装部队与其他北约邻国武装力量展开更加非正式且特别的协作，为西方防御做出贡献……西班牙仍将作为一个完整的共同体，在战略、经济以及政治上与西方保持联系，西班牙将继续面对与休达、梅利利亚同样的危险与困难。"①

第二节 北约武装力量建设

一 北约及其成员国常规武装力量建设

作为欧美各国最重要的防御联盟，北约自创建后就一直非常重视发展武装力量，将其当作维系北大西洋区域安全的一种重要工具。"（北约）防御导向战略加重了防御者的负担，它赋予进攻者战略和战术主动权，防御者只能做出反应，因此防御者必须保持全方位的军事手段——常规武装力量和战略核力量，持续保持待命状态。（推动）北约防御概念的必然结果就是，保持大量可以使用的武装力量，保持快速做出政治决策的能力。"② 北约之所以如此重视武装力量的作用，大力发展常规性或者非常规性武装力量，一方面缘于对苏联与东欧各国拥有超大规模常规武装力量与核力量感到担忧，客观上需要建设并保持一支规模庞大、实力强劲的武装力量，既能有效威慑并抵御苏联与东欧各国可能发动的军事进攻，又能使北约成员国坚定信心，为其提供支持。另一方面，北约通过持续强化武装力量这种方式，既能将各成员国武装力量团聚在一起，又能全面强化北约的政治与安全凝聚力。因此，建设一支强有力的武装力量，已成为北约各成员国的一种共识，成为北约强化联盟体制的一种政治象征。

---

① Paul Preston and Denis Swmyth, *Spain, the EEC and NATO*, p. 84.
② Ulrich de Maiziere, *Armed Forces in The NATO Alliance*, Washington, D. C. : Center for Strategic & International Studies of Georgetown University, 1976, pp. 12 – 13.

北大西洋公约组织

在防御方针中,北约一直秉持唯有强大的武装力量才能保卫北大西洋区域安全的原则,认定武装力量越强大,北约及其成员国的安全就越有保障。英国历史学家约翰·拜利斯(John Baylis)对此做出解释,"北约战略的目标是,允许北约对苏联说,'如果你发动常规性侵略,我们在相当长的时期内将拥有实施常规防御的能力。但是我们不排除首先使用核武器的可能,以此展示我们实施抵抗的决心。如果你对我们使用核武器,千万不要忘记,我们拥有毁灭性的报复能力'"①。对北约而言,其武装力量建设始终具有政治与军事双重使命。

在这一思想的指导下,北约一直致力于发展和壮大自身武装力量。众所周知,早在1945年5月8日,美国在欧洲的武装力量就超过300万人,但一年后只剩下39.1万人;同一时期,英国在欧洲的军队也由100多万人迅速缩减至48.8万人,加拿大在欧洲29.9万人的军队则全都撤回本国,在欧洲不留一兵一卒。②尽管还有法国、荷兰以及比利时等国武装力量参与,但美、英等国的上述武装力量构成了北约驻欧洲武装力量最初的基础。但是,这一武装力量在构成、性质、功用以及分布上存在许多问题:其一,它们并非为北约专属,虽然各方力量多有合作,但未形成统一的军事指挥体制,基本上呈分散状态;其二,这些部队直接听命于美、英等国政府,负责对联邦德国实施占领与管制,在部队编制、作战能力、武器配属、战术协同等方面无法堪比野战部队,不具备足以与苏联常规武装力量相抗衡的能力;其三,英国后来撤出大部分军队,导致北约武装力量在很长时间内以美军为主,其他欧洲成员国则较少参与,这就造成北约似乎只是美国单方面向欧洲成员国提供安全保护的印象。

在北约成立之初,其武装力量建设一直未被提上议事日程,除各成员国武装力量外,北约实际上并未真正拥有独属的武装力量。1950年4月1

---

① John Baylis, "NATO Strategy: The Case for a New Strategic Concept," *International Affairs*, Vol. 64, No. 1, 1987, pp. 43–59. 转引自 Colin McInnes, *NATO's Changing Strategic Agenda: The Conventional Defence of Central Europe*, p. 14。

② Prince Hubertus zu Löwenstein and Volkmar von Zühlsdorff, *NATO and the Defense of the West*, p. 40。

第四章 北约政治与安全实践

日,北约防务委员会提出"中期防御计划"(Medium Term Defense Plan,MTDP),即在未来4年内,北约将建设90个师,拥有1000艘战舰、8800架飞机,用于北大西洋区域防御。① 在北约看来,欧亚大陆拥有人口3.26亿人,苏东集团在战争状态下能够集结200个师。其中,苏联拥有135个师(还有20个留作骨干师),苏联的卫星国有65个师。而北约的欧洲成员国全部人口只有2.65亿人,只能拼凑50个现役师。② 很明显,苏联与东欧各国武装力量是北约武装力量的4倍,而且在苏东阵营中,战斗力较强的苏联军队大致占2/3,战斗力较弱东欧各国军队只占1/3,双方在武装力量上的差距极为明显。美国参谋长联席会议主席奥马尔·布拉德利(Omar N. Bradley)甚至在向国会专属委员会提交的报告中,更为夸张地提出,莫斯科总计拥有超过500万名武装人员,这个数据似乎意味着异乎寻常的大规模空军、海军以及国内安全力量。③ 依据上述力量对比,北约认为双方军事实力悬殊,不得不承受前所未有的巨大压力。所以,北约有充分的理由加速扩大其武装力量规模,以便最大限度地缩小双方在军事力量上的巨大差距。

朝鲜战争成为北约加速武装力量建设的一副催化剂,迅速终止了北约内部围绕武装力量建设的种种争论。欧洲成员国一致认定,苏联与东欧各国即将对北大西洋区域发动进攻,朝鲜战争不过是苏联与东欧各国入侵西欧的前奏,北大西洋区域形势可谓危如累卵。因此,北约必须刻不容缓地建立一支强大而又统一的武装力量,防患于未然。12月19日,美国将军德怀特·艾森豪威尔被任命为欧洲盟军最高司令,欧洲盟军最高司令部亦正式启动,北约开始陆续将各成员国军队纳入其武装力量架构。首先,美国将其驻欧洲的军队全部纳入欧洲盟军最高司令部指挥序列,使之听命于

---

① Robert A. Wampler, "Conventional Goals and Nuclear Promises: The Truman Administration and the Roots of the NATO New Look," Francis H. Heller, and John R. Gillingham, eds., *NATO: The Founding of the Atlantic Alliance and the Integration on Europe*, p. 356.
② Prince Hubertus zu Löwenstein and Volkmar von Zühlsdorff, *NATO and the Defense of the West*, p. 92.
③ William Park, *Defending the West: A History of NATO*, p. 24.

北大西洋公约组织

欧洲盟军最高司令调遣。其次，英国、法国、比利时、丹麦、挪威、意大利等国也陆续将其武装力量纳入北约指挥体系。1950年12月，北大西洋理事会在布鲁塞尔召开会议，通过了军事委员会关于北约武装力量建设所设定的目标，即"军事委员会第28号文件"（MC28）。"该文件明确要求北约到1954年建设95.5个师，拥有超过9000架飞机、556艘主要战舰。"① 这些武装力量尽管战备水平不同，武器装备构成不同，战力各自有别，但成为北约保卫北大西洋区域安全的主要力量。

1952年2月20~25日，北大西洋理事会在里斯本召开会议，会议提出建设一支规模庞大的武装力量的目标。为此，北大西洋理事会重提"中期防御计划"，在此基础上确立"防务委员会第13号文件"（DC13），即到1954年底，北约武装力量将包括海军拥有从巡洋舰到扫雷舰的2324艘战舰，另有海上飞机3264架；陆军拥有96个师；空军拥有8004架飞机。② 另外，鉴于希腊和土耳其正式加入北约，两国军队也被纳入欧洲盟军最高司令部麾下，成为北大西洋区域南翼战线上的一支重要力量。事实上，到1952年5月马修·李奇微出任欧洲盟军最高司令时，北约已拥有50个师。而到1954年7月格伦瑟担任欧洲盟军最高司令时，他可以列编90个到100个师处于不同战备状态的地面部队，并且使（北约）不会因为苏联的武装力量而对自身武装力量产生自卑感。③ 1955年5月，联邦德国入盟北约，按照北约设计，联邦德国武装力量直接进入北约武装力量序列。到1965年，联邦德国现役部队将达到50万人，后备力量将达到50万人。④

1966年12月，北大西洋理事会通过此前军事委员会制订的"武装力

---

① Robert A. Wampler, "Conventional Goals and Nuclear Promises: The Truman Administration and the Roots of the NATO New Look," Francis H. Heller and John R. Gillingham, eds., *NATO: The Founding of the Atlantic Alliance and the Integration on Europe*, p. 356.
② Dr. Gregory W. Pedlow, ed., "NATO Strategy Documents, 1949 – 1969," https://www.nato.int/docu/stratdoc/eng/intro.pdf.
③ Lawrence S. Kaplan, *NATO and the United States: The Enduring Alliance*, p. 61.
④ Prince Hubertus zu Löwenstein and Volkmar von Zühlsdorff, *NATO and the Defense of the West*, p. 206.

第四章 北约政治与安全实践　**N**orth Atlantic Treaty Organization

量建设滚动计划"（NATO Force Plan）。在该计划中，各成员国对发展各自的武装力量做出承诺，计划设定 5 年期限。在此基础上，北大西洋理事会又于 1968 年通过"1969～1973 年武装力量建设计划"（Force Goals for the Period 1969～1973），计划将北约武装力量建设提升至一个更高的水平。贯穿整个冷战时期，自 1960 年代形成武装力量基本架构后，北约武装力量建设在 1970～1980 年代总体上采取了稳步壮大的方针，根据北约与华约对峙的需要，不断发展武装力量规模、种类、武器、装备、技术、手段等，使武装力量建设日臻完善。

经过几十年的持续发展，北约在武装力量建设上取得令人瞩目的成绩，其陆地和空中力量演变为一支令人生畏的庞大力量，不仅完全能够自保，而且足以产生强大的战略威慑力，甚至可以实施毁灭性军事打击。

除陆军和空军建设外，北约也极其重视海军建设。鉴于北大西洋区域极为特殊的地理环境，以及北约多数成员国一贯拥有的海军优势，再加之北约在战略上特别重视海上封锁、保障运输和增援、加强远程打击能力建设，北约海上力量建设一直比较顺利，争议较小，也很少有波折。北约不仅将其海军力量视为武装力量建设的一大支柱，而且将其视为弥补陆上力量不足的一种有效手段。相较华约及其成员国，北约海上力量建设一直具有某种优势。不论是海军规模、作战手段以及作战范围，还是作战理念、技术条件以及综合战力，北约都有一定优势，这和北约与华约在地面武装力量较量中呈现"一边倒"的情形形成鲜明对比。

北约及其成员国海军不仅控制着大西洋，而且还控制着与大西洋紧紧毗连的地中海、波罗的海、北海、北冰洋等，而华约则只有一些进入大西洋与地中海的出海口，例如与上述海域相连的波罗的海、黑海以及北冰洋，这种地域局限使华约的海军辐射能力远远不及北约。从 1980 年代双方海军的建设规模看，北约拥有各种航空母舰 22 艘、战列舰 4 艘、巡洋舰 32 艘、驱逐舰 156 艘、护卫舰 308 艘、弹道导弹战略核潜艇 46 艘、攻击型潜艇 241 艘、两栖登陆舰 87 艘、辅助舰只 241 艘、布雷舰 263 艘、各种小型舰艇 344 艘、各种海上飞机 2207 架。而华约只拥有航空母舰 6 艘、巡洋舰 39 艘、驱逐舰 70 艘、护卫舰 207 艘、弹道导弹战略核潜艇 77

艘、攻击型潜艇386艘、两栖登陆舰114艘、辅助舰只312艘、布雷舰505艘、各种小型舰艇856艘、各类海上飞机1298架。① 很明显，北约的海军力量规模巨大，所拥有舰船总量超过华约。尤其是在航空母舰数量与整体技术水平、作战理念、情报分析能力、作战手段等方面，北约明显优于华约。

对北约而言，其武装力量建设无疑已取得巨大成就，北约武装力量在不断壮大的过程中，逐渐形成一个比较完整的防御体系，该体系不仅囊括了北约各成员国常规武装力量与核力量，而且常规武装力量涵盖了陆、海、空3个军种，形成一种立体式的、相互交叉的军事结构。许多西方战略家或者政治领导人甚至将冷战时期北大西洋区域的稳定与和平，直接归因于北约拥有一个强大的武装力量架构，足以威慑华约及其成员国，使之惮于对北大西洋区域发动军事进攻。毋庸置疑，美国在北约武装力量建设中的引领和主导作用尤为突出，这主要体现在美国驻欧武装力量上。"美国在欧洲的军队是最具决定性的力量，能够实施威慑，并且在北约中推动人所共见的团结精神。来自东方的侵略者必须意识到，任何形式的武装攻击，甚至通过突然袭击而造成既成事实的企图，都会与美国军队发生冲突，都需要冒与美国发生战争的风险。"②

北约与华约都将自身定位为防御组织，都将自身的安全目标锁定为防范、威慑和抵御对方的战争"讹诈"与行动。如果这一说法成立，北约与华约在理论上都不具备向对方主动发动战争的动机和意愿。纵观冷战全程，北大西洋区域长期保持稳定与和平，也许更应该归功于华约及其成员国始终无意入侵北大西洋区域，而非其他。如果情况果真如此，那么不论始终掌握常规武装力量优势的华约，还是积极致力于武装力量建设的北约，实际上都处于自我逻辑无法自洽的矛盾状态。因此，北约与华约虽然多次展开裁军谈判，但始终无法达到预期效果。据西方军事

---

① Francis J. West, Jr., Jacquelyn K. Davis, James E. Dougherty, Robert J. Hanks, Charles M. Perry, *Naval Forces and Western Security*, Washington, D. C. and New York: Pergamon & Brassey's, 1986, p. 55.

② Ulrich de Maiziere, *Armed Forces in the NATO Alliance*, p. 14.

第四章　北约政治与安全实践　North Atlantic Treaty Organization

观察家斯蒂芬·弗拉纳甘（Stephen J. Flanagan）与安德鲁·汉密尔顿（Andrew Hamilton）的观察，在大西洋到乌拉尔地区之间的限制性区域，按照双方订立的一期常规武装力量协议，每一方部署地面常规武装力量的上限为22个现役师，每个师15000人，包括东西德与捷克斯洛伐克在内。这个数字大概按照当前北约部署在这一地区的40个预备师而确定，按照这个第一期协议，北约大概要监督华约撤出18个师。① 事实是，北约与华约从未真正从对峙前沿裁撤过任何成建制的地面武装力量，所谓的裁军谈判不过是各自试图削弱对方军事力量的一种障眼法。

从这个角度看，北约武装力量建设很难称得上成功。因为只是简单依靠维持并不断扩大军队和装备数量、推动军事技术进步、维持优势军事力量的做法实际上并不值得称道。因为北约为了应对臆想中的侵略战争而经年努力，劳师糜饷，这不能不说是冷战逻辑的荒谬和乖张。美国前国务卿亨利·基辛格（Henry Kissinger）曾对此展开反思。"可以肯定的是，美国在1980年代不再处于某种（优势）战略地位，能够将苏联反制美国的打击降至可容忍的程度……如果我的分析是正确的话，我们必须面对一个事实：即西方战略以相互自杀的可信度为基础，这种做法是荒谬的……欧洲盟国不会继续要求我们增加战略保证，这种保证不是我们故意为之，或者确实是我们故意为之，但我们不应履行这一战略保证，因为如果我们履行这一保证，就有毁灭文明的危险。"②

但是对于世界和平以及欧美各国人民而言，北约武装力量持续壮大，实际上并不是一个积极的信号。因为北约武装力量发展壮大，必将意味着北约与华约持续陷入军事对峙中无法自拔。虽然北约与华约、美国和苏联开启了一系列关于限制战略武器、削减常规武装力量的谈判，双方甚至签订了众多协定，但从北约武装力量持续壮大这一基本事实所见，北约与华

---

① Barry M. Blechman, William J. Durch, Kevin P. O. Prey, *NATO's Stake in the New Talks on Conventional Armed Forces in Europe*, *Regaining the High Ground*, Houndmills, Hampshire and London: Macmillan, 1990, p. 125.

② Henry Kissinger, "The Future of NATO," Kenneth A. Myers, ed., *NATO—The Next Thirty Years: The Changing Political, Economic and Military Setting*, pp. 5 – 8.

约或者美苏双方谈判和协商的效果实际上非常有限。由此可见，北约武装力量持续壮大，客观上加速了东西双方军事对峙，加剧了冷战形势日趋紧张化。

二 北约武装力量建设中的武器装备标准化与军费分担

诚如上文所述，作为一个跨大西洋军事联盟，北约自创建后就一直非常重视武装力量建设。为了增强武装力量的综合战力，北约极其重视建设统一的军事指挥体制，也非常重视对各成员国现有武装力量实施整合、协调，力推北约直接统属的武装力量建设。为了实现这一目标，北约在武装力量建设中大肆推行标准化政策，制定一系列新型武装力量标准，包括统一的武器装备标准、部队编制标准、训练与演习标准等。"（北约的标准化）目标是使合作变得尽可能容易和有利，其信条就是两个国家展开合作，为其武装力量生产武器，这要比什么都没有好。"[1] 正是在这一方针指导下，北约启动了自身的标准化进程。"迄今为止，标准化只在基础设施建设上取得进展，特别是飞机场、仓库以及长线通信系统。新的管线实现了标准化，途径丹麦和法国，直达莱茵河。两种油料加注其中，一种是供喷气式飞机使用的航空汽油，一种是供坦克和重型运输汽车使用的车用汽油。"[2]

与此同时，北约还制定防务开支标准，即各成员国防务开支必须占到其GDP的2%，这就需要各成员国不断增加其防务开支，努力达到这一标准。与北约直接创建武装力量的方针和政策相比，上述举措似乎只能算是一些辅助性措施，似乎只能在北约武装力量建设中发挥某种边缘或间接作用，但它们对北约武装力量建设实际上同等重要。"北约是一个自愿联盟，只会用来解决其成员国遇到的一些问题，它并没有一个权威机构，强制执行其关于军事开支或者武装力量结构的各种建议；北约必须打造有助

---

[1] Keith Hartley, *NATO Arms Co-operation: A Study in Economics and Politics*, p. 33.
[2] Prince Hubertus zu Löwenstein and Volkmar von Zühlsdorff, *NATO and the Defense of the West*, p. 160.

第四章 北约政治与安全实践

于实施有效威慑的凝聚力，但不是靠强迫；北约各成员国相信，平等分摊的防务开支极有可能支撑起北约的目标。"①

在北约武装力量建设初期，由于美国在北约内部享有极为特殊的地位，欧洲成员国在接受美国经济援助以及各种美式武器装备的同时，会不可避免地接受其安全政策与战略。因此，在早期武装力量建设中，北约在战略、政策以及武器装备等方面所涉及的标准化问题相对较少，美国就武装力量所设置的标准，在很大程度上引领并主导着北约武装力量建设标准。但是随着北约武装建设进程持续推进，随着越来越多欧洲成员国参与北约武装力量建设，北约武装力量建设中的标准化问题显得越来越重要，这为北约大规模推进标准化建设提供了契机。"大多数北约成员国并不生产超现代武器，当任何一个国家需要研发和生产其资源以外的东西时，就需要展开密切合作。"②

事实上，北约武装力量的标准化问题不仅贯穿于建构全程，而且反映在北约及其成员国政策、程序、行动以及装备等各个方面，北约武装力量的标准化政策大致可概括为两个方面：其一，北约在战略层面推进标准化政策，即北约建立一个负责制定并推进标准化的权威组织，创设一套比较完整的标准化体系，以便最大限度地谋求各成员国在武装力量建设方针、政策与战略等方面实现统一；其二，北约在战术层面推进标准化政策，北约制定统一的标准参数与规程，以此协调各成员国对其战争资源的运用，包括部队建制、武器装备、军费开支、作战手段等，以便北约武装力量能够发挥最大的战争效能。

第一，鉴于北约是一个由欧美国家组成的防御联盟，为了推进武装力量建设，迅速形成强大战力，北约自创建后迅即开始在武装力量建设中大力推进标准化政策。1951年1月，北约设立军事标准化办公室（Military Office of Standardization，MOS），以便尽量释放各成员国在

---

① James R. Golden, *NATO Burden-Sharing, Risks and Opportunities*, New York: Praeger Publishers, 1983, p. 13.
② Prince Hubertus zu Löwenstein and Volkmar von Zühlsdorff, *NATO and the Defense of the West*, p. 128.

北大西洋公约组织

防御政策、决策程序、战略导向、部队编制以及武器装备等方面所具备的潜能,通过增强北约及其成员国在军事行动、行政管理以及作战物资等方面的对话、协商以及协作,确保北约武装力量建设行之有效、运转高效。但是北约并未将军事标准化办公室设在巴黎或布鲁塞尔,与欧洲盟军最高司令部、北大西洋理事会以及国际秘书处中的相关机构合署办公,而是设址伦敦,以便能够在军事层面以外推动武装力量建设的标准化。一直到1971年,军事标准化办公室才迁往布鲁塞尔,被纳入北约政治与行政指挥体系,正式成为北约刚刚成立的民事机构——标准化办公室(NATO Standardization Office, NSO)的一部分,北约标准化政策由此得以在战略层面铺开。

不仅如此,为了在政策层面进一步推动各成员国武装力量的协调与合作,北约还成立了标准委员会(The Committee of Standardization, CS),直接隶属于北大西洋理事会。该委员会每年召开两次会议,这些会议在理论上应由北约秘书长主持,但在大多数情况下均由负责北约防务开支的助理秘书长或者北约军事委员会副主席主持。标准委员会的参加者不只是自身成员,还包括来自军事委员会、后勤委员会、指挥—控制—通信委员会(Command Control and Communication, C3)、成员国装备主管联席会议等机构的代表。由上可见,北约武装力量标准化并不是简单地局限于技术层面,实际上已涉及与武装力量建设相关联的各个层面,例如后勤保障、情报分享、共同决策以及武器装备等多个方面。北约多方代表共同参与标准委员会例行会议,在很大程度上确保北约能够在更高层面上制定统一而完善的安全战略,以便更好地推进北约统一武装力量建设。

在标准委员会之下,北约还分别设置了海上标准局、陆地标准局、空中标准局、后勤标准局、医疗标准局以及联合标准局等分支机构。另外,北约还建立了政策与协调分部(The Policy & Coordination Branch, P&C)以及北约标准化职员小组(NATO Standardization Staff Group, NSSG)等。这些机构共同组成北约武装力量的标准化体系,目的就是要有效掌控北约武装力量建设所涉及的各个环节,按照统一标准实现各国武

第四章 北约政治与安全实践

装力量最大限度的整合。"通过收益的标准化、装备的互通互用,提高军备采购中合作的机遇,北约成员国渴望在安全问题上实施更进一步的经济合作。当前欧洲领导人希望,这种意愿能推进北约更有效地利用资源,节省经费。"①

此外,北约还在其联盟框架下,形成了与北约武器、装备、后勤以及供应等相关的许多横向联合机构,例如欧洲集团(European Group)、欧洲战术通信系统(European Tactical Communication)、欧洲后勤集团(European Logistic)、欧洲国防装备采购集团(European Procurement of Defense Equipment)、独立计划集团(Independent European Programm Group)等,这些机构同样在武器、装备、供应以及后勤等多个方面推动了北约的标准化建设,促进了各成员国在上述领域密切合作。"独立计划集团包括法国在内,其工作焦点是谋求最有效地使用支持开拓装备研究的资金,促进欧洲防务的工业与技术基地建设,增加装备的互通性,在欧洲与美国的军火生产中实现较好合作。"②

北约武装力量建设的标准化首先体现在北约安全战略中,即北大西洋区域安全战略并非在短期内形成,而是在初具雏形后不断优化,北约最终使其安全政策能够有效融合不同成员国的安全需要,成为各成员国共同支持和参与的一项防御战略。为此,北约不断按照新标准优化其安全战略,尽可能减少决策的偶然性和随机性,最大限度地增加决策的普遍性、系统性以及科学性,使北约各项决策在目标设定、程序管理、适用范围、实施手段以及后续效果等方面均能得到有效管控,以便使北约战略决策能建立在更充分、更完整的理性基础之上,以此获得更多合理性与合法性,进而对各成员国形成更高的权威性与更大的影响力。

北约在武装力量建设中的标准化还体现为制定各种标准术语。为了加速北约武装力量建设进程,北约针对武装力量建设中的部队编制、力量构

---

① Drew S. Nelson, Keith W. Dayton, William J. Ervin, Keck M. Barry, and Philip C. Marcum, *The Future of NATO: Facing an Unreliable Enemy in an Uncertain Environment*, p. 69.

② Lawrence S. Kaplan, *NATO and the United States: The Enduring Alliance*, pp. 79 – 80.

成、训练规则、演习程序等，编制了一整套统一的标准化术语，其中既有对各成员国已有军事术语的沿用，也有"北约版"军事术语的创新。这些标准化术语几乎涵盖了北约武装力量建设所涉及的所有领域，逐渐取代了各成员国武装力量中原有的各种军事术语，成为北约及其成员国一致认可的一整套通用军事术语。这些标准术语在北约内部的通用和盛行，对内推动了各成员国在武装力量建设中展开更多协商、合作与接驳，对外则稳固了北约大统一的安全形象和利益诉求，进而推动北约形成一致对外的安全战略与武装力量建设方针。

第二，北约在武装力量建设中极其重视武器装备的标准化建设，按照统一的标准研制和开发武器装备，将其统一配属武装部队，同时对欧美各国的现有武器装备实施全面整合，逐渐形成北约独有的一套武器装备标准体系。早在北约里斯本峰会期间，北约秘书长就对北约在成员国协商与合作中取得的进展表示了肯定。"各成员国交由欧洲盟军最高司令指挥的部队，在训练与保持效率方面取得很大进步，陆军、空军以及海军的联合表明，各个部队以及参谋人员的合作均取得显著成效，而且在国际军事程序标准化尤其是信号等方面取得重大进展。"[1] 作为世界头号军事大国，美国的军事理论、作战理念、武器装备、科技水平等一直居于世界前列，因而得以为北约武器装备建设提供得天独厚的优势资源。欧洲盟国也拥有先进的武器装备，虽无法替代美国在北约武器装备建设中的主导地位，但也构成北约武器装备体系的一部分。因此，在北约设立的新型武器装备标准中，美国武器装备一直占据主导地位，而欧洲盟国的武器装备则居于次要地位，形成欧美各国武器装备互相补充的格局，这在很大程度上避免了北约武器装备建设的单一化和片面化。"自从1985年起，北约的军事采购政策取得特别重要的成果，除去臭名昭著的SP-70自动火炮国际计划，英国、西德、意大利和西班牙正在推进'欧洲联合战斗机项目'（EFA Eurofighter）。如果缺乏欧洲（成员国）的参与，北约只能获得简单的标

---

[1] "Final Communiqué," 15 Dec. 1952 – 18 Dec. 1952, https://www.nato.int/cps/en/natohq/official_texts_17294.htm?selectedLocale=en.

准化手段，因为每个国家都要从美国购买大量装备。"①

就北约武装力量的陆上武器装备而言，美军的武器装备始终是主力。其中，地面武器主要包括 M1-A1、M1-A2"艾布拉姆斯"主战坦克，TPZ-1"福克斯"装甲侦察车，M-2、M-3"布雷德利"战车，"斯特莱克"轮式装甲车；M-109A 型系列 155 毫米自动榴弹炮，M-102 型 105 毫米、M-119 型 105 毫米榴弹炮；"标枪"或"龙氏"反坦克导弹，FIM-92A 型"复仇者"、M-6"中后卫"防空导弹，MIM-104 型"爱国者"防空导弹；"黑鹰""阿帕奇""卡尔瓦勇士"直升机等。

海上武器主要包括"海狼"级、"弗吉尼亚"级、"洛杉矶"级等核动力潜艇，"俄亥俄"级战略导弹潜艇；"企业"级、"尼米兹"级、"小鹰"级航空母舰；"提康德罗加"级巡洋舰，"阿利伯克"级驱逐舰，"佩里"级护卫舰；F-14"雄猫"战斗机，A-18A、A-18C"大黄蜂"战斗机等。

空中武器主要包括 B-52H"同温层堡垒"战略轰炸机，B-1B"枪手"战略轰炸机，B-2A"幽灵"战略轰炸机；F/A-22A"猛禽"战斗机，F-12A/B/C/D"鹰"战斗机，F-15E"打击鹰"战斗机，F-16C/D"战隼"战斗机；A-10A"雷电"攻击机，E-3B/C"哨兵"预警机；C-5A、C-5S、C-5C"银河"战略运输机，C-17A"环球霸王Ⅲ"、C-130E/H/J"大力神"运输机；AGM-868、AGM-129A、AGM-130A、AGM-142 空对空巡航导弹，AGM-65A/B/D/G"小牛"空对地导弹，AIM-7"麻雀"、AIM-9M"响尾蛇"空对空导弹等。

不仅如此，在北约的武器装备系列中，还包括英、法、德、意、加等成员国的武器装备。例如，英国有"挑战者 2"主战坦克，MCV-80"勇士"装甲步战车，MK3"大斗犬"、APV432、FV103"斯巴达人"、FV4333"突击队员"装甲运兵车；FV102"打击者"反坦克导弹，"米兰""陶"式反坦克导弹；SA-341"小羚羊""大山猫"直升机；FSC"轻剑"、"星光"地对空导弹发射系统；"眼镜蛇"雷达等。

---

① Hugh Faringdon, *Strategic Geography: NATO, the Warsaw Pact, and the Superpowers*, p. 187.

北大西洋公约组织

法国有"勒克莱尔"主战坦克，VBCI 步兵战斗装甲战车，"罗兰特"防空弹道导弹系统，"戴高乐"航空母舰，"阵风""幻影–2000"系列战斗机，EC665 和 NH90 直升机、"美洲狮"系列直升机等。德国有"豹"系列坦克，"狐"式装甲侦察车；"萨克森"级、"不莱梅"级、"勃兰登堡"级护卫舰；212A 级、206 系列、205 级潜艇；"台风"或"狂风"战斗机等。意大利有 C1"公羊"式坦克，"半人马座"、VCC–80"达多"步兵装甲战车，PH–70 型 155 毫米火炮，"姆拉斯"227 毫米多管火箭炮，"霍克""防空卫士""蝮蛇"地对空导弹；"佩洛希"级、"萨乌罗"级、"图达罗"级潜艇，"加里波第"级、"凯沃尔"级航空母舰，"德拉佩内"级、"安德里多利亚"级导弹驱逐舰，"西北风"级、"狼"级导弹护卫舰，"智慧女神"巡洋舰等。加拿大有"维多利亚"级潜艇，"易洛魁人"导弹驱逐舰，"哈利法克斯"导弹护卫舰，"海麻雀""捕鲸叉"舰对舰导弹系统等。

由上可见，北约武器装备的标准化占据了较高起点，欧美双方武器装备互为补充，构成比较完整、合理的武器装备体系。但这并不等于说北约在其联盟框架下的标准化进程就一帆风顺。事实上，在北约内部武器、装备与供应标准化过程中，并不排除北约内部出现利益冲突，亦不排除各成员国围绕各自利益的分歧与争执。因为武器与装备的标准化直接涉及各成员国军事工业及其他相关行业、对安全危险的评估、对国家安全政策的认定等。"一些北约成员国并没有遵守关于加强西方防御的最低规定，就像他们在'军事委员会第 70 号文件'中所接受的那样，北约武器、装备以及供应标准化进程并不令人满意。"[①] 因此，北约标准化看似只涉及技术层面，实则不然，即使北约的武器生产与供应体系基本形成，各成员国之间的分歧也始终存在。

与之相比，华约及其成员国基本上以苏式武器装备为主，其他东欧国家很少有自己的武器装备，大致形成一种主要依靠苏联的不平衡体系。相

---

① Prince Hubertus zu Löwenstein and Volkmar von Zühlsdorff, *NATO and the Defense of the West*, p. 83.

第四章　北约政治与安全实践　North Atlantic Treaty Organization

对而言，北约的武器装备技术含金量高，系统性较强，颇具威慑与实战效果，因而具有较大的发展空间。"技术进步对北约战略产生了重大影响。"① 为了确定北约武器装备的正统和主流地位，北约按照自身标准为华约及其成员国的武器装备编制各种代号，迥异于苏联与华约其他成员国编制的武器编号，这些代号带有明显的贬义或调侃色彩。例如，苏联的超音速远程战略轰炸机"图-22M"（Tu-22M），被北约命名为"逆火式"轰炸机（Backfire Bomber）。显然，北约的上述做法就是要利用其技术优势，打击或削弱对手信心，打造自身的正面形象。不仅如此，北约还将其武器装备建设向外扩展，即通过与其他国际或区域安全组织合作，进一步扩大北约武器装备标准的使用范围，由外向内推动北约武器装备标准化建设。

第三，对北约及其成员国防务开支的分摊规定，堪称北约武装力量标准化建设的又一体现。鉴于北约各成员国经济发展水平参差不齐，综合国力迥异，为了体现北约一贯倡导的"集体安全精神"，早在1952年里斯本峰会上，北约就针对防务开支提出目标，即各成员国必须使其防务支出占到GDP的2%，以更多财政投入加强北约的武装力量建设，尤其是加快北约武器装备建设。"在北约中，14个主权国家推动自愿合作，这在历史上并无先例，各成员国通过资源与知识的结合，通过分摊防御资源负担，通过持续展开相互协商与合作，增强了共同的力量、理解与团结。"② 此后在多次峰会以及北大西洋理事会会议上，北约一再提及这一目标，强调各成员国必须达到这一防务开支标准，因为这对北大西洋区域防御具有重大意义。

事实上，北约设定这一防务支出标准，就是要显示北约各成员国在政治上团结一致，在安全问题上同进共退。"北约计算各成员国国家财政收入，考虑各成员国为北约防务做贡献的能力，通过利益评估得出北约费用

---

① Keith Hartley, *NATO Arms Co-operation: A Study in Economics and Politics*, p. 21.
② "Final Communiqué," 15 Dec. 1952 – 18 Dec. 1952, https://www.nato.int/cps/en/natohq/official_ texts_ 17294. htm? selectedLocale = en.

分摊公式。而这种利益评估又取决于北约对每一个成员国设施的利用程度……另外,这种利益评估还取决于东道国用于设施建设与经费支持的经济投入。"① 从表面上看,北约要求每个成员国将 2% 的 GDP 用于防务开支,实际上充分考虑了每个成员国的生产潜力、资源以及能力,确保大国能够在北大西洋区域安全中扮演主要角色,同时确保小国不会缺席北大西洋区域防御实践,以此保证北约"集体防御方针"落在实处。

然而,贯穿整个冷战时期,除个别成员国防务支出达标外,北约大多数成员国始终未能实现这一目标。"北约—欧洲在历史上就没有公平分担保卫自己的防务开支。人们相信,美国正在不成比例地支付北约的防务开支,北约—欧洲能够但不愿意付出经济、政治以及军事代价,建立一种切实可行的常规武装力量。"② 换句话说,即使所有成员国均达到这一防务支出标准,实际上也未必能满足北约武装力量建设的需要,因为北大西洋区域安全建设并未设定一个终极目标,其涉及层面极为宽泛,远非增加防务开支就能满足。对北约及其成员国来说,GDP 2% 的防务支出标准所蕴含的政治意涵,注定将大于军事含义。"这个导致北约盟国在过去陷入分裂的问题,到 1968 年亦未得到解决,即北约的不公平军事与财政负担,不仅极大地困扰美国,而且持续引起欧洲盟国疑虑,以至于美国到 1960 年代末亦未完全承诺保卫欧洲。"③

甚至一直到冷战结束后,北约许多成员国防务支出实际上仍未达到 GDP 2% 的标准。防务开支问题成为北约武装力量建设的一个软肋,美国在北大西洋区域防御中一直承担了大部分防务支出,而欧洲各盟国防务开支比较分散,许多小国正是依赖美国的巨额防务开支,不断缩减自身防务开支,此举大有导致北约防务开支标准虚化之嫌。尽管如此,不能由此否

---

① Cavin Kennedy, *Burden Sharing in NATO*, New York: Holmes & Meier publishers, 1979, p. 81.
② Keith A. Dunn, *In Defense of NATO: The Alliance's Enduring Value*, pp. 4 – 5.
③ Lawrence S. Kaplan, "Strategic Problems and the Central Sector, 1948 – 1968," Jan Hoffemaar and Dieter Kruger, eds., *Blueprints for Battle: Planning for War in Central Europe, 1948 – 1968*, p. 18.

第四章 北约政治与安全实践

认北约设置防务开支标准的政治意义,尤其是其对北约维护"集体安全精神"的凝聚作用。

总之,北约武器装备的标准化政策及其实践,对其武装力量建设发挥了重要作用,既在战略上提升了北约武装力量建设的等级,又在战术上加强并完善了北约武装力量建设的体系性,进而推动了北约政治与安全战略及其实践持续深化。

三 北约核力量建设及其组成

与常规武装力量建设乏力相比,北约核力量的发展相对比较稳定。虽然相较于华约,北约在常规武装力量建设中一直处于下风,但其核力量建设始终占据一定优势。抛开核技术优势不论,北约核力量建设的规模与数量丝毫不逊色于华约。在北大西洋区域安全战略中,北约核力量一直发挥着关键作用,北约的核力量不仅具有战略威慑效能,还拥有战场决胜功能。核武器具有战略威慑作用,对北约如此,对其他拥核国家或组织同样如此。"核武器在确使大国废弃战争的过程中发挥了决定性作用,至少在冷战时期如此。似乎可以合理假设,只要大国继续持有核武器,即使数量远远少于过去,威慑的影响就会存在。无论何时何地,这似乎都是一个不靠谱的提议。"[1]

为了弥补在常规武装力量建设上存在的严重缺陷,北约一直非常重视核力量建设,希望借助核力量优势,抵消华约在常规武装力量建设上的优势地位。自成功试爆原子弹后,美国在很长一段时间内一直垄断核技术,扮演着独一无二的核大国角色。为了保持其核优势,北约在大规模发展常规武装力量的同时,亦全力发展核力量,增大核研究投入,升级核技术,增加核库存。"在其第二任期,杜鲁门授权增加美国核材料生产,辅之以旨在加强核弹头有效性的技术进步,这为大规模扩大核武器库存提供了基

---

[1] John Lewis Gaddis, "Conclusion," John Lewis Gaddis, Philip H. Gordon, Ernest R. May and Jonathan Rosenberg, eds., *Cold War Statement Confront the Bomb: Nuclear Diplomacy since 1945*, New York: Oxford University Press, 1999, pp. 270–271.

础，使美国的核武器数量迅速增加，从1948年的50件核武器扩展到艾森豪威尔政府任期结束时的将近18500件。"①

一直到1949年8月，苏联成功爆炸原子弹，美国核垄断地位才被打破。1952年10月，英国也成功试爆原子弹。1960年2月，法国成功试爆原子弹。尽管美国核垄断不复存在，但欧美各国仍在很长一段时间内掌握着核优势，例如原子弹技术、氢弹技术、中子弹技术、核装载与发射技术等，而且核武器的数量也始终处于优势地位。北约凭借这种核优势地位，竭力促使其核力量形成强大的综合战力，对华约及其成员国形成有效战略威慑。"通过威胁使用战术核武器，美国可能会抵抗苏联对西欧的侵略，即使苏联人相信他们无法赢得这种战争。以东欧的武装和苏联红军被击败为代价赢得对欧洲的控制，可不是一个很划算的交易"。②

从北约所拥有的核力量类型看，大致可分为两部分，即战术核武器和战略核武器，战术核武器主要包括可用于战场核打击的核炸弹、核炮弹、核地雷以及核爆破弹药等，这类核武器虽然爆炸当量低，杀伤力有限，但实现了北约核武器的战场化和小型化，具有体积小、便于携带、使用方便等特点，极易用于实战。在整个冷战时期，虽然北约一直未能使用这些战术核武器，但战术核武器始终拥有强悍的威慑力，进而成为北约常规武装力量短缺的一种重要补充。在某种程度上，北约战术核武器所拥有的核威慑效果，并不弱于战略核武器。

北约战术核武器基本上分布在欧洲，为北约武装力量所拥有。美国拥有北约所有战术核武器的所有权，美国的核炸弹被分别部署于西欧盟国的8个空军基地内，例如英国的拉肯希斯基地、西德的毕歇尔基地以及拉姆施泰因基地、荷兰的沃尔克尔基地、比利时的小布罗赫尔基地、意大利的阿维亚诺基地和盖迪-托雷基地、土耳其的英赛尔利克基地等。另外，还

---

① Robert A. Wampler, "Conventional Goals and Nuclear Promises: The Truman Administration and the Roots of the NATO New Look," Francis H. Heller and John R. Gillingham, eds., *NATO: The Founding of the Atlantic Alliance and the Integration on Europe*, pp. 354-355.
② Robert Jervis, *The Illogic of American Nuclear Strategy*, Ithaca and New York: Cornell University Press, 1984, pp. 132-133.

第四章　北约政治与安全实践　North Atlantic Treaty Organization

有少量核武器被部署在其他欧洲盟国的5个军事基地内。部署在上述6国的这些机载核炸弹，成为北约最早拥有的战术核武器，主要包括B61－3型系列核炸弹，爆炸当量有0.3吨、1.5吨、60吨、170吨等多个级别；B61－4型系列核炸弹，爆炸当量有0.3吨、1.5吨、10吨、45吨等多个级别；B61－10型系列核炸弹，爆炸当量有0.3吨、5吨、10吨、80吨等多个级别。这些核炸弹构成北约战术核武器的主体，既用于装备美国驻扎在欧洲盟国的各种战术型轰炸机，亦用于装备欧洲盟国多种类型的轰炸机，它们成为北约采取军事行动、维护北大西洋区域安全的一种主要武器装备。此外，北约还在数量众多的军事基地里部署了大量短程导弹、中程导弹，还有众多战斗轰炸机。

不仅如此，北约还为其武装部队配属了许多核地雷、核炮弹与核爆破弹药等，这些战术核武器可用于实战，它们被大量部署在位于中欧战略前沿地带，甚至直接被配属到团一级作战单位。北约的目标非常明确，就是明白无误地告诫苏联与华约，北约有可能随时在战场上使用这些战术核武器，随时可以对华约及其成员国采取的任何军事进攻实施核反击。此举旨在对华约武装力量产生最大限度的心理震慑，最终形成某种现实威慑态势。因为不论是美国还是苏联，亦不论是北约还是华约，实际上都无法承受核战争带来的损失。据估计，两个超级大国之间爆发核战争，将导致大量人口死亡，美国死亡人数为500万人到1.65亿人，苏联死亡人数为370万人到1亿人。[①] 然而，上述数据只是核战争直接造成的人口死亡，还不算战后大规模核辐射造成的人员死伤，以及人类生存环境的全面恶化。

为了防止核武器失控，尤其为了防范欧洲盟国随意使用这些战术核武器，由此引发北约与华约直接发生军事冲突，甚至引发核大战，美国设计了"双密钥制度"（Dual-key Arrangement）。即由美国负责向北约及其他成员国提供多种战略和战术核武器，这些核武器在和平时期虽为北约及其成员国所掌握，但在战时，其决策权与使用权都将属于美国。"美国从1950年代开始，在所谓'合作项目'的名义下，向欧洲盟国提供短程核

---

① Hugh Faringdon, *Strategic Geography: NATO, the Warsaw Pact, and the Superpowers*, p. 18.

北大西洋公约组织

导弹、核地雷以及各种轰炸机,这种安排仍然有效。在这种安排下,美国的陆军小分队、空军特遣队和盟国负责核控制与核武器投送系统的机构保持联系,这些美国的'监督单位'在任何时候都会保持对核弹头的实际控制。"① 由此可见,"双密钥制度"既能保持北约核力量的有效战略威慑,又能最大限度地避免核武器被欧洲盟国随意使用,避免引发核冲突,乃至核战争。不仅如此,北约还为使用核武器制定了一套严格的决策与使用程序,包括各成员国就核武器的使用展开密切协商,在北约内部实施垂直决策,在美国指挥机制内实施垂直决策等。

除战术核武器外,北约核力量还包括战略核武器,这些战略核武器主要分为两部分,一部分是美国提供的战略核武器,包括各种类型的中远程战略核导弹,它们被部署在欧洲盟国多个军事基地,构成北约战略核武器的主力。"美国对战略核武器的部署,运用了包括革命型与温和型等多种方式影响威慑。"② 美国和北约对这些战略核武器也实行"双密钥制度",即核武器平时由北约负责保管,但在战时,对这些战略核武器的决策与使用必须事先征得美国同意,由美国和北约双方共同商定并做出决策。另一部分是英、法两国各自拥有的战略核武器,包括战略核导弹及其运载工具,它们在平时直接交由两国政府与军事指挥机构控制,并不直接隶属于北约,但在发生战争时,英、法两国必须与美国展开协商,将上述战略核武器全部纳入北约指挥体系,由北约最高军事机构统一做出规划,共同实施战略核威慑,乃至实施核打击。"美国不是西欧唯一的核力量,法国与英国也拥有远距离核导弹与轰炸机,英国已经正式同意将这些核武器交给北约,在战时服从欧洲盟军最高司令的指挥。"③

美国在欧洲盟国部署的核武器,基本上以战术核武器为主,以战略核武器为辅。在美国核武库中,交由北约掌握的核武器只占很小一部分。例

---

① Daniel Charles, *Nuclear Planning in NATO: Pitfalls of First Use*, p. 20.
② James A. Thomason, "Deterrence, Stability, and Strategic Defenses," Fred S. Hoffman, Albert Wohlstetter, David S. Yost, eds., *Swords and Shields, NATO, the USSR, and New Choices for Long-Range Offense and Defense*, p. 355.
③ Daniel Charles, *Nuclear Planning in NATO: Pitfalls of First Use*, p. 16.

第四章　北约政治与安全实践

如,美国只是在欧洲部署了"潘兴"导弹,而美国深为倚重的"大力神"导弹、"侏儒"导弹、"民兵"导弹等均未在欧洲部署。从北大西洋区域安全的角度考虑,美国还是将大部分核武器部署在北美大陆,尤其是被戏称为"大杀器"的战略级别核武器,以此拱卫北美地区安全与稳定。除此之外,美国还在世界其他地区部署了少量核武器,以维持其在全球范围内的政治与安全影响。"地理因素决定了苏联不需要洲际范围的导弹系统,就可以危及北约的许多目标,而且苏联在技术上也能够使这些导弹系统达到美国的本土;地理与技术的结合,可以为北约提供一种选项,使其可以从遥远的大西洋彼岸打击华约的多个目标,华盛顿可以做出这样的选择。"① 虽然上述核武器不全为北约拥有,但同样构成北约推动核力量建设的一种辅助性支撑。一方面使北约能够在全球范围内掣肘华约的核政策及其实践,最大限度地分散和化解华约核力量向北大西洋区域施加的军事压力;另一方面又可使北约不断加速自身核力量建设,使北约在北大西洋区域的核武器构成更加合理、更具威慑力。

与美国为北约提供的多种类型核武器相比,英法两国的核武器基本上以战略核武器为主,这些战略核武器以战略核导弹为主。其中,英国的战略核武器以"三叉戟"Ⅱ潜射战略核导弹为主,法国的核武器以M-45型潜射战略核导弹、ASMP型中程空地战略核导弹为主。作为美国驻欧洲盟国战略核武器的重要补充,英法两国的战略核导弹在北约核力量的构成中也扮演了非常特殊的角色,充当着美苏两国以外的"第三种核力量"。"法国与英国实际上可以在未经美国同意的情况下使用其核武器。"② 因此,北约常常利用英法两国核力量的这种特殊性,使其能够在美苏两国核竞争中发挥某种特殊的压制作用,以此获得某种"战略优势"。

鉴于美欧双方在北大西洋区域防御政策上始终存在差距,包括北大西洋区域防御的方向、重点、程序、措施等,这种认知和心理差距也影

---

① William Park, *Defending the West: A History of NATO*, p. 107.
② Daniel Charles, *Nuclear Planning in NATO: Pitfalls of First Use*, p. 16.

北大西洋公约组织

响到双方核武器的发展与使用,尤其是将核武器用于北大西洋区域防御,更是在成员国中有颇多争议。"有三个问题已经确定,亟待采取行动予以解决:(1)各成员国的安排与北约的安排之间的关系;(2)采取决策的程度,以及北约各成员国部长们在采取行动前所需要的细节;(3)各成员国应对危机计划的特殊类型文件的安全层级。"① 虽然同处于北约框架下,但是各成员国无论在战略层面还是战术层面,都存在诸多不协调之处。

对美国来说,美国不愿独力承担北大西洋区域防御任务,既要出人又要出钱,还要承担战争风险,而欧洲盟国则毫不费力,坐享其成。对欧洲盟国来说,他们既担心美国不会尽心尽力保护欧洲和平与安全,不会像保卫华盛顿和纽约一样,保卫伦敦、巴黎、柏林和布鲁塞尔等,同时也对美国以及北约"灵活反应战略"表示怀疑,质疑该战略的可操作性。联邦德国总统理查德·魏茨泽克(Richard von Weiszäker)就此曾表达其观点,"在东西方冷战背景下,在军事行动存在差异的基础上制定游戏规则意义不大,这些军事行动无论在地理上受不受限制,都会升级。在核大国之间,并不存在真正合理的有限战争战略。"② 从这个意义上讲,英、法两国大力发展核力量,试图以自身核力量填补常规武装力量的缺失与不足,使之成为确保欧洲安全的最后资本。虽然英、法两国的战略核力量规模较小,力量也有限,但间接反映了欧洲盟国对美国主导的北大西洋区域安全政策极不信任,在客观上有助于形成北约核力量的双元一体结构,从另一个角度推动北约核力量发展。

由此可见,作为北约武装力量的重要组成部分,北约核力量建设确实取得了巨大成绩,核力量也已成为北约维系北大西洋区域安全秩序最有效的工具,亦成为北约防御方针所倚重的主力。事实上,北约的核力量与常

---

① Kirstan Stoddart, *The Sword and the Shield: Britain, America, NATO, and Nuclear Weapons, 1970 – 1976*, pp. 88 – 89.

② Richard von Weizaecher, "For a Strong Defense and Openness to the East," *International Herals Tribune*, 28 – 29 November 1987, p. 4. 转引自 Ivo H. Daalder, *The Nature and Practice of Flexible Response: NATO Strategy and Theater Nuclear Forces since 1967*, pp. 43 – 44。

规武装力量已经形成互补之势,俨然成为北约武装力量建设的两大支柱,核力量亦成为北约对抗华约及其成员国的最大资本。

四 北约武装力量中的辅助性能力建设

众所周知,北约在武装力量建设中除追求规模和数量外,也不断发展各种先进的军事技术与战略战术理念,同样也非常注重发展各种辅助性军事力量,积极发展与北约军事战略及其行动相关联的各种辅助性能力。北约此举并非有意忽略或削弱正处于建设中的武装力量,恰恰相反,北约积极发展各种辅助性能力,目的正是填充北约军事战略及其行动中存在的空隙,确保北约的军事战略与行动能够衔接无碍,确使北约各种武装力量及其武器装备能够高效运转、产生最大效能。"一些分析家总结到,许多正在涌现的技术实际上可以推动防御。如果是这样的话,再加上新的政治氛围与军事现实需要,在标榜防御性的体系中专注于技术进步符合北约的利益。"[①]

在北约武装力量中,辅助性能力所涉及的范围非常广泛。相较于武装力量主体拥有人员集中、行动统一、目标明确等特点,这些辅助性能力分散在各种武装力量之间,表面上没有非常严格的界定,亦未形成自上而下、贯之始终的指挥架构,实际上在北约军事战略与战术、理论与行动、军事与民事、各级机关、不同军种、不同战区、成员国与北约组织等之间,它们不仅发挥着润滑剂的作用,而且充当着连接纽带。虽然在当前北约的指挥架构、决策机构以及军事能力中,这些辅助性能力缺乏权威或者优势地位,似乎只能在北约军事战略与行动之间充当次要或辅助角色,但它们在北约武装力量建设中的实际作用却不容小觑。因为缺乏这些辅助性能力的支撑,北约武装力量的整体综合能力必将大打折扣,北约军事战略及其行动亦无法确保其有效性与完整性。

北约武装力量建设中的辅助性能力,大致可分为以下几方面:即情报

[①] Drew S. Nelson, Keith W. Dayton, William J. Ervin, Keck M. Barry, and Philip C. Marcum, *The Future of NATO: Facing an Unreliable Enemy in an Uncertain Environment*, p. 101.

北大西洋公约组织

侦查与信息收集分析能力、通信与信息联络能力、心理动员与威慑能力、网络防御与进攻能力、后勤及卫生与医疗保障能力等。尽管欧美各国武装力量很早就拥有这些辅助性能力,但各国情况大相径庭,强弱不一,基本上各自为政。因此,北约在客观上不仅要将各成员国的这些能力有效统筹在一起,还要建立符合北约现实需要的新型辅助性能力,最终确使这些辅助性能力能够与武装力量主体相互契合,共同优化和完善北约武装力量结构,确使北约军事战略及其行动始终能够保持有效和高效,确保北约武装力量能够满足应对各种安全危机与冲突的需要。"不同的北约组织都关注合作,到1980年,北约大致有50个很典型的联合项目,60%的项目涉及航空项目。"①

第一,建设强大的情报侦查与信息收集分析能力一直是北约加强辅助性能力建设的首要目标。为了确使北约防御实践卓有成效,北约一直非常重视信息与情报的收集与整理工作,因为建立积极有效的情报与信息分析系统,会使北约的军事演习与行动更为有效,产生更大的影响,使北约更准确地锁定安全目标。北约针对情报与信息的收集、分析与整理工作,建立了一套宏观工作架构——北约情报监视和侦察交互操作系统(NATO Intelligence, Surveillance and Reconnaissance (ISR) Interoperability Architecture, NIIA),负责收集有关北大西洋区域及其周边区域安全的各类情报。为此,北约在战略层面设定不同的情报收集区域,例如情报责任区和情报兴趣区,前者立足于收集不同区域与北约军事战略和行动、安全利益有直接关联的情报,后者则立足于收集不同区域与北约及其成员国军事战略和行动有间接关联的情报。北约将在上述不同区域所收集的各类情报与信息分成不同等级,设定不同功用,在此基础上制定不同的安全对策与战略,采取各种军事行动。

北约在冷战时期情报能力建设的一个工作重点,就是提前预测苏联或华约的军事行动,防止突然袭击,为北约及其成员国留出足够长的预警时间,做好威慑战争发生以及迎接战争的充分准备。"此项工作已经

---

① Keith Hartley, *NATO Arms Co-operation: A Study in Economics and Politics*, p.163.

第四章 北约政治与安全实践　North Atlantic Treaty Organization

在北约司令部引起了反响,现在认为(华约)几乎没有机会发动突然袭击,这部分要归因于北约针对苏联武装力量情报工作的提高,但是更应该归因于华约盟国出现的变化。如果确实发生战争,北约当前希望有40天到50天的准备时间应对进攻。"① 很明显,情报工作已经成为北约制定军事战略、落实前沿部署、推进战争威慑、实施军事行动的必要前提。不仅如此,北约还要扩大其预警范围,使其盟友也能得到充分预警。"警报必须送抵这一地区的其他友好武装力量,使它们不会误入核爆炸区域,这个被称为'打击预警信息'(STRIKWARN)的警报,包括关于爆炸的所有重要信息,包括时间、地点、爆炸的安全距离,以及放射性沉降物预测。"②

北约情报能力建设主要通过两个渠道推进,以推动相关情报信息收集与整理能力、机制以及体系建设。其一,对各成员国已有情报信息机制与力量善加利用,促使北约及其成员国建立普遍的信息沟通与情报合作,避免各成员国的竞争和资源浪费。美、英、法、西德等国在历史上素有重视情报与信息建设的传统,各国都有很成熟的情报收集与分析系统,技术水平普遍较高,所使用的手段包括卫星侦察技术、高空侦察与照相技术、雷达监听技术、网络信息采集技术等,所运用的途径包括各种地球同步轨道电子侦察卫星、高空侦察机、预警机、舰艇、地面侦察部队等。上述这些技术手段、工具以及渠道等,从不同层面推动了北约情报能力建设,为北约情报监视和侦察系统(NATO Intelligence, Surveillance and Reconnaissance, NATO ISR)提供了必要支撑。不仅如此,美、英等国在全世界拥有强大的情报与信息网络,在客观上也为北约在情报兴趣区的情报与信息收集、整理和分析工作提供了有力支持。

---

① "NATO Drops Specter of 'Soviet Surprise Attack' Threat," *Boston Globe*, 19 Jan. 1990, p. 6. 转引自 Drew S. Nelson, Keith W. Dayton, William J. Ervin, Keck M. Barry, and Philip C. Marcum, *The Future of NATO: Facing an Unreliable Enemy in an Uncertain Environment*, p. 21。

② Daniel Charles, *Nuclear Planning in NATO: Pitfalls of First Use*, p. 144.

其二，在综合各成员国情报机制的基础上，不断建设和发展具有专属性质的北约通信与信息体系（NATO Communication and Information System，NATO CIS）。该体系包括各种永久性设施，例如位于北大西洋区域内的各种雷达侦听站、北约合作网络防御卓越中心（NATO Cooperative Cyber Defense Centre of Excellence，CCDCOE）等。另外，该体系还包括一系列自上而下的情报机构，例如直属军事委员会和防务计划委员会的北约 C3 组织（NATO Command, Control and Communication Organization，NC3O）和北约 C3 处（NATO Command, Control and Communication Agency，NC3A），隶属于欧洲盟国最高司令部与大西洋盟军司令部的战区级情报中心，隶属于次战区级情报站，隶属于各种级别联合部队司令部的情报处、各种临时军事司令部的情报组，以及专门负责规划北约情报信息咨询架构的北约空军军备大队第四组（NATO Air Force Armaments Group，NAFAG）[①] 等。这些不同的情报机构负责满足北约在不同层级的情报需求，承担各种各样的情报任务，推进情报工作以及反情报工作等，它们和北约各成员国情报系统互通信息，相互配合，共同为北约及其成员国的安全战略、外交政策以及军事实践提供情报、信息以及智力支持。

第二，发展通信与信息联络能力是北约加强辅助性能力建设的又一项重要内容。众所周知，通信与信息联络能力同样也是北约武装力量建设的一个重要环节，与北约情报能力建设紧密相关，北约通信与信息联络能力建设同样体现为制度、机构、人员以及程序等。为了加强通信与信息联络能力建设，北约建立了一套自上而下的通信与信息联络体系，居于该体系顶端的是北约通信与信息局（NATO Communication and Information Agency，NCI Agency）。该机构直属北约军事委员会与防务计划委员会，负责制定北约通信与信息联络的相关指导原则、工作程序，同时还负责制订通信与信息计划、通信设施建设、通信网络运行等。该局在北欧军团司令部、海军联合司令部、多国联合部队司令部、大西洋盟军司令部等各级指挥部分别设置通信分部，在北约最高军事指挥机构与战区级、军种级、临时联合

[①] 该机构亦称"第四空中小组"（Air Group Ⅳ，AG Ⅳ）。

第四章　北约政治与安全实践

武装司令部等各种机构之间，实现畅通的通信与信息联络。"为了寻求建立安全而且能够生存的通信系统，美国开始建造能够跨越美国大陆的最复杂的地面接收波段站点网络，并且在西欧建立了许多山顶接收波段站点，这些巨大的接收波段站点能够提供与北约指挥体系相连的直线轨迹微波。"[1]

此外，北约通信与信息局还在西班牙卡斯蒂尤设置北约网络管理中心（NATO Network and Cyber Centre，NNCC），该中心除下设3个参谋机构——网络集成与协调部、网络运行部、网络支援部外，还设有3个支援机构——信息安全司令部、综合系统支援中心、欧洲盟军最高司令部地区通信组。其中，欧洲盟军最高司令部地区通信组主要为盟军行动司令部提供通信与信息系统支持。该通信系统主要是由分别位于德国威塞尔、意大利格拉赞尼塞、波兰彼得哥什的3个通信信号营提供支持，每个营又包括许多更小的连排单位。此外，北约通信与信息局还在比利时设有两个辅助性支援分部，负责为北约最高军事与民事机构的通信与信息需求提供保障；在意大利南部拉蒂纳设置北约通信与信息系统学校（NATO Communication and Information System School，NCISS），为北约通信与信息建设培养相关人才；在英国诺斯伍德设置一个支援分部，作为北约网络管理中心的备用机构。

为了进一步满足北约武装力量的作战现实需要，作为北约武装力量最重要的指挥机构，欧洲盟军最高司令部专设通信与信息服务部（Communication and Information Service Department，CISD），在战略层面负责欧洲盟军最高司令部的所有通信与信息事务，包括相关资源的分配，制定各种相关计划、政策与行动方案等。通信与信息服务部一方面负责和北约通信与信息局相互协调，实现直接对口的通信与信息对接；另一方面则直接作用于北约通信与信息系统建设，使其能够成为跨越不同区域、军种以及界面的立体通信系统，对已有的通信与信息系统实施最大限度的整合。例如，通信与信息服务部先是将欧洲盟军最高司令部的自动指挥与控制信息系统

---

[1] Hugh Faringdon, *Strategic Geography: NATO, the Warsaw Pact, and the Superpowers*, pp. 32 – 33.

(Automatic Command and Control Information System, ACCIS) 与大西洋盟军司令部的海上指挥控制信息系统（Maritime Command and Control Information System, MCCIS）合并，建立欧洲盟军最高司令部和大西洋盟军司令部自动化信息系统（Automatic Information System, AIS）。在此基础上，通信与信息服务部又将北约通用通信系统（NATO General Communication System, NGCS）、北约卫星通信网（NATO Satellite Communication Network, SCN）、欧洲盟军最高司令部和大西洋盟军司令部自动化信息系统三者进一步统合在一起。"电子监视与目标锁定系统可以为能见度低的问题提供解决方案，特别先进的航空电子设备对 24 小时低空飞行非常重要……先进的监视可能有助于解决这个问题，在最好的电子设备的帮助下，北约指挥体系能够对此做出最佳反应。"①

第三，确保后勤及卫生与医疗保障能力是北约辅助性能力建设的又一个重要目标。客观而言，北约武装力量建设离不开必要的后勤支持和保障，北约武装力量的功用究竟能够达到何种程度，在很大程度上受制于北约后勤及卫生与医疗保障能力的建设程度。事实上，自创建后，北约就一直非常注重后勤及卫生与医疗保障等辅助性能力建设，甚至将此视为武装力量建设不可或缺的一项重要内容。"北约的基础设施延伸至地下、进入海洋、跨越大陆、进入大气层与太空，全球各大洲都包括在内，没有边界、河流、山脉或者政治边界能够将这个战场与另一个战场分割开，也不存在某种新的地理疆界分割。"② 这种局面既出自欧美各国武装力量建设的历史传统，亦出自各国军事战略、安全诉求、军力配属以及军事行动等客观需要。正是在北约及其成员国的共同努力下，北约武装力量建设和后勤及卫生与医疗保障等举措亦步亦趋，相辅相成，最终连接成一个统一整体。

北约对武装力量后勤及卫生与医疗保障能力的建设，基本上按照

---

① Colin McInnes, *NATO's Changing Strategic Agenda: The Conventional Defence of Central Europe*, p. 44.
② Hugh Faringdon, *Strategic Geography: NATO, the Warsaw Pact, and the Superpowers*, p. 31.

第四章 北约政治与安全实践

两种思路同步展开。其一，全面借助各成员国现有的后勤支援系统；其二，建立北约独享的后勤保障体系。众所周知，北约各成员国一向非常注重发展先进的武器装备，培养高质量的军事人员，因而普遍拥有强大的后勤支持和保障能力。以美国为代表，其军事后勤系统可以向野战部队提供充足的弹药补给、丰富的食品供应、用之不竭的油料补给、快速高效的运输与转进工具、完备的通信与网络支持、先进的卫生设施与保障、及时且有效的战场医疗救护等。北约一直寄希望于在充分借鉴和利用各成员国后勤保障体系的基础上，在最短的时间内、以最小的代价构建其后勤及卫生与医疗保障能力，使之有效服务于北大西洋区域安全目标。"最后，最令人感到信服的是，有一种观点认为，北约在其精心制定的决策中选择对战斗单位尽量少花钱，但仍享有更好的供应服务。因此，北约部队相较于其对手华约，享有更优越的 C3 系统、后勤、保全、供应、服务等条件。"①

为此，北约建立了一系列相应的后勤机构，以便与各成员国后勤及卫生与医疗保障体系实现对接，最大限度地利用成员国的后勤保障优势。1958 年，北约设立北约保障供应组织（NATO Maintenance and Supply Organization, NAMSO），负责向北约及其成员国各项军事行动提供有效后勤保障。该组织由各成员国自愿参加，设有独立的理事会，甚至还设置专属的立法会议，因而该组织在机制、管理以及财务上一直保持独立。北约保障供应组织在原则上并不直接隶属于北大西洋理事会，但必须接受其指导，后者甚至可以在特定条件下修改其宪章或章程。

北约保障供应组织的最高决策者是董事会，负责为该组织制定大政方针，对其所属机构实施监督，但重大决策必须征得各成员国一致同意。1964 年，北约成立欧洲盟军司令部后勤协调中心（Allied Command Europe Logistics Coordination, ACELC），以满足欧洲盟军司令部对庞大而且繁杂的后勤工作要求。稍后，大西洋盟军司令部亦建立后勤协调委员会。在此

---

① Colin McInnes, *NATO's Changing Strategic Agenda: The Conventional Defence of Central Europe*, pp. 69 – 70.

基础上，北约实际上在其指挥体系中形成了军事后勤机构与民间后勤机构并存的格局，这种双元一体格局最大限度地满足了北约武装力量多样化的后勤需要。

另外，北约还设立北约保障供应局（NATO Maintenance and Supply Agency，NAMSA）。该局下设4个行政部处，即后勤规划调控处、采购处、财务处、资源处，这些部处具体负责北约及其成员国后勤保障工作中的每一个环节。作为北约保障供应组织的执行机构，北约保障供应局负责执行该组织的各项重大指示、方针以及政策，同时按照各成员国要求，该局还对北约的武器装备系统提供后勤支持和保障，包括武器装备供应、养护以及维修，部队防疫与卫生环境保障，战地医院设置以及战场人员救护等。北约保障供应局后来更名北约支持与采购局（NATO Support and Procurement Agency，NSPA），其工作内容逐渐由零散走向集中，但主要集中在三个方面：空运管理、中欧输油管系统管理、后勤行动等。

北约还在上述后勤机构的基础上，在1979年创设负责北约后勤保障的最高管理委员会——北约高级后勤会议（Senior NATO Logistic Conference，SNLC）。该委员会召开的每一次会议，都邀请北约保障供应组织、北约保障供应局、欧洲盟军司令部后勤协调中心、大西洋盟军司令部后勤协调委员会等机构成员参与，各方共同协商并制定有关北约后勤及卫生与医疗保障体系及其运转的大政方针。不仅如此，北约还为其联合武装力量司令部专设联合后勤中心，负责统一协调北约军事行动的后勤支援，共同管理各种类型的后勤服务，包括北约各种编成部队后勤处、各成员国后勤支援单位、军事行动所在国的后勤与医疗保障、国际或区域组织的后勤联络等。

不可否认，贯穿整个冷战时期，北约在其后勤及卫生与医疗保障体系建设中取得了不可低估的成就，积累了丰富的后勤支持经验，建立了一套严密且行之有效的后勤保障体系，进而形成北约强有力的后勤及卫生与医疗保障能力，这成为北约武装力量在东西方军事对峙中持续发挥功用的必要支撑，甚至成为北约综合战力的一种具体展示。"北约的基础设施项

第四章　北约政治与安全实践

目、某些军备项目、空中防御、联合训练等，都是成功合作的典范。"①

总之，北约武装力量的辅助性能力建设，实际上远不止于上述情报侦查与信息收集分析、通信与信息联络能力、后勤及卫生与医疗保障等，还包括文化宣传能力、心理动员与威慑能力、反信息能力、电子战能力等，其内涵几乎囊括了与北约军事行动直接或间接相关的每一个环节。这些辅助性能力建设与北约武装力量主体建设，共同构成北约的综合战力，成为北约持续推进安全战略、实施军事干预、对外扩展影响的重要支撑。

第三节　北约协调联盟内部关系

一　北约介入希、土两国对塞浦路斯主权和爱琴海海域之争

自创建后，北约一直自我标榜为"民主国家联盟"（League of Democracies, LD），自诩为欧美各国或者整个自由世界的"保护者"，对北约来说，维持北大西洋区域和平与稳定，既是一个政治目标，也是一个军事目标。北约不仅需要在军事上向成员国提供最有效的安全保护，确保北大西洋区域不会遭受外来侵略和威胁，还需要北约各成员国最大限度地保持政治统一，对外展示北约的"普世"价值观、世界观以及意识形态，提升北约在国际舞台上的影响力。

然而，北约虽然一直致力于追求所有成员国的共同安全利益，但受制于历史和现实因素，单凭军事联盟这种方式，并不足以抹杀欧美各国在政治、经济、文化、宗教、民族以及传统等方面存在已久的差别，亦无法抚平各国在历史上累积的利益冲突与纠葛。但这并不妨碍北约持续吸纳不同的欧洲国家，以此壮大自身力量，当然，北约的扩

---

① Jan Willem Honig, *NATO: An Institution under Threat?*, Boulder, C.O.: Westview Press, 1991, p.26.

北大西洋公约组织

展并非完全是军事性质的。"北约的成员国资格是提供'现代性'的证明，如果想要这些国家对北约的忠诚度能够得到保证，北约就必须持续要各成员国有所付出。北约必须能够提供这些国家自身所无法供给的某种东西。"①

贯穿整个冷战时期，北约除与华约及其成员国全面展开军事对抗外，还一直致力于推动各成员国展开全方位的政治、经济、文化以及安全合作，以便最大限度凝聚北大西洋区域内不同国家的力量，对内形成完全超越并且压倒华约的综合实力，对外形成足以发挥政治示范和安全引领作用的"北约形象"，以此吸引更多国家加入北大西洋安全体系。"北约因此变成一个政治—经济体的一部分，变成一种防御性反应。事实上，北约不再总是充当一个联盟……尽管如此，《北大西洋公约》使欧洲人与美国人习惯于一种比西方先前所接受的概念更结构化的防御观念。"②

众所周知，北约吸收希腊和土耳其入盟，目的是强化北大西洋区域东南翼战线，加强北约对黑海海峡的控制能力。但是与北约初始成员国相比，上述两国在社会制度、安全环境、历史文化、传统习俗、宗教信仰、民族构成等方面都有许多特殊之处。尤其两国在历史上有较深的隔阂和仇怨，很难在短期内彻底消除。这就注定两国必然会将其历史恩怨与现实纠葛带入北约内部，影响并掣肘北约既定的政治方针与安全战略。"（希腊与土耳其）高官们既无时间也无意探究两国（在历史上的）关系，前提是两国获准加入北约且实现其主要目标。对美国政府来说，不可思议的是，两国都感觉自身受到苏联的直接威胁，这使它们为了获得保护而寻求加入北约，使它们能够从美国获得军事与经济援助，所有这些都未能使两

---

① John Chipman, "NATO's Southern Region: National versus Alliance Priorities," John Chipman, ed., *NATO's Southern Allies: Internal and External Challenges*, London and New York: Routledge, 1988, p. 358.

② Charles S. Maier, "Finance and Defense: Implications of Military Integration 1950 – 1952," Francis H. Heller and John R. Gillingham, eds., *NATO: The Founding of the Atlantic Alliance and the Integration on Europe*, p. 346.

国的双边问题得到管控。"① 其中，希腊与土耳其围绕塞浦路斯主权发生的争端，堪称希、土两国纷争最集中、最直接的体现。

塞浦路斯在地理上接近土耳其，但其早期居民多为希腊人。从 16 世纪起，奥斯曼土耳其人就占领了塞浦路斯，形成希腊族与土耳其族混居的局面。从 19 世纪后半期起，塞浦路斯成为英国殖民地，"塞浦路斯人口 67 万人，80% 是希族人，18% 是土族人，剩下的主要为信奉天主教的一些少数民族"②。一直到 1950 年代，塞浦路斯开始谋求独立，但是希腊族与土耳其族的矛盾与冲突也开始持续升温。1957 年，前北约秘书长伊斯梅勋爵、现任北约秘书长斯巴克就开始着手协调希腊、土耳其纠纷，以防希土冲突影响北约的团结与稳定。斯巴克甚至建议，在塞浦路斯建立一个包括希土双方势力的联邦领地，由英国实施过渡统治，为期 7 年。北约的种种努力并未彻底解决双方争端，但促使双方展开对话与谈判。总体而言，北约对希土纷争的影响力有限，"北约处置希腊与土耳其关系的成果非常少"③。

1959 年 2 月，在英国的积极协调下，英国、希腊、土耳其三国共同签订《苏黎世—伦敦协定》（Zurich-London Agreement）。1960 年 7 月，英国、希腊、土耳其、塞浦路斯希族与土族代表共同签订《尼科西亚条约》（Treaty of Nicosia）。"在该条约的名义下，英国保持其在塞浦路斯的军事基地，这个新国家还有可能申请加入北约。"④ 1960 年 8 月，塞浦路斯共和国正式建立，希族马卡里奥斯三世大主教（The Archbishop of Makarios Ⅲ）当选总统，土族库楚克（Fazıl Küçük）当选副总统，塞浦路斯由英国、希腊和土耳其三国共同维护安全。塞浦路斯境内居民以希族为主、以土族为辅，虽然独立后成立两族联合政府，但希族和土族在新成立的政府、国民警卫队以及商界等占据的权重和位置不同，促使双方旧的矛

---

① Monteagle Stearns, *Entangled Allies: U. S. Policy toward Greece, Turkey, and Cyprus*, p. 9.
② Monteagle Stearns, *Entangled Allies: U. S. Policy toward Greece, Turkey, and Cyprus*, p. 107.
③ Sean Kay, *NATO and the Future of European Security*, p. 52.
④ Prince Hubertus zu Löwenstein and Volkmar von Zühlsdorff, *NATO and the Defense of the West*, p. 69.

盾与纠纷未能得到及时解决,而且还滋生出大量新的利益纠葛和政策冲突。

不仅如此,塞浦路斯希族和土族的纷争,导致希、土两国直接插手塞浦路斯内政,希腊和土耳其都不甘心各自的族群利益受损,纷纷插手塞浦路斯争端。先是土耳其政府驱逐旅居伊斯坦布尔的希腊人,塞浦路斯政府中的土族议员否决所有政府议案,之后是希族解聘塞浦路斯政府中所有土族公务员,此举导致土耳其直接出兵塞浦路斯,控制其首府尼科西亚至凯里尼亚港的通道。在希腊军政府的支持下,塞浦路斯希族发动军事政变,此举导致土耳其大规模向塞浦路斯派遣军队,并与以希族为主体的塞浦路斯国民警卫队发生激烈冲突,塞浦路斯争端开始逐渐失控。

虽然塞浦路斯国土狭小,但其地缘战略地位极为重要,它不仅是地中海海域仅次于西西里岛、科西嘉岛的第三大岛屿,而且地处东地中海的核心海域,充当连接南欧、北非以及中东三个地缘政治板块的海上战略枢纽。因此,在希、土两国围绕塞浦路斯岛屿争端初起之际,北约就予以充分关注。"现在有一种普遍的观点,北约在南部地区的军事软弱问题必须解决,北约对各种历史、政治、经济以及文化因素仍然存在不完整的理解,这使北约对这一地区更广泛的安全利益的处置,比其他地区更困难……这一状况部分归因于该地区两个成员国——希腊与土耳其的争端能否得到解决……"[①] 让北约感到害怕的是,希腊、土耳其围绕塞浦路斯主权的争端会导致两败俱伤,会削弱北大西洋区域东南翼战线防御。北约更害怕苏联与华约会乘虚而入,插手塞浦路斯危机,对希腊、土耳其形成拉拢和亲近之势,趁机在东地中海地区立足,改变该地区的战略态势。因为在北约看来,不论是希腊还是土耳其抑或塞浦路斯,任何一方倒向华约,都不啻于一场战略灾难,都会使北约精心构筑的北大西洋防御阵线出现空洞,进而导致该防线最终土崩瓦解。

---

① John Chipman, "NATO's Southern Region: National versus Alliance Priorities," John Chipman, ed., *NATO's Southern Allies: Internal and External Challenges*, p. 377.

第四章 北约政治与安全实践

除围绕塞浦路斯主权争端外，围绕爱琴海所涉及的海域、空域以及相关岛屿管辖权等，希腊和土耳其也产生重大分歧。"东西爱琴海上岛屿的防御工事，为希腊在地理上极为软弱的北方防御提供了某种战略深度。"①在1958年、1960年联合国召开的国际海洋法大会上，希腊提出12海里领海主权范围的新主张，土耳其则坚持国际社会原定的6海里领海主权范围。按照希腊的主张，希腊在爱琴海的领海主权范围将从35%上升到63.9%，土耳其在爱琴海的领海主权范围将从8.8%上升到10%，而爱琴海的公海海域范围则会从56.2%下降到26.1%。②因此，土耳其坚决反对希腊的主张，许多相关国家也对希腊的主张提出异议，希、土两国更是针锋相对，各不相让。另外，爱琴海海底在1960年代初发现石油和天然气，这更使两国就爱琴海海域控制权的争夺进一步白热化。由此，爱琴海海域之争成为希、土两国继塞浦路斯主权争端后的又一个冲突焦点，两国紧张关系进一步加剧。

诚如上文所言，北约从塞浦路斯争端初起之际就开始积极介入，着手平息两国围绕塞浦路斯主权的争夺。在途径上，北约致力于利用多种渠道解决两国的矛盾与纷争。首先，北大西洋理事会为调解希、土两国纷争多次召开会议，例如1963年5月渥太华会议、1964年5月海牙会议、1965年12月巴黎会议、1966年5月布鲁塞尔会议、1967年12月布鲁塞尔会议、1968年6月雷克雅未克会议等。在这些不同层级的会议中，北约为希、土两国确定了一种旨在解决双方利益纷争的规则，这一规则的核心就是确立北约在处置塞浦路斯危机过程中的引领地位，强调以和平方式解决两国纷争，尽可能降低当前两国纷争的烈度。"北约各成员国部长强调，必须保证北大西洋区域侧翼安全，部长们要求完成关于东南欧地区的防御计划研究。"③在这些会议上，北大西洋理事会不断向希腊和土耳其两国

---

① Thanos Veremis, "Greece and NATO: Continuity and Change," John Chipman, ed., *NATO's Southern Allies: Internal and External Challenges*, p. 273.
② Monteagle Stearns, *Entangled Allies: U. S. Policy toward Greece, Turkey, and Cyprus*, p. 139.
③ "Final Communiqué," 25 Jul. 1966, https://www.nato.int/cps/en/natohq/official_texts_26662.htm?selectedLocale=en.

北大西洋公约组织

外长发出呼吁,要求两国外长做出保证,冻结当前双方采取的一切军事行动及相关举措,确保双方不再采取任何有可能激化事态的过激措施,避免塞浦路斯危机进一步恶化。

除在外交层面对希腊、土耳其实施劝导和施压外,北大西洋理事会还采取了一些具体措施,切实推动塞浦路斯危机的解决。例如,北大西洋理事会一度计划成立一支武装干预力量,直接派驻塞浦路斯,横亘在冲突双方之间,既可隔离塞浦路斯希族和土族武装力量,又可使两国在塞浦路斯的武装力量彼此远离,还可进一步威慑希腊和土耳其,杜绝两国向塞浦路斯派出更多军队。不可否认,北大西洋理事会的上述努力取得阶段性成果,希、土两国至少在表面上就解决塞浦路斯危机达成某些协议,并就一些关键问题分别采取了比较积极的政策,这使塞浦路斯危机未出现不可抑制的扩大与蔓延之势,而是呈现打打停停的态势。

与此同时,苏联联合其他国家公开指责北约干涉塞浦路斯内政,苏联领导人还试图与塞浦路斯希族领导人保持接触。不仅如此,苏联甚至通过阿拉伯国家,将武器与其他军用物资间接运入塞浦路斯。很明显,如果北约不采取务实举措尽快平息塞浦路斯危机,苏联势必会插手其中,这无疑会使塞浦路斯争端进一步复杂化。为此,北约打着防范苏联在地中海地区扩张力量的旗号,在地中海海域积极发展相关武装力量。例如,北约改编了代号为"媒人"的海军巡逻中队,将其变成一支拥有包括驱逐舰等多种型号舰船在内的常设海军力量,这支海上武装力量可以连续执行军事行动,无疑有助于加强北约成员国团结,无疑对希腊和土耳其在爱琴海的利益纷争起到警示作用,对防止塞浦路斯危机持续发酵形成现实威慑,同时也对苏联插手塞浦路斯危机形成阻遏之势。

另外,针对希、土两国争端,北约秘书长斯迪克特别提交了一份名为《短暂观察》(Watching Brief)的报告。在征得北大西洋理事会认可后,该报告正式成为北约解决希、土两国纷争的一项政治计划。"关于希土关系,各成员国部长听取了北约秘书长以《短暂观察》为名的

第四章 北约政治与安全实践

报告,该计划由 1964 年北约部长会议确立。各国部长表达了殷切的期望,希望两国关系能够迅速实现正常化。"① 在该计划指导下,斯迪克周旋于希腊和土耳其两国政要之间,试图向希腊和土耳其进一步说明北约的立场与政策,力图在北大西洋安全体系内解决希土纷争,禁绝苏联"伺机插手",避免使希、土两国的矛盾与纷争复杂化。

其次,北约还致力于通过个别成员国与希腊、土耳其双向接触这一渠道,对希、土两国纠纷实行降温、隔离以及威慑。"无论是作为一个协调者还是友好顾问,北约可以实现灵活性与杠杆作用的结合,这是包括美国在内的单个国家无法企及的。"② 但北约所倚重的成员国中,尤其以英国、美国所发挥的作用最具代表性。英国作为塞浦路斯在历史上的宗主国,直到塞浦路斯独立前夕,一直在其境内驻扎了大量军队。因此,塞浦路斯政治、经济、社会以及文化等均受到英国的影响。另外,希腊和土耳其在现代历史上的发展与变迁,一直与英国具有密不可分的联系。这就注定英国不可能在希、土两国围绕塞浦路斯主权的争端中完全置身事外,事实上,英国在希土纷争初起时就积极参与,英、希、土三国共同订立的《苏黎世—伦敦协定》,正是以英国提出的《麦克米兰方案》(Macmillan Plan)为基础而达成的。

鉴于英国在塞浦路斯所拥有的影响力以及既得利益,尤其是英国在塞浦路斯拥有军事基地,英国特别不愿看到塞浦路斯陷入战乱。因此,自塞浦路斯立国后,英国就一直向其提供经济援助,希望以此稳定塞浦路斯政治、经济与社会形势。在塞浦路斯希族和土族争端开始后,英国还特别联合希腊和土耳其两国,组成三国联合维和部队,但由于希腊和土耳其部队各行其是,英国主导的维和行动未能发挥应有的作用。1962 年 12 月 29 日,英联邦大臣邓肯·桑迪斯(Duncan Sandys)亲赴塞浦路斯,开展政治调解活动,但此举亦未能化解希族和土族的矛盾与纷争。1964 年 1 月

---

① "Final Communiqué," 12 Dec. 1974 – 13 Dec. 1974, https://www.nato.int/cps/en/natohq/official_ texts_ 26898. htm? selectedLocale = en.
② Monteagle Stearns, *Entangled Allies*: *U. S. Policy toward Greece*, *Turkey*, *and Cyprus*, p. 81.

北大西洋公约组织

15 日，英国主持召开包括希腊、土耳其、塞浦路斯希族和土族在内的"伦敦五方会议"，但最终也以失败告终。

与之相比，美国介入塞浦路斯争端的程度似乎更深。"伦敦五方会议"失败后，美国约翰逊（Lyndon B. Johnson）总统在 1964 年 1 月 28 日派特使莱曼·兰尼兹尔将军奔赴安卡拉和雅典，在土耳其与希腊之间展开斡旋。不仅如此，美国还与英国共同推出"桑迪斯—鲍尔维和方案"（Sandys-Ball Peacekeeping Plan），提出由北约多个成员国共同组成 1 万人的"塞浦路斯维和部队"，其中包括希腊和土耳其军队。该方案还明确要求希腊、土耳其不要再向塞浦路斯增派军队，然而，该方案未能实现塞浦路斯停火。

此后，美国代理国务卿乔治·鲍尔（George W. Ball）多次出访希腊和土耳其，辗转于雅典、安卡拉与尼科西亚之间，但最终一无所获。5 月 4 日，美国外交委员会主席、参议员富布莱特（James Fulbright）接受约翰逊总统委托，再次赴希腊和土耳其，对希土纷争与塞浦路斯希族和土族矛盾实施斡旋，但成果甚微，他所提出的和平方案遭到各方反对。7 月 4 日，前国务卿艾奇逊接受约翰逊总统委托，参与解决希土纷争。尽管艾奇逊殚精竭虑，周旋并辗转于各方之间，连续提出三个"艾奇逊方案"，但最终亦未能终止希腊与土耳其围绕塞浦路斯的争斗。"尽管土耳其政府是大压迫者美国的工具，实用主义决定了美土两国保持着良好关系，但土耳其的区域关注点仍更集中于希腊、塞浦路斯以及爱琴海。"① 为此，约翰逊政府非常严厉地警告土耳其，如果使用美国援助的武器入侵塞浦路斯，由此引起苏联攻击，北约不会对土耳其履行《北大西洋公约》的相关条款。这些行动使美国承诺的可信性遭到怀疑，就像希腊人怀疑苏联一样，土耳其人也削弱了其与北约的联系。② 由此可见，美国不论是在北约框架内，还是依靠单个国家的外交斡旋，实际上都未能有效抑制希土纷争及其

---

① Richard W. Cottam, "Levels of Conflict in the Middle East," Joseph I. Coffey and Gianni Bonvicini, eds., *The Atlantic Alliance and the Middle East*, p. 4

② Lawrence S. Kaplan, *NATO Divided, NATO United: The Evolution of an Alliance*, p. 73.

第四章　北约政治与安全实践

扩大。"美国不能将其祝福给予希、土两国,因此受到双方的责备,为双方所仇恨。"①

再次,北约同样致力于通过联合国这一平台解决希、土两国纷争。虽然北约非常重视联合国的权威,但在解决希、土两国纷争的过程中却竭力防范和杜绝苏联"插手"塞浦路斯危机。1963年12月,当塞浦路斯局势恶化后,在塞浦路斯政府要求下,联合国正式参与解决希、土两国纷争。1964年2月,联合国安理会通过"第186号决议案"(UN Security Council Resolution 186),正式组建联合国驻塞浦路斯维和部队(United Nations Peacekeeping Force in Cyprus,UNFLCYP)。在联合国安理会酝酿这一决议案的过程中,北约秘书长斯迪克与联合国秘书长吴丹(U Thant)保持了密切联系。斯迪克不断向吴丹通报塞浦路斯危机的发展动态,表明北约及其成员国的立场,以便最大限度争取联合国对北约相关政策及其实践的支持。与此同时,美国也与联合国展开密集磋商,在联合国安理会"第186号决议案"通过当天,约翰逊总统就表示积极支持。

3月13日,为了确保联合国安理会"第186号决议案"真正得到执行,联合国安理会又通过"第187号决议案",并且在3月28日派出首批维和部队,开始实施为期3个月的维和任务。不可否认,联合国维和部队主要由北约成员国提供,军费亦主要由北约成员国负担。可见,尽管联合国参与解决塞浦路斯危机,但这一过程始终受到北约的强烈影响。因此,联合国安理会通过的各项决议案以及所采取的维和行动,不可避免地会在一定程度上反映北约的政治与安全意图。

由此可见,北约介入希腊、土耳其对塞浦路斯主权以及爱琴海海域争夺,其着眼点不仅在于解决塞浦路斯危机,而且更在于维护北约在地中海地区的政治与安全利益,尤其是北约在东地中海海域的战略影响与有效军事存在。解决塞浦路斯危机,只是北约应对其内部危机的一个重要示范。北约解决希、土两国纷争的立场、方法以及手段等,无一不尽显北约的战

---

① Lawrence S. Kaplan, *NATO Divided, NATO United: The Evolution of an Alliance*, p. 74.

略意图和目标,这一特点贯穿北约发展全程。北约自认,"在克服成员国差别这方面一直是非常成功的,为了对付新的苏联对手,北约不仅很成功地使联邦德国与法国湮灭了旧的仇恨,而且也使1951年入盟北约的希腊与土耳其消除了仇恨"①。但是,北约的调解行动实际上不可能真正解决希土纷争,其根本原因就在于北约介入争端的基本立场是主观为自己、客观为他人,因而不可能得到希腊与土耳其的信任。"因为美国与北约对塞浦路斯以及希土纷争的关注,只是出于稳定东南欧战线的需要。希腊很清楚,西方国家与组织并不是中立的调解者。"② 基于这一现状,希土双方围绕塞浦路斯、爱琴海及其附属岛屿的争端,直到今天仍未得到妥善解决,仍然是困扰北约的一大难题。

二 北约应对法国退盟事件

作为北约初始成员国,从《北大西洋公约》酝酿到北约建立,法国一直扮演着一个非常重要的角色。对大多数欧洲成员国来说,北约作为战后欧美国家规模最大、最具实力的军事联盟,承担着保卫北大西洋区域的重大责任,其成员国离不开北约的安全保护,因为任何单个欧洲国家都不足以抗衡苏联的政治压力与安全威胁。法国同样如此,单凭法国自身,在冷战对峙中不仅难以妥善保护其政治与安全利益,更谈不上向北大西洋区域提供有效安全保护。法国前总参谋长保罗·埃利(Paul Henri Romuald Ély)将军曾直言不讳地强调了北约存在的必要性与重要意义,"当前没有一个国家能够自立,甚至中立国也要将其自由间接归因于北约的存在"③。在许多欧美政治家眼中,北约的存在不仅对欧洲安全至关重要,而且对北大西洋区域安全至关重要,在冷战之初如此,在冷战持续展开后同样如此。

---

① John Lewis Gaddis, *We Now Know: Rethinking Cold War History*, pp. 167–168.
② Thanos Veremis, "Greece and NATO: Continuity and Change," John Chipman, ed., *NATO's Southern Allies: Internal and External Challenges*, p. 254.
③ Prince Hubertus zu Löwenstein and Volkmar von Zühlsdorff, *NATO and the Defense of the West*, p. 183.

第四章　北约政治与安全实践

法国作为欧洲传统的地缘政治、经济以及安全大国，在欧洲几个世纪的政治与安全生活中，一直保持着传统意义上的大国存在，"法国所扮演的战略角色在历史上就非常活跃和突出"[①]。尽管法国在二战中曾沦为战败国，但这并未消除法国希冀在战后欧洲安全事务中继续发挥主导作用的雄心壮志。作为北大西洋安全体系中的一个重要成员，法国的地位无法堪比美国，甚至其重要性似乎也弱于英国。虽然战后初期法国实力有限，但法国不愿听命于美国的战略安排，尤其不愿在美国主导的北大西洋安全体系中甘于平淡。因为"法国是一个在国土形状、面积以及地理位置上有总体优势的国家……法国是欧洲最早实现集权的国家之一，其本土分裂主义因大都市文化而衰落，其官僚制度相当发达，其高技术发展迅猛……"[②]

这种状况势必会造成法国在北约内部的处境非常尴尬，一方面，法国一向自视为世界大国，一直试图在北约内部掌握足够多的政治与安全话语权，竭力谋求其安全利益最大化。但在另一方面，法国实际上既不能左右美、英等国的既定安全战略，也无法改变北约以及其他成员国的防御方针与重点。这就造成法国在北约内部决策中常常扮演反对派的角色，不仅经常对北约的许多重大决策发出刺耳声音，而且其诸多主张或者表现亦不同寻常，所言所行自私自利，唯我独尊。例如，在《北大西洋公约》订立之初，"法国甚至慷慨激昂地提出，要将阿尔及利亚作为大都会法国的一部分纳入北约，而不管它是北非国家这一标签。法国代表南欧国家，为平衡北欧国家的优势，固执地要将意大利纳入北约，在这一点上，其与美国拉意大利入盟北约的动机极为相似。"[③]

不仅如此，一旦发现在美、英等国主导的北大西洋安全体系内无法确保其政治与安全利益，法国旋即开始尝试在该安全体系外寻求满足自身利

[①] Hugh Faringdon, *Strategic Geography: NATO, the Warsaw Pact, and the Superpowers*, p. 253.

[②] Hugh Faringdon, *Strategic Geography: NATO, the Warsaw Pact, and the Superpowers*, pp. 252–253.

[③] Lawrence S. Kaplan, *NATO and the United States: The Enduring Alliance*, p. 29.

益的途径。例如，朝鲜战争爆发后，美、英等国迫于压力，不顾法国强烈反对，试图重新武装联邦德国，以此弥补北约常规武装力量严重不足的缺陷。针对英、美等国的上述做法，法国试图建立法国主导下的欧洲防务共同体。

在美、英等国看来，法国主导欧洲防务共同体等做法有削弱北约防御之嫌，虽然欧洲防务共同体预设了与北约的安全接驳，美、英、法等国也就此达成一致，但始终无法真正化解美、英等国对法国分散北约武装力量的种种嫌怨，美、英两国在北约内部不断疏远法国，抑制其各种"不当要求"。同样，法国无法在北约内部实现自身利益最大化，也无法脱离北约建立新安全平台、合理表达自身战略诉求。这就注定法国只能在北约内部不断抗争，为争取更大的战略话语权而与美、英等国争吵不休。戴高乐曾公开质疑美国对北大西洋区域安全所承担的责任，即"在美国，没有人能够说清楚美国用于保护欧洲的核武器是否会用、在哪里用、如何用、用到何种程度"[①]。

1958年9月，法国总统戴高乐向美国总统艾森豪威尔和英国首相麦克米兰（Maurice H. Macmillan）发出照会，要求美、英两国允许法国分享北约政治与战略决策权，任命法国人担任南欧盟军司令部最高指挥官，参与北大西洋区域南部防御的军事决策、行动以及演习等，让法国参与北约核战略制定，参与北约核武器的配置和使用。不仅如此，戴高乐还提议进一步扩大北约政治与安全职能，将其对北大西洋区域担负的责任扩大到全世界，使北约成为一个国际安全组织等。"这就是法国反对北约的原因，因为北约没有在其决策中给予法国应得的（地位），而且北约也仅限于欧洲。这就是法国要求拥有自己核武器的原因。就此而言，我们的防御以及我们的政策都是独立的，这也是我们认为最重要的。"[②]

---

① Robert M. Soofer, *Missile Defenses and Western European Security: NATO Strategy, Arms Control, and Deterrence*, p. 1.

② De Gaulle Charles, *Mémoires d'espoir: Le renouveau, 1958–1962*, Paris: Librairie Plon, 1970, p. 221. 转引自 John Lewis Gaddis, Philip H. Gordon, Ernest R. May and Jonathan Rosenberg, eds., *Cold War Statement Confront the Bomb: Nuclear Diplomacy since 1945*, p. 230。

第四章　北约政治与安全实践

为了向美、英两国首脑施加压力,戴高乐特别强调,如果法国的要求得不到满足,法国将启动《北大西洋公约》第 12 条相关规定,终止或退出北约。

可以想见,法国上述主张远远超出美、英等国预料之外,注定不可能得到艾森豪威尔、麦克米兰等人的支持。在以美国国务卿杜勒斯为代表的美、英两国外交决策者看来,法国这种做法既不合法,也不合乎道义,此举不啻一种政治讹诈或者外交勒索,目的是以牺牲北约其他成员国的利益为前提,甚至不惜冒着分化瓦解北约的危险,满足法国不切实际的政治与安全要求。因为一旦法国的不合理要求得到满足,将会使联邦德国、意大利对美、英等国产生嫌怨,进而会使北非与中东各国对北约产生不满情绪。因此,美、英两国不可能向戴高乐的"不合理主张"妥协。但是为了不开罪法国,美、英两国采取了拖延战术,对法国的要求迟迟不予答复,仅将这一要求视为一个军事技术问题,并未将其提升到战略或者政治高度。

鉴于美、英等国一再拖延,法国国防委员会于 1959 年 1 月 31 日正式做出决定。根据北约军事委员会早先通过的相关文件,法国正式撤回在北约地中海舰队中的海军力量。因为该文件明确规定,北约成员国可以为应对突发事件而撤回其驻北约的武装力量。3 月 5 日,法国总参谋长保罗·埃利向欧洲盟军最高司令诺斯塔德发出通报,法国将收回其地中海舰队的指挥权。3 月 6 日,法国政府就撤回地中海舰队指挥权问题,向美国发出外交照会。尽管美国在此期间做了大量工作,但均未收到应有效果。不仅如此,戴高乐还坚决不同意北约创立"北约—欧洲防空网",而欧洲盟军最高司令部的设计者们则将此当作一个关键性军事统一机制。"(北约与法国)似乎只保留了有限的合作,只因为法国需要得到北约的新式预警系统;根据协议,北约早期预警系统将数据自动输入法国的国家防空系统。"[①]

---

① William Park, *Defending the West: A History of NATO*, p. 81.

北大西洋公约组织

针对法国要求分享北约决策权,北约也做了大量工作,尤其是针对法国撤回地中海舰队指挥权的要求,北约可谓痛心疾首。北约认定,此举将直接造成北约分裂,进而会削弱北约武装力量建设。为此,北约秘书长斯迪克辗转于法国外交部、国防部以及北约总部之间,周旋于美、英、法等国政要之间,甚至多次直接拜访戴高乐,一方面向其澄清北约的立场,即北约坚决不同意法国撤回地中海舰队的指挥权,因为此举会造成北约破裂,会削弱北大西洋区域防御。另一方面,斯迪克希望借此摸清法国撤军的真实目的,最大限度寻求弥合双方分歧的共同点。尽管戴高乐一再强调,在爆发战争和重大危机时,法国将与北约成员国坚定地站在一起,但美、英两国非常清楚,这不过是对北约及其成员国的一种政治安慰,法国的特立独行给北约造成的伤害,是任何补救措施或抚慰之语都无法弥补的。美国国务卿克里斯蒂安·赫脱(Christian Herter)就曾不无感伤地指出,"我无法想象戴高乐总统会把我们牵扯进一场全面核战争,除非有事实表明,我们正处于自我毁灭的危险中,或者所采取的实际步骤已使我们陷入自我毁灭中"①。

事实上,戴高乐策划并领导法国退出北约军事一体化机构,其真正目标并非在北约内部争取更多权力,而是要在战后国际事务中争取更多的话语权,真正体现法国作为世界大国的存在与影响。与退出北约军事一体化机构相对应,法国也竭尽全力扩展其国际话语空间。1960年2月,法国冲破美国设置的重重阻力,成功爆炸第一颗原子弹,从此成为国际核俱乐部成员。"到1960年代后期,法国的核武器具有实际操作性,所有这些因素都促成法国将其核威慑提到巴黎议事日程的首位。"②1963年1月,法国拒绝英国要求加入欧共体的申请,以此防止美国对欧洲经济一体化实施渗透和破坏。与此同时,法国和联邦德国签署《法德

---

① Testimony before the Senate Foreign Relations Committee, 21 Apr., 1959. 转引自 Zbigniew Brzezinski and Samuel P. Huntington, *Political Power: USA/USSR*, New York: The Viking Press, 1983, p. 394.

② Charles G. Cogan, *Forced to Choose, France, the Atlantic Alliance and NATO: Then and Now*, pp. 125-126.

第四章　北约政治与安全实践

友好合作条约》，双方建立"巴黎—波恩轴心"，实现法、德两国和解与合作。

1964年1月，法国承认中国，中法正式建交，法国成为西方首个与中国建立大使级外交关系的大国。1964年3月，戴高乐访问墨西哥；9月访问委内瑞拉、哥伦比亚、厄瓜多尔等10国，在美国"后院"大肆扩展法国的影响。不仅如此，戴高乐还连续访问多个第三世界国家，以此扩大法国在国际社会的影响。12月31日，戴高乐在新年演讲中公开提出，法国将在经济与货币领域实行全面独立与自主政策，向美国经济与货币霸权发起挑战。1966年6~7月，戴高乐访问苏联。法、苏双方签署一系列经济、贸易、文化以及科技合作协定，联合发表《法苏宣言》，提出建立新法苏关系的目标。毫无疑问，这些举措在很大程度上提升了法国在欧洲事务中的影响力。与此同时，戴高乐还公开谴责美国发动的越南战争，坚决主张实现越南中立化。在第三次中东战争中，戴高乐更是一反常态，坚定地站在阿拉伯国家一边，坚持对以色列实施全面武器禁运……

很明显，法国在北约内部争取更大的政治与安全话语权，并不是戴高乐突发奇想或者心血来潮，实际上这只是法国全面调整其外交方针及其实践的一个重要组成部分，它与法国在这一时期的其他外交实践紧紧联系在一起，共同体现了法国奉行独立自主外交的核心意旨。事实上，"法国对美国领导力的综合素质一直表示怀疑，可谓根深蒂固"[①]。只不过相对于法国在更宏大的国际空间推进其外交实践而言，法国在北约内部与美、英等国的权力抗争，是在特定环境中展开的，完全出乎美、英两国以及北约其他成员国意料。但这也在很大程度上澄清了一个基本事实，即法国的诉求不可能取得圆满结果，必将遇到巨大阻碍。另外，鉴于戴高乐独立自主外交所涉及的领域极为广泛，单凭北约一己之力，根本无法解决法国奉行大国外交所遇到的所有危机与挑战，当然也无法解决法国在北约内部屡遭冷遇和怠慢的问题。"查尔斯·戴高乐选择折磨每一个人，

---

① Zbigniew Brzezinski and Samuel P. Huntington, *Political Power: USA/USSR*, p.396.

北大西洋公约组织

因而将法国的战略方针从'方位角防御'变为'全方位防御'的一部分，这种仇恨（情绪）必然会导致北约内部各种关系恶化。"①

继法国撤回驻地中海舰队后，由于美、英等国无法满足法国分享北约决策权的要求，法国开始进一步升级脱离北约的政策。1966年3月，法国公开对外宣布，将全面撤出北约军事一体化机构，北约必须撤出所有驻法军事指挥机构，关闭在法国的所有军事基地，撤出部署在法国的所有核武器及其运载工具等。因为这些核武器主要由美国配属给北约，而这些军事基地也以美国驻法军事基地为主。6月，北大西洋理事会在布鲁塞尔召开会议，集中讨论上述问题。"各成员国部长同意按照《北大西洋公约》的原则与义务，审核3月法国备忘录提出的问题，以便达成一种关联各方都能接受而且能够持续保持安全的解决方案……同意将军事总部迁出法国，一致要求低地国家为欧洲盟军最高司令部提供一个新地址。"②

随后，欧洲盟军最高司令部宣布正式迁往比利时卡斯托。10月，北大西洋理事会及其所属机构亦宣布，正式迁往比利时布鲁塞尔。不仅如此，北约常驻巴黎的其他政治、军事、文化与科研机构等，也都纷纷迁往临近成员国。至此，法国脱离北约军事一体化机构的工作正式告一段落，法国在形式上以及实质上开始疏远北约。法国对外宣称脱离北约不会产生不良影响，"法国撤出行动无论如何都没有使法国脱离北大西洋公约组织，法国仍然完全忠诚于大西洋伙伴；法国用行动证明，不论伙伴国何时面对困境，法国都将与美国、联邦德国保持团结一致，这是绝对必要的"③。

在法国脱离北约军事一体化机构的过程中，尽管北约的话语权相当有限，但还是做了大量工作。一方面说服法国放弃这一极端政策，避免扩大

---

① John Lewis Gaddis, *We Now Know: Rethinking Cold War History*, pp. 218 – 219.
② "Final Communiqué," 7 Jun. 1966 – 8 Jun. 1966, https://www.nato.int/cps/en/natohq/official_ texts_ 26659. htm? selectedLocale = en.
③ Marcel Duval, "French Naval Forces and the Defense of Western Europe," H. F. Zeiner-Gundersen, Seigie A. Rossi, Marcel Duval, Donald C. Naniel, Gael D. Rarleton, Milan Vego, eds., *NATO's Maritime Flanks: Problems and Prospects*, Washington, D. C. : Pergamon-Brassey's International Defense Publishers, Inc. , 1987, p. 27.

第四章 北约政治与安全实践

事态;另一方面竭力缩小法国退出北约后所产生的不良影响,尽可能防止这种消极影响干扰其他成员国。为此,除正常召开春季和秋季会议外,北大西洋理事会还针对某些突发事件,多次不定期召开临时会议,尤其是围绕法国退出北约军事一体化机构可能造成的不良影响展开充分讨论,就北约及其成员国的应对政策与实践展开协商。北约的目标非常明确,就是尽可能减少法国退出北约所造成的政治与安全损失。"有时,有些事在历史上未曾发生,有些事我们每个人都假设不会发生,但在事实上还是发生了。北约能够很容易理解和接纳这一事实,就像它应对来自巴黎的挑战一样……北约是一个有机联盟,植根很深,在必要时能够做到壮士断臂而不会造成严重损失。"[1]

在处置和应对法国退出北约军事一体化机构的过程中,北约始终表现出相当积极和明确的态度。第一,北约坚决支持美、英等国为维系北约成员国团结协作而付出的努力,积极支持美、英等国为实现北大西洋区域安全所做的工作。在北约的积极支持下,美、英等国与法国多次展开谈判,尤其是在法国研制原子弹的过程中,英国向其提供了重要帮助。而在法国研制核潜艇的过程中,美国则施以援手。在法国成为核大国、形成战略威慑力后,北约特别修改了旧的防御方针,将英、法两国核力量一概视为北约核威慑的重要补充,视为北约实施核战略的又一个重要组成部分。

第二,北大西洋理事会坚持不在公开场合声讨和谴责法国,拒绝向法国进一步施加压力,避免进一步刺激法国,以免对北大西洋安全体系造成更大伤害。北约及其众多成员国对法国退出北约军事一体化机构极为不满,甚至北大西洋理事会一位成员公开指责法国,"我们在任何情况下都要避免的是,北约允许其内部存在不同种类的成员国资格,因为没有哪个伙伴国比其他国家有更高或更低的级别"[2]。但是,它们在国际或区域事务中并未歧视或者孤立法国,毕竟法国是欧洲传统大国,北约客观上需要

---

[1] John Lewis Gaddis, *We Now Know: Rethinking Cold War History*, p. 219.
[2] Prince Hubertus zu Löwenstein and Volkmar von Zühlsdorff, *NATO and the Defense of the West*, p. 192.

法国继续在欧洲安全事务中发挥积极作用。虽然法国退出北约军事一体化机构，但它仍留在北约政治联盟中，而且表态在出现战争时仍将与北约同甘共苦。因此，北约及其成员国保留了与法国的双边或者多边沟通和协商，避免让法国完全脱离西方阵营，向苏联与东欧社会主义阵营靠拢。

第三，北约坚持预定的政治与安全方针，全力保持其政治与安全机制正常运转。为了不受或者少受法国退出北约军事一体化机构的影响，北约在1960年代后期制定了"缓和与防御并举"的政治与安全方针，一方面着眼于推动北约与华约、美国和苏联展开军备谈判与政治对话，全面营造以"缓和"为基调的欧洲安全氛围和环境，另一方面致力于全面加强北约的防御建设，尽可能弥补因法国退出北约军事一体化机构出现的防御真空。北约尤其加强了北大西洋区域南部防线建设，包括加强北约在地中海海域的海上武装力量建设，以此作为一种补救举措。"事实上，戴高乐提出一个观点，即法国部分退出北约的军事功能，改变了北约的政治动力。法国缺席北约许多委员会之举，与古巴导弹危机与柏林危机中出现的僵持局面共同促进了东西方缓和局面的发展。"[1]

在法国退出北约军事一体化机构这一过程中，北约所表现出的立场和态度，以及所做的修补工作，虽不足以完全消除法国退出事件所产生的影响，但在很大程度上有效维系了北约其他成员国的团结协作，保持了北约政治与安全方针平稳发展，这从另一个侧面体现了北约处置内部危机的能力得到提升，为日后法国重返北约军事一体化机构奠定了基础。

三 北约处置希腊退盟及其后续事件

正如上文所言，尽管北约为调解希腊和土耳其两国争端付出了巨大努力，通过多种渠道对塞浦路斯希族与土族双方、希腊和土耳其两国等展开了大量游说和协调，以大规模经济与军事援助相利诱，同时辅之以公开的

---

[1] Lawrence S. Kaplan, "NATO: A Typical Alliance and Its Longevity," Vojtech Mastny and Zhu Liqun, eds., *The Legacy of the Cold War, Perspectives on Security, Cooperation, and Conflict*, Lanham, M.D. and New York: Lexington Books, 2014, p. 134.

第四章 北约政治与安全实践

恐吓和威慑，但最终未能缓解希、土双方的纷争与对立，亦未能在东南欧创立一种有效的安全与稳定秩序。事实上，北约内部对于希土纷争一直存在分歧，各成员国对于北约介入希土纷争的立场、方式、程度等始终存在争议，这也成为北约未能如期解决希土纷争的重要原因之一。"首先，在北大西洋理事会中缺乏共识，阻止了北约采取行动；其次，各签约国不愿意让北约成为旨在解决其纷争的一种机制。"①

北约继续采取各种措施，竭力拉拢希、土两国，严防苏联介入东南欧地区，以此确保北约的东南翼前沿。因为在北约看来，苏联与华约正在利用希土纷争、法国退出北约事件极力扩大北约内部矛盾，借机向北大西洋区域核心与边缘地带渗透。"在1960年代和1970年代，苏联在很大程度上强化了其军事力量与潜力，不仅坚持向欧亚大陆'心脏地带'以外地区扩展势力范围，而且坚持增大在'边缘地带'的行动自由，例如中东地区。"②

就塞浦路斯而言，北约在1960年代所做的工作只是降低了塞浦路斯希族与土族之间的冲突烈度，或者只是暂时压制住希腊和土耳其，使两国避免采取更直接、更过激的军事行动，实际上并未去除希、土两国发生冲突的根源。一旦出现合适的社会土壤以及政治氛围，塞浦路斯危机必将再度发酵，希、土两国必然会再度发生冲突。1970年代，希腊频繁发生军事政变，军政府不加掩饰地支持塞浦路斯希族势力。与之相比，土耳其亦出现政治动荡，各种极端组织和无政府组织层出不穷，政府面临巨大压力。大力支持塞浦路斯土族势力，高举民族主义大旗，遂成为土耳其政府最及时、最有利的一种政治选择。由此可见，希、土双方围绕塞浦路斯与爱琴海海域的争端，实际上都有相当大的民意基础。

1974年7月15日，塞浦路斯发生政变，国民警卫队接管政权，塞浦路斯

---

① Sean Kay, *NATO and the Future of European Security*, p. 52.
② Monteagle Stearns, *Entangled Allies: U. S. Policy toward Greece, Turkey, and Cyprus*, pp. 319 – 320.

北大西洋公约组织

"伊诺西斯运动"(Enosis)领导人尼古拉斯·桑普森(Nikos Sampson)担任新总统。7月20日,土耳其向塞浦路斯派出军队,与塞浦路斯国民警卫队发生冲突。尽管联合国安理会随后通过了旨在制止战争扩大的"第353号决议案",英国亦联合希腊、土耳其以及塞浦路斯,四方在日内瓦举行两次会谈,但均未能阻止塞浦路斯局势的不断恶化。8月14日,土耳其军队行动升级,在塞浦路斯西北部地区建立了一条分界线——"阿提拉线"(The Attila Line)。居住在塞浦路斯南部的土族开始进入土耳其占领区,居住在北部的希族则逃离占领区,该地区由此成为以土族居民为主体的一个区域。土耳其的上述做法并未得到国际社会认可,使塞浦路斯陷入四分五裂状态①,进而为希腊和土耳其持续冲突埋下了祸根。

尽管为了避免塞浦路斯陷入分裂,美、英等国做了大量工作,例如,向希腊施加压力,阻止其大规模派遣军队,阻止土耳其采取更激进的军事行动,但这些举措均未能制止塞浦路斯局势持续恶化,希腊军政府亦因此倒台。希腊新政府认定,北约与美国并未在塞浦路斯危机中全力阻止土耳其出兵,反而压制希腊维护自身权益。联合国驻塞浦路斯的武装力量以及附近的北约武装力量,均未采取必要的军事行动,制止土耳其对塞浦路斯的侵略,北约不仅袖手旁观,甚至纵容、鼓励或者支持土耳其的侵略行径,最终导致塞浦路斯分裂。为此,希腊爆发激烈的反美游行。"1974年后,希腊人普遍认为遭受双重不公正的看法,激发了反美国、反北约的情绪,其一是美国人支持希腊的军事独裁政权,其二是在塞浦路斯危机中胡乱操作。"② 一些立场激进的希族人甚至冲入美国驻尼科西亚大使馆,杀死美国驻塞浦路斯大使罗杰·戴维斯(Roger Davis),酿成重大外交事件。

---

① 1975年2月13日,塞浦路斯土族在占领区宣布建立"塞浦路斯共和国土耳其族邦"。1983年11月,在土耳其支持下,"塞浦路斯共和国土耳其族邦"正式更名为"北塞浦路斯土耳其共和国"。但是,除得到土耳其外交承认外,该共和国并未得到任何国家承认,不仅联合国拒绝承认,北约亦拒绝承认。塞浦路斯的上述分裂状态一直延续到现在,成为横亘在希腊和土耳其两国之间的一个政治和心理障碍,这成为希土双边关系长期无法从根本上得到改善的一个痼疾。

② Thanos Veremis, "Greece and NATO: Continuity and Change," John Chipman, ed., *NATO's Southern Allies: Internal and External Challenges*, p. 268.

第四章 北约政治与安全实践

另外，还有许多激进人士要求希腊政府与苏联展开对话，试图借苏联之力对付土耳其的侵略行动。

8月14日，希腊政府发表公开声明，为了保护希腊领土与主权完整，维持塞浦路斯的独立和完整，鉴于北约在塞浦路斯危机中无所作为，无法尽到保护全体成员国和平与安全的责任，希腊从此退出北约军事一体化机构，只是象征性留在北约政治架构中。① 希腊宣布，所有在北约各级军事指挥机构、军事基地以及联合武装力量中任职的希腊军事人员，都将奉命撤出，包括希腊在南欧司令部的所有参谋军官、军士以及士兵等在内。另外，希腊还宣布，终止希腊与北约订立的所有军事合作协议和计划，包括取消双方早期的雷达预警技术与通信联络合作，尽管这一军事合作已取得明显收效。希腊政府甚至拒绝美国为转圜双边关系、软化希腊立场而发出的国事访问邀请，拒绝在退出北约这个问题上做任何妥协和让步。另外，希腊政府决定将其第三军团调往希腊—土耳其边境，以此向土耳其及北约表达其强硬立场。"不论是希腊还是土耳其，都认为北约在过去的希土纷争中立场不公正。特别是希腊，因1974年北约的行动产生了莫大委屈。如果北约主要致力于保证《希腊—土耳其互不侵略条约》，雅典就会比安卡拉获得更大利益。但是就北约过去所形成的这些主观认识，以及支持这些认识的理由而言，北约的言行（实际上）都不是最重要的。"②

很明显，希腊退出北约，并不像北大西洋理事会随后宣称的那样，属于未加认真思考的鲁莽之举。对希腊来说，北约并不像其所宣传的那样强大，似乎无法有效确保北大西洋区域安全；北约似乎空有规模庞大的武装力量，却无法有效运用其武装力量解决类似塞浦路斯危机这样的局部危机与冲突。希腊认识到，其战略诉求暨国家利益是特定的，与北约的利益诉求不能画等号，尤其和美、英等大国利益相差很大，北约为了联盟内部的和谐与稳定，不惜牺牲希腊的国家利益，美、英等国更是如此。因此，希

---

① 1980年10月，希腊重返北约军事一体化机构。
② Monteagle Stearns, *Entangled Allies: U. S. Policy toward Greece, Turkey, and Cyprus*, p. 147.

北大西洋公约组织

腊需要寻找北约以外的路径，切实维护自身利益，积极表达自身的战略关切。

在希腊决定退出北约后，8月21日，北大西洋理事会在布鲁塞尔召开紧急会议，商讨如何应对希腊退出北约后可能产生的种种不利影响。因为事态已经非常明显，如果希腊退出北约，北约必须将其设置在希腊的所有武装部队、军事设施以及军事基地全部撤出，美国第六舰队以及北约地中海海上武装力量亦无法继续在爱琴海海域巡逻。不仅如此，北约在东地中海海域的航空与航海安全也无法得到有效保障，进而会使地中海地区的安全秩序被削弱。北大西洋区域安全防线将会出现一个巨大的空洞，北约的南翼防御将会处于空前薄弱状态，时刻有被突破的危险。为了消除这一隐患，北约展开多方努力，通过各种政治与外交渠道对希腊展开游说，试图劝服希腊收回成命，但最终未能奏效。

更令北约颇感担心的是，9月16日，苏联外交代表团受邀正式访问希腊与塞浦路斯，苏联第一副外长库兹涅佐夫（Vasiliy Kuznetsov）与希腊领导人就共同关心的问题展开磋商。不仅如此，苏联还在联合国多次发声，要求联合国召开非常任理事国扩大会议，共同协商解决塞浦路斯危机。很显然，不论苏联是否有意插手解决塞浦路斯危机，亦不论苏联对希腊和塞浦路斯做出何种政治或安全承诺，苏联并不希望对塞浦路斯危机的处置完全按照北约的意图推进。因此，北约既担心塞浦路斯有可能会变成地中海地区的"古巴"，又担心希腊会与北约渐行渐远，最终完全投入苏联怀抱。"西方计划者们现在开始认识到，将侧翼与中央前沿分开，属于人为之作；他们也认识到，这是东西方冲突的主要危险。"[1]

为了将希腊留在西方阵营，避免使其落入苏联之手，北约针对希腊采取了各种怀柔和亲善政策。一方面，北大西洋理事会针对塞浦路斯危机通

---

[1] John Chipman, "NATO and the Security Problems of the Southern Region: From the Azores to Ardahan," John Chipman, ed., *NATO's Southern Allies: Internal and External Challenges*, p. 13.

第四章　北约政治与安全实践　North Atlantic Treaty Organization

过许多决议，但这些议案尽可能不涉及希腊，以此避免对希腊产生任何刺激与不良影响，为希腊留出足够的政治与安全转圜空间。不仅如此，美、英等国为了缓和希腊的愤懑和不满情绪，针对违反联合国安理会决议、大规模出兵塞浦路斯的土耳其实施全面经济制裁、武器装备禁运。另一方面，北约多个成员国除继续向希腊提供经济援助外，还明确表示愿意考虑未来让希腊加入欧共体。尽管希腊距欧共体的标准还非常遥远，但欧洲盟国均表示可以通过援助方式，尽快使希腊进入欧共体。北约及其成员国的意图非常明显，就是即使希腊无法留在北约，至少要留在欧共体，因为这毕竟可以使希腊继续作为西方阵营的一员。1975年6月14日，希腊向欧共体正式提出入盟申请。1981年1月1日，希腊入盟申请得到批准，由此成为欧共体成员国。"在卡拉曼利斯在位期间，希腊国际机制发起一场谨慎的'去正当化运动'，包括共产党得到承认并且合法化，希腊退出北约军事一体化机构（作为对塞浦路斯事件中'被动'状态的回应），国家趋向自由化。希腊通过谈判，在1981年加入欧共体。"[①]

尽管如此，北约与希腊的双边关系仍未能从根本上得到好转，塞浦路斯陷入分裂、希土关系持续紧张，这已成为北约与希腊双方的不可言喻之痛。希腊入盟欧共体，固然可使希腊享受欧共体内部某种贸易优惠与财政补贴，但这既不能马上将希腊带入先进国家行列，亦无法使陷入分裂的塞浦路斯重归统一，更无法解决希腊和土耳其围绕爱琴海海域及其岛屿的争端。因此，面对日趋紧张的希土关系，面对北大西洋区域南翼战线日渐呈现的虚化与空洞，北约苦无良策，似乎只能做一些修补工作。

更令北约感到焦虑的是，位于北大西洋区域东南翼战线的土耳其，亦开始出现与北约离心离德的迹象。究其原因在于，土耳其并不认可北约在处置塞浦路斯危机中所扮演的角色，而是认定北约在希、土两国的冲突中一直拉偏架，处处偏袒希腊，所采取的各项政策均是为了牵制和掣肘土耳其。北约此举严重妨碍了土耳其在塞浦路斯获得更多主权成果，其中尤以

---

① Thanos Veremis, "Greece and NATO: Continuity and Change," John Chipman, ed., *NATO's Southern Allies: Internal and External Challenges*, pp. 249–250.

北大西洋公约组织

美国的种种不良做法为甚。因为早在约翰逊政府时期，为了阻止土耳其出兵保护塞浦路斯土族利益，约翰逊总统曾向土耳其总理伊斯梅特·伊诺努（Ismet Inonu）递交措辞强硬的信件，公开威胁土耳其，称不再向其提供军事援助，即使土耳其遭到苏联或华约的进攻。塞浦路斯发生政变后，针对土耳其的出兵行动，美国众议院通过决议，停止向土耳其提供军事援助，参众两院迅速通过针对土耳其的武器禁运法案。虽然后来美国主动取消了武器禁运法案，但这些举措还是不可避免地伤害到美土关系，进而使土耳其对北约产生怀疑，质疑北约的立场和功用。"1975年7月，美国国会决定不解除对土耳其的武器禁运。土耳其政府宣布，1969年《防御合作协定》以及其他协议失去合法性，美国在土耳其所使用的所有设施完全由土耳其武装力量控制和监管，只有唯一用于实现北约目标的英瑟利克空军基地除外。"① 虽然美国持续对土耳其实施制裁和武器禁运，但结果是除美土关系恶化、土耳其关闭10多个美国驻土军事基地外，并未有效抑制希土争端扩展。

针对美国施加的政治与安全压力，土耳其公开宣布，不会屈从于任何压力。为了表达其坚定立场，土耳其还宣布，未来将与北约保持一定距离，同时要求美国撤出驻土耳其的武装力量，关闭美国在土耳其的军事基地。不仅如此，鉴于苏联在塞浦路斯危机中对土耳其给予始终如一的支持，土耳其开始着力发展与苏联的外交关系，大量接受苏联提供的经济援助，包括苏联援建的水泥厂、玻璃厂、钢铁厂、炼油厂。另外，双方在军事领域也展开互动。土耳其的意图非常明确，就是发展多边外交关系，包括与苏联展开双边合作，以此作为美国停止军援的一种替代。

1972年，土耳其与苏联联合发表《苏联和土耳其友好睦邻关系原则宣言》（Declaration of Principles of Good-neighbourly Relations between the Soviet Union and Turkey）。1978年6月，双方签署《苏联和土耳其睦邻关系与友好合作原则的政治文件》（Political Document of Principles of Friendly

---

① Ali Karaosmanoglu, "Turkey and the Southern Flank: Domestic and External Contexts," John Chipman, ed., *NATO's Southern Allies: Internal and External Challenges*, pp. 298-299.

第四章　北约政治与安全实践

and Good-neighbourly Relations between the Soviet Union and Turkey），全方位提升两国政治合作等级。出乎北约预料，土耳其甚至不惜违反《蒙特娄条约》（Montreal Treaty）关于保护黑海海峡航运安全的相关国际规定，公开允许苏联"基辅号"航空母舰通过黑海海峡，直接驶入地中海，这使一向被北约视为防御禁区的地中海似乎有被苏联渗透和侵蚀之虞。

很明显，在经历了塞浦路斯危机后，面临北大西洋区域南翼、爱琴海海域全面陷入政治与安全危机的困境，北约不仅未能挽救危机重重的塞浦路斯，还听任塞浦路斯对抗局面愈演愈烈，直至塞浦路斯完全陷入分裂。北约在这场危机中失去希腊，也与土耳其渐行渐远，进而造成希腊、土耳其两国自觉或不自觉地向苏联靠拢。毋庸置疑，苏联实际上成为塞浦路斯危机的最大获益者，不仅空前提升了与希腊、土耳其的政治合作关系，而且得以在军事上插手地中海区域安全事务。虽然希腊最终留在北约政治框架内，土耳其亦未真正脱离北约，但两国在塞浦路斯危机中持续疏远和排斥北约，充分暴露了北约内部蕴藏的重重矛盾与危机。

对北约来说，北约介入希土争端实际上已经取得成功。"北约劝说希土双方在1988年建立军事互信措施，在这方面已经取得了一些成就，这将降低双方在海上和空中发生冲突的风险，还不清楚这些措施是否会得到全面贯彻执行。"[①] 但在事实上，北约对希腊退出北约及其后续事件的处置，显然说明北约并不擅长处置内部危机与矛盾。北约既缺乏正确的政治与安全指导方针，也缺乏必要和充分的干预手段。事实上，北约对希腊和土耳其采取了功利主义和实用主义政策，时刻强调北约的政治、经济与安全需要，这是北约处置塞浦路斯危机最终失败的最重要原因。另外，北约在危机处置中一味强调实施政治压制、经济制裁，动辄以终止军事与经济援助相威胁，这种做法不可避免地会激起当事国的强烈反弹。这些做法不仅无法实现北约的预期目标，而且会产生某种反作用，这也是塞浦路斯危机持续不断、至今难以解决的重要原因。

---

① Ian O. Lesser, *NATO Looks South, New Challenges and New Strategies in the Mediterranean*, Santa Monica, C. A.：Rand, 2000, p. 32.

四 跨大西洋安全架构下的美欧关系及其调整

自北约创建后,美欧双方一直致力于发展和完善北约联盟机制,在国家层面不断推进各成员国对话与协作,确保北约及其成员国始终保持团结一致,形成强大的战略威慑力与执行力。北约也极其重视建构制度、规则以及程序,通过建立一套完整且系统的制度架构与决策规则,不断推动北大西洋安全体系趋向稳固和完善,进一步密切美欧双边合作。"前美国驻北约大使哈兰·克利夫兰(Harlan Cleveland)将《北大西洋公约》形容为美国与欧洲之间的'跨大西洋交易',美国在该条约中承诺向西欧防御提供援助,反过来,西欧国家则为了自身的防御准备好组织工作。"①

不可否认,北大西洋安全体系在冷战时期获得重大发展,北约不仅建立了一套相对完整的政治联盟体制,而且建立了一套行之有效的军事指挥机制,正是在这种联盟体制与指挥机制之下,美欧关系持续深化。尽管北大西洋安全体系建设取得了不俗成绩,美欧双方就许多问题达成普遍一致,但这并不等于美欧合作就此一帆风顺。事实上,从北约创建至今,北大西洋安全体系中的美欧分歧与争斗始终存在,双方的恩恩怨怨始终无法去除,法国、希腊先后退出北约军事一体化机构,希腊和土耳其围绕塞浦路斯与爱琴海海域及其岛屿主权的争夺,正是这种分歧与矛盾的集中体现。英国国防大臣迈克尔·赫塞尔廷(Michael Heseltine)曾就此不无哀怨地指出,"欧洲集团所关心的一个主要原则一直是不仅要确保欧洲国家在加强北约军事能力的过程中充分发挥作用,而且还要确保这种贡献能够在北美得到全面认可和理解"②。

贯穿其建构全程,北大西洋安全体系并不追求力量平衡,而是以谋求集体安全为目标,这种不平衡可以追溯到北约建立之初,美欧双方似乎存在某种天然的不平衡,这种不平衡源于双方的固有差别,即美国作为战后

---

① Nigel P. Thalakada, *Unipolarity and the Evolution of America's Cold War Alliance*, p. 22.
② Michael Heseltine, "Strengthening Europe's Contribution to the Common Defence," *NATO Review*, No. 6, 1984, p. 18.

第四章　北约政治与安全实践　North Atlantic Treaty Organization

世界霸主，拥有无与伦比的实力与影响力，具有某种天然的政治、经济、军事、文化优势，而欧洲盟国似乎处于被拯救的境地，这就决定了双方在北大西洋安全体系中的权重必然存在重大差别。即美国凭借其超强实力，始终能够在北大西洋安全体系中占据主导地位，而欧洲盟国则受自身力量所限，只能在北大西洋安全体系中扮演附属角色，只能就某些与自身利益相关的重大问题发挥影响，而在大多数问题上则只能听命于美国。

北大西洋安全体系的上述特质，在一定程度上决定了冷战时期北大西洋安全体系的建构方向、进程、路径以及重点。美国作为北大西洋安全体系的主导者，深知北约武装力量对北大西洋安全体系具有重大政治意义，对北大西洋区域安全具有重大军事意义。因此，美国始终将北约军事指挥权牢牢掌握在自己手中，例如北约军事委员会主席、欧洲盟军最高司令、大西洋盟军司令以及南欧司令部司令等，美国始终不让欧洲盟国"染指"其中。但是，为了实现北大西洋安全体系的权力平衡，为了安抚欧洲盟国情绪，照顾其安全关切，美国更多的是将一些单纯的政治权力或者名誉性权力交给欧洲盟国掌握，例如北约秘书长、北大西洋议会主席、防务学院院长等。美欧双方将这种权力分配加以固化，形成北大西洋安全体系中某种特殊的权力定式，或者某种权力惯性趋势。这种权力格局一直延续至今，少有变化。"北约在很大程度上就是一个联合项目，即欧洲国家提出建立北约的建议，美国允许欧洲国家对北约的结构与战略拥有非凡的影响力。"[①]

尽管欧洲盟国一直对此颇有异议，一直试图在北约内部争取更多、更大的权力，尤其竭力争取在更大程度上参与北约的战略决策及其实践，但欧洲盟国的努力始终未获成功。贯穿1950年代，北大西洋安全体系中的这种权力不平衡始终存在，美欧双方围绕各自安全利益、北约权力分配、欧洲缓和局面、美苏双方战略竞争与谈判等话题，始终存在分歧，甚至存在相当激烈的斗争。例如，美国一直将核武器视为一种强大的国家综合实力，为此通过《麦克马洪法案》（McMahon Act），以立法方式确保其核垄断地位。不仅如此，美国还不顾欧洲盟国强烈反对，持续扩大越南战争的

---

① John Lewis Gaddis, *We Now Know: Rethinking Cold War History*, pp. 288 – 289.

规模。"然而,大西洋两岸不断积聚的怨恨,相较于美国将军队与物资从欧洲转向越南,将对北约的继续存在产生更大的破坏性影响。美国克服了这些挑战,在很大程度上要归因于美国人或者欧洲人都不希望彼此分道扬镳。"①

美欧分歧在很大程度上源于双方互不信任,即美国一直认定,欧洲盟国长期保持低防务开支,目的就是故意让美国在北大西洋区域承担更多防御责任,同时使自身避免与苏联出现敌对和冲突。美国国务卿基辛格认为,"在1960年代,美国在纯军事分析方面一般是正确的:我们的盟国基本上是采取鸵鸟政策。他们不愿意正视已改变的战略关系,也不愿意增加他们的防务努力。尽管上述事态实际上主要是重大技术发展的结果,但他们却毫不犹豫将此说成是由于美国秉持复杂的、有时是不正当的意图所致"②。而欧洲盟国则认定,虽然美国为北大西洋区域防御投入大量经费,但美国热衷于搞越顶外交,经常背着欧洲盟国与苏联达成各种政治与安全交易,将自身利益凌驾于欧洲盟国之上。许多欧洲政治家坚信,美国不会穷尽一切措施保护欧洲,欧洲盟国的利益随时有被牺牲的危险。

法国总统戴高乐甚至喊出"欧洲是欧洲人的欧洲"的口号,反对美国过度干预欧洲事务。戴高乐曾描述他与肯尼迪总统的一次谈话,"针对我提出的特殊问题,他无法回答,实际上究竟针对哪些要点与目标可以发射导弹,距离远的或者距离近的、战略性的或者战术性的、苏联内部的或者外部的,对此我并不感到惊讶。我对欧洲盟军最高司令诺斯塔德将军怀有最高敬意,他已向我展示了所有信心,但他从未向我阐明哪些要点对我的国家是至关重要的"③。美欧这种互不信任的状态,导致双方的利益差

---

① Lawrence S. Kaplan, *NATO Divided*, *NATO United*: The Evolution of an Alliance, p. 54.
② 〔美〕亨利·基辛格:《白宫岁月》(第一册),陈瑶华等译,世界知识出版社,2003,第108页。
③ Charles de Gaulle, *Memoirs of Hope: Renewal and Endeavor (MH)*, Part 1, *Renewal 1958 - 1962*, trans. by Terence Kilmartin, New York: Simon and Schuster, 1971, pp. 257 - 258. 转引自 Charles G. Cogan, *Forced to Choose*, *France*, *the Atlantic Alliance*, *and NATO: Then and Now*, p. 124。

第四章 北约政治与安全实践

距被放大，导致双方的战略分歧被固化，导致双方的政治与安全实践始终无法完全合拍。

从1960年代初开始，美欧双方就在许多政治与安全问题上产生分歧，最典型的例证就是美欧双方围绕战略核力量的分歧与斗争。对于未来欧洲可能成为美苏核战争的主战场，极有可能成为核战争的牺牲者，西欧国家特别是联邦德国感到担忧，他们不支持美国的核冒险政策，甚至还发出在美苏之间保持中立的声音。为了缓解欧洲国家针对核武器问题产生的焦虑，为了平息北约内部纷争，欧洲盟军最高司令诺斯塔德提出"诺斯塔德计划"（Norstad Plan），试图打造独立的一支核力量，充当美、苏、英、法等拥核国家之外的"第四支核力量"。"在许多方面，凯南在1940年代提出的'哑铃'概念，以及肯尼迪提出的未来大战略，以及其关于跨大西洋两个支柱的看法，都成为'诺斯塔德计划'的一部分。"① 但是，"诺斯塔德计划"无法从根本上解决美欧双方的战略分歧与核心利益争端，最终不了了之。

1962年12月，美国总统肯尼迪和英国首相麦克米兰在巴哈马群岛拿骚举行会晤，美国正式提出"多边核力量计划"（Multilateral Nuclear Force, MLF）。该计划提出由美国向北约提供"北极星"核潜艇，英国亦提供相应数量的"北极星"核潜艇，再加上法国提供的分遣队，以及其他欧洲盟国提供的水面舰船，美欧双方共同建设一支海基战略核力量，由北约军事一体化机构统一指挥。"多边核力量计划"强调建立一支由北约统一控制、由15个成员国集体管辖的海基战略核力量。"'多边核力量计划'是一个不走运的计划……欧洲军事—战略不平衡并不是一个真正的问题，如果它曾经是个问题，那么'多边核力量计划'也无法解决这个问题。"②

1963年1月14日，美国副国务卿乔治·鲍尔正式向北大西洋理事会做出通报。由于美国在核武器技术与资金等方面的贡献最大，理所当然地

---

① Lawrence S. Kaplan, *NATO and the United States: The Enduring Alliance*, p. 96.
② Wolffram F. Hanrieder, "The FRG and NATO: Between Security Dependence and Security Partnership," Emil J. Kirchner and James Sperling, eds., *The Federal Republic of Germany and NATO: 40 Years After*, pp. 205–206.

享有最终决策权。很明显,美国此举就是要压制英、法等国发展独立战略核力量,避免因欧洲盟国发展独立的战略核力量而分散北大西洋区域的安全资源,削弱美国在北约核事务上的决策权。可以想见,"多边核力量计划"必然会遭到欧洲盟国反对,英、法等国不会迅速和其他盟国分享其费尽心机建设起来的核力量,法国自不待言,英国也颇多歧见,这就注定"多边核力量计划"只能无疾而终。即使"多边核力量计划"最初的拥立者英国首相麦克米兰,也私下里就建设混合核力量向鲍尔婉转提出自己的看法:"你不会希望我们的小伙子们与土耳其人分享他们的格洛格酒,对吧?"①

不仅如此,美欧双方的矛盾与分歧还表现在其他许多方面,例如,在"第二次柏林危机"和"第三次柏林危机"中,欧洲盟国虽然支持美国的强硬立场,但并不赞成其战争冒险政策,害怕此举会将欧洲拖入战火,引发第三次世界大战。对于美国的越战政策,欧洲盟国亦坚决反对,不赞成美国在远离其核心安全利益的印支半岛发动大规模战争,更反对美国将驻欧洲武装力量用于越南战场,害怕此举会削弱北大西洋区域安全防御,让苏联与华约乘虚而入。另外,针对美国一力维持的国际贸易支付体系,以及美元的国际货币地位,在经济上逐渐强大自立的欧洲盟国深感不平等,积极要求修改旧的国际贸易规则,反对美国在世界经济与贸易中推行种种损人利己的政策和经济霸权条款,坚决要求美国在制定经济、财政、贸易以及金融政策时,能够兼顾美欧双方利益。

特别需要强调的是,尽管美欧双方在北大西洋安全体系中存在各种龃龉,但这种分歧与斗争并不是根本性矛盾,它们或者只是某种局部利益纠葛,或者只是某种短时政策差别,因为美国及其欧洲盟国都一致认定,北约面对的危险与挑战并非来自内部,而是来自北大西洋区域以外——苏联、华约以及其他不确定安全因素,这种威胁可能存在于政治、经济以及军事层面,也可能存在于文化、意识形态与价值观等层面。进言之,这种

---

① George W. Bell, *The Past Has Another Pattern*: *Memoirs*, New York: W. W. Norton, 1982, p. 267. 转引自 Lawrence S. Kaplan, *NATO and the United States*: *The Enduring Alliance*, pp. 98 – 99。

第四章 北约政治与安全实践

威胁可能是有形的,也可能是无形的,后者的危险程度更大。因此美欧双方只有团结一致,克服彼此差异,才能确保美欧双方的政治和安全合作毫无缝隙,避免让苏联与东欧各国乘虚而入。

1969年1月,理查德·尼克松上台执政。面对日渐松弛的美欧关系、臃肿无力的北大西洋安全体系,尼克松明确提出将重建"新大西洋关系"。尼克松多次出访欧洲,竭力向欧洲盟国示好,向其兜售重建北大西洋安全体系的新理念,提出要建构一种全新美欧关系。概括而言,尼克松的"新大西洋关系"主要包括三方面内容:其一,欧洲将进入一个以"对话与缓和"为主导的新时代,北约与华约将建立一种缓和与对话并存的新关系;其二,美国将与欧洲盟国展开平等对话与协商,就有关欧洲安全的所有重大问题进行协商和讨论,采取共同的立场和政策;其三,北约始终是欧美各国推进全球政治与安全战略的基础,为此,美欧双方将共同致力于建立更加平衡与稳定的北大西洋安全体系,建立完全平等的美欧合作关系。美国的目的非常明确,即"要欧洲盟国分担责任有两个条件:欧洲必须形成自己的国际关系观念;必须让欧洲相信,我们不可能,也不会单独肩负重担"①。

美国关于建立美欧新关系的倡议,得到欧洲盟国的积极响应。1970年12月,北大西洋理事会与防务计划委员会分别召开会议,积极响应美国的倡议。防务计划委员会还通过名为《1970年代北约防御方针》的工作报告,明确提出在北大西洋安全体系内建立美欧新伙伴关系。为了将这一工作报告付诸实践,防务计划委员会还通过旨在提高欧洲防御的"特别计划",全面提升北大西洋区域整体防御能力,将加强美欧关系的理念落到实处。"1970年代北约防御方针将继续以防御和威慑这两个概念为基础。北约不能孤立看待防御问题,必须要在确保成员国安全这一更宽泛的背景下看待防御问题,保持足够的防御力量,就解决影响成员国安全的问

---

① 〔美〕亨利·基辛格:《白宫岁月》(第一册),第110页。

题展开谈判，两者之间存在密切关联。"①

1973年2月，尼克松正式提出"欧洲年"（The Year of Europe）这一新概念，即将1973年定义为"欧洲年"，美国将在该年推行全新的对欧外交，全力推进以发展和完善美欧关系为重点的新外交。"欧洲年"提出后，旋即成为美国的新外交理念。这一理念包括以下几点：其一，美欧双方将建立一种全新的联盟关系，双方将尊重彼此的利益，团结协作；其二，美欧双方将共同参与所有国际重大问题的磋商与对话，共同推动东西方对话，美欧双方将采取措施，协同彼此立场，采取共同的政策，以便获取更大的政治与安全利益；其三，美欧双方将继续推进跨大西洋防御合作，共同承担保护北大西洋区域的责任，全面推进北约的"集体安全精神"。"各成员国部长们根据当前的政治与军事形势，讨论了北约武装力量的防务状况，部长们很满意地回顾了北约成功捍卫成员国自由、为寻求与东方建立更好的关系而创造的稳定条件，重申各国政府对北约所体现的集体安全原则充满信心，决心就其能力所及，采取一切手段支持集体安全原则……"②

1974年6月19日，北大西洋理事会在渥太华召开会议，各国代表共同签署《大西洋关系宣言》（Declaration of the Atlantic Relations）。该宣言又称《新大西洋宪章》（New Atlantic Charter），目的是全面强化美欧合作，提升双边合作的政治与安全层级。"在北约成立25周年之际，各成员国部长宣布，各国将继续致力于《北大西洋公约》的目标与理想，发展与深化民主原则，尊重人权，推进法治以及社会进步。各国部长今天在渥太华通过《大西洋关系宣言》，这一宣言重申全体成员国对北约的承诺，面对瞬息万变的世界带来的新视角与新挑战，确立了未来的发展方向。"③

《新大西洋宪章》主要包括如下内容：其一，强调北大西洋区域防御

---

① "Alliance Defense for the Seventies," 3 Dec. 1970 – 4 Dec. 1970, https：//www.nato.int/cps/en/natohq/official_ texts_ 26792.htm? selectedLocale = en.
② "Final Communiqué," 7 Jun. 1973, https：//www.nato.int/cps/en/natohq/official_ texts_ 26873.htm? selectedLocale = en.
③ "Final Communiqué," 18 Jun. 1974 – 19 Jun. 1974, https：//www.nato.int/cps/en/natohq/official_ texts_ 26904.htm? selectedLocale = en.

第四章 北约政治与安全实践

的整体性，强调推进美欧防御合作的必要性；其二，强调苏联与华约始终是北大西洋安全体系的唯一防范目标，东西方关系虽出现缓和，但并不能排除苏联与华约所具有的危险性；其三，强调美欧双方合作的重要性，包括持续推动美欧双方合作精神、机制以及实践，以平等方式推进美欧双边合作；其四，强调美国对欧洲防御有责任，即美国不仅要在欧洲继续留驻常规武装力量，还要向欧洲盟国提供必不可少的核武器；其五，强调美欧双方将在政治与军事平等合作的基础上，推进必要的经济合作，消除双方在经济领域存在的分歧与矛盾，共同致力于欧洲防御联合。

诚如上文所言，从1950年代到1970年代，北大西洋安全体系建设取得了巨大成就，但也积蓄了许多矛盾，这些蕴藏在美欧之间的分歧与矛盾已成为北大西洋安全体系持续深化的一大羁绊。美国在北大西洋安全体系内对美欧关系做出调整，对缓和日趋紧张的美欧关系，减缓欧洲盟国与美国离心离德之势，有效解决美欧双方的矛盾等，确实发挥了积极作用。美欧关系从根本上得到改善，既有利于东西方关系缓和，亦构成北约与华约持续展开谈判和对话的一个重要前提，因为很难想象一个四分五裂的北约，能够承担与华约对话的责任。对此，美国政府颇为自得。"《新大西洋宪章》致力于跨大西洋合作，处置有关防御、贸易以及能源等问题。事实上，'欧洲年'将致力于解决'尼克松主义'（Nixon Doctrine）所无法解决的问题，这是美国忠诚于欧洲盟国的证明。"[①]

事实上，继尼克松政府之后，美国历届政府都坚持了同样的方针，始终将加强和发展美欧关系特别是解决潜藏在美欧关系中的分歧与矛盾，当作全面推进北大西洋安全体系建设的一项重要内容。这既反映了北约应对内部危机与分歧的能力提升，也反映了北大西洋安全体系不断深化和发展。基于美欧关系是北大西洋安全体系中最重要的双边关系，美欧关系持续改善，长期保持良性发展，已成为北约一种最基本的政治指导方针，从冷战时期一直持续到后冷战时期，概莫能外。

---

① Lawrence S. Kaplan, *NATO Divided*, *NATO United*: *The Evolution of an Alliance*, p. 69.

第四节 北约应对外来危机与挑战

一 北约与"柏林危机"

与北约积极应对内部危机相并行,鉴于1950年代和1960年代国际冷战形势诡秘莫测、复杂多变,北约还需要应对难以计数的外部危机与安全挑战。相对于北约内部危机,来自北大西洋区域以外的安全危机与挑战,不仅危险程度更大、更难应对,而且具有较大的或然性或者突发性。对北约来说,卓有成效地应对各种外来危机与挑战,虽然更具挑战性,但也能更有效地推动北约政治与安全能力建设。在北约看来,苏联蓄意制造安全危机与挑战,就是以此试探北约的政治与安全底线,搅乱北大西洋区域安全安排。"苏联人追求两个目标,第一是确保其在卫星国创设的非法形态能够得到法律认可……第二是扰乱北约。"① 因此,北约必须坚决回击任何形式的危机与挑战。

贯穿整个冷战时期,北约积极应对各种外来危机与挑战,目的在于最大限度维持北大西洋区域和平与稳定。维持美苏冷战的既成事实以及东西方关系,已经成为北约推进政治与安全政策的一项重要内容。"在很大程度上,北约试图将分裂的欧洲稳定下来,而且试图在实现这一目标时不会遭受报复。此外,北约领导人一直坚持不受束缚的观点,西方联盟不会成为建立更美好的东西方关系的阻碍。"② 因此,北约对许多外来危机与挑战的处置,均以稳定现有的欧洲安全形势、维持东西双方力量的平衡为目标,这与北约应对内部危机的举措、处置方针和方法一脉相承,因而决定了北约应对危机的政策与措施必然是多样的,即和平与对抗兼顾,缓和与

---

① Prince Hubertus zu Löwenstein and Volkmar von Zühlsdorff, *NATO and the Defense of the West*, p. 82.
② Norman A. Graebner, "Reflections at a Turning Point," Francis H. Heller, and John R. Gillingham, eds., *NATO: The Founding of the Atlantic Alliance and the Integration on Europe*, p. 432.

第四章　北约政治与安全实践

竞争兼顾，全面与个别兼顾。毫无疑问，也正是在北约持续应对各种危机与挑战的过程中，北大西洋安全体系中的安全机制和规则不断深化，其政治与安全能力持续得以提升。

自创建后，北约应对和处置的最典型的外来威胁与安全挑战之一，就是"柏林危机"。众所周知，德国分治和柏林分治是美苏冷战政治的产物，柏林西部由美、英、法三国军队占领，柏林东部由苏军占领，柏林一直是东西双方展开政治、经济与军事斗争的角斗场。美苏双方都将其针对欧洲的一些战略设想与政治意图首先施用于柏林西部和柏林东部，柏林的政治形势及其变化堪称美苏冷战的晴雨表。随着北约与华约相继创立，这一状况得到进一步强化。"柏林问题直接关系到该国两个部分关系的问题，这个问题明显也是更宽泛的欧洲如何连接在一起与如何选择等问题的一部分……德国战后安全的重点就是北大西洋公约组织，这表明（北约）必须超越欧洲在安全领域的选择。"①

如前所述，1948年6月～1949年5月，"第一次柏林危机"以苏联做出让步、结束封锁行动而宣告结束。"第一次柏林危机是冷战时期第一批国际重大危机之一，危机揭示了东西双方相互隔离的意识形态分歧。"②但是由于苏联并未实现其战略目标，因此注定美苏双方围绕柏林的斗争将持续。1958年11月，苏联领导人赫鲁晓夫宣布，将柏林管辖权交给民主德国政府，并且向美、英、法三国政府正式发出照会，建议三国全部撤出驻西柏林的军队，结束对西柏林的占领，苏军也撤出东柏林，将柏林真正变成一座自由城市，完全实现非军事化。赫鲁晓夫还要求美、英、法等国分别与西德与东德缔结和约，要求三国政府在6个月内给出答复，否则，苏联将自行与东德订立和约。面对苏联的最后通牒，美、英、法等国坚持不撤离其驻西柏林的军队，坚决要求维持欧洲政治安全现状，双方围绕

---

① David Broughton, "Elite Consensus and Dissensus in West German Foreign Policy," Emil J. Kirchner and James Sperling, eds., *The Federal Republic of Germany and NATO: 40 Years After*, p. 64.

② "The Berlin Blockade," 24 Jun. 1948, https://www.nato.int/cps/en/natohq/declassified_136188.htm?selectedLocale=en.

北大西洋公约组织

"第二次柏林危机"的斗争不断升级。

与美、英、法等国的立场一致,北约也对苏联的最后通牒表达了自己的立场。1958年12月,北大西洋理事会在巴黎召开会议,确定北约的基本立场与应对之策。北约秘书长斯巴克提出,"北约各成员国真诚相信,为了和平利益,需要公平解决将自由世界与共产主义世界相分离的、悬而未决的那些政治问题,针对德国问题的解决方案,应与欧洲安全安排相连。在他们看来,达成一项裁军控制协定非常重要。北约各成员国政府将试图公平解决这些问题,但迄今为止,西方国家关于这些问题的建议一直为苏联政府所忽视"①。很明显,北约的态度相较于美、英、法等国缓和许多,更多的是提倡在美苏两国、北约与华约、东西双方之间展开对话,同时强调北约各成员国应展开充分协商与合作。

苏联在"第二次柏林危机"中提出自己的目标:首先应由美、英、苏、法四国展开谈判,实现东德和西德合并,然后让统一后的德国在政治上完全保持中立。苏联的战略意图非常明显,就是推动西德保持政治中立,阻止西德重新武装,以此分化和瓦解西方阵营,削弱北约在中欧地区的前沿防御力量。"在赫鲁晓夫时代,苏联的军事方针否决了在欧洲爆发重大常规战争的可能性,也没有设想欧洲大陆核战争可能会先于短暂的常规战争。"② 而美、英、法三国应对此次危机的立场就是,坚决不承认东德,执意要求维持柏林现状。三国一致认为,东德与西德必须通过自由选举实现统一,统一后的德国必须加入北约。美、英、法三国的态度非常明确,就是保持北约成员国团结一致,在坚持北约自身立场的前提下,挡住苏联的政治与军事攻势,拒绝做出任何让步。

从表面上看,"第二次柏林危机"似乎只是苏联与美、英、法三国之间围绕柏林管辖权的争斗,但在实质上既是北约与华约之间的一场战略较量,也是东西双方一场全方位的政治与军事较量。"第二次柏林危机"是

---

① "Final Communiqué," 16 Dec. 1958 – 18 Dec. 1958,https://www.nato.int/cps/en/natohq/official_ texts_ 17647. htm? selectedLocale = en.
② Richard D. Lawrence, *U.S. Force Structure in NATO*: *An Alternative*, p. 9.

第四章　北约政治与安全实践　North Atlantic Treaty Organization

自北约与华约创立后的首次短兵相接,北约与华约分别表达了各自对欧洲安全的基本立场和态度,尤其表达了各自对未来德国政治与安全前途的基本认知。从危机发展势态看,北约与华约的分歧与矛盾显然无法调和,双方立场相去甚远,根本无法达成妥协。北约在此次柏林危机中的表现似乎并不引人注目,即北约既未与华约发生正面军事冲突,亦未提出更强硬的军事战略,或者采取更激进的军事对抗。联邦德国自由民主党领导人汉斯·根舍(Hans-Dietrich Genscher)曾就北约与华约关系发表其观点,"在建立互信、对话以及合作的新政治任务中,北约与华约会发生冲突,但它们必须对东西方形成稳定的伙伴关系有所助益。它们必须成为新的合作性安全结构的组成元素,这一结构将在两大组织之间形成一个能够不断增强的拱形结构,而且两个组织最终将被包含其中"[①]。

1961年4月,赫鲁晓夫向肯尼迪提出建议,要求举行两国首脑会晤。6月初,美国总统肯尼迪在参加美苏两国维也纳首脑会晤前,特意提前访问北约总部,包括北大西洋理事会、欧洲盟军最高司令部等。肯尼迪向欧洲盟国通报了美国将在维也纳会议中的谈判立场和态度,以便解除美欧双方存在的误会与歧见,最大限度争取北约及其成员国保持统一的政治立场与防御政策,防止被苏联各个击破。通过对话与协商,北约各成员国就东西方关系、美苏两国军备谈判、柏林问题等达成一致意见。6月3~4日,肯尼迪与郝鲁晓夫正式举行维也纳首脑会议。郝鲁晓夫提出,苏联非常愿意与美、英、法等国订立和约,否则,苏联将与民主德国单独订立和约。紧随其后,赫鲁晓夫还进一步建议,苏联撤出东柏林,美、英、法三国同时撤出驻西柏林的军队,让柏林完全成为一个自由城市。但这些提议均遭到肯尼迪的漠视,美苏双方立场相去甚远,维也纳首脑会议最终无疾而终。

由于美苏两国无法在维也纳会议上达成一致,"第二次柏林危机"所引发的消极影响开始发酵。美苏双方都不愿按对方要求行事,更不愿屈从于对方的意志,让自身的政治与安全利益受损。为了在双方政治斗

---

① Jan Willem Honig, *NATO: An Institution under Threat?*, p. 13.

北大西洋公约组织

争中胜出，美苏双方均采取更加激进的对抗方式，试图以更强硬的政治、经济与军事政策逼迫对方就范。一方面，苏联大规模增加军费，停止正常的军队复员和裁军，同时大规模征召预备役和后备力量，充实一线部队。"1961年5月到8月，驻扎在民主德国的苏军从37500人增加到380000人；有超过70000名士兵驻守在波兰西侧边境；驻匈牙利部队也增加到10000人。在建'柏林墙'之前，驻中欧苏军增加了25%，超过545000人。"① 另一方面，苏联调整旧的武装力量建设思路，集中经费和科研力量发展旨在实施大规模突击和进攻的火箭部队，同时大规模发展核力量，尤其是各种战术核武器。不仅如此，华约其他成员国亦开始大规模军事动员，民主德国、波兰、捷克、匈牙利等国都开始装备各种重型武器装备，这些国家还在靠近联邦德国的前沿地带加快建设永久性军事设施。

与之相比，北约及其成员国也积极加快军事建设步伐。针对苏联不断升级的封锁、对抗以及战争威胁，北约首先成立由欧洲盟军最高司令诺斯塔德领衔的"活橡树小组"（Live Oak）②，该小组由美、英、法三国牵头，主要针对苏联可能对柏林采取的军事行动做好准备。该小组制定了逐步升级的对抗政策，包括实施大规模军事演习、军队调防以及战争动员等。"欧洲盟军最高司令负责在其能力范围内，制订计划，推进'活橡树小组'行动，代表美、英、法三国对柏林承担保护责任，承担作为北约指挥官所负责地区的责任，注重以北约武装力量中的一部分，拓展所涉及的三方行动。"③ 但是，"活橡树小组"所制订的计划及其行动未能对苏联产生有效阻吓，北约为此连续制订了一系列"柏林应变计划"（Berlin Contingency Plans，BERCONs），即在联邦德国乃至西柏林部署战斗级别较

---

① Manfred Wilke, *The Path to the Berlin Wall: Critical Stages in the History of Divided Germany*, New York and Oxford: Bergham Books, 2014, p. 249.
② 1961年，联邦德国加入该小组。
③ "Comments on BQD – M – 22," 30 Jan. 1962, https://www.nato.int/nato_static_fl2014/assets/pdf/pdf_archives/20110513_19620130 – DP – Comments_on_BQD – M – 22 – ENG.pdf.

第四章　北约政治与安全实践

高的武装力量，这些武装力量甚至还装备了一定数量当量较低的核武器，以备不时之需。北约试图以此显示不想屈从于苏联与民主德国，甚至为柏林问题不惜与之一战的战争意志。

维也纳会议结束后不久，肯尼迪政府决定追加国防费用35亿美元，陆军增加到100万人以上，海军、空军分别增加29000人和63000人，征兵额增加了1~2倍。① 另外，肯尼迪还宣布，美国同时还将积极发展导弹部队，大力推进各种型号空基导弹和海基导弹的研制工作，增强北大西洋区域的防御和威慑能力。为了增强北大西洋区域的前沿防御建设，美国还特别增加了驻西德美军的综合战力，包括提升武器装备层级、增加战术核武器配置等。不仅如此，肯尼迪还多次派特使赴北约总部，商谈美欧双方防御合作的各种细节。肯尼迪需要做出某种姿态，向欧洲盟国显示其对抗苏联压力的信心。"如果我们无法承兑在柏林的承诺，这将意味着对北约的破坏，意味着置整个世界于危险中，全欧洲都将因西柏林而岌岌可危。"②

与美国采取强硬的军事对抗举措相并行，北约其他盟国亦采取了许多对应措施，但总体上比较温和。在1957年的"国防部白皮书"中，英国原本打算大力削减其武装力量，即到1962年，英国武装力量将从69万人削减至37.5万人。英国驻莱茵区部队（British Army on the Rhine，BAOR）也将在12个月内从7.7万人削减至6.4万人……而且到1958年1月将进一步削减至5.5万人。在1958年稍晚些时候，英国与西德签署协定，计划到1961年4月减至4.5万人。③ "第二次柏林危机"爆发后，英国旋即宣布废除裁军计划，而且为了呼应美国的强硬立场，特意向西柏林增派5000名军人，进一步充实其驻西德武装部队，同时陆续撤离驻守西柏林英军的家属，为即将爆发的战争做好准备。但是，英国始终没有放弃与苏联谈判的立场，在倡导做好战争准备的同时，亦不放

---

① 刘金质：《冷战史》（上册），世界知识出版社，2004，第330页。
② Arthur M. Schlesinger, Jr., *A Thousand Days*, Boston, M. A.: Houghton Mifflin Co., 1965, pp. 379–380.
③ William Park, *Defending the West: A History of NATO*, pp. 46–47.

北大西洋公约组织

弃谈判。

联邦德国同样积极支持美国的军事对抗政策，并且表示愿意参与任何旨在保护西柏林的军事行动。联邦德国不赞成北约成员国与苏联接触，任何形式的谈判和对话都有可能导致德国分治与柏林分治被固化，这会影响联邦德国谋求东西两德统一的基本国策。与英国、联邦德国的态度相比，法国坚决拒绝向苏联做出任何妥协，积极支持联邦德国不接触苏联的政策，反对与苏联展开任何谈判……为此，北大西洋理事会召开紧急会议，北约明确提出，各成员国应该积极响应美国的要求，加强各自的武装力量建设，在整体上提升北大西洋区域防御能力。

在美国与苏联、北约与华约围绕柏林危机的斗争中，柏林乃至东西德的地缘政治博弈出现了新的变化。美欧等国长期推行"放血政策"，利用其经济与技术优势，吸引东德科技人才，导致东德人口大量流向西德。据统计，大约有5万名受过良好教育以及拥有技术的知识分子出走，在西柏林就业，这使东德国民经济发展与社会稳定受到极大影响。[①]

为此，华约及其成员国在1961年8月13日发表声明，指责西方国家故意推行旨在破坏东德和社会主义阵营的政策，为此将在通往西柏林的四周道路上设置障碍物，实施有效监视，制止西方国家的破坏行动。同日，东德边防部队沿西柏林分界线设置路障和铁丝网，进而修筑了一堵长100多英里、高12英尺的水泥墙；在靠近东德一侧设置禁区，沿墙设置岗哨，有哨兵24小时站岗放哨；禁区内还设置地雷，辅之以警察和警犬定时巡逻，形成一道意在阻隔东西柏林的"柏林墙"。所有进入西柏林的人员均需要特别通行证，进入东柏林的人员则需要个人身份证。"柏林墙"的修建，开启了"第三次柏林危机"，使美国与苏联、北约与华约围绕柏林问

---

① Hope Harrison, "The German Democratic Republic, the Soviet Union and the Berlin Wall Crisis," John Gearson and Kori Schake, *The Berlin Wall Crisis: Perspectives on Cold War Alliance*, New York: Palgrave Macmillan, 2002, p. 99.

第四章　北约政治与安全实践

题的冲突与斗争进入临界点。

面对横亘在东西柏林之间的"柏林墙",欧美各国的态度极为矛盾,甚至在对苏冷战中态度最为坚决的美国,也处于极度矛盾状态。"'柏林墙'是一种解决办法,而且它也是一种能在北约中引起分裂的办法。北约似乎为这一行动所阻碍。"① 美国军方坚决主张采取以牙还牙的强硬政策,以强力手段捣毁围墙,军方甚至还出动推土机和坦克,撞击围墙,与苏军展开面对面的较量。而美国政府则认为,"柏林墙"地处东柏林境内,苏联和东德并未破坏东西方之间的战略平衡,因此无须采取极端行动,更无必要引发战争。为此,副总统约翰逊特意访问西柏林,平息西德与西柏林出现的骚动。同时,美国还派出特遣部队 1500 人,以行军方式进入西柏林。这种看似矛盾的做法既是美国在试探苏联和东德的政策底线,也是向苏联与华约展示美国的坚定态度。在电视演说中,肯尼迪表达了美国不会做出妥协的 3 个底线:(1) 盟国在西柏林拥有占领权;(2) 西方国家拥有自由进入西柏林的权力;(3) 西柏林人拥有自由权利。②

与之相对应,英国一方面支持美国采取毫不妥协的对抗政策,但也反对采取可能引发战争的过激行动。英国主张,北约及其成员国在表示强硬立场的同时,也应展开必要的谈判。联邦德国既不愿迫于压力而向苏联让步,坚持要向苏联展示其不妥协立场,又努力与苏联保持接触,以防止事态失控,爆发全面战争。法国则一如既往地反对向苏联的政治"讹诈"让步,反对开展任何形式的谈判,主张以强硬政策应对苏联与华约的"挑衅"……

美苏双方互不相让,导致东西方对抗出现进一步升级之势。在赫鲁晓夫以及军方领导人的坚持下,苏联开始大规模恢复核试验,以此显示其强硬立场。截至 10 月底,苏联先后进行了 50 多次核试验,其最大爆炸当量高达 5000 万吨级。与之相对应,华约也着力协调各成员国武装力量,多

---

① Lawrence S. Kaplan, *NATO and the United States: The Enduring Alliance*, pp. 85 – 86.
② Andreas Etges, "Western Europe," Richard H. Immerman and Petra Godde, eds., *The Oxford Handbook of the Cold War*, p. 166.

次举行大规模军演,包括使用战术核武器。另外,华约各成员国均在不同程度上实行战争动员,积极推进各项战备工作。"苏联人可能会处置并利用这一危机,从中获取他们所认定的次要和边缘利益,而这种利益的获取,来自华约以威胁升级方式对抗北约军事回应。"①

与之相对应,北约及其成员国亦采取对应政策。北约先是通过驻西德卡斯滕(Karsten)的武装力量司令部,向东德政府、东柏林以及苏联驻军总部提出抗议。随后,美国政府亦宣布恢复核试验。肯尼迪还宣布,美国处于高度戒备状态,美国部署在全世界的武装力量也进入高度戒备状态。美国还向西德大举增兵5万人,使其驻西德武装力量达到43.4万人,全力做好战前各项准备工作。② 另外,北约其他成员国亦加强战备工作,积极应对可能出现的军事冲突或战争。事实上,美国与苏联并不愿意为了柏林打仗,因为任何形式的冲突与战争都会引发核大战。"苏联人、美国国务院与国防部长早在1960年11月就达成一致,不会为了柏林而开战。"③

1961年9月,赫鲁晓夫致信肯尼迪,要求协商解决"柏林危机"。9月21日,美、苏两国外长举行谈判,就"柏林危机"及其善后工作展开对话。10月17~31日,苏共召开二十二大,赫鲁晓夫宣布,推迟解决德国问题和柏林问题的最后期限。以此为标志,持续近3年的"第二次柏林危机"和"第三次柏林危机"正式告一段落。④

12月13日,北大西洋理事会在巴黎召开会议,商讨未来东西方关系、北约与华约关系、欧洲安全形势等。面对美国与苏联、北约与华约持续对峙的局面,北约重申1958年12月发表的会议公报,明确坚持不妥协、不屈服的政治立场。即北约将继续保护西柏林的自由,捍卫其自由和

---

① Carl H. Amme, *NATO Strategy and Nuclear Defense*, p. 118.
② Lawrence S. Kaplan, *NATO and the United States: The Enduring Alliance*, p. 86.
③ NSC 6017, 17 Nov. 1960. 转引自 David Gates, *Non-Offensive Defense: An Alternative Strategy for NATO?*, p. 19.
④ 1964年,苏联与东德单独签订条约,排除了美国的参与,也没有提到西柏林问题,"柏林危机"最终不了了之。

第四章 北约政治与安全实践

繁荣的生活环境。美、英、法三国将继续保持在西柏林的存在,确保各成员国的权利不会受损。为了及时并有效地处置可能出现的危机局面,北约将成立一支机动联合武装力量,该部队将由多个成员国空军部队共同组成,包括5个运输机大队、3个战斗轰炸机中队。

与此同时,北大西洋理事会还提出,北约将在民主和平等的基础上解决"柏林危机"以及后续各种问题,北约为此将与苏联保持必要的政治与外交联系,寻找对话与协商渠道,找到双方的共同合作点。在1962年10月北约展开的相关讨论中,美国认为,"苏联极有可能在签署条约之前就柏林问题展开进一步讨论,这一考虑反过来会推迟签约行动……美国不相信这种推迟会促使苏联按照柏林当地情形直接采取单边行动;苏联行动的目标是在订立和平条约前促使柏林发生实质性变化,但这不能排除主要行动有可能会带来重大风险"①。因此,美国不仅要做好举行两国首脑会议的准备工作,而且还要为联合国大会展开相关讨论做好准备。

由此可见,北约在"第二次柏林危机"和"第三次柏林危机"中所扮演的角色,更像为美、英、法、联邦德国等成员国提供一个协商与对话的平台,使它们交流思想,统一意见。"苏联在1958~1961年柏林危机中恢复了好斗性,导致美国及其盟国做出相反的反应。"② 正是在这一平台上,北约各成员国就柏林危机相关的政策、战略以及力量平衡等迅速达成一致意见,形成北约针对"柏林危机"的基本立场和态度,此举在一定程度上起到防范危机与冲突失控的效果。最终,北约及其成员国默认了"柏林墙"的存在,华约与苏联也默认了北约成员国军队继续进入并驻守西柏林的权力,双方在字面上虽未达成任何协议,但在事实上却达成互相配合的政治与安全默契。"'柏林墙'成为冷战

---

① "United States Delegation to the North Atlantic Council," 1 Oct. 1962, https://www.nato.int/nato_static_fl2014/assets/pdf/pdf_archives/19621001-DP-US-ENG.pdf
② Lawrence S. Kaplan, "NATO: A Typical Alliance and Its Longevity," Vojtech Mastny and Zhu Liqun, eds., *The Legacy of the Cold War: Perspectives on Security, Cooperation, and Conflict*, p. 133.

的象征，这是世界分裂为两个截然不同的意识集团的一个新表现。"①换句话说，就是"柏林危机以及设立柏林墙，清晰划定了欧洲势力范围在未来若干年的分界线"②。

二　北约与"古巴导弹危机"

1960年代，美苏关系起伏跌宕，北约与华约折冲对撞，欧洲安全局势波澜起伏，变幻不定。因此，"第二次柏林危机"与"第三次柏林危机"不过是美苏冷战较量的一个插曲，也是北约与华约若干政治与军事斗争的一个片段。对北约或者华约来说，"柏林危机"既不可能是东西方冷战的开始，也不是双方军事对峙的终结，只要美苏双方的根本利益无法达成妥协或折中，类似的危机与冲突还会接踵而至。美国知名学者伯纳德·布罗迪（Bernard Brodie）曾指出，"减少发生突然袭击这一危险的最佳方法，就是减少发生此类攻击的诱因"③。事实上，不论对美国还是对苏联来说，此类武装进攻的动机既受到各种国际或区域性外在安全因素的制约，也受到两国国内政治、经济、社会以及意识形态等因素的影响，并不容易控制或者减弱。

虽然"第二次柏林危机"因苏联放弃签约要求而宣告结束，但美苏双方的争斗并未停止。"第三次柏林危机"刚刚结束，美苏双方旋即在古巴展开新一轮军事对峙。相较于上述两次"柏林危机"，美苏双方在这一轮战略较量中，无论是在规模、烈度、层次上，还是在所涉及的国家、地域以及影响上，都有大幅度提升，双方的较量开始从欧洲转向美洲，从常规武装力量转向核力量，从区域安全利益之争转向世界范围内的地缘战略较量。在此轮较量中，美苏双方仍是当之无愧的主角，北约始终充当聚合

---

① "Building the Berlin Wall," 13 Aug. 1961, https：//www.nato.int/cps/en/natohq/declassified_136183.htm? selectedLocale = en.
② Jan Hoffemaar, "East Germany Military Intelligence for the Warsaw Pact in the Central Sector," Jan Hoffemaar and Dieter Kruger, eds., *Blueprints for Battle*: *Planning for War in Central Europe*, *1948–1968*, p.87.
③ Bernard Brodie, *Strategy in the Missile Age*, Princeton, N.J.: Priceton University Press, 1959, p.301. 转引自Carl H. Amme, *NATO Strategy and Nuclear Defense*, p.142。

第四章　北约政治与安全实践

成员国力量、统一各国战略的平台,虽然作用有限,但必不可少。

由于两次"柏林危机"均以赫鲁晓夫最后自食其言而结束,苏联时刻寻找机会赢得冷战对峙的战略优势。在新一轮美苏两国的较量中,苏联不仅将目光锁定在刚刚建立社会主义政权的古巴身上,而且还将争夺美苏对峙战略优势的重点聚焦于中程弹道导弹和洲际弹道导弹(Intercontinental Ballistic Missile, ICBM)等核武器竞争,试图通过大规模发展中程弹道导弹和洲际弹道导弹,争取扩大部署和分布范围,对美国形成战略压倒优势。"围绕在联邦德国以及其他地区部署'战斧式'巡航导弹(Tomahawk Ground-Launched Cruise Missile, GLCM)和'潘兴Ⅱ'导弹(PershingⅡMissile)所引起的近期争议……似乎构成了某种'挑衅',推动赫鲁晓夫下令在古巴部署苏联导弹。这与美国的情形极为接近,因而引发了古巴导弹危机,较所经历的任何时期,这场危机将世界更近距离地带入核战争的边缘。"①

1953年7月26日,古巴民族解放运动领导人菲德尔·卡斯特罗(Fidel Castro)发动起义,率军进攻古巴蒙卡达兵营。以"7·26"运动为起点,卡斯特罗领导的起义军推翻了古巴独裁者巴蒂斯塔(Rubén Batista)的独裁统治。古巴新政府尝试与美国交往,但由于双方政治与经济立场相去甚远,古巴遭到美国排斥,美古关系恶化。1960年2月,苏联部长会议第一副主席米高扬访问古巴,两国签署贸易协定,规定苏联在5年内购买500万吨古巴食糖,并给古巴政府1亿美元贷款。6月,苏联与古巴签订以苏联石油交换古巴食糖的协定。② 苏联与古巴随后建立外交关系,7月,古巴宣布加入社会主义阵营。以此为起点,古巴遭到美国孤立、封锁、侵略以及颠覆,但它也由此成为拉美国家反美斗争的一面旗帜。

1961年4月17日,在美国中央情报局(Central Intelligence Agency,

---

① William Park, *Defending the West: A History of NATO*, p. 24.
② 杨存堂编著《美苏冷战的一次极限——加勒比海导弹危机》,广西师范大学出版社,2002,第8页。

北大西洋公约组织

CIA）支持下，古巴流亡者发动了旨在颠覆卡斯特罗政权的军事入侵，制造"猪湾事件"（Bay of Pigs Incident），但该行动最终以失败告终。1962年1月25日，美国国务卿腊斯克（Dean Rusk）在美洲国家会议上再次提出旨在推翻古巴政权的入侵计划。不仅如此，肯尼迪政府还制订"猫鼬计划"（Operation Mongoose），试图在古巴制造内乱。"然而，美国相信卡斯特罗式的革命不会在拉丁美洲其他国家出现，因为这需要卡斯特罗的武装力量采取直接武装干预才行。因此，美国对古巴流亡者反对卡斯特罗的行动实施限制，这使古巴出现内部革命变得更不可能，而且美国的政策与承诺亦不对应。"①

针对美国的节节进逼，苏联开始改变支持古巴的方式，在继续提供经济和军事援助的同时，直接在古巴部署战略核导弹。苏联认定，此举既可保卫古巴，又可震慑美国，还能牵制美国在欧洲的行动，推动美苏双方在全球范围内建立战略平衡。5月，在赫鲁晓夫授意下，苏联国防部制订了向古巴派驻导弹部队的计划。该计划准备向古巴派驻1个集团军、1个导弹师、2个防空师。其中，作战人员4.4万人、战术核导弹60枚、导弹发射架40个，还有数量众多的轰炸机。② 另外，苏联这支部队还装备了多种型号导弹，例如R-12"德维纳河"中近程弹道导弹（北约称为SS-4"鞍工"）、R-14"丘索瓦亚"中远程弹道导弹（北约称为SS-5"短剑"），上述两种型号的导弹均可载负百万吨以上的核弹头，射程为3200公里到4500公里，其威慑力和破坏力令人震惊。

按照上述计划，苏联在理论上可以对美国全境实施覆盖式核打击，此举无疑对包括美国在内的西方阵营产生足够强大的核威慑效用，对苏联来说，此举也不失为弥补其核力量规模与数量不足、技术差距大的一个捷

---

① Zbigniew Brzezinski and Samuel P. Huntington, *Political Power: USA/USSR*, p. 384.
② 事实上，按照苏联驻美国大使多勃雷宁回忆，从7月到危机爆发之前，苏联总计向古巴运送42枚中程弹道导弹及其全部发射装置、162枚核弹头、42架伊尔-28型轰炸机，还有大批防空导弹及43000名苏联军人。用来运送这些装备和人员的船只超过85艘，经过伪装，这些船只从不同港口开行了183次以上。见杨存堂《美苏冷战的一次极限——加勒比海导弹危机》，第17页。

第四章　北约政治与安全实践

径。因为美国在双方战略力量对比中占据优势,"在1962年苏联面对的美国核武库中,至少有180枚洲际弹道导弹,12艘'北极星'核潜艇(每艘携带12枚导弹),以及630架战略轰炸机。这些轰炸机不仅在美国有部署,在欧洲和亚洲也有部署,可从各个方位对苏联目标发起攻击"[①]。因此,美国在数量、技术水平、规模、打击能力等各方面,都远远超过苏联,苏联不可能在短期内赶上美国,更谈不上超越包括美、英、法三国核武器在内的北约核力量。如果苏联能够在古巴成建制地部署核导弹,无疑会抵消美国在西半球乃至全球拥有的核武器数量与技术等优势。"苏联领导人一直在寻找一种对抗美国在西欧保持军事存在的方式,因为美国在西欧部署了核武器,既作为一种威慑,也向北约伙伴提供额外的保护。"[②]

7月初,苏联开始向古巴秘密运送军队、导弹及其发射装置、工程技术人员等,建造导弹发射竖井、雷达站、信息收集和处理站、轰炸机基地等。为了不引起北约及其成员国注意,苏联同时与美国展开禁止核试验谈判,但在谈判中却一再拒绝美国提出的倡议,例如接受国际社会有效监督,展开就地核查。而且,苏联还不断拖延谈判进程,以此吸引美国的注意力。甚至为了吸引北约及其成员国的注意力,苏联还提议北约与华约两大组织签署互不侵犯条约,建立由美国与苏联、北约与华约共管欧洲安全的战略态势。正是在苏联散布的军备谈判、禁止核试验、对等削减武装力量等政治烟雾的掩饰下,苏联在古巴的导弹部队初具规模,初步形成核打击能力。

7月下旬,美国中央情报局发现苏联舰船向古巴运送武器装备与军事人员。与此同时,苏联间谍潘科夫斯基(Oleg Penkovsky)也向美国中情局告知苏联的相关计划。8月29日,美国U-2高空侦察机发现古巴正在建造的地空导弹发射场。10月14日,美国U-2高空侦察机首次拍摄到苏联运往古巴的中程导弹。尽管美国尚未掌握确凿证据,可以证明苏联已

---

① 〔美〕格雷厄姆·艾利森、菲利普·泽利科:《决策的本质——还原古巴导弹危机的真相》,王伟光、王云萍译,商务印书馆,2015,第115页。
② James W. Peterson, *American Foreign Policy: Alliance Politics in a Century of War, 1914 - 2014*, p. 48.

北大西洋公约组织

将核弹头送入古巴,但美国军方估计已有大量常规弹头与核弹头先期运入。肯尼迪强调,美国将采取一切手段,积极应对来自古巴的威胁。而赫鲁晓夫则通过外交管道向肯尼迪保证,苏联运往古巴的武器装备均为防御性武器,并非进攻性武器,并不具备攻击美国的能力。

10月16日,美国紧急召开国家安全委员会会议,提出应对古巴导弹威胁的多种办法。迪安·艾奇逊、麦克斯韦尔·泰勒(Maxwell Taylor)将军以及参谋长联席会议成员都强烈要求进行空中打击,对古巴核导弹基地实施"外科手术式的"空中打击……副国务卿乔治·鲍尔逐渐获得了对封锁的支持……麦克纳马拉支持鲍尔的方案,但同时也主张如果封锁失败,就要下令进行空中打击。① 肯尼迪在反复权衡利弊之后,最终选择对古巴实施全面封锁。10月22日,肯尼迪公开发表电视讲话,宣布美国将严密封锁所有进入古巴的进攻性武器,同时还将严密监视古巴军事力量。任何从古巴发射的导弹,都将被视为苏联对美国的进攻,美国将采取全面报复措施。为此,美国出动68个空军中队、8艘航空母舰以及上百艘海军舰艇,在古巴外海设立一条海空封锁带,阻遏苏联的武器装备进入古巴。不仅如此,美国还集中了规模庞大的战略空军和海军陆战队,准备对古巴实施军事打击,同时为将来美苏双方爆发全面战争做好准备。

为了争取北约其他成员国的支持,肯尼迪还特意委任前国务卿艾奇逊作为总统特使,向北约以及欧洲盟国通报美苏双方围绕"古巴导弹危机"的斗争情况,通报美国将要采取的封锁与打击行动,争取欧洲盟国的理解和支持。因为美国深知,苏联在古巴部署导弹,并非单纯为了挑战美国,实际上与苏联在欧洲特别是在柏林采取的军事行动密切相关,目的都是在不同区域对美国形成战略钳制。因此,欧洲盟国在的"古巴导弹危机"中对美国的支持,既是对北大西洋区域所属的中美洲安全的一种直接支持,也是对维持欧洲和平与稳定形势的一种间接支持。1962年9月,欧洲盟军最高司令部举行代号为"法莱克斯62"(Flex-62)的军事演习,

---

① 〔美〕沃尔特·拉费伯尔:《美国、俄国和冷战,1946~2006》,第181~182页。

第四章　北约政治与安全实践　North Atlantic Treaty Organization

以此展示北约积极抵御苏联对欧洲发动军事进攻的信心与勇气。尽管许多欧洲盟国对美国军事封锁行动这种可能导致世界大战的做法表示怀疑，但它们始终坚定不移地支持美国用强硬手段抗衡苏联的军事威胁。

10月23日，华约武装部队总司令格列奇科（Andrei Antonovich Grechko）元帅向华约其他成员国通报古巴导弹基地的建设情况，以及美苏双方围绕古巴导弹部署产生的对峙和斗争。与此同时，格列奇科宣布，华约进入战前戒备状态。另外，赫鲁晓夫针对肯尼迪的电视讲话公开声称，一旦苏联的舰船遭到拦截，苏联会直接将美军封锁行动视为一种公开的挑衅和侵略行为，苏联将采取一切手段全力实施反击。随后，华约其他成员国也发表声明，对美国的海上拦截行动予以谴责，积极支持苏联政府为维护和平所做的努力，支持古巴反抗美国的侵略行动。古巴政府亦公开发表声明，谴责美国的侵略与霸权政策，宣布古巴进入战争戒备状态。由此可见，"苏联决定在古巴部署核导弹，两个核大国有发生冲突的危险，这使人们有可能一窥北约与华约这两个主要联盟的影响，一窥它们在非欧洲世界展开不受限制的竞争所能产生的结果"①。

10月24日，北大西洋理事会召开会议，商讨北约面对"古巴导弹危机"的应对之策。北约成员国达成4项决议：其一，强调北约所有成员国将与美国共进退，北约及其成员国将毫无保留地支持美国为应对苏联挑衅而采取的所有对策；其二，强调北约政治协商机制的重要性，强调所有成员国将通过政治协商，在所有重大问题上采取共同方针、政策以及行动；其三，北约呼吁苏联采取切实有效的政策，撤出部署在古巴的所有中程弹道导弹、发射装置以及战略轰炸机，避免引发第三次世界大战；其四，古巴处于北大西洋区域以外，但由于其地缘政治地位极为重要，北约愿意启动《北大西洋公约》相关的共同防御条款，确保古巴和平与安全。哈佛大学知名教授亚伯兰·查耶斯（Abram Chayes）强调，"尤其重要的是，北约在'古巴导弹危机'中赢得胜利的关键是'盟国

---

① Carl Fraser, "Decolonization and the Cold War," Richard H. Immerman and Petra Godde, eds., *The Oxford Handbook of the Cold War*, p. 475.

的动员'"①。

同日，美国正式启动海上封锁，对所有进入古巴的外国舰船实施登船检查。在一触即发的战争压力面前，苏联最终做出让步。赫鲁晓夫下令，所有向古巴运送武器与物资的舰船停止前进，不得穿过美国设置的封锁带。与此同时，美国海军部队也接到不得开火的指令。10月25日，美国驻联合国大使史蒂文森在联合国出示苏联在古巴部署中程弹道导弹的证据。10月26日，赫鲁晓夫致信肯尼迪，如果美国保证不侵略古巴，苏联愿意撤回已部署在古巴的导弹。10月27日，苏联部署在古巴的导弹击落美国U-2高空侦察机，飞行员死亡。同时，美国海军舰艇也向封锁带的苏联潜艇发射鱼雷，对其实施驱离。为此，赫鲁晓夫再次致信肯尼迪，要求美国保证不入侵古巴，同时撤回驻土耳其的导弹，苏联也将撤回部署在古巴的导弹。肯尼迪对此给予积极回应，答应在几个月后撤回部署在土耳其的"朱庇特"中程弹道导弹。10月28日，苏联公开同意撤回部署在古巴的导弹，以此换取美国不入侵古巴的承诺。11月20日，肯尼迪正式宣布结束海上封锁行动。11月22日，苏联宣布解除战备状态，"古巴导弹危机"至此正式结束。"在大部分情况下，美国与苏联领导人都同意接受这一悖论，即他们处在全球地缘竞争中，无法通过战争解决问题。"② 进言之，"古巴导弹危机"实际上也对美国与苏联的安全战略、武装力量建设、机制建设等提出拷问，即双方发展规模庞大的武装力量，究竟属于主动还是被动，其武装力量的现实功用究竟如何。"'古巴导弹危机'已向世界表明，两个超级大国爆发直接军事冲突的可能性极为有限。"③

12月13~15日，北大西洋理事会在巴黎召开会议，进一步商讨"古

---

① Abram Chayes, "Law and Quarantine of Cuba," *Foreign Affairs* 41, No. 3, 1962 – 1963, pp. 550 – 557. 转引自 James W. Peterson, *American Foreign Policy: Alliance Politics in a Century of War, 1914 – 2014*, p. 59。
② Campbell Craig, "The Nuclear Revolution, a Product of the Cold War, or Something More?" Richard H. Immerman and Petra Godde, eds., *The Oxford Handbook of the Cold War*, p. 367.
③ Jan Hoffemaar, "East Germany Military Intelligence for the Warsaw Pact in the Central Sector," Jan Hoffemaar and Dieter Kruger, eds., *Blueprints for Battle: Planning for War in Central Europe, 1948 – 1968*, p. 87.

第四章 北约政治与安全实践 North Atlantic Treaty Organization

巴导弹危机"后的国际形势。北约各成员国一致决定,北约除加强核力量建设外,还应加强常规武装力量建设,因为常规武装力量的功用是核力量所无法替代的。另外,各成员国代表还强调,美国所推行的强硬政策,有效遏制了"古巴导弹危机"及其影响进一步扩展,抑制了世界大战爆发。因此,美国在西方世界中的领导地位是不可替代的,北约成员国将一如既往地支持美国。最后,各国代表一致认定,北约将继续坚持留在柏林,坚决抵制苏联与华约的任何威胁与"挑衅"政策及其行动。"最近,苏联企图通过在古巴秘密部署核导弹,使武装力量平衡的天平向不利于西方的方向倾斜,进而使世界处于战争边缘。在北约与其他自由国家的支持下,美国的坚定与克制,使这一危险得以避免。"①

无独有偶,为了充分显示不向苏联与华约低头的态度,北约在1963年举行了代号为"大搬运行动"(Operation Big Lift)的军事演习。北约征调驻美国得克萨斯州胡德堡基地的第二装甲师,远赴相距 5600 英里的欧洲成员国军事基地。为此,北约动用了 240 架 C-130 平流层大型运输机,连续 3 天执行飞行任务,总计将 14500 名士兵及其装备运抵欧洲。② 北约的意图非常明显,就是向华约提出警告,即北约有能力对任何危及欧洲安全的军事威胁与侵略实施及时且有效的反制,北约不仅拥有强大的综合战斗力,而且拥有强大的运输和支持能力,大西洋两岸国家将会齐心协力对抗任何形式的侵略与战争。

在"古巴导弹危机"中,美国和苏联是当事国,而北约与华约主要在政治层面提供支持和协助,但这并不等于北约与华约在"古巴导弹危机"中无足轻重。事实上,北约在"古巴导弹危机"中向美国提供的支持和帮助,不仅是美国持续推进战争冒险政策的一种重要支撑,而且也成为北约在"柏林危机"中始终保持强势立场的一种有力保证。"如果柏林是冷战的情感中心,古巴导弹危机则是构成冷战中最具威胁性的一

---

① "Final Communiqué," 13 Dec. 1962–15 Dec. 1962, https: // www. nato. int/cps/en/natohq/official_ texts_ 26579. htm? selectedLocale = en.

② " The Unites States and NATO," https: // www. nato. int/cps/en/natohq/declassified_ 162350. htm? selectedLocale = en.

连串事件中的一个。"① 同样,华约在苏联应对危机的过程中也向其提供了重要支持。"古巴导弹危机"成为北约和华约战略对抗的一部分,对于美苏的战略思想及其实践均产生了重大影响。"抛开古巴经验,如果爆发战争,两个超级大国都将持续使用末日武器。就苏联而言,原因是其军事策划者们对苏联将军所声称的'核浪漫主义'极为敏感;就美国而言,原因是其负责防御政策的文职知识分子因追随威慑理论而逃避现实。"②

在"古巴导弹危机"中,不论美国与北约或者苏联与华约,实际上并没有绝对的"赢家"或者"输家",赫鲁晓夫一直认为苏联是赢家,而肯尼迪等美国政要则认为苏联遭受了失败的耻辱。事实上,"苏联在古巴遭受的'耻辱'并没有人们想象的那么多,毕竟它仍作为冷战超级大国,又度过 30 年……莫斯科的经济、意识形态、文化以及道德示范作用,到 1962 年已失去吸引力,只剩下军事力量作为投射影响的有效手段。'古巴导弹危机'使美国及其盟国感到震惊,认识到其安全并不稳定,因为所有的多样性都有赖于此"③。与苏联相对照,"古巴导弹危机"为北约在冷战时期应对域外危机提供了经验与模式。按照美国学者大卫·杨斯特(David Yost)的看法,北约实际上不再坚持冷战政治与意识形态这些不着边际的目标,而是更关注自身的安全利益与诉求。"从 1950 年代后期开始,特别是在 1961 年'柏林墙'建立、1962 年'古巴导弹危机'后,欧洲政治秩序明显屈从于武器控制,追求东西方缓和。北大西洋公约组织对东欧国家政治秩序与合法性等问题的关注越来越少。"④ 很明显,北约关心自身及其成员国,远远多于关心世界。

---

① James W. Peterson, *American Foreign Policy: Alliance Politics in a Century of War, 1914 – 2014*, p. 48.
② Vojtech Mastny, "The Legacy of the Cold War for International Security, a Historical Overview," Vojtech Mastny and Zhu Liqun, eds., *The Legacy of the Cold War: Perspectives on Security, Cooperation, and Conflict*, p. 23.
③ John Lewis Gaddis, *We Now Know: Rethinking Cold War History*, p. 279.
④ David S. Yost, *NATO Transformed: The Alliance's New Roles in International Security*, p. 36.

三　北约与1968年"捷克斯洛伐克事件"

北约在1960年代遭遇的外来危机大致有两种类型,"第二次柏林危机""第三次柏林危机""古巴导弹危机"属于直接安全威胁,"捷克斯洛伐克事件"则属于间接安全威胁。前者堪称东西方政治与军事博弈的集中体现,北约在危机中所处的位置直接关系到东西双方的利益得失,对危机的处置则体现了北约的基本防御职能,凝聚了各成员国的政治与军事力量,形成了北约共同防御政策等。而后者并未对北约形成直接冲击,甚至算不上根本性威胁,更多的是给北约及其成员国带来政治与道德压力。与前者不同,"捷克斯洛伐克事件"属于华约内部纷争,北约在应对此次危机时,既需考虑苏联以及华约其他成员国的核心利益关切,还需考虑欧洲既定的安全格局与力量平衡。总体而言,在此类危机与冲突的处置中,北约的立场、方法以及政策非常克制。

众所周知,二战后东欧各国普遍建立社会主义政权,与苏联结成社会主义阵营。苏联与东欧社会主义阵营在政治上奉行社会主义制度,坚持共产党与工人党的执政地位,强调无产阶级的领导地位与工农联盟基础,实行人民民主专政。另外,苏联与东欧社会主义阵营推行计划经济体系,强调生产资料公有制,以政府作为经济社会运行的中心,强调经济决策高度集中,以及对社会资源实行计划配置等。苏联与东欧社会主义阵营内部互通有无,相互贸易,在国际经济贸易体系中自成一体。社会主义阵营与西方阵营并列,构成世界上两个经济集团,比肩而立,相互竞争。"东欧集团努力创立自己的经济组织,即经互会(Council for Mutual Economic Assistance, Comecon)[1] 以及后来的银行系统,但它们从未获得国际牵引力,因此一直到1970年代,至少在东欧集团内部的部分贸易仍用美元支付。"[2]

---

[1]　1949年1月5~8日,苏联、波兰、捷克斯洛伐克、匈牙利、罗马尼亚、保加利亚共同签订条约,成为"经济互助委员会",简称"经互会"。
[2]　Bernd Stöver, "Eastern Europe," Richard H. Immerman and Petra Godde, eds., *The Oxford Handbook of the Cold War*, p. 176.

北大西洋公约组织

早在北约吸纳联邦德国之际，为了抑制和抗衡北约肆意扩张，阻止联邦德国重新武装，苏联与波兰、民主德国、匈牙利、捷克斯洛伐克、罗马尼亚、保加利亚、阿尔巴尼亚结成军事联盟，正式建立华约①，美国学者曾就华约的创立出言相讥，"华约让观察家们提出许多理论，有一种假说认为，华约的建立是对北约创立一种军事平衡，尽管北约在 6 年前就已创立；另一种假说认为，《华沙公约》的创立者一直被西方不断增加的西方军事威胁所困扰"②。事实上，华约作为美苏冷战对峙的必然结果，为冷战的政治与安全逻辑使然，堪称欧洲对阵双方持续寻求战略平衡的结果。就此而言，北约与华约的创建，很难说哪个组织具有更多正当性或者合理性。"自华约 1955 年 5 月创建后，包括创设统一的华约武装力量最高指挥机构，苏联与美国之间的军事对立，由此发展成为华约与北约两个军事集团之间的对峙。"③

和北约的军事指挥机制不同，华约的最高权力机构名义上是各成员国代表共同组成的"政治协商会议"，负责统一制定、组织并且协调各成员国的政治、外交和军事政策。与此同时，华约还设有联合武装力量司令部，由苏联元帅担任最高司令，负责统一指挥所有成员国武装力量的调动、演习以及作战等。华约同样也长期保持巨额防御开支以及数量众多的武装力量，特别是苏联在东德驻扎重兵，还配属重型武器。其中，华约拥有的进攻性武器居多，防御性武器相对较少，其谋求以军事进攻代替防御的战略意图毋庸置疑。虽然华约在名义上向东欧各国提供安全保护，但是由于东欧各国长期并未遭遇侵略或者陷入被进攻的境遇，因此华约的安全保护显得无足轻重。相反，苏联在华约内部实施严密控制，直接导致东欧各国在政治、经济、军事、社会以及文化生活中受到严重束缚和限制，这

---

① 1968 年 9 月 12 日，阿尔巴尼亚宣布退出《华沙公约》。
② Malcolm Byrne, "The Warsaw Pact, from the Creating of a Hegemonic Alliance to Its Disintegration," Vojtech Mastny and Zhu Liqun, eds., *The Legacy of the Cold War: Perspectives on Security, Cooperation, and Conflict*, p. 147.
③ Jan Hoffemaar and Dieter Kruger, eds., *Blueprints for Battle: Planning for War in Central Europe, 1948–1968*, p. 35.

第四章　北约政治与安全实践　North Atlantic Treaty Organization

在一定程度上制约并放缓了其发展步伐。

1968年初，捷克斯洛伐克实施政治与社会改革，着手改革官僚体制，发扬社会主义民主，推行"人道社会主义"。捷克斯洛伐克共产党中央委员会主席团提出，未来将在平等互利的基础上发展捷苏关系，在不干涉主权的前提下优化华约内部关系，全面改善华约的政治与安全结构。不仅如此，捷克斯洛伐克共产党高层中的亲苏派大都被解职。西方国家将捷克斯洛伐克的上述变化称为"布拉格之春"（Prague Spring），竭力拉拢捷克斯洛伐克。对此，苏联和其他华约成员国深感忧虑，它们认定捷克斯洛伐克将脱离华约、投向西方阵营，其结果必然会削弱华约在欧洲的政治与安全地位，进而导致苏联与东欧社会主义阵营涣散并瓦解。"就像勃列日涅夫后来所宣称的，'布拉格之春'并不主张彻底的'反革命行为'，但是它向东方与西方化身于其中的冷战秩序提出挑战。"[1] 5月8~9日，苏联、民主德国、波兰、匈牙利、保加利亚等国召开紧急会议，商讨解决捷克斯洛伐克政治与社会变化的应对之策，但是华约各成员国对此分歧颇多。最终，在苏联的强大压力下，华约各成员国达成一致，确定了针对捷克斯洛伐克的统一原则与行动方针。

5月10日，北约防务计划委员会在布鲁塞尔召开会议，商讨北约支持捷克斯洛伐克变革的对策。鉴于华约曾有为维护社会主义阵营团结而出兵匈牙利的经历，北约认为，苏联必然会压制捷克斯洛伐克出现的民主声音，将捷克斯洛伐克强留在华约内。不仅如此，苏联还有可能针对一直与苏联存在分歧、与中国关系紧密的罗马尼亚发动军事进攻。为此，北约不会主动与华约展开政治与安全谈判，而会保持高度戒备状态，既不会刺激苏联，也不会给苏联或华约提供采取进一步行动的口实。但是北约也不会撤出位于北大西洋区域前沿地带的武装力量，如果华约采取的军事行动危及北大西洋区域安全，北约必将采取积极的对应性政策与措施。

---

[1] Philipp Gassert, "Internal Challenges to the Cold War, Oppositional Movements, East and West," Richard H. Immerman and Petra Godde, eds., *The Oxford Handbook of the Cold War*, p. 440.

北大西洋公约组织

另外，北约还明确提出加强常规武装力量的建设方案，同时设立北约核防御事务委员会，加强对各成员国核力量的整合。"各成员国部长重申，北约有必要保持有效的军事力量，有必要保持北约与华约在欧洲以及其他地区的力量平衡，保持稳定、安全、信任的氛围，这对在实现缓和进程中不断取得进步极为重要，对解决突出的政治问题极为重要。"① 北约实际上并不想就华约出兵捷克斯洛伐克事件做出过激反应，甚至在预见罗马尼亚也会遭受相同命运时，亦不想与苏联及华约摊牌，而是强调北约与华约保持武装力量平衡，同时强调北约内部的稳定与安全。由此可见，上述态度明显有别于北约在"柏林危机""古巴导弹危机"中的态度，这实际上显示了北约在应对不同类型危机与挑战时的政策差异。

5月17日，苏联国防部长格列奇科元帅率领苏联高级军事代表团访问布拉格，以阻挡北约入侵为名要求在捷克斯洛伐克驻扎苏军1个师，但被捷政府拒绝。苏军代表团随即提出，在波兰和捷克斯洛伐克举行军事演习，以提高华约的军事协同与指挥能力，这一要求得到捷政府同意。由此，大量苏军联络分队进入布拉格，大批华约军队也开进捷克斯洛伐克，并且在演习结束后滞留不归。6月18日，华约联合武装力量最高司令雅库鲍夫斯基（Ivan Yakubovsky）元帅正式进驻布拉格，随之而来的是，大批携带重型武器装备的苏军进入捷克斯洛伐克。不仅如此，从7月初开始，华约各成员国政府要求捷克斯洛伐克政府参加华约高级代表会议，但这些要求均被捷政府拒绝。8月3日，华约各成员国在捷克斯洛伐克布拉迪斯拉召开首脑会议，强调华约所有成员国必须保持团结，共同保护苏联与东欧社会主义阵营的胜利果实。"苏共总书记勃列日涅夫对捷克斯洛伐克领导人公开谈到苏联在二战中做出的牺牲，士兵倒在战场上，平民遭到屠杀，物质损失巨大，苏联人民遭受苦难。以此为代价，苏联获得了安全，这种安全的保证就是欧洲分裂，尤其是捷克斯洛伐克与苏联要永远连

---

① "Final Communiqué," 10 May. 1968, https：//www.nato.int/cps/en/natohq/official_texts_26730.htm? selectedLocale=en.

第四章　北约政治与安全实践

在一起。"①

鉴于捷克斯洛伐克事态极为严峻，欧洲盟军最高司令莱曼·兰尼兹尔将军召开紧急会议，制定北约针对"捷克斯洛伐克事件"的军事应对方案，但该方案最终未能获得批准。北大西洋理事会认定，苏联对捷克斯洛伐克的武装干涉，属于苏联与东欧集团内部事务，并不涉及北大西洋区域安全，亦未改变东西双方的基本战略格局，北约无须对其实施干涉。为了防止北约部署在前沿地带的武装力量失控，北大西洋理事会特别要求欧洲盟军最高司令部对其所属部队严加约束，甚至欧洲盟军最高司令部特别下达命令，驻守联邦德国与捷克斯洛伐克边境地区的武装部队向后撤退，以免与华约军队发生不必要的武装冲突，进而造成北约与华约直接发生冲突或者战争。

8月19日，苏共中央召开特别会议，讨论捷克斯洛伐克形势，最终决定对其实施武装干涉。8月20日，包括苏联、民主德国、波兰、匈牙利和保加利亚在内的5个国家，出兵50万人，突然侵入捷克斯洛伐克。华约军队采取了特种战、电子战、伞兵战等多种战法，在最短时间内迅速控制捷克斯洛伐克政府、军事指挥中心、交通要道、通信中心等重要设施。由于捷克斯洛伐克军队疏于防范，华约军队得以顺利展开各项军事行动。8月21日，苏联塔斯社（Information Telegraphic Agency of Russia-TASS）发表声明，强调华约的军事行动是应捷克斯洛伐克党和国家领导人之邀，是为了应对仇视社会主义的外部敌对势力，该行动完全符合《华沙条约》的相关规定。8月23日，华约军队基本上完成了对捷克斯洛伐克的全境占领。

苏联对捷共中央委员会第一书记杜布切克（Alexander Dubček）、捷联邦议会主席斯姆尔科夫斯基（Josef Smrkovský）、总理切尔尼克（Oldřich Černík）等人实施抓捕，直接押送莫斯科，迫使他们在苏联拟定的邀请出兵协议书上签字。紧接着，苏联扶植捷副总理古斯塔夫·胡萨克

---

① Geoffrey Warner, "The Geopolitics and the Cold War," Richard H. Immerman and Petra Godde, eds., *The Oxford Handbook of the Cold War*, p. 67.

(Gustáv Husák)出任捷克斯洛伐克新领导人,推行所谓的正常体制。此后,捷共中央委员会又正式通过关于"捷克斯洛伐克事件"的党内文件——《从党内和社会危机中应吸取的教训》,全盘否定杜布切克等人推行的"人道社会主义"路线,宣布捷克斯洛伐克恢复正常的政治与经济生活。

面对苏联与华约在"捷克斯洛伐克事件"中所表现出的强势姿态,北约内部出现严重分歧。美、英、法等国尽管对苏联和东欧集团内部的这一变革感到惊喜,对可能倒向西方的捷克斯洛伐克因受强力压制而功败垂成这一结果感到惋惜,但最终认定"捷克斯洛伐克事件"属于华约内部事务,北约不能涉身其中。为此,美国仅仅对苏联的军事行动予以谴责,要求苏联与其他华约国家撤出进入捷克斯洛伐克的武装力量。美国还宣布暂停发表约翰逊总统访苏期间美苏双方签订技术性核谈判的公告。北约也向苏联发出警告,即对联邦德国的侵略行动,将会遭到北约迎头痛击。而英、法两国也分别对苏联公然采取军事行动的做法提出批评,警告苏联不得采取进一步侵略行动。联邦德国由于在地理上毗邻捷克斯洛伐克而倍感压力,坚决主张北约应立刻采取军事行动。而北约其他成员国则对华约的军事行动普遍感到忧虑,害怕华约会趁势采取更大的军事行动,危及整个北大西洋区域安全。

10月7日,北大西洋理事会召开会议,商讨应对"捷克斯洛伐克事件"的有效办法,但各成员国就北约应采取何种政策始终无法达成一致。北约虽对苏联出兵压制捷克斯洛伐克改革、对其实施全面军事占领深感不满,但最终还是默认了这一基本事实。"事实上,在捷克斯洛伐克被占领后,西方国家不再向苏联提出抗议,它们向克里姆林宫提出谈判建议。"[①]10月16日,苏联与捷克斯洛伐克签署《关于苏军暂时留驻捷克斯洛伐克境内条件的条约》,在理论上使苏联与华约军队占领捷克斯洛伐克合

---

① Vladislav Zubok, "The Soviet Union and Détente of the 1970s," Steven Casey, ed., *The Cold War*, *Critical Concepts in Military*, *Strategic and Security Studies*, Volume Ⅳ, *From Détente to the End of the Cold War*, p. 101.

第四章 北约政治与安全实践

法化。

11月15日,北大西洋理事会在布鲁塞尔再度召开会议,探讨北约在"捷克斯洛伐克事件"中的政治立场。北约及其成员国最终表明态度。第一,北约谴责苏联与华约对捷克斯洛伐克的侵略行径,因为这一军事行动违背了《联合国宪章》的基本条款。面对苏联与华约的侵略威胁,北约不会做出任何让步,如果苏联敢对南斯拉夫、奥地利以及联邦德国等国采取任何侵略行动,北约将会毫不犹豫地展开反击。第二,从1960年代开始,东西方缓和已成为一种世界发展趋势,这一趋势不会因为苏联的侵略行径半途而废。北约仍将一如既往地支持美苏双方展开裁军谈判,支持以谈判方式实现东西方缓和。"在4个盟国支持下,苏联领导人故意违反原则,全世界人民都对捷克斯洛伐克政治和人民的意愿遭到武装干涉感到震惊。北约所有成员国一致谴责使用武力破坏和平与世界秩序的做法,对违背《联合国宪章》原则的做法予以谴责。就像世界其他民族一样,捷克斯洛伐克人民可以自由地塑造其未来,不受外力干涉;在占领军压力下所订立的条约,并不能为挑战这一概念提供正当性。"①

北约对"捷克斯洛伐克事件"的处置,尽管也涉及某些军事行动,但归根到底还处于政治解决的范畴,北约将"捷克斯洛伐克事件"认定为苏联东欧集团的一个内部事件,极力不激化北约与华约之间的冲突,恪守东西双方已经达成的战略平衡,这实际上反映了北约面对外来危机时的一种政治态度,也反映了北约"集体安全精神"的另一层含义。就此而言,北约对外来危机的处置,不失为以某种特殊方式施力于东西方冷战以及欧洲安全秩序建构。但是对苏联及其盟国来说,北约上述举措显示了其在欧洲乃至国际事务中影响力下降,北约及其成员国面对苏联与华约的攻势束手无策。苏联驻美大使葛罗米柯曾对其下属以胜利者的口吻提到,"看看吧,同志,世界力量在最近几年发生了多么剧烈的变化。不久以

---

① "Final Communiqué," 16 Nov. 1968 – 18 Nov. 1968, https://www.nato.int/cps/en/natohq/official_texts_26736.htm?selectedLocale=en.

前，在采取外交政策与步骤前，我们在政治局还一次又一次认真讨论美国将会做什么，法国将会做什么。这个时期结束了"①。

事实并非如此，北约在"捷克斯洛伐克事件"中的立场及表现，实际上反映了北约在处置间接安全挑战时的弹性与软性政策，即并非一味袖手旁观，而是为苏联与华约划定红线，这反映了北约在1960～1970年代兼顾"缓和与竞争""合作与对抗"的安全方针，反映了北约在欧洲乃至全球范围内与华约谋求战略平衡的既定原则，这成为北约在此后应对类似间接安全威胁时所尊奉的一项基本原则。"自相矛盾的是，'捷克斯洛伐克事件'结束后，整个时代特征转向缓和式的全面发展。"②

四　北约与苏联入侵阿富汗事件

在"捷克斯洛伐克事件"后，北约与华约的关系在很长一段时间内保持着相对平稳之势，北约和华约均未采取极端或者过激政策，也未采取冒险行动。北约与华约虽然始终没有放弃军事对峙与斗争，但亦未停止对话与谈判，双方在欧洲安全架构中始终保持着某种战略平衡，在应对国际政治与安全危机中一直保持着斗而不破的局面，这种局面一直持续到1970年代末。随着苏联入侵阿富汗，北约与华约开始重新展开全面竞争与对峙。

事实上，东西方冷战在总体上进展有序，美国与苏联、北约与华约的政治和军事斗争却从未停止。在勃列日涅夫时期，苏联一直热心于在全世界扩大势力范围，在非洲、亚洲以及拉丁美洲等地区发展盟国与合作伙伴。苏联在积极插手非洲事务的同时，还与印度、越南等国签订友好合作条约。在第二次印巴战争、第三次印巴战争以及中印边境冲突

---

① Vladislav Zubok, "The Soviet Union and Détente of the 1970s," Steven Casey, ed., *The Cold War, Critical Concepts in Military, Strategic and Security Studies*, Volume Ⅳ, *From Détente to the End of the Cold War*, p. 101.

② Malcolm Byrne, "The Warsaw Pact, from the Creating of a Hegemonic Alliance to Its Disintegration," Vojtech Mastny and Zhu Liqun, eds., *The Legacy of the Cold War: Perspectives on Security, Cooperation, and Conflict*, p. 155.

第四章 北约政治与安全实践　North Atlantic Treaty Organization

中，苏联积极支持印度。1970 年代，苏联支持越南入侵柬埔寨。苏联还与古巴建立同盟关系，使之成为社会主义阵营一员，同时还向中美洲多个国家的游击队提供军事援助，以此羁绊和牵制美国。"缓和进程在苏联充满了矛盾，美苏合作的拥护者人数众多，在数量上很快压倒那些支持美苏对抗的人士，他们将缓和进程视为苏联填补美国力量衰落后所留真空的一个机会，即全力扩展苏联在非洲、中东以及中美洲的势力范围。"①

阿富汗作为中亚地区的战略重地，很早就被锁定为苏联向外扩大影响的一个重要目标。"苏联从 1920 年代起开始向阿富汗提供援助，因为它认为在喀布尔存在一个民族主义政权，可以充当它们南部边界的缓冲区，防止帝国主义及其当地同盟扩大势力。苏联把他们在阿富汗的介入视作一种试验，目标是通过几代人的友好援助推动一个落后社会逐步走向社会主义。"② 从 1973 年开始，受苏联影响，阿富汗发生 3 次政变。1978 年 12 月，苏联还与阿富汗新政府签署友好合作条约。为了全面控制阿富汗，苏联一直醉心于扶植亲苏政权，以便实施其"南下战略"。1979 年 9 月，哈菲佐拉·阿明（Hafizullah Amin）出任阿富汗领导人。阿明不甘沦为被苏联控制的政治傀儡，采取各种措施削弱苏联对阿富汗的影响，同时缓和与美国的关系，发展与中国、巴基斯坦等国的关系。"阿明决定采取安全行动产生了几个实际效果，准备建立国家军事组织，尝试出资让边境省份的普什图族部落服役……"③ 阿明政府的上述政策引发苏联的强烈不满，最终导致苏军出兵占领阿富汗。

1979 年 12 月 12 日，苏联政治局召开会议，正式决定对阿富汗实施军事占领。12 月 25 日，苏联出动 8 个师，对阿富汗实施突然袭击。苏联

---

① Vladimir O. Pechatnov, "Soviet-American Relations Through the Cold War," Richard H. Immerman and Petra Godde, eds., *The Oxford Handbook of the Cold War*, p. 166.
② 〔挪〕文安立：《全球冷战：美苏对第三世界的干涉与当代世界的形成》，牛可等译，世界图书出版公司，2012，第 309 页。
③ Mark Urban, *War in Afghanistan*, Hillhounds, Hampshire and London: Macmillan Press, 1988, p. 37.

287

北大西洋公约组织

特种部队击毙阿明，伞兵军队占领并控制重要的政府部门、通信中心、交通枢纽等，消灭支持阿明的各部部长与其他政府要员。与此同时，苏联还迅速扶植亲苏的"旗帜派"领导人卡尔迈勒（Babrak Karmal）出掌新政权。苏军分为东西两大集团，在一周内迅速开进阿富汗纵深地带，控制了主要的城市和交通线，切断了阿富汗对外联络的所有通道。为了杜绝国际社会的严厉批评，苏联对外宣称，苏联采取的军事行动，并非旨在侵略阿富汗，而是应阿富汗政府之邀。苏联出动的军队非常有限，而且很快就会撤出阿富汗。

作为1970年代国际关系中最严重的危机与冲突，苏联入侵阿富汗在国际社会激起强烈反弹，全世界绝大多数国家都对苏联的侵略行径予以强烈谴责。因为苏军在占领阿富汗的同时，还辅之支持越南入侵柬埔寨，两者完全打破了美苏双方在冷战对峙中所恪守的势力范围，打破了东西双方长期维系的战略平衡。虽然阿富汗远离北大西洋区域，亦与北约的安全诉求相去甚远，但北约还是给予了前所未有的关注。但是在北约内部，美欧双方的态度存在一定差异。美国认定，一旦苏联顺利占领阿富汗，紧接着就会直入波斯湾和阿拉伯湾，进而会南下印度洋，会在地理上形成对北大西洋区域的包抄之势，进而会造成北大西洋区域侧翼与外围安全环境全面恶化。卡特（Jimmy Carter）总统的安全事务助理布热津斯基（Zbigniew Brzezinski）对此提出大战略构想，强调美国必须消除苏联"南下战略"的威胁。"布热津斯基确立了'弧形危机地带'（Arc of Crisis）概念，（这一概念）涉及非洲之角、中东以及波斯湾。"[①] 美国必须采取积极行动，否则会在国际事务中威信扫地，在地缘政治中受制于人。相对而言，欧洲盟国的态度更为缓和。"欧洲盟国不愿将苏联在1979年入侵阿富汗视为对北约的威胁，因为它对来自波斯湾的石油运输安全构成潜在威胁；相反，它们将此视为共产主义势力范围的一种内部事务。欧洲国家将苏联的入侵行为视为一种可悲但又可理解的自反行为，即超级大国担心可能会失

---

① Lawrence S. Kaplan, *NATO and the United States: The Enduring Alliance*, p. 157.

第四章 北约政治与安全实践　North Atlantic Treaty Organization

去毗邻的附庸国。"①

1980年1月,联合国大会召开紧急会议,通过谴责苏联入侵阿富汗的政治决议案,强烈要求苏联立刻撤出在阿富汗的占领军,恢复阿富汗的主权、行政与领土完整。在美国领导下,北约及其成员国以及许多西方国家均宣布对苏联实施全面制裁。例如,欧美各国对苏联实施全面武器装备禁运,西欧各国不再向苏联出口精密无缝钢管,甚至美国和加拿大甘愿承受损失,拒绝向苏联出售小麦等农产品。欧美各国还禁止向苏联出口高技术产品,甚至日本东芝公司因为将4台高级数控机床出口到苏联而受到美国的严厉惩罚。1980年7月,第22届奥运会在莫斯科召开,全世界有65个国家拒绝参加,只有80个国家参加奥运会。②其中,有14个国家拒绝持本国国旗入场,而只愿持奥运会五环旗帜等。可以想见,苏联入侵阿富汗,造成以美国为首的西方阵营与苏联彼此对立,造成苏联在国际社会被空前孤立,进而造成苏联政治、经济、军事以及文化等各方面遭遇严重困难。

1980年5月,北约防务计划委员会在布鲁塞尔召开会议,集中讨论东西方关系、美苏双方战略武器谈判、苏联入侵阿富汗以及北约武装力量建设等问题。鉴于苏联对阿富汗的军事入侵,大有搅乱中亚区域安全秩序之虞,防务计划委员会为此做出几项重大决议:其一,要求苏联无条件执行联合国大会相关政治决议,充分尊重阿富汗主权、民主以及自由,立刻无条件从阿富汗撤军,恢复阿富汗人民的正常生活;其二,面对苏联咄咄逼人的进攻态势,北约成员国必须联合起来,共渡难关,在不放弃东西方谈判的同时,加强自身军备建设,加紧武器装备的研发,推进北约武器装备的标准化与通用化,在确保北约武器装备技术优势的前提下,全面提升北约防御能力,特别是北约应对危机与冲突的能力。"各国部长们一致认为,考虑到苏联入侵阿富汗以及对包括西南亚在内的国际稳定所带来的影

---

① Lawrence S. Kaplan, "NATO: A Typical Alliance and Its Longevity," Vojtech Mastny and Zhu Liqun, eds., *The Legacy of the Cold War: Perspectives on Security, Cooperation, and Conflict*, p. 136.
② "The Olympic Boycott 1980," https://2001-2009.state.gov/r/pa/ho/time/qfp/104481.htm.

北大西洋公约组织

响,整个北约保持团结、凝聚力以及实力不减,比以往更为重要。这一发展态势更加突出了地中海地区的战略重要性,以及北约加强南翼地区成员国经济与防御态势的重要性。"①

6月,北大西洋理事会在安卡拉召开会议,就阿富汗战争、裁军与武器控制、地中海问题、德国问题、战略武器谈判、希腊—土耳其对话等议题展开讨论。"各成员国部长对苏联武装力量持续占领阿富汗表示愤慨,对阿富汗这个第三世界传统中立国与不结盟国家的占领,引起了阿富汗人民的反抗,催生了100万名难民,招致联合国安理会、联合国人权理事会、伊斯兰会议组织以及其他组织的谴责。部长们认为,武装干涉以及使用军事力量镇压阿富汗人民抵抗的企图是不可接受的,苏联政府为其行为所做的辩护缺乏说服力。部长们重申联合国大会在1980年1月14日所做的决议,即部长们强调'外国军队必须立刻而且无条件地全面撤出阿富汗',尊重阿富汗国家主权与领土完整,尊重阿富汗人民自由决定国家未来的权力。"② 显而易见,北约不仅公开谴责苏联侵略阿富汗,而且还利用联合国这一平台限制并削弱苏联对外扩大影响。

苏联入侵阿富汗,对阿富汗来说不啻于一场大灾难,直接造成130万名阿富汗人死亡,大量难民流向巴基斯坦等周边国家,进而在全世界流散。虽然苏联为实现战争目标,不断向阿富汗增兵,先后派遣150万人的军队进入阿富汗,但其战争目标始终未能达成。苏联在阿富汗战争中损失惨重,在战争头5年,美国人估计苏联军队损失12000人,平均每星期损失超过46人,估计"圣战者"(Mujahadeen)有90000~200000人。③ 在苏联扶植卡尔迈勒政权的同时,阿富汗各地亦建立了无数支游击队。以"阿富汗圣战者伊斯兰联盟"(Islamic Unity of Mujahedin Afghanistan)为代表,阿富汗抵抗力量打着"伊斯兰圣战"、拯救民族危亡、谋求民族解放

---

① "Final Communiqué," 13 May. 1980 – 14 May. 1980, https://www.nato.int/cps/en/natohq/official_texts_23055.htm?selectedLocale=en.
② "Final Communiqué," 25 Jun. 1980 – 26 Jun. 1980, https://www.nato.int/cps/en/natohq/official_texts_23031.htm?selectedLocale=en.
③ Mark Urban, *War in Afghanistan*, p. 218.

第四章　北约政治与安全实践

等旗帜，将阿富汗全境变成声势浩大的抗苏大战场，使苏联侵略军陷入阿富汗人民游击战的汪洋大海。

与此同时，美、英等国并未将其反制苏联侵略的行动仅仅固定为经济与贸易制裁，而是将其上升为间接军事对抗。"在针对莫斯科的美国战争逻辑中，阿富汗变成一种重要资产，为了弘扬其宣传价值，美国充分利用了这一冲突。"① 为了有效牵制并削弱苏联，美、英等国虽未直接出兵阿富汗，但美、英等国尝试了除直接军事对抗外的其他手段。这些手段从不同角度牵制、羁绊并且削弱苏联对阿富汗的占领，使苏联陷入战争泥淖而无法自拔。首先，美、英等国着手打造新的国际战略格局，积极致力于改变东亚的安全形势，寻找各种能够有效牵制苏联的安全力量。为此，美、英等国缓和与中国的关系，与中国展开多方面军事合作，包括向中国出售先进的武器装备，例如"黑鹰"直升机等。另外，在第二次印巴战争后，美国调整针对巴基斯坦的禁运政策，解冻遭禁的军售项目，向巴基斯坦提供粮食援助、发展贷款以及其他类型的经济援助，进一步密切美巴关系，使巴基斯坦能够在美国制约苏联执行"南下战略"的过程中发挥阻遏作用。

其次，美、英等国还向阿富汗游击队提供大规模军事援助，包括向阿富汗抵抗力量提供先进的武器装备，例如"毒刺式"防空导弹、"米兰"反坦克导弹、"红缨5"肩射防空导弹等。另外，美、英等国还提供了大量单兵作战武器，例如54-1式高射机枪、65式82毫米无后坐力炮、MP5A3冲锋枪、69-1式40毫米火箭筒、M16A1突击步枪、"恩菲尔德"系列步枪、HG69式手榴弹等。上述武器除有美国自身制造的以外，还有许多武器是由美国出资，由以色列和沙特阿拉伯等国出面购买，最后统一交给阿富汗抵抗力量。为了支持阿富汗的持久战，美国甚至还在中国、中亚以及中东地区大肆收购适于山地行走、具有相当负重能力的毛驴，集中提供给阿富汗游击队。因此，阿富汗游击队虽然无法自产武器，但从来不缺乏武器弹药，包括技术先进的武器装备。

---

① Mark Urban, *War in Afghanistan*, p. 56.

北大西洋公约组织

另外，为了让阿富汗抵抗力量能够持久作战，美国通过以色列、沙特阿拉伯、巴基斯坦等国的渠道，直接或间接向阿富汗抵抗力量提供财政和经济援助。为了提高抵抗力量的游击战能力，美国中央情报局还秘密派遣大量军事顾问，负责指导阿富汗抵抗力量的战术运用，提高其作战技能。为了弥补抵抗力量在作战中的人员损失，美国甚至还通过特殊的外交管道，在其他伊斯兰国家大肆招募作战人员，组成多种形式的雇佣军，持续充实阿富汗抵抗力量，使之形成持久的作战能力。

再次，美国还与北约其他成员国在国际舞台上大做文章，制造各种舆论宣传，揭露苏军在阿富汗战争中的杀戮行动，揭露苏联入侵阿富汗的真相，在国际社会中最大限度地孤立苏联，分化苏联的盟友。为此，北约及其成员国不仅在联合国持续批评苏联的侵略行径，而且还联合世界其他国家共同谴责苏联。在联合国大会通过谴责苏联的首个决议案后，北约成员国又联合其他联合国大会成员国，连续5次通过相关决议，接连不断地谴责苏联侵略阿富汗的行径，坚决要求苏军撤出阿富汗。不仅如此，在1980年11月11日召开的欧安会马德里续会上，北约成员国继续向华约与苏联提出抗议，强烈要求将苏军入侵阿富汗列入欧安会会议议程，列为会议主要讨论的内容。北约认定，苏联的侵略行为严重违反了欧安会《赫尔辛基最后文件》的基本原则。虽然这一指控并未产生实际效果，但将苏联置于道德批判的平台上，使苏联在政治与战略上极为被动。"在接下来的十年里，苏联在阿富汗所做的事情，排空了苏联已经消耗殆尽的国民财富，阻碍了莫斯科到处投射战力的能力。这场战争使苏联的国际形象失去光泽，特别是使其在伊斯兰世界的形象失去光泽，导致苏联公民士气低落。"①

1980年12月，北大西洋理事会在布鲁塞尔召开会议，集中讨论1980年代初的国际安全形势变化，例如波兰政局变化、两伊战争、东

---

① Robert O. Freedman, *Soviet Policy toward the Middle East since 1970*, New York: Praeger, 1982, p.224. 转引自 Salim Yaqub, "The Cold War and the Middle East," Richard H. Immerman and Petra Godde, eds., *The Oxford Handbook of the Cold War*, p.258。

第四章　北约政治与安全实践　North Atlantic Treaty Organization

西方谈判、欧安会续会进程、美苏限制战略武器谈判、阿富汗战争等。针对苏联入侵阿富汗事件,北约成员国一致认定,苏联的侵略行径公然置国际法与国际规则于不顾,无视联合国及其决议的权威,违反了欧安会创立的"赫尔辛基精神",性质极为恶劣。苏联对阿富汗的侵略行径,开创了二战后大国肆意欺凌小国和弱国的先例,而且对阿富汗这样一个不结盟国家公开施用武力,更是严重破坏了国际不结盟运动所订立的国际关系规则,造成中亚地区安全形势严重动荡,导致全球战略平衡遭到严重破坏。为此,北约强调,"根据苏联入侵阿富汗造成的局势,回顾了今年初为强化成员国安全而采取的措施所取得的进展……支持进一步加强北大西洋南翼和葡萄牙的防御态势,这是一个持续不断的进程……"①。

另外,苏联入侵阿富汗导致大量难民流向南亚和西亚地区,难民流散导致上述地区和国家社会资源极度紧张,带来严重的社会治安问题,难民与当地居民矛盾加剧,国家安全形势紧张化。为此,北大西洋理事会决定,北约及其成员国应该采取积极行动,制定应对区域安全形势日趋紧张的对策,解决难民问题所引发的各种人道主义灾难,改变中亚、西欧以及南亚地区出现的政治乱局,推动南亚、中亚以及西亚政治、经济与社会生活正常化。"在苏联军事力量与进攻潜力持续大幅增长的背景下,在苏联的全球投射能力不断增强的背景下,各成员国部长们审核了北约的防御政策,部长们考虑到这种情况对欧洲、大西洋以及其他地区的影响,特别是西南亚地区。"②

由此可见,北约为了应对苏联入侵阿富汗,将该事件上升到国际战略层面考虑,不仅着力于推动美、英等成员国发挥主导作用,而且注重北约在国际层面发挥鼓动、宣传、大造声势的作用,最终达到在政治、经济、文化、安全、外交等各个层面对苏联全面施压的目的,最大限度封闭苏联

---

① "Final Communiqué," 9 Dec. 1980 – 10 Dec. 1980, https://www.nato.int/cps/en/natohq/official_texts_23037.htm?selectedLocale=en.
② "Final Communiqué," 9 Dec. 1980 – 10 Dec. 1980, https://www.nato.int/cps/en/natohq/official_texts_23037.htm?selectedLocale=en.

侵阿战争后的后续治理通道,最终使苏联在阿富汗战争中丢盔卸甲,无功而返。

第五节 北约在新冷战环境中调整其政治与安全职能

一 北约与欧安会以及"赫尔辛基精神"

1960年代到1970年代,随着国际安全环境由厉转缓,东西双方不再固守某些旧的政治与安全模式,而是在东西方关系中尝试一些新思路、新办法以及新理论,摆脱东西双方从对话到竞争、从谈判到对抗这一恶性冷战循环。尽管这一时期仍不乏像"古巴导弹危机"、苏联入侵阿富汗等恶性事件,但东西方关系趋于缓和的大趋势并未改变。因为不论是美苏两国还是东西双方都很清楚,竞争和对抗只能带来毁灭,无法带来真正的和平与稳定。"1970年,签署《莫斯科条约》与《华沙条约》,距离边境现状趋于稳定这一目标还有很长的路要走。两年前,《核不扩散条约》稳定了欧洲的核现状,但也将世界分化为一小撮拥核国家与一大群非核国家。"①

随着东西方关系趋向缓和,北约不断调整其在欧洲安全事务中的立场与政策,持续调整其政治与安全战略。与此同时,苏联与东欧各国不甘心失去对欧洲安全事务的话语权,成为世界和平与缓和趋势的阻碍和羁绊。"在苏联,'缓和'并未被认为是冷战的终结,而被视为一条无法退回去的界限。苏联领导人认为,他们最终在关键性战略维度上得以与美国比肩而行,并且强迫美国人承认苏联的合法安全利益。"② 为此,苏联提议召

---

① Andreas Wenger and Daniel Möchli, "The Conference on Security and Cooperation in Europe as a Regional Model," Vojtech Mastny and Zhu Liqun, eds., *The Legacy of the Cold War: Perspectives on Security, Cooperation, and Conflict*, p. 199.
② Vladimir O. Pechatnov, "Soviet-American Relations through the Cold War," Richard H. Immerman and Petra Godde, eds., *The Oxford Handbook of the Cold War*, p. 112.

开欧洲安全与合作会议（Conference on Security and Cooperation in Europe, CSCE）①，简称"欧安会"，意在建立由苏联主导的欧洲安全秩序，以此迎合国际缓和形势的需要。

1964年12月，第19届联合国大会召开。波兰外长亚当·拉帕基（Adam Rapacki）提出关于欧洲安全问题的设想——"拉帕基计划"（Rapacki Plan），呼吁所有欧洲国家都参与欧洲安全问题讨论，明确提出在中欧地区实现无核化目标。此后，华约成员国接二连三地在国际社会提出旨在推动欧洲安全对话的倡议。1966年4月，华约在罗马尼亚首都布加勒斯特召开会议，发表《关于加强欧洲和平与安全的宣言》，提出强化欧洲安全的七项倡议。② 1968年6月，北大西洋理事会在雷克雅未克召开会议，发表《雷克雅未克声明》（Reykjavik Declaration）③。该声明提出四项原则，即（1）相互削减武装力量必须在范围内和时间上保持双边平衡；（2）相互削减必须有实质性的步骤以及非常重要的措施，这将有助于以较低成本保持目前的安全状态，而不会冒破坏欧洲稳定局势的风险；（3）相互削减应与欧洲建立普遍信任的目标在整体上保持一致，而且每一方均应如此；（4）为此，任何关于武装力量的新安排，都应该符合各方的重大安全利益，而且都能够得到有效落实。④

1969年3月，华约在匈牙利首都布达佩斯再度召开会议，提议东西双方就未来召开欧洲安全与合作会议的主题展开讨论，即东西方的政治、经济与文化联系，东德与西德的国家主权、领土边界以及双边关系、对柏林问题的处置等。这一呼吁一经提出，马上得到欧洲各国的积极响应，上述议题由此得以成为欧洲各国讨论未来欧洲政治与安全趋向的主题。但是

---

① 1995年1月，欧安会正式更名欧安组织。
② 陈须隆：《区域安全合作之道——欧洲会/欧安组织的经验、模式及其亚太相关性研究》，世界知识出版社，2013，第28～30页。
③ 《雷克雅未克声明》又称《相互与对等武装力量削减计划》，即要求北约与华约建立互信，采取切实步骤，共同实现武装力量削减，以此缓解紧张局势、降低战争风险。
④ "Mutual and Balanced Force Reduction Program," 25 Jun. 1968, https：//www.nato.int/cps/en/natohq/official_ texts_ 26739.htm? selectedLocale = en.

华约同时也强调，欧洲安全与合作会议应该由欧洲国家主导，反对非欧洲国家参与。

1969年4月，北大西洋理事会召开会议，对苏联提及的欧洲安全与合作会议倡议展开讨论。会议最终做出决议，北约及其成员国应该响应华约的倡议，以免陷入被动，但同时也要抵制华约的不合理要求。北约明确提出，"北约各成员国政府将通过适当的双边或者多边渠道，加强彼此之间的联系、讨论以及谈判，各国政府相信，所获得的每一个进展，均为选定了最适合的主题"①。因为华约一再强调，欧洲安全与合作会议应该仅限于欧洲国家，反对美国和加拿大参会。在北约看来，华约的倡议是一个圈套，目的是通过排斥美国和加拿大参会，在北约内部制造间隙与矛盾，最终弱化北约，使未来欧洲安全局势朝有利于华约的方向发展。北约与华约几经争论，最后达成一致。1970年6月，华约成员国外长会议正式同意美国与加拿大参加欧安会。1971年8月，美、英、法、苏四国就柏林问题达成一致，签署《关于柏林问题的四方协定》，又称《西柏林协定》。该协定正式就困扰东西双方多时的柏林问题达成一致，东西双方围绕欧安会的重大分歧得到圆满解决。

1972年5月，北大西洋理事会在波恩召开会议。与会国同意召开欧洲安全与合作会议，但北约内部必须在各国利益诉求上达成一致，保持共同立场。"北约的防御必须针对一切形式的侵略提出有效威慑，以此确保采取坚定的防御姿态，就实现真正和持久的缓和展开谈判……北约再次重申《雷克雅未克声明》，即北约的全面军事能力不应该降低，除非此举在范围和时间上能够成为相互与对等武装力量削减的一部分。"② 与会国一致同意，就东西方相互与对等武装力量削减谈判召开多边预备会议，商讨对策。11月22日，北约与华约各成员国在芬兰首都赫尔辛基召开会议，商定以欧洲实现全面安全、经济合作以及各国文化交流等三项内容作为欧

---

① "Declaration of North Atlantic Council," 4 Dec. 1969, https://www.nato.int/cps/en/natohq/official_texts_26760.htm?selectedLocale=en.
② "Final Communiqué," 24 May. 1972, https://www.nato.int/cps/en/natohq/official_texts_26845.htm?selectedLocale=en.

第四章　北约政治与安全实践　North Atlantic Treaty Organization

安会的主要议程，同时还确定了未来欧安会的支出、费用分摊、会议程序、会议进程等具体事项，为北约与华约展开全面安全对话做好铺垫。客观而言，这次预备性会议为欧安会基本话语、方向以及进程等奠定了基础，"（多边预备）会议的基本面貌——民主的以及非集团特征——由此被确定下来"①。

1973年7月，欧洲安全与合作会议第一阶段会议在赫尔辛基正式召开，欧洲、美国、加拿大共35个国家外长参会。苏联提出，北约及其成员国应承认欧洲政治与安全现状，包括各国领土、边界以及政治现状，在尊重各国主权、不干涉内政、不使用武力的前提下，确立欧洲安全基础。北约提出，无法不带任何条件承认欧洲边界现状，欧洲边界虽不能以武力或武力威胁改变，但有可能以和平方式改变。不仅如此，东西双方还应在人员、信息、文化、思想等领域展开广泛交流。可见，北约与华约在第一阶段会议中各自亮出底牌，竭力压制对方，使对方能够按照自身意愿塑造欧洲安全秩序，这就注定双方很难完全达成一致意见。

1973年9月，欧安会第二阶段会议在日内瓦召开。这一阶段会议历时近两年，举行大小会议2000多次，直到1975年7月才结束。北约与华约各国代表反复争论，最终就欧洲国家边境不可侵犯、东西双方的安全信任、人员与思想交流等达成一致。在边界问题上，欧安会既坚持欧洲领土"不可变更"，亦强调以"自决与和平方式"解决纠纷，强调欧洲边界原则具有灵活性。"一个比较有说服力的解释是，苏联当时已经接受西方所提出的边境和平变动的可能性。西方认为，这是苏联的一个重大让步，因此立即抓住了这一点。"② 在东西方安全信任问题上，欧安会确定北约与华约应就各自军演、部队调动互通信息，提前通报相关情报与信息，互派观察员参观等。凡在距离边境250公里范围内、人员超过25000人的军演

---

① Ljubivoje Aćimović, *Problems of Security and Cooperation in Europe*, p.117；陈须隆：《区域安全合作之道——欧洲会/欧安组织的经验、模式及其亚太相关性研究》，第45页。

② Ljubivoje Aćimović, *Problems of Security and Cooperation in Europe*, p.128；陈须隆：《区域安全合作之道——欧洲会/欧安组织的经验、模式及其亚太相关性研究》，第53页。

与部队调动,均须在行动前 21 天内通知对方,同时邀请对方军事观察员观摩。① 在人员交流问题上,欧安会强调西方新闻从业者可在尊重所在国家法律与习俗的前提下,在苏联与东欧各国自由采访,允许家庭成员团聚与人员自由往来。

1975 年 7 月 30 日,欧安会第三阶段会议在赫尔辛基召开。根据第一、第二阶段会议所达成的原则性框架,35 国政府首脑共同签署《欧洲安全与合作会议最后文件》(Final Act of Organization for Security and Cooperation in Europe),又称《赫尔辛基最后文件》(Helsinki Final Act)。"1975 年签署的《赫尔辛基协定》(Helsinki Accords)是欧安会 3 年谈判的一个高潮,该文件包含了东西双方在欧洲交往的一些原则。"② 该文件包括两方面内容,第一,各国尊重国家主权平等、不使用武力、民族自决等准则,加强团结协作,承担国际义务,尊重基本人权和自由。各国尊重欧洲现有边境与领土不可侵犯的原则,允许在国际法准则下以和平方式变更边界。北约与华约重大军事演习与军队调动必须提前互相通报,互派观察员。各国采取切实措施,减少军事对抗,促进东西方缓和。

第二,各国本着平等互利原则,积极推动东西双方的经济合作,全面扩大双方合作领域,将双方合作扩展至环境、交通、旅游等多个领域。通过东西双方多方面合作,推动欧洲政治缓和。同时,各国还将扩大东西双方人道主义交流的范围,推动双方在人员、信息、文化与教育等领域交流的深度,展开多层次、多方向更自由的交流与合作。各国将通过官方与私人、集体与个人等多种渠道,共同推进双方的自由交流,通过各种形式、多种内容的交流,深化东西方合作。"考虑到人与人之间的团结,以及参与国为了实现欧洲安全与合作会议确立目标这一共同趋向,双方应该在所

---

① 军事科学院世界军事研究部:《中国军事百科全书》(第 2 版)《国际军事安全》(学科分册Ⅲ),中国大百科全书出版社,2008,第 948~949 页。
② Sara B. Snyder, "Through the Looking Glass, the Helsinki Act and the 1976 Election for President," Steven Casey, ed., *The Cold War, Critical Concepts in Military, Strategic and Security Studies*, Volume Ⅳ, *From Detente to the End of the Cold War*, p.161.

第四章 北约政治与安全实践

有领域建立并发展更好、更密切的关系,克服双方由于旧关系而产生的冲突,更好地实现相互理解。"①

作为东西方关系趋向缓和的政治产物,《赫尔辛基最后文件》带有强烈的时代印记,反映了1960~1970年代东西双方、美苏两国的政治与军事生态,其中既充斥着竞争与妥协,也夹杂着对抗与缓和。"《赫尔辛基协定》签署后,东方集团各成员国同意对人权施以更多的政治宽容与尊重。在此后几年中,《赫尔辛基协定》积极支持东欧建立越来越多的人权组织,例如捷克斯洛伐克的'七七宪章组织'。此举的目的是使生活在德意志民主共和国的人们更有勇气,能够参照《赫尔辛基协定》申请移民。"② 虽然《赫尔辛基最后文件》有助于缓和国际紧张局势,有助于降低美苏冷战烈度,但欧安会以及《赫尔辛基最后文件》,基本上聚焦于东西方关系中的一些边缘问题,并未触及核心问题,这就注定《赫尔辛基最后文件》无法解决横亘在东西双方之间的最基本矛盾。

《赫尔辛基最后文件》并不意味着欧安会的终结,因为按照文件要求,欧安会有责任和义务定期召开续会,不断检查和审议文件的执行情况,研究更有效的方案。在第三阶段会议结束后不久,欧安会又召开了3次续会,商讨欧洲安全与裁军问题。事实上,从欧安会第一次会议召开起,北约与华约各自的成员国就一直矛盾重重,双方都竭力试图扩大自身的安全利益,限制并缩小对方的安全诉求。为此,双方不断以提出新的话题、程序以及规则等方式杯葛和影响对方。正是由于与会双方这种极度自我的态度,欧安会对各项议题的讨论不得不一拖再拖,许多重大问题议而不决。实际上,北约从一开始就不看好欧安会。"不论欧安会扩大的制度

---

① "Conference on Security and Cooperation in Europe Final Act," https://www.osce.org/helsinki – final – act? download = true

② Daniel C. Thgomas, *The Helsinki Effect: International Norms, Human Rights, and the Demise of Communism*, Princeton N. J.: Princeton University Press, 2001. 转引自 Bernd Stöver, "Eastern Europe," Richard H. Immerman and Petra Godde, eds., *The Oxford Handbook of the Cold War*, p. 177。

北大西洋公约组织

会发生何种变化,迄今为止,欧安会一直被视为一个接近和平条约的系统,也被视为欧洲与北美之间一次非常偏袒、不完美甚至最小限度的合作。"① 甚至有许多成员国认定,"东西方关系明显进入一个新时代,随着大多数北约成员国意想不到的经济发展,此举会不可避免地导致北约凝聚力下降,但是北约仍在持续发展"②。

1977年10月,欧安会第一次续会在贝尔格莱德召开。会议历时130多天,共计召开200多次会议,直到1978年3月才结束。续会议程非常明确,就是检查《赫尔辛基最后文件》的执行情况。和此前会议一样,东西双方在此次欧安会续会上展开激烈争论。北约成员国以苏联"萨哈罗夫事件"(Persecution of Andrej Sacharow)、捷克斯洛伐克《七七宪章》(Charta 77)等为借口,大肆批评华约成员国存在"人权问题",要求其改善国内公民权。"西欧各国开始竭力推动将人权与人身接触规定纳入欧安会议题……西欧各国政府鼓励将尊重人权以及人的基本自由作为指导欧洲各国关系的基本准则。"③ 而华约成员国除为自身做辩解外,还指责北约干涉其内政,提出推动全欧洲合作计划,实现包括军事与政治缓和、经济与文化暨技术合作在内的欧洲全面缓和。由于东西双方在上述问题上立场相去甚远,首次欧安会续会并未达成任何有意义的重大协议。

1979年12月,苏联入侵阿富汗,打破了欧安会与《赫尔辛基最后文件》在东西双方之间形成的政治与安全默契。"受国家安全顾问兹比格纽·布热津斯基的影响,美国总统吉米·卡特将苏联的行为描绘为自二战后对和平的最大威胁,这引起人们对苏联进攻印度洋甚至波斯湾的恐惧,而该地区拥有全球三分之二以上可开发的石油资源,可供给世界

---

① Werner J. Feld and John K. Wildgen, *NATO and the Atlantic Defense: Perceptions and Illusions*, p. 68.
② David Miller, *The Cold War: A Military History*, pp. 28–29.
③ Barbara Keys and Roland Burke, "Human Rights," Richard H. Immerman and Petra Godde, eds., *The Oxford Handbook of the Cold War*, p. 494.

第四章 北约政治与安全实践

其他地区。"① 为此,北大西洋理事会多次召开会议,决定将苏联入侵阿富汗、华约成员国人权问题作为续会讨论重点,将其作为检查欧安会决议执行状况的一项重要内容。在此基础上,再讨论人员交流、经济合作以及欧洲政治缓和等事项。与之相对应,华约也对即将召开的第二次续会做出回应,其基本立场是尽可能淡化"阿富汗事件"的不利影响,建立东西方安全信任机制,争取双方实现更广泛的合作。

1980年11月,欧安会续会第二次会议在马德里召开。第二次续会除对《赫尔辛基最后文件》的执行状况展开审议和检查外,还就人权问题、苏联入侵阿富汗问题、裁军问题等展开讨论。但是由于北约与华约在许多重大问题上南辕北辙,无法按照正常的会议安排推进续会议程。续会计划在1981年3月结束,但由于北约与华约在许多问题上互不妥协,导致会议一再延期。一直到1983年6月,苏联表示,有保留接受中立国与不结盟国家提出的结论性预案,欧安会第二次续会遂正式结束。此次续会的最大成果就是,北约与华约达成新的安全信任协议,双方大幅度降低军事预报标准,双方军事演习的地域范围也由过去距边境250公里,扩大到整个欧洲,军事演习的人数由25000人调整为13000人。②

1986年11月,第三次欧安会续会在维也纳召开。和第一、第二次续会一样,此次续会虽然讨论了东西方安全互信机制、苏联入侵阿富汗等问题,但双方互不相让、拒绝妥协,会议最终以失败告终。至此,北约与华约围绕欧安会及其续会的正面斗争告一段落。"欧安会对安全采取了一种综合方法,这一安全概念包括了政治、军事、经济、环境以及人类自身等方面。因此,它关注的安全极为宽泛,包括武器控制、构建信任与安全措施、人权、少数民族、民主化进程、警务战略、反恐、经济活动以及环境

---

① State of the Union Assress, 23 Jan. 1980, Public Papers of the Predidents: Jimmy Carter: 1980 – 1981, Washington, D. C.: Government Printing Office, 1981, p. 197. 转引自 Geoffrey Warner, "The Geopolitics and the Cold War," Steven Casey, ed., *The Cold War, Critical Concepts in Military, Strategic and Security Studies*, Volume IV, *From Détente to the End of the Cold War*, p. 78.

② 军事科学院世界军事研究部:《中国军事百科全书》(第2版)《国际军事安全》(学科分册Ⅲ),第949~951页。

活动。"①

总体而言，尽管欧安会及其续会以及《赫尔辛基最后文件》声势浩大，名噪一时，欧安会自我定位极高，但是，事实与欧安会的构想差距极大，欧安会始终未能在东西方关系的缓和进程中发挥扭转乾坤的作用，美苏冷战依旧，北约与华约对峙依旧。"《赫尔辛基最后文件》并没有什么规定，可以用于打破东西方之间的严重障碍，裁军问题、武器控制问题、柏林问题、领土安置问题以及意识形态排斥问题，或者已经在其他论坛上得到解决，或者仍未得到解决。"② 就此而言，欧安会及其续会不过是为北约与华约展示各自政治与安全政策提供了一个舞台，《赫尔辛基最后文件》亦只是冷战时期北约与华约达成的若干政治协议与安全默契中的一部分，并无特殊之处。

二 北约与美、苏两国限制战略武器谈判

1960~1970年代，东西方关系趋于缓和，表现为北约与华约共同推进欧安会建设，美苏双方展开限制战略武器谈判，北约与华约展开相互对等削减武装力量谈判等。这些对象不同、内容各异、目标有别的安全实践，在区域板块、组织机制以及跨国家等层面推动了东西方关系走向缓和，形成这一时期国际关系体系中特有的安全现象，即缓和与对抗相伴，竞争与合作共存。

自冷战开启后，美苏双方就一直不遗余力地发展核武器。两国在1960年代均已拥有庞大的核武库，在数量和质量上远远超出自我防御的界限，客观上对国际安全构成重大威胁，无论哪一方使用核武器，都会造成一场世界灾难。为此，美苏双方从1960年代开始启动限制战略武器谈判。鉴于北约核武器基本上由美国提供，美国限制战略武器的政策必然会影响北约。虽然某些欧洲盟国对美国限制战略武器政策一直持怀疑态度，

---

① "What is the OSCE," https://www.osce.org/whatistheosce.
② K. J. Holsti, "Bargaining Rheory and Diplomatic Reality," Michael E. Smith, ed., *European Security*, *Critical Concepts in Military*, *Strategic and Security Studies*, London and New York: Routledge, 2016, p. 272.

但北约在整体上支持美国削减战略武器的方针，鼓励美苏双方限制战略武器谈判。

鉴于"古巴导弹危机"带给世界巨大的战争风险，这种危险绝不仅限于美苏两国，同样也对北约与华约各自的成员国产生了巨大触动。"在美苏与其盟国的关系中，双方都为其允许发生的事件付出代价。美苏的盟国都对卷入一场并非始于自身的战争而感到震惊，因为两个超级大国之间的冲突并非它们所能控制的。"① 因此，美苏双方开启限制战略武器谈判之初，就得到了各自盟国的积极支持，这是美苏双方能够持续展开谈判、不断扩大谈判主题的一个重要基础。对北约来说，欧洲盟国积极主动参与其中，使北约得以在美苏限制战略武器谈判中发挥重要作用。

1963年8月5日，美、苏、英三国在莫斯科召开会议，三国正式签订《禁止在大气层、外层空间和水下进行核武器试验的条约》（Treaty Banning Nuclear Weapon Tests in the Atmosphere, in Outer Space and Under Sea），又称《部分禁止核试验条约》（Partial Test Ban Treaty，PTBT）。该条约规定，所有缔约国均不得在条约禁止的空间进行核试验，同时也不鼓励此类试验。即"每一个签约国都要承诺，在其拥有正当权益以及控制地区禁止、阻止、不承担任何核武器试验，或者任何其他形式的核爆炸……每一个签约国都要进一步采取措施，在环境所允许的任何地区，或者拥有影响力的任何地区，避免以任何形式参加或者展开任何核武器试验，或者任何其他形式的核爆炸……"② 很明显，美、苏、英三国订约的目标是实现三国核垄断，条约从10月10日起正式生效，虽然后来又有多国陆续加入，但并未实现限制核武器扩散的目标，美、苏、英三

---

① Vojtech Mastny, "The Legacy of the Cold War for International Security, a Historical Overview," Vojtech Mastny and Zhu Liqun, eds., *The Legacy of the Cold War: Perspectives on Security, Cooperation, and Conflict*, p. 3.
② "Treaty Banning Nuclear Weapon Tests in the Atmosphere, in Outer Space and Under Sea," 5 Aug. 1963, https://assets.publishing.service.gov.uk/government/uploads/system/uploads/attachment_data/file/269965/Treaty_Banning_NW_tests.pdf.

国实际上无法维持核垄断地位。但《部分禁止核试验条约》作为限制战略武器的最初尝试，为美苏双方持续推进战略武器限制谈判奠定了基础。

1968年6月12日，联合国大会通过《防止核武器扩散条约》（Treaty on the Non-Proliferation of Nuclear Weapons, NPT），亦称《核不扩散条约》。该条约从翌年3月5日起正式生效，有效期25年。7月1日，该条约在华盛顿、莫斯科、伦敦分别签字。该条约明确规定，禁止有核国家将核技术与核材料转让给其他国家，无核国家不得拥有核武器，必须接受国际原子能机构（International Atomic Energy Agency, IAEA）的核查，对核能的和平利用也要接受国际监督；有核国家不得进行核试验，同时应该开启核裁军谈判。"核武器扩散会增加核战争的风险，要按照联合国大会所做的决议，就防止在更大范围内传播核武器达成协议；推动合作利用关于国际原子能机构就和平利用核能提供保护的应用程序；在国际原子能机构保障体系的框架内，支持、研究并且付出其他努力，应用有效保护原则，即通过使用某些战略要点上的设备以及技术，保护源头上的和特殊的核裂变材料。"[1]

美苏两国所启动的禁止核扩散运动，在世界范围内获得巨大反响，北约对此一直报以支持态度，北约防务计划委员会与核防御事务委员会先后发表声明，支持美国与苏联减缓战略核武器竞赛的速度，降低世界范围内核武器对抗的烈度。"各成员国部长们重申，希望能在与苏联关于限制核武器竞赛的讨论中取得进展，欢迎美国政府与盟国就这些领域所取得的新进展展开全面协商。"[2] 与此同时，北约还强调将继续研制反弹道导弹，以便对华约核力量实施有效战略威慑和积极防御。北约的态度非常明确，北大西洋区域安全的基础在于防御与缓和并重，威慑与对话同行。"防务计划委员会支持核防御事务委员会中各成员国部长们提出的建议，

---

[1] "Treaty on the Non-Proliferation of Nuclear Weapons（NPT），" https：//www.un.org/disarmament/wmd/nuclear/npt/text.

[2] "Final Communiqué," 29 Sep. 1967, https：//www.nato.int/cps/en/natohq/official_texts_26694.htm? selectedLocale = en.

第四章 北约政治与安全实践　North Atlantic Treaty Organization

他们稍早就已展开会晤,防务计划委员会同意核防御事务委员会在1968年4月18~19日海牙会议上提出的观点,即当前形势无法证明在欧洲部署反弹道导弹系统是合理的,但是应持续审查这一领域所取得的进展。"①

1969年11月17日,美苏双方在赫尔辛基召开会议,正式开启"第一阶段限制战略武器谈判"(Strategic Arms Limitation Talk Ⅰ,SALT Ⅰ)。苏联认为,反弹道导弹系统属于进攻性武器,会刺激军备竞赛,主张对战略武器展开核查,限制陆基和海基战略导弹数量、弹道导弹发射装置以及雷达系统。而美国则认为,苏联SS-9导弹对美国"民兵"导弹构成威胁,应该加以限制等。就理论而言,"限制战略武器谈判背后的逻辑是,美苏双方都相信,对防御力量实施限制有可能会推动对进攻性力量实施限制"②。但是在实践中,美苏双方由于受冷战政治的影响,长期相互敌视与对立,都试图最大限度削弱对方,不仅限制进攻性武器或者防御性武器,而且还包括削弱对方的国际影响力、对欧洲的战略话语权、核领域的科技发展潜力以及综合国力等。

1969年12月4~5日,北大西洋理事会在布鲁塞尔召开会议,表明其对武器控制与裁军的明确态度。"各成员国部长们对限制战略武器谈判的开启表示欢迎……重申实施真正的裁军措施非常重要,不仅符合所有国家的安全需要,而且能为实施充分的国际控制提供保障,缓和欧洲以及世界紧张局势,巩固和平。"③ 北约还坚持此前雷克雅未克会议上提出的相互对等削减武装力量原则,坚持在相互与对等武装力量削减协议下对北约与华约的武装力量同时实施大规模削减,实行严格的核查和控制。很明显,这是通向包括终结武器竞赛、全面实现核裁军等在内的裁军道路上的

---

① "Final Communiqué," 10 May. 1968, https://www.nato.int/cps/en/natohq/official_texts_26730.htm?selectedLocale=en.

② Fred S. Hoffman, "Imperfect Strategies, Near-Perfect Defenses, and the SDI," Fred S. Hoffman, Albert Wohlstetter, David S. Yost, eds., *Swords and Shields, NATO, the USSR, and New Choices for Long-Range Offense and Defense*, p. 197.

③ "Final Communiqué," 4 Dec. 1969, https://www.nato.int/cps/en/natohq/official_texts_26761.htm?selectedLocale=en.

北大西洋公约组织

一个具体步骤。在布鲁塞尔会议发表的《北大西洋理事会宣言》(Declaration of the North Atlantic Council) 中，北约进一步强调，"应该进一步研究在相互对等削减武力的基础上能够遵照执行的措施，这些措施可能包括提前通知军事行动和演习，交换军事演习观察员，建立观察哨所，进一步发展对检查技术和方法的考核"①。很明显，北约确立的相互对等削减原则，明显有利于数量较少、质量较强的北约，不利于具有数量优势的华约，当然不会得到苏联与华约的认同。

1970年5月26日，北大西洋理事会在罗马召开会议，就北约统一防御计划展开讨论。正是在此次会议上，北约发表《相互与对等削减武装力量宣言》(Declaration on Mutual and Balanced Force Reductions)。该宣言集中反映了北约对美苏双方限制战略武器谈判的态度，表明了北约的基本立场：(1) 相互削减武装力量应该与北约的重大安全利益相互协调，不应针对任何一方的军事劣势，由此应考虑地理与其他因素造成的差异；(2) 武器削减应该以互惠为基础，在范围和时间上分不同阶段推进、保持平衡；(3) 武器削减应该包括在相关地区的驻军以及当地武装力量及其武器系统；(4) 必须实施足够的核查与控制，确保美苏双方遵守相互与对等武装力量削减协议。② 很明显，北约上述宣言为美苏双方相关谈判划出红线，敦促美国在谈判中关注北约以及欧洲盟国的安全利益以及区域诉求。

在"第一阶段限制战略武器谈判"中，美苏双方经历3个回合和7轮会谈，总计举行120次会议，最终取得阶段性成果。1971年2月11日，美苏双方签署《美苏关于减少爆发核战争危险的措施的协议》(Agreements on Measures to Reduce the Risk of Outbreak of Nuclear War Between the United States of America and the Union of Soviet Socialist Republics)，该协议在很大程度上表达了双方减少核对抗的共同意愿。9月30日，美苏双方签署

---

① "Declaration of the North Atlantic Council," 4 Dec. 1969 – 5 Dec. 1969, https：//www. nato. int/cps/en/natohq/official_ texts_ 26760. htm? selectedLocale = en.
② "Declaration on Mutual and Balanced Force Reductions," 26 May. 1970 – 27 May. 1970, https：//www. nato. int/cps/en/natohq/official_ texts_ 26788. htm? selectedLocale = en.

第四章　北约政治与安全实践　North Atlantic Treaty Organization

《禁止在海床洋底及其底土安置核武器及其他大规模毁灭性武器条约》(Treaty on the Prohibition of the Emplacement of Nuclear Weapons and Other Weapons of Mass Destruction on the Sea-Bed and the Ocean Floor and in the Subsoil Thereof, 简称 Seabed Treaty 或者 Seabed Arms Control Treaty)。该协议充分表明,美苏裁军谈判并不止于空洞的宣传,实际上已就具体的地域、范围以及领域制定核军备规则。"从这个阶段开始,苏联对美国的竖井导弹实力无法构成实质性威胁。相反……美国要比竖井导弹(规模)小得多的苏联拥有更多实质性实力。"[1]

1972 年 5 月 22 ~ 30 日,美国总统尼克松和勃列日涅夫就限制战略武器展开谈判,签署《关于限制反弹道导弹防御系统条约》(Treaty between the United States of America and the Union of Soviet Socialist Republics on the Limitation of Anti-Balistic Missile Systems)、《关于限制进攻性战略武器某些措施的临时协定》(Interim Agreement between The United States of America and The Union of Soviet Socialist Republics on Certain Measures with Respect to The Limitation of Strategic Offensive Arms)。按照美苏双方达成的上述协议,在华盛顿与莫斯科 150 公里内,双方反弹道导弹不得超过 100 枚,雷达系统不得超过 6 部;在洲际弹道基地 150 公里内,双方反弹道导弹不得超过 100 枚,大型雷达系统不得超过 2 部,小型雷达系统不得超过 18 部。另外,双方陆基弹道导弹发射装置数量冻结在 1972 年 7 月 1 日的水平上,即美国可拥有 1054 部,苏联可拥有 1618 部;美国可将海基弹道导弹从 650 枚增至 710 枚,苏联可将海基弹道导弹从 740 枚增至 950 枚。[2]

对美苏双方"第一阶段限制战略武器谈判"所取得的进展,北约的态度相当矛盾。一方面,北约对美苏双方限制战略武器,减缓军备竞

---

[1] Fred S. Hoffman, "Imperfect Strategies, Near-Perfect Defenses, and the SDI," Fred S. Hoffman, Albert Wohlstetter, David S. Yost, eds., *Swords and Shields, NATO, the USSR, and New Choices for Long-Range Offense and Defense*, p. 198.
[2] 《中国军事百科全书:美苏限制进攻性战略武器条约》(第 8 卷),军事科学出版社,1997,第 819 页。

赛,缓和欧洲军事对峙表示欢迎,因为裁军谈判推动了美苏关系趋向缓和,进而推动双方展开经济合作。"1972 年 5 月签署限制战略武器条约后,两国领导人表示还准备按照'缓和'精神探讨订立贸易合同。10 月 18 日,两国签署历史性贸易条约,该条约赋予苏联最惠国待遇(Most-Favoured-Nations,MNF),承诺使美苏双边贸易额达到 25 亿美元。"① 对北约来说,苏联降低进攻性战略武器水平,无论如何都有利于欧洲的稳定,尤其有利于北大西洋区域安全。但在另一方面,北约对美苏双方的限制战略武器谈判亦深感不安:既害怕这是苏联精心布置的圈套,旨在分化北约,削弱北大西洋区域整体防御能力;又害怕美国在美苏谈判中忽视欧洲盟国利益,完全以美国安全诉求为主导。因为美国降低其战略武器水平,显然不利于北大西洋区域防御。

1972 年 5 月 30 日,北大西洋理事会在波恩召开会议,所讨论的议题包括当前美国与苏联限制战略武器谈判、德国与柏林问题、东西方关系等。针对美国与苏联限制战略武器谈判,北大西洋理事会特别强调,北约各成员国必须团结一致,东西方所有国家政府和领导人应加强彼此联系,增加相互对话渠道。"各成员国部长们欢迎美苏签署《关于限制反弹道导弹防御系统条约》,以及《关于限制进攻性战略武器某些措施的临时协定》,他们相信,这两项限制美苏战略武器的协议有助于战略稳定、增强国际信心、降低核战争风险。部长们欢迎美苏两国继续限制战略武器谈判,希望这两项协议能够为武器控制领域开启一个新的、充满希望的时代。"②

11 月 21 日,美苏双方在日内瓦召开会议,开启"第二阶段限制战略武器谈判"(Strategic Arms Limitation Talks Ⅱ,SALT Ⅱ)。美苏双方开始

---

① John Gittings, ed., *Survey of the Sino-Soviet Dispute*: *A Commentary and Excerpts from the Recent Polemics*, 1963 – 1967, New York: Oxford University Press, 1968, p. 112. 转引自 Ian Jackson, "Economics and the Cold War," Richard H. Immerman and Petra Godde, eds., *The Oxford Handbook of the Cold War*, pp. 58 – 59.

② "Final Communiqué," 29 May. 1972 – 30 May. 1972, https://www.nato.int/cps/en/natohq/official_texts_26844.htm? selectedLocale = en.

第四章　北约政治与安全实践

"第二阶段限制战略武器谈判"的目标非常明确,就是要寻求在更大范围、更长时段内针对限制战略武器问题,订立一项永久性协议。美苏双方讨论了应纳入削减或限制之列的武器类型、对新型弹道导弹体系的限制、对导弹技术的质量限制等问题,以及苏联与美国部署于各自前沿防御区域的导弹系统等。此举虽未产生直接结果,但为美苏双方展开更深程度的谈判奠定了基础。

1973年6月21日,勃列日涅夫访美,进一步就限制战略武器与尼克松举行会谈。美苏双方最终签订《关于进一步限制进攻性战略武器谈判的基本原则》(Basic Principles for the Negotiation of Further Limitation of Strategic Offensive Arms)、《美苏关于防止核战争的协定》(Agreement between the United States of America and the Union of Soviet Socialist Republics on the Prevention of Nuclear War)。这项成果是美苏双方在限制战略武器谈判中的一个阶段性成果,为推动美苏双方在更大范围内、在更深程度上展开战略对话,确定新的国际战略力量平衡创造了条件。

1974年6月27日至7月3日,尼克松再度访苏,与勃列日涅夫举行会晤,商讨进一步限制反弹道导弹系统、限制地下核试验、国际安全、美苏双边关系等问题。双方最终达成一项新协议——《美苏关于限制反弹道导弹系统条约的议定书》(Protocol to the Treaty between the United States of America and the Union of Soviet Socialist Republics on the Limitation of Anti-Ballistic Missile Systems)。1974年7月3日,美苏双方经过反复争论,最终签署《美苏限制地下核武器试验条约》(Treaty between the United States of America and the Union of Soviet Socialist Republics on the Limitation of Underground Nuclear Weapon Tests)。该条约规定,自1976年3月31日起,美苏双方停止当量超过15万吨的地下核试爆。

1974年11月23~24日,美国总统福特(Gerald Rudolph Ford, Jr.)访苏,与勃列日涅夫在海参崴(符拉迪沃斯托克)举行会晤,双方发表《关于进攻性战略武器的联合声明》(Joint Statement between the United States of America and the Union of Soviet Socialist Republics on the Offensive Strategic Arms),订立《海参崴协定》(Vladivostok Accord)。美、苏联合

北大西洋公约组织

声明与《海参崴协定》勾勒出"第二阶段限制战略武器谈判"的基本框架：双方将签订一项限制进攻性战略武器的正式条约，有效期十年。该条约将就美苏双方进攻性战略武器数量、运载工具、核弹头等做出数量限制。美苏双方陆基弹道导弹、潜射弹道导弹、重型轰炸机和射程超过600公里的远距离空地弹道导弹，到1981年底最高限额为2250件；在总限额内，带有分导或多弹头的巡航导弹和轰炸机不得超过1320件；在总限额内，陆地发射、海上发射或者空对地的分导或多弹头弹道导弹数量不超过1200件；在前分项限额内，带有分导或多弹头的陆基弹道导弹数量不超过820件（含重型洲际导弹308件）。①

在"第二阶段限制战略武器谈判"中，面对美苏双方不断推进的限制战略武器谈判，北约虽然无缘直接参与，但是采取了积极对待的态度。即欧洲各国与美国始终保持密切磋商，各成员国领导人与美国领导人展开亲密互动，在信息与情报交换、战略与决策制定等方面不断加强合作。从这个意义上讲，美国在削减战略武器中所做的重大决策，或多或少受到了北约及其成员国的影响。

事实上，北大西洋理事会早在6月19日就发表了《渥太华宣言》（Ottawa Declaration）。该宣言强调，欧洲安全与北美安全是不可分割的，美国的核武器既会用于保卫北美，也会用于保卫欧洲。北约将继续保持战略威慑，以确保威慑战略的可信度。北约各成员国为了实现共同的政治与安全目标，必须保持密切磋商、合作以及互信，这对北约维持必要的防御以及有益的缓和非常必要。"各成员国部长们重申，其政府决心以更大的耐心追求缓和紧张，不仅要在国家之间，还要在人民之间促进理解与合作。他们认为，真正而且持久地增进东西方关系，需要有关方采取建设性方法。与此同时，面对苏联与华约军事力量不断增长，以及国际局势重新紧

---

① 军事科学院世界军事研究部：《中国军事百科全书》（第2版）《国际军事关系》（学科分册Ⅲ），第589~593页。同见 "Treaty Between the United States of America and the Union of Soviet Socialist Republics on the Limitation of Strategic Offensive Arms（SALTⅡ），" https：//2009 - 2017. state. gov/t/isn/5195. htm.

第四章 北约政治与安全实践

张的危险,盟国必须通过北约保持自卫的决心与能力。"①

12月12~13日,北大西洋理事会在布鲁塞尔召开会议,就欧安会、东西方关系、美国与苏联削减战略武器、德国问题、柏林问题、希土关系等展开讨论。北约特别对"第二阶段限制战略武器谈判"所取得的进展表示满意,希望这一进展能够推动美苏谈判最终取得满意结果。北大西洋理事会认为,这一成就正是北约各成员国在限制战略武器谈判中持续保持磋商的结果。"各成员国部长们回顾美苏两国在维也纳就相互与对等武装力量削减举行谈判的情况。这些谈判的总目标是促成更稳定的关系,加强欧洲和平与安全,谈判的成功将推动缓和。部长们决心继续谈判,确保在中欧的武装力量能够保持较低水平,以及各相关方的安全不会受损。他们重申其承诺,即北约和华约在这一地区地面部队削减人数达到共同上限,建立大致上的平衡。他们认为,达成包括美国和苏联地面部队在内的第一阶段削减协议,是向这个方向迈出的重要而且实际的第一步。"②

1977年,美苏两国开始就《全面禁止核试验条约》(Comprehensive Nuclear-Test-Ban Treaty,CNBT)展开谈判。1979年6月18日,美国总统吉米·卡特与勃列日涅夫在维也纳会晤,正式签署《关于限制进攻性战略武器条约Ⅱ》(Strategic Arms Limitation Treaty II Treaty)及其附件。美苏双方确定各自战略武器的最高限额为2250件,分导式多弹头导弹数量最高限额为1320枚。另外,双方还决定限制各自的重型武器装备、包括苏联的"逆火"远程轰炸机、美国的"战斧式"巡航导弹等。③ 至此,1960~1970年代美国与苏联限制战略武器谈判告一段落。"限制战略武器谈判在苏联与美国之间引进了一种核战略平衡,换句话说,限制战略武器谈判使战略核力量中立化。在欧洲,此举放大了东西双方在核战术与常规

---

① "Final Communiqué," 18 Jun. 1974 – 10 Jun. 1974, https://www.nato.int/cps/en/natohq/official_ texts_ 26904. htm? selectedLocale = en.

② "Final Communiqué," 12 Dec. 1974 – 13 Dec. 1974, https://www.nato.int/cps/en/natohq/official_ texts_ 26898. htm? selectedLocale = en.

③ "Treaty between the United States of America and the Union of Soviet Socialist Republics on the Limitation of Strategic Offensive Arms (SALT Ⅱ)," signified at Vienna, 18 Jun. 1979, https://2009 – 2017. state. gov/t/isn/5195. htm.

武器之间差距的重要性……"①

从1982年6月起，美苏双方展开"第三阶段限制战略武器谈判"，即包括战略核武器、中程核武器以及空间武器在内的"一揽子谈判"。该谈判几经辗转，最终于1991年7月签署协议。"由洲际弹道导弹、潜射弹道导弹和重型轰炸机组成的战略运载工具总数削减到每方不超过1600件，其中重型洲际弹道导弹（指苏联的SS-18）不超过154件。战略核弹头总数削减到每方不超过6000个，其中洲际和潜射弹道导弹携带的弹头不超过4900个，重型洲际弹道导弹弹头不超过1540个，机动洲际弹道导弹弹头不超过1100个……"②

很明显，美苏双方挖空心思构建的核战略平衡并不稳定，经不起美苏关系波动、欧洲安全形势变幻、国际安全均势转换等冲击。随着1979年苏联入侵阿富汗，美国与苏联限制战略武器谈判所营造的缓和氛围很快烟消云散，美国与苏联、北约与华约很快展开新一轮政治与军事对抗，东西双方重新回到缓和与对抗轮换与交替的循环中。

三 北约与"美苏零点方案"、《中导条约》

1970年代末1980年代初，东西方关系进入一个相对稳定期。美苏双方围绕限制战略武器谈判取得重大进展，双方不仅就核武器研制、试验以及核技术转让等问题达成协议，而且还就核武器的运载工具、导弹研制、分布以及数量等具体问题达成一致，东西双方初步形成某种战略均衡。同时，在世界范围内又出现了大量热点问题，例如波兰团结工会（Niezale ż ny Samorz ądny Zwi ązek Zawodowy 'Solidarno ść', Solidarno ść）③领导波兰

---

① Helmut Schmidt, "The 1977 Alastair Buchan Memorial Lecture," *Survival*, January/February 1978, pp. 3 – 4. 转引自 David S. Yost, "SALT and European Security," David S. Yost, *NATO's Strategic Options: Arms Control and Defense*, pp. 113 – 114。
② 军事科学院世界军事研究部：《中国军事百科全书》（第2版）《国际军事关系》（学科分册Ⅲ），第597~599页。
③ 1980年8月31日，波兰格但斯克列宁造船厂工人成立团结工会，由莱赫·瓦文萨领导。该组织属于非政府性质的工会组织，其成员包括波兰各种反共人士。该组织主张非暴力抗争，反对波兰共产党领导，得到西方国家支持，成为1980年代波兰发生政治巨变的一个重要因素。

第四章　北约政治与安全实践　North Atlantic Treaty Organization

工人罢工与游行示威、苏联入侵阿富汗、越南入侵柬埔寨、中越战争爆发等。因此，美国与苏联、北约与华约再度进入竞赛与对话并存、对抗与合作兼顾的矛盾状态。

经过 30 多年长期发展，除美苏以外，世界多国在核领域取得巨大进展，核技术、数量以及运载工具都较此前出现质的飞跃，美苏双方更是在战略武器开发和运用上独占鳌头，双方在战略武器配置与规模等方面旗鼓相当，整个欧洲大陆遍布着各种战略武器，形成两个空前密集的战略武器群落。一方是以苏联 SS-20 中程导弹为代表的重型武器，另一方是美国部署在英国、比利时、联邦德国、意大利等国的"潘兴Ⅱ"导弹与陆基巡航导弹，这些战略武器几乎遍布欧洲，射程几可覆盖整个欧洲，破坏力甚至可以将欧洲倾覆数遍。"包括西欧在内，盟国提到的一个事实使人们得出结论，即在欧洲旁观者看来，只要其他导弹系统是战略性的，也应加入这个名单。这可能包括中近程、中程甚至短程导弹系统所锁定的西欧比例宏大的目标，它们也可能注定不会用于这一主要的战役区域。"[①] 美苏双方针锋相对，互相威慑，为北约与华约军事对峙提供了不可或缺的支撑。显而易见，数量众多的战略武器严重毒化了欧洲和平与安全氛围，使欧洲缓和与合作进程步履维艰，使全世界始终处于冲突与危机的边缘。

1979 年 12 月 12 日，北大西洋理事会在布鲁塞尔召开会议，就东西方关系、欧安会、中欧裁军谈判、美苏限制战略武器谈判等议题展开讨论。北大西洋理事会通过"双轨制决议"（Dual-Track Decision），即按照两条思路推进北约政治与军事实践。一方面，北约将积极支持东西双方缓和方针，支持联合国倡导的裁军方针，支持北约与华约为建立"互信"而展开对话与谈判，支持在中欧推进相互与对等武装力量削减谈判，支持北约与华约大规模削减部署在欧洲的进攻性战略武器数量。另一方面，北约继续推行缓和与对抗并重的安全方针，在削减常规武装力量与战略武器

---

① Francois Heibourg, "Defense against the Ballistic Missile Threat to Western Europe: From SDI to Extended Air Defense," Fred S. Hoffman, Albert Wohlstetter, David S. Yost, eds., *Swords and Shields, NATO, the USSR, and New Choices for Long-Range Offense and Defense*, p. 235.

数量的同时，北约还将加强对现有常规与非常规武装力量的控制。北约不会向苏联的安全威胁或"挑衅"做出单方面妥协，北约将致力于保持欧洲武装力量与武器装备相对平衡的状态。很明显，北约"双轨制决议"的实质在于，同时推进政治—军事缓和与安全—战略竞争，在维护北约现有利益的前提下，最大限度推进欧洲安全与稳定。"各国部长们非常重视军备控制，认为军备控制有助于东西双方建立更稳定的军事关系，亦有助于推进缓和进程……部长们认为，军备控制是北约确保各成员国安全不会受损而付出的努力的一部分，也是东西方在双方较低军备水平基础之上建立更加稳定、更可预见、更易管理的战略形势的一部分，他们欢迎《关于限制进攻性战略武器条约Ⅱ》在实现其目标中所做出的贡献。"①

1981年7月，联邦德国社会民主党领导人、前总理维利·勃兰特（Willy Brandt）访问苏联。勃兰特正式向苏联领导人安德罗波夫（Yuri Andropov）提出旨在消除欧洲中程导弹威胁的设想——"零点方案"（Zero Option Proposal 或 Zero-Zero Proposal），但遭到安德罗波夫拒绝。然而，"零点方案"却得到联邦德国总理施密特（Helmut Schmidt）积极支持，由此成为联邦德国应对欧洲中程导弹部署的一种政治立场，同时亦为北约制定应对欧洲中程导弹部署的政策提供了重要参考。经过北约协调，"零点方案"最终被美国总统里根（Ronald Reagan）接受，成为美国围绕欧洲中程导弹部署问题与苏联展开角逐的一种政治立场。

1981年11月18日，美苏双方在日内瓦召开会议，开启旨在限制欧洲中程弹道导弹的谈判。里根向苏联提出"零点方案"，以此作为美国的正式提案，即如果苏联去除部署在欧洲的SS-4、SS-5短程导弹以及SS-20中程导弹，美国也将相应地撤出部署在西欧的中程导弹，从而实现欧洲中程导弹"零部署"。美国的意图非常明显，就是通过中程弹道导弹在欧洲的"零部署"，迫使苏联将业已部署到位的中程导弹全部撤除，而

---

① "Special Meeting of Foreign and Defense Ministers¹ (The 'Double-Track' Decision on Theatre Nuclear Forces)," 12 Dec. 1979, https://www.nato.int/cps/en/natohq/official_texts_27040.htm?selectedLocale=en.

第四章　北约政治与安全实践

美国只需撤出少量中程导弹,停止生产正在研制的中程导弹。美国要求苏联放弃在欧洲的中程导弹优势,苏联针锋相对提出"冻结现状方案"。该方案主张,维持目前美苏双方在欧洲的中程导弹部署现状,不再部署新的中程导弹,以此维持苏联在欧洲中程弹道导弹方面的优势地位。鉴于美国强烈反对,苏联随即提出"分阶段裁减方案",即分阶段、按比例减少美苏双方在欧洲部署的中程导弹。很明显,该方案继续维持苏联已有的优势,当然无法为美国所接受。

针对美苏双方围绕欧洲中程导弹的谈判不断深入,北约在整体上支持美国的"零点方案",但各成员国普遍担心,一旦美苏双方实现"零点方案",就会撤销各自部署在欧洲的中程导弹,此举势必会降低美国对欧洲的安全保护,因为欧洲盟国所依赖的战略保护能力将大幅降低,北约在常规武装力量上的短板会暴露无遗,美国与欧洲盟国的战略合作关系会进一步下降。因此,北约大多数国家坚持,美苏双方可以撤出各自部署在欧洲的中程弹道导弹,但绝对不能撤出已经部署在欧洲的短程导弹以及其他战术核武器。但是,联邦德国由于在地理位置上靠近苏联,与华约接壤,坚决主张就消除欧洲短程导弹展开谈判,主张实现欧洲无核化。大多数北约成员国反对"欧洲无核化方案",它们认为,一个彻底实现"无核化"的北约,不可能在北大西洋区域建立积极的防御态势,也不可能向其成员国提供有效保护。

1983年3月23日,里根发表全国电视演讲,正式提出"战略防御计划"(Strategic Defense Initiative,SDI)。该计划又称"星球大战计划"(Star Wars Program,SWP),即美国将投入18000亿美元,用于研制和发展空间防御系统,意在苏联弹道导弹进入美国前,对其实施有效拦截和摧毁,以此保护美国本土不会遭受核导弹打击。此举引起苏联激烈反弹,苏联随即宣布,苏联将投入巨资,马上开始研制外太空武器,美苏双方互不相让,大有在外太空展开全面军备竞赛之势。为此,美苏双方随即开始在日内瓦展开裁军谈判,苏联代表提出,要将发展外太空武器、战略防御计划、中程弹道导弹等都纳入"一揽子谈判",以此解决美苏双方的战略分歧,但苏联这一建议遭到美国强烈反对。双方几经交锋,最终达成一致,即分别针对上述问题展开单向对等谈判。由于美苏双方立场相去甚远，虽经 6 轮谈判，双方代表提出无数建议，但始终未能达成共识。

1983 年 10 月 27 日，北约核计划小组在加拿大蒙特贝洛召开会议，公布《蒙特贝洛宣言》（Montebello Declaration on Reductions of Nuclear Forces，Montebello Declaration）。该宣言提出，"北约在 1979 年 12 月决定，除非与苏联的谈判取得成功，否则北约将部署射程更远的武器（"潘兴Ⅱ"巡航导弹），这对于恢复北约在威慑姿态下的平衡、保持其完整极为重要。北约将实施'双轨制决议'及其部署。与此同时，各成员国部长还决定减少 1000 枚核弹头库存……"①。

12 月 6 日，北约防务计划委员会在布鲁塞尔召开会议，重申《蒙特贝洛宣言》。北约声称，东西双方应展开全方位对话、合作与联系，包括政治、安全和人权问题，旨在增加互信、确定共同利益、澄清目标、扩展共同领域、解决或隔离分歧点等双边事宜。北约应该以符合成员国广泛安全利益的商业方式，与华约成员国展开互利经贸合作，但不主张扩展苏联的军事力量。通过具体军备控制、裁军以及互信措施，达成对等、公平与可核查协议，在最低武装水准上确保欧洲安全。针对美苏双方的中导谈判，北约强调，"北约是一个防御联盟，致力于以最低水准的武装力量抵御华约威胁，在此基础上维护和平。各成员国部长们回顾了北约在蒙特贝洛会议上做出的从欧洲撤出 1400 枚核弹头的决定，与 1980 年北约撤除 1000 枚核弹头一起，北约自 1979 年起总计从欧洲撤出 2400 枚核弹头，北约在欧洲的核弹头库存，达到 20 年来的最低水准。因为部署任何中远程核力量都须与一对一撤除核弹头相对应……"②。

12 月 22～23 日，北约核计划小组在葡萄牙维拉摩拉召开会议，讨论中程与短程导弹系统所扮演的角色。北约再次强调，"北约的主要目标是阻止战争、保卫民主、建立持久和平的基础……威慑、防御以及军控和裁

---

① "The Montebello Declaration on Reductions of Nuclear Forces," 27 Oct. 1983, https://www.nato.int/cps/en/natohq/official_texts_23221.htm? selectedLocale = en.
② "Final Communiqué," 6 Dec. 1983 – 7 Dec. 1983, https://www.nato.int/cps/en/natohq/official_texts_23218.htm? selectedLocale = en.

第四章　北约政治与安全实践　North Atlantic Treaty Organization

军是成功实现这一目标的一部分。北约决心通过拥有足够的能力，回击侵略和恐吓，维持和平。为了维持其威慑战略的可信度，北约必须在每一个事关三方的地区保持足够的力量：战略核力量、中程与短程核力量以及常规力量。北约在欧洲部署的中程与短程核力量，为北约在欧洲的防御与美国的核威慑之间建立了一个关键性联系。与此同时，在稳固和平与国际安全的基础上，北约寻求建立一种稳定的力量平衡。为了实现这一目标，北约提出一系列全方位建议，以达成具有军事意义、平等以及可核查的军备控制与削减协议"①。

1984年5月31日，北大西洋理事会在华盛顿召开会议，发表《华盛顿声明》（Washington Statement on East-West Relations）。北约宣称，美国应准备好就中程弹道导弹、削减战略武器等议题，在不设先决条件的前提下，与苏联展开双边谈判。北约将继续推进美苏双方相互与对等武装力量消减谈判，提出新建议，打破常规武装力量削减方面出现的僵局。"在裁军会议中，北约成员国将继续寻求平衡、现实、可以核查的裁军措施，北约欢迎几个成员国就此做出的贡献，特别是美国提交的综合条约草案，该条约草案要求在全球范围内禁止化学武器生产、储存以及使用，对此实行核查。裁军会议就是为有效禁绝化学武器而展开谈判的论坛……"② 北约鼓励在世界范围内消除化学武器，这也是美国在裁军会议所提草案的目标。

1985年3月，戈尔巴乔夫出任苏共中央总书记，旋即开始推行"人道"和"民主"的社会主义改革，反对任何形式的核竞争与核对抗。"在戈尔巴乔夫时代，苏联发生了史诗般的变化。"③ 在戈尔巴乔夫新思维的指导下，苏联开始调整其在中程弹道导弹谈判中的立场，这为停滞多年的

---

① "Final Communiqué," 22 Dec. 1983 – 23 Dec. 1983, https://www.nato.int/cps/en/natohq/official_texts_23217.htm?selectedLocale=en.

② "Final Communiqué," 29 May. 1984 – 31 May. 1984, https://www.nato.int/cps/en/natohq/official_texts_23261.htm?selectedLocale=en.

③ Malcolm Byrne, "The Warsaw Pact, from the Creating of a Hegemonic Alliance to Its Disintegration," Vojtech Mastny and Zhu Liqun, eds., *The Legacy of the Cold War: Perspectives on Security, Cooperation, and Conflict*, p.160.

北大西洋公约组织

美苏中程弹道导弹谈判实现突破提供了契机。在随后美苏裁军谈判中,美国认定,苏联在欧洲部署的短程导弹占有优势,单纯撤除所有中程弹道导弹,将使北大西洋区域受到苏联短程导弹与常规武装力量的双重打击,因此应将限制短程导弹也纳入谈判议程。1986年10月11日,戈尔巴乔夫和里根在雷克雅未克会晤,双方原则性同意去除部署在欧洲的中程弹道导弹系统。双方同意在欧洲战区以外,各自保留100枚中程弹道导弹弹头。但是戈尔巴乔夫不同意将限制短程导弹纳入谈判议程,坚持应将中程弹道导弹谈判与削减短程导弹谈判脱钩。

1987年4月10日,戈尔巴乔夫提出"双零点方案"(Double-Zero Option)。苏联同意就削减欧洲短程导弹展开谈判,同意撤除部署在欧洲的全部中短程导弹,条件是美国不得在欧洲部署中程弹道导弹和短程导弹,最终实现美苏双方在欧洲中程弹道导弹和短程导弹的"零部署"。戈尔巴乔夫宣称,"我们正朝着在全欧洲范围内实现中程导弹与作战战术导弹归零的方向迈进,我们正在解决在东方的100枚中程导弹问题,这个意愿将会给中国、日本以及整个亚洲产生深刻影响……我们将获得巨大的政治胜利"[①]。6月15日,里根宣布接受苏联"双零点方案"。不仅如此,里根还进一步提出"全球双零点方案"(Global Double-Zero Option),即美苏双方在全球范围内全面消除中短程导弹,全部撤出并销毁其在欧洲和亚洲部署的所有中短程导弹。7月21日,戈尔巴乔夫宣布接受美国的"全球双零点方案"。戈尔巴乔夫表示,苏联愿意拆除其部署在欧洲和亚洲的全部中短程导弹,美国也应该相应拆除部署在欧洲和亚洲的全部中短程导弹。

1987年12月8日,戈尔巴乔夫和里根在华盛顿正式签署《美苏消除两国中程和中短程导弹条约》(Treaty Between the United States of America and the Union of Soviet Socialist Republics on the Elimination of Their Intermediate-Range and Shorter-Range Missiles),简称《中导条约》)。按照《中导条约》相关规定,美苏双方须在3年内在全球范围内销毁2692枚

[①] https://nsarchive2.gwu.edu/NSAEBB/NSAEBB238/russian/Final1987-07-09Politburo.pdf.

中程弹道导弹（1000～5500公里）和中短程导弹（500～1000公里），其中，苏联中程导弹889枚、短程导弹957枚，美国中程导弹677枚，短程导弹169枚。① 为了彻底撤除上述中程弹道导弹和短程导弹，美苏双方还采取国家技术核查、国际技术核查以及现场核查等多种手段。其中，现场核查由美苏双方共同组织200名专家，负责在苏联84个拆除点、美国34个拆除点展开现场导弹拆除检查，每年进行多次检查，以便监督并落实中程弹道导弹和短程导弹的拆除工作，使之落实到位。

在美苏双方围绕削减中程弹道导弹的谈判中，表面上似乎看不到北约的影子，但北约及其成员国却无处不在。因为在谈判过程中，美国与北约其他成员国始终保持了密切磋商，美国所采取的每一项方针、政策以及步骤，实际上都是与北约密切协商的结果。北约对美国的直接或间接支持，是《中导条约》顺利推进的一个重要条件。例如，在美国与苏联围绕中程弹道导弹的谈判中，英国首相撒切尔（Margaret H. Thatcher）夫人始终与戈尔巴乔夫保持着非常密切的联系，最大限度对戈尔巴乔夫施加影响。与此同时，撒切尔夫人也与里根总统保持了密切联系，对美国的谈判方针与政策提出重要的咨询意见和建议。而联邦德国总理科尔（Helmut Kohl）也是推进中导谈判的关键人物，正是由于他力排众议，同意撤除部署在联邦德国的"潘兴Ⅱ"巡航导弹，才得以确保美苏双方顺利达成撤除中程弹道导弹的协议。因此，美国最终能够撤除部署在西欧多国的全部中程弹道导弹与短程导弹，离不开欧洲盟国的全面合作，更离不开北约的大力支持。

不可否认，为了达成《中导条约》，苏联与美国都做出牺牲和让步，这是美苏双方最终能够签署条约的重要保证。苏联同意"全球零点方案"，撤除部署在欧洲、亚洲的全部中程弹道导弹和短程导弹，这意味着苏联既要放弃在欧洲的战略武器优势，也要放弃在亚洲局部地区的战略武器优势。而且，随着美国撤除在欧洲的中程弹道导弹和短程导弹，大西洋两岸关系也会面临严峻挑战，因为北约保卫北大西洋区域的战略威慑力大

---

① https：//nsarchive2. gwu. edu/NSAEBB/NSAEBB238/index. htm.

幅下降。事实上，美苏双方所撤除的中短程导弹以及核弹头，并非其核武库的全部，仅占其全部核力量的3%或4%。从这个意义上讲，美苏双方订立《中导条约》，无法说明双方就此放弃了军事竞争与对抗。"很遗憾，在短期完全实现东西方合作会有局限。当西方面对这一残酷的现实时，这种自欺欺人和迁就的倾向就非常强烈。当然，北约会出于对抗的缘故而渴望避免冲突。"①

---

① Seymour Weiss and Kenneth Aselman, "Healing NATO: Quick Fixes are not Enough," David S. Yost, *NATO's Strategic Options: Arms Control and Defense*, p. 229.

第五章

冷战后北约的战略转型及其实践

第一节 北约新战略概念及其发展

一 从伦敦峰会到罗马峰会

1980年代末1990年代初,苏联与东欧社会主义阵营发生巨变,其政治、经济与社会制度全面转轨,苏联与东欧各国社会主义事业全面受挫,西方阵营赢得欧洲冷战胜利。西方国家政要认为,"苏联在1991年崩溃,对俄罗斯人来说,有必要开始以一种非苏维埃方式自由思考"[1]。与之相伴,欧洲地缘政治格局发生全面转变,幅员辽阔的苏联宣告解体,其加盟共和国转变为独立的民族国家。东欧与南欧各国陆续建立议会政治、市场经济、公民与法治社会等新体制,在国家价值观、意识形态以及民族道德观等方面完全倒向西方,与西方阵营全面接驳。俄罗斯继承了苏联大部分国土、人口、自然与社会资源,成为欧亚大陆新的地缘政治大国,在前苏联地域范围内,俄罗斯等12个新兴独立民族国家建立独立国家联合体(Commonwealth of Independent States,CIS)。1991年7月1日,华约宣告解散。东欧各国逐渐脱离俄罗斯的安全保护,在政治、经济、安全以及外交等方面竭力向北约和欧盟等靠拢。欧安会虽然依旧存在,但由于构筑欧洲安全与合作的基本元素发生变化,该组织

---

[1] Albert L. Weeks, *Myths of the Cold War: Amending Historiographic Distortions*, p. 109.

北大西洋公约组织

的作用逐渐虚化。

冷战结束后,北约俨然成为全世界最大的区域安全组织,北约过去处心积虑的防范对象已悄然退出历史舞台,例如苏联、华约等,北约无须再小心翼翼应对无时无刻不在的安全压力和军事威胁。北约欣然接受了苏联与东欧各国的剧变,也坦然接受了欧洲安全环境的巨变。不仅如此,北约开始依靠自身独一无二的特殊地位,制定新的欧洲安全规则,同时凭借自身力量打造新的欧洲安全秩序。"1990年以后,北约似乎不再有用,但是北约不止一次表明,它对于欧洲长期安全是不可或缺的。"① 对于冷战后北约如何发展,欧美各国朝野各界众说纷纭,并无定见,美国国防部长莱斯·阿斯平(Les Aspin)对北约所下的定语颇具代表性。"在旧的冷战世界中,北约创立的目标在于应对外来威胁;在冷战后的新世界,北约可以变成一个以共有的民主价值观以及自由市场为基础的联盟。"②

在北约看来,冷战后的欧洲安全走势仍存在某种不确定性,潜藏着许多安全危险。美国芝加哥大学教授约翰·米尔斯海默(John Mearsheimer)曾专门撰写两篇文章——《我们为什么会很快错过冷战》和《回到未来》,强调欧洲在冷战结束后所面临的危险。"欧洲出现重大危机甚至战争的可能性,极有可能会随着冷战结束以及超级大国的去除而增加。"③但这同样也是打造北约版欧洲安全秩序的一个良机,可以最大限度确保北约扩展其政治影响、维护其安全利益、传播其价值观。北约秘书长韦尔纳明确提出,"北约必须在已变化的国际环境中承担新的使命,我们的安全利益和责任并不止于大西洋区域这一边界……让北约靠边站是鲁

---

① Robert E. Hunter, "Maximizing NATO, a Relevant Alliance Knows How to Reach," *Foreign Affairs*, Vol. 78, No. 3, May/June 1999, pp. 190 – 203.
② Sean Kay, *NATO and the Future of European Security*, p. 70.
③ John Mearsheimer, "Why We will Soon Miss the Cold War," *Atlantic Monthly*, August 1990, pp. 35 – 50; and "Back to the Future: Instability in Europe after the Cold War," *International Security* 15, Summer 1990, pp. 5 – 56. 转引自 David G. Haglund, S. Neil MacFarlane, and Joel J. Sokolsky, eds., *NATO's Eastern Dilemmas*, Boulder and San Francisco, Oxford: Westview Press, 1994, p. 27.

第五章　冷战后北约的战略转型及其实践　North Atlantic Treaty Organization

莽的"①。此后，韦尔纳进一步补充了这一思想，为冷战后的北约定位功能增加了许多新内容。"许多中欧、东欧国家希望北约保持跨大西洋联合关系；处置国际冲突；充当针对东方的多边外交论坛，而且拥有重大军事力量支持；减缓西欧的传统冲突，抑制一个统一的德国；在一个时期不断增长的经济竞争中，为欧洲与美国关系提供可预测性与保障；通过与心意相通的国家建立防务资金池，保持较低的防务开支。"② 按照这一设计，北约显然肩负处置所有欧洲冷战遗留问题的重担，而且还担负着整合并且建构未来欧洲安全新架构的重任。

1990年7月5～6日，北约各成员国在伦敦召开峰会，集中探讨欧洲安全形势、北约的政治与安全定位、未来北约的战略方向等问题。经过讨论，各国首脑充分肯定了北约继续存在的必要性与合理性。冷战虽已结束，但北约的政治与安全基础仍然存在，因此有必要对北约实施全面改造，进一步充实其政治与安全职能，使北约更好地适应冷战后欧洲安全形势及其变化，尽快恢复和重构欧洲和平与安全秩序。就像欧洲盟军最高司令詹姆斯·琼斯（James Jones）将军所提出的，"自从冷战结束后，北约变得更加积极主动而非被动反应，更加具有探索性而非静止不动，而且其能力变得更加多样化"③。伦敦峰会最终发表《转变的北大西洋公约组织宣言》（Declaration on a Transformed North Atlantic Alliance），又名《伦敦宣言》（London Declaration）。

作为冷战结束后北约推出的首个宣言，《伦敦宣言》就北约与欧洲安全秩序提出了新思路：其一，北约将在欧洲构建一种新安全架构，北约要和前苏联与东欧各国建立伙伴关系、成为合作伙伴；其二，北约将调整其武装力量与安全战略，降低武装力量现有的战备水平，建

---

① Manfred Wörner, "A Vigorous Alliance—A Motor for Peaceful Role Change in Europe," *NATO Review*, No. 6, December 1992, pp. 16 – 21.
② Manfred Wörner, "European Security: Political Will Plus Military Might," Manfred Wörner et al., *What is European Security after the Cold War?*, Brussels: The Philip Morris Institute for Public Policy Research, 1993, p. 12.
③ Mark Webber, James Sperling and Martin A. Smith, *NATO's Post-Cold War Trajectory: Decline or Regeneration?*, p. 3.

北大西洋公约组织

立多支快速反应部队；其三，加强欧安会在未来欧洲安全格局中的地位，加强欧安会实体化建设以及安全机制建设，积极落实欧安会已取得的军事合作成果。"北约将会尽其所能克服几十年形成的猜忌，我们准备加强与莫斯科以及中欧、东欧各国政府接触，包括加强与北约军事指挥官的接触……我们打算在欧洲创建一种性质完全不同的开放性社会，包括订立一项'开放天空'（Open Skies）的协议。北美在欧洲保持常规力量与核力量的意义在于，展示北美命运与欧洲民主国家之间潜在的政治联系，但随着欧洲形势变化，我们必须完全改变思考防御的方式。"①

由于正值欧洲政治与安全环境剧变，北约在伦敦峰会中并未提出完整的发展战略，只是提出一些新思想动态与安全设想，展示了未来北约可能采取的某些战略趋向。然而，《伦敦宣言》的设想极其零散，而且不成系统。例如，北约对未来东扩并无定见，北约究竟会以何种方式扩张，东扩究竟要达成何种目标，如何消除东扩中可能出现的矛盾，北约如何与前华约成员国建立伙伴关系等。另外，北约虽提出建设未来欧洲安全架构这一主题，并且肯定北约将成为未来欧洲架构的基础，但并未明确北约与欧安会的关系，即北约与欧安会如何共同致力于欧洲安全架构建设，如何确保北约在欧洲安全架构中实现利益最大化等。

总体而言，伦敦峰会只是解决了北约要不要继续存在的问题，就解决各成员国的分歧达成一致。即北约不仅要继续存在，还要实施全面调整与改革，以此消除外界对北约继续存在的种种怀疑。"北约仍然坚持其主要的战略目标：保持各成员国的共同防御与安全。北约仍然充当抵抗风险与新危险的保险单。一旦解散，就不可能在短期内再创立一个有效的联盟。"②《伦敦宣言》语言简洁，风格粗犷，为未来北约发展道路指明了方

---

① "Declaration on a Transformed North Atlantic Alliance," 5 Jul. 1990 – 6 Jul. 1990, https://www.nato.int/cps/en/natohq/official_ texts_ 23693. htm? selectedLocale = en.
② Kenneth W. Thompson, ed., *NATO and the Changing World Order: An Appraisal by Scholars and Policymakers*, Lanham, M. D. and London: University Press of America, 1996, IX.

324

第五章　冷战后北约的战略转型及其实践

向，为北约及其成员国进一步统一思想、凝聚共识做出铺垫，为北约制定更加完整、清晰的战略方针打下了基础。

在伦敦峰会后，北约建立了许多顾问机构，筹划并设计未来的北约战略，例如战略审核小组（Strategy Review Group，SRG）、军事战略工作小组（Military Strategy Working Group，MSWG）等，以便全方位考虑北约战略所涉及的具体问题。其中，仅战略审核小组就提出12份战略草案，各国代表在许多重大问题上出现分歧，例如，如何为北约做出新的战略定位、如何实现欧洲新的战略平衡、如何对待北大西洋区域外的危机与冲突等。"这一进程最终达成共识，即新战略概念将代表北约成员国的集体外交。"①

另外，北约还定期召开集体讨论会（Brainstorming Sessions），目的是通过多种战略观点与理念相互碰撞，产生思想火花，最终推动北约形成比较完整、系统的新战略观念。"集体讨论会的目的在于，构建一个'宽泛的政治框架'，以便开展针对新战略的各项工作。"② 不仅如此，北大西洋理事会还于1991年6月6日在丹麦哥本哈根召开会议，商讨欧洲安全认同问题，协商北约与西欧联盟等组织的关系，确立北约在未来欧洲安全架构中的定位。正是以上述工作为铺垫，北约得以凝聚各种安全思考，最终形成比较成熟的安全战略。

1991年11月7~8日，北约各成员国首脑齐聚罗马，召开罗马峰会。和伦敦峰会不同，罗马峰会时值事关欧洲安全的某些重大问题已有比较明确的结果。经过一年多的摸索，北约对未来的政治与安全战略形成比较明确的认识和比较清晰的思路。北约各国首脑在罗马峰会上制定了一个正式文件，题为《关于和平与合作的宣言》（Declaration on Peace and Cooperation），又名《罗马宣言》（Rome Declaration）。该宣言提出未来北约的发展思路，大致包括以下几方面内容。

其一，北约将建立一个极具包容性的新欧洲安全架构，能够将欧洲

---

① Sean Kay, *NATO and the Future of European Security*, p. 61.
② Rob De Wijk, *NATO on the Brink of the New Millennium: The Battle for Consensus*, p. 23.

北大西洋公约组织

现有的主要联合机制融入其中,这些机制包括北约、欧安会、欧共体、西欧联盟、欧洲委员会等。其二,北约不会改变作为北大西洋区域防御组织的基本职能,但是强调维护安全需要多个维度,包括政治、经济、社会、军事以及环境,强调对话、合作以及集体防御能力建设。其三,强化北约新安全概念,即加强北约在欧洲的安全认同,同时加强北约在欧洲安全事务中的作用,尤其要发挥欧洲盟国的作用,推动北约与西欧联盟建立互信与互补关系。其四,积极发展北约与前苏联、东欧各国的伙伴关系,加强包括军事在内的各领域的联系与交流,建立制度化合作关系。其五,加强欧安会进程,建立新的欧洲安全与合作组织与结构,增加新的责任和职能,包括人权、裁军、武器控制、危机处置等。其六,继续推进常规武器控制与裁军谈判,建立一种新合作秩序,将欧洲武装力量维持在一个较低水平,在永久性框架下实现安全对话,建立有效机制等。"北约在新欧洲遇到的挑战,无法由一个单独的机构全面应对,而只能在一个将北美与欧洲各国相互连接的框架下完成,因此,我们要建立一个新的欧洲安全框架,北约、欧安会、欧共体、西欧联盟以及欧洲委员会能够互补,区域合作架构将会非常重要。这种互动对于阻止不稳定与分裂具有重大意义,而不稳定和分裂可能会导致不同结果,例如经济差异与暴力民族主义。"①

为了确保北约能够更好地适应冷战后国际或区域安全形势的急剧变化,确保北约政治与安全实践更为有效且高效,罗马峰会正式确定了冷战后北约首个新战略文件——《北约新战略概念,1991》(Alliance's New Strategic Concept, 1991)。该文件对冷战时期北约安全战略做出大规模调整,包括突破北约作为单纯军事联盟的界限,既突出其基本安全功能,亦突出其政治、社会、文化以及意识形态等功能;改变北约谨守北大西洋区域的政治与安全传统,积极谋求向北大西洋区域以外地区扩展;改变过去以被动防御为主的习惯,转而采取主动预防式军事干预措施等。总体而

---

① "Declaration on Peace and Cooperation," 8 Nov. 1991, https://www.nato.int/cps/en/natohq/official_ texts_ 23846. htm? selectedLocale = en.

第五章　冷战后北约的战略转型及其实践

言,新战略概念充分显示了北约在未来新欧洲安全秩序中的强势姿态。"与过去的主要威胁相比,盟国所面临的威胁存在于多个方面与方向,这使北约很难对其做出预测与评估。如果要使欧洲稳定与北约成员国安全得到保护,北约必须有能力对这种危险做出回应,这种危险可能会以各种方式产生。"①

《北约新战略概念,1991》的基本思想主要包括以下四方面。第一,北约所处的区域安全环境发生巨变,欧洲安全形势在整体上趋向好转,北约实现了《哈默尔报告》的大部分目标:苏联与东欧各国实现了民主化、德国实现了统一、欧洲一体化持续发展、欧洲军备水平不断降低、东西方军事透明与互信大幅提高、欧安会启动的安全机制建设成就斐然等。北约需要重新评估欧洲安全形势,充分利用这一大好形势,加速构建旨在推动欧洲安全合作的契约性框架。

然而,虽然北约无须直接应对军事侵略,但仍须应对许多不同以往的安全挑战,其中既包括由政治、经济、社会矛盾引发的混乱,也有像苏联核力量向外扩散这样的非对抗性安全因素,还有遍布全世界的大规模杀伤性武器(Weapon of Mass Destruction, WMD)扩散、重要流通资源阻断、恐怖主义袭击等。因此,北约需要制定更持久的安全战略,在积极适应新安全环境的同时,更好地把握战略机遇,将其运用于更广泛的安全途径。就像荷兰学者罗伯·德威克(Rob De Wijk)所强调的,"北约很好地澄清了一个事实,即这一一直为观察家们所认定的僵化、保守的联盟,实际上能够适应已变化的环境"②。

第二,北约将继续坚持其宗旨,维护成员国自由、安全、价值观这一目标,继续致力于推动欧洲建立公正与持久的和平安全秩序。北约为此将加强各成员国的相互合作,强化北约内部的平等安全感。与此同时,北约成员国还将加强与非成员国的合作,共同建构旨在推动欧洲联

---

① "The Alliance's New Strategic Concept," 7 Nov. 1991 – 8 Nov. 1991, https://www.nato.int/cps/en/natohq/official_ texts_ 23847. htm? selectedLocale = en.
② Rob De Wijk, *NATO on the Brink of the New Millennium: The Battle for Consensus*, p. 45.

北大西洋公约组织

合的新安全框架。北约的基本任务是既要强化北约实施有效防御的军事能力,也要发展成功处置危机的综合能力。未来北约将成为一个跨大西洋论坛,以便欧共体、西欧联盟、欧安会等都能在其中发挥作用。就像美国学者大卫·杨斯特所总结的,"在1991年11月的战略概念中,盟国记录了北约的两个经典目标,这两个目标均形成于著名的《哈默尔报告》,即(1)保卫其成员国的安全与领土完整,(2)在欧洲建立公正与持久的和平秩序"[1]。

第三,北约将全面发展维护欧洲安全的方法,除继续以政治与军事手段维护各成员国安全与领土完整、构建欧洲持久和平与自由外,北约还将采取广泛的安全方法,即对话、合作、集体防务、危机预防与有效管理,以和平方式解决分歧,为在更大范围内推进欧洲合作奠定基础。强调北约与所有欧洲国家展开合作,通过多边合作或者双边合作,既要做到积极预防危机,还要在危机出现后能够实施有效管控。通过保持强大的军事威慑能力和集体行动能力,防止侵略或威胁,展示北约及其成员国团结一致。强调北约推行预防性外交,在掌握更多预警时间的前提下,采取积极措施,有效化解危机。

第四,北约将继续保持作为北大西洋区域防御组织的属性,北约为此将保持强大的军事力量、统一的战略以及政治团结,同时进一步完善军事一体化机构、各种防御合作协定、共同军事作战计划、武装力量建设方案。北约将确保其武装力量具备综合应对能力,包括在和平、危机、战争等不同状态下能够承担各种任务。为此,北约将按照不同区域,推动其武装力量的不同能力建设,全面加强武装力量的灵活性与机动性,确使北约武装力量能够随时实施动员、支援、重组以及行动,强化在交通、后勤、训练、集结等方面的综合能力。为此,北约将明确不同军种的分工,加强各军种合作。北约还将在常规武装力量与核力量之间保持平衡,确使核力量继续发挥防止和威慑战争的作用。

由此可见,《北约新战略概念,1991》推动北约成员国达成一系列共

---

[1] David S. Yost, *NATO Transformed: The Alliance's New Roles in International Security*, p. 74.

第五章　冷战后北约的战略转型及其实践

识。首先是北约在欧洲的战略定位，英国官员克里斯·牛顿（Chris Newton）的观点代表了大多数北约成员国的想法。"北约是我们安全的基石，也是最重要的国际安全组织；它已经建立了几十年，经受了检验，而且将欧洲与美国的力量连接在一起；北约是对共有价值观所做的一种广泛而统一的表达；欧洲主要且基本的需求建立在自身基础之上，因此，欧洲的情况应该与目前有所不同。"①

其次，在坚持北约基本属性与功能的基础上，新战略概念扩展了北约政治安全实践的范围、方法以及功用，在一定程度上修正了《伦敦宣言》的某些说法，确定了以北约而非欧安会为中心的新欧洲安全架构。"达成一致的另一个关键就是，北约成员国形成一种共识，北约将会置身于一种'连锁机构'中，这是一个经过整合的集体安全框架。"② 很明显，北约要对现有的欧洲安全组织实施整合，它们或者与北约展开联合，或者融入北约安全架构，或者在欧洲安全架构中逐渐边缘化。

再次，北约新战略概念也在一定程度上去除了此前各种战略表述中相对空泛、模糊的诸多缺陷，进一步细化了北约的安全任务与方法、防务原则、常规武装力量与核力量的任务与特点、军事力量的指导原则等。"毫无疑问，新战略概念代表了北约的新进程，首先，它以达成安全的宽泛方法为基础。"③ 很明显，北约新战略概念不仅对欧洲安全现实拥有比较精准的认识和把控，而且对未来欧洲安全走势亦做出某些积极预判。更重要的是，北约对自身在欧洲安全格局中的定位也做出基本判断，这对于一直处于战略摸索中的北约来说，无疑具有积极作用。

不可否认，《北约新战略概念，1991》不可能预知未来欧洲安全变化的全部，亦不可能预知未来北约将会遇到的所有难题，更不可能完全准确判定北约的发展方向。就像美国学者马克·韦伯（Mark Webber）等人所强调的，"1991 年新战略概念缺乏一个关于北约应对何种冲突的清晰声

---

① Stephanie C. Hofmann, *European Security in NATO's Shadow: Party Ideologies and Institution Building*, Cambridge: Cambridge University Press, 2013, p. 85.
② Sean Kay, *NATO and the Future of European Security*, p. 62.
③ Rob De Wijk, *NATO on the Brink of the New Millennium: The Battle for Consensus*, p. 45.

明，北约始终未能就这些问题达成共识"①。许多北约及其成员国亟待解决的宏观战略问题，新战略概念始终未能论及。相对而言，北约新战略概念在战术层面的设计比较多，尤其对北约武装力量的未来建设规划以及设计着墨尤多，这在一定程度上显示了北约新战略概念的务实之处。但是，北约新战略概念虽对除军事手段以外维护安全的方法有所涉及，但始终对如何将新战略概念落到实处语焉不详，对许多重要战略问题所涉及的细节论及较少。

《北约新战略概念，1991》实际上只能算作一个内容比较简要的战略纲要，还算不上真正意义上的战略文件，缺少必要的战略新概念或者理论支撑，因此在实践中效能时高时低。正是这些与生俱来的"缺陷"，客观上为北约进一步发展和完善其安全战略做出必要铺垫，亦为北约不断深化政治与安全职能、完善联盟安全功用奠定了基础。

二 华盛顿峰会与北约战略更新

自1991年11月罗马峰会确立《北约新战略概念，1991》后，北约在新战略的指导下展开了一系列政治与安全实践。北约在很长一段时间内一直尝试适应冷战后国际安全形势的变化，探索实现北约安全利益的最佳结合点。北约需要在理论上对其安全战略做出更全面的解析，总结并归纳一套完整且系统的理论体系，而且还需要在实践层面展开更多摸索，寻找更加广泛、灵活的方法与路径，使其既能及时且有效地应对各种突发性安全威胁，又能更好地助力于新欧洲安全架构。

按照《北约新战略概念，1991》的指导，北约在许多方面做出尝试。荷兰学者德威克曾参与起草《北约新战略概念，1991》，他还参与了此后许多北约政策声明的起草，按照德威克的说法，"北约的新使命就是在合作安全的系统中发挥作用"②。为此，北约需要调整其武装力量结构，建

---

① Mark Webber, James Sperling and Martin A. Smith, *NATO's Post-Cold War Trajectory: Decline or Regeneration?*, p. 48.

② David S. Yost, *NATO Transformed: The Alliance's New Roles in International Security*, p. 172.

第五章　冷战后北约的战略转型及其实践　North Atlantic Treaty Organization

立快速反应部队；主动处置北大西洋区域的内部危机，应对世界其他区域的安全危机与挑战；北约还需要协调与前苏联和东欧各国的关系；加强与西欧联盟、欧盟等的安全合作等。然而，尽管北约上述政策及其实践取得了一定成效，但也在国际社会引发了许多非议。就像北约欧洲盟军最高司令部经济顾问阿德里安·肯德瑞（Adrian Kendry）所指出的，"从成员国的角度看，北约是否曾拥有某种动力，能将其转化为可以真正有效应对安全挑战的组织？而这些安全挑战是过去确定的，我们在很长一段时间内要与这些挑战共处"①。

此外，北约对俄罗斯以及北约—俄罗斯关系的定位，亦引发无数争议，因为抛开冷战遗留的政治影响，北约与俄罗斯在传统欧洲地缘政治中注定会存在竞争关系，并在短期内很难消除。更何况俄罗斯不仅继承了苏联绝大多数常规武装力量与核力量，而且俄罗斯政治、经济与社会民主化进程亦不同于西方，苏联的影响或多或少始终存在。"甚至在非敌对性以及合作关系中，苏联的军事能力及其所积累的（战争）潜力，包括其核元素，都成为北约在维持欧洲战略平衡中不得不考虑的因素。"②

更严重的是，北约各种政治与安全实践也暴露了新战略存在的某些理论缺陷，北约一直未能解答如何处置无限目标与有限力量之间的矛盾，如何在理论与现实上确立欧洲战略平衡，如何对待欧洲安全架构中传统与非传统安全威胁的关系，如何调整冷战后跨大西洋联合关系基础等。正是北约新战略的上述理论空白，导致北约在实践中不可避免会遇到许多难题，难以自解。例如，北约不知道所构想的新欧洲安全结构是否合理、能否持久；是否真正适应欧洲各种安全力量的需要；北约应该如何构建未来欧洲安全架构，应该按自身意志，还是综合其他安全力量之需；北约如何为俄罗斯做出准确的战略定位；未来

---

① Adrian Kendry, "Escaping from the Limitations of the Legacy Responses," Martin Edmonds, and Oldrich Cerny, eds., *Future NATO Security, Addressing the Challenges of Evolving Security and Information Sharing Systems and Architectures*, p. 100.

② David S. Yost, *NATO Transformed: The Alliance's New Roles in International Security*, p. 82.

北俄双边关系如何发展等。就像英国外交官威廉·德罗兹迪亚克（William Drozdiak）所陈述的，"一旦北约将以地理为基础的军事宿命转变为捍卫其共同价值观，那么，我们应该如何划定界限，我们是否都要认可北约为之奋斗的价值观，而且我们要保卫这些价值观多久？"①

北约在理论上的缺失，使其政治与安全政策及其实践不断遇到麻烦，经常出现判断失误，其政治与安全行动的效果也难如人意，这不仅导致北约的战略目标持续受阻，而且使其声誉与形象受损。尤其在俄罗斯问题上，北约几乎陷入一场周而复始的梦魇，所造成的消极影响几乎无处不在。"最可见感知就是北约与俄罗斯关系，尽管熟知北约不会对其国家主权以及领土主权构成军事威胁，俄罗斯仍然对北约持怀疑态度，因为北约将自身转变为政治变革的推动者。"②

1999年4月23~24日，北约各成员国在华盛顿召开会议，庆祝北约成立50周年。华盛顿峰会是冷战后北约战略思想深化的一个重大里程碑，正是在这次峰会上，北约按照国际安全形势与欧洲安全形势的需要，对《北约新战略概念，1991》予以修正，进一步充实和发展北约的新战略概念，提出一套更为完整、系统的战略思想。北大西洋理事会为此发表峰会公报——《21世纪的北约》（An Alliance for the 21st Century），明确提出新战略理念。

其一，北约将继续实施扩展，支持"成员国行动计划"（Membership Action Plan，MAP），该计划专门为那些希望加入北约的国家设立。③ 其二，在北大西洋安全体系中，完成"柏林决议"关于建构"欧洲安全与

---

① William Drozdiak, "European Allies Balk at Expanded Role for NATO," *Washington Post*, 22 Feb. 1998, 27（A）. 转引自 Sean Kay, *NATO and the Future of European Security*, p. 153。
② Jan Techau, "A Saturated Alliance? Assessing the Prospects for Further NATO Enlargement," Federiga Bindi and Irina Angelescu, eds., *The Frontiers of Europe: A Transatlantic Problems?*, Washington, D. C.: Brookings Institution Press, 2011, pp. 199 - 200.
③ 1999年4月24日，北约正式通过"成员国行动计划"，即北约与候选国展开单独对话，为候选国加入北约创造条件，制定行动方案，使候选国逐步达到加入北约的各项条件。"Membership Action Plan," 24 Apr. 1999, https://www.nato.int/cps/en/natohq/official_texts_27444.htm? selectedLocale = en。

第五章 冷战后北约的战略转型及其实践

防务认同"（European Security and Defense Identity，ESDI）的关键工作。其三，推动"建设防御能力的倡议"（Defense Capabilities Initiative，DCI），加强北大西洋区域及周边地区整体防御能力。其四，不断强化更具操作性的"和平伙伴关系计划"（Partnership for Peace，PfP），持续加强北约与其伙伴国之间的关系，在欧洲—大西洋伙伴关系理事会（Euro-Atlantic Partnership Council，EAPC）内部加强协商与合作。其五，加强"地中海对话"（Mediterranean Dialogue），发展北约与地中海沿岸国家的合作关系。其六，针对禁止大规模杀伤性武器及其运载工具扩散，北约需要做更多预防工作等。

《21世纪的北约》提出3种主要实践路径。（1）安全：北约要为建立一个稳定的欧洲—大西洋安全环境，提供一个不可或缺的基础，以发展民主机制、承诺和平解决争端为基础，任何国家都不能通过威胁或使用武力恐吓并胁迫他国。（2）协商：北约要按照《北大西洋公约》第4条规定，以跨大西洋重要论坛的身份，就影响其重大利益的任何问题展开协商，包括可能危及其成员国利益的（国际）事态，对共同关注领域所付出的努力予以适当协调。（3）威慑与防御：北约将根据《北大西洋公约》第5、6条规定，对针对北约成员国的侵略威胁实施威慑与防御。①

虽然《21世纪的北约》并非正式战略文件，但它对未来北约战略方向做出大致勾勒，基本上明确了北约的工作方向与内容。虽然内容相当简单，但概括了北约在相当长的一个阶段内的工作重点，在很大程度上反映了北约的战略趋向。《21世纪的北约》为北约推出新战略文件奠定了基础，为北约全面弥补1991年新战略概念中的空缺创造了条件。从这个角度看，《21世纪的北约》堪称北约新战略思想的一个重要组成部分。

同样，正是在华盛顿峰会上，北约各成员国首脑一致通过一项新的战

---

① "An Alliance for the 21st Century," 24 Apr. 1999, https：//www.nato.int/cps/en/natohq/official_texts_27440.htm? selectedLocale = en.

略文件——《北约战略概念,1999》(Alliance's Strategic Concept, 1999)。作为冷战后北约第二个正式战略文件,北约在该战略文件中提出一系列新设想,覆盖面之宽、地理范围之广、涵盖内容之多、横跨领域之多,都远远超出《北约新战略概念,1991》。这一新战略完全立足于对1991年北约新战略概念予以修正和补充,立足于更加有效地推动北约的政治与安全实践。"在这种情况下,北约表达了几个关键性功能。1999年新战略概念所定义的基本安全任务就是'安全''协商''威慑与防御''危机处置''伙伴关系'。"① 很明显,《北约战略概念,1999》增加了新内容,这既是北约适应欧洲安全环境的一种反应,也是北约战略概念的持续丰富和发展。总之,从北约战略概念的基本导向看,其内容大致可概括为以下几方面。

第一,北约不再简单追求北大西洋区域防御,而是强调整个欧洲—大西洋区域防御,北约亦不再单纯致力于建设新的欧洲安全架构,而是立足于全面创建欧洲—大西洋安全架构,而北约将在未来欧洲—大西洋安全架构中处于核心地位。另外,新的欧洲—大西洋安全架构将进一步强化大西洋两岸关系,同时将全面加强美欧双方力量平衡,使欧洲成员国能够在其中发挥更大作用。"北约是一个重要的'跨大西洋链接,通过这一链接,北美安全与欧洲安全永久性地连在一起'。"② 欧洲—大西洋安全架构将会全面深化北约及其伙伴国的关系,确保渴望加入北约的国家都有机会入盟,推动各种安全力量实现相互理解,建立合作关系。

第二,北约的核心宗旨仍然是以政治和军事手段捍卫所有成员国的自由、平等以及安全,全面维持欧洲—大西洋区域和平与稳定,有效处置该区域的危机与冲突。北约将其根本任务设定为在欧洲—大西洋区域推进安全、协商、威慑以及防御。北约将为欧洲—大西洋区域营造一个良好的安全环境,确保北约成员国不受武力威胁。北约将成为一个大平

---

① Mark Webber, James Sperling and Martin A. Smith, *NATO's Post-Cold War Trajectory: Decline or Regeneration?*, p. 28.

② Mark Webber, James Sperling and Martin A. Smith, *NATO's Post-Cold War Trajectory: Decline or Regeneration?*, p. 158.

台，便于各成员国就所有重大问题展开磋商，彼此协调，共同行动。北约还将恰如其分地运用武装力量，有效威慑并抵御任何针对北约及其成员国的威胁。

与此同时，北约将在成员国共识的基础上，积极预防各种安全威胁与危险，有效应对与处置危害程度大、波及面宽的安全危机，对危机处置行动实施有效管控。例如，如何有效应对难民危机，已经成为北约面临的一大难题。"很显然，对欧洲来说，欧洲大陆的和平与稳定不复存在，俄罗斯威胁到北约的东部成员国，难民和移民'威胁到'跨北约疆域的社会安全，美国继续在全球范围内审视其整体安全环境，欧洲成员国则顺理成章地关注欧洲大陆自身的需要。"① 因此，北约会加强各成员国的互信与互通，同时提高北约与伙伴国之间的安全透明度，尤其将加强与伙伴国的对话、协商以及合作，全面提高采取联合行动的能力。

第三，当前国际战略环境在总体上比较稳定，尤其欧洲—大西洋区域安全环境相对较好，但仍存在不确定性。为此，北约将与联合国、欧安组织、欧盟以及西欧联盟等加强合作，充分发挥上述组织在维护欧洲—大西洋区域安全秩序中的作用。例如联合国在维护国际和平中所担负的主要责任，欧安组织在推动欧洲和平与稳定中的包容作用，欧盟在推动欧洲共同外交与安全政策中所兼具的扩展作用等。另外，北约还将加强与俄罗斯、乌克兰、"地中海对话国"、"伊斯坦布尔合作倡议国"的协商、合作以及对话，推进北约和平伙伴关系行动。

北约还将成立新的军事指挥机构和快速反应部队，通过部署快速反应部队，强化北约在欧洲—大西洋区域的整体行动能力，同时在北约内部推进"欧洲安全与防务认同"，加强欧洲盟国在欧洲—大西洋区域内外维护安全秩序的责任。不仅如此，北约还将推动各种军控条约和核武器不扩散协定，保持现有军备始终处于透明、稳定、水平较低、可预测的水平。与

---

① James Goldgeier, "The State of the Transatlantic Alliance," *European Foreign Affairs Review*, Vol. 21, Issue 3, August 2016, pp. 404–418.

北大西洋公约组织

此同时，北约还会对欧洲—大西洋区域以外的安全危机与挑战严防紧守，例如有效防止大规模杀伤性武器及其运载工具扩散，有效防范并打击恐怖主义行动、大规模有组织犯罪，保护重要战略资源免遭切断等。就像西方学者马丁·艾德蒙（Martin Edmonds）所强调的，"当前的北约基本上是一种合作性安排……所需要的就是对恐怖主义威胁、有组织犯罪以及其他威胁做出回应。这需要北约各成员国做出更多的共同以及可能统一的安排，而不是数量有限的合作性安排，这些成员国需要共同关注国际恐怖主义威胁"[①]。

第四，北约将不断强化其能力建设，除进一步强化其防御手段外，还将发展政治、经济、社会等多种手段，通过多条路径确保未来欧洲—大西洋区域的和平与稳定。其中，北约将增加军事凝聚力，展开多国演习，推进全面的预备计划，强化北约的联盟机构与程序，增强北约在欧洲安全与防御领域的能力建设，使之能够承担更大责任。北约将通过与伙伴国展开更有效的对话，通过强化与欧盟、欧安组织以及西欧联盟等横向合作，尽可能多地获取联合国授权，以个案为基础，逐个推进维和行动。此外，北约还要向更多伙伴国敞开大门，使越来越多符合北约政治与安全利益的候选国成为成员国，使它们都能为欧洲—大西洋区域安全与稳定做出贡献。

第五，北约不仅要拥有必要的武装力量，还要确保这一武装力量能够自由行动，保持较高的行动效率，既能威慑针对北约的各种潜在侵略威胁，又能在遇到侵略危险时有效阻止侵略者。美国驻欧常规武装力量和战略武装力量，对欧洲安全与稳定至关重要，北约必须推动美国继续为其各项安全任务提供军事力量，同时促进欧洲成员国提供必要的军事力量。北约将防范各成员国防御政策以及武装力量国有化，为此将加强武装力量的集体规划，例如共同防务开支、协同行动计划、多国联合军

---

① Barry Denofsky, "Asymmetric Doctrine," Martin Edmonds, and Oldrich Cerny, eds., *Future NATO Security, Addressing the Challenges of Evolving Security and Information Sharing Systems and Architectures*, p. 123.

事演习、协调一致的指挥与行动、同一军事标准与程序、统一的训练与后勤等。

另外，北约将保持一定规模的军事力量，既能实施集体防御，又能满足北约承担各种安全任务的最低水平要求。北约既要确保军事力量能在必要时迅速应对各种突发事件，又能对任何针对北约及其成员国的军事进攻实施有效威慑和防御。为此，北约将保持足够的后勤力量，包括运输力量、医疗力量、有效部署力量、维持各类部队的后备力量。为了维持和平、防范强制性战争，北约甚至还要保持必要的核力量，制订相应的核计划等。因为核力量的目标是政治性的，目的是通过对侵略者实施整体威慑，维持和平、防止强制性的或者任何形式的战争发生。[1]

《北约战略概念，1999》对冷战后不断演化的欧洲—大西洋区域安全形势做出比较精准的分析，尤其是对国际安全形势做出深入研判。不可否认，北约对欧洲—大西洋区域安全形势所做的上述判断，在一定程度上符合欧洲安全格局发展走势。"《北约战略概念，1999》宣称，联合防御态势必须有能力恰当而有效地应对风险，与核武器、生物与化学武器的扩散联系在一起。这个文件也将恐怖主义认定为一种威胁；但它明确表示，政治与外交手段应该是反制恐怖主义的主要手段。"[2] 不仅如此，该战略概念还对北约安全与防务政策、作战理论与概念、常规武装力量与核力量态势、集体防御等做出非常细致的评估。和旧的战略概念相比，《北约战略概念，1999》有几个新亮点。

其一，扩大北约防御范围，将北大西洋区域安全拓展到整个欧洲—大西洋区域，强调在欧洲—大西洋区域内建立稳定、透明、可预测以及较低水平的军备建设，实现有效军控，防止核扩散等。其二，强调北约不仅要与国际组织展开合作，还要与区域组织展开合作，甚至还要与俄罗斯、乌

---

[1] "The Alliance's Strategic Concept, 1999," 24 Apr. 1999, https://www.nato.int/cps/en/natohq/official_texts_27433.htm?selectedLocale=en.
[2] Kristin Archick and Paul Gallis, "NATO and the European Union," Eduardo B. Gorman, ed., *NATO and Issue of Russia*, New York: Nova Science Publishers, Inc., 2010, p. 90.

克兰以及"地中海对话国"展开合作，加强协作，强化危机管控能力。俄罗斯军事将领亚历山大·沃罗宁（Alexander Voronin）中将曾就此为俄罗斯《军事思想》杂志撰文，"问题是，俄罗斯能够与北约成员国参加欧洲以外的军事行动吗？答案是可以或者不可以。当前，判定欧洲以外的地理区域并不容易，俄罗斯与北约在该地区的利益与优先权有重合，不仅有可能谈及双方共同推进维和行动的可能性，而且还有可能谈及双方快速反应部队在不远的未来相互影响的可能性"①。其三，承认欧洲成员国提出的"欧洲安全与防务认同"，强调欧盟与西欧联盟在欧洲防御领域承担更大责任，强调加强跨大西洋伙伴关系。"关于欧盟，《北约战略概念，1999》提到，任何推动'欧洲安全与防务认同'的步骤，都将在北约内部展开，都将用于强化北约的军事能力。"② 其四，强调北约在追求和平使命的同时，要强化预防战争、维持稳定、处置危机等能力，为此将改革其军事制度、指挥体系、武装力量等。

由此可见，《北约战略概念，1999》的针对性极强，即北约不再泛泛谈论欧洲安全问题，而是明确将北约东扩、建立和平伙伴关系、创建快速反应部队、联合欧盟等议题直接提上北约未来战略的议事日程，为日后北约实施大规模战略调整奠定了基础，为北约不断推出强势政策与实践提供了指导。"在华盛顿，北约各成员国首脑一致同意，采取一系列措施确保北约在21世纪的使命。最新的战略概念特别反映了危机处置、伙伴关系以及合作不断增强的重要意义，北约同意通过'成员国行动计划'帮助伙伴国成为成员国，参加不断强化与更具行动力的伙伴关系，也是该计划的重要组成部分……"③

---

① Stephen J. Blank, "The NATO-Russia Partnership: A Marriage of Convenience or a Troubled Relationship?" Eduardo B. Gorman, ed., *NATO and Issue of Russia*, p. 3.
② Mark Webber, James Sperling and Martin A. Smith, *NATO's Post-Cold War Trajectory: Decline or Regeneration?*, p. 158.
③ "Towards a Partnership for the 21st Century," 25 Apr. 1999, https://www.nato.int/cps/en/natohq/official_ texts_ 27434.htm?selectedLocale=en.

三 北约全面政治指导方针

自推出《北约战略概念,1999》后,在该战略概念的指导和推动下,北约推出一系列政治与安全政策,并且将其付诸实践。这些政策及其实践所涉及的范围几乎覆盖了整个欧洲—大西洋区域,甚至还扩展到欧洲—大西洋区域周边地区,所囊括的领域几乎遍及政治、军事、外交、安全等多个方面,所针对的对象既有北约及其成员国,也有欧盟、西欧联盟、欧安组织、联合国等各种区域或国际组织,还有俄罗斯、乌克兰、格鲁吉亚等前苏联加盟共和国等。

不可否认,北约的政治与安全实践取得了一定成效。这体现在北约顺利实施两轮东扩,将10个国家纳入北大西洋安全体系,其规模空前扩大。北约还顺利实施"和平伙伴关系计划"以及"伙伴国行动计划"(Partnership Action Plans, PAP),在欧洲—大西洋区域广泛缔结伙伴合作关系的同时,还得以在世界范围内建立各种形式的合作与对话关系,如"地中海对话"与"伊斯坦布尔合作倡议"等,这使北约得以在全世界扩展其影响。不仅如此,北约还空前强化了危机预防与处置能力,既能有效应对各种域外安全危机与挑战,还能对外全面展示其影响力。

北约谋求发展的需要,使其深切感受到战略发展步调与政治发展步调并不同步,北约亟须在体制、方针以及规则等方面实施更大程度的改革,使政治指导方针与战略思想相互匹配,进一步增强政治与安全实践的精准程度。因为该战略文件仍存在许多空白之处,无法指导北约所有的政治与安全实践。北约防务学院科研中心负责人莱昂纳尔·庞萨尔(Lionel Ponsard)与防务学院高级访问学者大卫·杨斯特曾就《北约战略概念,1999》展开专门访谈,"……该战略概念考虑到流氓国家和失败国家构成的威胁、大规模武器扩散、由民族与宗教争端引起的跨国威胁,但是该战略概念并未预见恐怖主义威胁的严重性,因为当前的战略概念形成于2001年9月11日对美国的恐怖袭击事件之前……关于《北约战略概念,1999》的另一个关键问题,就是北约与联合国的关系,特别是联合国安理会授权北约采取行动的问题。《北约战略概念,1999》

在几个点上承认了联合国的权威,但并未解决北约与联合国之间的关系问题,北约在采取军事行动前有必要获取联合国安理会的授权……"①。

2004年6月,北约各成员国在土耳其伊斯坦布尔召开峰会。北约在此次峰会上正式推出北约"全面政治指导方针"(Comprehensive Political Guidance, CPG),全面分析了当前北约所处的政治环境,提出下一个阶段北约政治与安全的发展方向。北约的上述做法在历史上并不多见,因为北约很少以单列的政治指导方针展示其战略理念。这种做法显示了北约在急剧变幻的国际或区域安全环境中的战略转向,即北约需要更多的政治指向而非单纯的军事目标,而且需要更多的政治联合与协商而非军事对抗与竞争。

"全面政治指导方针"明确提出,将为今后10~15年北约持续战略转型、定位、优选的能力建设、训练与情报等,提供一个框架与政治方向,通过建立一种有效的管理机制,进一步强化成员国团结。"全面政治指导方针"共分为四个部分,即战略内容、对北约的影响、对北约能力要求的指导方针、管理机制的原则。"我们赞成北约各成员国及其首脑在伊斯坦布尔峰会上达成的'全面政治指导方针'所设定的任务,同意将该方针提交里加峰会供其考虑。该方针不仅为北约持续转型提供了一个框架,还为北约所有能力问题列出优先权,包括计划规则与情报。"②

首先,北约重申,欧洲—大西洋区域安全形势依旧,仍处于急速发展与变化中,恐怖主义在全球范围内泛滥,造成某些致命结果。大规模杀伤性武器扩散,在今后10~15年可能会对北约构成主要威胁。失败国家或者正在走向失败的国家不断出现,各种区域性危机与冲突持续发生,世界局势呈现不稳定状况。大量疑似战略级别的常规武器被越来越多地运用于局部冲突与战争,不断进步的技术被滥用,主要的资源链均遭破坏,这些都可能对北约构成危险和挑战。为此,北大西洋理事会发表

---

① "Is it Time to Update NATO's Strategic Concept?" 1 Jul. 2005, https://www.nato.int/cps/en/natohq/opinions_21879.htm?selectedLocale=en.

② "Final Communiqué," 5 Jun. 2006, https://www.nato.int/cps/en/natohq/official_texts_22441.htm?selectedLocale=en.

第五章　冷战后北约的战略转型及其实践

《反恐宣言》（Declaration on Terrorism）。"反恐防御包括以北大西洋理事会决议为基础的北约军事力量所采取的行动，确实会针对受国外指使的恐怖主义的攻击以及攻击威胁采取阻击、防御、隔离措施；保护成员国的人口、领土、基础设施以及军队，包括对恐怖主义分子及其包庇者采取行动。（北约）所采取的任何针对恐怖主义的防范措施，不仅具有完全的法律依据，而且符合《联合国宪章》相关规定以及相关的国际规范与标准。"①

北约明确指出，和平、安全与发展等主题更紧密地连在一起，为国际组织在危机处置与预防中单独或联合发挥作用、实现更密切的合作与协商提供了额外保障。联合国与欧盟由于具有广泛的手段与责任而变得非常重要，联合国安理会将继续在维持国际和平与安全方面承担主要责任。欧盟可以在更大范围内动用军事和民间手段，在维持国际稳定方面承担更大责任，欧安组织将会继续在这一领域担负重要责任。

其次，北约明确提出，将继续推进《北约战略概念，1999》，贯彻并执行北约基本安全任务，包括安全、协商、威慑、防御以及伙伴关系等。虽然针对北约的大规模常规性武装进攻不大可能出现，但未来武装进攻可能来自欧洲—大西洋区域以外，未来的武装进攻可能会采取不对称方式，可能会使用大规模杀伤性武器。因此，针对恐怖主义而采取的防御，以及针对可能出现的挑战予以积极应对，将是非常重要的。北约将致力于有效的危机预防与管控，尽可能缓解欧洲紧张关系，关注北约有可能采取行动的重大事件，为未来可能采取的行动做好准备。

北约的聚焦点包括加强北约应对各种危机与挑战的能力，在恐怖主义与大规模杀伤性武器形成危险前对其给予特别关注；为了执行全方位军事行动与任务，北约将提供武装力量；北约还要对不可预见的安全环境迅速做出反应，确保拥有有效的危机处置手段。"2004 年 6 月，在伊斯坦布尔峰会上，北约同意在战略意义重大的高加索和中亚重点推动与

---

① "Declaration on Terrorism," 2 Apr. 2004, https://www.nato.int/cps/en/natohq/official_texts_21031.htm? selectedLocale = en.

伙伴国的互动。"① 为此，北约将与伙伴国、国际组织、非政府组织等展开合作。同时，为了满足新安全环境的要求，北约将继续规划其计划流程。

再次，北约将会在情报和信息分享上做出安排。为了实施集体防御，以及在域外推进危机反应行动，北约将拥有启动并且持续保持当前联合行动的能力。即北约不仅能够开展更多要求不高、类型不同的行动，还能实施大规模、高强度的行动。北约将全面部署并且保持陆军、海军以及空军力量。北约与欧盟各自的成员国一致同意上述程序，确保团结和透明，相辅相成，发展两个组织共同需要的能力。北约需要足够的资源发展其能力，要在关键事项上增加投入，通过双边或多边合作，更有效地利用这些资源。北约将在未来 10~15 年面对不断变化的安全环境，应对常规性威胁以及不对称威胁。

为此，北约要发展在域外实施多国联合远征行动的能力，在不可预见环境中，能够及时且有效地摆出武力姿态、做出军事反应。不仅如此，北约还将发展抵御、瓦解、防御和防范恐怖主义的能力，发展情报系统，用于保护北约免遭网络攻击。北约还要能够应对大规模杀伤性武器与生化暨核武器，在不同地理和气候条件下展开行动，在采取行动时将损失降至最低，推动不同机构、组织以及国家采取协同行动，在军事上推动稳定和重建，在盟国中实现最实用的互通性与标准化。

最后，北约各委员会及其所属机构负责制订各种行动计划以及包括情报在内的相关计划，负责将"全面政治指导方针"落实到位，付诸详细的政策、指令和指导方案。一个有效的管理机制将成为执行"全面政治指导方针"的重要组成部分，北大西洋理事会常设委员会将确立一种管理机制，以此推进"全面政治指导方针"，监督并确保该方针各项条款能够得到执行，确保北约各成员国保持团结一致。管理机制将包括一个权力有效配置体系，包括正式的指导方向、实现联合计划程序的目标、持续的指导、统一的要求、支柱性结构。对未来北约的行动和任务而

---

① Mark Webber, James Sperling and Martin A. Smith, *NATO's Post-Cold War Trajectory: Decline or Regeneration?*, p.137.

言,"全面政治指导方针"将立足于进一步推进对北约发展更有用的那些能力。

"全面政治指导方针"指明了未来10~15年北约的发展方向,提出北约将要实现的各种短期能力建设目标。未来北约既要对付传统安全威胁,又要应对非传统安全威胁;北约既要不断强化自身的能力建设,又要与联合国、欧盟、欧安组织等展开合作;北约既要建立广泛的伙伴国、对话国以及联系国关系,还要建立一整套旨在强化成员国团结协作的管理机制等。毫无疑问,"全面政治指导方针"对强化北约政治领导、加强北约内部团结、提升北约的综合影响力发挥了重大作用。

2006年11月29日,北约各成员国在拉脱维亚首都里加召开首脑会议,共同探讨并制定北约的安全战略与政治指导方针,里加峰会通过《里加峰会宣言》(Riga Summit Declaration)。《里加峰会宣言》进一步拓展并深化了"全面政治指导方针",将北约的发展方向集中于政治领域而非单纯的军事领域,进一步扩大北约政治与安全实践的范围。"在这方面,北约的战略演变有3个指导性战略文件,第一个就是'全面政治指导方针',该方针在2006年11月里加峰会上得到支持,将恐怖主义和大规模杀伤性武器扩散提升为针对北约的主要威胁方式,重申这是'9·11'事件后的(安全)主题。"[①] 就此而言,《里加峰会宣言》与"全面政治指导方针"可谓互相补充。

北约上述两个文件都将当前欧洲安全力量实现全面整合、北约应对突发性危机的处置能力、应对传统与非传统安全危机纳入北约能力建设。"北约领导人在里加支持'全面政治指导方针',这一文件阐述了北约所有能力问题的优先权,包括在下一个十年以及以后的设计规则能力和情报能力。这一方针支持《北约战略概念,1999》,承认在可预见的未来,对北约的主要威胁是国际恐怖主义以及大规模杀伤性武器及其运载工具扩散、已失败或者正在走向失败的国家导致的不稳定、区域性危机、新技术

---

① Mark Webber, James Sperling and Martin A. Smith, *NATO's Post-Cold War Trajectory: Decline or Regeneration?*, p. 50.

滥用、重要资源流动的中断。"①《里加峰会宣言》作为北约在新世纪开启后的一种政治指导理念，和"全面政治指导方针"共同延续了《北约战略概念，1999》的精神理念，使北约战略理念持续发展与深化，对于指导北约政治与安全实践可谓意义重大。

《里加峰会宣言》不再仅强调北约的安全职能，同样也强调北约作为政治组织的特殊职能，即将北约安全战略的核心置于政治与安全两个方向。《里加峰会宣言》列举了北约需要面对的几个重大政治问题，例如北约在阿富汗、科索沃的行动，北约防御改革，北约与乌克兰、格鲁吉亚等国的关系等，"北约一直将阿富汗确定为北约的首个优先任务"②。此外，《里加峰会宣言》所涉及的地域范围从阿富汗到巴尔干，从地中海再到达尔富尔，分布在3个不同地理区域，大致可概括为6项安全与政治任务。

其一，北约支持阿富汗卡尔扎伊（Hamid Karzai）政府，支持阿富汗维持民生、发展经济、稳定国家秩序的"国家发展战略"，支持阿富汗打击非法毒品、惩治腐败等行动，北约及其领导的国际安全援助部队（International Security Assistance Force，ISAF）将帮助阿富汗维持安全与稳定，推进国家重建。就像土耳其中东技术大学教授奥克泰·坦里赛弗（Oktay F. Tanrisever）所强调的，"北约在2010年里斯本峰会上将阿富汗列为关键性伙伴国，强调阿富汗安全问题具有全球安全的性质，因为在这个国家发生的事情，也影响着欧洲—大西洋区域安全以及全球安全"③。

其二，北约支持联合国在科索沃采取的一切重大举措，支持"国际维和部队"为维护安全、保护环境所做的努力，对任何安全威胁做

---

① "Riga Summit Reader's Guide，" https：//www. nato. int/nato_ static_ fl2014/assets/pdf/pdf_ publications/20120117_ rdr – gde – riga – e. pdf.
② Jennifer Medcalf, *Going Global or Going Nowhere？NATO's Role in Contemporary International Security*，Bern：Peter Lang，2008，p. 158.
③ Oktay F. Tanrisever, "Introduction：NATO, Afghanistan and Central Asian Security in the Aftermath of 9/11," Oktay F. Tanrisever, ed.，*Afghanistan and Central Asia：NATO's Role in Regional Security since 9/11*，Amsterdam and Washington，D. C.：IOS Press，2013，p. 6.

出的快速反应；北约将与联合国、欧盟、西欧联盟、欧安组织等展开合作，帮助科索沃建立一种全方位的国家安全体系；北约将以此稳定整个东南欧，确保该地区能够尽早融入欧洲—大西洋区域。就像德国学者玛尔塔·列维斯基特（Malte Liewerscheidt）所做的评价，"为了实现这一目标，北约开始努力加强欧洲能力，因此出现了所谓的'欧洲安全与防务认同'。其基本思想是在北约、欧盟、西欧联盟之间建立一个三角架构，在北约架构内建立一套'可以分开但并不独立的'欧洲武装力量"①。

其三，北大西洋理事会将在新政策指导下推进其工作，全面提升和深化现行的政治与安全合作计划，增加与非北约伙伴国的合作，在与北约有合作关系的地区或国家推动防御改革，推动北约与伙伴国展开优先性协商与合作，加强北约与单个国家开展合作的能力。

其四，北约将继续推进当前承担的各项安全任务，包括对伊拉克安全部队提供军事训练，通过信托基金向伊拉克提供资金援助；敦促苏丹达尔富尔交战双方遵守停火协定，支持非盟为稳定苏丹政治与安全局势所付出的努力；继续推进北约在地中海地区的海上行动——"积极努力行动"（Active Endeavor Operation，AEO），继续推进"反恐防御倡议"（Anti-Terrorism Defense Initiative），并在该倡议的指导下展开反恐实践。

其五，北约将增强应对当代威胁与挑战的能力建设，包括多国实施远征行动的能力、战略空运能力、特别行动部队转型能力、启动网络行动能力等，启动"情报联合中心"，继续"地缘监测计划"，增强后勤保障能力，加强欧洲—大西洋区域抵御生化与核威胁的能力，推动"北约主动分层战区弹道导弹防御系统"等。

其六，北约将与格鲁吉亚、乌克兰展开密集对话，加强与波斯尼亚和黑塞哥维那、黑山、塞尔维亚的防御合作，支持阿尔巴尼亚、克罗地亚、

---

① Malte Liewerscheidt, *European Security and Defence Policy, an Analysis of Decision-Making Processes towards Military Deployments*, Leipzig, Germany: VDM Verlag Dr. Müller, 2010, p. 94.

马其顿为获得北约成员国资格所付出的努力，与俄罗斯展开密集对话与务实合作，推动欧洲和平与稳定等。①

《里加峰会宣言》所提出的上述目标，不论是北约当前所面对的安全问题，还是未来将要承担的安全任务，基本上都停留在政治合作与对话层面，这体现了北约指导方针的巨大变化。即北约不再单纯追求作为防御联盟的军事目标，而是更多地执着于推进政治联合与协作目标。北约的合作与协商对象既包括联合国、欧盟、欧安组织等组织，还包括大量伙伴国、联系国以及对话国，还有相互竞争的俄罗斯，以及北俄双方杯葛不止的乌克兰、格鲁吉亚等。很明显，北约不仅致力于欧洲—大西洋区域的和平、安全与稳定，而且致力于应对周边地区以及世界其他地区的危机与冲突。"欧盟与北约在稳固欧洲的过程中拥有共同利益，通过融入俄罗斯、乌克兰中亚各国以及位于中东、地中海区域的国家，将它们融入欧洲—大西洋区域稳定进程中，给这些地区带来稳定。在此背景下，欧盟与北约称得上相辅相成。"②

四 从《北约安全宣言》到"积极接触，现代防御"

里加峰会后，欧洲安全形势再度发生变化。这种变化主要表现在以下四个方面。第一，北约东扩政策及其实践遭到俄罗斯的强烈抵制。2008年8月，围绕阿布哈兹和南奥塞梯归属问题，俄罗斯与格鲁吉亚发生军事冲突。"2008年格鲁吉亚与俄罗斯发生短暂的军事接触，这几乎使俄罗斯武装力量拆毁了格鲁吉亚。俄罗斯的作战策略就是占领格鲁吉亚黑海海军基地，并使之中立化。"③ 此举直接导致北约与俄罗斯全面交恶，使北约长期着力构建的对俄政治与安全战略面临挑战，使北约所设计的欧洲安全

---

① "Riga Summit Declaration," 29 Nov. 2006, https：//www.nato.int/cps/en/natohq/official_texts_ 37920.htm? selectedLocale = en.
② Gunther Hauser, "The ESDP: The European Security Pillar," Gunther Hauser and Franz Kernic, eds., *European Security in Transition*, Hampshire G. U. and Burington V. T.: Ashgate, 2006, p.62.
③ Sarwar A. Kashmeri, "The North Atlantic Treaty Organization and the European Union's Common Security and Defense Policy: Intersecting Trajectories," *SSI Mongraph*, July 2011.

架构身处险境。究其原因在于,"俄罗斯—北约关系的核心问题,触及双方相差迥异的价值观核心,随之而来的是俄罗斯与北约展开规范化竞争。持续恶化的俄罗斯—欧盟关系就是个例证,可以见诸每一项针对性研究"①。

第二,欧洲亦深受国际恐怖主义困扰,包括俄罗斯在内,欧洲多个国家出现暴恐袭击以及各种群体性社会动荡,欧洲社会与民众深受其害,北约建构新欧洲安全秩序的目标面临挑战。"没有比这更好的例证,即通过一个单一的恐怖主义事件,成功地影响国家公众;'基地'组织的特工人员在2004年3月11日制造了马德里爆炸案。这次爆炸案导致190人丧生,受伤人员超过1800人。"② 事实上,欧洲类似的暴恐袭击层出不穷,恐怖主义以及暴恐行动逐渐上升为北约的主要威胁,其破坏性影响丝毫不亚于北约遇到的任何危险。

第三,欧洲多国普遍出现政治保守主义、右翼主义、极端民族主义、排外主义等倾向,大量政治立场比较激进的政党与组织,开始在欧洲政治舞台上频频露面,它们经常打着民粹主义旗号,逆潮流而动,这些政治现象在一定程度上动摇了传统的欧洲政治、经济、社会以及安全秩序。"如果核心国家执掌政权的政府具有的价值观不同于核心价值观,北约创立新安全制度的努力就会失败;如果两者相符,北约创立新安全制度的努力就会在这些共享价值观的基础上获得成功,还有可能创立更强有力的安全制度。"③ 很明显,北约的安全战略不仅需要积极应对各种驳杂且尖锐的外来挑战,还需要适应不断趋向复杂的内部政治与安全环境。

第四,欧洲—大西洋区域周边地区也出现大范围政治与社会动荡,

---

① Stephen J. Blank, "The NATO-Russia Partnership: A Marriage of Convenience or a Troubled Relationship?" Eduardo B. Gorman, ed., *NATO and Issue of Russia*, p. 35.
② Jeffrey Kaplan, *Terrorist Groups and the New Tribalism*, Abingdon, O. X. and New York: Routledge, 2007, pp. 21–22.
③ Stephanie C. Hofmann, *European Security in NATO's Shadow: Party Ideologies and Institution Building*, p. 36.

北大西洋公约组织

中东、中亚等地都出现战乱与动荡,来自伊拉克、阿富汗、叙利亚、利比亚等国的难民不断涌入欧洲,对欧洲现有的政治、经济、安全以及社会生态带来巨大压力,在欧盟与北约内部造成新的分歧与矛盾,迫使北约不得不持续扩大其行动范围。"北约在巴尔干的行动逐渐减少,与其对欧洲以外的关注逐渐增多相互重合……北约对'9·11'事件的反应,展示了北约愿意拓展其行动与地理范围,超出在南联盟所采取的行动。这些努力在此后岁月中一直持续,这表明北约已经变成一个全球安全玩家。"①

为了适应欧洲复杂且严峻的安全形势,北约开始调整既定的外交与安全战略,按照维护欧洲—大西洋区域安全的实际需要,调整旧的安全理念,增加应对新安全形势的应急之策。2009年4月3~4日,北约各成员国在法国斯特拉斯堡和德国巴登巴登—凯尔召开首脑会议,就欧洲安全形势以及北约的安全战略展开讨论,商量应对欧洲安全环境急剧恶化的处置对策。在斯特拉斯堡—凯尔峰会上,北约各成员国一致通过《北约安全宣言》(Declaration on Alliance Security),对未来北约将要采取的安全战略及其实践做出明晰说明,对北约东扩、对外合作、北约与俄罗斯关系、应对安全挑战等做出更详尽的解释。"《北约安全宣言》建议,北约应该发展其能力,即'不论哪里需要,只要出现新的危机,我们都可以迅速而且有效地做出反应'。"②

《北约安全宣言》内容极为简约,大致包括几个方面。第一,北约将继续作为跨大西洋安全论坛,供各成员国展开沟通与协商。北约各成员国在防御领域具有天然的不可分割性,北约及其成员国将继续坚持集体防御原则。基于此前获得的成功经验,北约将继续维持其威慑能力,不会因苏联销声匿迹而放弃战略威慑。北约将保持适当的核力量与常规武装力量,继续展开威慑战略。北约将继续确保《核不扩散条约》持续有效,在保

---

① Mark Webber, James Sperling and Martin A. Smith, *NATO's Post-Cold War Trajectory: Decline or Regeneration?*, p. 62.
② Mark Webber, James Sperling and Martin A. Smith, *NATO's Post-Cold War Trajectory: Decline or Regeneration?*, p. 51.

持"不扩散"的基础上，继续在世界范围内加强对各国核武器以及常规武装力量的控制。

第二，北约东扩取得历史性成就，即北约通过东扩，将越来越多的欧洲民主国家纳入北大西洋安全体系，北约东扩并未造成欧洲分裂，而是持续强化了欧洲的完整和统一。另外，北约通过东扩，将民主自由理念扩展到全欧洲，从而确保了欧洲自由。因此，北约将继续吸收那些持同样价值观的欧洲民主国家入盟，前提是这些国家愿意承担作为北约成员国所应担负的责任和义务，确实能够对欧洲—大西洋区域安全与稳定产生助益。就像美国兰德公司研究人员托马斯·萨伊纳（Thomas D. Szayna）所强调的，"对于美国及其盟国来说，北约东扩与转型的军事影响非常深刻，北约转型后的角色，涉及当前许多成员国武装力量仍然准备不足的一些任务，而且每一个新成员国都需要将其对北约的承诺扩展到对所有成员国的集体防御，即使当前新成员国尚未遇到明显威胁"[1]。

第三，当前北约正面临数量不断增加的各种新威胁，例如恐怖主义、大规模杀伤性武器及其运载工具扩散、网络攻击、能源安全、气候变化、环境污染、失败国家对外扩散不稳定因素等。因此，北约及其成员国必须强化应对各种安全挑战的能力，各成员国将公平分担风险与责任，北约将拥有更加灵活、可以善加部署的能力，以便在危机出现时能够迅速且有效地做出反应。北约为此将改革其结构，使自己成为一个结构灵活的组织，行动成本很低，但效率很高。为此，北约将在危机处置中扮演重要角色，在关涉自身利益的冲突处置中发挥作用。

第四，北约将与其他国家或者组织展开合作，例如联合国、欧盟、欧安组织、非盟等，以便提高自身能力。例如，在当前阿富汗和西巴尔干半岛的行动中，北约将与其他国家和组织的军事力量携手合作，北约在阿富汗的优先考虑是帮助阿富汗政府和人民建立一个民主、安全以及稳定的国

---

[1] Thomas S. Szayna, *NATO Enlargement, 2000 – 2015, Determinants and Implications for Defense Planning and Shaping*, Santa Monica, C. A.：Rand, 2001, p. 1.

家，使恐怖分子无法再度威胁阿富汗与国际社会。

第五，北约将致力于在欧洲建立一种更加强大和稳定的防御态势，北约欢迎欧盟为应对共同安全挑战而加强其能力建设，非欧盟国家也应为此做出重大贡献。北约将致力于发展北约—欧盟关系，使之成为真正能够发挥作用的战略伙伴关系，能得到北约与欧盟的共同认可。北约与欧盟努力的目的是相互强化、互为补充。

第六，北约将会与所有地处欧洲—大西洋区域邻近或者外围地区的伙伴国发展关系，北约与这些伙伴国将共同建立合作安全。在践行共享价值观与责任共同体这一理念时，北约伙伴国起到关键作用，北约非常珍视伙伴国参与北约的行动，以及履行这些使命时给予北约的支持。北约还将以1997年《北约—俄罗斯基本法》和2002年《罗马宣言》为基础，与俄罗斯建立一种强有力的合作伙伴关系，以便更好地服务于欧洲—大西洋区域安全，北约准备与俄罗斯共同应对所面对的挑战。

斯特拉斯堡—凯尔峰会通过的《北约安全宣言》，虽未形成正式的战略文件，但该宣言明确指出未来北约的战略新动态，还提出一些针对性很强的新战略理念，为此后北约正式推出新战略概念奠定了基础。《北约安全宣言》的形成并非偶然，实际上与此前北约推出的各个战略文件紧密相连，共同构成北约的大战略与整体安全思想。"通过制定官方文件——'全面政治指导方针'（2006）与《北约安全宣言》（2009），各成员国尝试制定北约的大战略设计。"① 不仅如此，北约在斯特拉斯堡—凯尔峰会上所做的宣言，实际上反映了北约新的战略动向。"我们的目标是加强与其他国际玩家的合作，包括联合国、欧盟、欧安组织、非盟，以此提高运用综合方法应对新挑战的能力，并且将民事和军事能力更有效地连在一起。在当前在阿富汗与西巴尔干地区采取的行动中，我们的武装力量正在和许多国家暨组织并肩战斗。在阿富汗，我们的优先选择是向阿富汗政府和人民做出承诺，将阿富汗建成一个民主、安全和

---

① Veronica M. Kirtchen, *The Globalization of NATO: Intervention, Security and Identity*, Abindon O. X. and New York: Routledge, 2010, p. 108.

稳定的国家，使之不再成为威胁阿富汗安全与国际安全的恐怖分子的庇护所。"①

北约在该宣言中正式提出处置危机的"综合方法"（Comprehensive Approach），这一"综合方法"同样是构成北约推进政治与安全战略的一项重要内容，进一步补充了《北约安全宣言》所涉及的各种行动、步骤以及工作方法。"北约采纳所谓的'综合方法'，以北约在巴尔干半岛与阿富汗所获经验为基础，根据《北约安全宣言》，此举关涉与北约并肩作战的当地力量、国际力量以及非政府力量，它们也负责采取'民事和军事措施'。"②

在斯特拉斯堡—凯尔峰会上，北大西洋理事会正式委托北约秘书长，由其领衔建立一个专家小组，在与各成员国充分协商的基础上，正式拟定一项北约战略新概念草案，供北大西洋理事会常设理事会审议和修改，最终在下次北大西洋理事会首脑会议上讨论并予以确定。

在北约秘书长拉斯穆森（Anders Fogh Rasmussen）的领导下，北约正式启动了制定新战略构想的工作。以《北约安全宣言》为基础，拉斯穆森领导的专家小组最终确定了新战略概念的一个草案文本，即《北约2020年：确保安全、动态接触》（NATO 2020：Assured Security；Dynamic Engagement）。5月17日，北大西洋理事会正式发表《北约2020年：确保安全、动态接触》，这份报告承前启后，既对此前的北约战略思想做出总结，也为此后战略趋势做出铺垫。

《北约2020年：确保安全、动态接触》围绕当前北约遇到的各种问题，提出未来10年北约将要付诸实践的各种安全任务，即应对非传统安全威胁、持续保持北约的战略威慑地位、持续东扩、发展应对经济危机与军事冲突的快速反应能力、发展北约导弹防御系统、发展北约与俄罗斯双边关系、推动阿富汗民事能力建设等。"新战略概念必须启动北约

---

① "Declaration on Alliance Security," 4 Apr. 2009, https：//www.nato.int/cps/en/natohq/news_52838.htm? selectedLocale=en.
② Mark Webber, James Sperling and Martin A. Smith, *NATO's Post-Cold War Trajectory：Decline or Regeneration？*, p.53.

的政治意愿,换句话说,就是代表每个成员国重申誓言。虽然对北约利益的威胁来自外部,但北约很容易被内部因素削弱;全球政治环境变得愈加复杂,极有可能会削弱北约的凝聚力;经济问题可能会分散北约对安全的需求,旧的对抗可能会重现;北约成员国与其他国家军事贡献可能会出现破坏性失衡;北约成员国不会允许21世纪的危险催生过去各种危险所产生的那种结果,例如分裂其领导人、削弱其集体决心。因此,新战略概念必须明确北约能为每个成员国做什么,每个成员国能为北约做什么。"①

不仅如此,《北约2020年:确保安全、动态接触》还提出北约转向新战略态势的重大步骤:(1)重申北约的核心承诺:实现集体防御;(2)防范非常规性威胁;(3)为北约边境外的行动制定指导方针;(4)为在阿富汗赢得胜利创造条件;(5)就阻止和处置危机展开磋商;(6)开创伙伴关系新时代;(7)采取旨在处理复杂问题的"综合方法";(8)与俄罗斯保持接触;(9)继续保持门户开放政策;(10)推动新时代的新能力建设(军事转型与改革);(11)采取保持和平以及始终追求和平的核武器政策;(12)赋予导弹防御新使命;(13)对正在兴起的网络攻击威胁做出回应;(14)实施改革,建设更加灵活的北约;(15)讲述北约的故事;(16)提出愿景与目标。②

另外,《北约2020年:确保安全、动态接触》还在"综合方法"的基础上,提出"全面行动计划指导"(Comprehensive Operational Planning Directive),在战术层面更有效地指导北约各种具体的计划、训练以及行动。"'全面行动计划指导'将一系列关于北约行动计划与训练的共同原则编列在一起,意在加强北约将非军事内容融入其规划程序的能力,同时

---

① "NATO 2020: Assured Security; Dynamic Engagement," 17 May. 2010, https://www.nato.int/cps/en/natohq/official_texts_63654.htm? selectedLocale = en.
② "NATO 2020: Assured Security; Dynamic Engagement," 17 May. 2010, https://www.nato.int/cps/en/natohq/official_texts_63654.htm? selectedLocale = en.

第五章　冷战后北约的战略转型及其实践

加强北约推进与欧盟、联合国以及非政府组织等组织展开务实合作的能力。"① 由此可见,《北约 2020 年：确保安全、动态接触》充分吸收了此前北约战略概念的精神主旨,确定了北约新战略概念的基本思路。

2010 年 11 月 19~20 日,北约各成员国在葡萄牙首都里斯本召开会议,商讨如何应对未来威胁与挑战。里斯本峰会通过一项重要文件——《积极接触,现代防御》(Active Engagement, Modern Defense),该文件成为北约继 1991 年、1999 年战略概念后提出的第三个正式的战略概念。由于《积极接触,现代防御》对未来北约发展极为重要,预示着北约开创了一个新时代,北约秘书长拉斯穆森对这一新战略概念给予很高评价。"北约 2.0 版是冷战后的北约。从"柏林墙"倒塌至今,北约运转良好,我们推动了整个北约和平与民主的稳固,处置了从巴尔干到阿富汗的危机,与有共同目标的新伙伴国展开合作；现在到了北约 3.0 版出场的时候,北约将是一个能够保护其成员国 9 亿名公民的联盟,它将确保我们在当前以及未来 10 年免遭威胁,这个战略概念为新北约打造了一幅蓝图。"②

《积极接触,现代防御》集合了 1991 年与 1999 年两个战略概念、"全面政治指导方针"、"综合方法"、"全面行动计划指导"、各种峰会宣言所表达的各种战略概念、理论以及思想元素,同时也考虑了当前国际政治与安全环境的变化及未来走势,表达了许多新战略理念,推出了大量新的战略手段和方法。"北约进入 21 世纪第 2 个十年,成为在不确定和不可预测的世界中实现稳定的一个基本来源。向前看,北约有充足的理由感到自豪,北约在保持欧洲—大西洋区域统一、安全与自由的过程中不断取得进展。作为全球最成功的政治—军事联盟,

---

① Mark Webber, James Sperling and Martin A. Smith, *NATO's Post-Cold War Trajectory: Decline or Regeneration?*, p. 54.
② "The New Strategic Concept: Active Engagement, Modern Defense," 8 Oct. 2010, https://www.nato.int/cps/en/natohq/opinions_66727.htm?selectedLocale=en.

北约堪称无可挑战。"①

《积极接触，现代防御》在其核心战略思想上提出一种新思路，其基本思想主要包括以下内容。第一，北约将通过政治与军事手段，维持所有成员国的自由与安全。作为西方国家的价值观共同体，北约尊重个人自由、民主、人权与法治原则。北约将持续推进基本核心任务，即集体防御、危机管理、合作安全。北约各成员国将相互协作，共同对付外来攻击。北约将采取包括政治与军事在内的综合手段处置危机，稳固危机处置后的安全局势；北约将与其他国家或组织展开合作，共同致力于维护国际安全。就像美国学者彼得·杰卡布森（Peter Viggo Jakobsen）所总结的，"北约需要向其成员国提供3种保护：（1）针对外来攻击提供安全保证；（2）提供一种工具，以处置冲突、支持武器控制、不扩散以及裁军为方式，加强国际和平与安全；（3）在自由价值观的基础上，提供一种建立共同体与同一性的感觉，这一价值观包括个人自由、民主、人权以及法治"②。

第二，当前北约的安全环境总体上保持和平状态，但仍然存在许多不可预测的危险，例如，包括弹道导弹在内的常规性威胁仍然存在，核武器与其他大规模杀伤性武器及其运载工具仍在扩散，运用现代技术的恐怖主义袭击正在发散，包括武器与毒品交易、人口贩卖在内的各种跨国非法活动极为猖獗，网络攻击盛行，通信与交通运输线受到攻击和破坏，还包括健康风险、气候变化、水资源短缺、能源需求增加在内的新安全威胁。因此，北约必须积极面对这些危险，防患于未然。

第三，北约将持续加强防御和威慑态势，保持核力量与常规武装力量有机组合，以此保持北约的综合能力以及战略威慑力。为此，北约不仅将

---

① Sarwar A. Kashmeri, "The North Atlantic Treaty Organization and the European Union's Common Security and Defense Policy: Intersecting Trajectories," *SSI Mongraph*, July 2011.
② Peter Viggo Jakobsen, "The Indispensable Enabler: NATO's Strategic Value in High-Intensity Operations is Far Greater than You Think," Liselotte Odgaard, ed., *Strategy in NATO, Preparing for an Imperfect World*, Houndmills, Hampshire and New York: Palgrave, 2014, p. 60.

第五章　冷战后北约的战略转型及其实践

继续把核武器当作其战略威慑的重要组成部分，还将保持强大、机动性强、可以部署的常规武装力量，保持必要的防务开支，制定富有前瞻性的各种计划，在其指导下展开训练、演习以及经济行动。北约将在积极预防和打击非传统安全威胁的同时，准备应对各种常规安全威胁。

第四，北约将继续保持门户开放政策。自北约创建后，门户开放政策一直是推动北约持续向前发展的重要动力，不仅全面增强了北约的政治向心力和聚合力，而且为北约及其成员国实现集体安全目标做出了重要贡献。为此，未来北约将继续推行门户开放政策，鼓励欧洲—大西洋区域内更多国家实施自由和民主改革，包括巴尔干半岛西部国家、格鲁吉亚和乌克兰。北约将推动这些国家尽快达到北约设定的标准。北约承诺，将向所有有意入盟的国家敞开大门。

第五，北约强调将继续在全球范围内建立并发展更宽泛、更务实的伙伴关系。北约既要与重要伙伴国家建立持久且有力的合作关系，又要在适当时间不断发展新伙伴关系，不断扩展伙伴关系的活动范围。就像美国学者莱斯利·艾德曼（Leslie Ordeeeman）和布鲁斯·温罗德（Bruce Weinrod）所强调的，"北约2020年报告承认，为了建立伙伴关系，有必要实施更加复杂的方法"[①]。北约将在全球范围内积极推动政治对话和务实合作。北约不仅要与那些和北约有共同利益的相关组织展开合作，如欧盟、西欧联盟、欧安组织等，还要与联合国展开合作，甚至要与竞争对手俄罗斯展开协商与对话，最终实现合作安全的目标。

第六，北约需要改革，不仅要改革防务开支分摊制度，使北约防务经费得到更有效的利用，还要实现北约防御与威慑能力的现代化，使之能够有效应对各种现代安全威胁与挑战，例如，北约特别需要在网络空间与导弹防御领域强化自身能力。北约需要以更加积极的态度参与国际安全秩序构建。但是北约不会放弃集体安全方针与政治协商，因为这是北约存在和

---

① Leslie Ordeman and Bruce Weinrod, "NATO Partnerships into the Europe," Yonah Alexander and Richard Proisen, eds., *NATO from Regional to Global Security Provider*, Lanham, M. D. and London: Lexington Books, 2015, p. 223.

发展的支柱，仍将是未来北约存在与发展的支柱。①

和此前北约的战略文件不同，《北约安全宣言》《北约 2020 年：确保安全、动态接触》《积极接触，现代防御》全面展示了北约面对的各种危机与挑战，在新历史条件下所应采取的方针和策略，为北约全面推进政治与安全实践指明了方向，为加强融政治、经济、军事、文化以及社会等于一体的北约综合能力开辟了道路。"在 2010 年慕尼黑安全会议上，北约秘书长拉斯穆森将建立北约的目标定义为'北约将是一个安全伙伴关系网络的中心，还将是一个针对国际安全问题展开磋商的中心，北约甚至有可能不会针对这些安全问题采取行动'。"②

总之，冷战结束后经过近 30 年的持续摸索和尝试，北约在充分总结历史经验教训的基础上，归纳出一条适合国际安全形势需要、确保北约政治与安全利益的发展思路，这一发展思路尚未完全定型，许多内容还处于探索和尝试中。《积极接触，现代防御》对未来北约政治与安全战略的规划还比较笼统，不仅所设定的目标较大，多着眼于长期目标，在短期内很难奏效，而且许多战略观念、理念以及计划等实际上很难操作，在一定程度上影响了北约这一新战略概念的影响力。为此，英国皇家国际事务研究所（Chatham House）研究员泽尼亚·维克特（Xenia Wickett）与凯瑟琳·麦肯尼斯（Kathleen J. McInnis）联合撰文，对未来北约发展提出新的思路。"2010 年，北约一致通过一项新战略概念，为北约整合并形成一套广泛的职能与使命。非常不幸的是，这个文件过于笼统，以致在新挑战出现时无法提供指导。针对北约的责任与优先选择，北约各成员国一直存在争论。"③

---

① "Active Engagement, Modern Defense," 19 Nov. 2010, https://www.nato.int/cps/en/natohq/official_ texts_ 68580. htm.
② Speech by NATO Secretary General Andres Fogh Raumussen at the Munich Security Conference, 7 Feb. , 2010. 见 Leslie Ordeman and Bruce Weinrod, "NATO Partnerships into the Europe," Yonah Alexander and Richard Proisen, eds. , *NATO from Regional to Global Security Provider*, p. 230。
③ Xenia Wickett and Kathleen J. McInnis, *NATO：Charting the Way Forward*, Research Paper (US Project), Chatham House, July 2014.

第二节 北约战略转型实践

一 北约政治机制精简与调整

与冷战后北约全方位重构新战略概念相对应，北约也积极尝试改革和调整旧的政治机制。北约的目标非常明确，就是要建构一种全新的政治与安全机制，既能确保北约在冷战后政治与安全环境中继续存在，还能形成集政治、经济、社会、安全以及文化等多功能于一体的综合力量，在有效应对各种安全威胁与挑战、处置欧洲—大西洋区域内外危机的同时，更好地规划并推进北约的全球战略目标，使北约在冷战后国际事务中发挥更重要的作用。"这样做的结果是，北约已'远不止于防御联盟，它成为一个持续展开协商、协调与合作'的组织，所涉及的各成员国不仅介入政治、军事、经济以及其他安全领域，而且还涉足其他非军事领域，如科学、信息、环境以及灾难救助。"①

北约在历史上素来看重政治机制建设，在创建之初就建立了基本的政治权力架构，并且在东西方冷战中持续修正和完善该机制，使之既能充分体现北约的"集体安全精神"，又能为其政治与安全实践提供制度保障。"北约的机制安排一直没有发生重大变化……北约仍然由北约秘书长、北大西洋理事会、军事委员会运转；尽管理事会和委员会频繁增加开会次数，大幅度拓展任务范围，尽力扩展北约成员国，但是没有什么比这更能说明，是北约的机制而非位于布鲁塞尔大楼中的官僚机构更能适应这些变化。"② 事实上，北约在冷战期间一直致力于

---

① NATO Public Diplomacy Division, *NATO Transformed*, Brussels, 2004, p. 3, p. 44. 转引自 Mark Webber, James Sperling and Martin A. Smith, *NATO's Post-Cold War Trajectory: Decline or Regeneration?*, p. 29。
② Christoph Bertram, "Toward 2015, Institutions Matter," Simon Serfaty, ed., *Visions of the Atlantic Alliance, the United States, the European Union, and NATO*, Washington, D. C.: The CSIS Press, 2005, pp. 73 – 74.

北大西洋公约组织

发展和完善政治机制,这几乎成为北约持续存在和发展壮大的权力基础和战略支撑。

冷战结束后,国际形势急剧变化,北约旧的政治机制已无法适应新的环境要求,在各个国家或组织应对频繁出现的各种区域危机、民族纠纷以及宗教冲突的过程中,北约客观上需要塑造一种全新形象,不仅能够有效处置各种安全危机与挑战,还能按照自身需要打造北大西洋区域甚至更大的欧洲—大西洋区域安全秩序。"北约的机制安排不再能够从容对付这些变化,成员国数量增多,意味着实施政策协调与决策的现有平台,不仅过度拥挤,还使各成员国政府及其代表无法更加认真和彻底地交换观点。"① 北约不希望仅仅被世人视为一个以保护北大西洋区域安全为己任的区域安全组织,而是渴望在国际政治与安全事务中发挥更大作用,因此在客观上必须建立一种灵活机变、富有活力、高效精干的新机制,以取代臃肿庞大、结构失调、功能欠缺的旧机制,通过不断凝聚并增强北大西洋安全体系的凝聚力,更有效地吸引更多国家入盟,与欧洲—大西洋区域内外更多的国家建立合作、伙伴以及对话关系,尽可能扩展北约在世界范围内的政治、安全以及文化影响。

北约政治机制改革主要体现在三个方面。第一,精简并优化北约现有的政治机制,对现有权力组织实施归口管理,提高政治决策的灵活性、有效性以及实用性,从根本上加强北约政治机制的核心领导力。

具体措施包括以下几方面。其一,撤销各种效率低下的机构,合并各种功能重复的机构,对上述机构工作人员实施裁撤与合并。以国际秘书处为例,北约自冷战结束就开始逐步实施精简与改革,除保留几个比较重要且必需的机构外,北约取消了大量职能模糊、定位不明的机构,对过去许多直接隶属北大西洋理事会或其他高层权力机构的部门做出全新规划与调整。"北约秘书长罗伯逊(George Roberson)勋爵启动了北约总部的改革,在这一过程中,与位于布鲁塞尔的国际秘书处所采取的行

---

① Christoph Bertram, "Toward 2015, Institutions Matter," Simon Serfaty, ed., *Visions of the Atlantic Alliance, the United States, the European Union, and NATO*, p. 78.

第五章　冷战后北约的战略转型及其实践

动相互联系。"① 例如，北约将各种信息传输、新闻发布、公共宣传等部门，统一划归国际秘书处所辖通信与信息局，以此减少北约最高权力机构的维持费用，加强北约总部与各级司令部之间的通信与宣传联系，提高北约信息管控、对外宣传方面的工作效能。另外，国际秘书处还新建了许多职能宽泛的部门——采购局、后勤保障局、安全新威胁管理局等。这些机构辗转于国际秘书处与北约最高军事权力机构之间，负责北约在行政、财政以及后勤等方面的职能规划、任务分配。

其二，增加北约政治决策维度，推动北约政治决策进一步科学化。北约在持续完善国际秘书处行政管理职能的同时，也进一步完善北约咨询机构、决策机构、执行机构之间的连接与沟通，北约在1990年代初在国际秘书处之下特别设立战略审核小组②，专门对北约的政治战略、政治体制、军事体制、战争理念、行动方案等重大问题展开审核。"对北约新战略来说，提交讨论的是一个初步的详细文件目录，其基础是旧的灵活反应战略、综合方法、国际军事参谋部报告、《伦敦宣言》。"③ 因此，战略审核小组一直致力于为北约秘书长、北大西洋理事会、军事委员会提供战略咨询与决策参考，确保北约战略决策与发展方向不会出现重大偏差。

与此同时，北约还加强北大西洋理事会常设理事会的作用，即由各国驻常设理事会的代表不断召开集体讨论会，从政治的高度思考并讨论北约的发展方向、政治任务、安全战略等重大问题，最终将讨论结果形成正式报告，提交北大西洋理事会。鉴于常设理事会的成员均为常驻北约的各国大使，因此常设理事会所提交的报告基本上汇聚了各成员国战略利益与政治意志，最终得以成为北约历次峰会的纲领性文件。

其三，增设积极应对安全威胁的新政治机构。1994年1月，北约各

---

① Mark Webber, James Sperling and Martin A. Smith, *NATO's Post-Cold War Trajectory: Decline or Regeneration?*, p.77.
② 1990年9月，战略审核小组正式成立，其负责人为北约助理秘书长迈克尔·莱杰（Michael Legge）。
③ Rob De Wijk, *NATO on the Brink of the New Millennium, the Battle for Consensus*, p.32.

359

北大西洋公约组织

成员国在布鲁塞尔召开峰会，商讨北约对由国际安全环境急剧变化而带来的风险的应对之策。针对苏联解体后可能出现的核武器及其运载工具流失、核技术与核材料扩散、以及其他诸如化学与生物等大规模杀伤性武器可能扩散等风险，北大西洋理事会决定设立两个新的核扩散管控机构——防扩散高级小组（Senior Group on Proliferation，SGP）以及防扩散高级防御小组（Senior Defence Group on Proliferation，DGP）。就前者而言，其目标主要是北约立足于政治层面处置核扩散问题，在欧洲乃至国家层面协调各国核管控政策；就后者而言，主要是北约立足于防御层面管控核问题。上述两组织后来合并为北约的防扩散联合委员会（Joint Committee on Proliferation）[1]，负责统一制定冷战后北约的核管控政策。

不仅如此，北约还在1994年5月成立临时政策协调小组（Provisional Policy Co-ordiantion Group，PPCG），由北大西洋理事会中负责防御计划与政策的助理秘书长担任主席，负责审核北约政治与军事架构，确立北约应急反应行动、维和行动、对外合作行动等程序。该组织于1996年6月正式成为常设机构——常设政策协调小组（Permanent Policy Co-ordiantion Group，PPCG），直接隶属于北大西洋理事会，成为北约政策制定、协调以及执行机制的重要组成部分。

其四，加强北约政治机制的垂直化领导。北约前所未有地加强了北大西洋理事会的权力设置，对过去单列、并列或者隶属关系不清的权力机构实施清理，将其纳入以北大西洋理事会为核心的北约权力架构以及权力序列中。2010年6月，北约宣布撤销防务计划委员会，将其监督北约防御战略、战争计划程序、军事行动规则等诸多职能直接归入北大西洋理事会。仅就北大西洋理事会而言，其直辖机构将近20个，成为北约内部掌控各种权力的集大成者，其中既有程序性权力部门，也有专业性职能部门，还有行政事务部门等。这种政治机制的垂直化设计与结构，最大限度加强了北约的权力意志与执政效率。

其五，增加北约非军事权力机构以及军事辅助机构建设。为推动北约

---

[1] Rob De Wijk, *NATO on the Brink of the New Millennium, the Battle for Consensus*, p. 107.

实施全面战略转型，改变旧的军事联合属性，北约创设了大量新型非军事权力机构、军民两用机构、军事辅助机构以及纯粹技术性机构。例如，北约成立防务审核委员会（Defence Review Committee，DRC）①，专门负责北约民事活动与军事行动之间的协调与合作。不仅如此，北约在多个成员国境内建立了多个卓越中心（Centers of Excellence）②和伙伴国训练与教育中心（Partnership Training and Education Centers，PTECs）③，以便向北约及其伙伴国提供高质量的专业知识和经验，同时助力于自身的战略转型。另外，北约还对旧的非军事机构予以改革，赋予其新的社会职能，加强非军事机构在北约权力机构中的权重与影响。这些机构数量众多，在北约政治机制中占据了重要位置，成为北约行使政治、军事以及其他职能的重要推手。

由上可见，北约对现有政治权力架构实施大规模裁撤与合并，并不意味着北约政治机制趋于弱化，而是表明北约政治机制及运转不断合理化，更能适应冷战后纷繁多变的国际形势需要。事实上，经过改革的北约政治权力机制不仅没有走向分散，反而趋向专业化、体系化以及合理化。北约建立大量新型非军事权力机构，并不意味着其核心或关键权力流失，而是意味着北约对其核心或关键政治权力的运用，将获得更有力的支撑，由此具备了更全面的权力链接与外围铺垫。

第二，进一步扩大旧体制中权力架构的外延。北约在其政治机制边缘增设了大量附属机构，以此扩展政治机制的权力基础，弥补旧机制中的空白，进一步延伸北约的政治权力，使之更好地适应北约战略转型需要。北约上述变化主要体现在三方面。

其一，建构政治机制的外围，延伸其政治权力。1991年12月，北约建

---

① 1990年5月，北约成立防务审核委员会，直接隶属于北约防务计划委员会，其负责人为北约助理秘书长迈克尔·莉雅各。
② "Education and Training," 24 Jul. 2019, https：//www.nato.int/cps/en/natohq/topics_49206.htm? selectedLocale=en#.
③ "Education and Training," 24 Jul. 2019, https：//www.nato.int/cps/en/natohq/topics_49206.htm? selectedLocale=en#.

北大西洋公约组织

立北大西洋合作理事会（North Atlantic Cooperation Council，NACC），意在推动北约与前苏联和东欧各国共同探讨欧洲政治与安全问题。1997年5月，北约成立欧洲—大西洋伙伴关系理事会（Euro-Atlantic Partnership Council，EAPC），将北大西洋合作理事会纳入其中，以期推动更宽泛的欧洲—大西洋政治与安全联合。正是在这一机制的作用下，北约得以顺利推进"和平伙伴关系计划"、"伙伴国行动计划"以及"单个伙伴行动计划"（Individual Partnership Action Plans，IPAP）等，进而得以在全球范围内建立大量合作伙伴关系，增加大量伙伴国、对话国以及合作国。"这个过程有几个维度，其中的一个维度就是北约的外延式服务以及伙伴关系计划。"①

其二，为了顺利推动北约东扩，北约又陆续与俄罗斯、乌克兰、格鲁吉亚等国共同建立一些特殊的政治权力机构。例如，1997年7月，北约与乌克兰建立北约—乌克兰委员会（NATO-Ukraine Commission，NUC）。同时，为了安抚俄罗斯，北约与俄罗斯成立了非正式的常设联合理事会（Permanent Joint Council，PJC）。2002年5月，北约与俄罗斯正式建立北约—俄罗斯理事会（NATO-Russia Council，NRC），取代常设联合理事会。2008年9月，北约与格鲁吉亚建立北约—格鲁吉亚委员会（NATO-Georgia Commission，NGC）等。这些常设机构形成北约政治机制的权力外围，虽然无法决定北约的发展方向与大政方针，但在推动北约对外交流、协商、合作、扩展以及危机处置中发挥了重要作用。但相较于北约与乌克兰、格鲁吉亚持续接近，北约与俄罗斯的关系并未由于上述机构的设立而得到改善。"一直到现在，出于多种原因，例如历史遗留问题，还有不同的经济结构、财政以及互用性等问题，北约与俄罗斯的军事—技术合作在根本上仍被限制在当前的概念层面。"②

---

① Jennifer Medcalf, *Going Global or Going Nowhere? NATO's Role in Contemporary International Security*, p. 18.
② Stephen J. Blank, "The NATO-Russia Partnership: a Marriage of Convenience or a Troubled Relationship?" Eduardo B. Gorman, ed., *NATO and Issue of Russia*, p. 22.

其三，北约与地中海沿岸国家、前南国家及阿尔巴尼亚、海湾国家、土耳其等展开对话与协商。1994年，北约与地中海沿岸国家共同创设政治对话论坛——"地中海对话"。该论坛所涉范围非常广泛，包括政治、经济、军事以及社会等多个领域。2004年6月，北约与中东多个国家共同创设政治合作平台——"伊斯坦布尔合作倡议"[1]。正是在该平台的帮助下，北约与中东多国建立了安全协商与合作机制。上述对话与协商机制最终虽未形生某种常设协商机构，但构成北约政治机制中的一种新制度模式，大大扩展了北约在欧洲—大西洋区域以外的影响。

总之，北约在其政治机制边缘建立了一系列附属权力机构，这些机构作为北约核心政治权力的扩展和延伸，不同于北约政治机制内部的权力机构，它们在建构之初就锁定了某些专属性与功利性目标。虽然并非通过直接方式发挥作用，但这些附属权力机构在客观上扩展了北约政治机制的目标、规则以及程序，使之得以施用于更多领域、对象以及目标，这在很大程度上等于间接扩展了北约的政治影响。

第三，进一步发挥北约政治协商制的作用。政治协商制在冷战时期一直是北约持续推进政治与安全实践的重要支撑，也是北约化解各成员国政治矛盾与利益冲突的一种有效缓释剂。北约各成员国就政治协商达成共识，即"如果政治协商使各国就共同目标达成一致观点，它就成功了，如果政治协商带来细微、不可调和的差异，它就失败了"[2]。自北大西洋理事会推出《三智者报告》后，政治协商制就成为北约政治机制的一项重要规则，北约在政治与军事实践中不断完善这一规则，不断扩大政治协商的范围，丰富政治协商的方法，增加政治协商的路径。不可否认，政治协商制已成为北约政治机制的一个重要内容，不仅将北约各权

---

[1] 该计划向较远的中东地区提供了与北约展开务实双边安全合作的机会，该计划涉及巴林、也门、卡塔尔、沙特阿拉伯以及阿拉伯联合酋长国。见 Jennifer Medcalf, *Going Global or Going Nowhere? NATO's Role in Contemporary International Security*, p.18.

[2] "Monograph on 'The Evolution of NATO Political Consultation 1949 – 1962'," 2 May. 1963, NATO Secret NHO/63/1, http://www.nato.int/archieves/docu/d630502e.htm.

北大西洋公约组织

力机构有机连接在一起,还将北约各成员国有机连接在一起。

冷战结束后,北约赋予政治协商制全新含义。(1)北约将政治协商制当作政治政策与安全战略不可或缺的重要组成部分。随着国际政治与安全环境急剧变化,各成员国围绕北约安全理念、政治方针以及军事行动等的分歧不断增多,各国竭力扩大自身的利益诉求,政治协商制遂成为平息各国争论的政治润滑剂。"考虑到其常设协商机制、指挥与控制结构以及多国武装力量,北约堪为一种协调行动的自然选择。对于欧洲盟国来说,北约是一种手段,借此可以得到美国的优势军事资源……"①(2)为了扩大其国际影响,北约将政治协商制施用于核心权力架构外,推动北约与欧安组织、欧盟、西欧联盟、非盟、阿盟、海湾国家石油组织、联合国等展开更多对话与合作,以此弥补北约综合实力的相对不足。(3)北约将政治协商制施用于军事职能机构与民间职能机构,以便使北约在军事职能与民事职能之间达成平衡,形成某种综合应对能力。

毋庸置疑,冷战后北约对政治协商制的扩展,在很大程度上适应了冷战后北约急速扩大北大西洋安全体系、改革并调整政治与军事机制、扩展军事与非军事职能、强化在欧洲—大西洋区域内外的影响等需要。在北约政治机制中,政治协商制更像是一种权力运行规则,不像一种具体的政治机制设计。因为北约在任何条约、协定以及文件中,并未订立详尽、具体的实施办法和步骤,亦未设置某种固定的相关机构。虽然政治协商制在表现形式上相当随意,但和北约各项政治权力机构一样,成为北约政治机制调整与改革的一项重要内容。"1996 年北大西洋理事会柏林会议公报包含了适合北约的基本政治要求,所关注的第一点内容就是保持北约的有效性……第二个基本原则就是保持跨大西洋联系,北约仍应成为跨大西洋协商的平台,并且成为推进跨大西洋两岸共同利益的手段。"②

---

① Nigel P. Thalakada, *Unipolarity and the Evolution of America's Cold War Alliance*, p. 27.
② Rob De Wijk, *NATO on the Brink of the New Millennium, the Battle for Consensus*, p. 131.

第五章　冷战后北约的战略转型及其实践　**N**orth Atlantic Treaty Organization

北约政治机制改革是一个动态发展过程，贯穿于冷战结束后北约的政治与安全实践。许多机构从创设到改革，几经反复，但发展趋势是北约政治机制规模不断缩小，权力不断集中，行动效率持续提高。就发展规律以及适应性而言，北约政治机制的改革和调整，将随着国际形势的变化以及北约政治与安全需要的变化而持续深入。

二　北约军事指挥机制的调整

从北约创立到 1960 年代末，北约在 20 多年间建立了一套体系完整、功能完备、运转有效的军事—政治机制，尤其是北约军事指挥机制更是如此。1970~1980 年代，虽然北约军事指挥机制补充了一些机构，但是军事指挥机制的基本架构并未发生根本性变化，北约的调整与改革大多属于一些修补性工作。一直到冷战结束，为了适应国际安全形势巨变，北约开始对其军事指挥机制实施大规模调整与改革，其力度远远超出冷战时期任何一个阶段。"冷战结束标志着北约军事指挥结构发生重大变化的时代开启，特别是欧洲盟军司令部（Allied Command Europe）。"[①]

作为跨北大西洋安全体系变革的直接体现，北约对其军事指挥机制实施大规模改革，远不止增加或减少几个军事指挥机构，实际上代表了北约防御思想、军事指导方针以及军事建设原则出现重大变化。即冷战后的北约不再恪守北大西洋区域防御这一任务，北约不仅要在更大范围内扩展其防御任务，还要对各种潜在或公开、直接或间接安全威胁提前实施军事干预。这就需要北约建立一种全新的军事指挥机制，确保其机制运转更加有效、高效、及时地应对各种传统安全威胁，更能针对非传统安全威胁提出应对之策。"在这方面，北约指挥机构的转型一直显得特别重要，目的就是为北约武装力量互通互用提供一个平台，在北约（以及欧盟）内部为国家防御提供能力一览表，为北约满足自身目标的需要提供民事—军事能

---

① Dr. Gregory W. Pedlow, "The Evolution of NATO's Command Structure, 1949 – 1969," https：//www.nato.int/docu/stratdoc/eng/intro.pdf.

力,为展开更深入的欧盟—北约合作提供共同基础。"①

北约在冷战时期为对付苏联及华约的军事"挑衅",建立了大量军事指挥机构,层级不等,总数接近80个。这些军事指挥机构尽管数量庞大,但效率低下,职能互有重合或者模糊不清。虽然其间不乏一些局部调整与改革,但这些改革大多停留在战区或者次战区层次,大多仅限于合并、取消、减少或者增多等方法,缺乏实质性战力提升,难以应付冷战后层出不穷的传统或非传统安全威胁。因此,北约必须建立有效、精干以及统一的军事指挥体系。

1991年北约就开始对其军事指挥体系实施改革。为了确保北约军事指挥体系精干有效,北大西洋理事会取消了海峡司令部,将其职能归入战术层级司令部——欧洲西北武装力量司令部(Allied Forces Northwest Europe)。② 北约首先在其军事指挥体系的顶层机构实施精简,形成以欧洲盟军最高司令部和大西洋盟军司令部为两大支柱的指挥体系。以此为开端,北约开启了军事指挥体系的全面改革。北约军事指挥体系改革是一个动态过程,并非一蹴而就,而是逐渐趋向完善。上述变化导因于国际政治与安全环境持续变化,促使北约不断提出新的改革思路,持续深化北约军事指挥体系及其涉及的各个层面。北约的基本指导方针包括加强军事指挥权的政治连接、协调以及监督,健全或者清理北约的旧式军事指挥体系职能,强化旨在推动北约快速反应能力建设的新机制。具体措施包括重组军事指挥架构,改变过去单纯的区域防御型军事指挥结构,建立跨区域、应急干预式的军事指挥结构等。

1997年12月,北大西洋理事会召开会议,各国一致同意对北约军事指挥结构以及武装力量结构实施改革。"北大西洋理事会决定对北约武装力量结构实施改革,其措施涉及创立北约快速反应部队(Allied Rapid Reaction Corps)以及联合特遣部队(Combined Joint Task Forces, CJTF),

---

① Mark Webber, James Sperling and Martin A. Smith, *NATO's Post-Cold War Trajectory*: *Decline or Regeneration*?, p. 220.
② Dr. Gregory W. Pedlow, "The Evolution of NATO's Command Structure, 1949 – 1969," https://www.nato.int/docu/stratdoc/eng/intro.pdf.

还有对中央机构实施改革,包括在北约总部(NATO HQ)以及欧洲盟军最高司令部之下创立能力协调小组(Capabilities Coordination Cell)、联合计划秘书处(Combined Joint Planning Staff)。"① 2002年11月,北约各成员国在布拉格召开峰会,再度提出对现有军事指挥机制实施改革。北约的改革方针是大规模缩减现有军事指挥机制规模,减少军事指挥层级,裁撤各种职能重复、效率低下的机构,全面提升军事指挥机制效率,及时而且高效地处置各种安全威胁与军事挑衅。具体而言,北约军事指挥体系改革主要包括以下几个方面。

第一,在政治层面加强北约政治与军事领域的接驳与联合。"如果在这种军事结构审核过程中必须考虑许多因素的话,包括对军事有效性的需求、对预算影响的关注,各国希望在其境内设有一个北约指挥机构,以便在北约所有成员国之间达成共识,因为其解决方案不可能总是理想的军事方案。但是北约对军事有效性的政治关注,从创建联盟开始就一直存在。"② 一俟冷战结束,北约成立了大量兼具政治与军事职能的协调机构,加强军事指挥体系内部横向合作与纵向联络。为了适应纷繁复杂的政治与安全局面,北约成立军事战略工作小组③,专门负责各部门的战略理论、方针以及政策协调。该小组成员包括各成员国驻北约的常驻军事代表、国际军事参谋部成员、欧洲盟军最高司令部工作人员、欧洲盟军最高司令部技术中心工作人员等。很明显,军事战略工作小组中这种特殊的人员构成,实际上就是为了更好地集结来自北约各个层面军事计划与指挥机构的意见,将北约的战略设计与战术行动更好地结合在一起,增强北约战略设计的针对性,确使北约的军事战略更具实际操作性。

---

① Rob De Wijk, *NATO on the Brink of the New Millennium*, *the Battle for Consensus*, p. 76.
② Dr. Gregory W. Pedlow, "The Evolution of NATO's Command Structure, 1949 – 1969," https://www.nato.int/docu/stratdoc/eng/intro.pdf.
③ 1990年6月,北约成立军事战略工作小组,其首任负责人为北约防务学院学术计划与政策部负责人、德国上校克劳斯·魏特曼(Klaus Wittmann)。

北大西洋公约组织

不仅如此，为了更好地加强北约内部各指挥机构之间的联系，也为了更好地加强北约与联合国、欧盟、西欧联盟、欧安组织等相关机构的联系，北约还在许多重要机构中设置联络小组，保持相互之间的信息沟通与行动协调。"欧盟军事委员会（European Union Military Committee，EUMC）与北约建立了关键性行动连接，尤其是设置北约联络小组（NATO Liaison Team），在欧洲盟军最高司令部内设置欧盟小组（EU Cell）。"[①] 北约的目的非常明显，就是要和欧盟、西欧联盟、联合国等机构在武装力量建设方面实现互补，在军事指挥与行动上相互配合，互通信息，确保北约军事指挥更加协调、高效而且有力。

第二，北约在欧洲盟军最高司令部的基础上，组建盟军作战司令部（Allied Command Operations，ACO），其指挥结构共分3个层级——战略级、行动级以及战术级，下辖9个分属不同层级的司令部，主要负责欧洲—大西洋区域防御与安全、保卫各成员国领土完整、保障海上与经济生命线畅通、维护并恢复各成员国在非传统领域的安全等。其中，战略级的司令部主要是欧洲盟军最高司令部，行动级的司令部主要包括位于荷兰布林瑟姆与意大利那不勒斯的常备联合武装力量司令部（Standing Joint Force Commands，JFC），战术级的司令部主要包括单一任务司令部（Single Service Commands，SSCs），分别是位于土耳其伊兹密尔的盟军陆军司令部（Headquarters Allied Land Command，HQ LANDCOM）、位于英国诺斯伍德的盟军海军司令部（Headquarters Allied Maritime Command，HQ MARCOM）、位于德国拉姆施泰因的盟军空军司令部（Headquarters Allied Air Command，HQ AIRCOM）等。

与上述指挥机构相匹配，北约还设置了通信与信息小组（Communication and Information Systems Group，CIS Group），包括各种空中、海上以及陆地监测、信息收集、通信控制等机构，目的是为北约军事行动提供必不可少的情报与信息支撑。上述通信与信息小组不仅存在于北约各级军事指挥机构之间，也存在于北约与各种国际或区域安全组织之间，甚至还存在于北

---

① Rob De Wijk，*NATO on the Brink of the New Millennium*，*the Battle for Consensus*，p. 163.

第五章　冷战后北约的战略转型及其实践

约总部与各成员国之间。这种通信与信息小组在很大程度上进一步完善了北约军事指挥体系的综合能力，使之更有效力。

第三，在大西洋盟军司令部基础上，北约设立盟军转型司令部（Allied Command Transformation，ACT），负责北约战略性思考，推动北约能力建设，探讨北约军事指挥机构的改革与军事理论，培训军事人员，增加合作与参与等事务。盟军转型司令部位于美国诺福克基地，下辖3个指挥部：其一是位于挪威的联合战争中心（Joint Warfare Centre，JWC）；其二是位于波兰的联合武装力量训练中心（Joint Force Training Centre，JFTC）；其三是位于葡萄牙的联合分析与经验教训中心（Joint Analysis & Lessons Learned Centre，JALLC）。另外，盟军转型司令部还有若干协同机构，例如北约防务学院、北约学校、北约海上拦截行动训练中心（NATO Maritime Interdiction Operational Training Centre）以及多个卓越中心等。

盟军作战司令部和盟军转型司令部构成冷战后的北约军事指挥结构，（NATO Command Structure，NCS），这一新型军事指挥结构完全颠覆了北约以往军事指挥机制的沿革与建制，使北约得以有效处置各种外来安全威胁，并且在北约战略威慑失败后，能够对任何武装进攻进行有效应对和处置。更重要的是，这一指挥结构大幅减少了北约不同层级司令部的总数，将其从原先的20个减至11个，北约各级军事指挥机构的聘用人员也从13700人减至8800人。不仅如此，北约还公开表示，未来将进一步削减军事指挥机构，将其从11个削减至7个。[1]

另外，单就盟军作战司令部而言，北约将原有的5个联合地区司令部减至3个，将原有的13个战术级司令部减至6个，海军、陆军和空军各分设2个战术级司令部，整个北约空军联合作战中心与司令部也从过去的32个降至9个。北约还对外公开表示，未来将继续对军事指挥机制实施改革，关闭位于欧洲的4个指挥部，裁撤5000个工作岗位，以便确保北

---

[1] Dr. Gregory W. Pedlow, "The Evoluton of NATO's Command Structure, 1949–1969," https://www.nato.int/docu/stratdoc/eng/intro.pdf.

约军事决策、指挥以及行动能够持续保持有效和高效。①

第四，北约还对国际军事参谋部实施改革，加强北约指挥结构的协调与统筹能力。冷战结束后，北约对国际军事参谋部实施改革，只不过相较于重组北约军事指挥结构这一大动作，国际军事参谋部的改革步幅较小，其基本架构得以保留，但其专业职能部门明显减少，联合与外协部门明显增加。例如，国际军事参谋部简化了此前负责财政、公共信息、秘书、法律等事务的各个职能机构，成立若干工作方式相当灵活的办公室。例如，行政协调办公室、公共事务与战略通信顾问办公室、财政控制办公室、法律事务办公室、性别顾问办公室等。

北约还合并和改造了许多旧的职能机构，例如计划与政策局、合作与区域安全局、后勤暨武器与资源局、司令部 C3 系统等。在此基础上，北约重新设立了情报局、行动与计划局、政策与能力局、合作安全局、后勤与资源局。这些新机构进一步突出了国际军事参谋部的军事保障、综合协调、后勤支持以及情报支撑等职能，弱化了单纯的行政办公职能，更使国际军事参谋部从直接隶属于军事委员会的行政机构，转变为一个功能比较完整、机制健全的综合性军事指挥部门，甚至成为连接北约指挥结构中各个不同指挥机构的枢纽。虽然从就职人数看，国际军事参谋部聘用的工作人员并未大幅减少，但该机构的整体工作能力明显增强，这对于持续推动北约军事指挥机制深化、提高其整体军事指挥效能，无疑具有积极作用。

为了彰显北约在国际事务中的影响力，强化各指挥机构的联系与合作，北约还投资 3 亿欧元，在布鲁塞尔新建北约总部大楼，并于 2017 年 5 月正式启用。北约新的总部大楼具有非常完善的通信设施以及庞大的办公空间，将分散于不同地区的北约各指挥机构集中在一起，这对更好地发挥北约军事指挥职能、强化国际军事参谋部的综合协调职能大有裨益。

---

① Dr. Gregory W. Pedlow, "The Evoluton of NATO's Command Structure, 1949 – 1969," https：//www.nato.int/docu/stratdoc/eng/intro.pdf.

第五章　冷战后北约的战略转型及其实践　North Atlantic Treaty Organization

第五，北约建立大量临时性军事指挥机构，确保北约域外军事干预行动保持及时、灵活、有效以及高效。例如，1995年，在波黑内战爆发后，北约为了监督《代顿协定》（Dayton Accord）执行，特别成立北约执行部队（Implementation Force，IFOR）。1999年，在对南联盟科索沃地区实施军事打击中，北约首先成立科索沃特别部队司令部（Headquarters Kosovo Force，HQ KFOR），统一指挥科索沃特别部队（Kosovo Force，KFOR）。该司令部直接隶属并听命于位于意大利那不勒斯的北约联合武装力量司令部。军事行动结束后，北约还成立北约军事—民事顾问部（Military Civil Advisory Division，MCAD）、驻普里什蒂纳北约顾问小组（NATO Advisory Team in Pristina），协调各种善后工作。"通过北约军事—民事顾问部，北约承担起监督与支持科索沃安全力量建设与训练的责任，该力量由多民族构成，不仅极为专业，而且由文官控制。"①

2003年8月，北约正式接管联合国在阿富汗授权成立的国际安全援助部队，设立国际安全援助部队司令部（Command of International Security Assistance Force，CISAF），统一指挥北约驻阿部队以及阿富汗国民军的军事行动、后勤保证、信息与情报支持等。该司令部隶属于北约位于土耳其伊兹密尔的盟军陆军司令部，直接听其指挥。"北约接管国际安全援助部队后，人数从5000人增长到30000人以上，国际安全援助部队还在阿富汗建立了新的北区司令部、西区司令部、南区司令部以及东区司令部，帮助阿富汗政府在全国行使权力与发挥影响。"②

2011年，利比亚战争爆发，北约实施联合保护者行动（Unified Protector），建立联合特遣部队司令部（Command of Combined Joint Task Force Unified Protector，CCJTFUP），统一指挥针对利比亚的军事行动，该司令部直接隶属于北约联合武装力量司令部，直至欧洲盟军最高司令部。另外，北约在利比亚的军事行动还得到北约位于那不勒斯的北约海上指挥

---

① Raffi Gregorian, "NATO and the Balkans, from Intervention to Integration," Yonah Alexander and Richard Proisen, eds., *NATO from Regional to Global Security Provider*, p. 100.

② Richard Weitz, "NATO and Afghanistan, Partnership and Setbacks," Yonah Alexander and Richard Proisen, eds., *NATO from Regional to Global Security Provider*, p. 126.

部（NATO Maritime Command）、位于伊兹密尔的北约南欧空军指挥部（NATO Air Command Headquarters for Southern Europe）以及位于意大利波焦雷纳蒂科的北约联合空军作战中心（NATO Combined Air Operations Centre）等指挥机构的配合与支持。

2014年3月，克里米亚并入俄罗斯，北约与俄罗斯关系趋于紧张。2015年2月5日，北约在靠近俄罗斯的东欧国家设立前沿指挥部。即在罗马尼亚建立北约东南欧司令部（NATO Command Headquarters for Southeast Europe），在丹麦、德国与波兰建立北约东北欧司令部（NATO Command Headquarters for Northeast Europe），在格鲁吉亚设立北约训练中心（NATO Training Centre）。和此前做法不同，北约设置上述军事指挥机构的目标非常明确，就是要在加强北约快速反应能力和机动作战能力的同时，充分确保北约各项军事行动能够取得预期收效，确使北约能够在对外军事干预行动中实现自身安全利益最大化。

由此可见，北约对其军事指挥机制所做的上述改革，客观上强化了北约的军事协调能力、军事行动效力以及军事保障能力，这对于加强北约的总体作战能力、综合处置能力以及对外干预能力起到推动作用。毋庸置疑，北约军事指挥机制的改革不会就此止步，还会随着国际安全形势变化进一步发展，特别是随着北约政治与安全诉求不断强化，北约军事指挥机制还会变得更加高效、灵活以及即时。

三 北约调整其武装力量建设方向

冷战一俟结束，北约就开始积极探索并调整其武装力量建设方向。苏联解体，华约解散，北约创建后的最大竞争对手退出历史舞台，这使北约以北大西洋区域安全防御为目标的旧式武装力量建设失去了存在依据。西方某些新现实主义学者提出，"北约活着，但是健康状况不佳"[①]。不仅如此，冷战时期一直为美苏冷战、北约与华约军事对抗所

---

① Mark Webber, James Sperling and Martin A. Smith, *NATO's Post-Cold War Trajectory, Decline or Regeneration?*, p. 209.

第五章 冷战后北约的战略转型及其实践　North Atlantic Treaty Organization

掩盖的种种民族矛盾、宗教纠纷、国家纠葛、政治纷争等，纷纷浮出水面，北约要想继续存在，要想引领冷战后欧洲—大西洋区域安全秩序建构，就必须调整其防御方向、指导方针以及行动手法，尤其要调整其武装力量建设方向，以适应不断变化的国际政治与安全形势需要。"与正式声明相反，有一群成员国认为，北约的主要任务应该真正处于首要地位，即向北大西洋区域提供防御。但是倡导《北大西洋公约》第5条与北约发展推动全球稳定的能力并不矛盾。北约在强化全球稳定与安全的进程中可以扮演一个积极角色，这已不是问题。"①

1991年11月，罗马峰会提出北约首个新战略概念，即北约集体安全必须建立在统一军事结构的基础之上，北约武装力量不仅由多国军事力量组合而成，还能承担各种新安全任务。另外，北约还将进一步缩小其武装力量规模，使之更灵活、更具机动性，更能及时对在更大范围内出现的紧急事件做出反应。"事实上，北约在1991年所确立的冷战后新战略概念，并未提到北约在和平支持行动中所应扮演的角色，亦未提到在更广泛的域外地区应发挥的作用。"② 继罗马峰会后，北大西洋理事会多次召开峰会、部长级会议以及常设理事会会议，不断发展并深化北约武装力量建设思想，使之从安全理念真正转向安全实践。

1994年1月，北约在布鲁塞尔峰会上宣布正式建立临时政策协调小组，该组织提出建立联合特遣部队，建议北约以这种特殊的武装力量应对各种突发性安全危机与挑战。"从1994年开始，'临时政策协调小组'非常无效地尝试设计一种政治框架，以此发展'联合特遣部队'概念。"③ 经过充分讨论，临时政策协调小组最终推出关于确立北约快速反应部队的纲领性文件——《联合特遣部队全面政治—军事框架》(Overall Political-Military Framework for the *Combined Joint Task Force*

---

① Beata Górka-Winter and Marek Madej, eds., *NATO Member States and the New Strategic Concept: An Overview*, Warsaw: Polski Instytut Spraw Miedzynarodowych, 2010, p. 7.
② Raffi Gregorian, "NATO and the Balkans, from Intervention to Integration," Yonah Alexander and Richard Proisen, eds., *NATO from Regional to Global Security Provider*, p. 86.
③ Rob De Wijk, *NATO on the Brink of the New Millennium: The Battle for Consensus*, p. 126.

北大西洋公约组织

Concept)。此后,北约成员国、北约与欧洲主要安全组织、北约各级军事指挥机构针对该文件展开充分讨论,最终达成一致,即北约必须立刻建设快速反应部队,以便应对日趋复杂的安全环境。

1997年7月,北约各成员国召开马德里峰会。北约特别强调将恪守集体安全这一核心功能,进一步调整政治与军事结构,尤其要提高北约应对区域危机与冲突的能力。"当前北约面临的挑战是要在行政决策上有更多灵活性……《北大西洋公约》需要就集体防御决策达成共识,东扩决策仍然非常敏感;像'防御投资承诺'(Defense Investment Pledge)这样的重大决定,以及创建可快速反应的'高度戒备联合特遣部队'(Very High Readiness Joint Task Force),都需要达成共识。"[①]

诚如上文所言,北约为其武装力量建设所设定的新方向,主要表现在两个方面。第一,加速建立各种类型的快速反应部队,使北约能及时而且有效地处置各种危机与安全威胁。2001年9月,"9·11"事件爆发后,北约开始在世界范围内展开反恐行动。2002年11月,北约各国首脑在布拉格召开峰会,进一步强调改革和调整北约现有的军事指挥机制,提出创建北约灵活反应部队(NATO Flexible Response Forces,NATO FRF)。北约灵活反应部队不仅技术先进,富有灵活性,可随时部署,而且各种力量彼此协作,可以持续发展处置危机的能力。更重要的是,北约灵活反应部队能满足北约全方位的作战任务需要。由此可见,北约在加速建设各成员国快速反应能力和危机处置能力的同时,亦着力于在北约内部建立若干结构完整、灵活机动、高效能干的灵活反应部队,以应对日趋复杂的国际危机与冲突局面。"北约灵活反应部队是北约联合武装力量最新型结构中战备水平最高的兵力,它涵盖了包括西班牙在内的各成员国的所有部队,占联合武装力量总兵力的10%,它能完成各种任务:既可以实施维和行动,也能在危机局势和大规模战争中采取行动。根据北约灵活反应部队使用的战备程度,又可将其分为快速反应部

[①] Ambassador Douglas Lute and Ambassador Nicholas Burns, "NATO at Seventy, an Alliance in Crisis," *Belfer Center Report*, Harvard Kennedy School, February 2019, p. 22.

队和快速部署部队。"①

布拉格峰会后,北约陆续创建了多种形式的快速反应部队(简称"快反部队"),如北约驻科索沃"科索沃维和部队"、驻波斯尼亚的"多国执行部队"(NATO-led Implementation Force,IFOR)及后来的"多国稳定部队"(NATO-led Stabilization Force,SFOR)、驻阿富汗国际安全援助部队、针对利比亚的"联合特遣部队",部署在东欧国家的"矛尖部队"(NATO Spearhead Force)等。北约创设这些快速反应部队,打破了其军事体制限制,空前强化了北约武装力量在指挥、管理、后勤保障等方面的统一步调,尤其强化了北约武装力量的超国家特性。

不仅如此,这些快反部队相较于以前的北约武装力量,规模不是很大,但机动性超强,易于部署,装备先进,具有很强的综合战斗力。这些快反部队还有合理的军事规划、相应的军事原则,由多个成员国军队编成,既可实施远距离奔袭作战,又可实施敌后游击战与袭扰战;既可以"几何多变"的方式使用北约的特殊基础设施,又可使用由盟国和伙伴国提供的其他支持。"国际安全援助部队最终成为北约的一项使命,推动北约成员国以及伙伴国在更大范围内做出军事贡献。"②

这种新型武装力量编制基本上不固定,大多数随任务而设置,亦随任务完成而结束。这些武装力量既没有高额的行政管理费用支出,也没有巨大的人员成本开支,对北约及其成员国来说,不仅防务负担相对较小,还能在很大程度上满足北约及其成员国及时、灵活、高效处置危机的需要。更重要的是,行动支出基本上由采取行动的国家负担,而不动用北约的公共资源。"'谁举事谁出力'这一主张,就是要采取行动的国家自行负担费用,而不占用北约的公共防务支出,这一原则一直受到北约秘书长的批评。除其他的影响不论,此举还阻碍了北约内部小国做

---

① 赵峰、蔡建华、王红军、张明祥编译《北约和俄罗斯军队的编制、装备和作战使用》,《外军炮兵》编辑部,2001,第16页。
② David P. Auerswald and Stephen M. Saideman, *NATO in Afghanistan, Fighting Together, Fighting Alone*, Princeton, N. J. and Oxford: Princeton University Press, 2014, p. 32.

出贡献，导致北约行动重复和低效。"① 更重要的是，这些快反部队最大限度满足了北约在世界范围内大规模实施军事干预行动的需要。另外，这种低烈度军事行动既满足了北约的政治与安全需要，又避免了大规模伤亡。不仅如此，北约还将这些快反部队用于维持国际和平、救助自然灾害、打击恐怖主义、确保交通线安全等国际公益活动。毋庸置疑，快反部队及其行动在扩大北约国际影响的同时，也加速了北约构建新型国际安全秩序的进程。

快反部队所具有的上述特点，使北约及其成员国将快反部队视为冷战后北约武装力量建设的重中之重。几乎在北约设立各种类型快反部队的同时，各成员国也建立了大量快反部队，包括美国的快反部队、加拿大的快反部队等。另外，欧洲盟国建立的快反部队包括"法德混合旅""欧洲军团"等。这些快反部队同样作为北约武装力量的重要组成部分，在持续推动跨国武装力量联合的同时，也推动了北约在军事行动、情报信息交流、联合协作演习、共同后勤保障等方面实现统一与整合。

第二，在加强快反部队建设的同时，北约实际上并未放弃传统武装力量与非传统武装力量建设。在北约看来，虽然苏联已解体、华约已解散，但这并不意味着北约从此再没有传统意义上的竞争对手，北约仍有竞争对手，仍有存在的理由。对此，北约始终无法在理论和实践上建立一种能够自洽的逻辑，而只能在矛盾和冲突中前行。"1991年，华约解散。北约在消除其主要对手的同时，也消解了自身存在的理由。"② 但欧洲—大西洋区域周边地区仍然存在大量不稳定因素，如各种极端主义势力、长期处于动荡中的国家或地区、大规模杀伤性武器及其运载工具扩散、各种敌对性国家或组织等，这些都成为北约继续存在的理由。在所有这些不稳定因素中，俄罗斯继承了苏联绝大多数人口、资源以及军事力量等，但并未沿着

---

① *International Herald Tribune*, 30 January 2006. 转引自 Mark Webber, James Sperling and Martin A. Smith, *NATO's Post-Cold War Trajectory: Decline or Regeneration?*, pp. 77 – 78。
② Linda Risso, *Propaganda and Intelligence in the Cold War*, the NATO Information Service, p. 257.

西方国家所希冀的方向发展,而是与北约一直处于地缘政治竞争中。对北约来说,以俄罗斯为代表的传统安全威胁,始终是欧洲—大西洋区域安全秩序建构的重要障碍,它们或直接挑战北约及其成员国的价值观与意识形态,或直接危及北约及其成员国的政治、经济与安全利益。因此,北约必须保持强有力的传统武装力量,其中既包括常规武装力量,也包括核力量。北约既要对上述各种安全威胁形成强大威慑,又要对其形成足够有效的现实压制。为了加快武装力量建设,北约甚至公开对外宣称,"欧洲军事力量远远不能满足其需要,甚至对于一场有限战斗亦远远不足"[①]。

为此,北约在冷战后一直强化其传统武装力量。此外,在所有类型的武装力量中,北约非常重视导弹防御力量建设,希冀能够建立一个可以覆盖整个欧洲—大西洋区域的导弹防御体系,包括助推段防御、中段防御以及末端防御。在各种战略文件中,北约都特别强调发展战区导弹防御系统。究其原因在于,"俄罗斯与北约在导弹防御上存在根本分歧"[②]。2002年7月,北大西洋理事会批准"主动分层战区弹道导弹防御计划"(Active Hierarchical Theater Ballistic Missile Defense,AHTBMD)相关研究报告,加速推进北约弹道导弹防御体系建设从理论层面转向实践层面。2004年5月,北约军事委员会通过"主动分层战区弹道导弹防御系统作战概念"(Concept of Operations on Active Hierarchical Theater Ballistic Missile Defense,CONOPS),计划在2010年正式形成北约导弹防御作战能力。2006年9月,北约正式启动"主动分层战区弹道导弹防御计划"的第一个步骤——"集成试验平台",这成为北约导弹防御计划付诸实践的一个标志。该平台将北约各成员国导弹防御预警、情报信息分析、数据处理、指挥控制等各项功能集于一身,在客观上推动了北约大规模整合各成员国现有的导弹力量,进而推动了北约整体导弹防御体系建构。

---

① "NATO's Teachable Moment," *New York Times*, 29 Aug. 2011, http://www.nytimes.com/2011/08/30/opinion/natos-teachable-moment.html.
② Mark Webber, James Sperling and Martin A. Smith, *NATO's Post-Cold War Trajectory: Decline or Regeneration?*, p. 139.

北大西洋公约组织

　　北约导弹防御体系是一个包括陆基、海基以及空基共3种导弹防御手段在内三位一体式的军事防御体系，其作战工具包括美国派遣到大西洋、地中海海域的各种巡洋舰、航空母舰以及舰载飞机，可以发射"战斧式"巡航导弹、"爱国者"拦截导弹等；分布于欧洲盟国境内的大量雷达预警站、综合情报处置系统、信息与通信系统等；盘桓在欧洲—大西洋区域空域的低轨道、中轨道、高轨道侦测卫星。这些不同种类的反导弹系统装置，在北约整体导弹防御体系中分担不同角色，即在助推段、中段以及末端等承担不同的导弹防御任务，它们相互配合，互为补充，构成能够覆盖欧洲—大西洋区域的分层战区弹道导弹防御体系。

　　按照其对外宣传，北约发展导弹防御计划的初始目标主要是应对以伊朗为代表的"敌对力量"可能发射的导弹，但随着北约与俄罗斯竞争不断加剧，北约导弹防御体系的矛头开始公开对准俄罗斯。虽然俄罗斯为此多次向北约发出警告，但北约丝毫不为所动。"俄罗斯官方一直威胁，其有可能瞄准部署在波兰和捷克的'全球导弹防御系统'（Global Missile Defense, GMD），如果北约在欧洲部署'全球导弹防御系统'，俄罗斯有可能废除1987年订立的《中导条约》。"①

　　与俄罗斯屡屡出言警告相伴，北约持续加快部署导弹防御体系的进程。2010年5月，北约在波兰北部部署"爱国者"MIM-104导弹发射台。2011年9月，北约在土耳东南部建立导弹预警雷达系统。2016年5月，北约在罗马尼亚部署"宙斯盾"导弹防御装置。2017年7月，北约在捷克部署"标准-3导弹"预警系统。与此同时，北约还在立陶宛部署"爱国者"导弹防御系统。2019年2月，北约在波兰、罗马尼亚再次部署新的导弹发射系统等。通过部署上述导弹防御设施，从波罗的海到中欧，从南欧到地中海，北约基本上形成一个能够在战略上全面威慑俄罗斯的导弹防御体系。"对于《中导条约》，大西洋两岸的北约官员再一次强调在

---

① Stuart D. Goldman, "Russian Political, Economic, and Security Issues and U. S. Interests," Eduardo B. Gorman, ed., *NATO and Issue of Russia*, p. 138.

西欧扩展北约核武器部署的重要意义。"①

北约武装力量建设内容还远不止于上述两个主要方向,例如,冷战结束后,北约虽未全面致力于发展常规武装力量,但始终保持着超大规模的常规武装力量。到2008年为止,北约在理论上所统属的武装力量达到300多万人,北约已经名副其实地成为全世界规模最庞大、战斗力最强的武装力量的拥有者。这支武装力量人数众多,拥有全世界最先进的武器装备。例如,用于打击对方坦克部队的贫铀弹、干扰和瘫痪对方通信系统的石墨炸弹、摧毁对手地下工事的温压炸弹和钻地炸弹、准确打击对方目标的"精确联合制导弹药"(Joint Direct Attack Munitions,JDAM)等。北约还拥有最完善的信息与情报支持,如全天候、全天时、立体化情报侦查系统,陆基、海基、空基、天基多元化信息集成系统等。而且北约还拥有最完备的后勤保障系统,如海上与陆地武器支持系统、战略原材料储备支持系统、军事用品支持系统、能源保障支持系统等。上述内容成为北约武装力量建设的常态,为北约持续推进冷战后国际政治与安全秩序提供了强有力的支撑。

冷战虽已结束,但北约仍保有全世界最大规模的核力量,这支核力量既包括战略核武器,也包括战术核武器,还有大量可用于实战的小型核装置。北约既可实施战略核威慑,也可实施战术核威慑,还可展开近距离、可控制的战场核作战。不仅如此,北约还一直致力于发展核力量中的核心功能,使之进一步趋于功能完备、种类齐全、职能优化。北约虽然并不认为欧洲—大西洋区域会爆发核战争,但始终保有高度优化的核力量,使之与常规武装力量实现互补。

为了应对非传统安全威胁,北约还建立了庞大的网络防护和攻击部队,既可用于有效应对各种国际黑客行为、网络攻击以及网络安全事件等,还可以对敌方实施有效的网络防范,包括网络嗅探、防网络窃密、网络监听等。"就像北约在阿富汗的军事行动源于北约首次援引《北大西洋

---

① Michael R. Lucas, *The Western Alliance after INF*, *Redefining U. S. Policy toward Europe and the Soviet Union*, Boulder & London: Lynne Reinner Publishers, 1990, p. 60.

公约》第5条一样，北约也重新考虑让第5条包含一些新问题，例如网络恐怖主义与核扩散，将两者纳入第5条不仅适当而且必要，此举也带来许多挑战。"① 为了确保北约及其成员国网络空间安全，北约在许多成员国境内建立了多个"赛博卓越中心"。其中，位于爱沙尼亚塔林的"赛博卓越中心"就是北约网络力量的代表。"由于对小型以及大型网络威胁所覆盖范围的认识不断增长，爱沙尼亚的不幸遭遇，对北约如何认识其在国际网络安全中的角色提出拷问。"② 在北约及其成员国的一致支持下，"赛博卓越中心"所制定的网络安全手册，不仅成为北约及其成员国共同尊重的网络规则，也受到国际社会的普遍认可。

由此可见，冷战后北约常规武装力量建设，和冷战时期相比，不仅有非常明确的发展重点，而且涉猎范围极为宽泛，既能有效应对传统安全威胁与挑战，也能积极处置各种非传统安全威胁。简言之，冷战后的北约武装力量拥有极为强大的综合战斗能力与危机处置能力，这已构成北约积极推进全球安全目标的基础。

第三节　北约预防性干预政策与域外干预行动

一　波黑冲突、科索沃战争与北约对南联盟的军事打击

1990年底，南斯拉夫联盟解体。1991年，斯洛文尼亚、克罗地亚以及马其顿宣布独立。但围绕波斯尼亚和黑塞哥维那是否独立，波黑境内的塞尔维亚族与穆斯林族和克罗地亚族发生争执，虽然波黑最终获得独立，但分裂为三个部分——波黑塞族共和国、穆斯林族控制区、赫尔采格—波斯尼亚克族共同体。1992年3月，由于三方互不妥协，波黑内战爆发。联合国、欧共体、北约、美国与俄罗斯等都插手解决波黑内战，联合国通过

---

① Jennifer Medcalf, *Going Global or Going Nowhere? NATO's Role in Contemporary International Security*, p. 239.
② David R. Edelman, "NATO's Cyber Decade?" Yonah Alexander and Richard Proisen, eds., *NATO from Regional to Global Security Provider*, p. 23.

第五章 冷战后北约的战略转型及其实践

多个决议案,欧共体与北约先后推出《万斯—欧文协定》(Vance-Owen Agreement)、《欧文—斯托尔滕贝格方案》(Owen-Stoltenberg Agreement),最终力促冲突各方达成《代顿协议》(Dayton Agreement)。①

1994年4月,在北约主要成员国的主张下,美、英、法、德、意等国与俄罗斯联合成立前南问题国际联络小组,负责落实联合国安理会针对南联盟的各项决议案,协调、处理以及解决南联盟的各种民族矛盾。联合国还派出由荷兰军队担任主力的"联合国保护力量"(UN Protection Force, UNPROFOR),负责隔离交火各方,维持波黑地区安全与稳定。1995年8月,北约对波黑塞族采取"精选力量行动"(Operation Deliberate Force, ODF),对波黑塞族武装实施空中打击。12月,欧洲盟军最高司令部执行"果敢决策行动"(Operation Decisive Endeavor, ODE),派出由多国组成、为数60000人的"波黑稳定部队",陆续进驻波黑地区,执行联合国授权的波黑维和使命,监督《代顿协议》的落实情况。北约对于最终按照其设计稳定波黑地区局势颇为自豪,"北约很早就在政治和军事上积极介入(波黑冲突),此举明确反映了北约从早年巴尔干半岛危机中吸取了教训;北约在南塞尔维亚付出的努力取得成功,可能只是因为这个年代的政府真心支持北约介入"②。

然而,出于对塞尔维亚的政治与意识形态偏见,北约在波黑各方争执中拉偏架,放任穆斯林族和克罗地亚族军队向波黑塞族发动进攻,打压塞族军队采取的所有军事行动。北约军队甚至以违反《代顿协议》为借口,向塞族聚居区发动进攻,压制塞族武装力量,缩小其实际控制区域。北约试图采取政治、经济以及军事等多种手段,最大限度削弱波黑塞族的军事力量,使其军事与人口资源优势消耗殆尽,最后不得不接受北约的方案。

---

① 1995年11月21日,波黑、克罗地亚和塞尔维亚共和国3国领导人在美国俄亥俄州代顿市签署《波黑和平协议草案》。协议规定,波黑分为波黑穆克联邦(占领土的51%)和塞族共和国(占领土的49%)两个实体,各自有政府、议会、军队和警察部队,萨拉热窝成为统一的波黑共和国首都,联邦权力由三大主体民族分享。联合国向波黑派驻高级代表,北约向波黑派驻"多国稳定部队",以此监督协议执行。

② Raffi Gregorian, "NATO and the Balkans, from Intervention to Integration," Yonah Alexander and Richard Proisen, eds., *NATO from Regional to Global Security Provider*, p. 94.

北大西洋公约组织

在《代顿协议》的基础上，1995年12月14日，经过北约强制调停，波黑总统伊泽特贝戈维奇（Alija Izetbegović）、克罗地亚总统图季曼（Franjo Tudjman）和塞尔维亚共和国总统米洛舍维奇（Slobodan Milosevic）在巴黎正式签署《波黑和平协定》（General Framework Agreement for Peace in Bosinia and Herzegovia），法国总统希拉克（Jacques René Chirac）、美国总统克林顿（William Jefferson Clinton）、联合国秘书长加利（Boutros Boutros-Ghali）等参加签字仪式，波黑冲突正式告一段落。但波黑冲突造成重大人员伤亡和财产损失。波黑内战持续了1000多个日日夜夜，成为"二战"结束后欧洲时间最长、规模最大的一场热战，这场战争夺去了20多万人的生命，并有60多万人致残、200多万人流离失所。战争造成的直接经济损失高达千亿美元①，波黑冲突还导致该地区绝大多数生产设施被破坏，给波黑人民留下了永远的伤痛。

几乎与波黑发生冲突同时，前南联盟自治省科索沃也爆发了种族纷争。由于对大量塞族人迁入科索沃深感不满，1991年9月，科索沃阿尔巴尼亚族成立"科索沃共和国"（Republika e Kosovës），宣布脱离塞尔维亚。阿族建立"科索沃解放军"（Ushtria Ccedil 或者 Lirimtare e Kosoveuml，UCcedil 或者 KLA），驱逐科索沃塞族警察，引发冲突。面对科索沃危机，南联盟政府允许科索沃阿族实施自治，但拒绝其独立。针对"科索沃解放军"频频发动袭击、驱逐塞族警察的游击战行为，南联盟派出军队，与科索沃塞族警察一道，对阿族武装采取军事行动。此举在一定程度上造成科索沃阿族人口与财产损失，大量阿族难民流向其他欧洲国家。

1998年3月，北约秘书长索拉纳（Javier Solana de Madariaga）公开指责南联盟采取的军事行动是种族清洗，要求南联盟立刻停止军事行动。索拉纳甚至宣布，北约已准备好在科索沃采取军事行动。与此同时，联合国安理会也通过决议，宣布对南联盟实施武器禁运。6月，北约与欧盟同时宣布对南联盟实施经济制裁，向南联盟施加军事与经济双重压力。10月，联合国安理会通过决议案，要求在科索沃实现停火，要求南联盟撤出

---

① 马细谱、余志和：《巴尔干百年简史》，中国青年出版社，2018，第370页。

第五章 冷战后北约的战略转型及其实践   North Atlantic Treaty Organization

科索沃。10月13日,北约秘书长索拉纳向南联盟发出最后通牒,限其在96个小时内撤出驻科索沃的军队和警察武装,否则北约就向南联盟军队实施军事打击。10月15日,欧安会派出一支为数2000人的队伍——科索沃核查任务部队(Kosovo Verification Mission,KVM),对停战协定实施监督,核实南联盟撤军情况。与此同时,北约也派出一支军队——北约空中核查部队(NATO Air Verification Mission,AVM),从空中对停战协定的执行情况实施监督,如监视南联盟军队撤离,监督南联盟是否遵守协议,避免南联盟军队在撤退过程中横生枝节。

在北约的压力下,南联盟总统米洛舍维奇不得不宣布接受联合国安理会相关决议案,同意从科索沃撤出军队,允许国际社会派调查员监督撤军行动,甚至允许北约空军在科索沃上空对撤军行动实施督查和检阅。然而,在南联盟军队撤出后,科索沃解放军又卷土重来,继续实施挑衅,袭击塞族警察与平民。据统计,从1998年10月到1999年1月,阿族武装共采取400多次军事行动,造成大量人员伤亡。塞族警察与阿族武装持续爆发小规模军事冲突,最终以"拉察克事件"① 达到顶峰。虽然前南问题国际联络小组竭力促成塞族和阿族举行停战谈判,但双方始终未能就科索沃是否独立这一问题达成一致。1999年1月,美国特使霍尔布鲁克(Richard Holbrooke)与南联盟总统米洛舍维奇举行紧急会晤,美国要求南联盟同意北约军队进驻科索沃,但遭到拒绝。

事实上,从1月下旬起,北约就已开始着手各项战前准备工作。一方面,美、英、法、德等国开始向南联盟周边地区调兵遣将,向这一地区大规模增派飞机、调派地面部队、派出包括航空母舰在内的各类战舰;另一方面,各国驻南联盟外交人员纷纷撤离,负责调停工作的许多外交使团也陆续撤离。很明显,北约在科索沃冲突的调停中,很早就着手各种军事干预准备,即一旦谈判无果,北约马上对南联盟

---

① 1999年1月8日,阿族武装向正在巡逻的塞族警察开火,造成多人伤亡。15日,塞族警察前往据称藏匿阿族武装分子的拉察克村核查,再次遭袭,塞族警察实施还击,造成武装分子多人伤亡。16日,国际观察团团长、美国退伍将军沃克尔宣布,拉察克发生种族屠杀事件,有45名阿族老人和孩子被杀害,南联盟武装应对此负责。

北大西洋公约组织

实施军事打击。

1999年3月24日,在未经联合国授权的情况下,美国、加拿大、英国、法国、德国、意大利、挪威、丹麦、比利时、荷兰、西班牙、葡萄牙、土耳其共13个国家,组成北约多国部队,向科索沃塞族武装驻地以及南联盟发动全面军事打击,代号"盟军联合行动"(Operation Allied Force, OAF)。北约出动飞机向科索沃塞族聚集区实施大规模轰炸与空中精确打击,同时也对南联盟防空设施、军事指挥设施、兵营、通信与雷达设施等实施攻击。事实上,南联盟许多民用设施同样遭到北约大规模轰炸,如民用通信设施、交通枢纽、电机厂、炼油厂等。"北约在3月24日实施空中轰炸,该行动持续了11个星期,涉及38000飞行架次(包括差不多10500次打击任务),差不多投掷了12000吨弹药。"①

在军事行动中,北约动用了大量先进的各种战略型与战术型飞机,如美国的B-2隐身战略轰炸机、B-52"空中堡垒"同温层战略轰炸机、F-117A隐身战斗轰炸机、F-15"鹰"战斗机、F-16"战隼"战斗机等。此外,还有英、德、意三国共同研制的"旋风式"战斗机,法国的"阵风式"战斗机和"幻影-2000"战斗机等。另外,北约还使用了各种类型的导弹以及炸弹,如"战斧式"巡航导弹,还有"精确联合制导弹药"、贫铀弹以及石墨炸弹等。

由于北约掌握了绝对军事优势,无论是武装力量规模还是武器装备水平,抑或是综合战力,都远胜于南联盟。在整个战争期间,北约及其成员国总计动员近1200架飞机、50艘大型战舰参战,包括多艘航空母舰在内。而南联盟只能依靠老旧而且数量有限的防空作战飞机与导弹,按照传统战法抵抗北约的军事打击,因此,战争呈现出一边倒的局面。北约武装力量向南联盟持续发动进攻,而南联盟军队只能被动挨打,它们虽然给北

---

① William M. Arkin, "Operation Allied Force: The Most Precise Application of Air Power in History," Andrew J. Bacevich and Eliot A. Cohen, eds., *War over Kosovo: Politics and Strategy in a Global Age*, New York: Columbia University Press, 2001, p. 23.

约武装力量造成一定损失,但无法从根本上逆转战局。

1999年4月23日,北约各成员国在华盛顿峰会期间召开临时会议,集中讨论科索沃政治与安全形势。会议达成一致意见,即北约与其他组织对南联盟实施干预,将有助于推动东南欧区域安全与稳定,北约为禁止战争物资进入南联盟而采取的全面禁运,取得明显收效。为此,北约将继续对南联盟实施空中打击,直到其完全满足国际社会要求,达到北约所确定的和平目标。为了稳固上述地区的安全形势,北约决定继续向马其顿和阿尔巴尼亚提供人道主义援助等。

北约对南联盟采取的军事打击,引发了一系列军事与政治后续效应。5月6日,美国B-2战略轰炸机向中国驻南联盟使馆发射5枚导弹,彻底摧毁大使馆,造成人员伤亡。尽管该事件最终以美国道歉和赔款而结束,但造成中美关系倒退,中国强烈反对北约针对南联盟采取的野蛮军事行动。北约对南联盟实施空袭,也引发了北约与俄罗斯关系严重倒退,双方关系不断趋于紧张。俄罗斯强烈反对北约采取军事干预行动,为此不惜向亚得里亚海派出舰队,同时在黑海、北海以及大西洋等海域举行大规模军事演习。为了阻止北约进一步采取地面军事行动,俄罗斯派遣1个营伞兵部队,紧急抢占科索沃首府普里什蒂纳的斯拉蒂纳军用机场,用于阻挡北约地面部队向前推进。为了遏制北约肆意扩大战争,俄罗斯甚至宣布,不惜动用战略核武器,捍卫南联盟的独立和自由。

6月2日,经过俄罗斯斡旋,南联盟最终接受美国、俄罗斯、芬兰联合商定的南联盟和平协议。6月9日,南联盟与北约双方代表签署协议,南联盟武装力量撤出科索沃。6月10日,联合国安理会通过"第1244号决议案",要求南联盟全面履行《朗布依埃协议》[①]。6月20日,南联盟

[①] 1999年2月,在前南问题国际联络小组斡旋下,南联盟和科索沃代表在法国巴黎南部朗布依埃举行谈判,讨论美国起草的和平协议。该协议规定:尊重南联盟领土完整,科索沃实行高度自治,科索沃解放军解除武装,除少量边防军外,南联盟其余军队均撤出科索沃,该地区安全由北约所派遣的部队保障。《朗布依埃协议》由于科索沃反对自治、南联盟反对北约军队入驻,最终未能生效。

武装全部撤出科索沃，北约同时宣布停止在南联盟的军事行动。

科索沃战争历时78天，虽然时间短暂，但是对南联盟造成严重破坏。在北约及其成员国眼中，巴尔干地区就此走向"民主化"，"北约在巴尔干半岛获得的经验，从根本上改变了北约的本质，反过来这又导致这一地区出现重大的建设性变化"[1]。在对南联盟的军事打击中，北约总计出动飞机3.4万架次，投掷导弹和炸弹多达2.3万枚，其爆炸力相当于美国投掷在广岛的原子弹的3倍。北约的大规模空中打击给南联盟造成重大损失，军队与平民伤亡近8000人，直接经济损失达2000亿美元左右，南联盟与科索沃共计12条铁路线被炸毁、5条公路干线被炸、60架桥梁坍塌，另外还有大量医院、学校、古迹、民宅、热电厂、变电站、机场等被炸毁。[2] 进言之，科索沃战争给南联盟及其人民造成巨大的心理创伤，除人员、建筑以及财产等损失外，由于北约在战争中大量使用贫铀弹，整个多瑙河下游地区均受到放射性元素污染。

科索沃战争同样也对北约造成了巨大影响。"北约对波斯尼亚、黑塞哥维那的干涉，使冷战结束后就已开始的政治争论达到一个顶点。"[3] 作为冷战后北约成建制实施的首次干预行动，北约在科索沃战争中创立了以大规模空中打击为主的新型作战模式。对北约来说，这种新型作战模式成本低、周期短、收效快，以高科技武器为主。科索沃战争推动了北约武器装备的升级换代，推动了北约对其指挥战略、军事装备、作战手段、战术联合、军费负担等展开一系列调整与变革。更重要的是，这种强调短、平、快的新型作战模式，使北约避免了大规模人员伤亡，最大限度减少了北约内部的政治压力与社会争论。就此而言，科索沃战争为北约军事干预行动积累了经验，推动了北约此后实施更加系统、更大规模的军事干预行动。

---

[1] Raffi Gregorian, "NATO and the Balkans, from Intervention to Integration," Yonah Alexander and Richard Proisen, eds., *NATO from Regional to Global Security Provider*, p. 101.
[2] 马细谱、余志和：《巴尔干百年简史》，第388页。
[3] Raffi Gregorian, "NATO and the Balkans, from Intervention to Integration," Yonah Alexander and Richard Proisen, eds., *NATO from Regional to Global Security Provider*, pp. 84–85.

毋庸讳言，科索沃战争在国际关系中开创了一个不好的先例，即对一个主权国家肆意进行侵犯。尤其是北约绕过联合国，将军事干预这一既成事实强加于联合国，实际上构成对国际法以及国际关系规则的破坏，削弱了联合国在国际社会的权威。在科索沃战争后，西方国家设立并主导的"海牙国际战犯法庭"（International Criminal Court，ICC），以战争罪和反人类罪对南联盟前总统米洛舍维奇、南联盟武装力量总司令姆拉迪奇（Ratko Mladić）等人实施起诉，开创了国际法庭以战争罪名起诉主权国家领导人的司法审判先例。此举不仅在全世界引起广泛争议，而且在西方国家也引发普遍质疑。

二 北约与阿富汗反恐战争

冷战结束后，国际安全形态发生巨变，各种不稳定因素蜂拥而至，国际恐怖主义是其中的代表，危害性最大，影响力也最大。在全世界形形色色的恐怖主义组织中，本·拉登（Osama bin Laden）领导的"基地"组织（Al-Qaeda）①可谓臭名昭彰。该恐怖组织长期活跃在阿富汗，得到奉行伊斯兰宗教激进主义的阿富汗"塔利班"（Taliban）的积极支持。"基地"组织之所以能够在阿富汗立足，得益于阿富汗的历史与现实。"阿富汗是全世界最穷的国家，这个国家长期被视为'失败国家'，它在政治上长期不稳定，法治破坏，政府服务、管理架构以及合法经济活动缺失，导致社区暴力与战争频发。在现代以及过去，各路大军穿越阿富汗，临时性控制这个国家。这些情况阻止了阿富汗人民发展持久的政治机制。"②

2001年9月11日，"基地"组织指使恐怖分子劫持多架美国民航飞机，其中，两架撞毁世贸中心"双子楼"；一架撞击五角大楼，导致部分

---

① "基地"组织始于苏联入侵阿富汗，是伊斯兰宗教极端分子为了抗击苏联侵略军而设立的抵抗组织，早年曾得到美国的援助。在1989年2月苏军撤出后，"基地"组织开始将其目标指向美国以及伊斯兰世界的腐败政府，其最高领导是以本·拉登为首的"中央委员会"，活动范围主要集中于中东、北非以及中亚地区。

② Nika Chitadze, "NATO and International Cooperation in the Fight against Terrorism in Afghanistan," Oktay F. Tanrisever, ed., *Afghanistan and Central Asia: NATO's Role in Regional Security since 9/11*, p.190.

北大西洋公约组织

建筑损毁;还有一架准备撞击国会大楼,但在飞行途中坠毁。"9·11"事件爆发后,美国政府旋即宣布全国处于紧急状态,按照其情报机构所做的调查,很快锁定本·拉登及其领导的"基地"组织就是此次恐怖袭击的元凶。以此为借口,小布什(George W. Bush)政府在10月7日正式对阿富汗发起反恐战争——"持久自由行动"(Operation Enduring Freedom, OEF)。美国反恐战争的目标非常明确,就是彻底铲除"基地"组织以及为其提供支持和庇护的阿富汗塔利班政权。"9·11"事件空前拉近了美国与欧洲盟国的距离,加强了北约内部团结。"在攻击事件发生不久后所做的盖洛普调查中发现,欧洲各国政府就美国发起反恐战争的政治支持,与公众对反恐战争的支持不相上下。80%的丹麦人、79%的英国人、78%的西班牙人、73%的法国人、66%的意大利人、53%的德国人一致同意,他们的国家应该参与针对行凶者的军事行动,因为恐怖分子对美国发动了恐怖主义攻击。"[1] 进言之,"许多北约成员国希望,援引《北大西洋公约》第5条,将会使美国在北约的旗帜下针对'基地'组织做出军事反应,或者至少在统一的军事结构与政治机制中协调其行动"[2]。

为了有效打击穆罕默德·奥马尔(Mullah Mohammed Omar)领导的塔利班政权,彻底摧毁阿富汗恐怖分子的训练营和基础设施,消灭本·拉登,美国在反恐战争中投入重兵利器,出动6个航母战斗群,动用B-1B"枪骑兵"战略轰炸机、B-2"幽灵"战略轰炸机、B-52"空中堡垒"同温层战略轰炸机等重量级飞机,通过持续发射"战斧式"巡航导弹、激光制导导弹、BGM-109C/D巡航导弹、"斯拉姆"增敏导弹、"杰达姆"制导导弹等,向阿富汗防空设施、指挥和控制设施、军事基地、弹药仓库等实施大规模集中轰炸和打击。同时,美军还动用E-2C"鹰眼"电子预警机,对战场实施统一指挥和控制;出动EA-6B"徘徊者"电子

---

[1] Donald G. McNeil, Jr,"EU Summit Signals Unity with the U. S.," *International Herald Tribune*, 22 Sep. 2001. 转引自 Jennifer Medcalf, *Going Global or Going Nowhere? NATO's Role in Contemporary International Security*, pp. 114-115。

[2] Nora Bensahel, *The Counterterror Coalitions, Cooperation with Europe, NATO, and the European Union*, Santa Monica, C. A.:Rand, 2003, p. 7.

第五章　冷战后北约的战略转型及其实践

战飞机,为地面部队提供近距离干扰性军事支持;出动F-14"雄猫式"战斗机和F/A-18"黄蜂式"舰载攻击机,为地面部队提供攻击支持等。另外,美国空军还出动F-15E"打击鹰"战斗机、F-16"战隼"战斗机,为美国地面武装进攻提供空中支援。此外,美国的反恐战争还得到英、法等国的积极支持和配合。例如,法国从"戴高乐号"航空母舰上出动"超级军旗"战斗机,从吉尔吉斯斯坦玛纳斯空军基地出动"幻影-2000"战斗机等,为美国地面部队提供近距离空中援助。

在地面战斗中,美国中央司令部制订了"蟒蛇计划"(Operation Anaconda, OA),动员美国101空降师、第6山地师、英国160SOAR空降特种团、多国特种部队等,组成第3特战群等精锐部队。英国、德国、波兰、捷克、斯洛伐克等北约成员国均参加了美国领导的反恐大军;北约的伙伴国澳大利亚、日本、韩国、菲律宾等也都以直接或间接方式参加了反恐战争。"在2001年和2002年占领喀布尔以及后来针对塔利班在坎大哈据点的军事行动中,美国、英国以及其他北约盟国作为单个国家展开合作,而非作为北约武装力量。有60000名美军以及来自其他盟国的15000名军人,这明显是美国领导的行动而非北约领导的行动。"[①] 总之,虽然北约此时并未直接参战,但各成员国或伙伴国均以各种方式对美国发动的反恐战争表示支持。另外,美国还争取到阿富汗地方领袖拉巴尼(Burhanuddin Rabbani)、马苏德(Ahmad shah Masoud)等的积极支持,他们组成统一的"北方联盟"(Northern Alliance, NA)军队,向美国领导的地面军事行动提供有力的军事配合,共同打击"基地"组织武装力量和"塔利班"武装力量。

与此同时,联合国也针对国际恐怖主义展开讨论。2001年10月5日,联合国大会正式就是否或者如何行使反恐自卫权展开大辩论。联合国安理会最终设立反恐怖主义委员会(Counter-Terrorism Committee, CTC),

---

[①] Peter J., S. Duncan, "Russia, NATO and the 'War on Terror': Competition and Co-operation in Central Asia after 11 September 2001," Oktay F. Tanrisever, ed., *Afghanistan and Central Asia: NATO's Role in Regional Security since 9/11*, p. 131.

北大西洋公约组织

负责监督安理会各项反恐决议案的执行。另外，安理会很快通过"第1386号决议案"，正式决定在阿富汗设立国际安全援助部队，这在一定程度上使阿富汗反恐战争获得了国际社会的认可和授权。此后，联合国安理会又就国际安全援助部队在反恐战争中所涉及的许多具体问题推出"第1413号决议案""第1444号决议案""第1510号决议案"等。

2001年11月9日，反恐联军攻打阿富汗北方重镇马扎里沙里夫，击败"塔利班"军队，解放该城市。在此基础上，"北方联盟"军队很快解放阿富汗北部5省。11月12日，反恐联军向阿富汗首都喀布尔发起进攻，解放喀布尔。此后，"北方联盟"军队相继占领阿富汗许多重要城市，如赫拉特、贾拉拉巴德、昆都士等。"塔利班"在阿富汗的统治土崩瓦解，"基地"组织遭受重创，一蹶不振。"基地"组织的重要领导人或被击毙，或被抓捕，或被迫逃匿，大部分训练基地以及辅助军事设施被彻底捣毁，作战人员损失80%以上。"基地"组织头号领导人本·拉登，亦在此后在巴基斯坦的藏匿中被捕杀。"基地"组织剩余的恐怖分子作鸟兽散状，或逃亡山区，或逃亡阿富汗与巴基斯坦边境地区。与之相比，"塔利班"武装损失惨重，作战人员伤亡高达5万人，基本上丧失了与反恐联军正面作战的能力。到2001年底，阿富汗反恐战争中的大规模地面交战基本上结束。取而代之的是旷日持久的山区游击战，反恐联军与国际安全援助部队展开大规模清剿作战。

2001年12月，北大西洋理事会在波恩召开会议，决定以北约的名义参加国际安全援助部队，部队指挥权最初由北约内部综合国力较强的盟国派将军担任。北大西洋理事会宣布，"我们认为，'9·11'事件不是对一个盟友的武装攻击，而是对我们所有国家的攻击。因此，我们要援引《北大西洋公约》第5条，决定以单独或集体方式，支持目前美国领导的反恐军事行动，打击在'9·11'事件中实施暴行的恐怖主义分子以及为其提供庇护的人或者国家。"① 2003年3月底，北大西洋理事会在柏林召

---

① "NATO's Response to Terrorism," 6 Dec. 2001, https://www.nato.int/cps/en/natohq/official_texts_18848.htm? selectedLocale=en.

第五章 冷战后北约的战略转型及其实践

开"阿富汗国际捐助会议",就阿富汗反恐战争可能产生的结果展开讨论。北大西洋理事会正式决定向联合国国际维和力量提供大规模援助,向其提供必要的政治与道义支持。虽然国际安全援助部队由联合国30多个成员国军队组成,但北约各成员国所提供的部队占绝大多数,占比甚至高达95%以上。

2003年8月,北约接受联合国委托,正式接管国际安全援助部队指挥权。"从8月起,北约将在对国际安全援助部队的协调、指挥以及控制中发挥主导作用,国际安全援助部队将继续在联合国授权下展开行动。北约所发挥的作用,将增强国际安全援助部队的有效性与可持续性,北约将与盟国暨伙伴国部署的'省级重建队'(Provincial Reconstruction Teams)一起,强化国际社会对建立一个和平与民主的阿富汗的承诺。"[①] 为了便于指挥,北约在喀布尔成立国际安全援助部队联合司令部(International Security Assistance Force Joint Command,ISAFJC)。作为一个多国武装力量指挥部,该司令部直接隶属于北约北欧联合武装司令部(Allied Forces of the North Europe,AFNORTH),北约的目的很明确,就是要将其纳入北约统一军事指挥体系,进而将阿富汗反恐战争纳入北约整体安全战略。"在大战略层面,北约在阿富汗的合法地位得到认可,此举能够保持持续稳定的可靠性,造就了北约在阿富汗主导的宏观战略地位。"[②]

国际安全援助部队联合司令部最终采用轮流坐庄制,首先由德国哥兹·哥利莫洛斯(Goetz Gliemeroth)中将担任首任司令官,之后,由北约其他成员国派驻部队指挥官轮流担任司令官。在国际安全援助部队联合司令部之下,北约设立东部、西部、南部、北部以及喀布尔五个地区级司令部,分别负责各个区域的情报收集与分析、作战行动与指挥、后勤保障等。与此同时,国际安全援助部队联合司令部还负责与阿富汗临时政府展开军事合作,帮助阿富汗建立、训练、装备一支新型武装力量——"阿

[①] "Final Communiqué, Ministerial Meeting of the North Atlantic Council," 3 Jun. 2003, https://www.nato.int/cps/en/natohq/official_texts_20291.htm? selectedLocale=en.

[②] David Vestenskov and Lars Wille-Jøgensen, "When Strategy Ends," Liselotte Odgaard, ed., *Strategy in NATO, Preparing for an Imperfect World*, p. 134.

富汗国民军"(Afghan National Army, ANA),同时还负责建立"阿富汗国家警察部队"(Afghan National Police, ANP)等,这些武装力量被统称为"阿富汗国家防御和安全力量"(Afghan National Defense and Security Forces, ANDSF)。北约的目标非常明确,就是使"阿富汗国家防御和安全力量"不仅能够与国际安全援助部队展开充分配合,共同执行维和任务,还能逐渐承担起单独保护阿富汗和平、安全、稳定以及发展的历史使命。

不仅如此,北约还设置阿富汗民事管理机构,负责阿富汗国计民生以及战后国家重建,土耳其驻北约大使希科梅特·瑟廷(Hikmet Çetin)担任首任北约驻阿富汗高级民事代表,统筹北约在战时阿富汗维和行动所涉及的各种民事活动,同时与阿富汗临时政府就各项民事活动及时展开沟通,协调北约、欧盟以及联合国对阿富汗的战时援助与支持。该机构同样采取轮流坐庄制,由各成员国驻北约大使轮流担任代表,以此显示北约各成员国完全平等,共享权力。从表面上看,北约及其成员国尽数参与阿富汗反恐战争,表达了共同的意志,制定了共同的反恐方针,共同做出贡献,但实际上各国并不完全同步,许多国家缺席阿富汗战争及其战后重建。美国国防部长罗伯特·盖茨(David Gates)曾就此表达了担心,"北约有可能成为'双层联盟',其中,有些成员国愿意战斗并且牺牲,其他成员国则不愿意"①。

虽然国际安全援助部队与反恐联军在名义上职能有别,前者主要负责阿富汗维和任务,后者主要负责阿富汗反恐战斗,但在事实上,国际安全援助部队也承担与"基地"组织和"塔利班"武装力量较量的作战使命。两者在反恐战争中不存在竞争与矛盾,而是在反恐与维和任务中互相配合,它们不仅拥有各自的战区和战争目标,而且在反恐与维和作战行动中分享情报与信息。两者在共同打击"基地"组织与"塔利班"残余武装力量方面取得巨大战果,同时也推动了战后阿富汗重建。

---

① *Financial Times*, 7 Feb. 2008, 转引自 Mark Webber, James Sperling and Martin A. Smith, *NATO's Post-Cold War Trajectory: Decline or Regeneration?*, p. 27。

第五章 冷战后北约的战略转型及其实践

自创建后,国际安全援助部队获得重大发展,由于北约积极参与,该部队从最初只有5500人,一直发展到鼎盛时期有50个北约成员国以及伙伴国参与,规模达到13万人。该部队从创建之初只承担阿富汗部分地区维和任务,一直发展到2006年底在阿富汗全境接管所有维和与反恐任务。不仅如此,国际安全援助部队还在阿富汗恢复并维持和平与安全秩序、战后重建等方面发挥了重大作用。国际安全援助部队在阿富汗承担了大量旨在构建和平秩序,重建国家政治、经济以及社会生活等重任,其范围之广、种类之多、成效之多,都远远超出反恐联军,这些任务包括维护阿富汗安全、建设道路、拆除地雷、建造飞机场、保障国民健康、发展国民教育等。

2010年11月,北大西洋理事会在葡萄牙首都里斯本召开峰会。正是在这次峰会上,北约国际安全援助部队领导人与阿富汗总统卡尔扎伊(Hamid Karzai)正式签署协定。双方一致决定,阿富汗国家防御和安全力量日渐强大,将在2014年底全面接管国际安全援助部队在阿富汗的安全使命。卡尔扎伊在里斯本峰会上做了公开演讲,"北约与阿富汗今天上午举行了一次非常重要的峰会,我代表阿富汗人民感谢北约成员国与'国际安全援助部队'参与国在过去9年为阿富汗所做的贡献,感谢他们所做的牺牲,感谢他们用纳税人的钱为阿富汗提供的援助"[①]。2011年3月22日,双方权力移交程序正式启动。2013年6月,阿富汗国家防御和安全力量正式接手作战任务。

2014年12月31日,国际安全援助部队正式宣布结束在阿富汗的维和使命和反恐作战任务。2015年1月1日,阿富汗国家防御和安全力量正式接管国际安全援助部队所承担的所有使命。但是北约并未完全退出阿富汗,随着国际安全援助部队使命结束,北约旋即提出一项名为"坚定支持使命"(Resolute Support Mission,RSM)的安全计划,其核心是为阿富汗国家防御和安全力量提供训练指导、提出各种建议、

---

① "Opening Statement by Hamid Karzai," 20 Nov. 2010, https://www.nato.int/cps/en/natohq/opinions_ 68928. htm? selectedLocale = en.

北大西洋公约组织

提供援助等,目的是防止国际安全援助部队撤出后,阿富汗重新陷入混乱和动荡,从而确保北约在阿富汗反恐战争中所付出的艰辛努力不会付之东流。

不论在阿富汗反恐战争中,还是在战后阿富汗重建中,北约所扮演的角色都非常重要。就像英国学者 W. J. 威廉(W. J. Williams)所强调的,"北约按日计算的大多数工作并不是新闻头条,但绝对非常重要,在围绕世界问题一次又一次召开的会议、工作坊以及会面中,我听到决策者们提到,如果北约不存在,就有必要创立一个"[①]。但很遗憾的是,阿富汗的政治、经济与社会并未因为北约付出努力而发生根本性好转,尤其是经历了反恐战争后的阿富汗,并未按照北约的意愿,真正建立一种完整的代议制民主制度、市场经济、法治社会等。相反,阿富汗在反恐战争后呈现另一番景象,即地方势力雄踞一方,国家政权被一些大的部族首领、军阀以及教派领袖把持;国民经济虽出现较大好转,但经济基础还非常薄弱;社会秩序亦缺乏稳定,"基地"组织与"塔利班"的残余势力仍然蠢蠢欲动。从奥巴马政府第二个任期开始,美国政府与"塔利班"展开谈判,试图让其重新执掌阿富汗政权,双方已经达成初步协议,美国也已制定了撤军时间表。如果美国上述设想最终实现,很难说阿富汗反恐战争的意义究竟体现在哪些方面。

美国在 21 世纪之初开启了阿富汗反恐战争,北约全面参与并在其中发挥了重要作用。对北约来说,阿富汗虽不在欧洲—大西洋区域安全秩序范围内,但是北约在全球范围内应对非传统安全威胁的一个重要组成部分,成为北约全面推进欧洲—大西洋区域周边地带安全的一个重大步骤。在表面上看,北约介入阿富汗战争看似偶然,但实际上具有某种历史必然性。"在阿富汗战争前,北约介入 3 场冲突,如波斯尼亚、科索沃、马其顿;曾经介入 1 次战争,如利比亚;北约还持续推进反海盗努力。"[②] 这

---

① M. J. Williams, *The Good War*, *NATO and the Liberal Conscience in Afghanistan*, New York: Palgrave Macmillan, 2011, p. 117.
② David P. Auerswald and Stephen M. Saideman, *NATO in Afghanistan*, *Fighting Together*, *Fighting Alone*, p. 18.

是北约持续应对各种域外安全危机与挑战的一种重要尝试,亦是北约构建欧洲—大西洋区域乃至全球政治与安全秩序的一个重要步骤。

阿富汗反恐战争表明,北约上述战略构想及其实践具有非常大的风险,大有打破旧的国际关系规则、国际法以及国际力量格局之嫌,亦在国际社会大行单边主义之实,将单个国家或组织的安全诉求凌驾于国际社会之上。阿富汗反恐战争在很大程度上打乱了中亚地区传统的地缘政治关系,给该地区的未来发展带来某种不确定性。就像美国学者理查德·魏兹(Richard Weitz)所强调的,"阶段性目标已经实现,但是阿富汗僵持的政治形势,以及缺乏一致意见的北约后续部队,使这场战役的最终结果变得非常不确定"[1]。与此同时,北约及其成员国为阿富汗反恐战争付出巨大成本,北约尤其是美国,在反恐战争出现大量人员伤亡,付出巨额战争费用。截至2013年,在为期12年的阿富汗战争中,美国的战争支出为6850亿美元,3409名联军士兵丧生、15000名平民丧生。有82%的美国人反对阿富汗战争,反对人数远远高于越战和伊拉克战争……而在2001年10月,有93%的美国人支持阿富汗战争。[2] 与之相比,阿富汗的人员伤亡更是超过30万人,难民甚至高达数百万之众。阿富汗周边国家由于大规模接收难民而倍感压力,上述问题显然是北约及其成员国发动阿富汗反恐战争前所未曾预料到的。瑞士学者朱利安·法兰奇曾极为悲观地提到,"(北约)在阿富汗的使命,是一种北约无法回避的预警式作战行动,半心半意地交战将会导致北约走向衰落"[3]。

三 北约与伊拉克战争

如果说阿富汗反恐战争直接源于国际恐怖主义兴起与泛滥,反映了冷

---

[1] Richard Weitz, "NATO and Afghanistan, Partnerships and Setbacks," Yonah Alexander and Richard Proisen, eds., *NATO from Regional to Global Security Provider*, pp. 123 – 124.

[2] Adam Weinstein, "We Just Lost Afghanistan Because We're not Earth's Special Snowflake," https://gawker.com/we – just – lost – afghanistan – because – were – not – earths – spec – 1491586303.

[3] Julian Lindley-French, *The North Atlantic Treaty Organization: The Enduring Alliance*, London: Routledge, 2007, p. 103.

北大西洋公约组织

战后非传统安全因素与国际社会的冲突,那么,伊拉克战争则属于传统安全因素在冷战后国际秩序重构中的矛盾再现。与全力参与阿富汗反恐战争不同,北约对伊拉克战争的态度始终有所保留,大多数成员国并未直接参与,许多国家还对美国挑起伊拉克战争有颇多异议。北约上述矛盾态度必然会对伊拉克战争产生重大影响,反过来,伊拉克战争也注定会对北约产生较大的反作用力。"美国与欧洲关系深远而广泛,无法只通过个案研究而做出判断,例如,伊拉克战争在确定现代美欧安全动态的过程中非常关键。"①

在1990年初的海湾战争(Gulf War)中,以美国为首的联盟军队击败蓄意入侵科威特的伊拉克军队,重新整合冷战后中东地区安全秩序。"在冷战结束后不久,海湾战争成为地中海安全形势演进的一个里程碑,也成为北约南部区域各国所扮角色持续演进的一个里程碑。"②虽然萨达姆领导的伊拉克遭受重创,但实力犹存,作为中东地区大国的战略地位并未从根本上被动摇。伊拉克仍然是中东地区一支强有力的反美力量,仍然是美国在中东地区推进政治与安全政策的一个重要羁绊,这对美国一直为加强在中东地区的战略存在与影响而付出的种种努力显然极为不利。因此,美国必欲彻底击败伊拉克,完全清除萨达姆统治。

"9·11"事件爆发后,小布什政府向国际恐怖主义开战,将阿富汗、伊拉克、伊朗、朝鲜等国纳入美国的安全威胁黑名单,提出"邪恶轴心"(Axis of Evil)之说。美国指责阿富汗"塔利班"藏匿恐怖分子,支持本·拉登领导的"基地"组织对西方民主国家发动暴恐袭击。另外,美国还公开指责伊拉克藏匿大规模杀伤性武器及生化武器,实施独裁统治,公开践踏伊拉克人权,为害国际社会。"尽管伊拉克支持恐怖主义这些华丽的言辞,支撑了2003年对伊拉克的战争……但是华盛顿只是将此当作

---

① Georgiana Cavendish, "The Changing Parameters of the Transatlantic Security Relationship, the Case of Afghanistan," Yonah Alexander and Richard Proisen, eds., *NATO from Regional to Global Security Provider*, p. 182.

② Ian O. Lesser, *NATO Looks South, New Challenges and New Strategies in the Mediterranean*, p. 9.

第五章　冷战后北约的战略转型及其实践

在整个事件中使用武力的背景性政治判断，而非法律判断。"①

在以美国为首的西方国家的大力推动下，国际社会要求对伊拉克展开核查，了解伊拉克是否储存大规模杀伤性武器与生化武器，但伊拉克不同意核查。为此，联合国安理会通过"第661号决议案""第665号决议案"，宣布对伊拉克实施经济制裁。美、英等国要求对伊拉克实施更严格的核查与封锁，甚至绕开联合国，在伊拉克北部单独设置军事禁飞区，支持该地区库尔德人的独立运动。此举引发伊拉克与美、英等国的矛盾激化，伊拉克拒绝向美、英等国做出让步，拒绝国际社会采取核查行动，反对西方国家实施经济制裁，对境内库尔德人独立运动实施武力镇压。作为回应，美国从2001年9月起，开始制订进攻伊拉克的计划，公开提出要对伊拉克实施先发制人式的军事打击。

面对一触即发的伊拉克战争，北约的态度实际上极为矛盾。欧洲盟军最高司令詹姆斯·琼斯将军针对即将到来的伊拉克问题，在2003年1月1日发表公开演说，强调一旦爆发冲突，北约要尽快解决冲突。为了防止事态失控，北约还应该准备备用方案。琼斯的观点实际上反映了北约绝大多数成员国的基本态度，即北约对伊拉克冲突必须持谨慎和观望态度，不能贸然行事。

为了争取欧洲盟国的支持，2003年2月，小布什总统特意出访北约总部，与北约秘书长罗伯逊展开会晤，全力争取北约的支持。但是罗伯逊并未明确表明北约的态度。继小布什总统之后，美国国务卿鲍威尔（Colin Powell）紧急出访欧洲，与欧洲盟国外交部长召开联席会议，在伊拉克问题上全力争取欧洲盟国支持。但是，鲍威尔的游说并未奏效。北大西洋理事会副秘书长罗伯特·贝尔（Robert Bell）代表北约表态，即美欧双方可以通过相互努力，修补跨大西洋关系，双方可以通过紧急磋商，解决彼此存在的问题。但是贝尔最终并未表明，北约是否支持美国的战争政策，也未表

---

① Belinda Helmke, *Under Attack*: *Challenges to the Rules Governing the International Use of Force*, Farnham: Ashgate, 2010, p.194. 转引自 Roy Allison, *Russia*, *the West*, *and Military Intervention*, Oxford: Oxford University Press, 2013, p.78。

明如果北约支持美国，其支持程度究竟如何。

不仅如此，北约防务计划委员会于2月16日召开会议，商讨对付即将开始的伊拉克战争。鉴于土耳其向北约提出行使《北大西洋公约》第4条规定，此次会议提出3项具体措施："（1）出于防御目的，为了实施监视、早期预警、保持土耳其空域完整，北约将在欧洲盟军最高司令的指挥下，在土耳其部署北约'空基早期预警与指挥系统'（NATO Airborne Early Warning and Command Systems，AWACS）与后勤支持系统；（2）北约支持盟国在土耳其部署战区导弹防御系统，支持将其纳入'北约综合扩展防空系统'（NATO Integrated Extended Air Defence System，IEADS）；（3）北约支持盟国在土耳其部署力量，防范化学与生物武器。"① 很明显，北约既不愿直接涉足伊拉克战争，也不愿意受到战争的影响。

为了达到目的，美国还对欧洲盟国展开游说，或是高官直接出访，或是驻外大使抵近工作，但是效果始终难如人意。西欧与北欧各国均反对美国的战争政策，不同意美国对伊拉克动武，更不主张北约参与其中，他们都主张按照联合国安理会决议，以政治方式解决伊拉克问题。在这些国家中，尤其以法国和德国的态度最为坚决，也最具代表性。"法国总统希拉克以及外长德维尔潘（Dominque de Villepin）是最直言不讳的反对者，他们反对小布什政府入侵伊拉克的决策，阻挠军事部署获得联合国授权，迫使小布什的'意愿联盟'（Coalition of the Willing）不得不主要由美、英两国军队构成。"② 不仅如此，土耳其更是直接拒绝了美国，坚决抵制美军借道土耳其在伊拉克北部开辟战场。科威特虽不是北约成员国，但它在海湾战争中直接受到伊拉克侵略，即便如此，科威特也只是准许美军使用其军事基地，同样拒绝出兵伊拉克。北约的欧洲成员国以及伙伴国的上述

---

① "NATO Support to Turkey within the Framework of Article 4 of the North Atlantic Treaty," 16 Feb. 2003，https：//www.nato.int/cps/en/natohq/official_texts_20285.htm?selectedLocale=en.

② Peter Hays Gries, *The Politics of American Foreign Policy: How Ideology Divides Liberals and Conservatives over Foreign Affairs*, Stanford, C.A.: An Imprint of Stanford University Press, 2014, p. 167.

态度必然会对美国形成某种有效牵制，在政治上影响美国即将开启的伊拉克战争，在军事上对美国所设计的军事行动目标、方针、方法以及进程等产生影响。

　　北约诸多成员国之所以反对伊拉克战争，有多方面的原因。（1）伊拉克拒绝国际社会核查大规模杀伤性武器，不能成为美国开战的必要、充分条件。（2）北约及其众多成员国身处阿富汗反恐战争中，美国另辟伊拉克战场，无疑触犯两线作战的禁忌。更何况伊拉克一直在中东拥有规模最大、战力最强的军事力量，非一般中东国家所比。（3）阿富汗反恐战争大量消耗了北约成员国的防务资源，包括人员、资金以及装备，让大多数北约成员国再背负伊拉克战争额外负担，与其核心安全利益相去甚远。"小布什政府在执政期间，在特别不方便的时候发起关于北约重要性的讨论，因为他的政策包括武力干涉伊拉克以及在阿富汗推进军事行动时所采取的方式，推动导弹防御计划的方式等都导致一些成员国持相当保留的态度；而且他对未来和对北约在世界中角色的看法，也在盟国中引起了巨大分歧，加深了美欧双方的政治分裂。"[①]

　　虽然联合国大多数成员国均表示反对，大多数北约欧洲成员国也在不同程度上表达了质疑和反对之声，甚至全世界有60多个国家出现大规模群众示威游行以及抗议活动，反对任意发动伊拉克战争，但是美国政府还是置联合国安理会决议于不顾，悍然对伊拉克开战。这场仅仅反映少数几个国家意志的战争，势必会对国际关系格局、规则以及运转方式产生冲击。"2003年伊拉克战争使全世界领导大国急剧分化，它也在许多方面成为当前军事干预合法性的试金石。"[②]

　　2003年3月20日，美国不是以北约的名义，而是以"意愿联盟"的名义，对伊拉克发动全面军事打击，代号"伊拉克持久自由行动"。该行动主要分为两部分，其一是"斩首行动"（Operation Beheading, OB），主

---

① Ian O. Lesser, *NATO Looks South, New Challenges and New Strategies in the Mediterranean*, p. 5.

② Roy Allison, *Russia, the West, and Military Intervention*, p. 98.

北大西洋公约组织

要是针对以萨达姆为代表的伊拉克政府主要成员实施精确打击。其二是"震慑行动"(Shock and Awe, SA),主要针对伊拉克国防军以及"共和国卫队"(Republican Guard)等实施战略威慑与军事打击。虽然美国宣称其军事行动已得到北约成员国及伙伴国共49个国家的支持,但在伊拉克战争爆发后,实际上只有英国、波兰①、丹麦3个北约成员国参与,以及澳大利亚、日本等几个伙伴国参与。虽然伊拉克战争被称为"第二次海湾战争"(The Second Gulf War),但其感召力无法堪比前者。

"意愿联盟"这一新概念实际上是对北约"集体安全精神"的修正。即美国在北约成员国以及伙伴国中,选择那些具有相同意识形态、价值观以及思想理念的国家,组成处置危机的临时性联盟,该联盟强调其成员在危机处置中采取共同行动,共同分享政治与安全收益。另外,该联盟还强调,参加国家在安全行动中须拥有共同的利益、认知以及战略,强调最大限度保持危机处置或战争成果。"意愿联盟"这一理念固然可以为美国营造一种有利的政治气氛,但在事实上却背离了北约的安全理念、联盟机制、防御方针,虽然不会直接导致北约陷入分裂,但无疑会削弱北约的凝聚力和向心力。"在协调欧洲—大西洋共同体介入全球危机处置的过程中,北约是超群的。但如果有必要,即使在最苛刻的情况下,当英国为了支持'意愿联盟'而对美国领导的行动提供支持时,就会超过北约。"②

伊拉克战争开始后,由于交战双方实力悬殊,战争呈现一边倒的态势。美国调集多支航空母舰战斗群,抵近地中海,出动各种精锐部队,动用各种先进的武器装备。按照速战速决方针,美国集中优势火力,打击伊拉克的大城市、重要港口以及军事重镇,如巴格达、巴士拉、纳杰夫、摩苏尔、基尔库克、乌姆盖斯尔等。美国向这些目标大规模发射"战斧式"巡航导弹以及其他精确制导导弹,向上述目标投掷"精确联合制导导弹

---

① 2008年12月,波兰最终撤出多国联军,其军队全部撤出伊拉克。
② Mark Webber, James Sperling and Martin A. Smith, *NATO's Post-Cold War Trajectory: Decline or Regeneration?*, p. 68.

药",利用空中优势,集中歼灭萨达姆的精锐部队"共和国卫队"及其军营、坦克部队以及装甲运兵车等。

与此同时,美国还对伊拉克武装力量与国民展开大规模心理战和宣传战,不断散布各种传单、宣传册,利用网络、多媒体传播等手段,公布和宣传萨达姆家族成员以及政府成员贪恋权力、经济贪腐、道德败坏等消息。美国还夸大和歪曲伊拉克存在的各种社会问题,向伊拉克人民展开道德宣传,即美国发动伊拉克战争的目的并非要占领伊拉克,也不是抢夺其石油,而是推翻萨达姆独裁统治,还政于民,推进伊拉克政治自由与社会民主进程。"在危机时刻,民主国家公开承认有必要实施'反宣传',以回应敌方的宣传攻势。但是他们很少使用这个词,并且还提出许多警告。"[1] 不仅如此,美军还动用巨额资金,收买伊拉克政府官员、"共和国卫队"与国防军高级将领,瓦解伊拉克抵抗意志。通过上述心理宣示与新闻宣传,美军在伊拉克政府、人民以及军队之间制造大量心理障碍,从根本上瓦解军心,涣散人民的抵抗信心,彻底削弱其国家抵抗意志。

从3月20日至4月15日,即从美军发动进攻,到美国领导的多国联军(US-led Multinational Force,MNF)基本上控制伊拉克全境,多国联军在不到1个月的时间内,通过高科技精确打击,彻底击溃并消灭了伊拉克地面部队。萨达姆期待的全民抗战、街垒战以及巷战均未发生,许多伊拉克军队一触即溃,闻风而逃。伊拉克空军或被歼灭,或在藏匿过程中被邻国扣押,萨达姆的两个儿子及其许多孙辈被杀,萨达姆本人亦在逃亡过程中被捕。据美国官方统计,在对伊作战中,美军死亡人数只有262人,其中139人阵亡,123人死于事故。英军死亡人数仅为33人。有许多伤亡为联军内部误伤,而非为伊拉克军队所伤。

事实上,在美国领导多国联军实施军事打击的过程中,北约并非无动于衷,而是做了大量预防工作,以此显示对伊拉克战争的立场。(1)北约

---

[1] Linda Risso, *Propaganda and Intelligence in the Cold War: The NATO Information Service*, p. 8.

北大西洋公约组织

防务计划委员会授权实施"显示威慑行动"(Operation Display Deterrence, ODD),由欧洲盟军最高司令部及其所属的南欧盟军司令部统一指挥该行动。(2) 北约全力支持土耳其,在土耳其启动飞机监视系统与导弹防御系统,以防战火殃及其国土。北约同时还启动 4 个"空基早期预警与指挥系统",将 3 个荷兰地空"爱国者"导弹营部署在土耳其东南部。另外,欧洲—大西洋灾难应急协调中心(Euro-Atlantic Disaster Response Coordination Centre, EADRCC)还组织医疗队、平民保护队,制订民事紧急计划等,向土耳其提供防范生化武器的装备与物资,以防其遭受生化武器袭击。(3) 鉴于波兰参加多国联军,北约在波兰要求下向其提供援助,协助波兰发挥各种辅助作用,包括部队组建、通信联络、后勤保障以及军事调动。

2003 年 6 月,北大西洋理事会在马德里召开会议,讨论伊拉克战争后的中东形势,以及北约在伊拉克战后重建中的作用。为了修补欧洲成员国与美国关于伊拉克战争的种种分歧,北约提出将担负新的历史使命,支持波兰参与伊拉克战后重建,在巴格达与巴士拉之间设立管辖区。但是北约不主张长期滞留伊拉克,而是要求波兰在适当时间撤出。"北约同意波兰提出的请求,支持其在今年夏天伊拉克的稳定行动中发挥作用,北约军事机构正在与波兰官员共同工作,以便向其提供帮助,满足其要求。北大西洋理事会将定期审核波兰对稳定行动所做的贡献。"① 另外,北约还对自身提出"现代化"要求,如进一步改进北约联盟机制,提高应对国际危机与局部冲突的干预能力,以防北约在国际事务中失去应有的发言权。

2010 年 8 月 31 日,美国撤出大部分驻伊拉克军队,只保留少量军队协助伊拉克安全部队维持治安。2011 年 12 月底,剩余美军全部撤出伊拉克。至此,伊拉克战争正式结束,但美国也付出巨大代价。北约发言人吉米·谢伊曾强调,"伊拉克与阿富汗的财政后遗症将在以后的岁月中与我们相伴。在今后 20 年中,美国至少需要花费 10000 亿美元照顾其老兵;

---

① "Final Communiqué Ministerial Meeting of the North Atlantic Council," 3 Jun. 2003, https://www.nato.int/cps/en/natohq/official_texts_20291.htm?selectedLocale=en.

这还不算要花费60000亿美元,将其所需物资从阿富汗带回家"①。另据统计,截至2009年,美军死亡人数超过3800人,伊拉克有70万人丧生,占伊拉克人口总量的2.6%,战争开支超过3000亿美元。另外,有200万名伊拉克难民逃离家园,逃往伊拉克其他地区,有150万名难民逃亡临近的叙利亚、约旦和埃及。②

更糟糕的是,伊拉克战争实际上并未真正结束,伊拉克乱局表明,伊拉克距离真正的和平与稳定还遥遥无期。正像西方学者大卫·维斯滕克夫(David Vestenskov)与拉斯·约根森(Lars Wille-Jørgensen)所强调的,"自冷战结束后,冲突与战争的性质发生变化,现在它们又对胜利的认知提出挑战"③。至今为止,伊拉克一直未能实现和平与稳定。恐怖主义势力、部族势力以及宗教极端势力甚嚣尘上,虽然伊拉克盛产石油,但国民经济仍持续滑坡,国民生活水平难有改善,其国家重建之路还非常漫长。

伊拉克战争表明,美国以伊拉克拥有大规模杀伤性武器和生化武器为由开战根本站不住脚,美国在战前所许诺的人道主义援助、自由与民主社会等,不过是其强权政治与单边主义外交的遮羞布。"伊拉克战争导致国际共同体断裂,这暴露了该共同体对全球'反恐战争'做出错误划线,这些裂痕在美国掺杂反恐、反扩散以及其他政治目标时就已形成。"④虽然伊拉克战争结束了萨达姆的独裁统治,但取而代之的是伊拉克陷入分裂,西方国家肆意实施政治干预,伊拉克境内出现比"基地"组织规模更大、更危险的国际恐怖组织——"伊拉克和大叙利亚伊斯兰国"(Islamic State of Iraq and al Shams, ISIS),该组织更是肆无忌惮地蹂躏伊拉克及其周边国家人民。北约虽未亲身参与伊拉克战

---

① Jamie Shea, "NATO's Future Strategy: Ready for the Threats of the Future or Refighting the Battles of the Past?" Liselotte Odgaard, ed., *Strategy in NATO, Preparing for an Imperfect World*, pp. 28 – 29.
② Mahamed El-Shibiny, *Iraq-A Lost War*, New York: Palgrave Macmillan, 2010, V.
③ David Vestenskov and Lars Wille-Jøgensen, "When Strategy Ends," Liselotte Odgaard, ed., *Strategy in NATO, Preparing for an Imperfect World*, p. 136.
④ Roy Allison, *Russia, the West, and Military Intervention*, p. 106.

争,但这并不等于北约可以独善其身,美国的单边主义战争政策同样使北约"集体安全精神"遭受重创,使北约联盟体系遭受重大挫折,使北约在中东地区事务中有被边缘化之虞,这是北约最初选择置身事外时所未曾预料到的。

四 北约与利比亚战争

自卡扎菲(Omar Mouammer al Gaddafi)1969年政变上台后,利比亚一直推行独特的独立自主政策,和欧美国家的关系时好时坏,但在绝大多数情况下一直遭到欧美各国的排斥和嫉恨。1981年8月,美军和利比亚空军在锡德拉湾上空发生空战。1986年4月,美军制订"黄金峡谷计划"(Operation El Dorado Canyon),对利比亚5个军事目标实施外科手术式空中打击。1988年12月,利比亚情报人员制造"洛克比空难"(Lockerbie Bombing)①,造成泛美航空公司747航班坠毁,270人罹难。1989年1月,美军和利比亚空军在克里特岛上空发生空战等。上述事件严重损伤利比亚与西方国家的关系,为双方关系全面破裂埋下了祸根。

从2011年初开始,北非、西亚等阿拉伯国家都爆发大规模社会动荡,人民要求铲除政府腐败,终止独裁统治,振兴经济,稳定民生。在这场被西方国家称为"阿拉伯之春"(Arab Spring)的政治风潮中,利比亚的情况极为典型。2月15日,利比亚爆发大规模反政府示威游行。在西方各国支持下,利比亚反政府武装迅速崛起,很快与政府军形成军事对峙。3月17日,为了防止利比亚局势恶化、爆发全面战争,联合国安理会通过"第1973号决议案",保护处于攻击危险下的平民以及平民居住地区,在利比亚设置"禁飞区",对利比亚实施武器与重要物资禁运……②

北约积极响应联合国设置"禁飞区"的决议案,在利比亚率先建立

---

① 1988年12月21日,泛美航空公司飞机在英国小镇洛克比上空爆炸,270名乘客与机组人员罹难。经调查,该暴恐事件为利比亚特工所为,利比亚为此受到国际社会制裁。
② "UN Security Council Resolution 1973 (2011) on Libya," 26 Feb. 2011, http://www.un.org/news/press/docs/2011/sc10200.doc.htm#Resolution.

"禁飞区"与"禁运区"。北约严格禁止利比亚飞机在"禁飞区"起落或通行,封锁利比亚对外空中联络通道。另外,北约还派出18艘海军舰艇,甚至包括两艘潜艇在内,在利比亚附近海域执行巡逻任务,对沿海地区实施封锁,彻底切断卡扎菲政府获取武器装备与援助的外部通道。北约"禁飞"与"禁运"政策看似在执行联合国安理会的"第1970号决议案"和"第1973号决议案",但在事实上也使利比亚与国际社会完全隔绝,使其在政治、经济和军事上彻底孤立,为实施军事进攻做好准备。

北约及其成员国的最终目标,并非与卡扎菲政府达成妥协,而是借助利比亚社会风潮与国家动荡,彻底颠覆卡扎菲,这就注定北约将全面介入利比亚军事对峙。从3月19日起,美国、英国、法国、加拿大等国向利比亚发起军事打击,如美国"奥德赛黎明行动"(Operation Odyssey Dawn)、法国"哈马坦行动"(Opération Harmattan)、英国"埃拉米行动"(Operation Ellamy)、加拿大"莫比尔行动"(Operation Mobile)等。3月31日,北约正式向利比亚政府军发动"联合保护者行动"(Operation Unified Protector,OUP)。在北约的军事行动中,既有北约成员国参与,也有非北约国家参与,如瑞典、卡塔尔、阿联酋等。4月5日,美国将空中打击指挥权移交北约,北约正式接管利比亚军事行动的指挥权。

与此同时,北约亦采取政治步骤,积极协调利比亚战争的各个参战国,使之形成统一的立场和步调,推进战争进程。4月14日,北约成员国与伙伴国外交部长举行联合会议,讨论利比亚战争形势。与会国一致同意,将以所有战争资源,用于在利比亚执行和平使命,尊重联合国安理会所做出的各项决议,尊重联合国安理会对北约武装力量的政治授权。"北约成员国与为'联合保护者行动'做出贡献的6个伙伴国,在全面履行联合国安理会'第1970号决议案'和'第1973号决议案'所规定的义务中,表达了它们最坚定的团结一致目标和决心。部长们明确表示了北约在利比亚任务中的3个军事目标:(1)结束所有针对平民的攻击与攻击威胁;(2)将各国政府的军队撤回基地;(3)立刻向利比亚提供人道主义援助。北约秘书长拉斯穆森在闭幕会上提出,只要存在对平民的攻击威胁,北约就决心继续采取行动,只要卡扎菲掌权,这种威胁就不可能消失。"①

北约全面介入利比亚军事行动后,北约领导的多国武装力量就可以充分发挥其空中优势,对利比亚政府军控制的各个大城市、战略要地、军事目标等实施大规模轰炸,后期还将许多比较敏感的民用目标也纳入打击范围。"'联合保护者行动'在7个月后结束,北约及广泛的多国武装力量联盟估计对利比亚实施了26000架次空中打击,超过一半以上空中打击对准利比亚主要城市与港口中的大多数目标,如的黎波里、卜雷加、米苏拉塔以及盖尔扬。总共将近6000个目标遭到反复打击。"② 通过密集轰炸和精确打击,北约空中力量基本上粉碎了利比亚的防御体系,摧毁了政府军主力以及绝大多数军事目标,如装甲部队、海上舰艇、地空导弹发射场、雷达站、武器库、指挥与控制中心、飞机场等。北约实施大规模空中打击的目的,就是制造战争恐怖气氛,全面摧毁利比亚政府军士气,削弱其实力,最大限度提高北约军事干预行动的效能,削弱利比亚国民的战争意志,为下一阶段反政府武装发动地面军事进攻做好准备。

另外,北约还对利比亚的政治目标实施精确定点打击,北约运用各种高科技武器装备,如"捕食者"无人机、"咆哮者"电子攻击机、"地狱火"反坦克导弹等,对卡扎菲的居住地、停留区和指挥部等实施重点精确打击,意图对卡扎菲等利比亚领导人实施"斩首行动"。在北约对卡扎菲住宅的精确打击中,仅卡扎菲幸免,他的1个儿子与3个孙子被当场炸死。北约实施精确定点打击的目的很明确,就是通过消灭政治对手,瓦解利比亚政府军的领导,为反政府武装实施地面进攻创造条件。

为了掌握利比亚战争的主动权,避免让自身陷入战争泥潭,北约提出一种"非接触性战争"政策,该政策既是一种新作战方式,又是一种外

---

① "In Berlin, NATO Allies and Partners Show Unity and Resolve on All Fronts," 14 Apr. 2011 - 15 Apr. 2011, https://www.nato.int/cps/en/natohq/news_72775.htm?

② Anders Nygren, "Executing Strategy from the Air," Kjell Engelbrekt, Marcus Mohlin and Charlotte Wagnsson, *The NATO Intervention in Libya, Lessons Learned from the Campaign*, London and New York: Routledge, 2014, p. 124.

交手段。为此,北约与利比亚反政府武装做出明确分工,北约空中力量负责24小时不间断地对利比亚政府军的车队、军队集结地和战争补给线实施空中打击,最大限度削弱利比亚政府军补给、后勤以及持续作战等能力。与之相对应,利比亚反政府武装则主要负责地面作战,包括与政府军对阵、攻占城市以及军事据点。"相对于北约采取的军事行动,利比亚的情况可谓非同寻常,即利比亚反政府武装的地面稳定力量并未紧随北约的空中作战,尽管利比亚与北约一样不愿意看到这一点。"① 当然,北约也派出数支特种作战部队,直接深入利比亚的重点城市、战略腹地以及重点区域,加强在上述地区的特殊任务行动。这些特种部队负责向北约空中力量提供地面导引、通信联系和情报支持,同时负责破坏利比亚境内各种军事设施,迟滞和削弱利比亚政府军的作战能力。北约还派出大批军事顾问,进驻利比亚反政府武装和部族武装等,向他们提供军事训练、战术指导、武器装备以及作战经费,协调反政府武装与北约空中力量之间的军事联合。

北约在利比亚战争中所运用的上述战法,被称为"智能型作战方式",该战法汇聚了冷战后各种新型战争手段的许多特征,如空中轰炸与地面游击战相结合,封锁战与舆论战相结合、政治战与军事战相结合、主场作战与客场作战相结合等,这种战法扬长避短,攻防兼备,能够使北约最大限度避免在阿富汗反恐战争中被动接战、舍长取短的不利做法,这也是北约持续掌握伊拉克战争主动权的一个重要因素。

为了推动利比亚战争进程,北约制定全面扶植利比亚反政府武装的战争方针,即向反政府武装大规模提供政治、经济以及军事支持,包括向反政府武装提供各种武器装备、战争经费、战场情报与信息支持,直接向反政府武装派出军事顾问,为其军事进攻做出规划、设定目标、确定路线等。正是在上述战争方针的指导下,北约将利比亚反政府武装从一群乌合

---

① Jamie Shea, "NATO's Future Strategy: Ready for the Threads of the Future or Refighting the Battle of the Past?" Liselotte Odgaard, ed., *Strategy in NATO*, *Preparing for an Imperfect World*, p. 28.

之众，训练成一支训练有素、颇具战斗力的有生力量。北约不想重蹈阿富汗战争的覆辙，虽然利比亚政府军只有8万之众，无法与北约相比，但北约并无把握在地面作战中完全掌控战局。更何况卡扎菲在利比亚的统治长达40多年，可谓根深蒂固，北约不愿使其武装力量深陷利比亚战场，出现惨重的人员伤亡，由此遭受国际与国内舆论批评，承担不必要的政治风险，北约需要反政府武装充当铲除卡扎菲政权的前锋。

在北约的周密策划和推动下，利比亚反政府武装与北约密切配合，在地面战场上节节获胜。2月27日，在北约的大力支持下，反政府武装在利比亚第二大城市班加西建立临时新政权——全国过渡委员会（Libya National Transitional Council）。委员会由来自利比亚全国各大城市和乡镇的33名委员组成，负责协调各方力量，解放全国，恢复民众生活。3月29日，反政府武装占领利比亚重镇瑙费利耶。4月初，占领战略要地艾季达比亚。4月23日，攻占重镇卜雷加。4月25日，攻克米苏拉塔。8月15日，攻占利比亚首都的黎波里的门户——盖尔扬。8月22日，最终攻克的黎波里。在一连串打击下，卡扎菲政权土崩瓦解，卡扎菲本人不得不亡命天涯。

此后，反政府武装乘胜追击，不断扩大战果，8月23日，反政府武装攻占卡扎菲的权力中心阿奇奇亚兵营。10月20日，反政府武装攻占卡扎菲老家苏尔特城，随即对藏匿此处的卡扎菲展开追寻。最终，卡扎菲被俘，身负重伤而死。10月23日，全国过渡委员会宣布利比亚全境光复。10月28日，北大西洋理事会做出初步决定，在10月底结束"联合保护者行动"。10月31日，北约宣布将其海上武装力量撤离利比亚海域，返回母港。至此，北约正式结束在利比亚的军事行动。

作为冷战后北约的又一次大规模域外军事干预行动，利比亚战争和此前的科索沃战争、阿富汗反恐战争、伊拉克战争有很大不同。相较于科索沃战争，北约在利比亚战争中进退有度，部署周密，战法突出，行动有力。相较于阿富汗反恐战争，利比亚战争只有6个月，虽然战争周期短，人员伤亡小，战争花费少，但战争收获大，北约在政治、军事、经济以及安全等各个方面都取得重大进展。与伊拉克战争相比，北约各国对利比

第五章 冷战后北约的战略转型及其实践

亚战争的政治态度基本一致，各国在军事行动上亦协调一致，因而实现了北约的预期战果。"对北约来说，结果非常成功。可替代的方案有可能会造成北约可信度的致命损失，虽然利比亚战争非常混乱，但北约再次表明其功效……保持合法性是基本的，北约及其合法地位、历史、成员、经验都被很好地用于支撑这一过程。这对任何'意愿联盟'都更具挑战性，而这些联盟缺乏北约在安全外交上由伙伴、程序以及实践所构成的网络体系。"[1]

北约之所以能够顺利推进利比亚战争，关键在于设定了非常明确的政治与军事双重目标。北约在持续推进军事目标的同时，也在国际社会展开政治活动，持续推进其政治目标，这两个目标几乎交织在一起，同步推进。为了使利比亚战争的参与国确立团结一致的政治立场，2011年6月8日，北约成员国与伙伴国防长召开会议，商讨利比亚战争的政治原则。各国防长一致决定，将"联合保护者行动"进行到底，直到利比亚危机完全结束。为了在国际社会争取更多政治、经济、军事以及舆论支持，北约还组织了由60多个国家或国际组织首脑共同组成的非政府组织——"利比亚之友"（Friends of Libya），致力于在利比亚战争进程中为平民提供保护。9月1日，"利比亚之友"在巴黎召开会议，强调向利比亚平民提供支持和保护，以便将卡扎菲政府与利比亚人民做出区分。

毋庸置疑，北约在利比亚战争中迅速取得胜利，这几乎成为北约一直津津乐道的域外军事干预的一个典范，长期受到北约及其成员国的推崇，北约亦成为利比亚战争的赢家，利比亚成为这场战争最大的输家。"尽管如此，俄罗斯对北约提出批评，即北约军事干预的规模超出联合国安理会授权范围，北约回避政治解决方案（在卡扎菲去世前），就是受到北非和中东'富产'石油地区地缘经济利益的驱动。"[2] 抛开这些批评不论，卡

---

[1] Mark Laity, "NATO and Libya: The Dawn of European Security Management, a Warning, or Business as Usual?" Liselotte Odgaard, ed., *Strategy in NATO, Preparing for an Imperfect World*, pp. 103–104.

[2] Mark Webber, James Sperling and Martin A. Smith, *NATO's Post-Cold War Trajectory: Decline or Regeneration?*, p. 139.

扎菲的独裁统治固然被清除，但利比亚最终并未建立宪政体制、市场经济、法治规约、公民社会。相反，在北约撤军后，无论是利比亚全国过渡委员会还是临时政府，都未能成功实现战后国家重构。当前，利比亚的国家政治生态极度恶化，政治派别林立，多方势力相互倾轧，国家四分五裂。另外，利比亚经济持续低迷，发展乏力，国民生活悲惨，社会秩序混乱。很难想象，利比亚能在短时间内摆脱这种混乱局面。

不仅如此，作为利比亚战争的一种后续结果，大量利比亚难民涌入欧洲，给欧洲各国带来巨大压力，各国正常的政治、经济、社会生活秩序被打乱，这成为利比亚战争对北约的一种政治反噬。从这个意义上讲，北约对利比亚战争所做的工作实际上并未结束，利比亚战争的后续影响还会持续。很明显，北约域外军事干预行动是否成功，并不完全取决于北约，同样也取决于被干预国家及其人民、区域社会以及国际社会。

第六章
北约的伙伴关系、东扩以及联盟全球化

第一节 北约联盟机制的调整与扩展

一 从北大西洋合作理事会到欧洲—大西洋伙伴关系理事会

冷战结束后,苏联解体,华约解散,北约成为全世界最大的军事联盟。北约不愿退出历史舞台,而是竭力扩大自身在北大西洋区域的影响。北约积极谋求对前苏联各加盟共和国、东欧与南欧各国实施政治收拢和压制,使它们不再成为北大西洋区域的安全隐患,不再成为与北约为敌的对抗力量。毕竟这些国家身处欧亚大陆腹地,其政治导向不仅对北约的政治与安全战略极为重要,而且对未来北大西洋区域安全秩序建构至为关键。美国外交官马滕·范·赫万(Marten van Heuvan)曾对此做出非常精准的描述,"北约就是一个包袱,包括了数量不断增多的成员国在过去半个世纪里为捍卫其重要利益而一致同意的承诺、努力以及程序"[1]。

与此同时,北约还设想对欧洲各种政治与安全力量实施进一步整合,特别是对欧洲各种旧的安全力量实施全面整合。首先,加快融合各

---

[1] David A. Ochmanek, *NATO's Future, Implications for U. S. Military Capabilities and Posture*, Santa Monica, C. A.: Rand, 2000, p. 1.

北大西洋公约组织

种异质性安全力量，化敌为友，使之成为北约的合作伙伴。其次，拉拢各种中立的安全力量，软化其立场，使其不断靠近北约。再次，进一步稳固和拓展北大西洋安全体系，使各成员国表现出更为团结一致的立场，使北约获得更大的凝聚力，推动以北约为核心的欧洲—大西洋区域安全秩序建设。美国学者大卫·盖茨（David Gates）认为协调各相关利益方的诉求，将是北约所有工作的重中之重。"在我看来，任何新的组织都必须将美国包含在内，必须保持或者令人满意地替代北约的统一军事指挥架构，这是北约最大的资产，而且对制订集体防御计划非常关键。这需要协调许多利益冲突，这会在法律、政治、经济、意识形态、以及军事上引起一些问题，而不只是涉及武装力量的设计、方针、指挥、目标以及战略。"①

赢得冷战使北约对其跨大西洋联合模式、政治方针、安全战略以及行为方式极度自信，促其按照跨大西洋公约组织模式打造一种欧洲安全新秩序，同时使北约在确保大西洋区域安全利益的基础上，能够在更广大的地缘范围内发挥作用。"安全问题超越了区域划分，再加上新的跨区域认知与结盟行动，为当前环境赋予了某些特征。"② 与此同时，北约也充分意识到，欧洲政治与安全生态正在发生变化，各种不确定性与不稳定性持续增多，北约要想持续发挥作用，客观上需要对旧的方针、战略以及行为做出某种调整。对于冷战后国际形势的发展特点，比利时皇家国际关系研究所研究员什万·比思科普（Sven Biscop）曾做出推断："这一政策简报从两次世界大战之间的年代得出4个观点：（1）如果一种世界秩序创立的目标是将一个世界大国排除于体系之外，这个秩序注定会失败；（2）如果打破规则无法取得任何结果，世界秩序将会空心化，最终将会崩溃；（3）如果一个世界大国拒绝向世界秩序投资，将无法指望其他国家这样做；（4）没有一个国

---

① David Gates, *Non-Offensive Defense: An Alternative Strategy for NATO?*, pp. 184 – 185.
② Ian O. Lesser, *NATO Looks South, New Challenges and New Strategies in the Mediterranean*, p. 15.

第六章 北约的伙伴关系、东扩以及联盟全球化

家愿意屈服于另一个国家,如果世界秩序只是强加的,或者无法让其他国家接受,它就不会长久。"① 很明显,北约想建立一种北约版的国际新秩序,就需要积极参与国际社会的共同努力,就必须确保国际秩序建构能够符合全世界绝大多数国家与组织的需要。

从 1990 年代初起,北约开始着手探索调整其发展思路,尝试扩大跨大西洋联合模式,以这种方式消化冷战胜利成果,推进北约主导下的欧洲—大西洋区域安全秩序建构。为此,北约与各成员国开始与前苏联加盟共和国、东欧以及南欧各国频繁接触,不仅在国家层面展开一系列外交谈判与政治对话,而且在经济、社会、文化、科技、教育等领域也持续展开一系列磋商与协作。对于北约伸出的橄榄枝,许多前苏联加盟共和国、中欧、东欧以及南欧国家都心领神会,它们迫切需要得到北约的安全保护,希望得到北约成员国提供的资金、技术、产品以及市场,希望尽快融入西方阵营,成为跨大西洋联合的一分子。

1990 年 7 月,在北约伦敦峰会上,各成员国提出"友谊之手"(Hand of Friend)政策,提出北约将跨越东西方之间的鸿沟,与中欧和东欧所有国家建立一种新型合作关系。1991 年 11 月,北大西洋理事会在罗马召开峰会,对冷战后北大西洋区域的政治与安全环境展开评估,重新审定北约在新安全环境中的发展方向。北约各成员国最终一致同意,对前苏联各加盟共和国、中欧、东欧以及南欧各国实施吸纳战略,向这些国家敞开大门,将其纳入北大西洋安全体系,使之在冷战后北大西洋区域安全秩序建构中发挥正向作用。在北约看来,"东扩有助于在中欧与东欧缓解危险局势,有助于新时代的地缘政治形成;东扩提供了一个历史性机遇,将新欧洲民主国家带入由西方国家组成的大家庭"②。

最终,美国国务卿詹姆斯·贝克(James A. Baker)和德国副总理兼外长根舍(Hans-Dietrich Genscher)联合提出一项议案——创设北大西洋

---

① Sven Biscop, "1919 – 2019: How to Make Peace Last? European Strategy and the Future of the World Order," *EGMONT Security Policy Brief*, No. 102, January 2019.
② Richard L. Kugler, *Enlarging NATO, the Russia Factor*, Santa Monica, C. A.: Rand, 1996, p. 4.

北大西洋公约组织

合作理事会,该议案最终获得北约各成员国的一致支持。以此为开端,北约正式决定在北大西洋公约组织框架下,建立一个新的欧洲安全合作组织——北大西洋合作理事会,作为对欧安会的一种补充。因为毕竟从1980年代后期起,欧安会的活动基本上陷入停滞。北大西洋合作理事会明确提出其目标,即在欧安会倡导的和平与合作精神的指导下,在北约的直接领导下,从北美大陆一直到乌拉尔山脉以西区域,建立一个横跨大西洋、纵贯整个欧洲大陆的北大西洋区域安全合作框架。进言之,北约将在北大西洋区域安全合作框架下推动伙伴关系建设、区域对话以及合作。对此,时任北约秘书长韦尔纳极为自豪地指出,"跨大西洋关系是当前地球上最稳定和最有价值的地缘政治资产,它将全世界最大的两个贸易带连接在一起,将立足于在全球拓展影响以及在全球范围内将最有安全感的两个地区连在一起"[①]。

1991年12月,北大西洋合作理事会在布鲁塞尔召开首次会议,北约16个成员国以及爱沙尼亚、拉脱维亚、立陶宛、波兰、捷克斯洛伐克、罗马尼亚、保加利亚、匈牙利、阿尔巴尼亚等9国共25国代表参加此次会议。会议通过《关于对话、伙伴关系与合作宣言》,要求北约与新伙伴国展开合作,强调控制核武器和常规武器,在保持最低武器水平的基础上建立持久、稳定的欧洲和平秩序。会议决定建立一种磋商与合作机制,就防务安全计划制订、军备与武器控制、军队民主化领导、空中交通管制、国防工业民用化、科技发展与环保等展开合作。北大西洋合作理事会决定,每年举行一次外长会议,每两个月举行一次大使级会议,实施机制化和系统化的组织活动,充分发挥该机构作为北约与其伙伴国安全对话平台的功用。"在欧洲关系的新时代,过去几十年的对抗和分裂,已经被对话、伙伴关系以及合作所代替;我们决心在欧洲建立新的、持久的和平秩序,我们已经意识到北约作为一种稳定之源的积极影响,我们的共同目标是通过促进中欧与东欧稳定,为强化欧洲安全

---

① Kenneth W. Thompson, ed., *NATO and the Changing World Order: An Appraisal by Scholars and Policymakers*, Ⅸ.

第六章 北约的伙伴关系、东扩以及联盟全球化　North Atlantic Treaty Organization

做出贡献。"①

自北大西洋合作理事会创建后，该组织致力于集中解决冷战遗留问题，就其共同关心的一些问题展开对话。例如，如何让俄罗斯军队完全撤出波罗的海三国，如何处置苏联某些地区发生的冲突，如何处置南斯拉夫发生的冲突，如何在北约与伙伴国之间开展军事合作，如何就与北大西洋区域防御的相关问题展开政治协商等。北大西洋合作理事会特别强调，鼓励中欧和东欧各国与北约建立多边政治对话机制，但不提倡每个伙伴国都与北约发展单边合作关系。"伙伴国机制使北约成员国能够参与北约所领导的、在欧洲—大西洋区域以外的行动，如在中东（1994年提出的'地中海对话'，并且在伊斯坦布尔峰会上被提升为全面伙伴关系计划）、波斯湾（'伊斯坦布尔合作倡议'），还有全球范围内一些精选国家参与的行动（'联系国'或'全球伙伴国'，包括澳大利亚、新西兰、日本、韩国）。"②

1992年3月，为了促进与前苏联加盟共和国协商与合作，北大西洋合作理事会召开特别会议，决定接纳所有独联体（Commonwealth of Independent States, CIS）国家。由此，11个独联体国家正式加入北大西洋合作理事会。至此，北大西洋合作理事会总计拥有36个成员国，其成员国囊括了乌拉尔山脉以西绝大多数欧洲国家，北约及前华约所有成员国悉数被纳入北大西洋合作理事会。

不可否认，北大西洋合作理事会为北美及欧洲国家创建了一个政治与安全磋商平台，促进了欧洲各国对话、协商以及合作，这些努力无疑有利于推动欧洲稳定、安全以及和平建设。但是北大西洋合作理事会的创设，无法在短期内解决欧洲所有的政治与安全问题。由于前苏联加盟共和国、中欧及东欧各国正处于国家政治与经济转型阶段，各种问题与矛盾层出不穷。在独联体内部，摩尔多瓦、格鲁吉亚等国

---

① "North Atlantic Cooperation Council Statement on Dialogue, Partnership and Cooperation," 20 Dec. 1991, https://www.nato.int/cps/en/natohq/official_texts_23841.htm?selectedLocale=en.

② Nigel P. Thalakada, *Unipolarity and the Evolution of America's Cold War Alliance*, p. 40.

北大西洋公约组织

爆发了民族纠纷,甚至武装冲突。南联盟同样也出现了民族对立,甚至局部武装冲突。北大西洋合作理事会虽然一直致力于协调并解决这些矛盾与冲突,为此付出了极大努力,但最终并未使上述矛盾与冲突得到圆满解决。

1997年5月,北大西洋理事会在葡萄牙辛特拉召开会议,决定扩大北大西洋合作理事会活动范围,正式成立欧洲—大西洋伙伴关系理事会(Euro-Atlantic Partnership Council, EAPC),替代北大西洋合作理事会。"在创建新欧洲—大西洋安全架构的过程中,建立欧洲—大西洋伙伴关系理事会的决定,构成另一个基石。与欧安组织、欧洲委员会、欧盟以及北约持续开放的进程一起,欧洲—大西洋伙伴关系理事会为政治协商与合作的扩展提供了一个颇具价值的框架,在稳固早先分裂的欧洲大陆的过程中扮演了重要角色……"① 欧洲—大西洋伙伴关系理事会同样创立定期会议制度,即定期召开外长级会议和大使级会议,以便使该组织的功用得到更好发挥。北约创设欧洲—大西洋伙伴关系理事会的目标非常明确,就是在更大范围内推动欧洲所有国家协商、对话以及合作,更好地应对当前欧洲面临的各种危机与挑战,更好地解决北约东扩可能引起的各种矛盾与纠葛。

欧洲—大西洋伙伴关系理事会的规模远远超过北大西洋合作理事会,包括北约所有成员国以及27个伙伴国,共计46个成员国。由于欧洲安全环境发生巨变,欧洲—大西洋伙伴关系理事会的职能也更复杂,它既需要通过成员国共同合作的方式减少欧洲各种政治摩擦与社会动荡,应对当前欧洲迫在眉睫的安全风险,如国际恐怖主义、极端民族主义、政治右翼主义等,还要以协商与合作的方式减少北约东扩可能引发的各种问题。

1998年5月,北大西洋理事会召开会议,增加欧洲—大西洋伙伴关系理事会的国际反恐职能。"欧洲—大西洋伙伴关系理事会就国际恐怖主

---

① "Intervention at Opening of the Euro-Atlantic Partnership Council (EAPC)," 30 May. 1997, https://www.nato.int/cps/en/natohq/opinions_25675.htm?selectedLocale=en.

第六章 北约的伙伴关系、东扩以及联盟全球化

义、与防御有关的环境问题、大规模杀伤性武器扩散等展开磋商,在不同领域的务实合作得到加强……"① 为此,北约建立首个反恐机构——"欧洲—大西洋灾难反应协调中心"(Euro-Atlantic Disaster Response Coordination Centre and Disaster Response Unit,EUDRCCDR)。该机构直接隶属于欧洲盟军最高司令部,负责对欧洲—大西洋区域各种突发性自然或社会灾难、人道主义危机做出及时反应,包括采取先发制人式的军事干涉行动。在"9·11"事件发生后的第二天,欧洲—大西洋伙伴关系理事会马上召开会议,公开就打击国际恐怖主义做出承诺,即所有成员国将采取一致立场和行动,共同打击和铲除国际恐怖主义组织及其暴恐行动。

2008年4月,北约各成员国在布达佩斯召开峰会。在此次峰会上,马耳他正式加入欧洲—大西洋伙伴关系理事会,成为该组织的新成员。马耳他拥有独特的地理位置,可以强化欧洲—大西洋伙伴理事会在地中海区域政治、经济、安全等领域的影响力,这对于北约打击国际海盗行为、缓解难民危机、维护海上交通线极为有利。

作为跨大西洋联合框架的一种扩展和延伸,欧洲—大西洋伙伴关系理事会全面拓展了北约政治与安全职能。相较于北大西洋合作理事会,欧洲—大西洋伙伴关系理事会进一步完善了欧洲—大西洋区域政治与安全结构,全面深化了欧安组织所制定的安全政策。事实上,欧洲—大西洋伙伴关系理事会所确立的欧洲—大西洋区域安全新秩序,在一定程度上有助于缓解欧洲各种区域性政治、安全以及社会冲突,亦有助于缓解北约东扩给前苏联与东欧国家带来的政治压力。与此同时,欧洲—大西洋伙伴关系理事会也强化了北约在欧洲—大西洋区域安全秩序中的核心地位,使欧洲—大西洋区域安全规则、架构以及力量分布等向北约倾斜。"北约提出多种用于伙伴关系的手段与机制,通过政策、项目、行动计划以及其他安排的混合,支持与伙伴国展开合作。许多方法聚焦于能力与互通性建设、支持防御以及与安全有关的改革,这些被列为重要

---

① "EAPC One-Year Anniversary," 28 May. 1998, https://www.nato.int/cps/en/natohq/official_texts_25975.htm?selectedLocale=en.

的优先选项。"①

然而，作为北约联盟架构的一种延伸性机制，尽管北大西洋合作理事会和欧洲—大西洋伙伴关系理事会在构建欧洲—大西洋区域安全秩序中发挥了一定作用，但在现实中并不能替代北约的权力运转。"北约的二等舱成员，包括北大西洋合作理事会、'地中海对话'、'伊斯坦布尔合作倡议'以及与北约合作、共同工作的合同国，它们在北大西洋理事会中没有投票权，也不享受《北大西洋公约》第5条的安全保护，只有个别国家例外。"② 事实上，随着欧洲政治与安全形势变化，北约的权力架构无法及时、有效地应对新的政治与安全挑战，更遑论北大西洋合作理事会和欧洲—大西洋伙伴关系理事会这样的外围权力架构。例如，北约东扩对俄罗斯形成巨大的地缘政治压力，导致双方展开战略竞争与对抗，这一局面根本无法通过上述组织的权力运作而得到转圜。"普京在2005年早先时候就终止了俄罗斯与北约的伙伴关系，（事实）已经证明其正确性，他致力于打造俄罗斯与北约的新关系。普京还提到，俄罗斯反对北约东扩，俄罗斯也不会加入北约，因为这样做会威胁俄罗斯主权，限制其自由行动。"③

二 北约"和平伙伴关系计划"及其"单个和平伙伴关系计划"

北大西洋合作理事会创立后，北约进一步加快欧洲安全架构建设进程，加速整合各种政治与安全力量。不仅如此，北约还尝试在欧洲—大西洋区域乃至全世界发挥更大影响力。因为冷战后北约所遭遇的安全危机与挑战来自多个方向、多个层面，并非固定在某个特定的

---

① Mahdi Darius Nazemroaya, *The Globalization of NATO*, Atlanta, G. A.: Clarity Press, Inc., 2012, p. 60.
② Mahdi Darius Nazemroaya, *The Globalization of NATO*, Atlanta, G. A.: Clarity Press, Inc., 2012, p. 338.
③ Stephen J. Blank, "The NATO-Russia Partnership: A Marriage of Convenience or a Troubled Relationship?" Eduardo B. Gorman, ed., *NATO and Issue of Russia*, p. 3.

第六章 北约的伙伴关系、东扩以及联盟全球化

区域或领域。例如，北约如何压制伙伴国出现的民族主义与国家主义，如何使伙伴国的武装力量为北约所用，如何推动北约以东扩改善欧洲安全环境等，这些问题都成为北约未来安全战略所要重点思考的内容。

自北大西洋合作理事会创建，直到欧洲—大西洋伙伴关系理事会取而代之，北约充分认识到创建欧洲—大西洋区域安全秩序的重要性。为此，北约明确了通过扩展北大西洋安全体系整合欧洲乃至欧洲—大西洋区域的战略思路。北约需要以最佳方式吸纳波罗的海三国、中欧与东欧各国，实现北约安全利益最大化。美国总统小布什曾就此指出，"'欧洲所有'新民主国家，从波罗的海到黑海，以及处于两者中间的国家，都有同样的机遇获得安全与自由，有同样的机会参加欧洲各种机构，就像欧洲旧的民主国家一样"①。北约既要避免俄罗斯为阻碍东扩而设置的羁绊，又要防止北约内部因东扩而发生政治分裂。

在北约对北大西洋安全体系的新设计中，美国发挥了主导作用。1993年3月，北大西洋理事会在特拉夫蒙德召开会议，讨论冷战后跨大西洋关系建设。美国国防部长阿斯平（Les Aspin）在会议上首次提出关于重塑北约成员国关系的政治方案。该方案名为《概念文件：与北约关系宪章》（Concept Paper: Charter of Relations with NATO），由部长助理查尔斯·弗里曼（Charles Freeman）牵头，联合国务院等各机构官员，反复讨论如何进一步增强北约各成员国关系。这份文件的主要内容包括14个部分，因此又被称为《新十四点计划》（New Fourteen Points Plan），该文件集中反映了美国对未来北约与前苏联、中欧以及东欧各国关系的展望，反映了美国对未来北约发展的整体思考以及设计，该文件成为北约"和平伙伴关系计划"的基础文本。"北约在冷战结束时所处的重要位置，与对美国军事优势的普遍承认连在一起，这使中欧、东欧前社会主义国家产生一个印象，即欧洲卷入地缘战略环境中，卷入北约的机能中……一旦冷战结束时

---

① Paul E. Gallis, "NATO Enlargement," CRS Report for Congress, Oder Code RS1055, March 11, 2002.

最初的喜悦心情趋于平静,将前华约成员国融入泛欧洲安全秩序这一困难问题很快就会显现出来。"①

这一旨在建立北大西洋区域安全秩序的"和平伙伴关系计划"一经提出,旋即得到与会成员国代表的一致支持。北大西洋理事会为此成立维持和平合作特殊小组(Ad Hoc Group on Cooperation in Peacekeeping),直接隶属于北大西洋合作理事会,从1993年5月开始工作,并在《概念文件:与北约关系宪章》的基础上提出在欧洲实现维持和平的合作报告。6月,北大西洋合作理事会在雅典召开会议,提出旨在推进"和平伙伴关系计划"的《雅典报告》(Athens Report)。"我们特别重视为发展维和以及相关任务而发展有效途径的重要性,为了实现这一目标,我们启动了一项和平方案,旨在为支持联合国与欧安会的联合维和行动做好准备。我们欢迎维持和平合作特殊小组今天提出的报告,该报告针对概念方法提出一种共同理解,提出旨在实现务实合作的共同计划,目的是分享信息与经验、承担联合训练与教育、推进联合演习。"②

1994年1月,北约各成员国在布鲁塞尔召开峰会,就北约东扩方案展开讨论,尤其围绕未来北约与中欧、东欧各国的战略合作展开探讨。最终,各国代表在美国文件的基础上,共同制订了"和平伙伴关系计划"。"和平伙伴关系计划"明确提出,北约各成员国将保持跨大西洋伙伴关系,将其作为欧洲和平与稳定的基础。为此,北约将加强与中欧、东欧各国的联系。北约将邀请北大西洋合作理事会与欧安会的成员国,以伙伴国的身份参加"和平伙伴关系计划",包括北约领导的各种政治与军事行动。"'和平伙伴关系计划'是北约许多活动的核心部分,其范围包括制定政策、打造防御能力、发展互通性、管控危机。"③ 北约将与伙伴国一

---

① Mark Webber, James Sperling and Martin A. Smith, *NATO's Post-Cold War Trajectory: Decline or Regeneration?*, p. 89.
② "Statement issued at the Meeting of the North Atlantic Cooperation Council," 11 Jun. 1993, https://www.nato.int/cps/en/natohq/official_texts_24150.htm?selectedLocale=en.
③ "Partnership: Projecting Stability through Cooperation," 30 Aug. 2018, https://www.nato.int/cps/en/natohq/topics_84336.htm?selectedLocale=en.

道，共同强化当前欧洲政治与军事合作，推动欧洲和平与稳定建设。

"和平伙伴关系计划"大致包括以下内容。第一，北约将与伙伴国加强政治与军事联系，共同巩固欧洲—大西洋区域安全秩序，在北大西洋合作理事会框架下，共同推动和平伙伴关系。

第二，为推动欧洲—大西洋区域和平与稳定，北约与伙伴国必须通力合作，共同保护并促进基本自由与人权，捍卫正义与和平，这些构成北约与伙伴国的共同价值观。伙伴国必须尊重《联合国宪章》与《人权宣言》，消除针对其领土、政治独立的各种威胁，尊重现有边界，以和平方式解决争端，遵守欧安会文件的规定与承诺，实现全面裁军与武器控制。

第三，伙伴国必须致力于推动国家防御计划与防务预算透明化，确保对国防力量实施民主控制，在联合国与欧安会的决议下采取行动，在宪法体制下保持对外政治、军事行动的能力。另外，伙伴国必须与北约展开军事合作，包括制订军事联合计划、举行联合训练与演习，加强双方维和、搜寻、救援、执行人道主义行动的能力，加强双方在其他领域承担各种使命的能力。

第四，伙伴国必须向北大西洋理事会表明建立伙伴关系的政治目的，在军事及其他领域建立有益的伙伴关系。北约会向伙伴国提出联合军事演习与其他行动的要求，每个伙伴国都必须与北约设立单独伙伴合作项目。

第五，在单独伙伴合作项目中，伙伴国必须牺牲自身利益，服从北约整体需要；伙伴国必须同意在北约最高指挥机构设立联络官，参与北大西洋合作理事会、伙伴关系会议以及其他各种受邀活动。伙伴国必须在人事、财产、设备以及行动能力等方面做好准备，承担共同设定的伙伴合作项目，而北约则会在制定和实施单独伙伴合作项目中向其提供帮助。

第六，伙伴国必须参加相关的北约军事行动，必须支付参加行动所需的费用，分担参加各种军事行动的负担。伙伴国必须向欧洲盟军最高司令部派出常驻联络官，在北大西洋理事会领导下参与军事计划与伙伴合作项目，参加上述计划与行动的人员可以得到北约内部的技术数据资料。北约与伙伴国必须秉持欧安会精神，共同制订防御计划，互换信息。

第七，北约成员国与伙伴国必须制订计划与检查程序，加强并提高武

北大西洋公约组织

装力量参与多国训练与演习、联合军事行动的能力，确保"和平伙伴关系计划"的目标能够实现。北大西洋理事会将推动伙伴国与北约最高军事指挥机构的政治、军事协作，向共同开展的伙伴合作行动提出具体指导，包括计划、训练、演习以及发展方针等。①

由上可见，"和平伙伴关系计划"所涉及的内容很多，所涉及的国家包括北大西洋合作理事会以及欧安会所有成员。按照该计划的设计，如果这些国家愿意参加"和平伙伴关系计划"，只需向北大西洋理事会提交一份意向书，说明参加该计划的目标、步骤、所拥有的国家资源、向其他伙伴国提供援助的条件等，经北大西洋理事会审核批准，就可以在原则上成为该计划的成员国。

事实上，"和平伙伴关系计划"与北约扩展、吸收新成员国紧密相连，北约为该计划设定了门槛，使之与北约"成员国行动计划"相匹配。"'成员国行动计划'的政治与经济章程除其他要求外，特别向候选国提出要求：推进内部稳定，提升幸福感，保护经济自由与社会公正。它还强调解决有可能将北约拖入军事冲突的突出种族、边境以及国际冲突，同时还提出一种行动预期：潜在成员国要避免威胁或使用武力，就与北约冲突相关的所有问题付出真诚努力，以便达成共识，参与从北大西洋理事会到'和平伙伴关系计划'的所有北约决策。"②

为了有效推进"和平伙伴关系计划"，北大西洋理事会建立了大量附属委员会与联络工作小组。在布鲁塞尔峰会上，北大西洋理事会创建和平伙伴关系政治—军事指导委员会（Political-Military Steering Committee on Partnership for Peace，PMSC）。"和平伙伴关系政治—军事指导委员会由北约副秘书长负责，成为北约推进'和平伙伴关系计划'最重要的平台。"③鉴于和平伙伴关系政治—军事指导委员会所拥有的重要意义，北约之

---

① "Partnership for Peace: Framework Document," 10 Jan. 1994, https://www.nato.int/cps/en/natohq/official_ texts_ 24469. htm? selectedLocale = en.
② Mark Webber, James Sperling and Martin A. Smith, *NATO's Post-Cold War Trajectory: Decline or Regeneration？*, pp. 95 – 97.
③ Rob De Wijk, *NATO on the Brink of the New Millennium, the Battle for Consensus*, p. 84.

第六章 北约的伙伴关系、东扩以及联盟全球化

前建立的北大西洋合作理事会特设小组（NACC Ad Hoc Group）很快并入该组织，形成北约推进"和平伙伴关系计划"的一个新平台——和平伙伴关系政治—军事指导委员会与北大西洋理事会特设小组维和合作机构（PMSC/Ad Hoc Group on Group on Co-operation in Peacekeeping）。不仅如此，北约还成立了防扩散联合委员会及其所属的防扩散高级政治—军事小组与防扩散高级防御小组，负责在政治、军事以及防御领域制定防范核武器、化学以及生物武器扩散的方针与政策，防止其向全世界流散。

为了避免再度出现北大西洋合作理事会相对松散、职能不够集中的缺陷，"和平伙伴关系计划"特别规定，有意参加该计划的国家，均由北大西洋理事会代表北约与其单独订立双边"单个和平伙伴关系计划"（Individual Partnership Plan，IPP），而不再采取旧的多边集体安全模式。因此，"和平伙伴关系计划"实际上是北约与中欧、东欧、独联体各国单独订立的一系列双边伙伴关系协定的组合。"和平伙伴关系计划"考虑到每一个伙伴国的特殊性，便利了北约对每个伙伴国的掌控，进而使北约能够真正掌握东扩进程。

"和平伙伴关系计划"既满足了北约东扩的需要，也部分满足了中欧、东欧各国以及某些独联体国家的政治与安全需要。但这些国家在政治、经济、军事上有特殊之处，存在某种旧制度的惯性，为了使这些伙伴国尽快达标，北约还在"和平伙伴关系计划"之下设立"训练与教育强化项目"（Training and Education Enhancement Program，TEEP），负责向这些伙伴国提供各种指导、训练以及交流，帮助它们建立北约及其成员国所认可的政治与军事"民主化"标准。不仅如此，每个伙伴国确定了应该对北约履行的义务后，北约在欧洲盟军最高司令部内部还建立伙伴关系协调小组，专门负责协调北约与伙伴国的军事训练与演习。

1995年，欧洲盟军最高司令部正式建立国际协调小组（International Coordination Cell，ICC），同时成立伙伴关系协调小组，前者专门负责向那些在北约所领导的维和力量中派出军队的非北约成员国提供简报和计划；后者则主要负责协调北约与伙伴国在危机处置中的处置行动、军事计划以

及各种演习。1997年7月，北约各成员国召开马德里峰会，北约由此确定将波兰、匈牙利以及捷克三国纳入北约的首个东扩方案。而此前北约秘书长在讲话中，就曾对"和平伙伴关系计划"在北约东扩中的作用做出说明。"迄今为止，尚未决定哪个国家会受邀参加马德里峰会，开启入盟北约的谈判，但是不论最终做何决策，我们都将致力于与所有准备这样做的国家深化与扩展相互合作，北约盟国认为，自身安全与伙伴国安全密不可分。"① 很明显，该计划已经成为北约推动东扩的一种必要准备。因为首批获准加入北约的国家，不仅是"和平伙伴关系计划"的积极参与者，而且还是在该计划指导下取得良好训练和教育成效、达到北约民主化标准的国家。

1999年4月，北约召开华盛顿峰会。在确定新战略概念的同时，北约特别强调加强"和平伙伴关系计划"。为此，北约提出三个新理念：（1）"行动能力概念"（Operational Capabilities Concept），即在北约领导的军事行动中，将加强北约与伙伴国武装力量共同行动的能力；（2）"政治—军事框架"（Political-Military Framework），即伙伴国参与政治协商、决策、行动计划、指挥安排等架构；（3）"训练与教育强化项目"（Training and Education Enhancement Programm），即加强伙伴国的行动能力。② 由此可见，"和平伙伴关系计划"经过一系列的摸索与试验，其发展思路变得越来越明确，实现长远目标的途径与方法也具有更大的可操作性。

2002年，北约启动"伙伴关系信托基金政策"（Partnership Trust Fund Policy，PTFP），正式设立伙伴关系信托基金（Partnership Trust Fund，PTF），帮助伙伴国安全清除多年储存的反步兵地雷和其他弹药。11月，北约各成员国召开布拉格峰会。北约特别强调伙伴关系建设，推出进一步加强伙伴关系的三点设想：（1）全面审核与伙伴国展开政治对话的各种强化措施，审核伙伴国参与各种行动的计划，展开必要监督；（2）制订"伙伴

---

① "The Enlargement of NATO," 24 Apr. 1997, https://www.nato.int/cps/en/natohq/opinions_25691.htm? selectedLocale = en.

② "An Alliance for the 21st Century," 24 Apr. 1999, https://www.nato.int/cps/en/natohq/official_texts_27440.htm? selectedLocale = en.

国反恐行动计划"(Partnership Action Plan against Terrorism, PAP-T),联合各个伙伴国,共同实施反恐行动;(3)制订"单个伙伴关系行动计划",针对那些有兴趣在防御和安全领域实施国内改革的伙伴国,北约将帮助其获得更多结构性支持。

2004年6月,在伊斯坦布尔峰会上,北约强调将采取进一步措施加强伙伴关系。(1)北约提出"存在推动防御机构建设的伙伴行动计划"(Partnership Action Plan for Defense Institution Building, PAP-DIB),支持伙伴国建立有效、民主且负责的防御机构。(2)伙伴国向北约盟军转型司令部派出代表,以便在北约与伙伴国之间实现更大限度的军事互用。(3)对高加索与中亚地区给予特别关注。2008年4月,北约召开布达佩斯峰会,马耳他重新参加"和平伙伴关系计划"。① 2010年11月,北约召开里斯本峰会。各成员国重申对"和平伙伴关系计划"所做的承诺,一致同意简化伙伴关系手续,更方便地展开合作行动、向所有伙伴国开放演习、协调伙伴关系。与此同时,北约还决定审核北约主导的政治—军事框架,更新北约与伙伴国的合作方式,对伙伴国参加行动和任务做出多种设计。"北约伙伴机制在过去20年获得重大发展,与北约一样,这一机制也受益于有重点的改革,以便使我们的对话与合作更有意义,通过对与伙伴国所开展的合作做出评估,强化我们合作活动的战略方向。"② 北约的目的非常明确,就是最大限度增加与伙伴国的协商与合作。"在遇到威胁时,不排除采取集体安全行动,当威胁具有某种系统参照时,就有可能采取集体安全行动。北约作为军事联盟的特性,使之有义务推行相互安全保证。北约作为一个标准共同体,其属性使之有可能接受集体安全与相互安全这两种形态。"③

---

① 1995年4月,马耳他第一次参加"和平伙伴关系计划",但在1996年10月宣布不再加入该计划。
② "Lisbon Summit Declaration," 20 Nov. 2010, https://www.nato.int/cps/en/natohq/official_texts_ 68828.htm? selectedLocale = en.
③ Sperling, James and Mark Webber, "NATO and the Ukraine Crisis: Collective Securitisation," *European Journal of International Security*, Vol. 2, Part 1, pp. 19 – 46.

北大西洋公约组织

2016年7月，北约成员国召开华沙峰会。各国一致认为，全球安全环境持续处于不稳定状态，北约必须采取更宽泛、更有力的威慑与防御态势。为在国际社会中强化北大西洋区域周边安全，各成员国或者区域组织都应付出努力，北约将做出更多贡献，因为这对于确保北约全面安全极为重要。为此，北约致力于提出一种更富有战略意义、更团结一致、更有成效的方法，以此发展伙伴关系。北约秘书长斯托尔滕贝格（Jens Stoltenberg）曾提出，"北约是个区域组织，其职责是保护北美与欧洲所有成员国，为了我们的利益，北约需要拥有全球伙伴关系……"①。由此可见，北约已将"和平伙伴关系计划"提升至关系到未来自身能否获得发展的战略高度，该计划不仅关系到未来北大西洋区域安全形态，还关系到全球安全环境的走向。

"和平伙伴关系计划"推出后，受到中欧、东欧各国和某些独联体国家的一致支持，绝大多数中欧、东欧国家以及独联体国家参与其中。从理论上讲，"和平伙伴关系计划"获得某种程度上的成功。甚至对北约东扩一直耿耿于怀的俄罗斯，也在1994年6月与北约订立框架文件，加入"和平伙伴关系计划"。"和平伙伴关系计划"使北约的势力范围及影响空前扩大，不仅中欧、东欧以及南欧国家均参与该计划，而且许多欧洲传统中立国也参与其中，如芬兰、瑞典、奥地利等，这为北约全面整合欧洲政治与安全力量打开了方便之门，为北约东扩奠定了重要基础。

"和平伙伴关系计划"与北约先前建立的北大西洋合作理事会、后来建立的欧洲—大西洋伙伴关系理事会相得益彰，互为补充，均对推动北约建构欧洲—大西洋区域安全架构发挥了重要作用。与"和平伙伴关系计划"相并行，北约为了争取俄罗斯的支持，减少东扩阻力，还创设了"19+1模式"以及"20机制"，竭力试图拉近与俄罗斯的关系，但是北约的上述努力实际上并不能根除来自俄罗斯的地缘政治压力，亦无法改变北约单独控制欧洲—大西洋区域这一战略所隐藏的缺陷。

---

① "A Strong Transatlantic Bond in Uncertain Times," 18 Nov. 2016, https://www.nato.int/cps/en/natohq/opinions_137727.htm?selectedLocale=en.

三 北约—俄罗斯理事会、北约—乌克兰委员会及北约—格鲁吉亚委员会

从北约东扩设计以及实践开始，北约就非常重视与俄罗斯建立合作关系，而且也非常重视与独联体其他国家建立合作关系。因此，无论是北大西洋合作理事会以及欧洲—大西洋伙伴关系理事会等机构，还是"和平伙伴关系计划"以及"单个和平伙伴关系计划"，北约一直将发展并稳固北约—俄罗斯关系、北约与其他独联体成员国的关系视为重中之重。北约此举的目的非常明确，就是既不能让俄罗斯成为北约东扩的阻碍与羁绊，又不能让俄罗斯再度成为北约的竞争者和敌对者。按照西方学者斯蒂芬·布兰克（Stephen J. Blank）的说法，"这显然是一个根本性目标，即北约想在一个宽阔的战线上与俄罗斯合作，人们只需要考虑一下北约近期的持续扩张行动就可以知道"[①]。很明显，北约以全面东扩的方式，在更大层面推动北约与俄罗斯的合作，这在逻辑上难以成立，在实践上更缺乏可行性。

北约之所以如此重视俄罗斯，根本原因在于，俄罗斯在冷战后虽然经济发展乏力，综合实力急剧下降，对欧洲政治、经济以及安全事务的话语权大多丧失殆尽，但是俄罗斯地理位置特殊，横跨欧亚大陆，不仅拥有丰富的自然资源，而且继承了苏联绝大部分遗产，如1700万平方公里国土面积、1.48亿人口、80%以上的常规武装力量和核力量。另外，俄罗斯还是联合国安理会常任理事国，在欧安会、国际原子能机构（International Atomic Energy Agency，IAEA）、八国集团（Group of Eight）等各种国际或区域组织中均占有一席之地，拥有重大影响力。北约要想建立新的欧洲—大西洋区域安全秩序，必须争取俄罗斯合作。为此，北约必须针对俄罗斯展开工作，或威逼或利诱，以便使之就范。

1997年5月27日，为了缓解俄罗斯对北约东扩的担心，北约与俄罗斯在

[①] Stephen J. Blank, "The NATO-Russia Partnership: A Marriage of Convenience or a Troubled Relationship?" Eduardo B. Gorman, ed., *NATO and Issue of Russia*, p. 21.

北大西洋公约组织

巴黎共同订立《北约与俄罗斯关系基础文件》(NATO-Russia Founding Act on Mutual Relations, Cooperation and Security, Founding Act)。该文件提出,"要在北约与俄罗斯之间建立层级不断提高的信任度,设定共同目标,培养协商与合作的习惯"[①]。该文件的目标和原则就是,北约与俄罗斯不再互相敌视,彼此加强信任与合作。该文件规定,北约将对自身的政治和安全职能实施改革,重新确定其战略构想,而俄罗斯则继续推动政治与经济改革,建立民主社会。为此,北约与俄罗斯将就欧洲安全架构实施全面合作,双方将对世界范围内核武器、生物和化学武器不扩散情况实施监督,继续承担限制核武器和常规武器的国际义务,共同打击国际恐怖主义,维护人权以及少数民族权利,共同执行维和使命,采取先发制人的外交手段,制止区域性冲突,双方在国际关系中承诺不使用武力和用武力相威胁等。为了使俄罗斯放心,北约特别强调,不打算、不计划,也无必要在其新成员国领土上部署或存放核武器。[②]

为了确保该文件能够得到圆满执行,北约与俄罗斯共同设置一个负责双边磋商和协调的常设机构——常设联合理事会(Permanent Joint Council, PJC)。常设联合理事会定期举行各种级别会晤,北约秘书长、俄罗斯代表和北约某一成员国代表轮流担任常设联合理事会主席。常设联合理事会所做出的所有决定,必须建立在双方共识的基础上。北俄双方商定,《北约与俄罗斯关系基础文件》将在2001年重新审议,以后每5年重新修订一次。

1999年,以《北约与俄罗斯关系基础文件》为前提,北约与俄罗斯建立"19+1模式",即北约所有重大决策均必须事先向俄罗斯通报,征求俄罗斯的意见。俄罗斯作为观察员,可以参加北约最高权力机构所有重大会议。北约19个成员国与俄罗斯展开全面合作,双方就欧洲—大西洋

---

① Mark Webber, James Sperling and Martin A. Smith, *NATO's Post-Cold War Trajectory: Decline or Regeneration?*, p. 128.

② "Founding Act," 27 May. 1997, https://www.nato.int/cps/en/natohq/official_texts_25468.htm?selectedLocale=en.

第六章 北约的伙伴关系、东扩以及联盟全球化

区域内外出现的危机展开磋商，共同应对安全威胁与挑战。

2002年5月28日，北约19个成员国首脑与俄罗斯总统在罗马举行峰会，协商北约与俄罗斯的全面合作问题。双方经过周密协商，共同发表一项宣言——《北约—俄罗斯关系：一种新质量》（NATO-Russia Relations：a New Quality）。该宣言被誉为北约—俄罗斯关系的新篇章，明确提出，北约与俄罗斯将彻底结束冷战时期互相敌对与竞争的关系，双方共同建立一种全新的伙伴关系——准同盟关系，彻底结束旧的冷战。罗马峰会的另外一项重大成果就是，建立北约—俄罗斯理事会（NATO-Russia Council, NRC），就是所谓的"20机制"。由北约秘书长担任北约—俄罗斯理事会主席，20个国家均为理事会成员，其权利完全平等，所有重大问题均须理事会成员共同协商，所有重大决策均须理事会成员一致同意才能通过。

北约—俄罗斯理事会作为北约与俄罗斯双方展开协商、凝聚共识、开展合作、联合决策、共同行动的一种新机制，在反对国际恐怖主义、防止大规模杀伤性武器与生化武器扩散、军备控制与相互信任机制建设、维护海上交通线和共同打击海盗、执行区域维和任务等方面，推动了北俄双方展开一系列积极且富有成效的合作。这些合作有助于缓解北约与俄罗斯由北约东扩而造成的紧张关系，有助于推动欧洲—大西洋区域和平、稳定以及安全秩序建设，有助于国际形势朝着健康且良性的方向发展。

然而，北约—俄罗斯理事会归根到底属于北大西洋安全体系的权力外设机制，并不能决定北约既定的政治与安全战略及其发展方向。因此，如果北约—俄罗斯理事会的政治与安全政策符合北约的基本战略需要，它就有可能发挥更多作用，反之，当其战略决策不符合北约的基本战略需要时，北约就会将其搁置。以北约东扩为例，北约—俄罗斯理事会的作用几乎为零。"普京将北约东扩视为对俄罗斯的一种羞辱，北约东扩标志着持强硬立场的俄罗斯民族主义者所坚信不疑的'大俄罗斯'走向终结。"[1]虽然俄罗斯极度排斥北约东扩，但由于实力不足，实际上无法阻止或者延

---

[1] Julian Lindley-French, *The North Atlantic Treaty Organization*, the Enduring Alliance, p. 15.

缓北约东扩进程。

与北约积极拉近与俄罗斯的关系相对应,北约还竭力拉近与乌克兰、格鲁吉亚两国的关系,因为毕竟这两个国家对北约东扩进程、安全目标以及战略方向非常重要。北约如果能将上述两国全面纳入北大西洋安全体系,就意味着北约的势力范围深入欧亚大陆腹地,北约将彻底孤立俄罗斯、彻底改变欧洲大陆地缘政治规则,此举会使北约毫无顾忌地按照自身安全需要构建欧洲—大西洋区域安全秩序。就此而言,拉拢俄罗斯、创建双边合作机制,只是北约的一种战略手段,而拉拢乌克兰与格鲁吉亚、建立双边合作机制、将其纳入北大西洋安全体系,则是北约的最终战略目的。"北约不在乎向环境安全的新成员国敞开大门,这个信号有可能促使许多前苏联成员国恢复与北约的关系,特别是鼓舞了格鲁吉亚为争取北约成员国资格而展开长达20多年的努力。"①

对乌克兰来说,冷战结束同样是其处于战略抉择的关键期。乌克兰一直设想向欧美国家靠拢,尽可能远离俄罗斯,因此虽然乌克兰参与了独联体,亦参加了俄罗斯主导的集体安全条约组织(Collective Security Treaty Organization,CSTO),但是乌克兰并不想与俄罗斯结盟。"乌克兰与俄罗斯关系这一重大战略问题的关键在于,乌克兰是否愿意作为一个独立国家活下去,或者相反,陷入内部崩溃,被俄罗斯重新吸纳。"② 乌克兰自1992年起就与北约频频接触,参加了北约的许多重大行动,双方经常就欧洲安全问题展开磋商。1994年2月,乌克兰参加北约"和平伙伴关系计划",属于独联体国家中最早加入该计划的国家。1999年5月,北约与乌克兰联合签署《北约—乌克兰特殊伙伴关系宪章》(Chart of Distinctive Partnership between NATO and Ukraine),宣布进一步提升北约与乌克兰关系,双方将建立全面战略伙伴关系。7月,在北约马德里峰会上,北约正式批准该宪章,北约与乌克兰双边关系由此进入一个高潮期。

---

① Eduard Abrahamyan, "Georgia after Montenegro's NATO Accession," http://www.fpri.org/org/article/2017/07/georia - montenegros - nato - accession/.

② Richard L. Kugler, *Enlarging NATO*, *the Russia Factor*, p. 47.

北约与乌克兰就此正式成立北约—乌克兰委员会（NATO-Ukraine Committee，NUC），北大西洋理事会还特别在乌克兰首都基辅设立联络办公室，以便双方随时取得联系，就双方遇到的所有重大问题展开磋商。北约—乌克兰委员会作为北约与乌克兰全面推进双边战略合作的一种权力机制，也是北乌双方最高级会晤机制，每年举行4次会议，就双边关系所涉及的政治、经济与安全问题展开协商。在北约—乌克兰委员会所确立的权力机制中，北约与乌克兰经常举行外长级与防长级会议，就双方共同关注的问题与需要展开协商。在北约的大力支持下，乌克兰积极参加了北约各种行动计划，利用一切平台向北约靠拢，以便尽早达到北约所设定的入盟标准。2008年4月，乌克兰获邀参加北约布加勒斯特峰会，双方发表联合声明。北约明确提出，"北约成员国欢迎乌克兰在欧洲—大西洋伙伴关系理事会中将获得北约成员国资格设定为发展目标，各成员国一致同意乌克兰成为北约一员；加入'成员国行动计划'是乌克兰加入北约的一个步骤，各成员国明确支持乌克兰为加入该计划而提出申请。"①

北约积极支持乌克兰持续推动政治、经济、社会以及军事改革，建立人权、自由以及法治社会，而且还积极支持乌克兰参与北约领导的所有维和行动，为北大西洋区域安全秩序做出贡献，为乌克兰加入北约创造条件。不仅如此，北约还积极支持乌克兰建立快速反应部队，销毁多余的武器弹药；北约还向乌克兰提供支持和帮助，包括各种相关的训练、教育、资金以及技术等，帮助乌克兰扫清入盟北约的障碍。

鉴于乌克兰在历史上与俄罗斯具有密不可分的关系，不仅双方在经济、安全、文化等领域存在密切关联，而且乌克兰在未来欧洲—大西洋区域安全秩序中占有极为重要的战略位置。就像美国前国家安全事务助理布热津斯基所指出的，如果没有乌克兰，俄罗斯就不再是一个欧洲帝国②，乌克兰对俄罗斯的重要性由此可见一斑。因此，对于北约与乌克兰不断接

---

① "Joint Statement," 4 Apr. 2008, https://www.nato.int/cps/en/natohq/official_texts_8964.htm? selectedLocale = en.
② F. Stephen Larrabee and Ian O. Lesser, *Turkish Foreign Policy in an Age of Uncertainty*, p. 87.

近、北乌关系持续升温，俄罗斯虽然没有直接阻拦，但颇多疑惧，认定北约此举是挖俄罗斯墙脚，给其制造麻烦。

冷战结束后，格鲁吉亚的战略处境与乌克兰极为相似，格鲁吉亚亦希望摆脱俄罗斯的影响，拉近与欧美各国的距离。与北约和乌克兰很早建立权力协商机制相比，北约与格鲁吉亚接触较晚，建立权力协商机制的起点相对较低，程度也略显不足。1994年，格鲁吉亚参加北约"和平伙伴关系计划"，开始与北约正式接触。2005年，格鲁吉亚向北约正式提出入盟申请。"对格鲁吉亚来说，获得北约成员国资格仍是一个愿景；北约通过'在格鲁吉亚保持更多控制和影响'这种方法，将格鲁吉亚这一候选国纳入北约的轨道，但并未赋予其官方地位。"[①] 2008年4月，北约召开布加勒斯特峰会，格鲁吉亚受邀参加。北约与格鲁吉亚就建立合作机构等相关事宜达成一致，双方订立《布加勒斯特决议》。北约公开表示，原则上同意格鲁吉亚在未来加入北约。

2008年9月15日，北约与格鲁吉亚正式订立协定，双方共同建立北约—格鲁吉亚委员会（NATO-Georgia Committee，NGC）。该组织的目标非常明确，就是为格鲁吉亚未来加入北约做好各项准备工作。这些工作包括推动格鲁吉亚持续实施国家民主化改革，清除冷战时期苏联遗留在格鲁吉亚境内的各类杀伤性武器弹药，鼓励格鲁吉亚积极参加北约领导的各项维和行动。北约—格鲁吉亚委员会建立定期会议制度，定期举行大使级和部长级会议，讨论格鲁吉亚的政治与军事改革进程，北约对格鲁吉亚改革提供支持和帮助。

与俄罗斯强烈反对乌克兰加入北约相似，俄罗斯也反对格鲁吉亚加入北约。"格鲁吉亚强调其加入北约的愿望，而且与美国暨北约保持密切的安全关系，一直对俄罗斯形成某种刺激。"[②] 因此，俄罗斯对格鲁吉亚入盟北约的种种努力始终耿耿于怀，从中作梗。在俄罗斯与格鲁吉亚围绕阿

---

① Eduard Abrahamyan, "Georgia after Montenegro's NATO Accession," http：//www.fpri.org.org/article/2017/07/georia-montenegros-nato-accession/.

② Eugene B. Rumer and Jeffrey Simon, "Toward a Euro-Atlantic Strategy for the Black Sea Region," Eduardo B. Gorman, ed., *NATO and Issue of Russia*, p.152.

布哈兹和南奥塞梯独立问题发生直接武装冲突后，北约旗帜鲜明地支持格鲁吉亚。"格鲁吉亚所处的立场（与乌克兰一起，随着2009年天然气危机与2010年大选，随后放弃谋求北约成员国资格的打算），反映了地缘经济与地缘政治的考虑……随着俄罗斯与格鲁吉亚2008年爆发战争，格鲁吉亚加入北约几乎变得不可能。"①

2010年11月19日，北约召开里斯本峰会。北约各成员国公开表示，坚决支持格鲁吉亚为保持国家领土及主权完整所做的努力。北约还在格鲁吉亚设置政治分支机构，以便双方能够展开更密切的协商与合作。北约认为，格鲁吉亚改革已取得巨大成就，但距入盟北约还有一定距离，北约为此将向格鲁吉亚提供更多帮助。11月21日，格鲁吉亚发表声明，声称北约里斯本峰会支持落实《布加勒斯特决议》，格鲁吉亚将继续改革，继续参加北约领导的阿富汗反恐战争。

2014年9月4~5日，北约各成员国在威尔士召开峰会。此次峰会除讨论北约武装力量建设、提高防务开支、移交在阿富汗的反恐任务、北约与俄罗斯关系等议题外，还通过一项关于格鲁吉亚的议题。该议题明确提出，支持格鲁吉亚加入北约的一揽子计划以及各种相关措施。这些措施包括北约在格鲁吉亚定期举行联合军事演习，加强格鲁吉亚军事防御现代化，建立北约与格鲁吉亚的军事磋商机制，建立应对紧急危机的协商与合作制度。"我们注意到，格鲁吉亚与北约的关系促使北约采取必要手段，持续推进格鲁吉亚最终获得北约成员国资格，当前我们支持格鲁吉亚的一揽子计划，包括防御能力建设、训练、军演、加强联系、强化互通性等。这些措施旨在加强格鲁吉亚的防御以及与北约互通的能力，有助于推进格鲁吉亚为获得北约成员国资格所做的准备。"②

由此可见，不论是北约—乌克兰委员会和北约—格鲁吉亚委员会，还是其他类似的外设性权力架构，归根到底只能算作北约现有权力架构的一

---

① Mark Webber, James Sperling and Martin A. Smith, *NATO's Post-Cold War Trajectory: Decline or Regeneration?*, p. 90.

② "Wales Summit Declaration," 5 Sep. 2014, https://www.nato.int/cps/en/natohq/official_texts_112964.htm? selectedLocale = en.

种补充，只能算是对北约政治与安全战略所做的一种临时性安排，其目标基本上服务于北约东扩这一整体战略方向。此类外设权力机构具有相当大的不确定性，无法真正成为稳定的北约常设权力机构。尽管如此，此类外设权力机构及其实践，甚至包括北约—俄罗斯理事会在内，还是在客观上对北大西洋安全体系产生了一定影响，构成冷战后北约权力架构及其变化的一项重要内容。

四 北约的"地中海合作计划"与"伊斯坦布尔合作倡议"

在全面推动"和平伙伴关系计划"和"单个和平伙伴关系计划"的过程中，北约不仅将目光聚焦于欧洲—大西洋区域，还将其视野扩展到欧洲—大西洋区域以外，尤其是欧洲—大西洋区域周边。北约认为，冷战后欧洲安全形势急剧变化，这与国际安全形势的巨变密切相关，而欧洲—大西洋区域周边的安全环境直接关系到北约自身的安全。

为此，北约在构建欧洲—大西洋区域安全秩序的过程中，并不止于关注北约、华约以及欧安会等成员国，也将眼光投放到毗邻欧洲的地中海区域，尤其是西亚与北非地区。因为上述地区占有非常重要的战略地理位置，上述地区各国与北约多个成员国有比较深厚的历史渊源。北约成员国在冷战后遇到的许多安全难题，与上述地区安全形势的变化紧密相关。因此，确保上述地区的安全与稳定，对北约构建欧洲—大西洋区域安全秩序极为重要。为此，北约在1990年代初就提出"地中海倡议"（Mediterranean Initiative），尽管这一倡议在目标、内容、途径等各个方面极为模糊，但它体现了北约在地中海地区的拓展。

1994年，北约首次提出"地中海对话"（Mediterranean Dialogue，MD）这一战略设想，意图在北约领导下全面推动地中海地区各国实现互相理解，建立良好关系，消除对北约的种种误解，全面实现地中海地区安全与稳定。在北约看来，欧洲安全环境与地中海区域安全紧密相连，地中海地区安全形势能否保持稳定，直接关系到冷战后欧洲安全形势及其走势。"'地中海对话'是北约'地中海倡议'的一部分，以北约'和平伙伴关系计划'为蓝本。该计划的目标是通过实施边缘政策，将前华约

第六章　北约的伙伴关系、东扩以及联盟全球化

成员国带入北约轨道，再将它们完全转变为北约成员国。"①

北约为"地中海对话"设定了7个基本原则。（1）非歧视原则，即北约为所有伙伴国提供相同的合作平台。（2）自我分化原则，即允许每个伙伴国按照自身的特殊需要采取针对性措施，允许感兴趣的国家按照北约的目标及"地中海对话"的相关政策，设定与北约合作的短期和长期目标。（3）包容性原则，所有参加该计划的国家均应将自身视为平等权利者，就此展开合作。（4）双向接触原则，"地中海对话"是一种双向伙伴关系，为了寻求伙伴国，北约将通过定期协商方式，确保这一行动取得成功。（5）非强制执行，伙伴国可以自由选择与北约展开合作的步伐与程度，北约不会将其意志强加于伙伴国。（6）互补性与相互加强原则，本计划与其他国际组织为维护地中海地区和平而付出的努力，在本质上相互补充，相互强化。（7）多样化原则，本计划将尊重和充分考虑伙伴国具有的特殊区域特点、文化和政治背景。

北约提出"地中海对话"后，旋即得到北非以及西亚各个国家的积极支持。1995年2月，埃及、以色列、毛里塔尼亚、摩洛哥、突尼斯5国宣布加入"地中海对话"。11月，约旦加入该计划。2000年3月，阿尔及利亚正式加入该计划。至此，地中海地区7个主要国家均参加了"地中海对话"，这使北约得以将地中海地区安全设计与欧洲安全架构紧紧连在一起。"（2002年布拉格峰会）讨论了6个援助地区：（1）派驻"爱国者"导弹、空基预警与控制监视飞机，保卫土耳其；（2）派出海军力量保护东地中海海域的船只；（3）派驻军事人员保护美国在欧洲的军事基地；（4）欧洲的空域、港口、基地以及加油设施；（5）回填由于美国武装力量被送往波斯湾而形成的安全真空；（6）向伊拉克派出军队，帮助其战后国家重建与治理。"② 很明显，无论在地缘政治上，还是着眼于北约政治与军事现实需要，地中海区域已成为北大西洋区域安全秩序中

---

① Mahdi Darius Nazemroaya, *The Globalization of NATO*, p. 138.
② Stanley R. Sloan, *Defense of the West: NATO, the European Union and the Transatlantic Bargain*, Manchester: Manchester University Press, 2016, p. 195.

的一个重要组成部分。

和以往北约的各种合作计划不同,为了积极推进"地中海对话",北约创立了"北约+1模式"(NATO+1)、"北约+7模式"(NATO+7),即北约既定期举行多边会议,也强调双边合作的特性。这种相对灵活的合作方式照顾了地中海地区各国特殊的政治与安全诉求,毕竟这个地区在历史上存在太多政治、经济、宗教、民族以及意识形态纷争,很难以某种统一模式满足所有国家的需要。与此同时,这种灵活方式也有助于推动北约对欧洲—大西洋区域及周边地区的安全秩序建构。"北约的防御维度不能与'地中海对话'的目标和理由相混淆,该计划只是一个目标清晰的政治对话倡议。对话反映了北约盟国的观点,即北约安全与地中海地区安全紧密相连。'地中海对话'的目标是在跨地中海地区实现更好的理解、信任以及良好关系。另外,对话有助于纠正地中海国家对北约政策的误解,有助于更好地展示北约为地中海稳定与安全所做的贡献。"[1]

为了确保"地中海对话"成功执行,北约在1997年7月马德里峰会上特别设立地中海合作小组(Mediterranean Cooperation Group,MCG),直接隶属于北大西洋理事会,专门负责"地中海对话"执行。[2] 与此同时,马德里峰会还特别设计地中海对话工作方案(Mediterranean Dialogue Work Programm,MDWP),以便将该计划真正落在实处。2004年6月,北约各成员国召开伊斯坦布尔峰会,提出将"地中海对话"全面升级,建立一种更有潜力、更宏大的框架。为此,北约成员国与地中海伙伴国频频召开会议,尤其是法国、意大利、西班牙等国,更是持续拉近与地中海伙伴国的距离。

2006年,北约与地中海伙伴国在摩洛哥拉巴特召开会议,创立"北大西洋理事会+7模式"(NAC+7)。2011年9月,北约与伙伴国在意大利圣雷莫召开会议,正式成立地中海对话计划政策顾问小组(MD Policy

---

[1] "NATO's Agenda and Mediterranean Dialogue," 1 Apr. 2003, https://www.nato.int/cps/en/natohq/opinions_ 113760.htm? selectedLocale = en.
[2] 2011年,北约将地中海合作小组的权力直接转隶政治与伙伴关系委员会(Political and Partnerships Committee,PPC)。

第六章 北约的伙伴关系、东扩以及联盟全球化

Advisory Group，MDPAG)，负责在政治层面对"地中海对话"做出整体性战略规划，充分确保该计划能够得到有力和高效执行。2014年9月，北约在威尔士峰会中又进一步强调持续推动"地中海对话"的重要性。"当前，地中海地区面临巨大的安全挑战，这对整个欧洲—大西洋区域安全具有广泛影响。该计划的重大意义在于，它把地处北约南部边境地区的重要国家聚拢在一起，这种重要性比以往更为明显。"①

不可否认，"地中海对话"付诸实施后，北约与伙伴国共同设计了许多非常具体的方案，包括在北约帮助下，地中海伙伴国逐步实现武器装备现代化、制订紧急民事计划、实现危机处置、确保边境安全、控制小型武器和轻武器、建立公共外交、推动科技与环境合作、加速反恐合作、反制海盗行为、防范大规模杀伤性武器扩散等。通过执行上述计划，"地中海对话"取得巨大成效，间接推动了欧洲—大西洋区域安全秩序建设。"通过这一机制，地中海差不多变成了北约的一个内湖，其周边几乎全是北约成员国或者事实上的成员国。位于亚得里亚海岸的波斯尼亚和黑塞哥维那、黑山（地中海地区北中部），均为北约所控制。"②

稍晚于"地中海对话"，为了将地中海地区更多国家纳入北约总体战略安全规划，从21世纪初开始，北约着手将东地中海地区多个国家以及海湾国家都纳入北约建构欧洲—大西洋区域安全秩序的进程。因为东地中海国家、海湾国家虽然与北约成员国在许多方面存在差距，但其战略地位极为重要，而且上述国家政治、经济以及安全形态及其变化，直接或间接关系到北约及其成员国的安全利益，北约要想真正建立欧洲—大西洋区域安全秩序，要想实施先发制人式的危机处置，要想杜绝欧洲—大西洋区域的安全隐患，就需要对所有公开或潜在的安全源头实施有效控制。

---

① "Wales Summit Declaration," 5 Sep. 2014, https：//www.nato.int/cps/en/natohq/official_texts_112964.htm? selectedLocale=en.
② Mahdi Darius Nazemroaya, *The Globalization of NATO*, p.138.

北大西洋公约组织

2004年6月,北约各成员国在伊斯坦布尔召开峰会,正式提出"伊斯坦布尔合作倡议"。"伊斯坦布尔合作倡议"明确提出,北约需要在中东地区重建安全与稳定,与其他国际或区域组织一起,共同建立长期稳定的区域安全秩序,集体制定公正、持久以及全面的方案,结束巴以冲突,包括解决以色列与叙利亚、以色列与黎巴嫩之间的冲突。北约秘书长夏侯雅伯(Jaap de Hoop Scheffer)曾强调,"如果实施平行推进,我相信,我们将与更广泛的中东地区国家首次在伊斯坦布尔开启安全对话。这些国家对我们很重要,它们之所以重要,在于人口迁徙、移民、能源安全使我们产生了更密切的相互依赖关系;它们之所以重要,在于21世纪新威胁影响我们所有人,需要我们共同做出反应"[1]。

"伊斯坦布尔合作倡议"的宗旨与原则包括以下五点。(1)充分考虑中东各国以及各区域组织提出的理念与建议,认可这些理念与建议的重要意义。(2)在考虑这些国家多样性和特殊需要的同时,强调该倡议具有合作性质,其构建基础在于北约与中东地区各国实现利益共享。(3)考虑到该倡议所具有的独特性,北约将考虑并补充包括八国集团、欧盟、欧安组织等提出的各项建议,这些建议是对"伊斯坦布尔合作倡议"的重要补充。另外,北约还会从"和平伙伴关系计划"中吸取教训,在此基础上建立新的机制与手段,推动"伊斯坦布尔合作倡议"。(4)必须在北约重视的领域以及安全领域展开务实合作,中东地区参加该倡议的国家与北约合作的步调及程度,将取决于各国独立做出的回应及其利益所在。(5)有必要澄清对该倡议范围的误解,参加北约、欧洲—大西洋伙伴关系理事会及"和平伙伴关系计划",并不意味着就会自动获得安全保证,也不意味着就可以在其他平台展开更适当的政治辩论。[2]

"伊斯坦布尔合作倡议"提出后,得到中东国家和海湾国家的积极支

---

[1] "Istanbul Summit: The Transatlantic Alliance shaping Stability," 15 Jun. 2004, https://www.nato.int/cps/en/natohq/opinions_ 21231.htm? selectedLocale = en.

[2] "Istanbul Cooperation Initiative (ICI)," 18 Nov. 2011, https://www.nato.int/cps/en/natohq/topics_ 58787.htm?.

持,许多国家对该倡议表现出极大兴趣。2005年,巴林、科威特、卡塔尔、阿联酋与北约签署协议,正式加入"伊斯坦布尔合作倡议"。与"地中海对话"广泛涉猎多个领域的合作方式稍有不同,"伊斯坦布尔合作倡议"更提倡中东地区伙伴国与北约在军事和安全领域展开合作。例如,围绕防御改革、防务开支、军民关系、军方合作、民事紧急计划、联合公共外交等目标,"伊斯坦布尔合作倡议"提出针对性建议。

"伊斯坦布尔合作倡议"明确提出两个目标,其一是通过跨大西洋与中东地区的接触,强化这一地区的安全与稳定,使上述国家武装力量与北约武装力量采取共同行动的能力不断增强,包括为北约领导的维和行动做出贡献,如反对恐怖主义,防止大规模杀伤性武器扩散,打击非法武器走私,提高伙伴国处置针对北约的挑战和威胁的能力等。其二,中东地区各国将会从与北约的合作中受益,通过对防范恐怖威胁的务实支持,得到训练、防御改革知识、军事合作机遇,就共同关心问题展开政治对话。"在东地中海,新的地缘政治联盟正在改变安全环境,亦改变了美国及其盟国所推断的内容。最重大的变化就是土耳其与以色列关系迅速发展,更广泛的以色列—土耳其—约旦—美国联盟也开始形成。"[1]

为了顺利实现上述目标,北约还为"伊斯坦布尔合作倡议"制订了一系列行动计划,例如,旨在加强伙伴国军事教育与训练水平的"关联性武装力量倡议计划"(Connected Forces Initiative,CFI),北约试图以此加强中东国家现有武装力量的武器装备、战术指挥、协作行动、灵活反应等能力。另外,北约还积极鼓励参加该倡议的国家参加北约组织的行动,如"积极努力行动",该行动旨在加强北约对恐怖主义的威慑、防御、瓦解以及自我保护等能力,确保北约能够对中东地区的恐怖主义势力形成有效威慑与打击。"伊斯坦布尔合作倡议"伙伴国还参加了北约在阿富汗的国际安全援助部队、北约在利比亚展开的"联合保护者行动"。

"地中海对话"和"伊斯坦布尔合作倡议"主要着眼于在地中海与中

---

[1] Ian O. Lesser, *NATO Looks South, New Challenges and New Strategies in the Mediterranean*, pp. 16 – 17.

东地区发挥作用,其政治与安全实践完全无法和北约等量齐观,但上述计划无疑对稳定欧洲—大西洋区域安全秩序发挥了重要作用,推动了冷战后北大西洋安全体系的深化与发展,扩大了北约在全世界的政治、安全以及社会影响。实际上上述两个计划与早先提出的"和平伙伴关系计划",代表了北约冷战后对外战略拓展的三个方向,成为北约政治与安全战略的一个重要内容。"北约有3个合作选单,分别覆盖了北约每一种主要伙伴关系:(1)为了推动'和平伙伴关系计划'伙伴国的'欧洲—大西洋伙伴关系工作计划'(Euro-Atlantic Partnership Work Plan, EAPWP);(2)旨在推动'地中海对话'伙伴国的'地中海对话工作方案';(3)旨在推动'伊斯坦布尔合作倡议'伙伴国的'伊斯坦布尔合作倡议务实行动选单'(Istanbul Cooperation Initiative Menu of Practical Activities, ICIMPA)。"①

第二节 北约东扩

一 《北约东扩报告》

冷战结束后,北约不仅不愿退出历史舞台,反而一直积极致力于寻求新的发展空间,其发展方向主要集中在两个方面:其一就是持续推动转型;其二就是不断实施东扩。转型和东扩构成北约两大战略方向。前者主要体现为北约对自身联盟机制、权力机制以及安全机制实施修正和调整;后者则主要体现为北约不断扩大北大西洋安全体系,通过将越来越多处于北大西洋区域的国家纳入北约,实现对欧洲—大西洋区域各种安全力量的全面整合。对北约来说,转型和东扩互相补充,缺一不可,共同构成冷战至今北约政治与安全实践的主要内容。

为了实现东扩战略目标,北约做了大量铺垫工作,例如制订"和平伙伴关系计划",建立北大西洋合作理事会以及欧洲—大西洋伙伴关系理

---

① Leslie Ordeman and Bruce Weinrod, "NATO Partnerships into the Europe," Yonah Alexander and Richard Proisen, eds., *NATO from Regional to Global Security Provider*, p. 223.

第六章　北约的伙伴关系、东扩以及联盟全球化　North Atlantic Treaty Organization

事会等机构,北约关心的主要问题就是如何确使东扩获得最大收益,将负面影响降至最低。"一项东扩研究估计,东扩在十年间仅共同基金开支就需要 15 亿美元……"① 不仅如此,北约内部仍对东扩所涉及的一些重大问题存在争议。"尽管所有成员国都同意北约吸收新成员国,但大多数国家不确定吸收新成员国的步骤、时间、方向以及范围……在现实生活中如何扩展北约而不削弱北约?是否允许一些国家入盟北约而将其他国家搁置?东扩是否会引起俄罗斯的敌对反应?"② 为了弥合分歧,北约在客观上需要对未来的东扩路径、规则及方向等做出战略规划,使东扩能以最佳方式展开。

北约的转型与东扩在本质上属于同一类政治行为,均为北约在战略层面采取的重大步骤。转型意味着对北约安全机制实施改造,属于内向型政治与安全行为,关注北约的机制、职能及行动为主。而东扩则属于外向型政治与安全实践,所关注的对象主要是中欧、东欧以及独联体国家。归根到底,转型与东扩均以推动北约的发展为首要目标,均直接作用于北约对欧洲—大西洋区域安全秩序建构。但是在北约内部,各成员国对北约东扩的争议非常大,主要的顾虑包括以下几点:(1)东扩并且加强军事联盟,与欧洲—大西洋区域安全与和平的发展趋势背道而驰;(2)东扩缺乏军事理由,当前成员国并未遇到现实军事威胁;(3)东扩不可能提高未遭威胁的新中欧—东欧国家的安全与稳定;(4)东扩不会消除冷战在欧洲造成的人为分裂;(5)东扩将会产生许多与其宣称和希望的目标完全相反的消极国际影响;(6)对当前的北约与新成员国来说,东扩需要相当可观的开支,这在经济、社会以及政治上有害无益;(7)东扩会降低北约的凝聚力。③

---

① Paul Gallis, Paul Belkin, Carl Ek, Julie Kim, Jim Nichol and Steven Woehrel, "Enlargement Issues at NATO's Bucharest Summit," Eduardo B. Gorman, ed., *NATO and Issue of Russia*, p. 63.

② Robert E. Hunter, "Maximizing NATO, a Relevant Alliance Knows How to Reach," *Foreign Affairs*, Vol. 78, No. 3, May/June 1999, pp. 190 – 203.

③ Anton Bebler, "NATO's Enlargement and Slovenia," *Politička Misao*, Vol. XXXVI, No. 5, 1999, pp. 29 – 40.

北大西洋公约组织

对北约东扩持乐观态度的人士则认为,东扩可以最大限度维护整个欧洲的稳定,使之保持团结一致。"一些东欧国家,如白俄罗斯、摩尔多瓦甚至乌克兰,通过独联体这一联合机构,与俄罗斯保持密切的经济和政治联系;与此同时,正在寻求加入欧盟、北约以及其他西方架构的中欧与东欧国家,亦形成一个心意相通的集团,这个集团可以被视为欧洲的一个统一区域。俄罗斯与乌克兰要与北约强化关系,北约成员国的完整资格就应扩展到这个统一区域。"① 很明显,上述构想只是代表了北约的一些愿望,根本没有顾及俄罗斯以及其他中欧、东欧国家的意愿。

1994年1月,北约各成员国召开布鲁塞尔峰会。经过讨论,北约首次提出门户开放政策(Open Door Policy),即向欧洲东部所有民主国家以及对北大西洋区域安全能够做出贡献的国家敞开大门,欢迎这些国家入盟北约。"我们所推进的倡议,旨在为整个欧洲的持久和平、稳定与福祉做出贡献,这一直是北约的基本目标……我们重申北约将向其他欧洲国家敞开大门;北约将通过'和平伙伴关系计划'发起一项倡议,我们将在该计划中邀请伙伴国加入,与北约共同展开政治与军事活动。"② 东扩与"和平伙伴关系计划"紧密相连,北约所构建的伙伴关系将为东扩做好必要准备,东扩则将伙伴关系提升为成员国关系。另外,此次峰会还特别成立专家小组,负责起草未来北约东扩的原则、宗旨、步骤、程序以及规则。

1995年9月20日,北大西洋理事会正式通过《北约东扩报告》(Study on NATO Enlargement)。9月28日,北约秘书长克拉斯(Willy Claes)在北约总部正式发布《北约东扩报告》。事实上,在酝酿并且形成《北约东扩报告》的过程中,北约许多成员国对俄罗斯可能做出的反应表示担忧,对未来欧洲安全形势感到忧愁,或者对东扩将产生的费用发愁。"他们做出一个惊人的假设,其预测结果是,他们的极限范围是在下一

---

① Yaroslav Bilinsky, *Endgame in NATO's Enlargement*, *the Baltic States and Ukraine*, Westport, C. T. and London: Praeger, 1999, p. 14.
② "The Brussels Summit Declaration," 11 Jan. 1994, https://www.nato.int/cps/en/natohq/official_texts_24470.htm?selectedLocale=en.

第六章 北约的伙伴关系、东扩以及联盟全球化

个 10 年或 15 年,从无到有差不多要花费 1700 亿美元……"① 北约内部出现两种声音,支持东扩和反对东扩的争论一直贯穿于东扩全程。

《北约东扩报告》是一篇内容丰富的研究报告,长达 30 多页。该报告主要内容如下。

第一,东扩目标。北约邀请欧洲东部民主国家入盟,目的是实现欧洲—大西洋区域安全与稳定,推动欧洲国家实现共同防御,使更多国家融入同一价值观、意识形态以及制度共同体。与此同时,北约东扩还可推动东欧各国实施民主化改革,包括以民主方式控制军队,增加军费与防御计划的透明度,减少因为民族与边界冲突而出现对抗的可能性等,同时推动它们与北约及其成员国展开磋商与合作。

第二,东扩原则。东扩将严格遵守《联合国宪章》《北大西洋公约》所推崇的民主、自由和法治原则以及相关条款规定。所有新成员国必须遵守上述原则与规定,致力于为北大西洋区域安全做出贡献;所有新成员国将拥有《北大西洋公约》赋予的一切权利,承担各种相应义务;所有希望加入北约的国家均需认可"和平伙伴关系计划",通过承担该计划的任务与责任获得北约成员国资格;所有新成员国都将为推动北大西洋区域集体防御、共同安全而做出努力,而且承诺不以损害国际和平、安全以及正义的方式解决纠纷,避免使用武力威胁,避免直接使用武力。

第三,东扩内容之一,有效推动欧洲安全架构建设。(1)北约将在联合国安理会授权下执行维和行动,使欧安组织与北约共同致力于欧洲安全架构建设,推动北约东扩,强化北大西洋合作理事会,扩展"和平伙伴关系计划"。(2)北约将扩展与欧安组织、欧盟以及西欧联盟之间的合作。北约将与欧安组织互相补充和强化,将通过东扩维护欧洲—大西洋区域安全与稳定,为北约成员国与其他国家提供安全保障;北约将与欧盟、西欧联盟展开外交与安全合作,增加欧洲安全架构的建构维度,确保

---

① James Sperling, ed., *Two Tiers or Two Speeds? The European Security Order and the Enlargement of the European Union and NATO*, Manchester: Manchester University Press, 2000, p. 161.

北大西洋公约组织

《欧洲常规武装力量条约》对裁军与军控的有效性。(3) 北约将与俄罗斯建立互相尊重、互利、友好的建设性合作关系,双方就"和平伙伴关系计划"达成协议,以合作方式消除冷战印记,东扩不会威胁任何国家,只会促进所有国家合作,推动更宽泛的欧洲安全架构。(4) 东扩将依据《北大西洋公约》展开,受邀国按照顺序,分批加入北约,北约可以同时邀请单个、两个或者更多国家入盟。

第四,东扩内容之二,以北大西洋合作理事会与"和平伙伴关系计划"推动东扩。(1) 北大西洋合作理事会与"和平伙伴关系计划"为北约发展伙伴关系提供了基本框架,成为欧洲安全架构的重要组成部分;伙伴国通过参加"和平伙伴关系计划"入盟北约。(2) 继续发展北大西洋合作理事会与"和平伙伴关系计划",加强欧洲交流、合作与稳定,推动伙伴国在控制武装力量方面保持民主化与透明性,加强伙伴国执行维和、人道主义行动等方面的能力,加强伙伴国的军事合作等。(3) "和平伙伴关系计划"将对所有国家开放,北大西洋合作理事会与"和平伙伴关系计划"将使新成员国与北约建立一种政治与军事合作模式。该计划将强化新成员国在防御结构、决策程序、战略规划、资源分配、军事预算、行动评估等方面的能力,推动伙伴国与北约展开军事合作。

第五,东扩内容之三,加强北约共同防御的核心功能以及其他维和职能。(1) 保持北约的核心功能,确保所有新成员国为北大西洋区域集体防御做出贡献,不仅要承担安全任务,还要分担军事预算,遵守北约规则、政策以及程序,允许北约在其境内派驻武装力量,完成增援、军演以及危机处置任务。(2) 新成员国必须参加北约统一军事结构与集体防御规划,包括在其境内建立新的防御区域与指挥机构,参加常规武装力量训练与军事演习,支持北约核态势与核政策,推动北约拥有更强大的共同行动能力,在北约内部实现情报分享。(3) 北约将推进"安全投资项目"(SIP),新成员国将分摊所有新项目,额度不超出其支付能力。(4) 北约将以"综合方法"对新成员国实施管理,妥善解决东扩带来的额外要求。

第六,东扩内容之四,对北约新成员做出定位。(1) 新成员国必须接受北约成员国都应遵守的原则、政策以及程序,包括《北大西洋公约》的基本原则、"和平伙伴关系计划"的规则。新成员国将在北约各级政治与军事机构中设置代表处与代表，分摊预算、分享情报，尊重北约关于政治与安全议题的磋商与决策程序。（2）新成员国必须尊重欧安组织的规则与程序，包括以和平方式解决纠纷，兑现实现经济自由、社会正义、环境保护、人民福祉、国家稳定等各项承诺，以民主方式管理武装力量。（3）新成员国在军事上要为共同安全与集体防御做出贡献，包括分担风险、承担责任、分享礼遇、分摊预算、相互协作、标准化建设、接受培训、与北约展开合作。（4）新成员国必须为北约的集体防御以及各项军事使命做出贡献，遵守北约的协议与公报，确保新成员国参加北约行动的有效性与可控制性；新成员国应理解北约的期待，为北约的教育与培训项目提供方便，以便加强与北约的相互协调，适应北约的安全要求与主张。

第七，东扩的方式。东扩将按照《北大西洋公约》第 10 条展开，按照可预测、透明的方式接受新成员国，避免北约新成员国资格出现不同等级。每个新成员国都将按照个案方式，依据一定顺序完成入盟仪式，入盟可以采取单个、两个或者多个成员国同时进行的方式。北约将认真考虑东扩的准确时间、顺序以及内容，向受邀国家提供必要、准确以及详细的信息，以备入盟谈判中使用。北大西洋理事会就入盟事宜做出决策，委托北约秘书长告知申请国，由北约秘书长负责与一个或多个申请国展开磋商。各申请国将按照国内法，对加入北约做出承诺。北大西洋理事会将制定吸纳新成员国的相关协议，批准并签署入盟协议。北大西洋理事会还负责向申请入盟北约的国家行使告知权和审核权，包括申请国需要满足入盟所要达到的国内标准、申请国资格审核、预算议题审核、管理议题审核等。①

由上可见，《北约东扩报告》的诸多战略思考与设计，并不是一种孤立存在，而是与北大西洋合作理事会及"和平伙伴关系计划"一脉相承，

---

① "Study on NATO Enlargement," 3 Sep. 1995, https：//www.nato.int/cps/en/natohq/official _ texts _ 24733. htm? selectedLocale = en.

紧紧相连。《北约东扩报告》继承发展了上述计划中的联合、协商以及合作思想，并将其进一步发扬光大。该报告的核心理念与前者同出一源，其最终目标就是由北约对欧洲所有政治与安全力量实施整合，建立完全由北约主导的欧洲—大西洋区域安全秩序，进而扩展北约在全世界的影响。整个东扩进程中，北约对外公开宣称，"《北约东扩报告》更有可能强调入盟的标准：即致力于保护民主价值观、人权以及国家和平共处，而并非将军事力量标准实现最大化"①。

作为冷战后北约发展历程中具有里程碑意义的一个重要文件，《北约东扩报告》集中反映了冷战后北约的政治与安全需要。该报告对未来北约扩张的目标、规则、方式、进程等都做了细致且具体的说明，大致勾勒并描绘出北约东扩的整体战略构想。正是在此基础上，北约提出了指导东扩的所谓"塑型战略"（Shaping Strategy），"塑型战略"对所有候选国提出一系列北约版入盟标准，包括民主政治、市场经济、公民社会、军队中立化、法治国家等，为渴望加入北约的候选国指明方向。

世纪之交，北约所开启的东扩进程，基本上就是按照《北约东扩报告》的设想逐步展开，而东扩进程之所以能够顺利展开、持续推进，至少从表面上得益于《北约东扩报告》的理论前瞻性以及可操作性。但是，《北约东扩报告》并不能解决东扩存在的所有问题。事实上，东扩进程顺利推进，更多的是得益于俄罗斯的默认或者退让，东扩进程后期美俄对抗持续加剧，恰恰说明了这一点，但北约对此存在歧见。"西方错过了说服俄罗斯的机会，即在一次次扩展后，北约在很多方面仍是一个新的联盟。"② 事实上，北约东扩对俄罗斯在欧洲战略空间的强力挤压，客观上已经对俄罗斯形成极度压制的政治与安全局面，这种此消彼长的不平衡局面，显然无法通过简单的说服工作解决。

---

① Zdeněk Kříž, *NATO after the End of the Cold War, a Brief History*, Brno: Muni Press, 2015, p. 25.
② Nina L. Khrushcheva, "Russia and NATO," S. Victor Papacosma, Sean Kay, Mark R. Rubin, eds., *NATO after Fifty Years*, Wilmington, D.E.: Scholarly Resources Inc., 2001, p. 234.

二 北约吸收波兰、捷克与匈牙利

自《北约东扩报告》提出后,北约及其成员国所要讨论的主题,已经从北约是否应该东扩、如何实施东扩、东扩究竟包含哪些内容,转向北约应该首先吸收哪些东欧国家入盟。因为毕竟欧洲东部与南部有10多个国家,客观上需要北约做出准确判断。毕竟北约能否成功实施首次东扩,直接关系到未来北约的东扩之路能否一帆风顺。如何使北约顺利东扩而不需付出巨大成本,已经成为北约及其成员国政界与学界普遍关注的一个中心议题。美国智库"哈德森研究所"(Hudson Institute)研究员加里·戈贝尔(Gary L. Geipel)在专题报告《北约东扩的代价》中表达了对北约东扩成本的担忧。"北约必须东扩,否则就会不光彩地死去。如果东扩背后的军事与战略理由是可靠的,我相信它确实如此,那么相比美国和欧洲盟国在下一个十年将花费的防御开支,就算以最高额度的成本估算,不论北约成员国候选国名单有无变化,均支持东扩政策制定者与立法者全力推进东扩。"① 因为相比之下,东扩的成本要低很多。

冷战结束后,欧洲东部各国纷纷走上"民主化"道路,完全按照欧美国家所指引的方向实施政治、经济、社会和军事改革。在众多中欧、东欧以及独联体国家中,首先得到北约青睐并被列为首批东扩对象的国家,是波兰、捷克②、匈牙利三国。北约之所以选择向三国实施东扩,具有历史与现实多方面的考虑。"匈牙利尽管对北约及其成员国的政策并不连贯,但在1995年北约在南斯拉夫的危机处置与维和行动中,匈牙利一直扮演了支持者的角色……特殊考虑也在北约的决策过程中得到了体现,例如,这种考虑包含了对波兰和捷克这两个国家的普遍同情,因为两国在过

---

① Gary L. Geipel, "The Cost of Enlarging NATO," *Hudson Institute Report*, 1999. 同见于 James Sperling, ed., *Two Tiers or Two Speeds? The European Security Order and the Enlargement of the European Union and NATO*, pp. 160–176.
② 1993年1月1日,捷克斯洛伐克正式分裂为捷克共和国与斯洛伐克共和国。作为一个拥有74年历史的统一国家就此一分二,成为两个主权国家。

去50年有过悲剧性历史。"①

事实上，波兰、捷克、匈牙利三国在近代历史上一直处于西方国家的势力范围内，在政治、经济、社会、文化等方面与西方国家始终保持着密切联系，只是在冷战开启后，三国中断了与西方国家的联系。从现实环境看，在前苏联加盟共和国、中欧、东欧以及南欧国家的民主化改革大潮中，波兰、捷克、匈牙利三国启动改革最早，取得了明显的成就，三国政治形势比较稳定，经济形势好于其他国家，人民生活水平相对较高，社会制度转轨比较彻底。更重要的是，三国没有出现民族矛盾、领土纠纷以及宗教纷争。在北约看来，三国政治、经济、社会以及军事状况最接近北约的入盟标准，是理想的候选国。

从战略上看，由于波兰、捷克、匈牙利三国的战略地理位置非常重要，处于北约前沿防御地带正面，如果三国入盟，可使北约的前沿防御战线向前推进650公里至750公里，这不仅能使北约在中欧地区占据绝对战略优势，还可以使其在北大西洋区域获得更大的战略缓冲空间。"对西方来说，挑战不仅是试图让俄罗斯走上全面改革的道路，还包括持续支持俄罗斯邻国保持独立与稳定……中欧正变得愈加稳定，北约吸收波兰、匈牙利与捷克，就是这种令人可喜的发展成就中的一个内容。"② 从三国与北约的关系看，三国最早加入北大西洋合作理事会和"和平伙伴关系计划"，参加了北约主导的各种政治与安全行动，并且展示了对北大西洋区域集体安全做贡献的意愿和能力。此外，三国最早向北约提出入盟申请，是首批12个向北约提出入盟申请的国家③，这些都充分显示了三国要求加入北约的决心。《北约东扩报告》虽声称不会对申请国分出等级，但就东扩实践而言，北约实际上还是在东扩进程中做出顺序区分。

---

① Thomas S. Szayna, *NATO Enlargement, 2000 – 2015, Determinants and Implications for Defense Planning and Shaping*, pp. 18 – 19.
② Thomas S. Szayna, *NATO Enlargement, 2000 – 2015, Determinants and Implications for Defense Planning and Shaping*, p. 3.
③ 1995年，波兰、捷克、匈牙利、罗马尼亚、斯洛文尼亚、斯洛伐克、保加利亚、阿尔巴尼亚、马其顿、波罗的海三国共12个国家向北约递交入盟申请书，成为首批申请入盟北约的国家。

事实上，自《北约东扩报告》出台不久，北约就开始与波兰、捷克、匈牙利三国展开非正式接触，商谈三国入盟北约的一些具体要求。例如，北约要求三国实施全方位政治、军事以及安全体制改革，进一步完善其制度设计，以便与北约实现无缝衔接。不仅如此，三国还参照北约武装力量模式，建立由文职国防部长领导的国家防御领导体制，其武装力量编制也变成军、旅两级，军队实现职业化，武器装备由苏制向西方制式转变。另外，北约的军事作战原则与技术标准，亦被推广和运用于三国军队编成、军事演习、军事训练等。三国在实施全面政治与军事改革的进程中，一直与北约保持密切联系，"三个中欧国家一直在北约框架内保持定期的防务磋商"①。

1997年7月，北约各成员国召开马德里峰会。在此次峰会中，北约正式邀请波兰、捷克、匈牙利三国领导人参会，与各成员国正式展开入盟谈判。因为三国与北约此前多有接触，已经就入盟所涉及的许多问题反复协商，时间长达两年之久。因此，马德里谈判进展顺利，很快确立了三国入盟的基本原则。

马德里峰会后，三国与北约还就三国入盟后可能遇到的许多细节问题展开讨论。例如，三国入盟北约后的防务开支负担、军事资源分配、北约武装力量入驻、北约武器装备配置等。在北约的指导下，波兰、捷克、匈牙利三国还对其信息设备、通信手段、交通运输等技术标准实施改造，同时对其基础设施、硬件设备、整体环境等进行改造，以便双方能够更好地展开合作。由此可见，北约之所以如此重视三国入盟，根本原因就在于，三国入盟北约属于北约首次东扩，堪称北约东扩战略及其实践的一面旗帜和标杆，对以后中欧、东欧国家入盟北约具有重大指向和示范作用，北约必须保证首次东扩取得成功。

1997年12月，北约防务计划委员会在布鲁塞尔召开会议，讨论东扩涉及的政治与军事问题，特别是经费支出以及东扩对北约及其成员

---

① F. Stephen Larrabee, *NATO's Eastern Agenda in a New Strategic Era*, Santa Monica, C. A.: Rand, 2003, p. 37.

北大西洋公约组织

国的影响。北约强调,当务之急是开通北约最高军事指挥机构与三国指挥机构之间的通信联系,以便北约能够及时、准确地向其下达军事指令,交流情报信息。相对而言,三国军事体制改造以及武器装备更新,均可缓步进行。北约认为,在三国与北约最高军事指挥机构之间,需要尽快建立完整的通信网络系统、防空指挥系统、情报信息交流系统以及交通运输系统,这需要三国投入大量资金。"北约最初对三国入盟所需的费用展开评估,用于此项支出的公共基金,预计在十年中要投入15亿美元。"① 上述费用以及相关设施此后的维护与保养费用,均要由三国承担,北约仅提供技术支持和少量经费。另外,布鲁塞尔会议还决定,鉴于三国在政治、经济和军事体制上的改革已取得巨大收效,已达到北约的标准,三国已具备入盟北约的条件。防务计划委员会决定结束入盟谈判,向北大西洋理事会提出申请,批准三国入盟北约的草案文本。

布鲁塞尔会议后,北约并未停止三国入盟的准备工作,而是继续推进东扩政策与实践。一方面,北约对其东扩政策实施调整与强化,不断增加实用性、灵活性以及有效性,不断提高东扩的政治与军事高度,使东扩与北约战略转型、欧洲安全架构建设、欧洲—大西洋区域安全秩序构建等紧密相连。另一方面,北约继续加强推动三国入盟的工作力度,敦促波兰、捷克、匈牙利三国体制改革,以便与北约的相关制度接轨;对三国在短期内无力完成的事项,北约或予以默认或提供帮助。例如,北约向三国捐赠武器,帮助三国改造其军工生产系统,甚至让三国直接购买北约的武器装备,缩短其武器装备标准化进程等。"捷克支持改变,目标是提升北约成员国武装力量的机动能力与远征能力……匈牙利需要数量不断增多的、由许多成员国共同资助的北约项目,这些项目也包括北约快速反应部队……波兰支持北约在行动中不断增加共同资助……"②

---

① "Final Communiqué," 2 Dec. 1997, https://www.nato.int/cps/en/natohq/official_texts_25442.htm?selectedLocale=en.

② Beata Górka-Winter and Marek Madej, eds., *NATO Member States and the New Strategic Concept: An Overview*, p. 29, p. 58, p. 82.

第六章　北约的伙伴关系、东扩以及联盟全球化　North Atlantic Treaty Organization

在北约的敦促下，波兰、捷克、匈牙利三国陆续完成本国立法程序，政府提出的入盟提案在议会获得通过。1999年3月12日，波兰、捷克、匈牙利三国外长齐聚美国密苏里州独立城，正式签署《北大西洋公约》。至此，波兰、捷克、匈牙利三国完成入盟北约的签约仪式，成为冷战后北约首批接纳的新成员国。3月16日，北大西洋理事会与各方代表在北约总部举行升旗仪式，欢迎三国入盟北约。北约秘书长索拉纳宣布，波兰、捷克、匈牙利正式成为北约成员国。

1999年4月4日，北约及其各成员国领导人，波兰、捷克与匈牙利三国领导人，欧洲—大西洋伙伴关系理事会各成员国领导人，在华盛顿召开峰会，庆祝北约成立50周年。在《华盛顿峰会宣言》中，围绕未来北约东扩方向，北约明确提出，波兰、捷克、匈牙利三国入盟北约，不是东扩的结束，北约不会拒绝任何国家的入盟申请，欢迎愿意入盟北约的国家继续提出申请。北约将推动申请国在"和平伙伴关系计划"与欧洲—大西洋伙伴关系理事会中继续发挥作用，承担北约领导的各种安全使命与行动，为欧洲—大西洋区域安全秩序建设做出贡献。"北约将与其他国家暨组织共同推进欧洲—大西洋区域安全、繁荣与民主，捷克、匈牙利与波兰这三个新成员国的出现，充分表明我们已经克服了欧洲分裂。"①

波兰、捷克、匈牙利三国入盟北约，对东扩战略及其实践具有重大意义，首次东扩既是对《北约东扩报告》的一次全面验证，也是对冷战后北约东扩战略的一次大检验。三国入盟为此后北约东扩提供了一种政治范式或发展思路，其成功之处就在于，东扩可以将北约的政治、军事与安全目标有效地融合在一起。对北约来说，东扩实际上已成为北约有效整合欧洲政治与安全力量、积极建构欧洲—大西洋区域安全秩序的一条捷径。即"从提高区域安全以及推进中欧、南欧前共产主义国家民主的角度看，北约的东扩进程已经取得预期效果"②。

---

① "An Alliance for the 21st Century," https：//www.nato.int/cps/en/natohq/official_texts_27440.htm?selectedLocale=en.
② Thomas S. Szayna, *NATO Enlargement, 2000 – 2015, Determinants and Implications for Defense Planning and Shaping*, p. 20.

北大西洋公约组织

但是，三国入盟北约也存在许多问题，这些问题比较集中地表现为北约东扩中的单边主义倾向。从表面上看，东扩既关系到申请入盟北约的国家，也关系到北约及其成员国，但东扩实际上属于单边政治行为。由于新成员国大多国小力微，即使像波兰、捷克、匈牙利这样规模相对较大的国家，也只能按照北约的意旨行事，更遑论其他中欧和东欧小国。无论在北约内部，还是在欧洲—大西洋区域安全秩序建构中，申请入盟北约的国家只能处于从属和边缘地位，唯北约意志是从，这种现象在三国入盟北约之初就初露端倪，并且贯穿东扩全程。"北约的门户开放政策既得到美国支持，也得到欧洲国家支持；美国不同意北约在更宽泛的范围内实施东扩，其这样做的目的在于找到某种平衡。而在欧洲国家中，法国则扮演了主要角色。"①

对北约而言，三国入盟北约在发挥正向作用的同时，也产生反向作用。这主要表现在，北约通过东扩，虽得以大规模扩展其势力范围，对欧洲安全架构实现了某种整合，但也打破了旧的欧洲安全平衡，使欧洲安全格局出现新的矛盾与冲突。随着北约东扩不断深化，围绕欧洲安全秩序所产生的矛盾与对抗亦愈加激烈，北约与俄罗斯的对抗就是这种矛盾最明显的表现，这种矛盾同样贯穿了东扩全程，北约始终无法自解。

三 北约吸收波罗的海三国、斯洛伐克、斯洛文尼亚、罗马尼亚、保加利亚

诚如上文所言，波兰、捷克、匈牙利三国入盟北约，无论是在北约内部，还是在欧洲各国，都引起强烈反响。对北约来说，首次成功实施东扩，为北约大规模推进东扩战略增强了信心，使北约能够放开手脚大力推进东扩。虽然首次东扩产生了许多问题，且一直未能得到妥善解决，但这些问题大都被隐藏在胜利的光环下，难以发现。"几个盟国政府相信，北约东扩在总体上步子迈得太快；为将来考虑计，他们希望首先考虑如何解决一系列问题。这些政府倾向于认为，在接受新成员国之

---

① Zdeněk Kříž, *NATO after the End of the Cold War, a Brief History*, p. 27.

第六章 北约的伙伴关系、东扩以及联盟全球化

前,首先要解决这些问题,例如,平息塞尔维亚的民族主义情绪,全面改善北约与俄罗斯关系,解决广泛的能源安全问题。"① 对中欧、东欧其他国家来说,尤其是剩余9个要求入盟北约的申请国来说,北约成功吸纳三国,鼓舞了其士气,提振了其信心,使其全力向北约靠拢,以便尽快获得认可。

在华盛顿峰会完成波兰、捷克、匈牙利三国入盟北约的仪式后,北约迅即开始考虑实施第二轮东扩。北约再次将东扩目标锁定为波罗的海三国、罗马尼亚、斯洛文尼亚、斯洛伐克、保加利亚、阿尔巴尼亚、马其顿九国。这不仅因为上述国家是首批12个向北约递交申请的国家,还缘于上述国家在欧洲的地缘战略地位仅次于波兰、捷克、匈牙利三国,在未来北约构建欧洲—大西洋区域安全秩序中可谓不可或缺。

但是,波罗的海三国、罗马尼亚、斯洛文尼亚、斯洛伐克、保加利亚、阿尔巴尼亚、马其顿九国的整体经济形势不容乐观,政治不稳定,各种社会与民族矛盾较多,距北约的入盟标准较远。1999年4月23～25日,在华盛顿峰会结束主要议程后,北约特别制订了一项旨在加快北约东扩步伐的"成员国行动计划",以便推动波罗的海三国、罗马尼亚、斯洛文尼亚、斯洛伐克、保加利亚、阿尔巴尼亚、马其顿九国尽早达到入盟北约的标准。北约的意图非常明确,就是既要考虑东扩的规模效应,也要确保东扩能够高质高效,北约将力争做好候选国入盟前的各项准备工作,确保新成员不会拖累北约,成为某种政治与安全负担。"今天,我们承认并且欢迎罗马尼亚与斯洛文尼亚持续付出的努力与成就,也承认并且欢迎爱沙尼亚、拉脱维亚、立陶宛持续付出的努力与成就。在马德里峰会后,我们注意并且欢迎保加利亚所取得的进展,我们也注意并且欢迎斯洛伐克最近取得的积极进展。"②

---

① Vincent Morelli, Carl Ek, Paul Belkin, Steven Woehrel, Jim Nichol, "NATO Enlargement: Albania, Croatia, and Possinle Future Candidates," *CRS Report*, Oder Code RL34701, 14 Apr., 2009.
② "An Alliance for the 21st Century," 24 Apr. 1999, https://www.nato.int/cps/en/natohq/official_texts_27440.htm?selectedLocale=en.

北大西洋公约组织

"成员国行动计划"明确提出，东欧和中欧国家要想获得北约成员国资格，必须参加这一特别计划。即"在签署本议定书时，北约秘书长代表所有签约国，将通知笃定加入《北大西洋公约》的受邀国政府。为了与《北大西洋公约》第10条保持一致，受邀国在向美国政府交存入盟文书之日起，它就会成为北约一员。"① 进言之，"成员国行动计划"详细规定了候选国加入北约的要求、步骤、程序等。

首先，该计划要求每一个候选国制订一项自我达标计划，该计划所设定的自我标准以北约所设定的入盟标准为基础，如在政治、经济、社会、法律、军事、防御、国家安全、资源、新闻与信息交流等领域，实现公开化、透明化以及民主化。其次，该计划要求每一个候选国必须在政治、经济、社会、军事等领域制订年度达标计划，将其总体目标实施分解，按照年度达标计划采取行动，以此确保该计划能够得到有效执行。最后，北约协助候选国制订自我达标计划以及年度目标，同时设立审查制度和信息回馈制度，与候选国实现及时信息交流与反馈，以便使北约能够全程监督上述计划及其实施状况，检查其实际达标情况，提出整改意见。虽然"成员国行动计划"并未设定北约第二轮东扩的时间表，但对北约东扩进程设定了非常严格的评估标准与审查程序，此举在很大程度上有助于推动北约东扩有序展开。

在华盛顿峰会后，克罗地亚也提出入盟北约的申请。2001年7月初，波罗的海三国、斯洛伐克、罗马尼亚、保加利亚、克罗地亚、斯洛文尼亚、阿尔巴尼亚和马其顿十国代表在爱沙尼亚首都塔林召开会议，公开呼吁北约尽快吸纳那些申请入盟的候选国。与会各国公开提出，北约应该按照尽可能扩大稳定区域、推动欧洲安全一体化等原则，尽快实施第二轮东扩，不要过多考虑地理和历史因素。2002年3月22日，上述十国在罗马尼亚首都布加勒斯特举行首脑会议，讨论十国在入盟北约前所应采取的行动。2002年7月7日，上述十国在拉脱维亚首都里加举行首脑会议，讨

---

① David M. Ackerman, "NATO Enlargement: Senate Advice and Consent," Eduardo B. Gorman, ed., *NATO and Issue of Russia*, p. 83.

第六章 北约的伙伴关系、东扩以及联盟全球化

论加入北约与欧盟等事宜。此次峰会特别发布《里加宣言》，重申十国要求加入北约和欧盟的愿望，同时表示愿意在北约和欧盟的统一领导下，参加国际社会打击国际恐怖主义的行动。为此，十国承诺将继续推进军事和社会改革。

2002年11月，北约各成员国在布拉格召开首脑会议。在布拉格峰会上，北约正式向波罗的海三国、罗马尼亚、斯洛文尼亚、斯洛伐克、保加利亚七国发出邀请，开启七国入盟谈判。北约提出，上述七国就尊重《北大西洋公约》的基本原则和价值观做出承诺，愿意为推进北大西洋区域防御做出贡献，尤其愿意为危机区域实现稳定做出贡献，愿意参与北约领导的各种危机处置行动，这是北约启动七国入盟谈判的重要依据所在。"北约成员国以几种方式为北约的活动做出贡献，主要方式就是部署自身的武装力量，费用由本国预算支付。"① 北约提出七国入盟北约的时间表，即到2003年3月底，北约与七国力争完成入盟谈判，初步签订入盟协定。与此同时，北约还将敦促七国早日完成国内立法程序，包括各国议会对政府提案展开审核，以及国会完成相关审核与批准程序。

在布拉格峰会后，波罗的海三国、罗马尼亚、斯洛文尼亚、斯洛伐克、保加利亚七国加快入盟前的各项准备工作。一方面，七国积极参加北约主导的各项重大维和行动以及反恐行动。例如"9·11"事件爆发后，参加北约在欧洲启动的反恐应急行动，参加北约主导的阿富汗反恐战争，参加驻守喀布尔的国际安全援助部队，以此展示七国对北约集体安全行动的贡献，同时表达对北约集体防御原则的尊重和支持。另一方面，七国按照"成员国行动计划"的各项阶段性任务要求，在制度改革、军事机构、武装力量、武器装备、基础设施、通信网络、信息交流、社会民主化等方面加快改进工作，以便尽快达到北约所设定的目标，尽快与北约体制实现接轨。

---

① Vincent Morelli, Carl Ek, Paul Belkin, Steven Woehrel, Jim Nichol, "NATO Enlargement: Albania, Croatia, and Possible Future Candidates," *CRS Report*, Oder Code RL34701, April 14, 2009.

北大西洋公约组织

与此同时，北约也采取对应性措施，不断加强对七国入盟北约的支持力度。例如，北约直接向七国提供经济和军事援助，帮助其推进政治、经济、社会以及军事改革；北约还向七国提供武器装备，加速其武器装备标准化改革；北约直接向七国派出专家顾问，指导七国在各个领域的转型与变革。此外，北约秘书长罗伯逊勋爵还应七国邀请，对其展开巡回访问，以发表公开演说与报告、与各国政要座谈等多种方式，表达北约对七国入盟的支持态度，以此增强七国入盟北约的信心。不仅如此，北约还支持七国设立"大西洋公约协会"，以便北约与七国展开协商与合作。

2003年3月26日，波罗的海三国、罗马尼亚、斯洛文尼亚、斯洛伐克、保加利亚七国驻北约大使，在布鲁塞尔北约总部代表各自国家签署入盟北约的草案文本，七国入盟北约正式进入签约与立法程序。此后，七国陆续启动了各自的国会审批程序，北约各成员国亦展开各自的国内立法程序。至此，北约第二轮东扩水到渠成，取得实质性进展。"因为有3个前苏联加盟成员国寻求加入北约，北约第二轮东扩非常敏感……波罗的海三国领导人讨论的一个共同主题是，俄罗斯不仅构成一种军事威胁，而且威胁将这些国家纳入俄罗斯的政治、经济与军事势力范围。"[①]

2004年3月29日，波罗的海三国、罗马尼亚、斯洛文尼亚、斯洛伐克、保加利亚七国总理在华盛顿美国财政部大厅举行入盟仪式。在小布什总统和北约秘书长夏侯雅伯的共同见证下，七国总理正式向美国代表鲍威尔（Colin Powell）国务卿递交各国关于加入《北大西洋公约》的文书，交由美国政府保管。4月2日，在位于布鲁塞尔的北约总部，北约也举行了迎接七国入盟北约的升旗仪式。至此，七国正式成为北约成员国。

爱沙尼亚、拉脱维亚、立陶宛、罗马尼亚、斯洛文尼亚、斯洛伐克、保加利亚七国加入北约，构成北约第二轮东扩。这也是北约在历史上规模最大的一次入盟行动，北约成员国数量由此前的19个增加到26个，对北约具有重大意义。第二轮东扩使北约前沿防御地带向前推进数百公里，其战略意义不言而喻。不仅如此，北约通过两轮东扩，使北大

---

① Zdeněk Kříž, *NATO after the End of the Cold War, a Brief History*, p. 28.

西洋安全体系几乎将绝大多数中欧、东欧国家囊括其中,北约的势力范围亦延伸至波罗的海、黑海、地中海等区域,这意味着北约完成了在冷战中可望而不可即的战略目标。无论如何,北约已经成为全球范围内规模最大、实力最强的区域安全组织。就此而言,北约第二轮东扩具有政治与安全双重含义。"北约第一轮东扩与第二轮东扩是战略性的,从这个意义上讲,新成员国的疆土处于曾经被俄罗斯视为对自身国家利益非常关键的地区。就此而言,这一地区在近代欧洲历史中的大多数时间一直处于冲突中。"①

然而,如同北约首次东扩,北约第二轮东扩同样存在许多问题。"在1997~1999年北约东扩中,捷克、匈牙利与波兰加入北约,三国似乎需要北约的安全保护。这种表面的悖论展示了东扩背后的政治塑造动机、北约的全面谨慎态度、关键成员国的偏好。这一悖论始终存在,而且因为东扩的展开方式在事实上进一步增强。"② 如果说北约首次东扩只是引起俄罗斯的不安,尚处于可接受范围,那么第二轮东扩则引起俄罗斯的强烈排斥,进而为北约与俄罗斯展开全面对抗埋下了祸根。北约第二轮东扩导致欧洲战略力量平衡被彻底打破,地缘政治阴影开始重回欧洲大陆。不仅如此,如果说首次东扩所接纳的三国具有较好的经济、社会以及军事基础,那么第二轮东扩所接纳的七国,其各项指标都远远无法和前者相比,这给北约造成一种非常尴尬的局面,即七国根本无法负担全面实施改造的费用。在首次东扩时,北约明确提出,波兰、捷克、匈牙利需要为入盟北约自行买单。而第二轮东扩涉及的国家更多,各国底子更薄,这笔费用对他们来说无异于天文数字,七国要想真正达到北约的标准可谓难上加难。就此而言,北约两轮东扩虽增加了10个新成员,但其综合实力实际上并未得到根本性强化。

---

① Vincent Morelli, Carl Ek, Paul Belkin, Steven Woehrel, Jim Nichol, "NATO Enlargement: Albania, Croatia, and Possible Future Candidates," *CRS Report*, Oder Code RL34701, April 14, 2009.
② Thomas S. Szayna, *NATO Enlargement, 2000 - 2015, Determinants and Implications for Defense Planning and Shaping*, p. 132.

四　北约吸收阿尔巴尼亚、克罗地亚

如前文所述，东扩是冷战后北约谋求发展的一个重大战略方向，经过两轮东扩，在北约及其成员国眼中，东扩获得了巨大成功。"第二轮东扩也被称为'大爆炸'（Big Bang）。"① 北约将10个中欧、东欧国家纳入北大西洋安全体系，意味着前华约成员国，除俄罗斯外，基本上都被北约吸纳入盟。不仅如此，欧安组织大部分成员也变成北约成员国。两次东扩使北约在欧洲—大西洋区域的政治与安全影响力大幅提升，使北约东扩获得了丰富的经验、成熟的模式、完整的规则。北约两度成功东扩，激发了其再度东扩的信心和勇气，使之获得了强劲的扩张惯性。

事实上，早在第二轮东扩刚刚结束时，北约就已开始准备实施第三轮东扩。北约重点关注的国家是乌克兰、阿尔巴尼亚、克罗地亚、马其顿，上述四国都对北约具有特殊意义。首先，乌克兰拥有近4500万人口，拥有苏联遗留的庞大工业生产体系，掌握着苏联大部分自然资源，包括煤炭、铁矿、稀有金属矿、森林、粮食等。北约吸纳乌克兰，将使其深入欧亚大陆腹地，将进一步强化其地缘战略优势。然而，由于受俄罗斯掣肘，同时受国内政治、经济与社会诸多因素影响，乌克兰在是否入盟北约这个问题上几经反复，导致北约不得不搁置对乌克兰入盟问题的思考。"乌克兰的地缘政治地位在于，它一方面依赖俄罗斯，另一方面又渴望摆脱俄罗斯，这导致乌克兰外交政策利益以及实际的外交政策出现某种'不确定性'。因此，'双重决定'遂成为乌克兰在这一地区的一个政策特征。"②

克罗地亚和马其顿属于前南联盟国家，均位居西巴尔干要冲，战略地位极为重要，又由于世纪之交北约曾对南联盟实施干预，对北约来说，两国具有某种特殊的政治含义，北约必欲收之而后快。然而，马其顿由于在

---

① Zdeněk Kříž, *NATO after the End of the Cold War, A Brief History*, p. 28.
② Margarita M. Balmaceda, "Ukraine, Central Europe, and Russia in a New International Environment," Margarita M. Balmaceda, ed., *On the Edge, Ukraine-Central European-Russian Security Triangle*, Budapest: Central European University Press, 2000, p. 3.

第六章 北约的伙伴关系、东扩以及联盟全球化

国名问题上和希腊产生严重分歧,希腊拒绝让北约吸纳马其顿,除非其愿意修改国名。因此,北约只能退而求其次,将第三轮东扩的对象锁定为克罗地亚和阿尔巴尼亚。但是与首批入盟北约的3个候选国相比,或者与第二轮入盟北约的7个候选国相比,克罗地亚和阿尔巴尼亚在西巴尔干地区乃至东南欧的战略地位稍逊一筹,而且两国入盟北约所带来的政治分量与安全影响也要小很多。"克罗地亚经济发展强劲,但是其一直在努力争取大多数国民对入盟北约的支持。阿尔巴尼亚则是一个穷国,它的突出问题是国家治理能力不足、军事能力弱小。"[1]

自北约酝酿东扩开始,阿尔巴尼亚就一直与北约保持密切联系。早在1995年北约推出《北约东扩报告》后,就有12个中欧与东欧国家向北约提出入盟申请,阿尔巴尼亚就身在其中。但是由于阿尔巴尼亚国小力微,极度贫困,再加之阿尔巴尼亚与塞尔维亚、波斯尼亚和黑塞哥维那始终存在比较激烈的民族矛盾,因此北约在阿尔巴尼亚入盟问题上一直犹豫不定。北约始终认为,阿尔巴尼亚并未做好入盟的准备工作,其政治、经济、社会以及军事状况均不乐观,并未达到北约的入盟标准。因此,阿尔巴尼亚最终无缘进入北约首次或第二轮东扩的候选国名单。

在华盛顿峰会中,北约为申请入盟的候选国设置"成员国行动计划",阿尔巴尼亚成为最早参加该计划的国家。在峰会公报中,北约特别强调了候选国所取得的成就。"公报提到9个候选国的名字,欢迎罗马尼亚、斯洛文尼亚、爱沙尼亚、拉脱维亚和立陶宛'付出的努力与取得的成就',保加利亚与斯洛伐克'取得的积极进展',马其顿与阿尔巴尼亚'与北约在当前危机中展开的合作'。"[2] 为了尽快被北约接纳,达到新成员国的标准,阿尔巴尼亚付出了艰辛努力。在北约的指导下,阿尔巴尼亚制订了非常严格的达标计划,完全按照"成员国行动计划"的各项安排

---

[1] Kristin Archick and Paul Gallis, "NATO and the European Union," Eduardo B. Gorman, ed., *NATO and Issue of Russia*, p. 96.

[2] Jeffrey Simon, "NATO Enlargement, Crossing the Rubicon," S. Victor Papacosma, Sean Kay, Mark R. Rubin, eds., *NATO after Fifty Years*, p. 135.

北大西洋公约组织

推进政治、经济、社会、法治以及军事改革,彻底清除苏联时代的政治、经济以及军事印记,大力打击国内犯罪与政治腐败行为等。在北约的敦促下,阿尔巴尼亚尤其着力于推动军事建设现代化,改革并更新其军事作战思想、战略观念与规划等。为此,阿尔巴尼亚定期派出各个层级的军官,积极参加北约防务学院、北约学校提供的各种教育与培训项目;接受美国陆军战争学院的"战略规划研讨班"项目,让阿尔巴尼亚高级军官熟悉美军的战略规划理念、指挥体系、规则以及程序,以便双方能够展开更好的衔接与合作。

相较于其他申请国,阿尔巴尼亚对入盟北约表现出更多热情,迫切希望获得北约的安全保护,得到北约和欧盟更多的支持和帮助。阿尔巴尼亚积极参加北约领导的各种维和行动与反恐行动,以此表示对北约"集体安全精神"的尊重和支持。例如,阿尔巴尼亚不仅参加了北约在科索沃实施的维和行动,还向伊拉克派出维和部队。"在加入北约之前,阿尔巴尼亚军队积极参加了北约在阿富汗、波斯尼亚和黑塞哥维那的行动。当前,阿尔巴尼亚在阿富汗驻扎的士兵有280名;在加入北约后,这一数字翻倍。"[①] 另外,虽然阿尔巴尼亚武装力量极为有限,但还是按北约的要求,派遣海军在公海上定期执行巡逻任务。在1997年前,阿尔巴尼亚部队按照服役分类如下:陆军30000人、海军2500人、空军6000人。1998年5月,阿尔巴尼亚国防委员会宣布,计划雇用1000名特种兵,用于维护北部边境的安全,该部队的人均收入超过国民收入平均水平3倍。[②] 另外,为了实现武器装备的现代化,阿尔巴尼亚还按照北约的要求,购置了许多现代化军事装备,包括海上巡逻艇、直升机以及高级雷达系统。阿尔巴尼亚的上述努力,对于一个年度国防预算只有约2.3亿美元的国家来说,尤其显得不容易。

---

① Beata Górka-Winter and Marek Madej, eds., *NATO Member States and the New Strategic Concept: An Overview*, p. 9.
② Christopher Bell, "NATO Enlargement: Military Capabilities and Modernization Plans of Potential Follow-on Candidates," A. M. Babkana, ed., *NATO's Role, Missions and Future*, Commack, New York: Nova Science Publishers, Inc., 1999, p. 23.

第六章 北约的伙伴关系、东扩以及联盟全球化

另外，阿尔巴尼亚还主动展开各种外交活动，在国际社会大造舆论，开展媒体宣传，积极塑造阿尔巴尼亚大力支持北约集体防御理念、积极参加北约各种集体安全行动的形象。为此，阿尔巴尼亚领导人频频出访北约各成员国，对各国展开政治游说。阿尔巴尼亚还不断邀请北约及其成员国高官访问，最大限度争取各国对阿尔巴尼亚入盟北约的理解和支持，消除一切可能存在的阻碍因素。

为实现这一目标，阿尔巴尼亚甚至不惜冒天下之大不韪，在国际事务中兵行险着。2006年5月4日，为赢得美国的好感，阿尔巴尼亚公开从美国中情局手中接手关塔那摩海军基地释放的5名"东突恐怖分子"，帮助美国解决困局。作为回报，2007年7月，美国总统小布什访问阿尔巴尼亚，对其接手"东突恐怖分子"之举表示感谢，同时明确表示支持北约接纳阿尔巴尼亚。事实上，对类似阿尔巴尼亚这种打着反恐旗号实现自身目标的做法，北约内部的批评之声始终没有停止。"北约需要更多未来研究小组，提升当下的官僚主义态度，毕竟，各成员国均不得将北约当作一个廉价的战略垃圾箱，北约无须通过背负那些资金不足、人员不足的官僚制度国家，保持东扩这一假动作，因为这些国家并不真正打算执行越来越多的任务。"[①]

与此同时，北约及其成员国也对阿尔巴尼亚提供了大量经济和军事援助，积极推动其国内改革。不仅如此，鉴于阿尔巴尼亚地势陡峭、山多林少、洪灾频发，北约及其成员国还积极参与治理洪水灾害，提供各种人道主义援助，救助灾民。另外，鉴于阿尔巴尼亚在西巴尔干地区的重要地理位置，北约还公开提出，希望在阿境内设置军事基地，并就此与阿尔巴尼亚政府持续展开磋商和谈判。

与阿尔巴尼亚不顾一切想要加入北约相比，克罗地亚在入盟北约的过程中表现得相对稳健和克制，其行动步调也更加扎实可靠。早在1994年，

[①] Julian Lindley-French, "The Case for NATO's Transformation to Meet the Terrorists' Threat," Martin Edmonds, and Oldrich Cerny, eds., *Future NATO Security*, *Addressing the Challenges of Evolving Security and Information Sharing Systems and Architectures*, p. 98.

克罗地亚就通过非正式渠道向北约表示,希望参加"和平伙伴关系计划"。政府高层明确表示,克罗地亚非常有兴趣加入该计划。"北约成为克罗地亚安全与稳定的担保人,它成为1990年代南斯拉夫战争中的交战一方。南斯拉夫解体后,某些国家的稳定变得不确定,出于这一原因,克罗地亚认为该国的近邻有可能成为威胁其安全的源头。"① 2000年5月,克罗地亚正式加入"和平伙伴关系计划",同时加入欧洲—大西洋伙伴关系理事会。另外,克罗地亚还参加了"和平伙伴关系计划规划与审查程序"(PfP Planning and Review Process,PfP-PARP)。2001年,克罗地亚加入北约"单个和平伙伴关系计划"等。克罗地亚的态度非常明确,就是通过不断参加北约的各种计划与行动,拉近彼此距离,不断向北约靠拢,最终加入北约。

2002年5月14日,北大西洋理事会在冰岛雷克雅未克召开会议。各成员国外长态度非常明确,一致同意克罗地亚参加"成员国行动计划"。在正式加入"成员国行动计划"后,克罗地亚在该计划框架下制订了"年度国家计划",逐年推动政治、经济、社会与军事改革。不仅如此,克罗地亚还在防御领域积极推动改革,例如通过"和平伙伴关系计划规划与审查程序",提升军事行动能力,推动军事现代化。另外,克罗地亚还大量购置现代化武器装备,参加北约领导的各种维和行动,参与北约的区域危机处置行动与反恐行动。在科索沃和阿富汗的军事行动中,克罗地亚均积极投身其中,以此显示其在西巴尔干地区的地缘战略价值。"北约需要为西巴尔干地区发展一种共存战略,即在对可能成为北约成员国的国家实施门户开放政策的同时,为其实施改革提供某种激励。"②

2003年,克罗地亚派出武装力量,参加北约驻阿富汗的国际安全援助部队,以此显示对北约反恐战争的支持。2005年8月,克罗地亚与其他两个参加"成员国行动计划"的国家,共同组成一支联合医疗队,参

---

① Beata Górka-Winter and Marek Madej, eds., *NATO Member States and the New Strategic Concept: An Overview*, p. 25.
② F. Stephen Larrabee, *NATO's Eastern Agenda in a New Strategic Era*, p. 50.

第六章　北约的伙伴关系、东扩以及联盟全球化　　**N**orth Atlantic Treaty Organization

加北约在阿富汗的战地行动，对国际安全援助部队提供医疗救助。不仅如此，克罗地亚还在这一时期参加了"和平伙伴关系计划"所设立的各种活动，包括"民事紧急情况规划与救助演习""2003年合作接触行动""灾害处置研讨班""危机处置演习""沿岸战争研讨班""东南欧灾害处置训练项目"等。另外，克罗地亚还积极配合"前南法庭"，参与追捕所谓前南战犯。通过上述合作项目以及各种演习，克罗地亚展示了力争加入北约的决心，显示了对北约领导的集体安全行动的信心与热情，更显示了其在西巴尔干地区的地缘战略价值。

2006年5月，在北约支持下，克罗地亚作为东道主，主持召开欧洲—大西洋伙伴关系理事会政策顾问小组（Euro-Atlantic Policy Advisory Group of the EAPC）会议，共同探讨欧洲—大西洋伙伴关系理事会在未来的发展方向与工作重点。2007年5月，克罗地亚主持了名为"伊达撒2007年项目"（IDASSA 2007）的北约灾害反应演习。与此同时，克罗地亚还主持了"高贵的弥达斯，2007"（Noble Midas 2007）北约海上军事演习。此次军演从2007年9月到10月中旬，为期一个半月。北约将该项目完全交由克罗地亚主持，足见对克罗地亚充分信任，反映了对克罗地亚作为北约候选国的充分认可。

2008年4月，北约各成员国召开布加勒斯特峰会。在此次峰会上，北约正式向阿尔巴尼亚与克罗地亚发出邀请，邀其与北约共同就入盟北约的具体事宜展开谈判。至此，阿尔巴尼亚与克罗地亚为入盟北约而付出的艰苦努力，最终获得北约及其成员国一致认可。2008年7月9日，阿尔巴尼亚、克罗地亚正式签署加入《北大西洋公约》的草案文本。此后，两国分别启动国内立法程序，争取国会对条约草案的审核与批准。最终，两国国会都毫无悬念批准了政府关于入盟北约的提案。根据入盟程序，阿尔巴尼亚和克罗地亚两国驻美大使分别将经过国会批准的加入《北大西洋公约》的文件存放在美国国务院，由美国统一保存。

2009年4月1日，北约各成员国在斯特拉斯堡—凯尔召开峰会。在此次峰会上，阿尔巴尼亚和克罗地亚宣布加入北约，正式成为北约成员国。4月7日，北约在布鲁塞尔总部举行接受阿尔巴尼亚与克罗地亚入盟的欢迎仪式，阿尔巴尼亚总理萨利·贝里沙（Sali Berisha）和克罗地亚总理伊沃·萨纳德（Ivo Sanader）参加了仪式。在北约秘书长夏侯雅伯的见证下，北约举行升旗仪式，欢迎两国正式成为北约成员国。

作为北约第三轮东扩所选择的对象，阿尔巴尼亚和克罗地亚入盟北约，在一定程度上加强了北约在西巴尔干地区的存在和影响。无论是整体规模和新增成员国数量，还是势力范围和综合力量，北约第三轮东扩的结果都远远赶不上前两轮东扩。换句话说，北约第三轮东扩只能算是对前两轮东扩的补充。如前文所述，北约第三轮东扩的结果，实际上与北约最初的设计相去甚远。事实上，北约及其成员国已经意识到，一味追求扩张并不足以帮助北约解决所有问题。"北约不断演进的角色必须满足不时之需，这将强化统一、稳定、繁荣的积极力量；关于北约东扩前景的争论，将取决于北约应对这些挑战的方法，取决于针对已做出政策决定所产生问题的处置方法。"①

对北约来说，第三轮东扩的政治含义实际上超过军事意义，道德含义超过战略意义。北约东扩已形成特殊的扩张惯性，这使北约为了保持政治正确，只能持续不断地推动东扩，即使一个国家的规模再小、综合国力再弱、矛盾再多，只要北约认为有益于欧洲—大西洋区域安全秩序建构，也会将其吸纳入盟。因此，北约东扩的战略目标看似有限，实则无限。然而，北约对欧洲—大西洋区域安全的担忧，以及对自身安全利益的追求，实际上无法通过持续扩大规模、增加成员国数量得到解决。阿尔巴尼亚和克罗地亚入盟北约，虽然貌似壮大了北约实力，扩大了其势力范围，但也集中显示了北约东扩存在的内在矛盾与逻辑悖理。

五　北约吸收黑山与马其顿

诚如上文所言，在首轮和第二轮东扩后，北约所中意的理想东扩目标显然已经不多，有的国家虽一直为北约所看重，而且北约也多次公开表示

---

① Geoffrey Lee Williams and Barkley Jared Jones, *NATO and the Transatlantic Alliance in the 21st Century: The Twenty-Year Crisis*, New York: Palgrave, 2001, p. 86.

第六章 北约的伙伴关系、东扩以及联盟全球化

吸纳入盟之意,如乌克兰、格鲁吉亚等,但由于受俄罗斯的掣肘以及两国国内政治因素的制约,北约暂时无法将其纳入北大西洋安全体系。有的国家虽然也受到北约关注,但因为涉及民族矛盾与国家疆土纠纷,北约也无法如愿将其吸纳;如马其顿、波斯尼亚和黑塞哥维那等国。最终,北约只能退而求其次,选择最便于实施东扩的西巴尔干国家。

事实上,在北约首轮和第二轮东扩后,北约的东扩之势就已经出现弱化迹象,甚至出现某种回流。"北约需要深刻地自我反省,'自由空间'(Free House)在评估中提出了关于民主的 25 项指标,北约成员国在过去十年的下行趋势非常明显。特别是在中欧。这并不是媒体、司法机构、国家民主机构的运行都出现挫折的唯一地区。"① 不仅如此,受俄罗斯的掣肘,北约已经无法随心所欲地选择东扩对象、方式、时间以及场合,毫无顾忌地推进东扩进程。北约既要保持东扩的惯性,继续推进东扩,又要绕开俄罗斯设置的种种障碍,以免与俄罗斯直接发生军事碰撞。第三轮东扩正是如此,北约不得不吸纳阿尔巴尼亚和克罗地亚,第四轮东扩更是如此,北约不得不将其候选对象锁定黑山。为此,北约内部再次围绕东扩发生激烈争论,许多人认为,"北约正在将那些没有受到威胁的国家纳入联盟,但让那些最需要安全的国家自食其力"②。

黑山是西巴尔干半岛的一个山区国家,是南联盟分裂出的各个独立国家中最小的一个。③ 黑山国土面积狭小,约为13800平方公里,只有63万人左右,该国经济落后,资源匮乏,在西巴尔干地区的影响力极为有限。就军事而言,黑山的全部武装力量不足2000人,只有1辆坦克,而且还是苏联时期的产品,其国防力量几乎可以忽略不计。因此,北约选择黑山作为东扩候选对象,很难说有多大的战略意义,也没有任何军事意义。北

---

① Ambassador Douglas Lute and Ambassador Nicholas Burns, "NATO at Seventy, an Alliance in Crisis," p. 19.
② Paul E. Gallis, "NATO Enlargement," *CRS Report for Congress*, Oder Code RS1055, March 11, 2002.
③ 2003 年 2 月,南斯拉夫联邦解体,塞尔维亚和黑山两国组成松散联盟。2006 年 6 月 3 日,黑山正式宣布独立。

北大西洋公约组织

约此举不过是要持续保持其在东扩中坚守的政治观念、价值观以及意识形态追求,确保在冷战后欧洲—大西洋区域安全建构中的政治正确。对北约来说,东扩既具有现实意义,也具有象征意义。"北约在西巴尔干地区的未来角色,主要涉及将剩下的国家并入北约。"[①]

2006年11月,北约各成员国召开里加峰会。在此次峰会中,北约成员国一致同意,北约向能够满足某些条件、积极参与"成员国行动计划"的国家发出邀请。换句话说,就是放宽"成员国行动计划"参与国标准,以便使更多国家有机会参加该计划。很明显,北约已经认识到东扩存在的各种问题,有意识降低了入盟条件,为东扩战略顺利实施开辟道路。北约在峰会中正式向黑山发出邀请,邀其加入"和平伙伴关系计划"。此举表明,北约已经将黑山列为重点候选国,着力要求黑山做好未来加入北约的各项准备工作。12月,黑山正式参加"和平伙伴关系计划"。

2008年4月,北约各成员国在布加勒斯特召开峰会。在布加勒斯特峰会上,北约一方面宣告阿尔巴尼亚、克罗地亚正式入盟,同时提出只要马其顿与希腊解决国名纠纷问题,就可加入北约,北约特别还提出格鲁吉亚与乌克兰在未来加入北约的问题。另一方面,北约向黑山、波斯尼亚和黑塞哥维那发出邀请,要求两国与北约就其申请加入北约的意愿展开对话。2009年12月,北约各成员国外长召开会议,正式邀请黑山参加"成员国行动计划",黑山由此成为"成员国行动计划"的正式参与者。

黑山参加"成员国行动计划"后,为了能够早日加入北约,开始制订自我达标计划,同时制订"年度国家计划",以确保能够逐项实现阶段性目标。为此,黑山大规模实施政治、经济、社会以及军事改革,尤其对司法制度实施全面改革,以实现北约提出的建立法治社会的目标。与此同时,黑山积极参加北约领导的各项维和行动与反恐行动,为北约集体安全做出贡献。例如,2010年2月,黑山参加北约在阿富汗的国际安全援助部队,虽然黑山军事人员数量极少,无助于从根本上改变北约主导的反恐

---

① Niall Mulchinock, *NATO and the Western Balkans, from Neutral Spectator to Proactive Peacemaker*, London: Palgrave, 2017, p. 240.

大局，但是显示了黑山对北约集体安全行动的支持。

与此同时，黑山也展开一系列外交活动，争取北约及其成员国对黑山入盟的支持。2011 年 6 月，北约秘书长拉斯穆森应邀访问黑山布德瓦。在《美国—亚得里亚海宪章》（US-Adriatic Charter）[①] 年度会议上，拉斯穆森做了题为"北约与西巴尔干"（NATO and the Western Balkans）的主题演讲，对黑山改革取得的成绩表示赞赏，同时表达了希望黑山早日加入北约的积极态度。"西巴尔干地区已取得重大进展，但这个地区并未充分发挥其潜力，只有当这一地区的国家实现稳定与安全时，我们对整个欧洲关于自由与和平的设想才能实现……黑山树立了一个良好典范，它是'成员国行动计划'的全面参与者，它在短时间内更加近距离地靠近欧洲—大西洋共同体……"[②]

2012 年 3 月，黑山总理伊戈尔·卢克希奇（Igor Lukšić）出访北约总部，在北大西洋理事会发表演讲，介绍黑山改革取得的成就，获得北约领导人的充分肯定。6 月，黑山外交部长米兰·罗钦（Milan Roćen）和国防部长米丽卡·佩加诺维奇－杜力赛克（Milica Pejanović-Durišić）访问北约总部，向北大西洋理事会介绍"成员国行动计划"在黑山取得的进展，受到北约领导人的高度认可。2013 年 3 月，黑山总理米洛·久卡诺维奇（Milo Dukanović）访问北约总部，与北约秘书长会晤。10 月，黑山总统菲利普·武亚诺维奇（Filip Vujanović）造访北约总部，与北约秘书长就黑山改革进程、黑山与北约的合作展开讨论。2014 年 5 月，北约秘书长拉斯穆森再度访问黑山首都波德戈里察，就北约与黑山合作展开进一步讨论等。

通过频繁的外交互访，黑山的国内改革成就获得北约及其成员国充分认可，黑山对北约领导的维和行动与反恐行动所做的贡献，得到北约认

[①] 2003 年，阿尔巴尼亚、克罗地亚、马其顿 3 国与美国共同订立《美国—亚得里亚海宪章》。该宪章提出，签约国展开军事以及其他方面的合作，共同推动亚得里亚海和平。之后，黑山与波斯尼亚和黑塞哥维那也加入该宪章。

[②] "NATO and the Western Balkans," 29 Jun. 2011, https://www.nato.int/cps/en/natohq/opinions_75860.htm.

可。与此同时，黑山的国内改革政策以及行动，也得到北约的充分肯定，双方关系进一步拉近。2014年6月，北大西洋理事会召开各成员国外长会议，各国一致表示，在解决黑山入盟北约所涉及的一些具体问题后，原则上同意黑山加入北约，这些问题主要集中于黑山的司法体制改革。稍后，北约秘书长拉斯穆森公开对外界表示，北约将与黑山展开更细致和具体的谈判，谈判将在2015年底结束，北约届时将决定是否接受黑山入盟。

2014年9月，北约各成员国召开威尔士峰会。威尔士峰会明确提出，只要黑山解决了阻碍其加入北约的具体问题，就邀请黑山加入北约。"我们欢迎黑山在改革中所取得的成就，欢迎黑山在西巴尔干地区的建设性角色，欢迎黑山对国际安全做出贡献，包括北约在阿富汗事务中的贡献。我们注意到，最近黑山在争取北约成员国资格方面取得的进展，北约同意与黑山展开密切和有重点的谈话，同意外长们对黑山2015年底前取得的进展展开评估，以此决定是否赋予其北约成员国资格。"① 12月，北约各成员国外长在布鲁塞尔召开会议，决定邀请黑山与北约就其入盟问题展开正式谈判。与此同时，北约继续鼓励黑山进一步推进司法体制改革，使之符合民主社会与公民社会的要求。2016年2月，黑山代表与北大西洋理事会国际秘书处就入盟北约所涉及的具体细节与程序展开谈判。

2016年5月19日，北约各成员国外长正式签署黑山入盟北约的草案文本，黑山入盟北约由此进入立法批准程序。该协议签署后，北约赋予黑山以准成员国地位。即黑山可以"观察国"身份出席北约内部各种层级会议。一旦该协议在未来18个月内得到北约其他28个成员国全部核准，黑山自然而然会成为北约正式成员国。

2016年7月，北约各成员国在华沙召开峰会。在此次峰会中，北约特别强调，保持西巴尔干地区和平与稳定非常重要，北约将继续向西巴尔干地区提供支持与援助。同时，西巴尔干地区应继续深化国内改革，建设睦邻关系，贯彻执行民主与法治价值理念，为欧洲—大西洋区域安全秩序

---

① "Wales Summit Declaration," 5 Sep. 2014, https://www.nato.int/cps/en/natohq/official_texts_112964.htm?selectedLocale=en.

建设做出贡献。黑山与北约签署的协议必然会得到北约各成员国批准,黑山的民主化改革也会进一步推进。

2017年3月29日,黑山政府特别做出决定,计划不通过公投,而是通过国会表决方式,最终入盟北约。因为在此之前,"黑山加入北约的主要问题关系到公众意见,公众显示出不同意黑山入盟北约的意见。2010年,据民主和人权中心(Centre for Democracy and Human Rights)统计,32.6%的黑山人支持加入北约,39.7%的黑山人持反对意见,27.6%的黑山人没意见"①。毫无悬念,黑山国会最终通过了政府草签的协议,黑山正式获准加入北约。6月5日,在北约秘书长斯托尔滕贝格的见证下,美国副国务卿托马斯·香农(Thomas A. Shannon)在华盛顿主持仪式,欢迎黑山加入北约。黑山外交部长斯尔简·达尔马诺维奇(Srdjan Darmanovic),代表黑山向托马斯·香农转交黑山加入北约的文件,交由美国政府保存。至此,黑山正式成为北约成员国。6月7日,北约总部举行欢迎黑山入盟的升旗仪式,庆祝黑山成为北约第29个成员国。

吸收黑山入盟,对北约的军事与战略意义很小,但是政治意义巨大。北约借此向世人昭示其政治态度:其一,北约不会因为俄罗斯的强烈反对而停止东扩,东扩已变成北约的核心政治与安全利益,北约不会轻易让步或者退缩;其二,北约不会嫌贫爱富,因为黑山国小力微而将黑山弃之敝屣,北约对所有东扩候选国一视同仁;其三,北约将会继续向"和平伙伴关系计划"、欧洲—大西洋伙伴关系理事会以及"成员国行动计划"等成员敞开大门,欢迎这些国家入盟北约,只要达到北约标准,未来都有可能成为北约成员国。

不容否认,黑山入盟北约,必然会引起俄罗斯强烈反弹。因为毕竟黑山是前南联盟的核心国家之一,对俄罗斯来说,黑山具有特殊的政治含义。黑山入盟北约,意味着俄罗斯不得不再次接受东扩的苦果。就在黑山

---

① Hellenic Centre for European Studies Athens, Working Group, *Transforming the Balkans Official Reports*, *NATO and the Western Balkans: New Strategic Concept, Old Challenges*, Athens, 17 Nov. 2010. 转引自 Niall Mulchinock, *NATO and the Western Balkans, from Neutral Spectator to Proactive Peacemaker*, p. 241。

北大西洋公约组织

入盟北约后不久,俄罗斯宣布向与黑山毗邻的塞尔维亚提供军事援助,向其无偿提供6架米格-29战斗机、30辆T-72坦克、30辆BRDM-2型装甲车等武器装备,以此显示对北约吸纳黑山的强烈不满,对其予以军事威慑。可以预料,随着东扩步步推进,北约与俄罗斯实际上已处于短兵相接状态,双方的政治、经济、安全以及军事博弈将会进一步加剧。

尽管东扩持续引起各种问题,但在北约眼中,东扩始终是积极的、正向的。"北约东扩始终产生了一种主导性的积极效果,它帮助中欧和东欧国家与西方机构建立了联系,它为这些国家的民主转型添加了一种额外的刺激。"① 很明显,按照这一思路,未来北约仍将继续推进东扩。东扩已经成为北约存在的一种标志,成为北约谋求构建欧洲—大西洋区域安全秩序的一种重要手段。事实上,东扩也明显成为中欧、南欧以及东南欧国家最重要的一种战略选择,靠拢北约成为一种普遍的发展方向。"如果防御被确定为一种私人产品,或者成为特权群体掌握的一种产品,那就无须从中获取利益。在这种环境下,'搭便车'这一风气就会由于害怕被排除出这个私人产品集团而受到制衡。由于害怕得不到集体防御的好处,东欧国家愿意承担加入北约的费用。"② 因此,北约东扩势必会永久性地改变整个欧洲的战略版图与地缘政治规则。

几乎与黑山争取加入北约同时,马其顿也在国际舞台上展开积极活动,为获得成员国资格营造有利的氛围。为此,马其顿与希腊展开政治、法律以及宣传斗争,甚至于2008年向海牙国际法庭(International Court of Justice)提出诉讼,控告希腊蓄意阻碍马其顿入盟北约的恶意行为。此外,马其顿通过参加北约各种行动积极向北约靠拢。而北约亦在希腊与马其顿之间展开协调与对话,全力消弭两国之间的矛盾与分歧。"北约的行动以及相关外交非常成功,在新世纪头十年改善了马其顿的处境。"③

---

① Zdeněk Kříž, *NATO after the End of the Cold War*, a Brief History, p. 31.
② Peter Kent Forster and Stephen J. Cimbala, *The US, NATO and Military Burden-Sharing*, London and New York: Routledge, 2005, p. 11.
③ Niall Mulchinock, *NATO and the Western Balkans, from Neutral Spectator to Proactive Peacemaker*, p. 238.

第六章 北约的伙伴关系、东扩以及联盟全球化　North Atlantic Treaty Organization

2018年6月,马其顿与希腊经过多次谈判、协商,双方最终达成一致,马其顿同意更改国名。2019年1月,马其顿修改宪法,更改国名为"北马其顿共和国",由此扫清了横亘于两国中间的关于马其顿入盟北约的最终障碍。2019年2月6日,北约29个成员国代表在北约布鲁塞尔总部签署协议,批准北马其顿加入北约的议定书。该议定书正式交付各成员国议会审议批准,一俟程序完成,北马其顿随即成为北约第30个成员国。由此,北约东扩又下一城,进一步拓展了其在西巴尔干地区的影响力。

总之,尽管东扩的军事意义已经减退,但这没有阻碍北约继续东扩。按照北约早前推出的"塑型战略",东扩作为北约在后冷战时期的一种主要战略安排,不仅兼具在政治、经济、文化以及意识形态上同化和融合新成员国的功能,还肩负着塑造欧洲—大西洋区域安全秩序的重大责任。就此而言,北约东扩持续深化,事实上已经成为北约的一种存在与发展方式。

第三节　北约与俄罗斯的竞争与冲突

一　从叶利钦到普京的俄罗斯—北约关系

1980年代末,苏联由于改革失败而分崩离析。1991年12月8日,俄罗斯总统叶利钦(Boris Yeltsin)、乌克兰总统克拉夫丘克(Leonid Kravchuk)、白俄罗斯总统舒什克维奇(Stanislau Shushkevich)共同签署《独联体协议》。12月25日,苏联宣布解体,俄罗斯、乌克兰、白俄罗斯等国均成为独立主权国家。在叶利钦的主导下,俄罗斯走上全盘西化道路,在政治上推行代议制民主政治,以多党制代替一党制,以总统制代替苏维埃人民委员会制度,甚至一度取缔共产党。在经济领域,俄罗斯实施"休克疗法",完全按市场经济规则,建立私有制经济体制。在社会领域,俄罗斯推动法治与公民社会理念,提倡公开、透明以及开放的社会治理模式。在外交上,俄罗斯推行亲西方路线。"俄罗斯作为苏联的主要继承者,一直

471

北大西洋公约组织

与构成当代'西方'的两个核心国际组织之一发展'伙伴关系'。"①

从1990年代初开始，北约与俄罗斯的关系曾有过一段美好时光。俄罗斯不仅在政治、经济与军事等领域竭力向西方国家靠拢，而且在外交与安全上唯西方国家之命是从。"新独立的俄罗斯最初希望，以西方为参照，特别是以美国为参照，准备发展演变为一个西方式社会。"② 作为苏联最大的继承者，俄罗斯既继承了其大部分遗产，也继承了其大国意志与信心。叶利钦政府的目标是，俄罗斯既要完全融入西方世界，还要重振大国雄风。俄罗斯不仅要在冷战后欧洲安全架构中发挥领导作用，还要与西方国家共同推动冷战后国际政治与安全秩序建构。就像西方学者帕尔米·阿尔托（Palmi Aalto）所言，"俄罗斯在当前国际体系中扮演一个世界大国，源于此前其超级大国地位。俄罗斯拥有全世界差不多三分之一的天然气资源、数量巨大的石油与铀矿、大规模核武库、联合国安理会常任理事国席位，并对中亚、高加索、欧洲保持区域影响。再者，俄罗斯自身大力要求国际社会承认其大国地位，而且其地位也被一些世界大国相对接受"③。

1991年12月，北约成立北大西洋合作理事会，意在欧洲—大西洋区域构建一种全新的政治与安全合作体系。该理事会一经创建，俄罗斯迅即参与其中。1992年2月，北约秘书长韦尔纳与叶利钦举行会晤。经协商，双方发表声明：北约与俄罗斯已不再互为对手，当前北约与俄罗斯应建立伙伴关系，实现全面合作。很显然，冷战结束后，俄罗斯对北约抱有美好想象，幻想在俄罗斯民主化进程中能得到北约的支持，帮助其全面融入西方世界。与之相对应，北约对俄罗斯也寄予极高期望，希望俄罗斯能完全按照北约指引的方向发展，成为一个驯服听话的合作伙伴，帮助北约重新构建北大西洋区域安全秩序。"在苏联解体的当月，北约各成员国立即邀

---

① Martin A. Smith, *Russia and NATO since 1991: From Cold War through Cold Peace to Partnership?*, London and New York: Routledge, 2006, p. 1.
② Nina L. Khrushcheva, "Russia and NATO," S. Victor Papacosma, Sean Kay, Mark R. Rubin, eds., *NATO after Fifty Years*, p. 230.
③ Zdeněk Kříž, *NATO after the End of the Cold War, a Brief History*, p. 34.

请俄罗斯参加北大西洋合作理事会,俄罗斯遂成为该委员会的初始成员国。"① 不仅如此,北约领导人甚至公开放话,要将俄罗斯纳入北约。"北约领导人已经表明其愿望,希望见证俄罗斯在未来完全获得北约成员国资格。"② 但是北约这种表态更多的是一种政治姿态或宣传,而非真正要将俄罗斯拉入北约。

1994年1月,北约制订"和平伙伴关系计划",意在强化北约与中欧、东欧国家的关系,推动双方在政治、军事以及外交等领域展开合作,为未来北约东扩铺平道路,但是俄罗斯对该计划的理解与北约不同。俄罗斯学者奥克萨那·安托纳卡(Oksana Antonenka)曾明确指出,"俄罗斯最终在1994年6月加入'和平伙伴关系计划',希望将该计划转变为中欧与东欧国家获得北约成员国资格的一种替代,而并非将其当作准备加入北约的一种机制。'和平伙伴关系计划'本身就是一种政治工具,俄罗斯实际上是要以退出伙伴关系作为威胁这种方式,提高北约东扩的成本。为此,俄罗斯甚至每次都不将其主要筹码放在发展伙伴关系上,而是放在完全撤出该计划的威胁上"③。在与北约展开多次对话后,俄罗斯与北约在1995年5月签订《双边军事合作计划》,提出要在军事领域展开密切合作。"除去澄清美国促进北约东扩的决心,北约在布鲁塞尔外长会议上要完成的另一个任务就是见证俄罗斯签署'和平伙伴关系计划'文件,在北约与俄罗斯之间建立特殊对话。"④

1995年9月,北约推出《北约东扩报告》。为了安抚俄罗斯,北约承诺不再在新成员国境内永久性部署北约武装力量,不部署各种进攻型武器装备,不设立军事基地等。尽管叶利钦政府不愿看到北约东扩,不愿丧失俄罗斯在欧洲的前沿防御地带,但为获得北约在政治和军事上的认可与支

---

① Stanley R. Sloan, *Defense of the West: NATO, the European Union and the Transatlantic Bargain*, p. 110.
② Yanan Song, *The US Commitment to NATO in the Post-Cold War Period*, London: Palgrave Macmillan, 2016, p. 232.
③ Lionel Ponsard, *Russia, NATO and Cooperation Security, Bridging the Gap*, London and New York: Routledge, 2007, p. 68.
④ Yanan Song, *The US Commitment to NATO in the Post-Cold War Period*, pp. 79–80.

持,俄罗斯对北约东扩采取默认态度,以抗议、限制等"软对抗方式",试图让北约在不损害俄罗斯安全利益的前提下展开东扩。为了打破东扩可能给俄罗斯造成的不利局面,俄罗斯还通过非正式渠道,与北约探讨未来俄罗斯入盟北约的问题,但此举遭到北约及其成员国严词拒绝。

1997年5月,为了安抚俄罗斯,北约与俄罗斯订立《北约与俄罗斯关系基础文件》。双方宣称,将在民主与合作安全基础上构建欧洲—大西洋区域和平与安全秩序,北约与俄罗斯将建立磋商与合作机制,建立互信、合作、透明的合作伙伴关系。① 1998年,俄罗斯向北约派出外交使团,以便双方能就所有重大问题及时展开磋商,北俄关系在表面上进入一个热络期。然而,由于双方缺乏真正的合作基础,北约与俄罗斯的合作关系实际上非常不稳定,始终处于起伏不定状态。1999年3月,北约不顾俄罗斯强烈反对,对其传统盟友南联盟实施军事打击,重创南联盟。为了表示强烈抗议,叶利钦宣布终止俄罗斯与北约的合作关系。

1999年12月,叶利钦辞职,普京(Vladimir Vladimirovich Putin)继任总统,俄罗斯从"叶利钦时代"跨入"普京时代"。综观叶利钦时期的北俄关系,首先是以北约在战略上主动进取为主导,以俄罗斯处于被动战略防御为辅助;其次是以北俄双方的对话与合作为主流,以竞争与对抗为支流。叶利钦政府为了赢得北约的支持,在国际事务中积极配合北约,甚至不惜压制自身的安全诉求或牺牲自我利益。"在大多数问题上,俄罗斯只是追随北约的领导。"② 然而,尽管俄罗斯做出很多牺牲,但始终未被北约完全接纳。北约一直将俄罗斯视为一个潜在的安全威胁,甚至北约设计的未来欧洲—大西洋区域安全秩序,也是以俄罗斯被彻底边缘化为前提的,这就决定了北约与俄罗斯的关系无法获得实质性发展。

普京上台后,俄罗斯开始改变外交思路,将"合作型外交"转换为"竞争型外交"。俄罗斯既强调在某些特定领域与北约展开有限合作,又

---

① "Founding Act," 27 May. 1997, https://www.nato.int/cps/en/natohq/official_texts_25468.htm?selectedLocale=en.
② Lionel Ponsard, *Russia, NATO and Cooperation Security, Bridging the Gap*, p. 62.

强调在俄罗斯核心国家利益上与北约针锋相对，寸步不让。俄罗斯既要保持对北约外交的灵活性和机动性，还要保持对北约外交的原则性与斗争性。在普京领导下，俄罗斯不再对北约一味顺服和遵从，而是因势利导，抓住北约侵犯俄罗斯安全利益的行为弱点，适机做出有力反击，对北约形成掣肘与牵制之势，影响并干扰其既定的战略部署与行动方向。

2000年12月15日，北约在俄罗斯设立北约驻莫斯科信息办公室（NATO Information Office in Moscow，NIO）。"9·11"事件爆发后，普京在第一时间向美国提出声援，明确表示愿意就国际反恐行动与北约展开合作。"尽管在'9·11'事件后，北约与俄罗斯的利益分歧仍旧存在，但双方合作迅速强化。"[1] 北约同样出于欧洲反恐斗争以及在其他领域的合作需要，对俄罗斯的反恐声明做出积极回应。以此为标志，北约与俄罗斯的关系再度回暖。与此同时，俄罗斯积极支持北约创设的合作空域倡议计划（Cooperative Airspace Initiative，CAI），同意提高空运透明度，以发现可疑空中行动，杜绝空中恐怖行动。2002年5月，北约及其成员国与俄罗斯签署宣言，决定成立北约—俄罗斯理事会，正式建立"20机制"。以此为标志，北俄双方在反恐、防止核扩散、推进军备控制等领域展开平等合作，由此形成北约与俄罗斯共同推进欧洲安全架构的新格局。

另外，北约还在莫斯科设立军事联络使团（Military Liaison Mission，MLM），以便加强双方对各自军事信息、情报以及行动的及时沟通，实现互相通报。俄罗斯不仅准许北约驻阿富汗国际安全援助部队穿越其国境运送非军事装备至阿富汗，还派出舰只参加北约主导的"积极努力行动"，配合北约在地中海海域的海上反恐行动。另外，俄罗斯还参加了北约领导的"海上盾牌行动"（Operation Ocean Shield，OOS），打击"非洲之角"的海盗行为。俄罗斯甚至还派出武装力量，参加北约在波斯尼亚和黑塞哥维

---

[1] Luca Ratti, "NATO-Russia Relations after 9/11: New Challenges, Old Issues," Ellen Hallams, Luca Ratti and Benjamin Zyla, eds., *NATO beyond 9/11, the Transformation of the Atlantic Alliance*, New York: Palgrave Macmillan, 2013, p. 266.

那、科索沃展开的维和行动。

另外，在北约—俄罗斯理事会的直接领导下，2004年12月，北约与俄罗斯设立北约—俄罗斯理事会反恐行动计划（NRC Action Plan），双方就反恐行动管控、清除简易爆炸装置、实施高透明度行动等开展合作，展开各种联合演习、定期交流以及深入协商。2005年1月，北约与俄罗斯共同启动北约—俄罗斯国防、工业、研究和技术合作项目研究报告（Study on NATO-Russia Defense Industrial and Research and Technological Cooperation）。该项目在2007年结束，目的是将北俄双方的科学与技术能力结合起来，共同对付全球威胁。2005年12月，北约与俄罗斯设立北约—俄罗斯理事会反毒品训练项目（NRC Counter-Narcotics Training Project），共同致力于培训来自阿富汗、哈萨克斯坦、乌兹别克斯坦、吉尔吉斯斯坦、塔吉克斯坦、土库曼斯坦等国的军官，鼓励他们展开区域联网活动以及其他合作行动等。

然而，接踵而至的北约第二轮东扩，再度为已然回暖的俄罗斯—北约关系蒙上一层阴影。"俄罗斯—北约关系一直受制于双方实力的考量，俄罗斯相对较弱。最终，俄罗斯虽然表示强烈抗议，但并不足以阻碍北约不断扩大成员国资格范围，将前华约成员国和前苏联成员国都纳入北约。"[①] 尤其是在2008年8月，俄罗斯与格鲁吉亚围绕阿布哈兹和南奥塞梯独立问题发生军事冲突，使北俄关系再度降至冰点。北约认定俄罗斯的行为侵犯了格鲁吉亚主权，为此宣布终止双方在所有层级的合作。与此相对应，俄罗斯亦宣布终止双方所有现行合作项目。"普京坚决反对北约赋予格鲁吉亚成员国资格，声称此举会威胁俄罗斯的安全。一些俄罗斯政治家则声称，因为美国、北约与欧盟大多数成员国支持科索沃独立，俄罗斯应当承认阿布哈兹、南奥塞梯、摩尔多瓦的德涅斯特河区域的独立地位。"[②] 一直到2009年4月，北约—俄罗斯理事会才重新恢复工作，北约与俄罗斯关系渐趋恢复。

---

① Martin A. Smith, *Russia and NATO since 1991: From Cold War through Cold Peace to Partnership?*, p. 113.
② Stuart D. Goldman, "Russian Political, Economic, and Security Issues and U. S. Interests," Eduardo B. Gorman, ed., *NATO and Issue of Russia*, p. 132.

第六章 北约的伙伴关系、东扩以及联盟全球化

2010年11月，北约各成员国召开里斯本峰会。北约公开表示，愿意与俄罗斯在欧洲反导系统问题上展开充分合作，这一呼吁得到俄罗斯的积极响应。2011年5月，北约秘书长拉斯穆森公开表示，北约与俄罗斯需要建立真正的战略伙伴关系，只有这样才能改善整个欧洲—大西洋区域的安全环境。与之相对应，俄罗斯政要也相继发表声明，表达了俄罗斯愿意与北约改善关系的意愿。北约与俄罗斯经过多年较量，对各彼此战略目标、博弈方式、政策底线都已非常清楚，双方虽仍有合作，但竞争与对抗走向公开化。

以俄罗斯与格鲁吉亚战争为界标，北俄的关系发生根本性变化。在北约眼中，俄罗斯事实上不仅成为影响和钳制北约东扩的最大阻碍，而且成为影响未来欧洲安全与和平的最大不稳定因素，更成为北约构建欧洲—大西洋区域安全秩序的最大威胁。法国学者阿兰·贝桑松（Alain Besancon）曾分析了原因，"与布尔什维克主义联盟，给俄罗斯民族主义带来了如此多的满足：对掌握支配地位感到欢愉，拥有斯拉夫民族主义的狂热预言，在语言和其他方面实施扩张，催生了一个非同一般的缩小版俄罗斯国家"[1]。因为在北约及其成员国政要看来，上述种种内容都是由俄罗斯固有的侵略本性所决定的，俄罗斯在冷战时期一直追求尽可能大的势力范围，在冷战后则要建立一个全新的帝国。加拿大学者尼克尔·杰克逊（Nicole J. Jackson）也曾试图对俄罗斯在冷战后的战略意图做出分析。"俄罗斯的特别意图因地区而异，它们在很大程度上是未知的或者受到热议的。重大问题仍然是考验俄罗斯的精准'红线'，例如俄罗斯是否、何时、怎样采取下一个侵略行动，还有这一侵略行动涉及的准确内容是什么。"[2]

更有人认为，"在苏联解体后，鲍里斯·叶利钦和弗拉基米尔·普京一直受到指控，即他们努力试图将世界分割为新的势力范围与安全

---

[1] Lionel Ponsard, *Russia, NATO and Cooperation Security, Bridging the Gap*, p. 17.
[2] Nicole J. Jackson, "Canada, NATO, and Global Russia," *International Journal*, Vol. 73 (2), 2018, pp. 317–325.

范围"①。因此，北约认为必须尽最大努力遏制并削弱俄罗斯，尽可能剥夺其对欧洲安全事务的话语权，因为只有这样，北约才能顺利构建欧洲—大西洋区域安全秩序，才能真正去除以俄罗斯为代表的所有欧洲不稳定因素的干扰。至于北约提出的各种协商、对话以及合作计划，不过是对俄罗斯施展的障眼法，并不具备真正的合作意义，也不可能产生实际效果。

同样，俄罗斯眼中的北约形象也是消极和负面的。俄罗斯认为，北约已经成为俄罗斯"大国复兴战略"的最大阻碍，北约东扩的最终目标就是对俄罗斯实施全面战略围堵和封锁，通过持续挤压俄罗斯在欧洲的地缘战略空间，剥夺俄罗斯对欧洲政治与安全事务的话语权，使俄罗斯在未来欧洲—大西洋区域安全秩序中被彻底边缘化，只能扮演北约附和者的角色。俄罗斯要想恢复世界一流大国的战略地位，必须改变北约为俄罗斯设定的发展路径与战略定位。

事实上，围绕每一轮东扩，北约与俄罗斯或明或暗展开较量，随着北约持续东扩，俄罗斯的反制措施越来越激烈。"北约东扩需要大多数成员国批准，但是批准的进程以及下一轮东扩的结果，在很大程度上取决于北约与莫斯科的未来关系。"② 北约和俄罗斯竞争与对抗的地域范围，遍及黑海、波罗的海、北海以及地中海等区域。双方不仅在上述区域展开军事演习，还在中欧、东欧等地区部署重型武器，建设永久军事设施，相互实施战略威慑。显而易见，北约与俄罗斯相互敌视，双方的竞争与对抗，给欧洲和平、安全以及发展增添了大量不确定性。

二 从克里米亚事件到乌克兰危机

风始于青蘋之末，浪成于微澜之间。苏联解体后，俄罗斯与乌克兰等国结成独联体，双方建立并维系某种政治与经济纽带。在独联体基础

---

① Hall Gardner, *NATO Expansion and US Strategy in Asia Surmounting the Global Crisis*, New York: Palgrave MacMillan, 2013, p. 15.

② Rob De Wijk, *NATO on the Brink of the New Millennium, the Battle for Consensus*, p. 151.

第六章 北约的伙伴关系、东扩以及联盟全球化

上,俄罗斯、乌克兰等国还创立独联体集体安全条约组织,以图解决各成员国之间的分歧,维护共同安全利益。但是,由于该组织对各成员国约束力较小,其核心安全关注相对分散,再加之各国安全利益迥异,该组织在欧洲安全事务中的作用非常有限。

冷战结束后,俄罗斯与乌克兰在各自的外交方向与安全定位上做出不同选择。乌克兰选择一切向西看的外交路线,远离俄罗斯,竭力试图加入西方阵营。1992年,乌克兰宣布推行无核政策。1994年,乌克兰与俄罗斯、美国以及英国签署《布达佩斯备忘录》(Budpest Memorandum),正式成为无核国。"乌克兰放弃在苏联时期所部署的残留核力量,以此换取所有签约国为其边境提供保护。备忘录还承认,乌克兰签署《核不扩散条约》,成为无核国。"[①] 另外,乌克兰还公开宣称,未来将奉行中立和不结盟政策,在西方国家与俄罗斯之间坚持中立政策,不与任何国家或者组织缔结政治或安全联盟。但在事实上,乌克兰始终坚持亲西方立场。因为在北约以及乌克兰的亲西方人士看来,"乌克兰当前正在寻求最终认同,它正在深陷传统与过去结构当中,同时试图为未来构筑新的机制。北约东扩这一主题可以摆脱这些不同的尝试"[②]。

1994年1月,北约推出"和平伙伴关系计划"。2月,乌克兰率先加入该计划,同时与北约建立正式合作关系。乌克兰的目标非常明确,就是确保国家主权完整且独立,尽快摆脱俄罗斯的影响,最终完全融入西方阵营。"格鲁吉亚与乌克兰认为,加入北约可以按照北约标准实现其武装力量现代化,可以通过参与北约的维和行动与反恐行动建立机制框架,可以通过促进黑海与里海地区的'门户开放政策'加强区域稳定。"[③] 因此,乌克兰与俄罗斯的矛盾非常明显,俄乌关系时好时坏。当亲俄的领导人在

---

① Stanley R. Sloan, *Defense of the West: NATO, the European Union and the Transatlantic Bargain*, p. 279.
② Maria Kopylenko, "Ukraine: Between NATO and Russia," Gale A. Mattox, and Arthur R. Rachwald, eds., *Enlarging NATO: The National Debate*, Boulder, C. O.: Lynne Rienner Publisers, Inc., 2001, p. 187.
③ Mark Webber, James Sperling and Martin A. Smith, *NATO's Post-Cold War Trajectory: Decline or Regeneration?*, p. 118.

乌克兰执政时，乌俄关系就相对密切。反之，当亲西方的领导人执政时，乌俄关系就相对疏远。

众所周知，自近代以来，克里米亚一直为俄罗斯所占领并统治，在苏联时代，俄罗斯为了照顾乌克兰民族情绪，将其划归乌克兰。苏联解体后，克里米亚作为自治共和国加入乌克兰。1992年2月，俄罗斯议会决定，收回苏联将克里米亚划归乌克兰的决议，虽然俄罗斯并未采取实际措施，但此举在乌克兰与俄罗斯之间留下严重的政治心结。"从1994年早期起，黑海舰队分割与克里米亚事态发展，在俄罗斯与乌克兰关系中占据了主导地位，克里米亚半岛成为基辅与莫斯科之间政治、经济、军事以及疆土纷争的一个双人竞技场。"① 除俄罗斯与乌克兰之间的国家利益之争外，克里米亚纷争还掺杂着极为复杂的民族矛盾，一方面是克里米亚的民族构成非常复杂，在其总人口中，俄罗斯族占58.32%，乌克兰族占24.32%，克里米亚鞑靼人占12.1%，白俄罗斯人占1.4%，鞑靼人占0.54%，亚美尼亚人占0.43%，犹太人占0.22%，希腊人占0.15%……② 此外，克里米亚还经历了极为复杂的历史演变与民族迁徙，其民族矛盾尖锐复杂，难以化解。

在1990年代俄罗斯与乌克兰的社会变革中，克里米亚也无法置身事外，俄罗斯族倾向于独立，重回俄罗斯怀抱，而乌克兰族则倾向于继续留在乌克兰。1992年，克里米亚议会通过《克里米亚宪法》，要求独立，但是遭到乌克兰的强烈反对。2014年3月17日，乌克兰议会通过决议，取消《克里米亚宪法》以及相关各种法案，通过《克里米亚自治共和国法》，强化对克里米亚的控制。3月18日，俄罗斯总统普京与克里米亚总理、议会议长以及塞瓦斯托波尔市长等在莫斯科签订协议，宣布克里米亚与塞瓦斯托波尔作为联邦主体加入俄罗斯。3月21日，俄罗斯联邦委员会通过将克里米亚并入俄罗斯的法案。与之相对应，乌克兰驻军撤出克里米亚，俄罗斯军队正

---

① Victor Zaborsky, *Crimea and Black Sea Fleet in Russian-Ukrainian Relations*, CSIA Discussion Paper 95 – 11, Kennedy School of Government, Harvard University, September 1995.

② http：//www.crimeahistory.org/population – of – crimea/.

第六章 北约的伙伴关系、东扩以及联盟全球化

式进驻克里米亚。

对于这一合并事件,乌克兰强烈反对。为此,乌克兰在国际社会大造舆论,竭力争取国际社会以及各种区域力量的支持,包括联合国、欧盟、北约以及欧安组织等,同时积极发展武装力量,为武力收回克里米亚做准备。乌克兰代理国防部长伊戈尔·特纽克(Igor Tenyuk)在国际文传电讯社周日采访中强调,"这是我们的土地,我们不会离开这块土地"[1]。与此同时,美欧等国公开支持乌克兰,宣布对俄罗斯实施经济制裁,尤其是对俄罗斯政府高官、大商人以及相关知名企业等实施制裁,以此压迫俄罗斯退还克里米亚。英国知名作家、记者尼尔·克拉克(Neil Clark)曾辛辣地指出北约及其成员国的尴尬处境,"现在,'连环危机'的创造者又一次跳了出来,它们这次试图让我们相信,克里米亚的公投以及俄罗斯族占60%的克里米亚重新回归俄罗斯,是一场'重大危机'。它们再一次提出制裁俄罗斯,这些步骤将会导致比'危机'本身更为严重的危机局面,它们会给西方经济尤其是欧洲经济带来灾难"[2]。

以克里米亚事件(Crimean Incident)为契机,俄乌关系陷入全面对立,俄罗斯与西方国家的关系也出现严重倒退。北约作为西方最大的政治与安全联合组织,很快就被推至俄罗斯与西方国家对抗的前沿,北约不仅成为乌克兰的积极支持者,而且成为欧洲各国集体抗拒俄罗斯的代言人。因为如果北约默认克里米亚并入俄罗斯,那么北约作为战后世界最大的区域联盟的功用就会打折扣,其着力构建的欧洲—大西洋区域安全秩序也会失去公信力;但如果北约与俄罗斯短兵相接,极有可能导致双方对抗升级乃至失控,进而打断北约既定的战略设计与发展轨迹,而这种结果正是北约多年来一直想竭力避免的。为此,北约—乌克兰委员会于2014年4月1日发表特别声明,"我们呼吁俄罗斯将其驻克里米亚的军队削减至危机

---

[1] "Ukraine Crisis: Crimea Goes to Polls, Moving Closer to Joining Russia," March 16, 2014, https://www.cbsnews.com/news/ukraine-crisis-crimea-goes-to-polls-moving-closer-to-joining-russia/.

[2] Neil Clark, "Crimea, Another Artificially Crisis," 13 Mar. 2014, https://www.rt.com/op-ed/crimea-artificially-created-crisis-838/.

481

北大西洋公约组织

前水平,呼吁将军队撤回其基地,以此缓和局势;我们呼吁俄罗斯减少在乌克兰边境的军事活动,改变非法并不合理'吞并'克里米亚的局面,避免对乌克兰实施进一步干涉和侵略,尊重包括克里米亚鞑靼人在内的乌克兰人民的权利,履行国际义务,尊重国际法"①。

继克里米亚事件后,随着乌克兰与俄罗斯的矛盾不断升级,双方斗争开始超出克里米亚,向更大范围扩展。从4月中旬开始,乌克兰东部顿涅茨克、卢汉斯克等省份也出现大规模独立运动。当地的俄罗斯族效法克里米亚,也要求脱离乌克兰,加入俄罗斯。顿涅茨克民间武装宣布成立"顿涅茨克人民共和国"(Donetsk People's Republic),扎哈尔琴科(Alexander Vladimirovich Zakharchenko)出任总统。4月28日,卢汉斯克宣布独立,成立"卢汉斯克人民共和国"(Luhansk People's Republic),普洛特尼茨基(Igor Plotnisky)出任政府元首。东部地区的独立运动,遭到乌克兰政府的强烈反对,乌克兰政府不惜出动军队,平息东部地区的自治或脱离运动。而顿涅茨克、卢汉斯克等地俄罗斯族则组成民间武装,与乌克兰政府军展开游击战。

7月17日,马来西亚航空公司MH17客机在乌克兰托雷兹30000英尺高空被击落,283名乘客、15名机组成员罹难。② 该事件在国际社会引起轩然大波,所有国家和组织一致对袭击客机事件予以谴责和声讨。乌克兰政府声称,此举为乌克兰东部分离主义分子所为;也有人声称,击落客机事件受俄罗斯指使,意在全面打击乌克兰的战争士气。而俄罗斯政府则声称,击落客机事件为乌克兰特种部队所为,乌克兰无端指责的目的就是嫁祸俄罗斯,使俄罗斯担负反人类罪名,最终成为国际社会的公敌。双方各执一词,难辨真假。

围绕乌克兰东部冲突,俄罗斯与乌克兰的对抗不断升级,北约与俄罗斯的对抗亦持续升温。以美国为首,北约主要成员国宣布进一步加大对俄罗斯的经济制裁力度,从打击俄罗斯金融、货币、贸易等,转向打击政府

---

① "State of NATO-Ukraine Commission," 1 Apr. 2014, https://www.nato.int/cps/en/natohq/news_108499.htm? selectedLocale = en.
② Julian Lindley-French, *The North Atlantic Treaty Organization, the Enduring Alliance*, p. 1.

机构、企业、个人等。事实上，北约对俄经济制裁的影响并不是单向的，制裁者亦承受着巨大压力。虽然美俄之间经济互补性不强，经济贸易量有限，但是许多欧洲国家和俄罗斯有非常密切的经济联系，经济制裁使欧洲各国承受巨大压力。保加利亚总理博分伊科·鲍里索夫（Boyko Borissov）就曾指明经济制裁的利弊。"一方面，经济制裁强加给俄罗斯，在另一方面，俄罗斯对欧盟实施反制裁，每一方都会在这种情况下受损，制裁不会使任何经济体从中受益。"①

乌克兰东部冲突开始后，国际社会展开积极斡旋，尤其是欧洲各国政要纷纷奔走于乌俄之间，竭力消除矛盾、化解冲突。2014 年 9 月 19 日，俄罗斯、乌克兰、欧安组织以及东部自治力量四方代表共同签署《明斯克备忘录》（Minsk Memorandum，MM）。备忘录规定，在协议签订 30 天内，顿涅茨克和卢汉斯克实现停火，接受乌克兰最高议会——"拉达"所做的领土决议声明。但是该备忘录实际上并未得到认真执行，乌克兰政府军和东部自治力量都不愿主动撤出其控制地区，都不愿放弃己方的战争优势。

2015 年 2 月 12 日，经过反复谈判，德国、法国、俄罗斯、乌克兰四国最终签署旨在解决乌克兰东部冲突的《明斯克协议》（Minsk Agreement，MA）。该协议主要包括三项约定：（1）从基辅当地时间 2 月 15 日零时起，乌克兰东部地区实现全面停火，乌克兰政府军从实际控制线后撤，冲突双方撤出所有重型武器，共同建立安全区，双方按照"全部对全部"的原则交换战俘；（2）乌克兰实施全面政治改革，对地方分权与自治做出永久性法律规定；（3）恢复乌克兰与顿巴斯地区的经济与贸易联系，包括恢复税收制度、社会转移支付制度以及银行运行制度等。《明斯克协议》立足于通过一揽子方案综合解决乌克兰东部冲突，是否有效还有待于时间验证，但至少暂时给乌克兰东部地区的和平与稳定带来了希望。

自《明斯克协议》签订后，乌克兰东部地区安全与稳定暂时得到维

---

① Stanley R. Sloan, *Defense of the West: NATO, the European Union and the Transatlantic Bargain*, pp. 322-323.

持,从2015年初直到2016年底,虽然乌克兰政府军与东部自治力量间或发生一些小型冲突,但并未发生大规模、高烈度战争。不论是乌克兰政府还是东部自治力量,都表现得相当克制,美欧等国放缓了对乌克兰的支持,而俄罗斯对东部自治力量的支持亦相当谨慎。丹麦外长克里斯蒂安·延森(Kristian Jensen)为此敦促乌克兰实施改革,"如果乌克兰不实施与明斯克和平进程相关的改革,欧洲就很难团结一致支持对俄罗斯实施制裁……"①。欧洲国家对俄罗斯采取"诺曼底方式"(Normandy Format,NF),既与俄罗斯保持现实接触,也不放松对其的抵制与戒备。"诺曼底方式小组的领导人2015年2月在白俄罗斯首都明斯克签署《明斯克协议》,该协议的目标旨在结束乌克兰东部冲突,但是协议一直未能得到全面执行。"② 在此后两年间,尽管俄乌关系未能从根本上好转,但乌克兰东部地区始终处于相对平静的政治与安全状态。

然而,从2017年初开始,乌克兰东部战事再起。"有人说,到2015年5月,从俄罗斯在夏季发起新的攻势开始,《明斯克协议》就逐渐陷入崩溃。"③ 北约认为,乌克兰形势再度恶化,缘于俄罗斯恶意违反《明斯克协议》,通过支持乌克兰东部分裂主义力量,蓄意挑战国际社会。不仅如此,北约还认为,目前乌克兰东部战局表明,俄罗斯派出大量身份不明的作战人员——"小绿人"(Little Green Men,LGM),直接派出大量雇用人员,在乌克兰东部实施全面军事渗透、破坏以及颠覆行动。俄罗斯正在发动一场"混合战争"(Mixed War,MW),试图借助分离主义力量,在乌克兰东部展开一场全面的代理人战争,意图完全吞并乌克兰东部,从根本上动摇并颠覆乌克兰民主政权。

英国皇家国际事务研究所欧洲与欧亚事务项目副研究员詹姆斯·谢尔

---

① "Denmark to Ukraine: Follow Minsk Agreement, or We drop Russia Sanctions," 6 Feb. 2016, https://www.rt.com/news/331517-denmark-ukraine-minsk-agreement/.
② "Roundup: Normandy Talks Agree Roadmap to Peace in Eastern Ukraine," 20 Oct. 2016, http://english.sina.com/news/2016-10-20/detail-ifxxaeqk5287560.shtml.
③ Patrick W. Murphy, "NATO-Russian Relations, Ukraine and Other Unfinished Business," Yonah Alexander and Richard Proisen, eds., *NATO from Regional to Global Security Provider*, p. 177.

（James Sherr）曾专门就此撰文，强调北约的立场和态度。"'小绿人'3年前出现在克里米亚，是2014年3月18日俄罗斯吞并克里米亚的前奏，也是顿巴斯所谓'混合战争'的前奏。这些事态的发展亦不再是可怕的新奇事物，而是一组令人厌烦、看似稳定的事实，而这经常为几年前一些难以预见的事实所掩盖，这些事件包括'伊拉克与黎凡特伊斯兰国'（ISIL）或者'达伊撒'（Daesh）、难民危机、欧洲不团结、美国的防御变化……"① 为此，北约绝不会向俄罗斯的战争"讹诈"行为让步，因为北约做出的任何让步，都有可能导致乌克兰局势彻底失控。

为此，北约开始改变此前以对话、谈判与协商为主导的综合解决方法，采取更强硬的正面对抗路线，运用更强硬的政治、经济与军事手段，强迫俄罗斯遵守国际规则与法律。为此，美国向乌克兰提供巨额经济与军事援助。按照美国驻乌克兰大使馆经济参赞约翰·舒特（John Schutte）早先提供的数据，在2019财年（2019年9月30日），华盛顿向基辅提供了6.95亿美元援助，用于乌克兰安全与防御、反腐、政治改革、经济增长、能源保障、劳动保护、人道救援、稳定经济形势。从2014年起至2019年，美国向乌克兰提供的安全援助总计15亿美元。② 在对乌克兰的安全援助中，美国特别指明，要拿出相当数量的援助经费，用于购置致命性武器，以此对抗俄罗斯与乌克兰东部分离主义分子。在美国向乌克兰提供的武器装备中，既有各种先进的常规武器，也有致命性常规武器，并不全然是防御性装备，大多为进攻性武器装备。毋庸置疑，美国的援助强化了乌克兰的经济与军事实力，但也不可避免使乌克兰东部战局复杂化。另外，美国还直接向中欧、东欧多国增派军队，为乌克兰站脚助威，对俄罗斯实施抵近式战争威慑。

不仅如此，北约还在黑海、波罗的海、北海等海域频繁展开各种海上

---

① "Ukraine Three Years on: a Basis on Optimism," 3 Oct. 2017, https://www.nato.int/docu/review/2017/Also-in-2017/ukraine-three-years-optimism-russia-military-war-poroshenko-stoltenberg-nato-secretary-general-crimea-annexation/EN/index.htm.
② "US to Fund Ukraine $250m in Security Assistance," 6 Sep. 2019, http://www.chinadaily.com.cn/a/201909/06/WS5d71fdc1a310cf3e3556a25f.html.

北大西洋公约组织

军事演习,在中欧、东欧、北欧以及波罗的海等地区举行各种地面与空中军事演习,公开向俄罗斯示威。此外,北约还在低地国家、挪威、丹麦、土耳其等国大量部署战略级武器,对俄罗斯实施战略威慑。与此同时,北约还在罗马尼亚、波兰、捷克、波罗的海三国大规模部署战术级武器,修建大量永久性军事设施,包括军事堡垒、防御工事、雷达监听站、网络信息中心等,对俄罗斯实施近距离对抗。

面对北约一系列战争威慑、防堵以及对抗,俄罗斯也采取了一系列强硬回应政策。2017年2月18日,普京签署命令,临时承认顿涅茨克、卢汉斯克的独立地位,默认上述两个地区在未来并入俄罗斯,公开揶揄北约及其成员国。与此同时,俄罗斯也向北约和乌克兰大规模展示其核打击力量,宣布恢复核试验,公开试射各种类型战略级导弹,包括"布拉瓦"(Bulava)洲际弹道导弹、"先锋"高超音速洲际弹道核导弹(Avangard Hypersonic System)、"亚尔斯"(Yars)RS-24洲际弹道导弹、"雨燕"(Swift)核动力巡航导弹等。其中,"布拉瓦"洲际弹道导弹的核爆炸当量相当于1945年美国投掷在日本广岛原子弹的100倍。

不仅如此,俄罗斯还在边境地区大规模部署重装部队,除在边境地区举行大规模军事演习外,还在地中海、波罗的海以及黑海等地举行大规模军演。很明显,俄罗斯对北约与乌克兰同样实施战略威慑,其威慑程度远远超过北约,因为俄罗斯所表现出的战争态度是立足于应对全面战争,而绝非局部战争或区域性冲突。"普京总统一直以最强硬的措辞声明,他不会考虑将克里米亚还给乌克兰,他甚至间接提到俄罗斯的核武器,将其作为克里姆林宫新近获得的对克里米亚控制权的一种保证。"[①]

很明显,从克里米亚事件爆发,直到乌克兰冲突爆发,再到北约与俄罗斯持续对峙,以北约和乌克兰为一方,以俄罗斯和乌克兰东部自治力量为另一方,双方在政治、经济以及军事上的较量持续不断,愈演愈烈。目前俄罗斯虽然在经济上困难重重,但不愿意就克里米亚事件与乌克兰

---

① Serthy Yekelchyk, *The Conflict in Ukraine*, *What Everyone Needs to Know*, New York: Oxford University Press, 2015, p.154.

冲突向北约屈服。北约内部围绕乌克兰冲突的政策亦存在争议，欧洲盟国不愿与俄罗斯针锋相对，更愿以谈判与协商方式解决彼此矛盾。但是，这种争议之声还远未达到改变目前北约对俄战略方向的程度。因此，北约与俄罗斯的战略博弈将会持续下去，直到双方能够找到更好的解决办法。

三 叙利亚危机中的北约与俄罗斯

叙利亚地处中东，紧邻东地中海，位于北约着力构建的欧洲—大西洋区域安全秩序的外围或边缘地带，并不处于北约核心安全利益所关注的范围内。在北约推行的"和平伙伴关系计划"、"地中海对话"以及"伊斯坦布尔合作倡议"等计划中，叙利亚均不在其列，叙利亚几乎很少与北约发生联系，北约并不愿意涉足叙利亚多如牛毛的民族矛盾、宗教纠纷以及领土争议。"在叙利亚与土耳其军队发生相互炮击事件后，北约秘书长拉斯穆森曾宣称，北约并不急于直接介入，但会在必要时在《北大西洋公约》指导下向土耳其提供保护与防卫。"[①]

与欧美各国相对远离的态度相反，叙利亚在冷战时期就和苏联有颇多合作，在老阿萨德的统治下，叙利亚作为苏联盟友，一直充当苏联在中东地区扩展其影响的前哨阵地，双方一直保持着非常密切的政治、经济、军事合作关系。冷战结束后，叙利亚和俄罗斯延续了这种特殊的盟友关系，双方继续保持密切的政治与安全合作。

相对于克里米亚事件与乌克兰冲突，叙利亚危机爆发的时间要晚很多。2010年12月，突尼斯发生"穆罕默德·布瓦吉吉（Mohamed Bouazizi）自焚事件"，拉开了"阿拉伯之春"的序幕。以此为开端，阿尔及利亚、埃及、利比亚、叙利亚等国相继出现大规模民众抗议活动。2011年1月，叙利亚爆发反政府游行，民众抗议巴沙尔（Bashar Assad）政府的独裁统治。3月18日，叙利亚南部城市再度爆发大规模抗议与示

---

① Jorgan J. Paust, "Use of Military Force in Syria by Turkey, NATO, and the United States," *Journal of International Law*, Volume 34, Issue 2, 2013, pp. 431 – 446.

北大西洋公约组织

威活动，巴沙尔政府对群众示威活动实施武力镇压，导致警察与示威游行队伍均出现伤亡，叙利亚境内开始频繁出现局部冲突。11月，联合国发表叙利亚形势评估报告，对叙利亚政府武力镇压群众游行示威的行径予以谴责。

事实上，欧美各国对叙利亚巴沙尔政权早已心存不满，这既缘于叙利亚政府是世袭政权，带有独裁和专断性质，更重要的是，巴沙尔政权一直和俄罗斯保持着非常密切的准盟友关系，一直不为欧美各国所用。另外，叙利亚和美国扶植的以色列一直处于敌对状态，双方在历史上曾经多次交火，横亘在两国之间的戈兰高地，大约有2/3一直为以色列所占据，至今仍是双方发生冲突的一个焦点。因此，欧美各国一直想变更叙利亚巴沙尔政权，特别希望借助此次"阿拉伯之春"，彻底清除巴沙尔政权。对北约及其成员国来说，实现叙利亚政权更迭，暗含着将俄罗斯势力驱逐出中东地区的战略考虑。

为了积极有效牵制在综合实力上占据优势地位的政府军，2012年7月，美国向叙利亚政府发出警告，不得使用化学武器，否则将遭致军事打击。为了确保实力相对较弱的反政府武装不被政府军剿灭，2013年6月，美国政府宣布向叙利亚反政府武装提供武器援助。在向反政府武装提供军事援助的同时，美国向盘踞在叙利亚的库尔德人武装提供武器援助，使其成为配合反政府武装的同盟军。

据统计，从2013年到2017年，美国花费10亿美元支持反政府武装，这些经费大部分被用于从东欧国家购买武器装备，然后再转交给反政府武装。为了有效打击和削弱叙利亚政府军，美国还暗中向与叙利亚政府为敌的各种反政府武装提供武器装备和信息情报，使其能够有效牵制叙利亚政府军及其军事行动。在美国的运作下，叙利亚出现两支主要武装力量，一支是叙利亚政府军、黎巴嫩真主党武装（Hezbollah Forces in Lebanon）、民兵组织沙比哈（Shabiha）、伊斯兰革命卫队（Islamic Revolutionary Guard Corps）等；另一支是反政府武装——"叙利亚自由军"（Free Syrian Army）、各种库尔德人武装、其他地方或教派武装，如"沙姆军团"（The Sham Legion）、"圣战军"（Jaish al-Mujahedeen）、"沙姆战士联盟"（Ajnad al-Sham)等。境外力量站在这两支武装力量的背后,前者是俄罗斯、伊朗、"巴勒斯坦解放阵线"等,后者是美国、土耳其、沙特阿拉伯等西方阵营内的国家。

在叙利亚境内持续发生的武装交火中,连续出现化学武器攻击平民事件。例如,2013年3月,叙利亚政府军与反政府武装在阿勒颇省坎阿萨镇发生交火,出现化学武器伤害平民事件。8月21日,叙利亚首都大马士革发生用沙林毒气大规模杀害平民事件等。这些化学武器袭击事件,不论是叙利亚政府军还是反政府武装,均指控是对方所为。① 不仅如此,北约及其盟国对叙利亚的新闻报道也一直带有强烈的意识形态偏见,带有选择性,受西方支持的库尔德人武装、叙利亚反对派力量的新闻均为正面报道,对叙利亚政府、俄罗斯以及伊朗的相关报道均为负面报道。叙利亚议员法里斯·萨哈比(Fares Shehabi)在接受媒体采访时特别指出,"从叙利亚阿拉伯军队开启解放作战后,形势就完全改变了。西方媒体、政治家以及非政府组织忽然开始反对叙利亚军队,指责叙利亚军队在阿勒颇实施'种族清洗',轰炸医院,屠杀儿童与婴儿"②。

在美国支持下,叙利亚反政府武装、库尔德人武装以及其他教派武装等组成松散联盟,对叙利亚政府军发动一系列军事进攻,沿路攻城略地,削弱了政府军实力。叙利亚政府所控制的地盘急剧缩小,巴沙尔政权岌岌可危。为了拯救危在旦夕的巴沙尔政权,保住其在中东地区的战略据点,2015年9月30日,俄罗斯联邦委员会通过决议,正式授权政府在叙利亚使用武力。以此为起点,俄罗斯武装力量分成海、空两路,大规模进驻叙

---

① 叙利亚化学武器袭击事件究竟为何方所为,目前国际社会尚无定论。最早披露和报道这些事件的是号称公益性非政府组织的"白头盔"(White Helmet),该组织的性质、功能以及定位一直存在争议,其三分之一的经费为美国国务院提供。有消息称,"白头盔"所报道的化学武器袭击事件,并非原发性事件,而是该组织后期摆拍制作。不可否认,"白头盔"对叙利亚化学武器袭击事件的报道,成为美、英、法三国对叙利亚实施军事打击的一个主要借口。

② "Syrian MP on Syria Gate: NATO's Weaponry and Personnel in East Aleppo," 28 Dec. 2018, http://freewestmedia.com/2016/12/28/syrian-mp-on-syriagate-nato-weaponry-and-personnel-in-east-aleppo/.

北大西洋公约组织

利亚,俄军迅即对叙境内的极端主义势力展开空中打击。

毫无悬念,俄军直接介入叙利亚危机,在很大程度上改变了叙利亚交战各方的力量对比,挽救了巴沙尔政权。俄军采取多种方式打击反政府武装,包括向反政府武装发射巡航导弹,实施精确打击,出动飞机大规模轰炸其阵地,以大规模炮火覆盖反政府武装聚集地区,运用快速突击部队实施定点攻击等。"普京总统还下令,在叙利亚派驻150000名俄军,同时向亚美尼亚与土耳其边境地区派驻7000名俄军,配属坦克、火箭发射器以及大炮,而且部队要'做好全面战斗准备'。"①

另外,俄罗斯还运用政治与外交手段,削弱北约尤其是美国在叙利亚危机中的影响。俄罗斯长期遭受欧美各国经济制裁,国内经济与社会资源非常紧张,在持续就乌克兰冲突与北约展开较量的同时,还在叙利亚另开战场,通过打击叙利亚反政府武装来牵制北约。另外,为了不改变叙利亚战局走势,在俄罗斯苏-24军机被土耳其战机击落后,俄罗斯选择隐忍不发。在土耳其发生政变时,俄罗斯情报部门更是及时通知埃尔多安(Recep Tayyip Erdogan)总统,使其在政变中全身而退,最终成功粉碎政变。"无论多么诱人,挑衅俄罗斯的企图都会遭到莫斯科的抵制,俄罗斯对土耳其的任何报复行动,都会着眼于排除对叙利亚赢得战争这一主要任务产生不利影响。"②

俄罗斯上述外交行动争取到土耳其的回报,其在叙利亚危机中与俄罗斯达成默契。土耳其不顾北约劝告,放手打击叙利亚境内库尔德人武装。此举既削弱了反政府武装的侧翼支撑,又分化了北约内部关系,还密切了俄土双边关系。此后,土耳其根本不顾美国多次警告,执意购买俄罗斯S-400防空导弹系统,最终迫使美国宣布终止双方合作多时的F-35战机出口项目,土耳其与北约关系陷入极度紧张状态。

2016年2月,叙利亚战场形势出现巨大变化。俄罗斯直接出兵叙利亚,对反政府武装实施全面空中打击,叙利亚政府军也在俄军支持下实施

---

① "Russia Prepares for Dogfights with NATO Over Syria," 30 Nov. 2015, https://www.infowars.com/russia-prepares-for-dogfights-with-nato-over-syria/.
② "Russian Retaliation will be Defeating NATO in Syria," 30 Nov. 2015, https://www.infowars.com/russian-retaliation-will-be-defeating-nato-in-syria/.

反攻，整个战场形势开始向有利于叙利亚政府军的方向倾斜。为此，在美国斡旋下，叙利亚交战各方开始对话与谈判。

9月，俄罗斯外长拉夫罗夫（Sergey Lavrov）与美国国务卿克里（John Kerry）在日内瓦会谈。双方最终达成叙利亚停火协议。"欧盟外交与安全政策高级代表费德丽卡·莫盖里尼（Federica Mogherini）欢迎叙利亚停火，呼吁联合国就此采取行动。该协议受到普遍欢迎，除联合国安理会所指定的恐怖组织外，所有冲突各方当前必须确保该协议得到有效执行。"[①] 尽管叙利亚宣告停火，但该协议并未解决叙利亚内战的核心问题，该协议注定只能成为漫长的叙利亚战争中的一个阶段性成果。

2017年4月4日，叙利亚西北部伊德利卜省汗舍孔镇发生毒气弹袭击事件，造成58人死亡，包括大批贫民及11名儿童。反政府武装指责此次化学武器袭击为政府军所为，叙利亚政府予以否认。4月7日，美国派往地中海地区的战舰向叙利亚政府军控制的沙伊拉特军用机场发射"战斧式"巡航导弹，以此报复叙利亚政府军使用化学武器。当天，叙利亚大马士革东古塔地区杜马镇发生化学武器袭击，再度造成平民伤亡。西方国家认定此举为叙利亚政府军所为，叙利亚政府予以否认。以此为借口，4月14日，美、英、法三国联合对叙利亚境内目标实施大规模空袭，对大马士革科研中心、霍姆斯化学武器据点、军事指挥综合中心等实施精确打击。叙政府强烈谴责美、英、法三国发动的导弹袭击，谴责美、英、法三国侵犯叙利亚主权。

北约并未直接参与叙利亚危机，美、英、法三国以单个国家的名义参与其中。在对叙利亚采取的军事行动中，三国的表现极为谨慎。第一，三国基本上采取空中精确打击方式，避免出动地面武装，避免直接与俄国驻叙利亚军队发生碰撞。第二，三国发动每一次军事打击均以叙利亚政府军使用化学武器为借口，打击行动也点到为止。第三，三国的军事行动竭力

---

① "EU Officials & Turkey Hail Lavrov-Kerry Syria Ceasefire Breakthough, Pentagon & UK Cautious," 10 Sep. 2016, https://www.rt.com/news/358899-syria-truce-deal-reaction/.

北大西洋公约组织

避开俄罗斯在叙利亚的塔尔图斯和赫梅米姆基地以及驻军营地,以免引起俄军对美国在中东地区的军事目标实施报复。第四,三国基本上让反政府武装担任地面进攻任务,三国军队为其提供空中掩护、情报信息与分析、战场协调等。上述行动表明,美、英、法等国不愿撤出叙利亚,这说明叙利亚真正实现全面和平还很漫长。

由此可见,叙利亚危机绝不是一个单纯的区域危机,而是世界大国力量与区域大国力量在中东地区的一场战略博弈。从表面上看,叙利亚危机包含了伊斯兰教逊尼派与什叶派的一场宗教思想博弈,也包含了阿拉伯人与库尔德人的民族权利之争,同样也包含了中东地区各国之间的国家利益博弈,包括以色列、叙利亚、土耳其、埃及以及伊朗等国家在内。但在实质上,叙利亚危机是北约与俄罗斯在中东地区展开的一场政治、军事以及安全较量,与双方在克里米亚事件、乌克兰冲突中的战略博弈没有根本性区别。虽然前后两者在时间、地点以及表达方式上有所区别,但是它们所要达到的战略目标、所秉持的方针政策等始终保持一致。"就像在利比亚,北约会支持叙利亚反对派,而不是让自己的军队去冒险。北约在叙利亚所选择采取的行动,并不只是一个缓慢的民主胜利,甚至也不是使阿萨德统治重新趋于稳定,相反,就像我们以前说到的,叙利亚冲突中的暴力行动不断增加,该冲突完全退化为宗派战争,战争可能会爆发,土耳其、黎巴嫩、伊拉克以及基地组织都会从这次机会中获利……只要叙利亚战火不息,利比亚的'胜利'就会愈加空洞。"①

美、英、法三国在叙利亚危机中发动军事打击的借口,不外乎是维护人道主义价值观,清除巴沙尔政权独裁统治,惩罚叙利亚政府军对平民发动化学武器攻击,帮助库尔德人实现民族自决等。但在事实上,这些理由都是为北约及其成员国的战略利益服务的。抛开北约推翻叙利亚巴沙尔政权这一直接目标,北约的目标实际上还包括清除俄罗斯在中东

---

① "NATO's Blind Spot," *Washington Post*, 22 May. 2012. 转引自 Magnus Petersson, *The US NATO Debate, from Libya to Ukraine*, New York and London: Bloomsbury Publishing Inc., 2015, p. 103。

地区的战略据点，实现北约对中东地区的全面掌控。就此而言，叙利亚危机能否圆满解决，实际上并不取决于叙利亚巴沙尔政权是否足够强大，其经济与军事力量是否强大，也不取决于反政府武装是否拥有强大的军事力量，最终将取决于北约与俄罗斯战略博弈的走向。"就其本身而言，俄罗斯可以保持其在叙利亚的重大政治与经济存在，但需要与美国、欧盟、土耳其、沙特阿拉伯、卡塔尔保持多边合作，并且与其他国家保持合作。"①

目前，叙利亚政府基本上站稳了脚跟，反政府武装日渐削弱；库尔德人武装由于面临土耳其大规模军事进攻，为了生存而不得不归附叙利亚政府；ISIS武装也由于遭受各方力量的共同打击，行将就灭。美国也宣布即将从叙利亚撤军，叙利亚政治与安全形势出现新的不确定性。很显然，叙利亚危机还没有结束，北约与俄罗斯的地缘政治博弈还将继续下去。

第四节　北约在全球范围内扩展

一　北约对亚洲的政策及其实践

冷战结束后，国际安全体系亟待重新调整，各种安全力量需要重组，国际安全秩序需要重塑，北约作为冷战后最具代表性、最具影响力的区域安全组织，在国际安全体系调整中不可避免要发挥重大作用。就像西方学者格兰·施耐德（Glenn Snyder）所阐述的，"联盟不能就其在国际体系中的背景分开理解……联盟的性质也因体系的特征而不同"②。北约在冷战后确定了转型与东扩并举的战略方向，将构建欧洲—大西洋区域安全秩序确定为核心目标。但这并不等于北约只关注其成员国所在的欧洲—大西

---

① Hall Gardner, *NATO Expansion and US Strategy in Asia Surmounting the Global Crisis*, p. 183.
② Mark Webber, James Sperling and Martin A. Smith, *NATO's Post-Cold War Trajectory: Decline or Regeneration?*, p. 33.

洋区域，而不关注世界其他地区。事实上，北约在冷战后一直推进自身从区域安全组织向国际安全组织转型，因为如果欧洲—大西洋区域周边地带不稳定，欧洲—大西洋区域安全秩序建构也会深受影响，不仅安全不能分割，防御亦不能分割。因此，北约需要改变只局限于区域防御的旧做法，转向承担全球安全使命。

21世纪以来，随着全球化进程持续深化，世界政治、经济、社会与文化诸形态发生巨大变化，全球政治、经济以及安全基本布局出现重大调整。"实现安全全球化需要有远见的安全治理。连通性就是全球化正在引发一系列全球性挑战，而这些挑战过去只是区域性的，并且催生了一个'有与没有'、有联系的和无联系的世界。西方必须应付这些挑战，或者从此走向失败，北约正处于应对这些挑战的旋涡中心。"[①] 全球化客观上给包括北约在内的众多国际行为体带来新挑战，要求其必须站在全球安全的高度考虑自身安全诉求，推动国家、区域以及世界安全利益实现共赢。

亚洲作为全球最具活力的新兴区域，在经济领域显示了旺盛的活力，在很大程度上改变了旧的国际经济与贸易规则。在东北亚，中国作为全球最大的新兴经济体，成为当之无愧的世界工厂，为世界经济发展提供了强劲的驱动力；而日本和韩国始终是全球金融资本、科技创新、文化教育以及公共服务中心之一。在南亚，印度是金砖五国（BRICS）[②]之一，拥有庞大的国内市场及丰富的劳动力资源，还有走向世界的雄心壮志。在东南亚，印度支那半岛是亚洲又一大经济活跃地带，以巨大的生产潜能和低廉的劳动成本，成为继中国之后又一个世界工厂。而位于马来群岛的东南亚国家则拥有特殊的对内与对外交往平台——东盟（Association of Southeast Asian Nations，ASEAN），在处置区域事务中别具一格，在国际事务中亦拥有一定影响力。总之，活力四射而且发展强劲

[①] Julian Lindley-French, *The North Atlantic Treaty Organization: The Enduring Alliance*, p.4.
[②] 2001年，美国高盛集团首席经济学家吉姆·奥尼尔首次将中国、俄罗斯、印度、巴西、南非称为金砖五国，指明该集团为世界经济格局中最具活力的新兴市场。以此为基础，上述五国召开各种经济与财政会议，彼此协调政策，共同推动世界经济发展。

第六章 北约的伙伴关系、东扩以及联盟全球化

的亚洲,与沉闷且保守的欧洲、愈加趋向守旧和自闭的北美大陆,形成鲜明对比。

基于亚洲在国际政治、经济与安全事务中的重要性不断增强,北约不论出于对自身政治与安全利益的关切,还是出于对全球政治与安全事务的关注,开始越来越关注亚洲。为此,北约开始制定针对亚洲的政治与安全政策,在不同程度上介入亚洲安全事务。北约的目标非常明确,就是立足于解决当前北约遇到的安全挑战,进而为未来向亚洲全面拓展做好准备。"如果中国在世界舞台上作为一个更加强大的政治、经济角色崛起,而非最终作为一个军事角色崛起,那么美国就需要一种新的全球战略,就有必要重新制定冷战遏制战略……"[1]

鉴于北约作为跨大西洋联盟的特殊属性,北约亚洲政策的核心并非旨在打造或重塑亚洲政治与安全架构,而是有效处置亚洲出现的各种问题,在此基础上逐渐形成应对亚洲安全威胁与挑战的方法,形成某种程序、规则以及机制。因此,北约的亚洲政策是有选择性的,这一政策既不会深入每一个领域,亦不会覆盖所有亚洲国家。美国 2010 年确立《国家安全战略》(National Security Strategy, NSS) 所划定的各种安全威胁,大多数或者源于亚洲,或者与之直接相关。出于对自身整体安全战略的考虑,亦出于亚洲不同地区与北约安全利益相距远近的考虑,北约的亚洲政策主要集中在三个区域——中东、中亚和亚太。北约针对上述区域的政策拥有同样的平台,虽然对象有所不同,但最终所要达到的目标在原则上是相同的。

首先,北约在冷战结束后一直将中东地区列为重点战略区域,将其当作构建欧洲—大西洋区域安全秩序的重要外围。北约针对包括北非在内的大中东地区提出"地中海对话"和"伊斯坦布尔合作倡议"等计划,前者将地处亚洲的以色列纳入其中,后者将巴林、科威特、卡塔尔、阿联酋等中东四国纳入其中。相对于中东地区 24 个国家来说,上述国家实际上只是很小一部分,因此,北约客观上还需要关注中东地区其他国家。因为

---

[1] Hall Gardner, *NATO Expansion and US Strategy in Asia Surmounting the Global Crisis*, pp. 3 – 4.

北大西洋公约组织

在北约看来，失败国家已经对欧美各国形成某种威胁，这种威胁集中于一个弧形地带，即从北非到中东，再到西亚，最后到中亚。"事实上，如果北约成员国能够共同采取集体行动，作为21世纪跨大西洋安全合作的一部分，它们需要美国保持强大，需要美国在东欧、中东、亚太地区保持强大……"①

因为中东地区为西方国家提供了丰富的石油资源，为西方国家工业发展提供了"黑色血液"，而且还使美国得以建立与石油直接挂钩的全球美元霸权体系，进而得以在此基础上建立以欧美国家为中心的国际贸易体系、货币支付体系以及税收体系。不仅如此，中东地区还拥有极为重要的战略地位，该地区位于亚洲与欧洲、非洲三大板块之间的战略要冲，是北约推进其对外扩展战略的导向所在，直接影响到北约政治与安全战略。为此，北约及其成员国与中东各国始终保持了密切合作关系。"这是中东地区的讽刺之一，即尽管它存在许多区域性或者次区域性安全挑战与冲突，但没有一个处置挑战与冲突的区域架构。"② 中东地区这一安全状况，为北约介入提供了良机。因此，持续关注中东地区，与之保持战略合作关系，成为北约及其成员国在冷战后积极推进其全球战略的一个重要步骤。

中东地区尽管石油资源丰富，战略地位重要，但是同样充斥着各种政治纷争、民族矛盾、宗教对立等，"中东地区自身保持了一种代表特殊地区的愿景，它所面临的独特的安全挑战，在很大程度上归于两个因素：以色列的存在和丰富的石油财富"③。中东地区在历史上一直是地中海沿岸、

---

① Julian Lindley-French, *The North Atlantic Treaty Organization: The Enduring Alliance*, pp. 128 – 129.
② Anoushiravan Ehteshami, "The Middle East, Regional Security Institutions and Their Capabilities," Chester A. Crocher, Fen Osler Hampson and Pamela Aall, eds., *Reviewing Regional Security, in a Fragmented World*, Washington, D. C.: United States Institute of Peace Press, 2011, p. 175.
③ Bassma Kodmani, "The Imported, Supported, and Homegrown Security of the Arab World," Chester A. Crocher, Fen Osler Hampson and Pamela Aall, eds., *Reviewing Regional Security, in a Fragmented World*, p. 222.

第六章 北约的伙伴关系、东扩以及联盟全球化

阿拉伯半岛以及欧亚大陆板块接合部最大的动荡之源，也是全世界各种矛盾最多的地区。冷战结束后，中东地区的混乱局面继续，各种国际恐怖组织、极端宗教派别、民粹组织等甚嚣尘上，引发难民问题、非法移民、暴恐袭击以及国际犯罪行为等，不仅直接影响中东地区和平与稳定，还对北约建构欧洲—大西洋区域安全秩序间接形成掣肘。因此，北约客观上需要遏制中东地区矛盾与冲突，在源头上控制和减少对北约的安全威胁与挑战。

北约针对中东地区的政策主要包括以下内容：（1）持续稳固北约与中东盟国、伙伴国以及对话国之间的安全联合，包括沙特阿拉伯、巴林、科威特、卡塔尔、阿联酋、以色列等国家，通过持续对伙伴国与盟国提供经济与军事援助，维持北约在中东地区有效的政治与军事存在；（2）最大限度抑制或者削弱中东地区的异质性力量，包括叙利亚和伊朗等国家、各种极端宗教教派组织及恐怖主义组织，使之无法直接或间接对北约形成威胁，也无法干扰北约针对中东地区的各项重大战略决策；（3）持续打击中东地区传统安全威胁与非传统安全威胁，从源头上铲除滋生恐怖主义、难民问题、非法移民、海盗问题的土壤，消除当前中东地区存在的各种矛盾与冲突。北约针对中东地区的核心安全目标在于，避免使中东地区矛盾与冲突影响北约的核心安全利益，妨碍欧洲—大西洋区域安全秩序建构。

与中东地区相比，中亚地区的地理位置也很重要，向北接壤俄罗斯腹地，向东连接中国，向南邻接伊朗，与中东地区隔里海相望。因此，北约的中亚政策比较单一，就是积极打击中亚地区各种原生性国际恐怖主义力量，对俄罗斯形成有效的战略阻遏和羁绊，牵制和威慑与美国处处为敌的伊朗，对中国西部地区形成战略掣肘等。就此而言，北约的中亚政策更多的是出自地缘政治的考虑，而非应对现实性威胁。"5个中亚国家都是北大西洋合作理事会的早期参与者……有4个国家很快利用了'和平伙伴关系计划'提供的机会，在该计划于1994年启动后不久就参加了这个重大计划中的双方务实合作项目。在2004年伊斯坦布尔峰会上，各成员国领导人决定将中亚与高加索地区伙伴关系列为北约的

优先项目。"①

北约的中亚政策相对集中，主要内容包括以下两个方面：（1）北约在地理上属于中亚的阿富汗开启反恐战争，除削弱盘踞在阿富汗的"基地"组织及其武装力量外，北约还与中亚各国合作，共同抑制、削弱、打击中亚各种极端主义势力与恐怖主义势力；（2）以推进阿富汗反恐战争为由，美国在中亚多国建立军事基地，在中亚地区长期保持军事存在。例如，美国与吉尔吉斯斯坦订立协议，以每年1740万美元租用玛纳斯空军机场，将其打造为北约在中亚最大的空军基地。②此外，北约通过提供经济援助及军事援助，在乌兹别克斯坦汗阿巴德建立军事基地。美军还在乌兹别克斯坦的卡甘、卡卡依德两大军用机场大规模停靠军机；在哈萨克斯坦租用阿拉木图国际机场，作为空军备用机场；在塔吉克斯坦租用库尔干、塔良博两个军用机场，用于飞机停靠、维修以及补给等。

鉴于中亚各国政治相对稳定，北约对中亚各国的直接政治介入相对较少，更着眼于在政治、安全以及外交领域实施拉拢、诱导政策，通过订立各种形式的联合协定，密切彼此关系，消除横亘于双方之间的不同认知。"不论是欧洲盟军最高司令部还是美国的欧洲司令部（U. S. European Command，EUCOM），均未就中亚地区的计划以及控制行动做出优化。"③尽管如此，北约大规模进入中亚地区，还是在一定程度上改变了中亚地区原有的战略力量分布。其一，改变了中亚各国在政治、经济与安全事务中只能依存于俄罗斯的旧状况，使中亚各国有了新的政治与安全选择，此举对俄罗斯形成有效的战略牵制。其二，推动亚洲各国选择中立道路，进而对俄罗斯主导的独联体集体安全条约组织、中国与俄罗斯等国倡导创立的

---

① "NATO's Relations with Central Asia," 22 Feb. 2016, https://www.nato.int/cps/en/natohq/topics_107957.htm?selectedLocale=en.
② 2014年6月3日，由于吉尔吉斯斯坦政府拒绝延期，美国正式关闭在玛纳斯的空军基地。
③ Hames Dobbins, "What the Men Might Say," Simon Serfaty, ed., *Visions of the Atlantic Alliance, the United States, the European Union, and NATO*, p.78.

第六章　北约的伙伴关系、东扩以及联盟全球化

上海合作组织（Shanghai Cooperation Organization，SCO）[①]等在客观上形成某种战略牵制，增加了上述组织在未来发展中的不确定性。其三，对伊朗形成某种战略威慑，制约伊朗在中亚地区持续扩大影响，使之只能囿于北约在中亚预设的战略布局。

与中东地区和中亚地区相比，亚太地区相对远离北约，和北约的核心安全利益相去甚远，因此北约对亚太地区的政策更为谨慎，保持较大克制。北约及其成员国对亚太地区的主要认知包括以下两点。其一，未来亚太地区有可能发生大规模军事冲突，冲突可能与钓鱼岛、台湾及南海岛屿等有关。北约不仅需要远离上述争端，还要尽可能防止争端持续发酵。其二，中国已经崛起，而且奉行有别于西方国家的政治、经济、社会以及安全政策，客观上正在改变国际政治、经济与安全格局以及相应的国际规则，此举将会在未来对北约及其成员国的安全战略形成某种制约。因此北约客观上需要推动中国朝着北约所希冀的方向发展。

为此，北约针对亚太地区制定了预防性安全政策，该政策主要包括三方面。第一，北约将日本、韩国、澳大利亚、新西兰等国悉数纳入"和平伙伴关系计划"，使它们全部成为北约伙伴国。"1990年代以来，北约就与伙伴框架以外的国家保持临时对话，介入其临近区域以外地区，增强全球联通的必要性与机会。很显然，全球威胁出现，要求各国实施更广泛的合作，以便成功应对诸如恐怖主义、武器扩散、海盗行为、网络攻击等威胁。与这些国家展开对话，有助于北约避免危机，并在需要时全程管控行动。"[②] 为此，北约领导人多次造访日本、韩国等国，韩、日等国领导人亦多次回访北约，互动频繁。上述国家已逐渐成为北约在亚太地区政治与安全伙伴，成为北约贯彻其亚太安全战略的推手，其所作所为导致亚太

[①] 2001年6月，中国、俄罗斯、哈萨克斯坦、塔吉克斯坦、乌兹别克斯坦、吉尔吉斯斯坦六国正式成立上海合作组织。该组织建立了组织机制，目标是推动成员国之间的多边经济合作，强化区域安全合作进程，包括打击恐怖主义、分裂主义与极端主义等。

[②] "Relations with Partnership across the Globe," 17 May. 2017, https://www.nato.int/cps/en/natohq/topics_49188.htm?selectedLocale=en#.

地区战略形态发生变化。

第二，北约还与中国周边国家建立密切合作关系，例如，北约支持蒙古国加入"和平伙伴关系计划"，蒙古国成为北约伙伴国，参加了北约主导的各种维和行动，包括在阿富汗、伊拉克的军事行动，在科索沃的维和行动等。另外，北约与蒙古国还举行军事演习，双方建立极为紧密的联盟关系。负责政治与安全政策的北约助理秘书长詹姆斯·阿帕图赖（James Appathurai）曾就双方合作指出，"北约非常重视与蒙古国的伙伴关系，我们欢迎蒙古国为北约在阿富汗的行动所做的努力，也欢迎蒙古国为过去北约在科索沃的行动所做的贡献，这也显示了蒙古国为国际和平与安全做贡献的决心和能力"。"我们长期保持伙伴关系，这表明我们共同致力于就全球安全挑战展开协商与合作。"① 例如，2003 年 4 月，蒙古国与北约展开军事演习，代号"可汗探索"（Khaan Quest）。双方还规定，每三年举行一次军演。毋庸置疑，蒙古国作为一个内陆国家，虽然国土辽阔，但是国力弱小，资源有限，尤其是军力更为薄弱，北约积极发展与蒙古国的军事合作关系，明显有针对中国与俄罗斯实施战略牵制之意。

第三，冷战结束后，欧洲国家延续了冷战时期就已开始的慕尼黑安全会议（Munich Security Conference, MSC）。这一安全会议每年一度，集中讨论世界安全问题，越来越多的亚太地区安全问题成为会议讨论的重点，中国、印度、日本、韩国等亚洲国家持续受邀参会。不仅如此，从 2002 年开始，由英国国际战略研究所（International Institute for Strategic Studies, IISS）与新加坡国防部举办的亚洲安全峰会（Asia Security Summit, ASS）又称"香格里拉对话"（Shangri-La Dialogue, SLD），更是连续对亚太地区安全形势展开研讨。"对区域安全事务中所选择的广泛议题展开评估，包括中国的影响和'一带一路'倡议（The Belt and Road Initiative）的影响、朝鲜核武器以及远距离导弹计划、美国支持的自由与开放的'印太战略'、中国使用网络与人工智能及其

---

① "NATO and Mongolia Agree Programm Cooperation," 18 Mar. 2012, https：//www.nato.int/cps/en/natohq/news_ 85430. htm? selectedLocale = en.

对安全的影响,亚太地区出现合作与竞争并存的复杂动态,亚太地区军演与力量投送所产生的影响不断增强。"① 欧洲国家持续关注亚太地区安全形势,北约逐渐提出针对亚太地区的战略构想。即北约将不断扩大其战略地平线,将亚太地区纳入北约政治与安全视野,在亚太地区大规模推进战略合作伙伴计划。

由上可知,北约的亚洲政策实际上比较零散,并未形成一个完整且成熟的体系,毕竟北约的核心目标是构建欧洲—大西洋区域安全秩序,其亚洲政策只是欧洲—大西洋区域安全政策的补充。但是作为冷战后北约走向世界的一个重要组成部分,北约的亚洲政策实际上与针对其他地区的政策紧紧相连,共同构成冷战后北约政治与安全战略的全部。

北约的亚洲政策虽然表面上提倡政治与安全合作,但在本质上始终强调竞争与对抗,该政策及其实践对亚洲政治与安全格局产生了一定影响,在很大程度上推动亚洲战略格局持续出现局部调整。"北约话语所隐含的视域与话语引用之间存在矛盾,超越了北大西洋区域,也超出冷战时期战略与使命的印证,由此催生出不同的战略观点,这些战略观点之间存在矛盾,这些矛盾也由于北约与公民价值观和公民使命相关联而得到进一步加强。"② 虽然北约上述调整的后续影响有待进一步评估,但可以肯定的是,北约带着混乱的思维、矛盾的目标以及并不成熟的战略定式,贸然介入亚洲安全事务,必然会使北约在处置亚洲安全危机与挑战的同时,给亚洲带来大量新的不确定性,甚至一些新的动荡因素。

二 北约与国际公域安全使命

冷战结束后,世界安全形势变得更加复杂。一方面,世界范围内的传统安全威胁仍然存在,冷战的终结虽然中断了北约与华约军事对

---

① "Asia Pacific Regional Security Assessment 2019", May. 2019, https://www.iiss.org/publications/strategic-dossiers/asiapacific-regional-security-assessment-2019.
② Andreas Behnke, *NATO's Security Discourse after the Cold War*, *Representing the West*, London and New York: Routledge, 2013, pp. 136-137.

抗这一最大的全球安全隐患，但也揭开了一直为两极世界对抗所遮蔽的各种问题的"盖子"。在世界范围内，领土争端、区域冲突、民族纷争、宗教争端等持续存在，不断发酵与扩大。与之相伴，大量非传统安全威胁亦风起云涌，这些非传统安全威胁不受国家、民族、文化、宗教以及意识形态等各种传统因素的限制，它们和传统安全威胁一样，共同构成对国际社会的巨大威胁。美国在其2010年《国家安全战略》中列举了所面临的各种新型安全威胁。"在各种跨界威胁中，《国家安全战略》突出了对西方领导的多边秩序和标准支柱（人权与民主）的侵蚀，以及全球化的'负面影响'，这些影响表现为地方性、不对称、以价值观为基础的冲突，它们因失败国家的软弱而生；恐怖主义表现出新的形式，包括本土的激进主义；与之相关的跨国犯罪网；大规模杀伤性武器扩散；对资源实施不可持续的开发，尤其是相关能源不安全；对全球共同利益的威胁，包括空间与网络空间；经济不平等、不可持续的人群转移、国内经济危机；无法控制的移民；环境恶化，包括气候变化与流行病。"[①]

由上可知，冷战后国际社会所遭遇的安全危机与挑战可谓多种多样，许多非传统安全威胁为过去所未见，不仅危害程度大，而且大多是全局性的，关联极广，基本上游离于民事与军事之间，这种跨界存在几乎让世界各国、各组织以及各地区防不胜防，难以应对。即使是传统类型的安全威胁，也发生了巨大变化，不仅数量多，而且相互交叉，虽然有些属于局部性存在，但常常关联多个国家、领域、民族、宗教或多种文化，同样让国际社会难以处置。"安全挑战的范围一直在扩大，所涵盖的内容绝不局限于传统的硬碰硬的战斗，其中，我们所传承的大多数学说与思想备受尊崇。打击恐怖主义与犯罪行为、防范大规模杀伤性武器扩散、制止网络战、解救人道主义灾难、应对环境问题、应对一般性不稳定，不仅是现

---

① Erwen Lagadec, *Transatlantic Relations in the 21st Century, Europe, America and the Rise of the Rest*, London and New York: Routledge, 2012, p. 49.

第六章 北约的伙伴关系、东扩以及联盟全球化

在,而且是未来十年间全球安全环境的一个组成部分。"①

传统安全威胁与非传统安全威胁大肆泛滥,尤其是后者,大多以跨区域、跨国家、跨领域方式存在,所产生的结果同时危害和损及多个国家或地区。这些非传统安全威胁所涉足的领域,往往是交叉领域或两不管领域,或者是现代科学技术发展所催生的新领域,如网络世界,对其实施有效防范和打击,远远超出单个国家或组织所能独立应对的范畴。这种局面在很大程度上改变了国际社会的旧认知,因为非传统安全威胁的受害方不再是单个国家或组织,而是多个国家、组织,甚至是国际社会,其结果往往造成某种整体性损失或者长期灾难。即除去单一的人员、财产、设施等物质损失外,还会形成某种恐怖氛围、伤害大众心理、毒化新闻舆论、引发社会仇恨等精神伤害。因此,冷战后国际社会的新安全环境,导致北约以及其他区域或国际组织不得不改变思路,更多地关注这些新型安全威胁,制定相应的方针与政策。"1989 年前,北约各成员国能够确定针对北约的威胁来自何方,但是"9·11"事件发生后,爆发冲突的地理范围发生了革命性变化。"②

北约自冷战结束后就一直热衷于推动全面东扩与战略转型,它已不再满足于在北大西洋区域内部发挥作用,而是积极谋求在更大的地理范围与国际公共领域发挥作用。与此同时,北约亦不再单纯恪守北大西洋区域防御任务,而是积极致力于承担全球安全使命,推动全球安全环境转圜。"北约的新战略是一个可以更深刻理解北大西洋以及相关跨大西洋安全的框架。这个新战略必须承认有必要实施全方位任务,从和平保证到海上混合战争,包括解决跨大西洋海底电缆的漏洞;但是新战略也强调威慑与集体安全。新战略应该专注于不断发展北约的能力,以及新近形成的提议,而不是寻求在海上领域实现一次革命性变革……新战略必须解释,一个北

---

① Hans Henrik Møller, "Effect-Based Thinking in NATO, Utilizing All Instruments of Power while Planning for and Conducting Operations," Liselotte Odgaard, ed., *Strategy in NATO, Preparing for an Imperfect World*, p. 177.
② Yanan Song, *The US Commitment to NATO in the Post-Cold War Period*, p. 19.

北大西洋公约组织

大西洋可信赖的防御如何保卫欧洲所有相关各部分,而不仅仅是海洋国家。"①

因为北约认为,在全球安全形势日趋复杂化、不确定性持续增加的大环境中,北约不可能独善其身,其构建欧洲—大西洋区域安全秩序的目标亦不可能顺利实现。北约为此提出,要以无边境集体防御政策代替有形的集体安全政策,通过在欧洲—大西洋区域以外的地区承担安全责任,推动实现北约的核心安全目标。进言之,北约还将通过承担国际安全任务,塑造北约作为全球最强大安全组织的形象,推动北约从区域组织向国际组织转换。换句话说,即"大西洋身份认同并不是大西洋共同体中成员国国家身份认同的总和,每一个成员国的国家身份认同,都确定了相关跨大西洋关系的利益,这些利益确定了它与盟国的不同意见"②。

对北约来说,国际公域安全所涉及的领域非常广泛,受制于自身力量与资源,北约并非无差别全面领受,而是按照轻重缓急,将其承担的国际公域安全任务分成不同等级,有选择地承担某些国际公域安全任务,有选择地处置一些具有典型性和标识性以及国际社会高度关注的公域安全危机,体现北约在国际社会的领导力,以及北约所宣传的共同价值观与基本准则。目前北约所承担的国际公域安全使命主要包括两个方面:其一是维护网络安全,其二是维护国际空域安全。

第一,北约将维护网络安全确定为优先承担的国际公域安全使命。21世纪以来,维护网络安全成为国际社会的一个重要目标。2001年11月23日,欧洲理事会在布达佩斯召开网络犯罪大会,签署《关于网络犯罪的公约》(Convention on Cybercrime),正式将防范和反制网络攻击设定为一种国际安全使命。2002年11月,北约各成员国在布拉格召开峰会,首次提出加强北约防范网络攻击的能力,将维护网络安全提上议事日程。网络安全首次和核武器、生化武器、恐怖主义等连在一起,正式列入北约安全

---

① John Anreas Olsen, "Conclusions and Recommendations," John Anreas Olsen, ed., *NATO and the North Atlantic, Revitalising Collective Defence*, Abingdon and Philadelphia, P. A.: Taylor & Francis Inc., 2017, p. 103.

② Veronica M. Kirtchen, *The Globalization of NATO, Intervention, Security and Identity*, p. 112.

能力建设名单。"在这十年中,网络安全迅速成为北约需要做出安全界定的一个问题,或者在北约适应新安全威胁时,当北约面对最严峻结构挑战时,北约理所当然需要做出安全界定,未来北约这样做的可能性非常大。"①

2006年11月,北约各成员国召开里加峰会,正式确立"启动北约网络功能计划"(NATO Network Enabled Capability,NNEC)。该计划明确提出,设定北约网络建设的最终目标是,确保其关键信息系统免遭网络攻击。北约所提及的网络安全目标实际上并不具有国际安全属性,只是体现了自身的一种安全需要。"作为正在进行的军事转型的一部分,北约正在考虑转向'以网络为中心'的能力建设,通过使用最新信息与通信技术,给地面指挥官与部队提供潜在战场上的实时图像。"②

2007年4月至5月,爱沙尼亚政府及其基础设施遭到大规模网络攻击。以此为起点,波罗的海三国政府均持续遭到多次网络攻击,政府、议会、军队、银行和媒体的信息技术设施和相关数据网络等全面瘫痪,北约对此做出积极回应。2008年1月,北约推出"合作网络防御政策"(Cooperative Cyber Defense,CCD)。3月,北约正式在爱沙尼亚首都塔林创建北约合作网络防御卓越中心,负责为各成员国提供包括技术、战略、作战以及法律法规等在内的全方位网络防御服务,提高应对网络威胁与攻击的能力。不仅如此,北约还着力于发展自身防范网络攻击的专门力量——北约计算机意外事件反应能力技术中心(NATO Computer Incident Response Capability,NCIRC)。就像该中心主任伊恩·韦斯特(Ian West)所指明的,"北约计算机意外事件反应能力技术中心负责北约所有站点的网络安全,无论是静态的北约总部站点,还是用于作战与军演的北约指挥

---

① David R. Edelman, "NATO's Cyber Decade?" Yonah Alexander and Richard Proisen, eds., *NATO from Regional to Global Security Provider*, p. 24.
② "Conference Examines Role of ICT in Military Transformation," 26 Mar. 2006 – 28 Mar. 2006, https://www.nato.int/cps/en/natohq/news_22354.htm? selectedLocale = en.

机构站点"①。

另外，北约还在北约计算机意外事件反应能力技术中心下，以各成员国为单位，设立若干计算机紧急反应小组（Computer Emergency Response Teams, CERYTs）。上述机构专门负责应对北约及其成员国出现的各种紧急网络事件，包括网络攻击、黑客行为等各种网络犯罪行为，确保北约在网络安全领域掌握绝对主动权。

2009 年，北约合作网络防御卓越中心在国际红十字会（International Committee of the Red Cross, ICRC）与美国网络战司令部（US Cyber Command, US CYBERCOM）协助下，推出《网络战适用于国际法塔林手册》，简称《塔林手册》（Tallinn Manual, TM）。该手册强调，由国家发起的网络攻击行动，必须规避医院、水库、堤坝、核电站等敏感目标，同时允许遭受网络攻击的国家采取常规军事行动，对造成人员伤亡和重大财产损失的网络攻击行为实施武力反击。北约秘书长斯托尔滕贝格曾指出："北约明确表示，网络攻击将导致北约援引《北大西洋公约》第 5 条，或者实施集体防御，因为网络攻击与传统攻击一样严重，它会摧毁基础设施，会造成许多损失……"②

北约合作网络防御卓越中心及其《塔林手册》，对维护国际网络安全具有重大意义。继创建位于塔林的北约合作网络防御卓越中心之后，北约还在欧洲多地创设卓越中心，作为北约合作网络防御卓越中心的分支和辅助机构。北约各成员国悉数参与其中，许多伙伴国也参加该中心的活动。该中心每年举行一次防范网络攻击演习，以此强化北约维护网络安全的能力。从 2010 年首次网络安全演习开始，由北约总部牵头、由北约各成员国与伙伴国共同参与的网络安全演习，规模越来越大，技术难度越来越高，演习质量不断提升，这种网络安全演习已成为国际社会最具影响力、最有效的网络安全行动。

---

① "NATO Response Act Team to Fight Cyber Attack," https://www.nato.int/cps/en/natohq/news_85161.htm? selectedLocale = en.
② "Remarks by NATO General Secretary Jens Stoltenberg before the European Parliament Foreign Affairs Committee and Sub-Committee on Security and Defence," 30 Mar. 2015, https://www.nato.int/cps/en/natohq/opinions_118576.htm? selectedLocale = en.

第六章　北约的伙伴关系、东扩以及联盟全球化

同样,《塔林手册》虽然并非正式官方文件,但在事实上却构成国际社会防范网络攻击的一个经典文献。该手册成为北约制定网络世界法律规则的一种尝试,反映了北约在国际网络世界力图先声夺人的姿态,在国际社会为维持国际网络安全而采取的各项政策与实践中发挥了引领和示范作用。在《塔林手册》的基础上,2013 年,北约合作网络防御卓越中心推出《塔林手册 1.0》(*Tallinn Manual 1.0*),该手册成为网络空间国际法手册。《塔林手册 1.0》得到许多国家与国际组织的支持,但该手册实际上反映了欧美各国对国际网络安全的基本立场与主张。2017 年 2 月,北约合作网络防御卓越中心推出《塔林手册 2.0》(*Tallinn Manual 2.0*),进一步拓展了国际社会参与网络安全的宽度,增强了维护网络安全的可操作性,这使该手册在国际社会获得更多国家、国际组织以及区域组织的认可,进而得以向和平时期关于网络行动的国际法则这一方向发展。

第二,北约将维护国际空域安全确定为另一项国际公域安全使命。按照国际法相关规定,空域可分为国家领空与国际空域。在理论上,国际空域是指外太空,即国家领空以上的空间;在现实中,国际空域也指公共领空,即在主权国家领空外的平行空间,有时也指领空与太空之间特定维度的空间。

冷战结束后,空间技术获得巨大发展,开发并利用太空资源,已成为世界各个大国的共同目标。美国一直未停止空间技术研发,美国宇航局(National Aeronautics and Space Administration, NASA)连续开展各种空间实验,持续保持空间技术优势。由欧洲多国组成的欧洲航天局(European Space Agency, ESA),也持续展开载人航天研究,发射探测月球和其他行星的空间装置,推进用于地球观察和通信的"伽利略计划"(Galileo Plan)。俄罗斯尽管经济困难,但俄罗斯航天局(Russian Federal Space Agency, RKA)仍继续推进"空间站计划"和"洛格纳斯计划"(Global Navigation Satellite System, GLONASS),推动空间技术、卫星通信系统建设等。另外,中国也发展载人航天计划和北斗卫星通信系统(Beidou Navigation Satellite, BNS),推动中国的空间技术开发与和平利用、宇宙探索以及同步卫星通信等。

北大西洋公约组织

不仅如此，世界各国在冷战结束后并未停止导弹技术开发与研制，各国持续发展各种战术级和战略级弹道导弹开发技术，竞相发展低轨、中轨以及高轨导弹技术以及变轨技术，客观上形成竞争之势，直接危及国际空间和平。因此，合理利用空间技术、和平开发太空资源、防止导弹技术扩散，已经被国际社会视为承担国际公域安全任务的一项重要内容。

为了解决北约成员国防务开支普遍不达标的窘境，北约特别设立"北约安全投资计划"（NATO Security Investment Programm，NSIP），该计划强调所有成员国均要为北约特殊的共同防御计划提供经费，包括北约导弹防御计划。1997年12月，北大西洋理事会在布鲁塞尔召开会议，对"北约安全投资计划"公开展开评估。"我们注意到3个受邀国关于资源影响的报告，其中特别提到共同出资的预算。该报告对共同出资的费用展开初步评估，即要在十年内投资15亿美元，其中13亿美元用于'北约安全投资计划'。"① 1999年4月，北约又推出《北约战略概念，1999》，明确提出"导弹防御"概念。与此同时，北约还提出一个为期十年的北约扩展空中防御体系——空基指挥和控制系统（Air Command and Control System，ACCS）以及空基预警与控制系统（Boeing E-3A Airborne Warning & Control System，AWACS）②，使北约通过远距离雷达探测、搜索、分析以及指挥系统，建立每天24小时包括全时监控、预发警报、协同指挥在内的导弹防御能力。另外，北约还提出加速建设多层次的"战区导弹防御计划"（Theater Missile Defenses，TMD），力图全面覆盖北约所有成员国领土及其附属地区。

2002年11月，北约各成员国召开布拉格峰会。此次峰会启动"北约导弹防御灵活性研究计划"（NATO Missile Defense Flexibility Research，NMDFR），对北约现有的导弹防御部署、快速反击能力等展开检验，检查北约导弹防御能力究竟达到何种程度，才能真正使北大西洋区域领土、武

---

① "Final Communiqué," 16 Dec. 1997, https://www.nato.int/cps/en/natohq/official_texts_25439.htm? selectedLocale = en.
② 该系统主要装备有美国波音公司生产的E-3A机载雷达，装备全球空中交通管理系统（Global Air Traffic Management，GATM），该系统探测高度达400公里，覆盖面积达50万平方公里。

装力量、人口等免受导弹威胁。2008年4月,北约各成员国召开布加勒斯特峰会。北约再次明确地提出将发展导弹防御架构,使之能够全面覆盖所有成员国领土。北约甚至在峰会中直言不讳地提出,建议俄罗斯与美国就导弹防御合作问题展开深层次对话,探讨是否有可能将美国、北约以及俄罗斯的导弹防御体系连接在一起。

事实上,在大规模发展导弹防御能力的同时,北约也为未来可能出现的太空竞争与冲突积极做好各项准备。例如,2008年8月,在俄罗斯与格鲁吉亚围绕阿布哈兹与南奥塞梯主权争端的武装冲突中,俄军从格鲁吉亚军队手中截获5辆美制"悍马",曝光了车载系统中预装的北约统一标准的太空作战系统,以及绝密的卫星通信技术。2009年,"北约联合空中力量中心"(Joint Air Power Competence Centre,JAPCC)正式发表《外太空作战评估报告》,对未来太空作战环境下的作战方式、武器装备、战争损毁等做出具体评估。在此基础上,北约在2009年12月发表《空天作战行为准则》(Code of Conduct for Air-Space Combat),对北约实施太空与空中作战的组织、培训、物资、领导、人员、设施、互操作性、指挥控制以及战略沟通等相关事项做出明确规定。

2010年,北约制订"区域弹道导弹防御能力建设计划"(Territorial Ballistic Missile Defense Capability),将其作为北约集体防御的核心任务。2011年2月,美国军方发布《十年太空安全战略》(National Space Security Strategy for the Next Decade,NSSS),提出保护美国太空设施的相关办法。该报告强调,美国与北约盟国将在未来太空作战中合作,即按照集体安全原则,如果任何一国遭到太空攻击,都会被视为对北约所有成员国发动攻击,北约将采取一致行动展开反击。在2014年北约威尔士峰会上,北大西洋理事会宣称,"北约的威慑建立在适当融合核力量、常规力量以及导弹防御力量的基础之上,威慑一直是我们全部战略的核心"[①]。

继美国发布《十年太空安全战略》后,2018年6月26日,北约发布首个《联合空中力量战略》(Joint Air Power Strategy,JAPS)。该报告提

---

① Julian Lindley-French, *The North Atlantic Treaty Organization: The Enduring Alliance*, p.121.

北大西洋公约组织

出,北约及其成员国正面临多维度和跨国家安全威胁,北约的竞争对手正在发展弹道导弹和巡航导弹、扩散导弹技术,实施先进分层空防、电子战等作战手段。北约必须在空中、海上、陆地以及网络等领域展开联合作战准备,充分发展危险作战环境中北约的空中作战和空间作战能力,通过展开空中指挥和控制,协调和整合多领域作战行动,确使北约联合空中力量能够在集体防御、危机管理和安全合作等核心任务中发挥作用。"在支持北约完成3项核心任务(集体防御、危机管理和安全合作)的过程中,北约联合空中力量扮演了关键角色,同时也在北约加强威慑与防御态势、构建稳定秩序实践、国际社会反恐中都发挥了关键作用。对联合空中力量采取平衡且富有创新性的方法,理解、接受并降低风险,这些都会提供一种连贯性军事力量,强化北约可信、灵活态势的发展。"①

另外,除去维护网络安全、国际空域安全这两项主要使命外,北约所涉足的国际公域安全还有许多内容,例如,北约为维护国际公共水域安全所采取的行动,包括联合打击海盗与海上走私、保护海上交通线、确保海底电缆通信安全等。除此之外,北约还提出要确保北极和平开发和利用,防止各国出于竞争而出现无序和过度开发。同时,北约还提出确保世界范围内各种自然灾害能够得到及时救助,确保世界范围内各种人道主义灾难能够得到及时救助等。

在承担国际公域安全使命的过程中,无论是维护网络安全,还是维护国际空域安全,北约均引领世界之先,开创了制定国际公域安全相关政策及规则的先河。"从美国军事部门为了'控制气候'而推进气象研究工作开始,作为一个单独的五角大楼项目,'星球大战计划'也一直得到发展。这两个项目就在同一军事趋势中被划分为不同的组成部分,美国与北约在全球范围内一直追求这一军事潮流中的全方位优势地位。"② 出现这种局面的原因在于,北约及其成员国拥有先进的科技能力、雄厚的经济与

---

① "NATO Joint Air Power Strategy," 26 Jun. 2018, https://www.nato.int/cps/en/natohq/official_texts_156374.htm?selectedLocale=en.

② Mahdi Darius Nazemroaya, *The Globalization of NATO*, p. 207.

财政基础、发达的教育体系以及引领世界的雄心。不可否认，北约所承担的国际公域安全使命，为国际社会率先确立了许多国际规则、行为规范，甚至评价标准以及基本机制，这些对推动国际公域安全无疑具有一定的进步意义，但是其消极与负面影响也是显而易见的。因为毕竟北约的所言所行基本上源于对自身安全利益的考量，所设定的目标大多为确保北约及其成员国的安全与稳定，这一目标显然无法满足国际社会绝大多数成员的共同安全诉求，在实质上不可能全面体现国际公域安全所有的内在价值。

三　北约走向全球化

自冷战结束后，围绕北约在后冷战时期国际安全秩序中所扮演的角色，北约内部一直争论不休。虽然北约赢得了冷战胜利，但是和前苏联与中欧、东欧各国一样，北约对未来究竟需要何种国际安全体系并不确定，对未来北约发展道路存在困惑。"北约进入后冷战时期，在北约成员国没有受到任何压倒一切的威胁的情况下，这种共同的身份认同是否足以维持北约联盟，仍存在不确定性。"[①] 为此，北约在冷战后的政治与军事实践中做出大量尝试，初步确立了东扩与转型并重的战略发展方向，同时还确立了积极应对北大西洋区域内外各种安全危机与挑战的战略性目标。事实上，北约上述战略方向离不开其历史发展轨迹，北约在历史上呈现的发展惯性，为北约未来发展奠定了必要的基础。"在21世纪早期，挑战的模式以及北约的适应，与历史上的其他关键时刻基本上保持一致，进而为将来分析这些适应过程提供了丰富的土壤。"[②] 至于美国总统特朗普从2017年1月起不断公开宣称的"北约过时论"，不过是美国为了要欧洲盟国承担更多北约防务开支而抛出的政治噱头。至于法国总统马克龙提出的"北约脑死亡说"，亦不过是对美国过度插手北约事务的抱怨。两种说法并不具有实际意义，亦无法改变北约既定的发展轨迹。

[①] Ellen Hallams, *The United States and NATO since 9/11, the Transatlantic Alliance Renewed*, London and New York: Routledge, 2010, pp. 106 – 107.

[②] Seth A. Johnston, *How NATO Adapts, Strategy and Organization in the Atlantic Alliance since 1950*, Baltimore, M. D.: Johns Hopkins University Press, 2017, p. 174.

北大西洋公约组织

正是在战略大方针的指导下，北约设计了集体防御、危机处置以及合作安全等核心任务，制定了一系列非常具体的执行方案。很明显，未来北约所要承担的安全任务不仅汇聚于欧洲—大西洋区域，而且必然涉及该区域以外。因此，早在1991年6月北约哥本哈根会议上，北大西洋理事会专门就北大西洋区域内外的安全危机展开探讨，就域内与域外危机处置达成某种妥协。"北约必须准备解决其他不可预测的问题，这些问题超出北约传统的关注焦点，但对我们的安全产生直接影响。"[1]

不仅如此，北约还确立了由区域防御组织向国际安全组织转变的发展方向。美国助理国务卿丹尼尔·弗里德（Daniel Fried）在2003年就曾对这一战略构想做出解读，"北约从冷战开始就一直致力于转型，然后再从1990年代区域典型，转变为一个跨大西洋机构，拥有全球使命、全球影响以及全球伙伴。这种转变最突出证据的就是，北约在阿富汗展开工作，我们越过了北大西洋区域内和区域外那条线，而这种域内和域外之争在1990年代占用了太多时间，争论的有效期结束了。再没有域内、域外之分，所有事情有可能都是北约区域内的事务，这并不意味着北约成为一个全球性组织。北约认识到自身是一个跨大西洋组织，但是《北大西洋公约》第5条具有全球性影响。北约处在发展能力的进程中，也处于应对世界范围内各种问题以及可能发生事件的地平线上"[2]。

北约从冷战结束后积极致力于向欧洲—大西洋区域以外的地区拓展，承担了大量全球性安全任务，在国际公域投入大量财力与物力，诉诸大量行动。然而，这些行动似乎并未解决未来北约发展所涉及的所有问题，北约仍然面临艰难的发展方向选择。英国皇家国际事务研究所研究员、影子国防大臣利亚姆·福克斯（Dr. Liam Fox）曾列举了一系列北约域外安全行动，以此证明北约的战略方向正在转向欧洲—大西洋区域以外。"当前，北约已经成为一个非常活跃的组织。作为一个安全联盟，北约有成千上万的人员在全球范围内执行5个不同的使命：在阿富汗，北约人员成为

---

[1] Rob De Wijk, *NATO on the Brink of the New Millennium, the Battle for Consensus*, p. 28.
[2] Mahdi Darius Nazemroaya, *The Globalization of NATO*, p. 16.

第六章　北约的伙伴关系、东扩以及联盟全球化

国际安全援助部队的一部分；在伊拉克，北约执行训练（伊拉克政府军与警察力量）任务；在科索沃，北约组织'科索沃北约执行部队'；在东地中海，北约人员参与了部分'积极努力行动'；在非洲之角附近，北约人员参加了旨在打击海盗的'海上盾牌行动'。"①

事实上，北约及其成员国在很长一段时间内一直争论不止的一个焦点就是，未来北约究竟会成为一个"全球性联盟"，还是会成为一个"拥有全球伙伴的联盟"。有许多北约及其成员国重量级政治家与学者认为，北约拥有越来越多的全球性伙伴，将为未来北约转向"全球性联盟"奠定必要基础；与之相对应，面向全球、越来越开放的北约，将会拥有越来越多的全球性伙伴。西班牙学者费尔南多·罗德里格斯（Fernando Carvalho Rodrigues）坚持认为，"从军事角度看，北约就是一种机制，我认为北约有必要和不必要的理由，必须提供安全机制，从地方事务走向产生全球性结果"②。

对于第一种观点，已故美国前参议员约翰·麦凯恩（John Sidney McCain III）、西班牙前首相何塞·玛利亚·阿斯纳尔（José Maria Aznar）、澳大利亚前外交部长亚历山大·唐纳（Alexander Downer）等人都持积极肯定态度。他们一致认为，北约应该向全世界所有自由和民主国家打开大门，以全面开放的方式面对世界，在全球范围内推广其自由和开放的生活方式。麦凯恩甚至提出，美国应该带领全世界所有民主和自由国家建立一个民主共同体，将北约扩展为一个全球民主与自由联盟。亚历山大·唐纳也强调，未来北约应当打破当前的联盟框架限制，建立一个更开放的联盟范式，因为一个正式的联盟框架会加剧不同文明之间的冲突，澳大利亚非常乐意看到北约与东南亚国家建立非正式关系。

对于第二种观点，法国前总统雅克·希拉克、法国前外交部长米谢勒·阿里奥-马里（Michele Alliot-Marie）等人均持肯定态度。他们一致

---

① Dr. Liam Fox MP, "The Way Forward for NATO," *Chatham House Transcript*, 8 Dec. 2009.
② Barry Denofsky, "Asymmetric Doctrine," Martin Edmonds and Oldrich Cerny, eds., *Future NATO Security, Addressing the Challenges of Evolving Security and Information Sharing Systems and Architectures*, pp. 124–125.

认为，北约在全球范围内发展伙伴关系，有利于扩大北约的影响，但不应以弱化欧美双方跨大西洋联合这一天然纽带为前提，因为北约的核心价值仍然是跨大西洋关系。另外，即使北约成为一个拥有全球伙伴的联盟，也应将主要精力集中于某些实用性事务。[1]

在冷战后的发展进程中，北约并没有止步或者纠缠于这两种争论，而是采取搁置争议、求同存异的发展方式。因为这两种发展方式很难称得上完全适合或不适合北约。对北约来说，成为"全球性联盟"是一个理想目标，虽然能为北约赢得更广泛的权威性与合法性，使北约更具号召力，但同样也存在北约集体安全理念泛化的风险，存在北约防御资源被分散的风险。同样，成为一个"拥有全球伙伴的联盟"，虽然可使北约充分利用其伙伴国的资源和力量，弥补自身资源的相对不足，但确实存在弱化北约集体安全这一核心理念的风险，确实存在北约政治与安全实践有可能出现顾此失彼、舍大就小的风险。因此，从任何一个单一的角度看，未来北约发展似乎都无法达到最佳效果，都会存在这样或那样的风险。"如果北约持续推进迄今为止的全方位行动，其结果有可能会进一步扩大北约预期与其执行能力之间的差距。"[2]

纵观冷战结束至今的北约发展历程，北约实际上采取了"全球性联盟"与"拥有全球伙伴的联盟"两种方式同步走的方式，即融两种发展模式于一身，发挥每种模式之长，去除每种模式之短，既要兼顾北约自身的核心安全利益、跨大西洋集体安全理念以及北大西洋安全体系，又要全面发展和推动其伙伴关系与合作关系，最大限度扩展北约在全世界的影响与势力范围等。

第一，从 1990 年初起，北约开始大规模发展伙伴国。为此，北约先后推出"和平伙伴关系计划""单个和平伙伴关系计划""地中海对话"

---

[1] Rebecca R. Moore, "Partnership Goes Global, the Role of Nonmember, Non-European Union States in the Evolution of NATO," Gülnur Aybet and Rebecca R. Moore, eds., *NATO in Search of a Vision*, Washington, D. C. : Georgetown University Press, 2010, pp. 291 – 313.

[2] Jennifer Medcalf, *Going Global or Going Nowhere? NATO's Role in Contemporary International Security*, p. 239.

第六章　北约的伙伴关系、东扩以及联盟全球化　**N**orth Atlantic Treaty Organization

"伊斯坦布尔合作倡议"等计划，北约的目标非常明确，就是让北约不再局限于欧洲—大西洋区域，能够在世界范围内优选合作伙伴，将北约所中意的国家纳入北约构筑的"伙伴联盟"，让"伙伴联盟"成为北大西洋安全体系的重要外围支撑。

经过20多年努力，北约获得众多伙伴国、对话国以及合作国，这些国家遍及世界各个地区，与北约建立了许多关联，它们或与北约及其成员国拥有历史渊源，或与北约及其成员国拥有某种现实性安全关联。"北约伙伴关系已经取得历史成功，北约最近采取几个步骤，确保伙伴关系能够在未来继续成功推进。"[1] 在选择和发展伙伴国的过程中，北约实际上也非常谨慎，并非不计后果、一味强调成员国数量，不计代价地扩大"伙伴联盟"规模。另外，这些伙伴国、对话国以及合作国大多政治秩序稳定，经济运转良好，而且均没有复杂的政治、宗教以及民族纠葛，甚至大多数国家与北约成员国有相同或者相近的价值观与意识形态，彼此在政治与安全事务上容易达成共识。

由此可见，北约在全球范围内发展伙伴国的过程中，从未放弃北大西洋安全体系的"集体安全精神"，亦未放弃北约一向引以为傲的自由与民主价值观，也从未将北大西洋安全体系融入"伙伴联盟"。事实上，北约正是按照上述标准选择伙伴国，构建"伙伴联盟"的。不仅如此，在选择伙伴国的过程中，北约特别强调集体防御理念，按照集体安全理念推动"伙伴联盟"建构。归根到底，北约构建的所谓"拥有全球伙伴的联盟"，在现实生活中并非独立存在，而是蛰伏于北大西洋安全体系下，以北约为轴心，基本上服务于北约的核心安全利益，而不是相反。

第二，从世纪之交起，北约开始全方位推进"全球性联盟"模式。北约推进"全球性联盟"这一目标，首先体现在几个方面：（1）北约持续扩大北大西洋安全体系规模，接纳更多成员国；（2）北约将北大西洋区域防御目标，扩展至欧洲—大西洋区域防御目标；（3）北约全面扩展

---

[1] Leslie Ordeman and Bruce Weinrod, "NATO Partnerships into the Europe," Yonah Alexander and Richard Proisen, eds., *NATO from Regional to Global Security Provider*, p. 230.

自身的职能,从单一的军事职能,转向发展综合性职能;(4)北约将自身从简单的军事联合组织,转化为政治—军事联合组织;(5)北约从过去只关注军事领域,转向关注政治、经济、军事、安全、思想文化以及意识形态等领域;(6)北约整合北大西洋区域各种安全力量,使之朝有利于北约的方向发展;(7)北约通过东扩,全面压制俄罗斯,使欧洲地缘安全格局朝最有利于北约的方向发展等。由此可见,"全球性联盟"这一目标实际上融合了上述各个阶段性目标,其最终结果就是推动北约从最大的区域安全组织向事实上的国际安全组织过渡。

其次,北约的"全球性联盟"模式还强调北约在世界范围内展示其影响,以此体现其力量存在。从1999年北约对南联盟实施军事打击,到进入21世纪后北约及其成员国所推进的一系列域外军事干预,如阿富汗反恐战争、伊拉克战争、利比亚战争以及叙利亚危机等,虽然北约及其成员国的显示度和参与度并不相同,但明确体现了北约的全球危机处置战略。即北约既要处置欧洲—大西洋区域出现的各种安全危机与挑战,又要对区域外部各种危机与威胁实施提前干预。上述行动不仅展示了北约在国际舞台上的影响,而且也对被干预国家或地区的政治与安全走向产生持续影响。北约前秘书长夏侯雅伯曾指出,"北约并未转化为某种形式的环球公司,能够处置全球范围内的紧急事件;我们确实不会有这种野心,更遑论必要的手段。26个成员国当前将北约视为一个非常灵活的工具,在我们共同安全利益需要的时候就可以使用……我们需要正确的力量组合,既能执行战斗任务,又能推进战后重建工作"[①]。

在上述危机处置行动中,北约提出了一系列政治、军事以及安全规则,在现有的国际关系体系中开创了若干先例,这已经与当前国际体系、国际法则以及行为准则等产生了龃龉,在有形和无形中改变了旧的国际规则。北约版的政治与安全规则、标准以及规范,在强化北约对国际社会影

---

① Jaap de Hoop Scheffer, "A New NATO," Speech at the Norwegian Atlantic Committee, Oslo, 3 Mar. 2006. 转引自 Jennifer Medcalf, *Going Global or Going Nowhere? NATO's Role in Contemporary International Security*, p. 238。

响力的同时，也给未来国际政治与安全走势增加了不确定性。因为"北约非常明确地选择了一个全球性授权：它有必要'应对针对我们安全力量、人口、领土的挑战，不论其来自何方'"①。

再次，北约的"全球性联盟"模式还强调，北约与欧盟、欧安组织、联合国等各种区域或国际组织展开广泛合作。鉴于冷战后国际安全形势日趋复杂，北约不可能解决全球所有政治与安全矛盾，不可能处置全球所有安全危机与威胁，客观上必须与当前国际社会中主要的国际与区域组织展开横向联合，以他人之长补己之短。例如，北约虽然在阿富汗反恐战争中取得重大军事成就，在短期内击溃"基地"组织和"塔利班"的武装力量，但是在战后阿富汗重建中却捉襟见肘，无从着力，最后不得不求助于欧盟，利用欧盟长于民事的特点，推动战后阿富汗重建工作有序展开。

此外，北约虽然在历次域外军事干预中屡屡突破联合国安理会的授权，在执行安理会决议案的过程中，不断夹带自己的"私货"，但是至少在每一次军事干预行动前，北约都要争取获得联合国安理会授权，以执行联合国安理会决议案的名义贯彻其政治与安全意志。很明显，北约要想在国际事务中保持政治正确，离不开联合国的支持。

最后，北约的"全球性联盟"模式还体现在承担国际公域安全使命方面。冷战后，国际政治与安全环境进一步复杂化，国际社会或民族国家的政治、经济和安全形态多有变化，大量非传统安全威胁跨越领域、国家以及民族界限存在。对北约来说，积极承担国际公域安全使命，堪称北约向全世界各国展示其国际影响的最佳时机。北约需要通过参与国际公域安全实践，有选择地承担国际责任，展示其维护国际公理与道义的决心和意志。因此，参与国际公域安全实践成为北约向国际安全组织转变的一个重要抓手。"增加世界舞台上的稳定性，减少不确定性，对于避免未来冲突非常关键，北约已准备好在这两条战线上发挥重要作用。"②

---

① Veronica M. Kirtchen, *The Globalization of NATO*, *Intervention*, *Security and Identity*, p. 116.
② Leslie Ordeman and Bruce Weinrod, "NATO Partnerships into the Europe," Yonah Alexander and Richard Proisen, eds., *NATO from Regional to Global Security Provider*, p. 231.

北大西洋公约组织

然而,北约承担国际公域安全使命是有选择的,虽然在主观上是为了维护自身安全利益,但在客观上还是有助于推动国际或区域安全与稳定。更重要的是,北约在承担国际公域安全使命的过程中,有意或无意为国际公域安全制定了若干规则、标准以及法律规范,这些为未来国际公域安全使命做出更加详尽的规定,强化了北约在国际社会中的地位,同时强化了北约在国际公域安全中的影响力。事实上,大规模承担各种国际公域安全使命,已经成为北约推动"全球性联盟"模式的一项重要内容。

总之,北约走向全球化,虽然从表面上看是北约自身所做的一种战略选择,但也是冷战后国际政治与安全形势发展的一种必然结果。北约为了走向全球化,采用了两种模式并行的路径,实际上也是谋求自身安全利益最大化的一种选择,因为唯有如此,才能实现这一目标。事实上,回顾北约走向全球化的历程,不论采取哪一种模式,北约都取得了一定成就。从这个意义上讲,北约走向全球化,为其他区域组织或国际组织树立了榜样,尤其是北约在走向全球化进程中所设定的某些阶段性目标、制定的具体战略、采取的灵活方法等,都对北约的发展产生了重大推力。

当然,北约走向全球化,也在很大程度上产生了很多副产品,主观上并非完全着力于推进国际社会全面和平与稳定,客观上还对欧洲—大西洋区域安全秩序建构这一核心目标产生了大量负面影响。例如,北约东扩引发了欧洲地缘政治冲突,其域外安全危机处置引发了大规模难民危机等。因此,合理且恰当地评价北约走向全球化,还其本质和原貌,是我们准确认识冷战后北约诸形态以及发展方向的唯一选择。

#　附　录

北大西洋公约组织大事年表

1945 年

2 月　　美国和拉美 20 个国家在墨西哥城附近查普泰皮克召开会议。
6 月　　全世界 50 个国家代表在旧金山签署《联合国宪章》，正式成立联合国。

1946 年

2 月　　美国驻苏联使馆代办乔治·凯南发出"长电报"，提出"遏制思想"。
3 月　　英国前首相丘吉尔在美国密苏里州富尔顿市发表铁幕演说。
12 月　美国与英国在德国占领区合并，成立双占区。

1947 年

3 月　　英国与法国订立《敦刻尔克条约》，缔结英法同盟；美国提出杜鲁门主义。
6 月　　美国国务卿马歇尔在哈佛大学发表演说，提出"欧洲复兴计划"。
9 月　　美国与拉美 18 个国家订立《里约热内卢条约》，建立泛美联盟。

北大西洋公约组织

1948 年

3 月	西欧五国订立《布鲁塞尔条约》,建立西方联盟。
5 月	美国参议员范登堡提出《范登堡决议案》,为美国加入区域集体安全组织设立门槛。
6 月	美国参议院通过《范登堡决议案》,作为美国订立《北大西洋公约》的附加条件;"第一次柏林危机"爆发。

1949 年

4 月	美国等十二国在华盛顿签署《北大西洋公约》。
9 月	北约召开华盛顿峰会,创设北约最高权力机构,如北大西洋理事会。

1950 年

7 月	美国国会通过《共同防御援助法》,对北约成员国及其他盟国实施援助。
8 月	北约设立北约信息处。
9 月	北大西洋理事会在纽约召开会议,制定"前沿防御战略"。
10 月	法国总理普利文提出"欧洲军"计划,推动欧洲防务共同体建设。
12 月	北约成立欧洲盟军最高司令部,艾森豪威尔出任欧洲盟军最高司令。

1951 年

1 月	北约成立军事标准办公室。

5月	北约废止防务委员会和防务财政与经济委员会,将其职能并入北大西洋理事会。
9月	北大西洋理事会召开渥太华会议,确定有关各成员国代表与北约国际职员的协定。
10月	北大西洋理事会临时委员会召开首次会议,建立"三贤人委员会"。
11月	北大西洋理事会在罗马召开会议,再次明确北约"前沿防御战略";北约防务学院在巴黎宣告成立。

1952 年

2月	北大西洋理事会召开里斯本峰会,希腊和土耳其入盟北约;建立常设理事会,设立北约秘书长;北约通过"中期防御计划";设立海峡指挥部,任命海军上将阿瑟·约翰·帕沃爵士为司令官。
3月	北大西洋理事会设立国际秘书处,伊斯梅勋爵担任北约秘书长。
5月	马修·李奇微出任欧洲盟军最高司令;法国、联邦德国、意大利以及低地国家共同签署《欧洲防务共同体条约》。

1953 年

4月	北大西洋理事会召开会议,商讨欧洲防务共同体建设问题。
7月	阿尔弗雷德·格仑瑟担任欧洲盟军最高司令。
12月	美、英、法三国召开百慕大峰会,北约秘书长伊斯梅勋爵参会。

1954 年

6月	美、英、法三国拒绝苏联要求加入北约的申请。

10月	伦敦九国会议召开,邀请联邦德国与意大利加入《布鲁塞尔条约》;成立西欧联盟;北约邀请联邦德国加入北约。
11月	军事委员会提出"未来若干年北约军事力量最有效模式",发布"前沿防御战略"。
12月	北大西洋理事会在巴黎召开会议,接受"大规模报复战略"。

1955年

4月	北大西洋理事会建立欧洲空域协调委员会。
5月	联邦德国正式加入北约;苏联与东欧七国在华沙签订《友好互助条约》,成立华约。
7月	北大西洋理事会设立北约议员会议,又称北大西洋议会。

1956年

1月	挪威外长朗格、意大利外长马提诺、加拿大外长皮尔逊组成三人委员会,就未来北约发展方向和大政方针提出咨询报告。
7月	北约油管线路委员会成立,负责北约油路系统所涉及的问题。
11月	莱利斯·诺斯塔德出任欧洲盟军最高司令,建立两个小型司令部——中欧北部海军司令部与北海分区海军司令部。
12月	三人委员会向北大西洋理事会提交《三人委员会报告》,又称《三智者报告》。

1957年

5月	北大西洋理事会召开波恩会议,支持两德通过自由选举实现国家统一;比利时外交部长保罗-亨利·斯巴克出任北约秘书长。
12月	北约在巴黎召开首脑会议,讨论北约的原则与目标;北大西洋理事会正式成立北约科学委员会。

附 录　北大西洋公约组织大事年表　North Atlantic Treaty Organization

1958 年

4 月	北约各成员国防长召开会议，确立北约防御战略性质；北约设立北约维持供应系统办公室。
12 月	北大西洋理事会公开支持美、英、法三国驻守西柏林。

1959 年

3 月	法国政府向欧洲盟军最高司令部发出通报，要求从南欧海军司令部撤回地中海舰队及其指挥权。
12 月	北大西洋理事会在巴黎召开会议，建立新北约机构，负责东西方谈判，为美、苏两国首脑最高峰会做准备。

1960 年

3 月	联合国十国裁军委员会在日内瓦召开会议。
8 月	塞浦路斯共和国正式建立，塞浦路斯由英国、希腊和土耳其三国共同确保安全。

1961 年

1 月	北约成立大西洋机构区域组织。
4 月	荷兰驻北约代表德克·斯迪克出任北约秘书长。
5 月	北大西洋理事会在奥斯陆召开会议，重申对德国问题的政治立场，确定帮助希腊和土耳其发展的方针。

1962 年

1 月	北约召开"大西洋会议"，通过《巴黎宣言》，加强北约联盟。

5月	北大西洋理事会召开雅典会议，确定被迫使用核武器的原则。
7月	莱曼·兰尼兹尔担任欧洲盟军最高司令；北约提出"波罗的海盟军方案"，加强北约在波罗的海与北海等的指挥统筹与协作。
12月	北大西洋理事会在巴黎召开会议，支持美国在"古巴导弹危机"中采取的强硬政策；肯尼迪和麦克米兰在拿骚会晤，美国提出"多边核力量计划"。

1963年

1月	联邦德国总理阿登纳访法，法、德两国签订《法德合作条约》。
5月	北大西洋理事会召开渥太华会议，商讨解决希土争端。
6月	肯尼迪访欧，重申保卫欧洲承诺，重视北约平等伙伴关系。
9月	北约军事委员会通过《关于1970年以前影响北约军情谅解备忘录》。

1964年

5月	北大西洋理事会在海牙召开会议，支持联合国对塞浦路斯问题的态度。
8月	意大利前外长马里奥·布鲁西奥出任北约秘书长。

1965年

5月	北大西洋理事会在伦敦召开会议，不承认两个德国并存的现实；北约各成员国防长在巴黎召开会议，讨论希腊与土耳其安全防御，扩大北约成员国在核决策中的参与权。
9月	法国总统戴高乐宣布法国参与北约军事合作的最后期限为1969年。
12月	北大西洋理事会在巴黎召开会议，讨论审核各成员国防御实践和防务贡献新程序。

1966 年

6 月　　北大西洋理事会在布鲁塞尔召开会议，决定北约总部迁出巴黎。
7 月　　北约防务计划委员会在巴黎召开会议，批准北约新军事计划；法国争取北约核决策权、南欧盟军司令部指挥权未果，宣布退出北约军事一体化机构。
12 月　北大西洋理事会召开巴黎会议，同意和苏联与东欧集团合作；北大西洋理事会通过 5 年期"武装力量建设滚动计划"；北约成立"核计划小组"，旨在强化北约内部核事务磋商。

1967 年

3 月　　欧洲盟军最高司令部从巴黎迁址布鲁塞尔。
6 月　　北大西洋理事会在卢森堡召开会议，讨论以色列与阿拉伯国家的敌对问题，确定北约的作用；北约取消"地中海武装力量司令部"，所属各级军事指挥权转隶"南欧海军司令部"。
12 月　北大西洋理事会召开布鲁塞尔会议，通过《哈默尔报告》；北约防务计划委员会通过"灵活反应概念"；核防御事务委员会正式宣告成立。

1968 年

5 月　　北约防务计划委员会在布鲁塞尔召开会议，强调北约与华约保持力量平衡。
6 月　　北大西洋理事会在雷克雅未克召开会议，提议北约与华约对等裁军；北约建立北约工业顾问小组。
11 月　北大西洋理事会召开会议，谴责苏联入侵捷克斯洛伐克，要求提高北约防御力量。

1969 年

2 月	美国尼克松总统访问北约总部,发表调整美欧关系的讲话。
3 月	华约首脑会议发表公告,呼吁缓和欧洲紧张局势,废除现有军事集团,建立欧洲集体安全体系。
7 月	美国将军安德鲁·古德帕斯特担任欧洲盟军最高司令。
11 月	北约建立迎接现代社会挑战委员会,研究环境问题。
12 月	北大西洋理事会在布鲁塞尔召开会议,就东西方关系发表宣言,批准在中欧保持足够武装力量的修正案。

1970 年

3 月	北约开启卫星通信系统。
5 月	北大西洋理事会在罗马召开会议,就"相互与对等武装力量削减"发表声明。
12 月	北大西洋理事会与防务计划委员会在布鲁塞尔召开会议,支持美国新大西洋政策;防务计划委员会通过关于北约核力量地位以及使用核武器政治原则的政策文件。

1971 年

6 月	北大西洋理事会在里斯本召开会议,支持美苏两国就相互削减军备举行谈判。
10 月	荷兰外长约瑟夫·伦斯担任北约秘书长。

1972 年

5 月	北大西洋理事会在波恩召开会议,讨论东西方关系问题,确定

	欧安会预备会议。
11月	欧安会多边预备会议在赫尔辛基召开；美苏双方在日内瓦召开会议，开启"第二阶段限制战略武器谈判"。

1973 年

1月	"相互与对等武装力量削减"多边预备谈判在维也纳召开。
5月	北约在"海峡指挥部"下设置"常设地面对抗武装"。
6月	北大西洋理事会在哥本哈根召开会议，探讨欧安会预备会议的结果。
7月	欧安会第一阶段会议在赫尔辛基召开，35个国家外长参会。
9月	欧安会第二阶段会议在日内瓦召开。
12月	防务计划委员会在布鲁塞尔召开会议，讨论美国驻欧军队、美国对北约民用暨军事项目的预算与开支平衡问题。

1974 年

6月	北大西洋理事会在渥太华召开会议，纪念北约成立25周年，通过《大西洋关系宣言》；北约在布鲁塞尔召开峰会，共同签署《大西洋关系宣言》。
8月	希腊政府宣布退出北约军事一体化机构。
12月	防务计划委员会在布鲁塞尔召开会议，提出加强北约常规力量。

1975 年

4月	北约宣布将英国空军司令部纳入北约的欧洲军事指挥体系。
5月	北约召开布鲁塞尔首脑会议，重申保持北约团结、保卫成员国安全、维护持久和平。

6月	北约在密歇根州巴特尔克里克召开民间防御研讨会。
7月	欧安会第三阶段会议在赫尔辛基召开。
8月	欧安会会议在赫尔辛基结束，各国政府签署最后方案。

1976 年

2月	北约秘书长伦斯发表"渥太华讲话"，指责苏联对安哥拉实施武装干涉。
6月	防务计划委员会在布鲁塞尔召开会议，通过关于加强北约军事力量计划的决议。
12月	北大西洋理事会在布鲁塞尔召开会议，强调北约团结协作，拒绝华约宣布首先使用核武器并限制北约的建议。

1977 年

5月	北约在伦敦召开首脑会议，制订发展北约防御需要的长期计划。
10月	欧安会在贝尔格莱德召开会议；北大西洋理事会建立核计划高级领导小组，应对核力量现代化的威胁。

1978 年

5月	北约在华盛顿召开首脑会议，批准北约长期防御计划。
12月	防务计划委员会在布鲁塞尔召开会议，决定建立空中机载警报与控制系统；北大西洋理事会召开会议，就威慑性核力量的现代化与军备控制做出决议。

1979 年

4月	北大西洋理事会建立核军备监督小组。

5月	北约防务计划委员会在布鲁塞尔召开会议,维持成员国国防开支增长率不低于3%。
12月	北约在布鲁塞尔召开外长与防长联合会议,决定在西欧部署"潘兴"导弹与巡航导弹;苏联入侵阿富汗,打破了东西方之间的默契。

1980年

6月	北大西洋理事会在土耳其首都安卡拉召开会议,商讨应对苏联入侵阿富汗的对策。
10月	防务计划委员会批准希腊重返北约军事一体化机构。
11月	欧安会续会第二次会议在马德里召开。
12月	北大西洋理事会开会讨论苏联可能对波兰实施武装干涉。

1981年

5月	北大西洋理事会在罗马召开会议,拒绝苏联关于暂停在欧洲部署核武器的建议,支持美苏两国就欧洲核武器部署展开谈判。
11月	美苏两国在日内瓦召开会议,开启限制欧洲中程导弹谈判。
12月	西班牙向北大西洋理事会提出入盟北约申请,理事会签署批准西班牙入盟议定书。

1982年

1月	北大西洋理事会召开特别会议,就"波兰事件"发表宣言,支持波兰民主力量。
5月	西班牙加入北约,正式成为北约第16个成员国。
6月	美苏两国在日内瓦重开战略武器限制谈判;北约在波恩召开首脑会议,通过旨在"促进自由的和平"的行动宣言。

1983 年

3 月　　里根发表全国电视演讲，正式提出"战略防御计划"。
10 月　北约核计划小组在加拿大蒙特贝洛召开部长会议，发布《蒙特贝洛宣言》，宣布从欧洲撤出 1400 个核弹头；以欧洲安全、裁军与信任建设为主题的"斯德哥尔摩会议"，在赫尔辛基召开预备会议。
12 月　北大西洋理事会召开布鲁塞尔会议，发表《布鲁塞尔宣言》，呼吁东西双方展开全面对话；卡林顿勋爵出任北约秘书长；北约在联邦德国、意大利和英国部署中程弹道导弹。

1984 年

1 月　　东西方各国外长在斯德哥尔摩召开"欧洲安全、建立信任机制以及裁军会议"。
5 月　　北约制订"1985～1990 年力量计划"，将军事支出增长率调整到每年实际增加 3.2%；北大西洋理事会在华盛顿召开会议，发表《华盛顿声明》，呼吁东西双方推动对等削减武器谈判。
10 月　西欧联盟在罗马召开外长与防长会议，发表《罗马宣言》，增强内部联系与合作。
11 月　北大西洋理事会在布鲁塞尔召开会议，讨论即将开启的美苏武器削减与控制谈判。

1985 年

6 月　　北大西洋理事会在葡萄牙艾斯通（Esteng）召开会议，讨论美苏战略核力量削减谈判。

附录　北大西洋公约组织大事年表

12月　北约防务计划委员会在布鲁塞尔召开会议，支持美苏的限制战略力量谈判，提出发展常规武装力量，构建新武装力量计划。

1986年

3月　西班牙举行公民投票，支持西班牙保持北约成员国地位，但不参加北约军事一体化机构。

5月　北大西洋理事会在哈里法克斯召开会议，呼吁推动世界安全，发展东西方对话，建立一支高层次的常规武装力量任务部队。

10月　北约在布鲁塞尔召开外长与防长会议，美国国务卿贝克通报美苏首脑在雷克雅未克峰会的谈判结果；北约核计划小组在苏格兰格林安格斯召开会议，支持美国提出的武器控制方案。

12月　北约就美苏两国常规力量控制谈判发表《布鲁塞尔宣言》，呼吁减少东西方分歧，保持低水平常规力量。

1987年

2月　北约与华约在维也纳召开会议，就限制欧洲常规力量展开谈判。

10月　北大西洋理事会召开会议，美国与比利时、联邦德国、意大利、荷兰以及英国等订立实施《中导协定》的双边协议。

12月　美苏两国正式签署《美苏消除两国中程和中短程导弹条约》。

1988年

3月　北大西洋理事会在布鲁塞尔召开会议，就常规武器控制谈判发表宣言，要求通过谈判缩小东西双方的常规武器力量差距。

6月　北大西洋理事会在马德里召开会议，欢迎东西方关系取得进展，欢迎西班牙为北大西洋区域防御做出贡献。

7月　联邦德国前国防部长曼弗雷德·韦尔纳出任北约秘书长。

1989 年

1月	欧安会维也纳续会通过安全文件，欧安会推进欧洲常规武装力量谈判以及信任与安全建设措施谈判。
2月	北约与华约在维也纳召开相互与对等武装力量削减会议。
5月	北约在布鲁塞尔召开首脑会议，美国总统布什宣布削减欧洲常规武装力量计划。
6月	防务计划委员会召开会议，讨论西方有关减少欧洲常规武装力量的提议。
12月	北约在布鲁塞尔召开首脑会议，美国通报美苏首脑会谈进程；审查中欧、东欧国家变革进程；苏联外长谢瓦尔德纳泽访问北约，与北约秘书长韦尔纳及各成员国常驻代表会晤。

1990 年

7月	北约在伦敦召开峰会，通过《伦敦宣言》，实施新战略方案——"处理危机战略"。
9月	波兰提出加入北约的申请，民主德国宣布退出华约。
10月	民主德国正式并入联邦德国，统一后的德国仍留在北约。
11月	欧安会在巴黎召开会议，转换职能，成员国由34个增加到53个，签署《新欧洲巴黎宪章》，宣布冷战结束。

1991 年

7月	华约正式宣布解散。
11月	北约在罗马召开峰会，通过《北约新战略概念，1991》，与前华约国家展开对话与合作，批准成立北大西洋合作理事会。

12 月　　北约与前华约成员国成立北大西洋合作理事会，意在加强欧洲安全合作。

1992 年

1 月　　北大西洋合作理事会首次召开非正式高级工作会议，讨论实施《欧洲常规武装力量条约》。

3 月　　北大西洋合作理事会召开布鲁塞尔会议，决定接纳独联体十一国为成员国。

6 月　　北大西洋理事会决定成立快反部队，承担西欧以外的维和任务。

9 月　　欧安会在维也纳成立"欧洲安全与合作论坛"，研究各成员国裁军、军事合作、核力量不扩散问题。

1993 年

1 月　　北约与西欧联盟签署协定，双方同意将"欧洲军"纳入北约，接受欧洲盟军最高司令与法、德两国防长的共同指挥；西欧联盟秘书长韦勒姆·艾克兰与北约秘书长韦尔纳在北约总部会晤，商讨两大组织政治合作事宜。

3 月　　北大西洋理事会在特拉夫蒙德召开会议，讨论冷战后跨大西洋关系建设。

10 月　　北大西洋理事会秋季会议和北大西洋合作理事会会议同时召开，讨论"和平伙伴关系计划"。

1994 年

1 月　　北约在布鲁塞尔召开峰会，通过"和平伙伴关系计划"，加强与前华约国家联系。

4月	美、英、法、德、意等国与俄罗斯联合成立"前南问题国际联络小组",负责协调、处理以及解决南联盟民族矛盾。
6月	俄罗斯与北约签署"和平伙伴关系框架文件",成为北约第21个伙伴国。
11月	英、法两国召开首脑会议,成立英法联合空中小组;法、德两国召开首脑会议,成立法德联合快反部队,加强西欧联盟军工合作机制。
12月	北大西洋理事会召开会议,决定实施北约东扩;法国宣布重新参加北约军事委员会;欧安会在布达佩斯召开首脑会议,探讨北约东扩。

1995 年

1月	欧安会正式改名欧安组织。
2月	美国克林顿总统与德国总理科尔在华盛顿会晤,提出北约东扩的渐次性问题;埃及、以色列、毛里塔尼亚、摩洛哥、突尼斯五国宣布加入"地中海对话计划"。
8月	北约实施"精选力量行动",对波黑塞族实施空中打击。
9月	北约发布《北约东扩报告》,提出东扩条件、步骤以及目标。
12月	在北约强制调停下,波黑、克罗地亚和塞尔维亚在巴黎签署《波黑和平协定》。

1996 年

3月	美国国务卿克里斯托弗访问欧洲盟军最高司令部,与欧洲盟军最高司令高尔文将军就《代顿协议》以及北约工作展开讨论;北约与俄罗斯签订就内部紧急事件合作的互谅备忘录。
5月	西欧联盟外长与防长在伯明翰召开会议,讨论与北约政治合作事宜以及波斯尼亚事态。

6月	北大西洋理事会在柏林召开会议，批准建立"北约多国联合特遣部队"，实施维和与人道主义行动，确认北约内部"欧洲共同防务认同"。

1997 年

2月	北约建议修改《欧洲常规武装力量条约》，接受俄罗斯建议，减少边境地区驻军数量，但各国无须减少军队。
5月	北约与俄罗斯在巴黎召开首脑会议，签署《北约与俄罗斯关系基础文件》，扫清北约东扩障碍；欧洲—大西洋伙伴关系理事会成立，代替北大西洋合作理事会，同时在葡萄牙辛特拉召开首次会议，确立基本文件。
7月	北约在马德里召开首脑会议，决定吸收波兰、捷克、匈牙利三国加入北约；西欧联盟召开会议，发表关于西欧联盟安全地位、与北约暨欧盟关系的宣言；美国将军韦斯利·克拉克出任欧洲盟军最高司令。
9月	北约在马斯特里赫特召开非正式防长会议，讨论北约东扩、北约在波斯尼亚的维和使命，决定采用新的联盟指挥体系。

1998 年

1月	欧洲—大西洋伙伴关系理事会公布"1998～2002年的行动计划"。
5月	北约建立"欧洲—大西洋灾难反应协调中心"。
10月	北大西洋理事会未经联合国授权，对科索沃实施军事干预。
12月	北大西洋理事会召开会议，讨论三国入盟北约的具体事宜，就波斯尼亚、黑塞哥维纳、科索沃的形势以及北约"新战略概念"展开讨论；防务计划委员会与核计划小组分别召开会议，讨论北约"新战略概念"，以此指导未来北约政治发展。

1999 年

1 月	联合国秘书长科菲·安南访问北约总部,探讨科索沃形势;北约获得联合国授权,准备对前南斯拉夫实施空中打击。
2 月	北约与西欧联盟举行危机处理会议,商讨欧洲安全与防务统一问题。
3 月	波兰、捷克、匈牙利三国入盟北约;北约对南联盟实施"联盟力量行动"。
4 月	北约在华盛顿召开峰会,北大西洋理事会授权欧洲联合指挥快反部队对波斯尼亚实施人道主义救援,正式颁布《北约战略概念,1999》;北大西洋理事会在布鲁塞尔召开联合国难民救援署、欧安会轮值国、西欧联盟等各方代表参加的联席会议,商讨应对科索沃"人道主义灾难"。
6 月	北约在布鲁塞尔召开防长与外长特别会议,发表题为"科索沃及其周边地区形势"的宣言。

2000 年

3 月	阿尔及利亚加入北约"地中海政治与防务安全对话"。
5 月	美国将军罗尔斯顿出任欧洲盟军最高司令;欧洲—大西洋伙伴关系理事会召开会议,讨论包括东南欧在内的安全问题,科索沃、波斯尼亚、黑塞哥维纳事态的发展;克罗地亚成为欧洲—大西洋伙伴关系理事会第 46 个成员国。
6 月	防务计划委员会在布鲁塞尔召开会议,讨论巴尔干局势和北约防御能力;美国将军科南出任大西洋盟军司令。
9 月	北大西洋理事会和欧盟政治与安全事务过渡委员会召开会议,就欧盟使用北约军事资源及双方磋商机制建设等问题展开讨论。

| 10月 | 联合国秘书长科菲·安南访问北约,讨论巴尔干形势、北约为联合国维和行动的贡献;北约各成员国防长在伯明翰召开非正式会议,讨论南斯拉夫的民主化转变。 |
| 12月 | 北约各成员国防长在布鲁塞尔召开会议,讨论北约新战略方针,制订"2001~2005年防御计划"。 |

2001年

2月	北大西洋理事会与欧盟召开大使级会议,讨论建立一种新的磋商机制与合作关系,制定应对西巴尔干半岛危机的政策;北约举行"年度处理危机演习"(CMX-2001),14个北约伙伴国参加此次演习行动。
5月	北大西洋理事会在匈牙利布达佩斯召开会议,讨论巴尔干半岛南联盟政治形势、北约与欧盟合作、防止大规模杀伤性武器扩散与导弹防御等问题。
6月	北约与欧盟召开联席会议,就双方安全合作展开磋商。
10月	北大西洋理事会在"9.11"事件后支持美国反恐政策,派早期预警飞机帮助美国防御,启动海军进驻地中海。
12月	北约各成员国防长在布鲁塞尔召开会议,讨论反恐政策与实践;北大西洋理事会在布鲁塞尔召开会议,讨论北约在"9·11"事件后对恐怖主义的回应以及北约对外政策。

2002年

1月	北约与地中海国家举行"地中海对话",讨论地中海安全局势。
3月	迎接现代社会挑战委员会召开会议,对当前北约研究项目展开讨论;欧盟防长召开会议,讨论恐怖主义威胁以及欧洲军事反应能力,支持北约在南联盟采取的军事行动。
5月	北约在雷克雅未克召开外长会议,讨论北约在冷战后的转型,

以及北约当前的任务。

6月　防务计划委员会、核计划小组在布鲁塞尔召开会议，讨论未来北约军事指挥结构、东扩前景以及集体防御体系。

7月　美国海军陆战队司令詹姆斯·琼斯出任欧洲盟军最高司令。

9月　北约在华沙召开非正式防长会议，就北约反恐、快速反应能力、指挥体系和对外行动展开讨论。

12月　北约在布拉格召开峰会，讨论北约政治转型与新安全战略。

2003年

2月　防务计划委员会授权北约军事机构对土耳其实施紧急防御援助。

3月　北约19个成员国代表联合签署有关新成员国入盟北约的草案，为中欧、东欧、波罗的海国家入盟北约铺平道路。

5月　北大西洋理事会应波兰请求，支持波兰在伊拉克的军事行动以及参与战后政治重建；美国海军上将艾德蒙·吉安巴斯蒂阿尼出任大西洋盟军司令。

6月　地中海七国与北约成员国在布鲁塞尔召开会议，就预防内部紧急事件、人道主义援助、大规模杀伤性武器扩散等展开磋商。

8月　北约快速反应部队接替联合国维和武装力量，承担阿富汗战后重建、喀布尔及其周围地区的安全秩序。

9月　荷兰外长夏侯雅伯出任北约秘书长。

2004年

3月　波罗的海三国、罗马尼亚、斯洛伐克、斯洛文尼亚、保加利亚七国正式入盟北约。

4月　北约召开外长会议，发表《反恐宣言》；欧洲—大西洋伙伴关系理事会发表宣言、"2004～2005年行动计划"；北约各国战

	机正式担负轮流保护波罗的海国家领空的任务。
6月	北大西洋理事会发表"建立防御机构的伙伴关系行动计划""欧洲—大西洋伙伴关系理事会伙伴关系重调与重建"《关于反恐伙伴关系行动计划的报告》；北约在伊斯坦布尔召开首脑会议，发表《伊斯坦布尔峰会宣言》《伊斯坦布尔合作倡议》；北大西洋理事会发表《反对贩运人口的北约政策》。
9月	北大西洋理事会发表《北约与"和平伙伴关系计划"信托基金政策》。
12月	北大西洋理事会发表"北约—俄罗斯理事会反恐行动计划"。

2005 年

4月	北约—乌克兰委员会发表"加强北约—乌克兰合作：短期行动计划"。
6月	防务计划委员会与核计划小组召开会议，商讨北约核武器、武器控制、北约快反部队等问题；北约—俄罗斯理事会发表《北约与俄罗斯关于防御的财政与经济数据概略——北约—俄罗斯理事会成员国防御支出（1985~2004年）》。
11月	北约—乌克兰委员会发表"加强北约—乌克兰行动计划"。
12月	北约—乌克兰委员会召开部长级会议，发表联合宣言。

2006 年

3月	北大西洋理事会发表《〈欧洲常规武装力量条约〉对欧洲—大西洋区域安全的贡献》《北大西洋理事会对北约—白俄罗斯关系的声明》。
6月	防务计划委员会与核计划小组召开会议，商讨北约在核力量、武器控制等各方面与俄罗斯合作的问题。
11月	北约各成员国政府与国家首脑发表"综合政治指导"；北约在

里加召开首脑会议，发表《里加峰会宣言》。
12月　北约—俄罗斯理事会发表《北约与俄罗斯关于防御的财政与经济数据概略——北约—俄罗斯理事会成员国防御支出（1985~2006年）》。

2007年

6月　北约召开防长会议，讨论北约当前的行动与任务，以及北约转型与伙伴关系的防御；防务计划委员会与核计划小组在布鲁塞尔召开会议，讨论北约核力量的地位、北约加强全球安全的总目标；北约与乌克兰联合发表《北约—乌克兰2007年年度目标计划》。

12月　北大西洋理事会在布鲁塞尔召开会议，对北约与伙伴国关系、北约与俄罗斯的关系、《欧洲常规武装力量条约》等问题展开讨论；北大西洋理事会发表《北约与俄罗斯关于防御的财政与经济数据概略——北约—俄罗斯理事会成员国防御支出（1985~2007年）》。

2008年

3月　北大西洋理事会针对《欧洲常规武装力量条约》发表声明。

4月　北约与乌克兰联合发表"北约—乌克兰2008年年度目标计划"；驻阿富汗的国际安全援助部队各参与国政府与国家首脑发表"国际安全援助部队战略观"；北大西洋理事会在布加勒斯特召开峰会，发表《布加勒斯特峰会宣言》。

6月　北约—俄罗斯理事会召开防长会议，发表联合声明；北约—乌克兰委员会在布鲁塞尔召开会议，发表联合声明。

8月　北大西洋理事会在布鲁塞尔召开会议，讨论俄罗斯与格鲁吉亚、摩尔多瓦关系。

9月	北约—格鲁吉亚委员会在第比利斯召开会议,发表框架文件。
12月	北约在布鲁塞尔召开外长会议,讨论北约的全球安全任务。

2009年

2月	北大西洋理事会发表《关于北约防御的财政与经济数据——北约国家的防御开支(1985~2008年)》;北约与乌克兰联合发表"北约—乌克兰2009年年度目标计划"。
4月	北约与克罗地亚、阿尔巴尼亚签订《关于克罗地亚、阿尔巴尼亚加入〈北大西洋公约〉的附加条款》;北约在斯特拉斯堡—凯尔召开峰会,发表《关于北约安全的宣言》;北大西洋理事会发表《关于阿富汗的峰会宣言》。
8月	丹麦前外长安诺斯·拉斯穆森出任北约秘书长。
12月	北约在布鲁塞尔召开外长会议,强调"北约新战略概念";北约—乌克兰委员会、北约—格鲁吉亚委员会召开部长级会议,就两国改革及其入盟北约展开讨论。

2010年

4月	北约发表《北约在阿富汗首个政策报告》,提出阿富汗经济发展、商业与服务业以及北约公共基金的使用等问题。
5月	北大西洋理事会发表《2020年的北约:得到保证的安全,动态参与——专家组针对"北约新战略概念"的分析与建议》。
6月	北大西洋理事会发表《关于北约防御的财政与经济数据——北约国家的防御开支(1985~2009年)》。
8月	北大西洋理事会发表《北约核准平民伤亡的准则》。
11月	北约在里斯本召开峰会,发表《里斯本峰会宣言》;北大西洋理事会与阿富汗伊斯兰共和国就"建立持久伙伴关系"发表宣

言；北约—俄罗斯理事会召开会议，发表《北约—俄罗斯理事会联合宣言》。

2011 年

3 月　　北大西洋理事会发表"北约海上战略"；北约在利比亚实施"联合保护者行动"。

4 月　　北约—俄罗斯理事会发表"北约—俄罗斯理事会反恐行动计划"；北约—乌克兰委员会、北约—格鲁吉亚委员会在柏林召开部长级会议，分别发表《北约—乌克兰委员会联合宣言》《北约—格鲁吉亚委员会联合宣言》。

6 月　　北约成员国与伙伴国召开防长会议，商讨对利比亚战争的政治原则；北约秘书长拉斯穆森应邀访问黑山布德瓦。

9 月　　北约在土耳其东南部设立导弹预警雷达系统；北约与伙伴国在意大利圣雷莫召开会议，成立"地中海对话计划政策顾问小组"。

10 月　　北大西洋理事会就利比亚战争发表声明。

12 月　　北约在布鲁塞尔召开外长会议，就科索沃、阿富汗、利比亚以及世界其他地区的问题讨论对策。

2012 年

5 月　　北大西洋理事会发表《关于防御能力的最高宣言：指向 2020 年的北约武装力量》《威慑与防御态势评论》；北约在芝加哥召开峰会，发表《芝加哥峰会宣言》；北大西洋理事会发表"北约反恐政策方针"，提出反恐新战略；俄罗斯与北约召开"新安全空间构建中的反导因素"会议，讨论反导系统建设的影响。

6 月　　北约与新西兰共同制订"单个伙伴关系与合作计划"；北约与澳大利亚发表《澳大利亚—北约联合政治宣言》。

2013 年

2 月　　北大西洋理事会强烈谴责朝鲜进行核试验。
6 月　　"阿富汗国家防御和安全力量"接手北约国际安全援助部队的作战任务；美国宣布将向叙利亚反政府武装提供武器援助。
8 月　　北约在罗马尼亚部署"宙斯盾"陆基导弹防御系统。

2014 年

3 月　　克里米亚并入俄罗斯，北约与俄罗斯关系趋于紧张。
5 月　　北约秘书长拉斯穆森访问黑山，就双方合作展开进一步讨论。
6 月　　北大西洋理事会召开成员国外长会议，原则上同意黑山加入北约；美国正式关闭在吉尔吉斯斯坦玛纳斯的空军基地。
9 月　　北约在英国威尔士召开峰会；俄罗斯、乌克兰、欧安组织以及乌克兰东部自治力量四方代表签署《明斯克备忘录》。
12 月　国际安全援助部队正式结束在阿富汗的维和使命和反恐作战任务。

2015 年

1 月　　"阿富汗国家防御和安全力量"正式接管国际安全援助部队所承担的使命。
2 月　　北约在罗马尼亚建立北约东南欧司令部，在丹麦、德国与波兰建立北约东北欧司令部，在格鲁吉亚设立北约训练中心；德国、法国、俄罗斯、乌克兰四国签署《明斯克协议》。
9 月　　俄罗斯联邦委员会通过决议，授权俄政府在叙利亚使用武力。
11 月　俄苏-24 军机在土耳其与叙利亚边境上空被土耳其战机击落。

北大西洋公约组织

2016 年

2 月	北约与格鲁吉亚在第比利斯瓦加尼举行联合军事演习。
5 月	北约在罗马尼亚部署"宙斯盾"导弹防御装置;北约各成员国外长正式签署黑山入盟北约的草案文本。
4 月	俄罗斯军队正式装备远程电子战系统——"摩尔曼斯克-BN"。
6 月	北约多国在波兰波莫瑞举行"蟒蛇-2016"军事演习。
7 月	北约召开华沙峰会。

2017 年

1 月	日本首相安倍晋三访问北约合作网络防御卓越中心,宣布日本加入该组织。
2 月	北约合作网络防御卓越中心推出《塔林手册2.0》;普京签署命令,临时承认顿涅茨克、卢汉斯克的独立地位,默认上述两地区在未来并入俄罗斯。
5 月	北约正式启用新建总部大楼;北约25个成员国和伙伴国800名专家参加代号为"锁定盾牌-2017"的网络防御演习;北约多国在罗马尼亚举行代号为"军刀卫士-2017"的军事演习;北约在德国格拉芬沃尔举行"欧洲最强坦克挑战赛2017"。
7 月	北约在捷克部署"标准-3导弹"预警系统;在立陶宛部署"爱国者"导弹防御系统;俄罗斯举行"西方-2017"大规模军事演习。
11 月	北约发布《2017年战略远景分析报告》。

2018 年

2 月	英国派遣"伊丽莎白女王号"航母驶入直布罗陀海峡,向西班

	牙发出警告。
6月	北约发布《联合空中力量战略》(Joint Air Power Strategy, JAPS);美国总统特朗普和朝鲜领导人金正恩在新加坡会晤。
7月	北约成员国召开布鲁塞尔峰会,特朗普要求欧洲盟国大幅度提高防务开支;特朗普和普京在赫尔辛基举行会晤。
11月	北约29个成员国和伙伴国在挪威国境内、北大西洋以及波罗的海地区举行代号为"三叉戟接点-2018"的军事演习;北约10个成员国在波兰举行"蟒蛇-2018"军事演习。

2019年

1月	北约秘书长访问罗马尼亚。
2月	北约在波兰、罗马尼亚再次部署导弹发射系统;北约29个成员国代表与北马其顿签约,接纳北马其顿成为北约新成员国;特朗普与金正恩在越南河内举行第二次会晤。
4月	北约成员国庆祝北约成立70周年;北约秘书长访美,与美国总统特朗普举行会晤;北约多国举行"铁矛-2019"军事演习;北约在黑海地区与乌克兰、格鲁吉亚联合举行"海上盾牌-2019"军事演习;美国宣布退出《中导条约》,俄罗斯也宣布暂时停止履行相关条约义务。
5月	北约成员国举行"危机处置沿袭-2019";特朗普提出赋予巴西以"非北约盟国地位";俄罗斯在加里宁州部署导弹及其发射装置;北约9个成员国在英国苏格兰举行"强大盾牌"综合防空和导弹防御军事演习。

参考文献

一 中文文献

〔英〕巴里·布赞、〔丹麦〕琳娜·汉森:《国际安全研究的演化》,余潇枫译,浙江大学出版社,2011。

〔法〕贝特朗·戈尔德施密特:《原子竞争:1939—1966》,高强等译,原子能出版社,1984。

〔美〕布莱恩·J. 科林斯:《北约概览》,唐永胜、李志君译,世界知识出版社,2013。

陈须隆:《区域安全合作之道——欧安会/欧安组织的经验、模式及其亚太相关性研究》,世界知识出版社,2013。

〔丹麦〕戴维·格雷斯:《西方的敌与我:从内柏拉图到北约》,黄素华、梅子满译,世纪出版社集团,2013。

〔美〕戴维·罗特科普夫:《操纵世界的手——美国国家安全委员会内幕》,孙成昊、赵亦周译,商务印书馆,2014。

〔美〕德瑞克·李波厄特:《五十年伤痕:美国的冷战历史观与世界》,郭学堂、潘忠岐、孙小林译,上海三联书店,2012。

〔瑞典〕防止大规模杀伤性武器扩散委员会:《恐怖武器——让世界摆脱大规模杀伤性武器》,中国军控与裁军协会、中国国际战略学会译,世界知识出版社,2007。

高华:《透视新北约——从军事联盟走向安全—政治联盟》,世界知识出版社，2012。

〔美〕格雷厄姆·艾利森、菲利普·泽利科：《决策的本质——还原古巴导弹危机的真相》，王伟光、王云萍译，商务印书馆，2015。

〔美〕亨利·基辛格：《白宫岁月》（1~4册），陈瑶华等译，世界知识出版社，2003。

〔美〕亨利·基辛格：《大外交》，顾淑馨、林添贵译，海南出版社，1998。

〔美〕卡伦·明斯特、伊万·阿雷奎恩-托夫特：《国际关系精要》（第五版），潘忠岐译，上海人民出版社，2012。

〔美〕雷迅马：《作为意识形态的现代化：社会科学与美国对第三世界政策》，牛可译，中央编译出版社，2003。

李海东：《北约扩大研究（1948—1999）》，世界知识出版社，2010。

〔英〕理查德·克罗卡特：《50年战争》，王振西主译，新华出版社，2003。

刘华秋：《军备控制与裁军手册》，国防工业出版社，2000。

刘金质：《冷战史》（上中下册），世界知识出版社，2004。

刘军、李海东：《北约东扩与俄罗斯的战略选择》，华东师范大学出版社，2010。

〔美〕罗伯特·O.基欧汉：《局部全球化世界中的自由主义、权力与治理》，门洪华译，北京大学出版社，2004。

〔美〕罗伯特·O.基欧汉：《新现实主义及其批判》，郭树勇译，北京大学出版社，2002。

马细谱、余志和：《巴尔干百年简史》，中国青年出版社，2018。

〔美〕莫顿·A.卡普兰：《国际政治的系统和过程》，薄智跃译，中国人民公安大学出版社，1989。

〔美〕乔治·凯南：《凯南日记》，曹明玉译，中信出版集团，2016。

〔美〕乔治·F.凯南：《美国大外交》，雷建锋译，社会科学文献出版社，2013。

秦亚青：《霸权体系与国际冲突——美国在国际武装冲突中的支持行

为（1945—1988）》，上海人民出版社，1999。

秦亚青：《权力·制度·文化——国际关系理论与方法研究文集》，北京大学出版社，2005。

〔美〕沙希利·浦洛基：《雅尔塔：改变世界格局的八天》，林添贵译，中信出版集团，2018。

上海社会科学院世界经济与政治研究院：《后冷战时代欧亚国际关系的演进》，时事出版社，2011。

时殷弘：《国际政治与国家方略》，北京大学出版社，2006。

滕建群等：《国际军备控制与裁军概论》，世界知识出版社，2009。

王义桅等编译《北约是什么——北约重要历史文献选编之一》，世界知识出版社，2013。

〔挪威〕文安立：《冷战与革命——苏美冲突与中国内在的起源》，陈之宏、陈兼译，广西师范大学出版社，2002。

〔挪威〕文安立：《全球冷战：美苏对第三世界的干涉与当代世界的形成》，牛可等译，世界图书出版公司，2012。

〔美〕沃尔特·拉费伯尔：《美国、俄国和冷战，1945—2006》（第10版），牛可、翟韬、张静译，世界图书出版公司，2011。

〔美〕沃捷特克·马斯特尼：《斯大林时期的冷战与苏联的安全观》，郭懋安译，广西师范大学出版社，2002。

徐天新、沈志华主编《冷战前期的大国关系：美苏争霸与亚洲大国的外交取向（1945—1972）》，世界知识出版社，2011。

许海云：《北约简史》，中国人民大学出版社，2005。

许海云：《构建区域安全模式——国际体系中的大西洋安全模式与亚太安全模式》，世界知识出版社，2018。

许海云编著《挑战与应战：新世纪的北约——北约战略转型与发展研究文献汇编》，世界知识出版社，2013。

杨存堂编著《美苏冷战的一次极限——加勒比海导弹危机》，广西师范大学出版社，2002。

〔美〕约翰·加迪斯：《遏制战略：战后美国国家安全政策评析》，时殷弘、李庆四、樊吉社译,世界知识出版社,2005。

〔美〕约翰·刘易斯·加迪斯:《冷战——交易、谍影、谎言、真相》,翟强、张静译,社会科学文献出版社,2013。

〔美〕约翰·鲁杰主编《多边主义》,苏长和等译,浙江人民出版社,2003。

〔美〕约瑟夫·S. 奈:《美国霸权的困惑:为什么美国不能独断专行》,郑志国等译,世界知识出版社,2002。

〔美〕詹姆斯·多尔蒂、小罗伯特·普法尔茨格拉夫:《争论中的国际关系理论》,邵文光译,世界知识出版社,1987。

张曙光:《美国遏制战略与冷战起源再探》,上海外语教育出版社,2007。

〔美〕兹比格涅夫·布热津斯基:《战略远见:美国与全球权力危机》,洪漫、于卉芹、何卫宁译,新华出版社,2012。

〔美〕兹比格纽·布热津斯基:《大棋局——美国的首要地位及其地缘战略》,中国国际问题研究所译,上海人民出版社,1998。

二 外文文献

(一) 政府文件

Carlyle, Margaret, ed., *Documents in International Affairs*, 1947–1948, London: Oxford University Press, 1952.

Condit, Kenneth, *The Joint Chiefs of Staff and National Policy*, Vol. Ⅱ 1947–1949, Washington, D. C.: JCS, 1996.

Foreign Relations of the United States, 1945. 1/2/3/5 Vols.

Foreign Relations of the United States, 1946. 1/2/3 Vols.

Foreign Relations of the United States, 1947. 1/2/3 Vols.

Foreign Relations of the United States, 1948. 3 Vols.

Foreign Relations of the United States, 1949. 4 Vols.

Foreign Relations of the United States, 1950. 3/7 Vols.

Foreign Relations of the United States, 1951. 3 Vols.

参考文献 North Atlantic Treaty Organization

Foreign Relations of the United States, 1952 – 1954. 5 Vols.

Lord Ismay, "NATO: The First Five Years (1949 – 1954)," https://www.nato.int/archives/1st5years/index.htm.

NATO Information Service, *NATO Basic Documents*, Brussels, 1973.

NATO Information Service, *NATO Documentation*, Paris and Brussels, 1973.

"NATO Final Communiqués," 1949 – 2015, http//www.nato.int/cps/en/natohq/official_ texts.htm.

NATO Office of Information and Press, *NATO Handbook*, Brussels, 1998.

Pedlow, Gregory W., ed., "NATO Strategy Documents, 1949 – 1969," http//www.nato.int/cps/en/natohq/68238.htm.

Pedlow, Gregory W., "The Evolution of NATO's Command Structure, 1951 – 2009," https://www.nato.int/docu/stratdoc/eng/intro.pdf.

Schnabel, James F., *The History of the Joint Chiefs of Staff and National Policy*, VolumeⅠ/Ⅱ/Ⅲ, Wilmington, Delaware: Michael Glazier, Inc., 1979.

Schnabel, James F., and Robert Watson, *The History of the Joint Chiefs of Staff: The Joint Chiefs of Staff and National Policy*, Volume Ⅲ, *1951 – 1953*, Wilmington, Delaware: Michael Glazier, Inc., 1979.

"The Committee of Three," https://www.nato.int/cps/en/natolive/75548.htm.

"The Evolution of NATO Political Consultation 1949 – 1962," https://www.nato.int/archives/docu/d630502e.htm.

"Monograph on 'The Evolution of NATO Political Consultation 1949 – 1962'," 2 May. 1963, NATO Secret NHO/63/1, http://www.nato.int/archieves/docu/d630502e.htm.

The United States, Department of State, *American Foreign Policy 1950 – 1955, Basic Documents*, Vol. 1, Vol. 2, Washington, D. C., UPO, 1957.

The United States, Department of States, *Documents Germany, 1944 – 1985*, Office of Historian Bureau of Public Affairs, 1986.

The United States, Dept. of States, Policy Planning Staff, *The States*

Department Policy Planning Staff Papers, 1947, Vol. I, New York & London: Garland Publication, Inc., 1986.

The United States, *The State Department Policy Planning Staff Papers*, 1947, Volume I, New York & London: Garland Publishing, Inc., 1983.

The United States, State Department Of the US, *U. S. Forces in NATO: An Alternative, a Staff Paper*, Washington, D. C.: U. S. Government Print Office, 1973.

（二）著作

Abshire, David M., Richard R. Burt and R. James Woolsey, *The Atlantic Alliance Transformed*, Washington, D. C.: The Center for Strategic and International Studies, 1992.

Alexander, Yonah, and Richard Proisen, eds., *NATO from Regional to Global Security Provider*, Lanham, M. D. and London: Lexington Books, 2015.

Ali, Tariq, ed., *Masters of the Universe? NATO's Balkan Crusade*, London and New York: Verso, 2000.

Allison, Roy, *Russia, the West, and Military Intervention*, Oxford: Oxford University Press, 2013.

Amme, Carl H., *NATO Strategy and Nuclear Defense*, New York and Westport, C. T.: Greenwood Press, 1988.

Atlantic Council of the United States, *Saving Afghanistan: An Appeal and Plan for Urgent Action*, Washington, D. C.: Atlantic Council of the United States, 2008.

Auerswald, David P., and Stephen M. Saideman, *NATO in Afghanistan, Fighting Together, Fighting Alone*, Princeton, N. J. and Oxford: Princeton University Press, 2014.

Ausland, John C., *Nordic Security and the Great Powers*, Boulder and London: Westview Press, 1986.

Aybet, Gülnur, and Rebecca R. Moore, eds., *NATO in Search of a Vision*, Washington, D. C.: Georgetown University Press, 2010.

参考文献 North Atlantic Treaty Organization

Babkina, A. M., ed., *NATO's Role, Missions and Future*, New York: Nova Science Publishers, Inc., 1999.

Bacevich, Andrew J., and Eliot A. Cohen, eds., *War over Kosovo: Politics and Strategy in a Global Age*, New York: Columbia University Press, 2001.

Balmaceda, Margarita M., ed., *On the Edge, Ukraine-Central European-Russian Security Triangle*, Budapest: Central European University Press, 2000.

Behnke, Andreas, *NATO's Security Discourse after the Cold War, Representing the West*, London and New York: Routledge, 2013.

Bensahel, Nora, *The Counterterror Coalitions, Cooperation with Europe, NATO, and the European Union*, Santa Monica, C. A.: Rand, 2003.

Bilinsky, Yaroslav, *Endgame in NATO's Enlargement, the Baltic States and Ukraine*, Westport, C. T. and London: Praeger, 1999.

Bindi, Federiga, and Irina Angelescu, eds., *The Frontiers of Europe: A Transatlantic Problems?*, Washington, D. C.: Brookings Institution Press, 2011.

Black, Jeremy, ed., *Military History, Critical Concepts in Military, Strategic and Security Studies*, Volume Ⅳ, *War since 1914*, London and New York: Routledge, 2018.

Blechman, Barry M., William J. Durch, Kevin P. O. Prey, *NATO's Stake in the New Talks on Conventional Armed Forces in Europe, Regaining the High Ground*, Houndmills, Hampshire and London: Macmillan, 1990.

Bogle, LoriLyn, ed., *The Cold War*, Volume 1, *Origins of the Cold War, the Great Historical Debate*, New York and London: Routledge, 2001.

Bose, Meena, *Shaping and Signaling Presidential Policy, the National Security Decision Making of Eisenhower and Kennedy*, College Station: Texas A. & M. University Press, 1998.

Bowie, Robert R., and Richard H. Immerman, *Waging Peace: How Eisenhower Shaped an Enduring Cold War Strategy*, Oxford: Oxford University Press, 2000.

553

British Broadcasting Corporation, ed. , *Political Thought from Plato to NATO*, London: Ariel Books, 1984.

Buteux, Paul, *The Politics of Nuclear Consultation in NATO, 1965 – 1980*, Cambridge, M. A. : Cambridge University Press, 1983.

Canby, Steven L. , *NATO Military Policy: The Constraints Imposed by an Inappropriate Military Structure*, Santa Monica, C. A. : Rand Corp, 1972.

Carr, Fergus, and Kostas Ifantis, *NATO in the New European Order*, New York: St. Martin's Press, Inc. , 1996.

Casey, Steven, ed. , *The Cold War, Critical Concepts in Military, Strategic and Security Studies*, Voluome Ⅰ, *Interpretations and Themes*, Volume Ⅱ, *Origins*, Volume Ⅲ, *Confrontation and Conflict*, Volume Ⅳ, *From Detente to the End of the Cold War*, London and New York: Routledge, Taylor & Francis Group, 2013.

Charles, Daniel, *Nuclear Planning in NATO: Pitfalls of First Use*, Cambridge, M. A. : Ballinger Publishing Company, 1987.

Chipman, John, ed. , *NATO's Southern Allies: Internal and External Challenges*, London and New York: Routledge, 1988.

Chourchoulis, Dionysios, *The Southern Flank of NATO, 1951 – 1959, Military Strategy or Political Stabilization*, Lanham, M. D. and New York: Lexington Books, 2015.

Cimbala, Stephen J. , *Extended Deterrence, the United States and NATO Europe*, Lexington, M. A. and Toron, D. C. Heath and Company, 1987.

NATO Strategy and Nuclear Escalation, London: Pinter Publishers, 1989.

Clemens, Clay, ed. , *NATO and the Quest for Post-Cold War Security*, New York: St. Martin's Press, Inc. , 1997.

Coffey, Joseph I. and Gianni Bonvicini, eds. , *The Atlantic Alliance and the Middle East*, Pittsburgh, P. A. : University of Pittsburgh Press, 1989.

Cogan, Charles G. , *Forced to Choose, France, the Atlantic Alliance, and NATO: Then and Now*, Westport, C. T. and London: Praeger Publishers, 1997.

参考文献 North Atlantic Treaty Organization

Coker, Christopher, *NATO, The Warsaw Pact and Africa*, London: The Macmillan Press Ltd. , 1985.

Common Defence Select Committee, *The Future of NATO and European Defence*, London: House of Commons, 2008.

Cook, Don, *Forging the Alliance: NATO, 1945 – 1955*, New York: Arbor House & William Morrow Press, 1989.

Cooper, Charles, and Benjamin Zycher, *Perceptions of NATO Burden-Sharing*, Santa Monica, C. A. : Rand, 1989.

Couloumbis, Theodore, *The United States, Greece and Turkey: The Troubled Triangle*, New York: Praeger, 1983.

Crocher, Chester A. , Fen Osler Hampson and Pamela Aall, eds. , *Reviewing Regional Security, in a Fragmented World*, Washington, D. C. : United States Institute of Peace Press, 2011.

Daalder, Ivo H. , *The Nature and Practice of Flexible Response: NATO Strategy and Theater Nuclear Forces since 1967*, NewYork: Columbia University Press, 1991.

DeConde, Alexander, Richard Dean Burns and Fredrik Logevall, eds. , *Encyclopedia of American Foreign Policy, Studies of the Principle Movements and Ideas*, New York: Scribner, 2002.

Dockrill, Saki, *Eisenhower's New-Look National Security Policy, 1953 – 1961*, London: Macmilan Press , 1996.

Britain's Policy for Western Germany Rearmament, 1950 – 1955, Cambridge, M. A. : Cambridge University Press, 1991.

Duke, Simon, & Wolfgan Krieger, ed. , *U. S. Military Force in Europe: The Early Years*, Boulder, C. O. : Westview Press, 1993.

Dulles, John Foster, *War or Peace*, New York: The Macmillan Company, 1957.

Dunn, Keith A. , *In Defense of NATO: The Alliance's Enduring Value*, Boulder, C. O. : Westview Press, Inc. , 1990.

Edmonds, Martin, and Oldrich Cerny, eds., *Future NATO Security, Addressing the Challenges of Evolving Security and Information Sharing Systems and Architectures*, Amsterdam: IOS Press, 2013.

El-Shibiny, Mahamed, *Iraq-A Lost War*, New York: Palgrave Macmillan, 2010.

Faringdon, Hugh, *Strategic Geography: NATO, the Warsaw Pact, and the Superpowers*, London and New York: Routledge, 1989.

Feld, Werner J., *The Future of European Security and Defense Policy*, Boulder, C.O.: Lynne Rienner Publishers, Inc., 1993.

Feld, Werner J., and John K. Wildgen, *NATO and the Atlantic Defense: Perceptions and Illusions*, New York: Praeger Publishers, 1982.

Flynn, Gregory, ed., *NATO's Northern Allies: the National Security Policies of Belgium, Demark, the Netherlands, and Norway*, London and Sydney: Rowman & Allanheld, 1985.

Freedman, Lawrence, ed., *The Troubled Alliance: Atlantic Relations in the 1980s*, London: Heinemann, 1983.

Gaddis, John Lewis, *Strategies of Containment, a Critical Appraisal of Power American National Security Policy*, New York & Oxford: Oxford University Press, 1982.

We Now Know: Rethinking Cold War History, Oxford: Oxford University Press, 1997.

Gardner, Hall, *NATO Expansion and US Strategy in Asia Surmounting the Global Crisis*, New York: Palgrave Macmillan, 2013.

Gates, David, *Non-Offensive Defensive: An Alternative Strategy for NATO?*, Basingstoke, Hampshire and London: Macmillan, 1991.

Gearson, John, and Kori Schake, *The Berlin Wall Crisis: Perspectives on Cold War Alliance*, New York: Palgrave Macmillan, 2002.

Golden, James R., *NATO Burden-Sharing: Risks and Opportunities*, New York: Praeger Publishers, 1983.

参考文献 North Atlantic Treaty Organization

Golden, James R., Daniel J. Kaufman, Asa A. Clark Ⅳ, and David H. Petraeus, eds., *NATO at Forty, Change, Continuity, & Prospects*, Boulder, San Francisco & London: Westview Press, 1989.

Górka-Winter, Beata, and Marek Madej, eds., *NATO Member States and the New Strategic Concept: An Overview*, Warsaw: Polski Instytut Spraw Miedzynarodowych, 2010.

Gorman, Eduardo B., ed., *NATO and Issue of Russia*, New York: Nova Science Publishers, Inc., 2010.

Gries, Peter Hays, *The Politics of American Foreign Policy, How Ideology Divides Liberals and Conservatives over Foreign Affairs*, Stanford, C.A.: An Imprint of Stanford University Press, 2014.

Haglund, David G., S. Neil MacFarlane and Joel J. Sokolsky, eds., *NATO's Eastern Dilemmas*, Boulder and San Francisco, Oxford: Westview Press, 1994.

Hajimu, Masuda, *Cold War Crucible, the Korean Conflict and the Postwar World*, Cambridge, M.A. and London: Harvard University Press, 2015.

Hallams, Ellen, *The United States and NATO since 9/11, the Transatlantic Alliance Renewed*, London and New York: Routledge, 2010.

Hallams, Ellen, Luca Ratti and Benjamin Zyla, eds., *NATO beyond 9/11, the Transformation of the Atlantic Alliance*, New York: Palgrave Macmillan, 2013.

Hartley, Keith, *NATO Arms Co-operation: A Study in Economics and Politics*, London, Boston and Sydney: George Allen & Unwin Ltd., 1983.

Hatzivassiliou, Evanthis, *The NATO Committee on the Challenges of Modern Society, 1969 – 1975, Transatlantic Relations, the Cold War and the Environment*, Vham, Switzerland: Palgrave MacMillan, 2017.

Hatzivassiliou, Evanthis, and Dimitrios Triantaphyllou, eds., *NATO's First Enlargement: A Reassessment*, London and New York: Routledge, 2016.

Heller, Francis H., and John R. Gillingham, eds., *NATO: The Founding of the Atlantic Alliance and the Integration on Europe*, New York:

St. Martin's Press, 1992.

Henderson, Nicholas, *The Birth of NATO*, London: Weidenfeld and Nicolson, 1982.

Hendrickson, Ryan C., *Diplomacy and War at NATO: The Secretary General and Military Action after the Cold War*, Missouri, University of Missouri Press, 2006.

Hoffemaar, Jan and Dieter Kruger, eds., *Blueprints for Battle: Planning for War in Central Europe, 1948 – 1968*, Lexington, K. Y.: The University Press of Kentucky, 2012.

Hoffman, Fred S., Albert Wohlstetter, David S. Yost, eds., *Swords and Shields, NATO, the USSR, and New Choices for Long-Range Offense and Defense*, Lexington, M. A. and Toronto: Lexington Books, 1987.

Hofmann, Stephanie C., *European Security in NATO's Shadow: Party Ideologies and Institution Building*, Cambridge: Cambridge University Press, 2013.

Honig, Jan Willem, *NATO: An Institution under Threat?*, Boulder, C. O.: Westview Press, 1991.

Howorth, Jolyon, and John T. S. Keeler, eds., *Defending Europe, the EU, NATO and the Quest for European Autonomy*, New York: Palgrave MacMillan, 2003.

Immerman, Richard H., and Petra Godde, eds., *The Oxford Handbook of the Cold War*, Oxford: Oxford University Press, 2013.

Ireland, Timothy P., *Creating the Entangling Alliance: The Origins of the North Atlantic Treaty Organization*, Westport, C. T.: Greenwood Press, 1981.

Ivanov, Ivan Dinev, *Transforming NATO: New Allies, Missions, and Capabilities*, Lanham, Maryland: Lexington Books, 2011.

Johnston, Seth A., *How NATO Adapts, Strategy and Organization in the Atlantic Alliance since 1950*, Baltimore, M. D.: Johns Hopkins University Press, 2017.

参考文献 North Atlantic Treaty Organization

Jordan, Robert, and Michael Bloome, *Political Leadership in NATO: A Study in Multinational Diplomacy*, Boulder, C. O.: Westview Press, 1979.

Kaplan, Lawrence S., *The United States and NATO: The Formative Years*, K. Y.: The University Press of Kentucky, 1984.

NATO and the United States: The Enduring Alliance, Boston: Twayne Publishers, 1988.

NATO Divided, NATO United: The Evolution of an Alliance, London and Westport, C. T.: Praeger, 2004.

NATO 1948: The Birth of the Transatlantic Alliance, Lanham, M. D.: Rowman & Littlefield Publishers, Inc., 2007.

NATO and the UN: A Peculiar Relationship, Columbia and London: University of Missouri Press, 2010.

Kaplan, Lawrence S., Robert W. Clawson and Raimondo Luraghi, eds., *NATO and the Mediterranean*, Wilmington, D. E.: Scholarly Resources Inc., 1985.

Kaplan, Lawrence S., S. Victor Papacosma, Mark R. Rubin, Ruth V. Young, eds., *NATO after Forty Years*, Wilmington, D. E.: Scholarly Resource Inc., 1984.

Kay, Sean, *NATO and the Future of European Security*, Lanham, Boulder, New York, Oxford: Rowman & Littlefield Publishers, Inc., 1998.

Kent, Peter Forster, and Stephen J. Cimbala, *The US, NATO and Military Burden-Sharing*, London and New York: Routledge, 2005.

Keridis, Dimitris, & Robert L. Pfaltzgraff, Jr., eds., *NATO and Southeastern Europe Security Issues for the Early 21st Century*, Dulles, V. A.: Brassey's Inc., 2000.

Kirchnerm, Emil J., and James Sperling, eds., *The Federal Republic of Germany and NATO: 40 Years After*, Houndmills and London: The Macmillan Press Ltd., 1992.

559

Kirtchen, Veronica M. , *The Globalization of NATO: Intervention, Security and Identity*, Abindon, O. X. and New York: Routledge, 2010.

Krauss, Melvyn, *How NATO Weakens the West*, New York: Simon & Schuster, 1986.

Kříž, Zdeněk, *NATO after the End of the Cold War: A Brief History*, Brno: Muni Press, 2015.

Kugler, Richard L. , *Commitment to Purpose: How Alliance Partnership Won the Cold War*, Santa Monica, C. A. : Rand, 1993.

Enlarging NATO, the Russia Factor, Santa Monica, C. A. : Rand, 1996.

Lagadec, Erwen, *Transatlantic Relations in the 21st Century, Europe, America and the Rise of the Rest*, London and NewYork: Routledge, 2012.

Larabee, F. Stephen, *NATO's Eastern Agenda in a New Strategic Era*, Santa Monica, C. A. , Rand, 2003.

Larivé, Maxime H. A. , *Debating European Security and Defense Policy, Understanding the Complexity*, Burling, V. T. : Ashgate Publishing Company, 2014.

Larrabee, F. Stephen and Ian O. Lesser, *Turkish Foreign Policy in an Age of Uncertainty*, Santa Monica, C. A. : Rand, 2003.

Larres, Klaus, *Churchill's Cold War: The Politics of Personal Diplomacy*, New Haven and London: Yale University Press, 2002.

Leech, John, ed. , *Whole and Free: European Union Enlargement and Transatlantic Relations*, London: The Federal Trust for Education & Research, 2002.

Leffler, Melvyn P. , *A Preponderance of Power: National Security, the Truman Administration, and the Cold War*, Stanford, C. A. : Stanford University Press, 1992.

For the Soul of Mankind: The United States, the Soviet Union, and the Cold War, New York: Hill and Wang, 2007.

Lesser, Ian O. , *NATO Looks South, New Challenges and New Strategies in the Mediterranean*, Santa Monica, C. A.: Rand, 2000.

Lesser, Ian O., F. Stephen Larrabee, Michele Zanini, Katia Vlachos-Dengler, *Greece's New Geopolitics*, Santa Monica, C. A.: Rand, 2001.

Lieven, Anatol and Dmitri Trennin, eds., *Ambivalent Neighbors: The EU, NATO, and the Price of Membership*, Washington, D. C.: Carnegie Endowment for International Peace, 2003.

Lindley-French, Julian, *The North Atlantic Treaty Organization: The Enduring Alliance*, London: Routledge, 2007.

Lipgens, Walter, ed., *A History of European Integration*, Vol. 1, *1945 – 1947*, Oxford: Clarendon Press, 1982.

Löwenstein, Prince Hubertus zu and Volkmar von Zühlsdorff, *NATO and the Defense of the West*, Westport, C. T.: Greenwood Press, 1960.

Lucas, Michael R., *The Western Alliance after INF, Redefining U. S. Policy toward Europe and the Soviet Union*, Boulder & London: Lynne Reinner Publishers, 1990.

Lundestad, Geir, *East, West, North, South, Major Developments in International Politics, 1945 – 1986*, Oslo: Norwegian University Press, 1986.

MacMillan, Margaret O., and David S. Sorenson, eds., *Canada and NATO, Uneasy Past, Uncertain Future*, Waterloo, Ontario: University of Waterloo Press, 1990.

Mansoor, Peter R., and Williamson Murray, eds., *Grand Strategy and Military Alliances*, New York and Cambridge, M. A.: Cambridge University Press, 2016.

Mastny, Vojtech, Sven G. Holtsmark and Andreas Wenger, eds., *War Plans and Alliances in the Cold War: Threat Perceptions in the East and West*, London and New York: Routledge, 2006.

Mastny, Vojtech and Zhu Liqun, eds., *The Legacy of the Cold War, Perspectives on Security, Cooperation, and Conflict*, Lanham, M. D. and New York: Lexington Books, 2014.

Matlary, Janne Haaland, and Magnus Petersson, eds., *NATO's European Allies: Military Capability and Political Will*, New York: Palgrave, Macmillan, 2013.

Mattox, Gale A., and Arthur R. Rachwald, eds., *Enlarging NATO: The National Debate*, Boulder, C.O.: Lynne Rienner Publisers, Inc., 2001.

McInnes, Colin, *NATO's Changing Strategic Agenda: The Conventional Defence of Central Europe*, London: Unwin Hyman Ltd., 1990.

McKenzie, Mary M., and Peter H. Loedeel, eds., *The Promise and Reality of European Security Cooperation, States, Interests, and Institutions*, Westport, C.T.: Praeger Publishers, 1998.

Mearsheimer, John J., *The Tragedy of the Great Power Politics*, New York: W. W. Norton & Company, 2003.

Medcalf, Jennifer, *Going Global or Going Nowhere? NATO's Role in Contemporary International Security*, Bern: Peter Lang, 2008.

Mellenthin, F. W. von, and R. H. S. Stolfi with E. Sobik, *NATO under Attack: Why the Western Alliance Can Fight Outnumbered and Win in Central Europe without Nuclear Weapons*, Durham, N.C.: Duke University Press, 1984.

Menon, Anand, France, *NATO and the Limits of Independence, 1981–1997*, London: Macmillan Press Ltd, 2000.

Michta, Andrew A., and Paal Sigurd Hilde, eds., *The Future of NATO: Regional Defense and Global Security*, Ann Arbor, M.I.: University of Michigan Press, 2014.

Miller, David, *The Cold War: A Military History*, New York: St. Martin's Press, 1998.

Miller, James Edward, *The United States and Italy, 1940–1950, the Politics and Diplomacy of Stabilization*, Chapel and London: University of North Carolina Press, 1986.

Mota, Sarah da, *NATO, Civilization and Individuals, the Unconscious Dimension of International Security*, Lausanne, Switzerland: Palgrave Macmillan, 2018.

Mulchinock, Niall, *NATO and the Western Balkans, from Neutral Spectator to Proactive Peacemaker*, London: Palgrave, 2017.

Myers, Kenneth A., ed., *NATO—The Next Thirty Years: The Changing Political, Economic and Military Setting*, Boulder, C. O. and London: Westview Press, 1980.

NATO Information Service, *NATO: Facts and Figures*, Brussels, 1976.

Nazemroaya, Mahdi Darius, *The Globalization of NATO*, Atlanta, G. A.: Clarity Press, Inc., 2012.

Nelson, Drew S., Keith W. Dayton, William J. Ervin, Keck M. Barry, and Philip C. Marcum, *The Future of NATO, Facing an Unreliable Enemy in an Uncertain Environment*, New York: Praeger, 1991.

Ochmanek, David A., *NATO's Future, Implications for U. S. Military Capabilities and Posture*, Santa Monica, C. A.: Rand, 2000.

Odgaard, Liselotte ed., *Strategy in NATO, Preparing for an Imperfect World*, Houndmills, Hampshire and New York: Palgrave, 2014.

Olsen, John Anreas, ed., *NATO and the North Atlantic, Revitalising Collective Defence*, Abingdon and Philadelphia, P. A.: Taylor & Francis Inc., 2017.

Papacosma, S. Victor, and Mary Ann Heiss, eds., *NATO in the Post-Cold War Era: Does It Have a Future?*, New York: St. Martin's Press, 1995.

Papacosma, S. Victor, Sean Kay, Mark R. Rubin, eds., *NATO after Fifty Years*, Wilmington, D. E.: Scholarly Resources Inc., 2001.

Park, William, *Defending the West: A History of NATO*, Brighton, Sussex: Wheatsheaf Books Limited, 1986.

Peterson, James W., *American Foreign Policy: Alliance Politics in a Century of War, 1914–2014*, New York and London: Bloomsbury Academic, 2014.

Petersson, Magnus, *The US NATO Debate, from Libya to Ukraine*, New York and London: Bloomsbury Publishing Inc. , 2015.

Ponsard, Lionel, *Russia, NATO and Cooperation Security, Bridging the Gap*, London and New York: Routledge, 2007.

Preston, Paul, and Denis Swmyth, *Spain, the EEC and NATO*, London, Boston and Henley: Routledge & Kegan Paul, 1984.

Rauchhaus, Robert W. , ed. , *Explaining NATO Enlargement*, London: Frank Cass, 2001.

Risso, Linda, *Propaganda and Intelligence in the Cold War: The NATO Information Service*, London and New York: Routledge, 2014.

Rynning, Sten, *NATO in Afghanistan, the Liberal Disconnect*, Stanford, C. A. : Stanford University Press, 2012.

Schulz, Michael, Fredrik Soderbaum, Joakam Öjendal, eds. , *Regionalization in a Globalizing World: A Comparative Perspective on Forms, Actors and Processes*, New York: Zed Books, 2001.

Schwartz, David N. , *NATO's Nuclear Dilemmas*, Washington, D. C. : Brookings Institute, 1983.

Serfaty, Simon, ed. , *Visions of the Atlantic Alliance, the United States, the European Union, and NATO*, Washington, D. C. : The CSIS Press, 2005.

Service, Robert, *A History of Modern Russia, from Nicholas II to Vladimir Putin*, Cambridge, M. A. : Harvard University Press, 2005.

Shea, Jamie, *NATO 2000, a Political Agenda for a Political Alliance*, London: Brassey's (U. K.) Ltd. , 1990.

Sherwen, Nicholas, ed. , *NATO's Anxious Birth: The Prophetic Vision of the 1940s*, London: C. Hurst & Company, 1985.

Sloan, Stanley R. , *NATO's Future, Towards a New Transatlantic Bargain*, Houndmills, Basingstoke and London: The Macmillan Press Ltd. , 1986.

Defense of the West: NATO, the European Union and the Transatlantic Bargain, Manchester: Manchester University Press, 2016.

Smith, Martin A., *NATO in the First Decade after the Cold War*, Dordrecht/Boston/London: Kluwer Academic Publishers, 2000.

Russia and NATO since 1991: From Cold War through Cold Peace to Partnership?, London and New York: Routledge, 2006.

Smith, Michael E., ed., *European Security, Critical Concepts in Military, Strategic and Security Studies*, London and New York: Routledge, 2016.

Snetkov, Aglaya, and Stephen Aris, eds., *The Regional Dimensions to Society, other Sides of Afghanistan*, New York: Palgrave Macmillan, 2013.

Song, Yanan, *The US Commitment to NATO in the Post-Cold War Period*, London: Palgrave Macmillan, 2016.

Soofer, Robert M., *Missile Defenses and Western European Security: NATO Strategy, Arms Control, and Deterrence*, Westport, C.T.: Greenwood Press, 1988.

Sperling, James, ed., *Two Tiers or Two Speeds? The European Security Order and the Enlargement of the European Union and NATO*, Manchester: Manchester University Press, 2000.

Stearns, Monteagle, *Entangled Allies: U.S. Policy toward Greece, Turkey, and Cyprus*, New York: Council on Foreign Relations Press, 1992.

Stoddart, Kirstan, *The Sword and the Shield: Britain, America, NATO, and Nuclear Weapons, 1970 – 1976*, Houndmills, Hampshire and New York: Palgrave Macmillan, 2014.

Stuart, Douglas, and William Tow, *The Limits of Alliance, NATO out-of-Area Problems since 1949*, Baltimore, M.D. and London: The John Hopkins University Press, 1990.

Szayna, Thomas S., *NATO Enlargement, 2000 – 2015, Determinants and Implications for Defense Planning and Shaping*, Santa Monica, C.A.: Rand, 2001.

Tanrisever, Oktay F., ed., *Afghanistan and Central Asia: NATO's Role in Regional Security since 9/11*, Amsterdam and Washington, D.C.: IOS

Press, 2013.

Thalakada, Nigel P., *Unipolarity and the Evolution of America's Cold War Alliance*, New York: Palgrave Macmillan, 2012.

Thgomas, Daniel C., *The Helsinki Effect: International Norms, Human Rights, and the Demise of Communism*, Princeton N. J. : Princeton University Press, 2001.

Thompson, Kenneth W., ed., *NATO and the Changing World Order: An Appraisal by Scholars and Policymakers*, Lanham, M. D. : University Press of America, Inc., 1996.

Tucker, Robert W. and Linda Wrighley, eds., *The Atlantic Alliance and Its Critics*, New York: Praeger Publishers, 1983.

Urban, Mark, *War in Afghanistan*, Hillhounds, Hampshere and London: Macmillan Press, 1988.

Walt, Stephen M., *The Origins of Alliances*, London and Ithaca: Cornell University Press, 1987.

Webber, Mark, James Sperling and Martin A. Smith, *NATO's Post-Cold War Trajectory: Decline or Regeneration?*, New York: Palgrave, Macmillan, 2012.

Weeks, Albert L., *Myths of the Cold War, Amending Historiographic Distortions*, New York and London: Lexington Books, 2014.

West, Francis J., Jr., Jacquelyn K. Davis, James E. Dougherty, Robert J. Hanks, Charles M. Perry, *Naval Forces and Western Security, the Atlantic Alliance and Western Security: The Maritime Dimension*, Volume I, Washington, D. C. and New York: Pergamon & Brassey's, 1986

Wijk, Rob De, *NATO on the Brink of the New Millennium: The Battle for Consensus*, London and Washington, D. C. : Brassey's Ltd., 1997.

Wilke, Manfred, *The Path to the Berlin Wall: Critical Stages in the History of Divided Germany*, New York and Oxford: Bergham Books, 2014.

Williams, Geoffrey Lee, and Barkley Jared Jones, *NATO and the*

Transatlantic Alliance in the 21st Century: The Twenty-Year Crisis, New York: Palgrave, 2001.

Williams, M. J., *The Cold War, NATO and the Liberal Conscience in Afghanistan*, New York: Palgrave Macmilan, 2011.

Yekelchyk, Serthy, *The Conflict in Ukraine, What Everyone Needs to Know*, New York: Oxford University Press, 2015.

Yost, David S., *NATO's Strategic Options: Arms Control and Defense*, New York and Oxford: Pergamon Press Inc., 1981.

NATO Transformed: The Alliance's New Roles in International Security, Washington, D. C.: United States Institute of Peace Press, 1998.

NATO's Balancing Act, Washington, D. C.: United States Institute of Peace Press, 2014.

Zeiner-Gundersen, H. F., Seigie A. Rossi, Marcel Duval, Donald C. Naniel, Gael D. Rarleton, Milan Vego, eds., *NATO's Maritime Flanks: Problems and Prospects*, Washington, D. C.: Pergamon-Brassey's International Defense Publishers, Inc., 1987.

（三）文章

Baylis, John, "NATO Strategy: The Case for a New Strategic Concept," *International Affairs*, Vol. 64, No. 1, 1987.

Bebler, Anton "NATO's Enlargement and Slovenia," *Politička Misao*, Vol. XXXVI, No. 5, 1999.

"Crimea and Russian-Ukrainian Conflict," *Romanian Journals of European Affairs*, Vol. 15, No. 1, March 2015.

Biscop, Sven, "1919 – 2019: How to Make Peace Last? European Strategy and the Future of the World Order," *EGMONT Security Policy Brief*, No. 102, January 2019.

Cottey, Andrew, "Central Europe after NATO Enlargemnet," *1996 – 1998 NATO Research Fellowship, Final Report June 1998*, University of Bradford, United Kingdom.

Dallin, Alexander, "Allied Leadership in the Second World War: Stalin," *Survey*, Vol. 21, No. 1/2, 1975.

Drozdiak, William, "European Allies Balk at Expanded Role for NATO," *Washington Post*, 22 Feb. 1998, 27 (A).

Gallis, Paul E., "NATO Enlargement," *CRS Report for Congress*, Oder Code RS1055, March 11, 2002.

Goldgeier, James, "The State of the Transatlantic Alliance," *European Foreign Affairs Review*, Vol. 21, Issue 3, August 2016.

Grossman, Andrew D., "The Early Cold War and American Political Development: Relations on Recent Research," *International Journal of Politics, Culture and Society*, Vol. 15, No. 3, Spring 2002.

Heseltine, Michael, "Strengthening Europe's Contribution to the Common Defence," *NATO Review*, No. 6, 1984.

Hunter, Robert E. "Maximizing NATO, a Relevant Alliance Knows How to Reach," *Foreign Affairs*, Vol. 78, No. 3, May/June 1999.

Huntington, Samuel P., "The Clash of Civilizations?" *Foreign Affairs*, Vol. 72, No. 3, Summer 1993.

Jackson, Nicole J., "Canada, NATO, and Global Russia," *International Jpurnal*, Vol. 73 (2), 2018.

Kashmeri, Sarwar A., "The North Atlantic Treaty Organization and the European Union's Common Security and Defense Policy: Intersecting Trajectories," *SSI Mongraph*, July 2011.

Lute, Douglas, Ambassador., and Ambassador Nicholas Burns, "NATO at Seventy, an Alliance in Crisis," *Belfer Center Report*, Harvard Kennedy School, February 2019.

McNamara, Robert S., "The Military Role of Nuclear Weapons: Perceptions and Misperceptions," *Survival* 25, Nov/Dec. 1983.

Mearsheimer, John, "Why We will Soon Miss the Cold War," *Atlantic Monthly*, August 1990; and "Back to the Future: Istability in Europe after the Cold War," *International Security* 15, Summer 1990.

Morelli, Vincent, Carl Ek, Paul Belkin, Steven Woehrel, Jim Nichol, "NATO Enlargement: Albania, Croatia, and Possinle Future Candidates," *CRS Report*, Oder Code RL34701, April 14, 2009.

MP, Liam Fox, Dr., "The Way Forward for NATO," *Chatham House Transcript*, 8 December 2009.

Paust, Jorgan J., "Use of Military Force in Syria by Turkey, NATO, and the United States," *Journal of International Law*, Volume 34, Issue 2, 2013.

Riecke, Henning, "Making the Best of Difference, a New Start for Transatlantic Relations," *International Journal*, Winter 2003 – 2004.

Sperling, James and Mark Webber, "NATO and the Ukrine Crisis: Collective Securitisation," *European Journal of International Security*, Vol. 2, Part 1.

Weber, Steve, "Multilateralism in NATO, Shaping the Postwar Balance of Power, 1945 – 1961", *The Report of International and Area Studies*, University of California at Berkeley, 1991.

Weizaecher, Richard von, "For a Strong Defense and Openness to the East," *International Herals Tribune*, 28 – 29 November 1987.

Whetten, Lawrence L., "Long-Range Planning Factors in the Brosio Exercise," *Military Review*, Vol. 51, No. 7, July 1971.

Wickett, Xenia, and Kathleen J. McInnis, "NATO: Charting the Way Forward," *Research Paper (US Project)*, Chatham House, July 2014.

Wörner, Manfred, "A Vigorous Alliance-A Motor for Peaceful Role Change in Europe," *NATO Review*, No. 6, December 1992.

Yesson, Erik, "NATO, EU and Russia: Reforming Europe's Security Institutions," *European Foreign Affairs Review*, Vol. 6, 2001.

Zaborsky, Victor, "Crimea and Black Sea Fleet in Russian-Ukrainian Relations," *CSIA Discussion Paper 95 – 11*, Kennedy School of Government, Harvard University, September 1995.

索 引

A

阿登纳 11,184,524
阿富汗反恐战争 387,390~392,394~396,399,407,408,433,455,498,516,517
阿拉伯之春 404,487,488
艾奇逊 35,49,138,234,274
艾森豪威尔 75,131,159,160,199,214,238,239,520

B

鲍尔 78,124,234,255,256,274
北大西洋合作理事会 362,411,413~423,426,427,440,443~445,448,472,497,532,533,535
北大西洋理事会 61~65,67~70,75,81,93~95,99,100,104~108,114,131,132,134,136~138,141~147,161,162,168,170,180,187,190,193,200,201,206,211,225,231,232,242,243,245,247,248,255,257,258,262,263,266,268,269,275,276,283~285,290,292,293,295,296,301,305,306,308,310,311,313,317,325,332,340~342,345,351,357~360,363,364,366,373,390,391,393,397,402,408,413,416,418~423,431,436,442,445,450,451,462,467,468,508,509,512,520~531,533~543
北方联盟 389,390
贝文 23,36~38,41,57
北约安全宣言 346,348,350,351,356
北约东扩报告 440,442,443,445,446~449,451,459,473,534
北约东南欧司令部 372,543
北约—俄罗斯理事会 362,427,429,434,475,476,539,540,542
《北约2020年：确保安全、动态接触》 351~353,356

《北约与俄罗斯关系基础文件》 428，474，535
北约防务计划委员会 281，289，304，316，361，398，449，525，529，531
北约防务学院 85，339，367，369，460，521
北约—格鲁吉亚委员会 362，427，432，433，541，542
北约核计划小组 316，530，531
北约军事委员会 140，141，153，168，170，185，206，222，239，253，377，524，534
北约科学委员会 94~96，522
北约快速反应部队 366，373，450，538
北约—乌克兰委员会 362，427，431，433，481，539~542
北约信息处 106，520
北约形势中心 107，108
《北约新战略概念，1991》 321，326~330，332，334，532
《北约战略概念，1999》 334，337~339，341，343，344，508，536
北约执行部队 371，513
北约总部 240，263，265，358，359，367，370，397，442，451，456，467，469，505，506，525，526，533，536
《波黑和平协定》 382，534
柏林封锁事件 11，18
第二次柏林危机 256，262，263，265，268~270，279
柏林墙事件 141，142，171，187
布加勒斯特峰会 431，432，463，466，509，540
《布鲁塞尔条约》 34，37，39~43，47，52，57，186，520，522
布热津斯基 288，300，431，550

C

《查普泰皮克议定书》 24，26~29
长电报 8，519
常设小组 62，63，66，88，152，153，180
常设理事会 65，351，359，373，521
朝鲜战争 66，74，75，125，130，154，179~181，199，238
成员国行动计划 332，338，422，431，453~455，459，462，466，467，469

D

大规模报复战略 159~164，166~168，172~174，522
大西洋关系宣言 258，527
大西洋盟军司令部 77，152，222，224~226，366，369
代表理事会 64，65
代顿协议 381，382，534
戴高乐 35，79，85，210，238~241，244，254，389，524

单边主义 28，119，128，395，403，404，452

单个和平伙伴关系计划 418，423，427，434，462，514

地中海对话 333，335，338，339，363，415，418，434~437，439，440，487，495，514，534，537，542

杜勒斯 30，160，239

杜鲁门 7~9，18，20，21，23~25，29，32，39，44，49，52，53，57~60，75，119，159，170，177，178，213，519

杜鲁门主义 20，21，24，52，53，59，170，177，178，519

多边核力量计划 255，256，524

敦刻尔克条约 36，37，52，519

E

《21世纪的北约》 332，333

二月事件 38，39

F

反恐战争 387~392，394~396，399，403，407，408，433，455，462，498，516，517

反恐宣言 340，538

泛美联盟 24，26，27，29，32，519

防扩散联合委员会 360，423

非传统安全威胁 331，343，351，355，365，366，379，380，394，497，502，503，517

G

戈尔巴乔夫 317~319

格伦瑟 162，200，521

古巴导弹危机 244，270，271，274~279，282，294，303，524

国际安全援助部队 344，371，375，390~394，439，455，462，463，466，475，513，540，543

国际军事参谋部 88，107，359，367，370

H

《哈默尔报告》 144，145，147~151，327，328，525

海上盾牌行动 475，513

海峡司令部 77，366

核不扩散条约 294，304，348，479

赫鲁晓夫 130，148，261~263，267，268，271，272，274~276，278

和平伙伴关系计划 333，339，362，418~427，430，432，434，438，440，442~445，448，451，462，463，466，469，473，479，487，497，499，500，514，533，539

核防御事务委员会 70，71，171，282，304，305，525

华盛顿峰会 74, 114, 330, 332, 333, 385, 424, 451, 453, 454, 459, 520
华盛顿声明 317, 530
华盛顿探索性谈判 42, 178
华盛顿文件 41, 46~48
伙伴国行动计划 339, 362
混合战争 484, 485, 503

J

"基地"组织 347, 387~390, 392, 394, 396, 403, 492, 498, 517
集体安全条约组织 430, 479, 498
剑与盾战略 166, 172~174
精选力量行动 381, 534
"9·11"事件 374, 388, 396, 417, 455, 475, 503, 537
军事生产与供应董事会 63, 89

K

卡尔扎伊 344, 393
卡特 288, 300, 311
卡扎菲 404~406, 408, 409
凯南 8, 9, 22, 24, 41, 119, 128, 255, 519
克里米亚事件 478, 481, 482, 486, 487, 492
科索沃战争 380, 386, 387, 408
肯尼迪 166~168, 254, 255, 263, 265, 267, 268, 272, 274~276, 278, 524

L

拉登 387, 388, 390
拉斯穆森 351, 353, 356, 405, 467, 468, 477, 487, 541~543
兰尼兹尔 81, 234, 283, 524
利比亚战争 371, 404~410, 516, 542
里根 314, 315, 318, 319, 530
里加峰会宣言 343, 344, 346, 540
李奇微 80, 200, 521
里约热内卢条约 24, 27, 31, 519
联合保护者行动 371, 405, 406, 408, 409, 439, 542
联合国宪章 2, 27~31, 33, 39, 41, 43~46, 51, 115, 285, 341, 421, 443, 519
联合特遣部队 366, 371, 373~375, 535
灵活反应战略 166~168, 170~174, 218, 359
临时理事会委员会 64, 65
伦敦峰会 321, 323~325, 413
罗马峰会 321, 325, 326, 330, 373, 429

M

盟军转型司令部 369, 425
盟军作战司令部 368, 369
明斯克协议 483, 484, 543
民主德国 12, 80, 142, 189, 261, 263~

265, 280, 281, 283, 532
慕尼黑安全会议 356, 500

N

尼克松 99, 257~259, 307, 309, 526
诺曼底方式 484
诺斯塔德 81, 173, 239, 254, 255, 264, 522

O

欧盟 76, 178, 188, 214, 238, 321, 331, 335, 336, 338, 339, 341~343, 345~350, 352, 355, 364, 365, 368, 382, 392, 402, 416, 438, 442, 443, 455, 460, 476, 481, 483, 491, 493, 517, 525, 535~537
欧洲安全与防务认同 332, 335, 338, 345
欧洲—大西洋伙伴关系理事会 333, 362, 411, 416~419, 426, 427, 431, 438, 451, 462, 463, 469, 535, 536, 538, 539
欧洲盟军司令部 225, 226, 365
欧洲盟军最高司令部 75, 80, 86, 89, 141, 152, 157, 161~163, 180, 196, 199, 200, 206, 223, 224, 239, 242, 263, 274, 283, 331, 366~368, 371, 381, 402, 417, 421, 423, 498, 520, 523, 525, 534

欧洲盟军最高司令部技术中心 89, 367
欧洲年 258, 259

P

普京 418, 429, 471, 474~477, 480, 486, 490, 544, 545

Q

前沿防御战略 152~154, 157~159, 161~163, 169, 170, 174, 521, 522
全面行动计划指导 352, 353

S

塞浦路斯危机 230~232, 235, 245~251
双轨制决议 313, 314, 316
双密钥制度 215, 216
斯巴克 17, 95, 229, 262, 522
斯大林 5, 6, 8, 9, 75, 130, 131
斯迪克 162, 163, 232, 233, 235, 240, 523
斯特拉斯堡—凯尔峰会 348, 350, 351
斯托尔滕贝格 381, 426, 469, 506

T

塔利班 387~390, 392, 394, 396, 517

W

韦尔纳 70,322,323,414,472,531~533

五角大楼文件 43,44,46,47

X

西方联盟 34,40~42,44,46~49,57,186,260,520

希拉克 382,398,513

夏侯雅伯 438,456,464,516,538

新大西洋宪章 258,259

新战略概念 321,325~330,332~334,350~353,356,357,373,424,532,535,541

限制战略武器谈判 193,293,302,303,305~313,527

谢伊 151,402

叙利亚 348,403,438,487~493,497,516,543

Y

雅典方针 137,143,144,145

叶利钦 471~474,477

伊拉克战争 395~403,407,408,516

伊斯梅勋爵 67,136,229,521

伊斯坦布尔合作倡议 335,339,363,415,418,434,438~440,487,495,515,539

意愿联盟 398~400,409

迎接现代社会挑战委员会 98,100~103,526,537

Z

斩首行动 399,406

战略审核小组 325,359

政治协商制 149,363,364

中导条约 312,318~320,378,545

中期防御计划 199,200,521

中央条约组织 143,180

自助 28,31,51,113,117~123

卓越中心 222,361,369,380,505~507,544